Johann Christian Sachs

Die Geschichte der Marggrafschaft und des marggräflichen altfürstlichen Hauses Baden

Erster Teil

Johann Christian Sachs

Die Geschichte der Marggrafschaft und des marggräflichen altfürstlichen Hauses Baden
Erster Teil

ISBN/EAN: 9783742899408

Hergestellt in Europa, USA, Kanada, Australien, Japan

Cover: Foto ©ninafisch / pixelio.de

Manufactured and distributed by brebook publishing software (www.brebook.com)

Johann Christian Sachs

Die Geschichte der Marggrafschaft und des marggräflichen altfürstlichen Hauses Baden

Johann Christian Sachs
Professors an dem Gymnasio Illustri zu Carlsruhe

Einleitung
in die
Geschichte
der
Marggravschaft
und des
marggrävlichen altfürstlichen Hauses
Baden.

Erster Theil.

Frankfurt und Leipzig,
in Commißion bey Metzler und Compagnie.
1764.

Dem

Durchleuchtigsten Fürsten und Herrn

HERRN

Carl Fridrich

regierenden Marggraven
zu Baden und Hachberg, Landgraven zu
Sausenberg, Graven zu Sponheim und
Eberstein, Herrn zu Röteln, Badenweiler, Lahr und Mahlberg ꝛc.

Meinem gnädigsten Fürsten
und Herrn.

Durchleuchtigster Marggrav,
Gnädigster Fürst und Herr!

Eurer Hochfürstlichen Durchleucht lege ich mit Höchst Dero gnädigsten Erlaubniß diese Blätter in tiefster Unterthänigkeit zu Füssen. Sie enthalten eine Einleitung in die Geschichte Höchst Dero Hochfürstlichen Hauses, welches die Allmacht in dem grauen Alterthume gegründet, und unter den mancherley Abwechslungen dieses veränderlichen Lebens so viele Jahrhunderte hindurch zum erhabenen Glanze unsers teutschen Vatterlandes bisher ruhmvoll erhalten hat.

Der HErr der Heerscharen lasse dasselbe seiner allgenugsamen Vorsorge bis ans Ende der Tage befohlen seyn. Er verbreite insonderheit über Eurer Hochfürstlichen Durchleucht geheiligte Person, über Höchst Dero Durchleuchtigste Frau Gemahlin, über Höchst Dero geliebt- und Hofnungsvolleste Prin-

Prinzen seine Gnadenflügel ohne Aufhören. Er lasse diese Stützen unserer Hofnung wachsen und zunehmen an Alter, Weisheit und Gnade bey GOTT und den Menschen. Er bilde selbsten Ihre theuerste Seelen nach seinem guten Willen. Er schreibe Ihnen durch seinen Geist die Wahrheit in die Herzen, daß Regenten nur alsdann groß seyen, wann sie den Dreyeinigen GOTT kennen, und dessen geoffenbahrtem Worte gehorchen; wann sie in solcher Fassung die Beförderung der Ehre GOTTES und die Glückseligkeit ihrer Unterthanen ihr grösstes und einziges Gesetz seyn lassen. Und so müssen dann auch von Ihnen in ununterbrochener Folge Fürsten kommen, welche die grössesten Fürsten des Durchleuchtigsten Hauses, einen grosen Hermann und Rudolf, einen erhabenen Bernhard, einen gerechten Jacob, einen edelmüthigen

Chri-

Christoph, weit übertreffen; kurz, welche **Eurer Hochfürstlichen Durchleucht** grosem Tugend-Vorbilde ähnlich, und gleich Höchst Denenselben wahre Vätter des Vatterlandes sind!

Sie werden es seyn! Kein Zweifel beunruhigt meine Seele. Schon jetzt stellt mir die Hofnung das immer weiter steigende Glück meines Vatterlandes als gegenwärtig vor Augen. Und es ist keiner meiner Mitbürger, welcher nicht mit mir in **Eurer Hochfürstlichen Durchleucht** und in Höchst Dero Durchleuchtigsten Prinzen sein und seiner spätesten Nachkommen Glück dauerhaft bevestigt erblicket. Es ist keiner, welcher nicht dagegen von Trieben der innigsten Danckbarkeit gerühret sein Leben und Vermögen für seinen geliebtesten und besten Fürsten aufzu-

aufzusetzen bereit wäre. Es ist keiner, welcher nicht jauchzend mit mir ausrufet: Es lebe der beste Fürst! Der Fürst, der die Liebe seines Volckes heiset! Es lebe unser Vatter! Es lebe sein ganzes Haus! Es blühe bis ans Ende der Weltzeiten!

In diesen Gesinnungen ersterbe ich

Eurer Hochfürstlichen Durchleucht

Carlsruhe, den 14. April
1764.

unterthänigst gehorsamster
Knecht
Johann Christian Sachs.

Vorrede.

Schon vor mehr als sechzehen Jahren habe ich zum Gebrauche meiner Zuhörer eine Einleitung in die Badische Geschichte entworfen, und von Zeit zu Zeit mit einigen Zusätzen vermehrt. Sie wurde von vielen begierig abgeschrieben, und kam in verschiedene Hände. Man ersuchte mich öfters, sie unter die Preße zu geben. Diese Erinnerung wurde noch mehr wiederholt, da ich einzele Stücke davon in Einladungsschriften herausgab. Ich fande aber allezeit so viele Bedenklichkeiten,

)(5 daß

Vorrede.

daß ich mich nicht entschliessen konte, das Verlangen meiner Gönner und Freunde zu erfullen. Endlich ergrif der weltberühmte Königl. Französ. Rath und Historiographus Herr Professor Schöpflin die Feder, und schrieb die Zähring-Badische Historie mit einer zu bewundernden Munterkeit in seinem bereits zunehmenden Alter und der ihme eigenen vortreflichen Schreibart in lateinischer Sprache. Eine nicht geringe Anzahl meiner Mitbürger wünschten diese Nachrichten von ihrem Vatterlande zu lesen. Allein sie sahen sich theils aus Mangel der Spracherkenntnis, theils wegen der prächtigen Einrichtung des Buchs nicht vermögend, dieses Vergnügen zu geniesen. Hier wurden die vorigen Erinnerungen an mich wiederholet; und ich konte endlich selbst nicht widerstehen, sonderlich da der Herr Professor mein Vorhaben billigte.

Ich nahm mir also vor, der Ordnung, welche der gelehrte Herr Professor in der Historia Zaringo-Badensi beobachtet, gänzlich

Vorrede.

lich nachzugehen; jedoch mich kurz zu fassen. Daß dieses geschehen seye, bezeugen die ersteren Bogen. Ich wollte sogar die Schriftsteller und Urkunden weglassen. Beedes wollten meine Freunde nicht. Ich mußte mich also entschliessen, weitläuftiger zu werden, und nicht nur die zum Beweis dienende Schriften anzuführen, sondern auch Anmerkungen von verschiedener Art zu machen. Ich hoffe hierüber bey billigen Gemüthern Entschuldigung zu erlangen, als welche bedenken, daß das, was dem einen unnöthig scheint, einem andern angenehm und brauchbar seyn könne. Eben so wenig wird mir übel ausgelegt werden, daß ich nicht durchgängig einerley Schreibart beobachtet, sondern mich öfters der Worte, wie sie in den Urkunden stehen, bedient habe. Der Nutzen davon ist bekannt, und vielen gereicht dieses zum Vergnügen. Warum hätte ich nicht beedes befördern sollen?

Da ich aber dem Herrn Professor Schöpflin folgete, so habe ich auch in gar vielen

Vorrede.

vielen Stücken seine Meynung vorgetragen; ja ich scheue mich nicht zu sagen, daß ich an einigen Orten eine völlige Uebersetzung aus seinem prächtigen Werke liefere.

Ich habe mich übrigens der geschriebenen Nachrichten des Gamans, Jünglers, Försters, Drollingers, Sahlers, und des *Codicis Diplomatici Badensis Schœpfliniani* bedient, wozu auch noch zulezt des währender meiner Arbeit verstorbenen geheimen Hofraths und Archivarius Herbsters hinterlassene Sammlungen gekommen sind. In dem Fürstlichen Archiv zu Basel selbst bin ich niemals gewesen; ich kan auch nicht sagen, daß ich aus demselben gearbeitet habe; folglich kan mein Schreiben dem Fürstlichen Hause, dem ich als ein gebohrner Unterthan in tiefster Unterwürfigkeit zu dienen die Gnade habe, in keinem einzigen Stücke zum Nachtheile gereichen.

Sollte aus einer unvollkommenen Erzählung ein solcher gefolgert werden wollen,
so

Vorrede.

so nehme ich daran keinen Antheil. Allenfalls lasse ich mir eben so wenig eine Unfehlbarkeit zu Sinne kommen, als wenig ich alle Druckfehler zu verhüten vermögend gewesen bin. Ich ersuche aber alle, welche mich, wo es auch den geringsten Umstand betrift, belehren können, mir diese Ehre und Freude nicht zu entziehen. Ich bitte aufs angelegentlichste, mir ihre Nachrichten und Verbesserungen schriftlich zugehen zu lassen. Sollten Unkosten damit verbunden seyn, so erbiete ich mich, nach meiner Schuldigkeit, sie zu tragen. Ich werde solche Beyträge entweder in den folgenden Theilen vorlegen, oder besonders mit den Meinigen drucken lassen. Ich hebe bis dahin diejenige auf, welche mir bereits zugekommen sind. Ich will auch, was ich noch wegen der Schlösser Baden und Hachberg zu verbessern und weiters anzuführen habe, bis dahin ersparen.

Denen Gönnern und Freunden, welche mich ihrer besonderen Gewogenheit und Liebe

Vorrede.

Liebe bey dieser Arbeit auf vielfältige Weise genieſſen laſſen, erſtatte ich hiermit öffentlich unterthänigen und verbindlichſten Dank. Ihre Beſcheidenheit verbietet mir, ſolches namentlich zu thun.

Vor allen aber preiſe ich den grundgütigen GOtt in tiefſter Demuth vor ſeinen kräftigen Beyſtand, den ich bey dieſer unter einer Menge von Amts= und andern Geſchäften vollbrachten Arbeit zu meiner Bewunderung ganz beſonders empfunden habe. Carlsruhe, den 14ten April 1764.

Inhalt.

Inhalt.

I. Ursprung des marggräblich-altfürstlichen Hauses S.	1
II. Herzoge von Zähringen.	
Bertold I.	11
Bertold II.	23
Bertold III.	32
Konrad	38
Bertold IV.	56
Bertold V.	71
System des Herrn von Watteville.	91
Von der Macht, Ansehen und Prärogativen des Hauses Zähringen	110
Von der Theilung der Zähringischen Lande	138
III. Herzoge von Teck	149
IV. Graven von Freyburg	177
V. Marggraven zu Baden.	
Hermann I.	241
Hermann II.	266
Hermann III.	290
Hermann IV.	311
Hermann V.	329
Hermann VI.	365
VI. Marggraven zu Hachberg.	
I) Vor der Theilung.	
Heinrich I.	387
Heinrich II.	398
II) Nach der Theilung.	
(I) Marggraven zu Hachberg-Hachberg.	
Heinrich III.	415
Heinrich IV.	429
Otto I.	440
Johann	446
Hesso	451
Otto II.	471

Inhalt.

(II) Marggraven von Hachberg-Sausenberg.
 Rudolf I.   S. 476
 Heinrich   484
 Rudolf II. und Otto   488
 Rudolf III.   510
 Wilhelm   542
 Rudolf IV.   557
 Philipp   575

VII. Herrn von Rötelen.   589

VIII. Herrn von Usenberg.   607

Anhang.

Herrn J. D. von Olenschlagers Versuch über den Titel der Markgraven von Verona, welchen verschiedene Anherren des Hochfürstl. Hauses Baden geführet haben. S. 641

Stammtafeln.

I. Von dem Zähring-Badischen Hause, nach dem Guillimann   4
II. Wahrscheinliche Verbindung des Hauses Baden mit Habsburg und Lothringen   5
III. Herzoge von Zähringen   11
IV. Herzoge von Zähringen nach der Meynung des Herrn Regierungsraths Patricks   100
VI. Herzoge von Teck   149
VII. Graven von Freyburg   177
VII. Marggraven von Baden   241
VIII. Marggraven zu Hachberg   387
IX. Wie die Gravschaft Neuburg an die Graven von Freyburg und durch diese an die Marggraven zu Hachberg-Sausenberg gekommen   562
X. Herren zu Rötelen   589
XI. Herren von Usenberg   607

Einlei-

Einleitung
in die Geschichte
des
Hochfürstlichen Hauses Baden.

Erste Abtheilung.
Vom Ursprung des Hochfürstlichen Hauses Baden.

§. I.

Die meisten Schriftsteller vo= *Aus Ita=*
riger Zeiten suchten den *lien.*
Ursprung dieses altfürst=
lichen Hauses in Italien.
Die Ursache ihrer irrigen Meinung war
ohne Zweifel diese, daß sie im zwölften

Jahrhundert Badische Marggraven gefunden, welche über die berühmte Italiänische Stadt Verona gesezt waren und sich davon geschrieben haben. Sie stimmen doch nicht gänzlich mit einander überein. (a) Die vornehmste Meinungen sind diese:

1. Kaiser Fridrich I. der Rothbart habe nach seinem ersten Zug in Italien, bey seiner Rukreise nach Teutschland einen von denen Söhnen eines gewissen Marggraven von Verona, der aus dem Hause der Ursiner zu Rom abgestammt, mit sich als einen Geissel nach Teutschland genommen, um einen sichern Paß nach Italien zu haben; und diesem, den sie aber nicht wissen mit Namen zu nennen, habe er die Herrschaft Hachberg samt dem Schlosse gegeben.

2. Andere sezen hinzu, diese Herrschaft seye vom Kaiser dem Herzog Conrad von Zähringen entrissen, und ums Jahr 1153. dem Marggraven Hermann von Verona zu Lehen gegeben worden. Eben diese versichern aber zugleich, daß schon ums Jahr 1120. eines Marggraven von

───────────────

(a) PETRUS de ANDLO in libro de *Imperio Romano*. FRANC. IRENICUS, Ettlingiacensis, in *Exegesi Historiæ Germaniæ*. Editio nova prodiit Hanoviæ A. 1728. HENNINGES in *Theatr. genealog.* quod vocatur *Basilica*. REUSNERUS in *Opere Geneal. Catholico.* MÜNSTER. in *Cosmograph.* CRUSIUS in *Annal. Suev.* und viele andere mehr.

von Baden mit Namen Hermann in denen Geschichten gedacht werde.

3. Ein anderer will dieser Meinung also besser aufhelfen: Hermann Grav von Verona und Padua, ein Verwandter K. Heinrichs IV. seye mit dem Kaiser A. 1105. nach Teutschland gekommen, und habe sich auf des Kaisers Anrathen, mit der Erbtochter der Gravschaft Baden und Hachberg, die er Judith oder Immuth nennt, vermählt, und seye von besagtem Kaiser zum Marggraven und Fürsten, gleichwie die Gravschaft Baden zu einem Fürstenthum des teutschen Reichs erhaben worden.

4. Grav Georg von Hohenzollern, ein naher Verwandter Marggrav Georg Fridrichs von Baden-Durlach leitet in einer genealogischen Abhandluug, die in dem Fürstl. Archiv befindlich ist, die Herren Marggraven von Baden von denen Scaligern, und durch diese von denen Gothischen Königen her. Er geht bis auf den Ostgothischen König Recesvind im sechsten Jahrhundert zurück.

Gleichwie nun alle diese Meinungen sich darauf gründen, daß man unter K. Fridrich I. Badische Marggraven mit dem Titul von Verona angetroffen: also fällt dieses Gebäude von selbst zusammen, wenn man erwägt, daß schon zu K. Heinrich IV. Zeiten, mithin hundert Jahr vorher, ehe Marggrav Hermann III. vom Kaiser über

Verona gesezt worden, Marggra
Baden in denen Urkunden vorkom

Aus der Schweiz. §. II. Andere suchen den Urspr
der Schweiz bey denen Helvetisch-B
bischen Graven, insonderheit einen n
gen Theodibald, der zur Zeit Car̈
des Grossen, K. in Frankreich gelebt
das alte Vindonissa der Römer, ode
teutschen Windisch, woraus die Grav
Altenburg und Habsburg erwachsen
besessen hätte. Diese kommen auf C
tram den Reichen von Habsburg,
machen ihn zum gemeinen Stammva
des Allerdurchleuchtigsten Hauses Oest
reich, und des Durchleuchtigsten Hau
Baden. (b) Allein sie irren in der Stamm
folge. [S. Tab. I.]

Andere haben dieselbe (c) verbessert
Sie gehen auf den fränkischen Großhofmei=
ster oder Major Domus Erchinoaldus zu=
rück.

(b) FRANCISC. GUILLIMANNUS in *Habsburgicis*.
BESOLDUS in *Thesaur. Pract.* voce BADEN.
RITTERSHUSIUS in Exeg. *Genealogico-Histor.*
SPENERUS in *Sylloge Genealogico-Histor.* CHIFLE-
TIUS in libro: Lumina nova prærogativa ad *Vin-
dicias Hispanicas.* A. 1647. Er hat hernach seine
Meinung geändert, und ist in *Austriaco Stemmate*
dem Vignier beigetretten. Noch viele andere hat
Guilimann auf unrichtige Gedanken gebracht.

(c) HIERON. VIGNIER in libro: *Origine des Mai-
sons d'Alsace, de Lorraine, d'Autriche & de
Bade.* Ihn haben verbessert: GEORG. ECCARD.
in libro: *Origines Familiæ Habsburgo-Austriacæ;*
und HEERGOTT in *Genealog. Habsburg.*

I.

schen Hause,

imanns.

---

ald

in Frankreich.

lsaß und Brisach. † ums Jahr 667.

Rothard.

| R | Hetto, Abt zu Reichenau, hernach Bischof zu Strasburg, † A. 780. |

G

| Lu̇h. | Lancelin oder Landolin, |
| un | Erzbischof zu Trier. |

Lu	Ermentrud, Gem. Konrads, Grafen
	v. Nieder-Burgund, Mutter Rudolphs I.
H.	Königs jenseit des Gebirges Jura.

G̈rg, Landgrav von Elsaß und Brisach.

Las zu Sulzburg A. 1088. scheint keine Kin-
assen zu haben.

R	Lanzelin II. oder Landolus II.
	diesen schaltet Guilimann ein, und setzt
	sein Todesjahr ins Jahr 1036.

vatter derer Herzoge von Zähringen.

I. Stammvatter derer Marggraven von Baden.

...sburg und Lothringen.

Eticho II. Herzog.

...ch, Grav, ums Jahr 760.

...b I. Grav † ums Jahr 800.

...arb II. Grav † A. 864.

...b III. † Grav ums Jahr 900.

...w im Nordgau ums Jahr 940.

... IV. Grav † vor dem Jahr 966.

...arggrav v. Lothringen † nach 1037.

...arb I. Grav † A. 1047.

Ra...von Elsaß, Herzog von Lothringen A. 1048.
Cleg...vatter derer Herzoge von Lothringen.

We
Hab
van
bur...

Stamm-
ven von

rük. Von diesem leiten sie das Haus Habsburg und die Herzoge von Zähringen, als die Vorältern derer Marggraven zu Baden her. Auch bey dieser gegründeten Meinung hat der grose königlich französische Rath und Historiographus, Herr Prof. Schöpflin neue Verbesserungen (d) zu machen nöthig gefunden. Er zeigt (e) aus den Urkunden, wie man die Ableitung von dem Eticho machen müsse. [Siehe Tab. II.]

§. III. Dieser Eticho war ein mächtiger Herr in dem alten Allemannien unter denen Merovingischen Königen in Austrasien, der erste Herzog im Elsaß A. 690. und der Stammvatter dreyer Familien. Er hatte zwey Söhne, Adelbert und Eticho. Von jenem kommen die Verthilonen her, welche aus dem Elsaß sich über den Rhein begeben, und unter denen Carolingischen Kaisern im Brißgau sich niedergelassen. Aus diesen haben wir die Comites provinciales im Brißgau, die man nachher Landgraven genannt; und hier ist derjenige Bertold zu suchen, welchen K. Heinrich IV. zum Herzog von Kärnthen und Marggraven von Verona gemacht hat. Von dieser Zeit blieb die herzogliche und marggräviche Würde bey Bertolds Hause, und führete die ältere nemlich Zähringische Linie den herzoglichen, die jüngere oder Badische aber den marggräflichen Titul.

Eticho, Stammvatter dreyer Familien.

Zähringen.

A 3   Ein

(d) In *Alsatia Illustrata* Tom. II. p. 464. sqq.
(e) In *Historia Zahringo-Badensis* Tom. I.

Habs-
burg.

Ein anderer Theil der Adelbertinischen Familie begab sich zu eben denselben Zeiten aus dem Elsaß über den Berg Jura, und nahm daselbst seine von denen Vorältern geerbte Burgundisch-Helvetische Lande im Ergau ein. Und davon stammt der Habsburgische Zweig ab, von welchem jezt noch übrig ist die Allerdurchleuchtigste Kaiserin Königin Maria Theresia.

Lothringen.

Von Eticho anderem Sohn gleiches Namen leitet man die Herzoge von Lothringen her. Es ist sonderlich Gerhard zu bemerken, welchem K. Heinrich III. das Lothringen an der Mosel A. 1048. überlassen. Derselbe zog über das Vogesische Gebürge, und unter seine Nachkommen ist der jezige glorwürdigste Kaiser Franciscus zu zählen.

§. IV. Die genaue Verwandschaft der so alten Häuser Oesterreich, Lothringen und Baden sahe nicht nur K. Rudolph II. ein; sondern K. Leopold bedient sich disfalls in dem Briefe A. 1664. zu Regensburg, darinnen er dem Fürstlichen Hause Baden den Titul Durchleuchtig beylegt, unter andern dieser Worte: „Wann wir gnedig-
„lich angesehen, wahrgenommen und be-
„trachtet der Hochgebohrnen Wilhelmen
„und Fridrichen beeder regierender Marg-
„graven zu Baden und Hochberg ꝛc. Baden-
„Badisch, und Baden-Durlachischer Linien
„unserer lieben Vettern und Fürsten nit al-
„lein

„lein aus Königlichem und zugleich mit un-
„serm Erzhauß aus dem uhralten Habs-
„burg und Zeringischen Stamm entsprosse-
„nen Herkommens, sondern auch seither öff-
„ters mit demselben und fast allen königli-
„chen Europä Chur- und Fürsten des Reichs
„wiederholter Heurathsverwantnus und
„Sippschaft 2c." Ja der lezte männliche
Zweig des Hauses Habsburg Kaiser Karl
VI. hat, wie das jezt glorwürdigst regierende Kaiserliche Haus, über diesen Zusammenhang der Geschichte ein gnädiges
Wohlgefallen bezeugt. (*f*)

§. V. Das Fürstliche Haus Baden ist
also eines der ältesten und berühmtesten in
Teutschland. Man hat daher auch nicht nöthig demselben etwas anzudichten; z. E. der
Bernhardinermönch zu Ulm, Felix Faber,
welcher im fünfzehnten Jahrhundert gelebt,
versichert ganz freimüthig in seiner Historie
von Schwaben, die Marggraven von Baden seyen von K. Vespasian zum Jüdischen
Kriege aus Teutschland berufen worden,
und die Aufbotsbriefe zu seiner Zeit noch
im Badischen Archiv vorhanden gewesen.
Ein anderer meldet, der Herzog von Durlach habe in der Belagerung Jerusalems
nach dem Thurn Davids geschossen, aber

statt

(*f*) SCHOEPFLINI *Historia Zahringo-Bad.* T. I.
p. 27. sq.

statt desselben drey Reiger getroffen. (g) Man würde sich über diese Berichte mehr verwundern, wenn man nicht fände, daß so gar K. Fridrich III. die Freiheiten bestättigt hätte, welche dem Hause Oesterreich von denen Kaisern Julius Cäsar und Nero gegeben worden seyn sollen.

§. VI. Ich kan nicht umhin, noch zwey Männer anzuführen, welche sich mit Untersuchung des Ursprungs derer Herzoge von Zähringen beschäftiget haben. Ihre Schriften sind viel zu bekandt, als daß man sie übergehen sollte. Der eine ist Aventinus. (h) Dieser leitet sie her von Ernst I. Herzog von Schwaben, welcher nach seiner Meinung das Herzogthum Schwaben von K. Heinrich bekommen hat. Er schreibt ferner, dieser Ernst habe sich vermählt mit Gisela, Hermann II. Herzogs von Schwaben Tochter. Diese macht er zur Mutter eines Ernsts und Hermanns, von welchen die Zähringer abstammen sollen. Der andere ist Cario. (i) Dieser sucht die Herzoge von Zähringen herzuleiten von Hugebert, einem Bruder der Gemahlin des Kaisers

Lo-

(g) Einige vermuthen, diese Erzehlung gehe auf Gottfried, H. von Bouillon, der zu Ende des eilften Jahrhunderts den ersten Kreuzzug ins gelobte Land gethan. Sie wollen daher die drey Vögel in dem Lothringischen Wappen herleiten.

(h) *Annal. Boic.* L. V. C. 5.
(i) *Chron.* Lib. IV.

Lotharius Teutberga. Beeden fehlt es am Beweis. Da aber die Gerberga, der Gisela Mutter, des Burgundischen Königs Konrads Tochter gewesen, so hat man daher Anlaß genommen, zu behaupten, das sey die Ursache, (k) warum die Herzoge von Zähringen sich rühmen, daß sie von dem Königlich Burgundischen Geblüt herkommen. (l)

§. VII. Dieses seye genug von dem Ursprung des Fürstl. Hauses. (m) Was einige von dem Ursprung derer Marggraven von Baden geschrieben, als stammeten sie von denen ehemaligen Graven von Baden in der Schweiz oder im Ergau ab, bedarf

---

(k) Dieses sind die Gedanken des Nicolaus Vignier in seiner Burgundischen Chronik. Man muß ihn nicht mit dem Hieronymus Vignier verwechseln.

(l) Hierauf gründete sich der vortrefliche Baden-Durlachische Rath Christian Keck. Er überreichte A. 1670. dem M. Fridrich Magnus ein Vermählungs-Gedicht, darinnen er auch bemerkt, daß die Marggraven von Baden von denen Burgundischen Königen abstammen.

(m) Von dem Ursprung derer Herren Marggraven von Baden haben wir eine gelehrte Abhandlung von dem hiesigen Rath und geheimen Registrator H. Conr. Christ. Dill in Herrn S. W. Oetters Sammlung historischer Wissenschaften.

darf keiner Widerlegung. Wie sie auf diese Gedanken müssen gekommen seyn, ist aus §. III abzunehmen. Die übrige Meinungen überlasse ich ihren Liebhabern. Ich will nun die Folge derer Herzogen von Zähringen, von denen man mit Gewißheit sagen kan, daß die Marggraven von Baden von ihnen hergekommen, anführen, und das Wichtigste aus denen Geschichten von ihnen vorlegen. Die Muthmaßungen aus den ältern Zeiten übergehe ich. Es ist meinem Endzweck nicht gemäß mich dabey aufzuhalten.

Zwente

Bertold,

Bertold I. aus einem Grafen im Bisthums Schwaben, welches Kaiserin Agnes zu Ver= lust A. 1073. den Titul eines Herzogs Lud= wigs, Comitis Moncionis † 1092.

Bertold II. von den Guelphen ernannt Mönch zu A. 1092. wider Fridrich von Hohenstauf, hof zu durch den Vergleich mit ihm, Schwab. 1084. im Schwarzwald A. 1093. † A. 11 Agnes, K. Rudolphs von Schwab

Bertold III. Herz. von Zähringen, S. Ste= baut Freyburg im Brißgau; erschla= Baghals gen 1123. zu Molsheim. G. So=. dessen phia, Heinrich des Schwarzen, H. elm III. von Bayern Tochter. A. 1126.

Bertold IV. Herz. v. Zähringen und mana Rector in Burgund. Verliert im Vergleich Anna, A. 1156. mit K. Fridrich I. u. Beatrix, Rainalds T. das Rectorat des Königreichs Hum. Arelat und Graffch. Burgund disseit des Jura, III. Gr. und behält das Rectorat in Kleinburgund. Savoyen, Baut Freyburg in der Schweiz. † A. 1186. 1162. 13. Sept. Gem. Heilwig.

Bertold V. lezter Herzog von Zährin, Grab Baut Bern. Begibt sich A. 1198. der kai mit aus chen Krone. † A. 1218. ohne Kinder. G. enthum= mentia, Stephans, Comitis Ausonæ in Schweiz. gund, Tochter.

Zweite Abtheilung.
Von den Herzogen von Zähringen.

Bertold I.
Von 1060. bis 1077.

§. I.

Das Schloß Zähringen, davon noch einige Ueberbleibsel zu sehen sind, liegt im Brißgau, oberhalb dem Dorf Zähringen. Es hat gegen Mitternacht Freiburg, welches eine Stunde davon ist; und auf der Seite das Wildthal, Ferenthal und Gloterthal. Es hat keinen grosen Umfang. In der Mitte war ein runder Thurn, welcher einige Oefnungen zur Vertheidigung desselben, und drey Gewölber gehabt. Es wurde vor unüberwindlich gehalten. Aus dem Thor, und sonderlich aus denen in der Höhe stehenden zwey engen Fenstern sahe man die so fruchtbare und liebliche Gegenden, damit Brißgau und Elsaß prangen. Es ist sehr wahrscheinlich, daß Herzog Bertold II. nachdem ihm das Herzogthum Schwaben entrissen worden, dieses Schloß zu seinem Wohnsize erbaut, gleichwie sein Vatter zu Tek oder zu Weilheim im Nekergau residirt hat. Den Namen hat es nicht von Kärnthen,

Schloß Zähringen.

then, *n*) als wann daraus durch eine falsche Aussprache Zähringen gemacht worden wäre, sondern von dem darunter gelegenen Dorfe Zähringen, welches vor älter als das Schloß gehalten wird. Seiner geschieht schon im Jahr 1008. Meldung. (*o*)

§. II. Bertold der Erste, [einige nennen ihn den Bärtigen,] führt bis aufs Jahr 1052. den Titul eines Graven. In demselben stiftet ein Edelmann Namens Hesso zu Eichstetten, einem Brißgauischen, jezt Durlachischen Dorfe eine Pfründe in Gegenwart Herzog Bertolds und Graven Hermanns. In eben diesem Jahre gibt ihm K. Heinrich III. mit Darreichung seines Fingerrings die Anwartschaft auf das Herzogthum Schwaben, welches damals Otto von Schweinfurt innen gehabt. (*p*) Einige vermuthen, er habe sich von der Zeit an Herzog geschrieben. Der Kaiser stirbt A. 1056. und Otto A. 1057. Herzog Bertold bemüht sich bey der Kaiserin Agnes, welche die Vormundschaft über ihren Sohn Heinrich IV. führt, vergebens um das ihm

Herzogl. Titul.

Anwartschaft auf das Herzogthum Schwabē.

(*n*) Wie der gelehrte Jesuit Erasmus Frölich davor hält in Archontologia Carinthiæ.

(*o*) In einem Schenkungsbrief K. Heinrichs II. darinnen er der Kirche zu Basel den Wildbann im Brisgau gibt.

(*p*) ABBAS VRSPERGENSIS ad a. 1057. ANNALISTA SAXO ad a. 1057. ap. ECCARD. T. I. *Corp. hist. med. ævi.*

ihm versprochene Herzogthum Schwaben. Sie zieht ihren Tochtermann Rudolph, Graven von Rheinfelden vor. (*q*) Doch sucht sie A. 1060. Bertolden zu befriedigen.

Sie gibt ihm das Herzogthum Kärnthen, nebst der Marggravschaft Verona, wiewohl einige (*r*) melden, er habe es ihr mehr abgetrozt, als mit ihrem guten Willen bekommen. Dieses waren teutsche Vormauern und Schlüssel zu Teutschland, wegen der vielen Päße, die meistens am Fuße der Alpen sind. Die Kaiser vertrauten sie schon seit vielen Jahren den Händen eines teutschen Fürsten. K. Otto der Grosse (*s*) hatte sie gar zu Teutschland gezogen, da er das Königreich Italien an Berengarius II. überlassen. Er wollte dadurch einen sichern Eintrit in Italien behalten. Kärnthen und Verona wurden zu Bayern geschlagen, kamen aber bald wieder davon ab. Sie hatten hernach teutsche Regenten. (*t*) Der lezte war Konrad, der ums Jahr 1058. gestorben. Und diesem folgt unser H. Bertold.

Kärnthen und Verona.

(*q*) HERMANN. CONTRACT. in *Chron.* ap. PISTOR. T. I. *rerum Germanicar.*

(*r*) *Chron. Vrsperg.* ad a. 1060. *Contin. Hermanni. Contr.* ad eund. an.

(*s*) *Continuator Reginonis* ad a. 952.

(*t*) PRESLERI *Series Ducum Carinthiæ.*

told. Er genießt dieser Ehre nur dreyzehn Jahr.

Als Kaiser Heinrich IV. die Regierung übernommen, läßt ers bey der Anordnung seiner Mutter im Anfang bewenden. Ja er macht sogar H. Bertolds Söhne Hofnung zur Anwartschaft auf diese Lande.

Allein der veränderliche Kaiser ändert seine Gedanken bald. H. Bertold und sein Sohn werden ihm wegen ihrer Freundschaft mit H. Rudolph von Rheinfelden verdächtig. Er entzieht ihnen also A. 1073. Kärnthen und Verona ohne vorhergegangene rechtliche Untersuchung, und gibt sie seinem Vetter Marquard, (u) in den er bey seinen damaligen Verdrüßlichkeiten mit dem Papst Gregorius VII. ein besonder Vertrauen sezt.

Herzog Bertold beschwert sich persönlich bey dem Kaiser zu Harzburg in Sachsen. Dieser verlangt von ihm, er solle sich bemühen die ihm feindseligen Sachsen zum Frieden zu bewegen. Er thut es, und wohnt nebst andern Reichsfürsten und Ständen dem deßwegen zu Gerstungen angestellten Convent bey, (v) wendet aber seine Klugheit und Beredtsamkeit vergeblich an.

(u) LAMBERT SCHAFNABERG ad a. 1073. ap. PISTOR. T. I. p. 352. FROELICH *Archontologia - Carinthia.*

(v) LAMBERT SCHAFNABERG ad a. 1073.

an. Dann der Kaiser will die in Sachsen errichtete Schlösser nicht, wie jene begehren, niederreissen. Also hat die Friedenshandlung ein Ende, und Bertold keine Hoffnung mehr das Verlorne wieder zu bekommen. Doch legt weder er, noch sein Sohn den Titel ab, so wenig als Otto von Northeim, dem eben dieser Kaiser das Herzogthum Baiern entzieht, des herzoglichen Tituls sich begibt.

Hier sucht man den Ursprung des Tituls von Verona, den einige Herren Marggraven von Baden geführt haben. Einige vermuthen Herzog Bertold habe seine beyde Titul unter seine Söhne getheilt. So viel ist richtig, daß die Bertoldische Linie den herzoglichen; und die Hermannische den marggräflichen Titul fortgeführt.

§. III. Herzog Bertold tritt mit Herzog Welf auf die Seite Rudolphs, Herzogs in Schwaben oder von Rheinfelden. H. Bertolds Sohn vermählt sich mit H. Rudolphs Tochter Agnes. H. Rudolph war K. Heinrichs Schwager, aber auch sein Widersacher. Papst Gregorius ermahnt beyde in einem Schreiben A. 1075. wider die, so sich der Simonie verdächtig gemacht, das ist, wider den Kaiser. (w) Und die Sachsen suchen Hülfe bey ihnen wider den

Freundschaft mit Rudolph v. Schwaben.

(w) PAULUS BERNRIEDENS. in *Vita* GREGORII VII.

den Kaiser. Sie versöhnen sich aber mit dem Kaiser, und helfen ihm A. 1075. den Sieg an der Unstrut wider die Sachsen erfechten. Sie bringen es auch dahin, daß die Sachsen sich dem Kaiser ergeben, und dieser sich mit ihnen versöhnt. Doch wollen sie weiter nichts mit dem Kaiser zu thun haben; (x) ob sie sich gleich noch nicht vor seine offentliche Feinde erklären.

A. 1076. beschäftigen sich beyde Herzoge Rudolph und Bertold nebst andern Ständen zu Trebur und hernach zu Ulm mit Herstellung der allgemeinen Ruhe. (y) Der Kaiser hält sie vor seine vornehmste Widersacher, und stellt ihnen nach dem Leben. Daher sie ihm A. 1077. die verlangte Hülfe abschlagen, und den Weg nach Italien schwer machen. Rudolph wird um diese Zeit zu Forchheim in dem angestellten Convent wider K. Heinrich zum Kaiser erwählt. (z) Bertold befördert nebst andern Reichs-

---

(x) BRUNO in *Historia Belli Saxonici*.

(y) BERTHOLD. CONSTANT. ad a. 1076. ap. VRSTIS. T. I. LAMBERT. SCHAFNAB. ad a. 1076.

(z) ANNALISTA SAXO & ABBAS VRSPERG. ad a. 1077. Bey diesem Forchheim theilen sich die Gelehrten. Einige halten es insgemein vor das Forchheim in Franken. Andere glauben, es sey dasjenige, welches in der Marggravschaft Baden-Baden liegt. Sie wollen ihre Meinung dadurch bestättigen, weil der neue Kaiser gleich darauf zu Mainz von dem Erzbischof gekrönt worden. Ja weil eine berühmte Gravschaft davon

Reichsfürsten diese Wahl; bleibt auch auf seiner Seite, und erbietet sich, seinen Sohn dem Papst zur Versicherung seiner Treue, zum Geisel zu geben. (*a*)

Der Kaiser Heinrich fällt aus Zorn dem Herzog Bertold ins Land. Bischof Werner II. zu Strasburg unterstüzt K. Heinrichs Bemühungen, und will das Kloster Hirschau, das dem Kaiser den Gehorsam nicht mehr leisten will, zerstören. Der Kaiser sucht seine Grabschaft im Brißgau H. Bertolden zu entziehen, und dem Bißthum Strasburg zu schenken. (*b*) Allein seine Bemühungen sind von keiner Wirkung. Herzog Bertold läßt sich nicht abwendig machen.

Um diese Zeit hat Herzog Bertold auch Krieg mit Ulrich III. Abt zu St. Gallen, oben bemeldten Marquards Sohn. Bertold erobert die Schlösser Zimbre und Wisneck, und bemächtigt sich aller Güter seines Gegentheils im Brißgau und auf dem Schwarzwald. (*c*)

Krieg mit St. Gallen.

§. IV.

---

davon den Namen gehabt, die den Strich Lands um die Alb herum begriffen; wie man z. E. liest, das Kloster Gottesau liege im Pago Albegoua in Comitatu Vorchheim. Andere halten Forchheim vor einen Schreibfehler, und behaupten die Stadt Pforzheim seye der Wahlort gewesen.

(*a*) ACTA CONCIL. Tom. X. p. 383.
(*b*) *Illustr.* SCHÖPFLIN. in *Hist. Zar. Bad.* T. I. p. 55. HERRGOTT *Cod. prob.* p. 126.
(*c*) BURCHARDUS de *Casibus Monasterii S. Galli* ap. GOLDASTUM *Scriptor. Rer. Alemann.* T. I. p. 68.

Kloſter Weilheim.

§. IV. In dieſen Unruhen ſtiftet er das Benedictinerkloſter Weilheim in Schwaben, und beſezt es mit Mönchen aus dem Kloſter Hirſchau. (*d*)

Tod.

§. V. Dieſer groſſe Reichsfürſt ſtirbt A. 1077. (*e*) oder 1078. (*f*) im Schloß Lyntberg. Sein Begräbnis iſt im Kloſter Hirſchau. Und dieſes bekräftigt die Meinung derer, welche dieſes Schloß im Tekiſchen, nicht weit von Weilheim ſuchen. Andere machen daraus das Schloß Limpurg im Brißgau, nicht weit vom Rhein.

Gemahlin und Kinder.

§. VI. Er hatte ſich zweymal vermählt. Erſtlich mit **Richwara**, welche einige vor eine Tochter Herzogs Adalbero von Kärnthen ausgeben; und nach deren Tod mit **Beatrix**, einer Tochter Ludwigs, der Comes Moncionis genennt wird. (*g*)

Unter ſeinen Kindern bemerken wir drey Söhne: (*h*)

I.

(*d*) SCHÖPFLIN. *Cod. Dipl. Bad.*
(*e*) TRITHEMIUS in *Chron. Hirſaug. Chron. Conſtant.* ANNAL. SAXO ad a. 1077.
(*f*) BERTHOLD. CONSTANT.
(*g*) *Chron. Conſtant.* ap. PISTOR. T. III. BERT. CONST. ad a. 1092.
(*h*) Einige gedenken auch einer Tochter **Agnes**, die an Geyſa K. in Ungarn vermählt worden ſey. Es muß aber vielmehr des Gegenkaiſers Rudolphs Tochter, K. Ladislaus Gemahlin verſtanden werden. SCHÖPFLIN. *Hiſt. Zar. Bad.* p. 65.

Bertold II. (*i*) Er führt den herzoglichen Titul, und besizt einen Theil der vätterlichen Lande, wie gleich hernach wird gezeigt werden.

2. **Hermann,** (*k*) von welchem die Herren Marggraven von Baden herstammen. Ich handle von ihm an seinem Ort.

3. **Gebhard;** (*l*) ein Herr, der sich durch Wissenschaft und Tugend berühmt gemacht. Baronius nennt ihn einen apostolischen Mann (*m*) und P. Paschal II. bestätigt ihn als Legatus des päpstlichen Stuhls. (*mm*) Leibniz (*n*) hält ihn vor den Verfasser von dem Leben des Heil. Konrads, welcher aus einem Altdorfischen Graven Bischof zu Costanz worden.

A. 1083. findet man ihn als Mönchen im Kloster Hirschau. (*o*)

Gebhard.

(*i*) ABBAS VSPERG. in *Chron.* ad a. 1057. PETRUS DIACONUS in *Chron. Cassinat.* L. IV. C. 35.

(*k*) BERTHOLD. CONSTANT. ad a. 1074.

(*l*) Charta ap. SCHANNAT. *Vindem. Litt.* Collect. I. p. 163. BERTH. CONST. ad a. 1084. & 1092.

(*m*) In *Annalib.* ad a. 1100.

(*mm*) BERTH. CONST. ad a. 1093.

(*n*) *Scriptor. Brunsvic.* T. II. in Introduct. p. 3. GOLDAST. *Rer. Alamann.* T. II. p. 196. schreibt dieses Buch dem Heil. Gebhard II. Bischoffen zu Costanz zu.

(*o*) *Chron. Hirsaug.* ad a. 1083.

Bischof zu Coſtanz. A. 1084. (*p*) oder 1085. (*q*) erwählt man ihn zum Biſchof zu Coſtanz, wohin ihn ſein Bruder Bertold und H. Welph von Bayern mit einem ſtarken Heer begleiten.

A. 1085. wird er zu Maynz in Gegenwart K. Heinrichs IV. beſchuldigt, er habe das Bisthum Coſtanz feindlich überfallen, und ſich ſolches angemaßt. Er wird daher nebſt dem Gegenkaiſer Hermann in die Acht erklärt. (*r*)

In denen groſſen Strittigkeiten zwiſchen dem Kaiſer und Papſt iſt er auf päpſtlicher Seite. Daher er A. 1089. von Otto Biſchof zu Oſtia, dem päpſtlichen Geſandten in Teutſchland, und nachher Papſt unter dem Namen Urban II. zum Prieſter geweihet wird. (*s*)

A. 1092. befördert er die Wahl ſeines Bruders Bertold II. zum Herzogthum Schwaben. (*t*)

A. 1093. verrichtet er die Einſegnung Poppe, Biſchofs zu Metz; und weihet den 1. Aug.

(*p*) BERTH. CONST. ad a. 1084.

(*q*) *Chron. Conſtant.* ap. PISTOR. p. 742.

(*r*) GALLI OEHEMII *Chron. Monaſterii Augiæ Div.* Mſct.

(*s*) *Acta Concil.* Tom. X. Labb.

(*t*) *Fragment. Vrſtiſ.* ad a. 1092.

Aug. das Kloster St. Peter im Schwarzwald ein. Auch versammlen sich auf sein Anrathen die Fürsten des Reichs zu Ulm und verbinden sich auf zwey Jahr wider K. Heinrich IV. (*u*)

A. 1094. hält er die große Kirchenversammlung zu Costanz, welche die Verbesserung der Kirchenzucht zum Endzweck hat. (*v*)

A. 1095. wohnt er der Kirchenversammlung zu Piacenza bey. P. Urban II. ertheilt auf derselben der neuen Abtey St. Peter viele Freiheiten. (*w*) Auch dieses Gotteshaus segnet Bischof Gebhard ein. (*x*)

A. 1107. suspendirt ihn Papst Paschalis II. in der Kirchenversammlung zu Troyes, weil er seine Bewilligung dazu gegeben, daß Gottschalck der Kirche zu Maynz aufgedrungen worden, er auch selbst den Erzbischof Heinrich zu Magdeburg ordinirt hatte. (*y*) Es währet aber die Suspension nur kurze Zeit.

(*u*) Schoepflin. l. c. p. 64.
(*v*) Acta Conc. T. X. p. 497.
(*w*) Schöpflin. Codex Diplom. Bad.
(*x*) Schöpflin. Histor. Zaringo-Bad. T. I. p. 81.
(*y*) Acta Concil. T. X. Er heißt allda Guichardus. Des P. Paschals Briefe an ihn stehen in Martinii Thes. Anecdod. T. I. C. 336.

Dann A. 1108. weiht er die neue Kirche zu St. Blasii ein, welche noch jezt daselbst ist. (z)

Sein Leben beschließt er A. 1110. in dem 26. Jahre seiner bischöflichen Regierung. (a) Dieselbe wurde zweymal von denen Kaiserlichen unterbrochen, die ihm so zugesezt, daß er seine Lande verlassen mußte. Er brachte bey diesen Umständen die meiste Zeit im Brißgau zu bey seinem Bruder Herzog Bertold von Zähringen. (aa)

(z) *Chron. S. Blasii* OTTONIS de S. BLASIO. Es ist verlohren gegangen; Doch hat der Abt von St. Blasii Caspar I. vieles davon aufbehalten in *Origg. San-Blasianis. MS.*

(a) MABILLON. *Annal. Benedict.* T. V. p. 464. MANLIUS in *Chron. Epifc. Conftant.* ap. PISTOR.

(aa) *Gallia Chrift.* T. V. col. 909.

Bertold

Bertold II.
Von 1077. bis 1111.

§. I.

Dieser älteste Sohn Herzog Bertolds I. folgt seinem Vatter in dem herzoglichen Titul, in der Würde eines Landgraven von Brißgau, in denen Schwäbischen Herrschaften, und in denen Brißgauischen und Ortenauischen Eigenthumen, gleichwie Hermann II. als dessen Vatter Hermann I. drey Jahr vor seinem Vatter Bertold I. verstorben war, in dem Titul eines Marggraven, in denen Ufgauischen, Creichgauischen und andern Ländern, die er in dem sogenannten Ostfrankreich, in welcher Gegend auch unser Vatterland liegt, besessen hat. (b)

Theilung der väterlichen Lande.

§. II. Herzog Bertold erhält das Herzogthum Schwaben. (c) K. Rudolph hatte

Herzog in Schwabē.

(b) SCHÖPFLIN. l. c. p. 49. 61. & 67. Von denen ehmaligen Herzogen von Zähringen hat schon belobter Herr Rath Dill eine kurze aber gründliche genealogische Historie gegeben in Otters Sammlungen.

(c) Denen Berichten des Otto von Freisingen ist in dieser Materie nicht gänzlich zu trauen. Er confundirt diesen Bertold II. mit des Gegenkaisers Sohn Bertold, und ist als ein leiblicher Bruder K. Conrads III. und K. Friedrichs I. Vatters Bruder der Guelphischen Parthie nicht gewogen. Man sehe die vortreffliche Anmerkungen des Herrn Prof. Schöpflins Histor. Zaringo-Bad. T. I. p. 68. sqq.

te dieses Land seinem Sohn Bertold zugedacht. Weil er aber noch minderjährig gewesen, so scheint es, er habe diesen seinen Tochtermann Herzog Bertold von Zähringen ihm zum Vormünder gesezt.

Nach des Kaisers Tode A. 1080. übernimmt sein Sohn Bertold die Regierung, und vertheidigt sich in dem Besitz des Landes wider Fridrich von Hohenstaufen, erhält sich auch durch Beystand der Guelphischen Parthie, bis er mitten unter denen Unruhen in Teutschland A. 1090. mit Tode abgeht. (d)

Es scheint er seye nicht vermählt gewesen. Die Schwaben hatten ihn werth gehalten, und fielen nun nach seinem Tode auf seinen Schwager Bertold von Zähringen. Dieser wird auch A. 1092. feyerlich zum Herzog von Schwaben erwählt. (e) Daß sein Bruder Gebhard, Bischof zu Costanz, viel dazu beygetragen, ist schon oben bemerkt worden. Er soll auch wegen seiner Gemahlin in der Gravschaft Rheinfelden gefolget seyn. (f)

H. Bertold hat das Zeugniß, daß er in seiner Regierung fast alle seine Vorfahren

---

(d) Berthold. Const. ad a. 1084. 1086. 1090.
(e) Berth. Const. ad a. 1092. *Autor Fragm. Hist. Alberti Argent. Chron. præfixi* ap. Vrstis. T. II. p. 81.
(f) Stumpf Schweizer-Chronik.

ren an Gerechtigkeit übertroffen habe, und ein tapferer grosmüthiger Prinz gewesen seye. Sollte ihm jemand eine widrige Nachricht bringen, und nahm Anstand, es zu sagen; so war seine Anrede: sage es nur, sage es, ich weiß wohl, daß Leyd und Freude immer mit einander abwechseln. (g)

Er vertheidigt sich in dem Besitz des Herzogthums Schwaben gegen K. Heinrich IV. und dessen Tochtermann Fridrich von Stauffen nachdrücklich, vergleicht sich aber endlich, ohngefähr A. 1097 oder 1098. nach einem schier sechsjährigen Besitz des Herzogthums mit K. Heinrich und Fridrich von Hohenstauffen dahin, daß Bertold sich des Herzogthums Schwaben gröstentheils begeben, jedoch die Reichsvogtey über die berühmte Stadt Zürch, nebst dem, was er im Turgau, an dem Rhein, im Schwarzwald, Brisgau und Mortenau besessen, behalten sollte. (h)

Verglich wegen Schwaben.

Es erstreckte sich diese Reichsvogtey nicht allein über die Stadt und die ganze Gegend oder Gravschaft, sondern auch über die zwey so reiche Kirchen der Stadt Zürch, das grose Münster und das Frauenmünster.

B 5

___

(g) Otto Frising. de Gest. Frid. I. Imp. L. I. C. 8. Berth. Const. ad a. 1094.

(h) Otto Frising. l. c. Guillim. de Rebus Helvet. L. III. C. 5.

münster. (i) Doch wird durch diesen Vergleich die zwischen dem Kaiser und H. Bertold obwaltende Feindschaft nicht aus dem Grunde gehoben.

Es irren aber diejenige, welche vorgeben, H. Bertold seye seiner angeerbten Lande, und namentlich der Gravschaft Zähringen, wie sie solche nennen, beraubt, und diese A. 1081. vom Kaiser an Burcard, Bischof zu Basel verliehen worden. Dieses kommt daher, daß man Harichingen im Buchsgau, welches besagtem Bischof A. 1080. vom Kaiser gegeben worden, mit Zähringen verwechselt. (k) Wiewohl nicht zu läugnen ist, daß der Kaiser ihme Zähringen zu entziehen, und dem Stift Basel zuzuwenden sich bemühet hat. (l)

§. III. Herzog Bertold zieht A. 1084. nebst Herzog Welph von Bayern und Burcard von Nellenburg mit einigen Truppen nach Costanz, vertreibt daselbst den Bischof Otho, und sezt mit Genehmigung des Gegenkaisers Hermanns und des päpstlichen Gesandten seinen Bruder Gebhard zum Bi-

---

(i) Hottingers Helvetische Kirchen-Historie. Th. 1. S. 368. 394. 432.

(k) Das Buchsgau lag nicht weit von Solothurn. Die Besitzer hiessen auch Landgraven, und waren Lehenleute vom Bisthum Basel. S. in Leu Helvetischem Lexicon, Herchingen, Buchsgau und Bucheck.

(l) Diplom. ap. HERRGOTT. Cod. probat. p. 127.

Bischof, wie schon oben gemeldet worden. (m)

A. 1086. hat er mit der Abtey St. Gallen, die er zwey Jahr zuvor feindlich heimgesucht, neue Verdrüßlichkeiten, weil ihm seine Vestung Twiel durch Verrätherey eingenommen worden. (n)

A. 1087. kommt er in dem Tausch, den der Bischof von Basel, und Ulrich, Mönch von Clugny mit einander getroffen, als Zeuge vor.

§. IV. Er stiftet (o) die Abtey St. Peter auf dem Schwarzwalde. (oo)

Abtey S. Peter.

Der Klosterbau nahm seinen Anfang A. 1090. (p) und wurde vollendet A. 1093. (q)

P.

(m) HERMANNI *Annal. Einsidl.* p. 159.
(n) GALLI OEHEMII *Chron. Augia Div. MS.* in der Bibliothek der Abtey St. Blasii ad a. 1084.
(o) SCHANNAT. *Vind. Lit.* Coll. 1. p. 162.
(oo) Lat. Nigra Silva. Tacitus schreibt von ihm, die Donau habe ihren Ursprung auf dem Berge Abnoba. Nachher wurde er Silva Marciana, der Marswald genannt. Er begreift zuweilen in den Urkunden die ganze Gegend, die wir jetzt Brisgau, Ortenau und Schwarzwald nennen. Ein anders ist der Haarbwald in der untern Marggrafschaft Baden. Das Wort Haarb ist ein altes teutsches Wort, und bedeutet eine waldigte Gegend, wo der Wald nicht sehr dick ist, und nicht sowohl auf hohen Bergen, als auf der Ebene oder mittelmäßigen Hügeln liegt.
(p) CRUSIUS *Annal. Suev.* Part. II. L. 8. C. 13.
(q) BERTH. CONST. ad a. 1093.

P. Urban II ertheilt demselben A. 1095.
auf der Kirchenverſammlung zu Piacenz
viele Freiheiten, mit dem Beding, daß die
Abtey alle Jahr eine gewiſſe goldene Münze
(aureum bizantium) nach Rom in den päpſtlichen Pallaſt liefern ſollte. (*qq*)

Die Einweihung verrichtet des Herzogs
Bruder Gebhard, Biſchof zu Coſtanz. (*r*)

Herzog Bertold beſchenkt dieſes neue
Gotteshaus, auſſer dem Orte Buchſe und
denen dazu gehörigen Gütern mit denen
Einkünften des Kloſters Weilheim, welches
ſein Vatter Bertold I. geſtiftet hatte. (*rr*)
Er ſezt auch aus demſelben den Abt Albero
A. 1093. dahin, und erwählt es zum Be-
gräbnißort vor ſeine Familie. (*s*) Es ſcheint,
Weilheim ſeye zu Verrichtung der gottes-
dienſtlichen Handlungen nicht bequem genug geweſen.

§. V. So wenig H. Bertold dem K. Heinrich IV. ergeben war: in ſo gutem Vernehmen ſtunde er mit deſſen Sohn und Reichsnachfolger Heinrich V. Dieſer beſchließt
A. 1110. zu Regenſpurg und Utrecht den
Römer-

(*qq*) Schöpflin. Cod. Dipl. Bad.
(*r*) Bert. Const. ad a. 1093.
(*rr*) Schöpflin. Cod. Diplom. Bad.
(*s*) Es liegen auch alle Herzoge von Zähringen daſelbſt begraben, auſſer Bertold I und Bertold V. jener hat ſeine Ruhſtätte zu Hirſchau, dieſer zu Freyburg. Es iſt falſch, wenn man vorgibt, einige liegen zu Sulz-burg begraben.

Römerzug, (t) und bricht noch in selbigem Jahr mit einer grosen Armee nach Italien auf, und verwüstet unterwegs alles, was ihm entgegen ist, mit Feuer und Schwerd; (u) Kommt endlich A. 1111. zu Rom an, und wird daselbst prächtig empfangen. (v) H. Bertold (w) begleitet ihn, und beschwört nebst andern Fürsten und Ständen des Reichs den berühmten Verglich, welchen der Kayser und P. Paschal II. wegen der Investitur der Bischöffe getroffen haben. (x)

Da er von dieser Reise zurückgekommen, verwechselt er das Zeitliche mit dem Ewigen A. 1111. (y) 12. April, und wird in

Tod.

(t) CONRAD. VESPERG. p. 253. *Annales Hildesheim.* ad a. 1110.

(u) DODECHIN in *Append.* ad *Marian. Scot.* ad eund. an.

(v) OTTO FRISING. *Chron.* L. VII. C. 14.

(w) Einige halten davor, man müsse hier H. Bertold III. verstehen. Es kan aber auch seyn, daß der Vatter den Sohn mit sich genommen. Herr gott macht aus beeden Eine Person, in Genealog. Habsburg. T. I. L. VI. C. 2.

(x) PETR. DIAC. in *Chron. Caffinat.* L. IV. C. 35. Vita Paschalis II. ap. MURATOR. *Scriptor. Rer. Ital.* Vol. III. p. 360.

(y) *Chron. Constant.* ap. PISTOR. T. III. p. 742. SCHANNAT. *Vind. Lit. Collect.* I. p. 160. Viele setzen seinen Tod ins Jahr 1090. Es ist aber zu bemerken,

in dem von ihm erbauten Kloster St. Peter beygesezt.

Gemahlin und Kinder.

§. VI. Seine Gemahlin war **Agnes**, des Gegenkaiser **Rudolphs** Tochter. (z) Sie gieng vor ihrem Gemahl in die Ewigkeit. (a) Aus dieser Ehe kamen, ausser drey Söhnen, Bertold III. und Konrad, welche dem Vatter in der Regierung gefolgt, und Rudolph, der noch bey seines Vatters Tode gewesen, und vielleicht bald hernach die Welt verlassen hat, eine Tochter, Agnes. Einige schreiben sie unrecht H. Konrad zu. Sie wurde vermählt an Stephan II. den **Waghals**, (Tête hardie) Graven von Burgund, (b) und diese zeugeten Grav **Wilhelm** III. den Knaben, welcher A. 1126. bey Peterlingen sein Leben verlohren hat. (c) Aus dieser Ehe leiten einige auch her Rainald III. der die Freiheiten der Gravschaft Burgund wider die Kaiser und Herzoge von Zähringen zu vertheidigen

---

ten, daß derjenige Bertold, dessen Tod man in diesem Jahre lieft, des K. Rudolphs Sohn gewesen. PAULLUS BERNRIEDENS. in *Vita Gregorii VII.* ap. MABILLON. *Act. Sanctor. Sæc.* VI. P. II. p. 453.

(z) OTTO FRIS. l.c. C. VII. SCHANNAT. l. c. p. 161.

(a) *Necrologium S. Petri.*

(b) NIC. VIGNIER. *Chron. Burg. Memoir. de Bourgogne.*

(c) OTTO FRIS. L. I. C. 29. *Vignier* c. l. p. 135.

gen gesucht hat. So gedenkt man auch einer Luitgard von Zähringen, (d) die das Kloster Aller Heiligen auf dem Schwarzwalde gestiftet haben soll. Man macht sie zur Gemahlin Gottfrieds, Graven von Calw, und zur Mutter derjenigen Utha, welche an H. Welph, Heinrich des Stolzen Bruder, vermählt gewesen. Der Zeitrechnung nach ist es nichts widersprechendes.

(d) GUILLIMANN. de reb. Helvet. L. 2. C. 14. Chron. Constant. wo noch mehrere Kinder dem H. Bertold gegeben werden.

Bertold

Bertold III.
von 1111. bis 1122.

§. I.

Herzog. Herzog Bertold III. ist der erste, welcher in den Urkunden Herzog von Zähringen genennet wird. So findet man ihn in dem Instrument der neuen Stadt Freyburg A. 1120. (e) Er hat das Zeugnis eines löblichen Regenten.

§. II. Seine vornehmste Verrichtungen, die wir von seiner kurzen Regierung aufgezeichnet finden, sind diese:

A. 1112. bestätigt er nebst seinem Bruder Konrad dasjenige, was ihr Vatter dem Kloster St. Peter geschenkt hatte. Sie ertheilen ihm zugleich noch mehrere Rechte, und geben ihm Güter im Dorf Vengeshusen. (f)

A. 1113. schenkt er nebst seinem Bruder ein Gut in dem Dorf Gondelingen (Gundelfingen) samt seinen leibeigenen, und andern Rechten dem Kloster St. Peter. (g)

A. 1114. wohnt er der Versammlung der Reichsstände zu Basel unter K. Heinrich

---

(e) SCHÖPFLIN. *Codex Dipl. Bad.*

(f) SCHANNAT. *Vindem. Litter.* p. 160. Aus dieser Urkunde ist klar, daß er H. Bertolds II. Sohn gewesen.

(g) SCHÖPFLIN. *Cod. Dipl. Bad.*

rich V. bey, und unterzeichnet drey Briefe als Zeuge. (b)

A. 1115. verlegt ein Edelmann, Namens Gerold das Kloster zu Boliswiler im Schwarzwald nach Selden. H. Bertold ist als Schirmsvogt dabey. (i) Dieses Kloster wurde hernach A. 1598. vom P. Clemens VIII. mit der Abtey St. Peter vereinigt. (k)

A. 1121. ist er nebst andern Reichsfürsten bey dem Verglich des Klosters St. Peter mit denen Capitularen von Cella. (l)

A. 1122. unterzeichnet er zu Worms auf dem zahlreichen Reichstag den Verglich P. Calixtus II. mit K. Heinrich V. wegen der Investitur der Bischöffe, oder das sogenannte Concordatum Wormatiense. (m)

Der

(b) HERRGOTT. *Geneal. Habsb.* T. II. Num. 193. sqq.

(i) MABILLON. *Annal. Ord. S. Bened.* T. V. p. 694.

(k) Man sehe davon des Hochw. Herrn Abts zu St. Peter, Philipp Jacobs, Leben des Heil. Ulrichs, 1756.

(l) SCHÖPFLIN. *Hist. Zar. Bad.* T. I. p. 89.

(m) Dieses ist das älteste Concordatum Nationis Germ. mit welchem, als einem neuen geschriebenen Gesetz damals das teutsche Staatsrecht bereichert wurde. KEMMERICH. *Introduct. ad J. P. Imp. Rom. Germ.* p. 19. Der Verglich steht bey vielen, z. E. in BARON. *Annal.* T. XII. ad a. 1122. LEIBNIT. *Cod. J. G.*

Der päpstliche Nuntius Lambert absolvirt zugleich den Kaiser nebst seinen Anhängern vom Bannfluch. (n)

Dieser Vergleich wurde vor so wichtig gehalten, daß man davon bey nahe zu einer besondern Aera oder Zeitrechnung Anlaß genommen. (o)

Er war auch sehr beträchtlich. Denn der Kaiser gestattete kraft desselben denen Reichsstiftern eine freye Wahl, behielte sich aber das Recht, Gesandte und Commissarios bey dergleichen Handlungen zu haben, dieselben zu dirigiren, zwistige Wahlen zu entscheiden, die Erwählten zu bestätigen, sie wegen ihrer weltlichen Güter und Regalien mit dem Scepter zu investiren, dahingegen dem Papst die Belehnung mit dem Ring und Hirtenstab überlassen wurde. (p)

A.

J. G. *Diplom.* SIGON. de *regno Ital.* SCHILTER. *Instit. Iur. Publ.* GOLDAST. Const. Imp. T. I. Der berühmte Herr Moser führt in seinem teutschen Staatsrecht Th. 1. S. 352. aus dem Baronius und Goldast die teutschen Fürsten an, welche ihn unterschrieben haben. H. Bertold steht nicht darunter. Hingegen treffen wir ihn an in Vita Calixti II. p. 420.

(n) *Annal. Hildesb.* ad a. 1122. DODECHIN. ad eund. annum.

(o) NIC. SCHATEN. *Annal. Paderborn.* P. I. L. VII. p. 703.

(p) Einige setzen diesen merkwürdigen Kirchenfrieden ins Jahr 1124. Es ist aber unrecht. Dann der Papst gedenkt selbst schon A. 1122. in einem Schreiben an den Kaiser ihrer Aussöhnung.

A. 1118. errichtet er auf seinem Grund und Boden die Stadt Freyburg im Brisgau. (*q*)   **Stadt Freyburg im Brisgau.**

Sie ist nach der Einwohner Erzählung vorher ein Flecken gewesen, der seinen Ursprung von den Bergleuten gehabt, welche wegen der nicht weit davon befindlichen Erzgrube viele Häuser daselbst erbaut haben.

Er ertheilt dieser neuen Stadt A. 1120. vortrefliche Freyheiten. (*r*)

Sie soll die Rechte haben, wie Cölln am Rhein, und eine Handelsstadt im Brisgau werden. K. Heinrich V. und die Stände des Reichs genehmigen ihre Errichtung sowohl als ihre Freiheiten, welches um so mehr

---

(*q*) *Chron. Friburg.* bey Königshofers Elsäßischen Chronik. Stumpf Schweizer-Chronik, 7. B. 29. Cap. Es ist ungegründet, wenn einige Bertold II. zu ihrem Stifter machen. Wann man liest, daß H. Konrad sein Bruder, sie errichtet habe, so ist dieses nicht von dem Anfang, sondern von ihrer Vermehrung und Vollendung zu verstehen.

(*r*) SCHÖPFLIN. *Cod. Dipl. Bad.* z. E. Keiner von denen Vasallen oder Dienstleuten des Herrn soll, ohne allgemeine Einwilligung der Burgerschaft, darinnen aufgenommen werden. Bey entstandenen Streitigkeiten und Rechtshändeln, soll ihr erlaubt seyn, an das Cöllnische Gericht zu appelliren. Sie soll die freye Wahl eines Plebani, Sculteti und 24 Consulum haben. Diese und andere Verordnungen H. Bertolds blieben in ihrer Kraft bis aufs Jahr 1520. da ihre Statuten neu herausgegeben wurden.

mehr zu bewundern ist, weil H. Bertold damals ein Freund des Papsts war.

Sein Bruder und Nachfolger **Konrad** vermehrt ihr Ansehen. Dieser erbaut die Hauptkirche oder das Münster, und den ansehnlichen hohen Thurn, der dem Strasburgischen, die Höhe ausgenommen, ähnlich ist. (s) Da Teutschland bis ins zwölfte Jahrhundert wenige Städte gehabt, so gehört Freiburg ohnstreitig unter die älteste.

Tod.　§. III. A. 1122. zieht er **Hugo**, Graven von Dagsburg, wider seine rebellische Unterthanen zu Hülfe. Er verliehrt darüber sein Leben. Dann er wird bey Molsheim im Elsaß erschlagen. (t) Zu seiner Ermordung trägt der damalige Bischof **Cuno** zu Strasburg vieles bey, welcher dem K. Heinrich V. wider den Papst ergeben ist, und deswegen auch das folgende Jahr seines Bisthums entsezt wird. (u)

§. IV.

(s) Es ist bekannt, daß diese vortrefliche alte Stadt, deren Universität seit dem Jahr 1457. oder 1463. berühmt ist, die ein Schlüssel zu Teutschland und eine wahre Hauptvestung in demselben war, A. 1744. von den Königlich-Französischen Völkern erobert, und von ihren Vestungswerkern entblößt worden.

(t) *Chron. Pantaleon.* ap. ECCARD. T. I. p. 917. *Chron. Constant.*

(u) DODECHIN. ad h. a.

§. IV. Seine Gemahlin war Sophia, eine Tochter Heinrichs des Schwarzen von Bayern. (v) Gemahlin.

Sie hinterliessen keine Leibeserben. Crusius (w) schreibt ihm ohne Grund eine Tochter, Luitgard, zu, die an Pfalzgrav Gottfrid von Calw soll verheurathet worden seyn, und andere machen sie zur Mutter einer Sophia, die sich Bertold I. H. in Kärnthen und Steyermark zur Gemahlin erwählt habe. Auch dieses ist falsch. Die verwittibte Sophia vermählte sich an Luitpold, Marggraven von Steyermark. (x)

(v) *Chron. Weingart.* ap. LEIBNIT. T. I. *Rer. Brunsv.* p. 768. wo Haringen anstatt Zähringen steht.

(w) In *Annal. Suev.* P. II. L. 7. C. 3.

(x) ANNALISTA SAXO ad a. 1106.

Konrad

Konrad.
Von 1122. bis 1152.

§. I.

Kaum war H. Bertold mit Tode abgegangen, so bestätigt der neue Regent H. Konrad, sein Bruder, (a) der Abtey St. Peter zum Besten die Freyheit, daß seine Dienstleute ihre Güter diesem Gotteshause nach Belieben freywillig überlassen können. (b)

Advocatus S. Blasii.

§. II. A. 1125. überträgt der Abt Rustenus von St. Blasii die Kastenvogtey seines Klosters dem H. Konrad.

Strittigkeit deswegen.

Ich muß hier der Strittigkeiten, die zwischen der Abtey und dem Bischof zu Basel obgewaltet, gedenken. (c)

Die Abtey St. Blasii war eine freye Reichsabtey seit den Zeiten K. Otto II. der ihr A. 983. ein Diploma deswegen ertheilt,

---

(a) Daß er H. Bertolds II. und Bertolds III. Bruder gewesen, erweisen sehr viele Urkunden. z. E. SCHANNAT. *Vindem. Litt. Col.* I. p. 160. drey bey HERRGOTT. T. II. u. a. m.

(b) SCHANNAT. l. c. p. 161.

(c) Diese hat Herr Prof. Schöpflin zuerst deutlich aus einander gesetzt. Man ist nun im Stande zu beurtheilen, was SUDANUS in *Basilea Sacra*, URSTISIUS in *Chron. Basil.* und das Basler Lexicon Art. Basel davon melden.

theilt, und die Freyheit gegeben, sich einen Kastenvogt zu erwählen. (d)

Sie wurde immer zur Diöceß des Bischofs zu Costanz gerechnet.

K. Heinrich II. arbeitete an dem Ansehen derer Bißthümer Bamberg (e) und Basel. Jenem übergab er die Lehnbarkeit oder das dominium directum über die Benedictiner = Klöster Gengenbach und Schuttern. Diesem (f) scheint er das Kloster St. Blasii zugedacht zu haben.

Sein Reichsnachfolger K. Konrad II. thut solches gleich A. 1025. beym Antritt seiner Regierung. Er macht es zu einem Lehen des Bißthums Basel. Der Abt war bisher

---

(d) HERRGOTT. T. II. p. 141.

(e) K. Heinrich II. der Heilige hatte diese Stadt besonders lieb. DITMAR. *Chron.* L. VI. p. 383. L. VII. p. 416. Er beschloß ein Bißthum daraus zu machen, drang auch durch alle ihm gemachte Hindernisse auf dem A. 1006. und 1007. zu Frankfurt gehaltenen Synodo hindurch. DITMAR. l. c. *Auctor Chron. Wircib.* ad a. 1007. und bestellte seinen Kanzler Eberhard zum ersten Bischof. Die Einweihung der hohen Stiftskirche verrichtete der Patriarch Johannes von Aquileja. Sie wurde hernach A. 1019. vom P. Benedict VIII. als er nach Bamberg kam, in eigner Person wiederholt. BURCKARD. *de Casibus Monasterii S. Galli* p. 66. WIPPO in *Vita Conradi* p. 423.

(f) Das Bißthum Basel erfuhr auch sonst des Kaisers Liebe. Er begabte die hohe Stiftskirche zu Basel mit den Herrschaften und Schlössern Pfeffingen und Lanßern.

bisher von dem Kaiser mit dem Stab (per virgam oder baculum) belehnt worden, nun soll solches vom Bischof zu Basel geschehen. (g)

Dieses Dominium directum benahm aber den übrigen Rechten dieses unmittelbar unter dem Kaiser und Reich stehenden Gotteshauses nichts.

A. 1120. entstunde eine Schwierigkeit über die Art und Weise zu investiren. P. Gregorius VII. hatte schon A. 1078. auf der Kirchenversamlung zu Rom die Kaiserliche Belehnung mit dem Stab und Ring verworffen. Seine Nachfolger thaten eben dieses. Nun war die Frage, ob der Bischof von Basel den Abt zu St. Blasii ferner mit dem Hirtenstab investiren solle?

Die Gesandte des Papsts Calixtus II. Cardinal Gregorius und Pontius, Abt von Clugny thaten A. 1120. in Beyseyn des Bischofs Rudolphs von Basel und des Abts Rustenus von St. Blasii zu Basel den Ausspruch: „Wenn andere Bischöffe des „Reichs, die da Kastenvögte in den Abteyen „anderer Bischöffe sind, nach dem Recht ih„rer Kirche, oder mit Erlaubnis oder oh„ne Hinderung des päpstlichen Stuhls die „erwählte Aebte (per virgam) mit dem „Stab investirten, so sollte der Bischof zu „Basel

---

(g) Codex Abbatiæ Blasian. Sæc. XII. SCHÖPFLIN. *Hist. Zaringo-Bad.* T. I. p. 99. Not. f.

"Basel gleiches bey den Aebten zu St. Bla"sii nach ihrer Erwählung beobachten."(*b*)

Dieser Ausspruch gab zu mancherley Bewegungen Anlaß. Man sieht deutlich, daß die päpstliche Gesandte keine genugsame Erkentnis von denen Gebräuchen und Gewohnheiten der Kirchen in Teutschland gehabt haben. Sie haben das Dominium directum mit der Advocatia confundirt. Dann der Streit war weder wegen der Landesherrlichen Hoheit, (Superioritate territoriali) noch wegen der Diöces, darein die Abtey gehören soll, noch über die Kastenvogtey, (Advocatia) wer diese haben soll, sondern über der Lehnbarkeit (Dominio directo) ganz allein.

Der Nachfolger des Bischofs Rudolphs zu Basel, Berchtold, glaubt, der Ausspruch der päpstlichen Gesandten berechtige ihn, die Kastenvogtey von St. Blasii sich zuzueignen, und mit dem ihm gebührenden Dominio directo zu verbinden. Er sezt deswegen A. 1124. einen Subadvocatum, Adelgoz von Werre. (*i*)

Der Abt beschwert sich bey K. Heinrich. Dieser spricht A. 1125. auf der Reichsversamlung zu Strasburg das Kloster St. Blasii

---

(*b*) DACHERII *Spicilegium* T. III. p. 447.

(*i*) Die Herrschaft Werr oder Wehr ist auf dem Schwarzwald zu suchen, oberhalb der Präceptorie Beuken.

Blasii frey von der Advocatie des Bischofs zu Basel, als welche aus dem ihm von dem K. Konrad ihme verliehenen dominio directo nicht konte hergeleitet werden. (k) Es mußte ihm kraft des von K. Otto II. gegebenen Privilegii die Freyheit einen Kastenvogt nach Belieben zu erwählen, verbleiben. Die Abtey übt dieses Recht sogleich aus.

Das Kloster will einen mächtigen Reichsfürsten zum Kastenvogt haben. Die Wahl fällt also auf H. Konrad, der das Zeugnis eines reichen und tapfern Fürsten hat.

Der Kaiser bestätigt seine Wahl, und droht mit der Acht, wann man ihn hindern würde.

Doch ist noch nicht aller Streit zu Ende. Die Abtey glaubt, indem sie von der Advocatie des Bischofs von Basel frey gesprochen worden, seye sie nun auch von der Lehnbarkeit desselben befreyt.

K.

(k) Es ist nichts ungewöhnliches in Teutschland, daß eine Abtey einen besondern Dominum directum, und einen besondern Advocatum hat, und zugleich unter eine andere Diöces gehört. Die unmittelbare Reichsabtey Gengenbach in der Ortenau erkennt den Bischof zu Bamberg vor ihren Dominum directum; das Fürstliche Haus Baden vor ihren Advocatum, und den Bischof zu Strasburg vor ihren Diœcesanum.

K. Konrad III. macht auch demselben zu Strasburg A. 1141. ein Ende. In diesem Jahr übergibt H. Konrad, als Kastenvogt der Abtey in ihrem Namen ihre vier Höfe in Sirenz, Lauffen, Oltingen und Filnacker an den Bischof zu Basel Ortlich. Dieser entsagt sodann freywillig allen Rechten, die seine Kirche von der Zeit K. Konrads II. auf die Abtey gehabt, und H. Konrad unterzeichnet nebst seinem Sohn Bertold das Instrument. (*l*)

Die Herzoge von Zähringen blieben im Besiz bis zum Abgang ihres Hauses.

§. III. A. 1126. ist er bey K. Lotharius II. zu Strasburg, und unterzeichnet nebst andern Ständen die kaiserliche Briefe, und mit ihm M. Hermann. (*m*)

In eben diesem Jahr kommt der Grav von Burgund Wilhelm III. mit dem Beynamen der Knab bey Peterlingen ums Leben. Er hinterläßt weder Kinder noch Brüder. (*n*) *Burgundische Sachen.*

Seine Lande waren ansehnlich. Er besaß ausser der Gravschaft Burgund auch den Strich Landes, der zu Wiflisburg (*o*)
(Aven-

(*l*) HERRGOTT. A. 1141.

(*m*) HERRGOTT. l. c. Num. 205. 206.

(*n*) ALBERICUS, Trium Fontium Abbas, in *Chron.* ad a. 1027.

(*o*) Ich bediene mich dieses teutschen Namens, weil man mit Recht davor hält, daß das alte Aventicum derer Helvetier

(Aventicum) gehörte, das Uchtland, und andere in der Burgundischen Schweiz gelegene Länder.

Sein rechtmäßiger Erbe ist Grav Rainald III. von Mascon und Chalon. Er nimmt von seines Vetters Gravschaft Besiz. (*p*)

Die Graven von Burgund hatten bisher sich denen Salischen oder Fränkischen Kaisern unterthänig bezeugt. Dann K. Konrad II. hatte den von dem lezten Burgundischen H. Rudolph III. dem Faulen mit K. Heinrich II. (*oo*) geschlossenen Erbschaftstractat A. 1027. bey Basel erneuert. (*q*) War auch mit eben dieses Rudolphs Schwester Tochter Gisela vermählt, und nahm nach desselben Tode, der A. 1032. erfolgte, vom Lande

vetter allhier gestanden, welche zur Zeit des Julius Cäsars den Ort selbst verbrannt. Sie verliessen ihre Güter und Wohnungen, um einen Strich Lands in Gallien einzunehmen. Die Römer haben es hernach wieder angebaut, und zu einer ansehnlichen Pflanzstadt gemacht. Man kan die Grösse noch aus denen zum Theil übergebliebenen Mauern abnehmen. Die Allemannier sollen sie zum zweytenmal zerstört, und im siebenten Jahrhundert ein Burgundischer Grav Wivilo etliche Gebäude nebst einem Schloß daselbst erbaut haben, davon der teutsche Name Mivelsburg entstanden. Das heutige Städtlein soll Burcard, Bischof zu Lausanne unter der Regierung K. Heinrichs IV. errichtet haben.

(*oo*) DITMAR. L. VII. p. 407. L. VIII. p. 420.

(*p*) DU CHESNE *Histoires des Comtes de Bourgogne* L. IV. C. 16. CHORIER *Hist. de Daupbiné* T. I. p. 820.

(*q*) WIPPO in *Vita Conradi* p. 431.

de Besiz, wiewohl er sich mit Odo II. Rudolphs Schwester Bertha Sohn, etliche Jahre heftig herumbeissen muß. (r)

Nachdem nun mit K. Heinrich V. diese Salische Linie ausgestorben war, so glaubt Rainald frey von der Verbindung mit dem teutschen Reich zu seyn, und will dem K. Lotharius II. den Gehorsam nicht leisten. Er wird daher von diesem A. 1127. vor den Reichstag zu Speyer, (s) dem die meisten Burgundischen Stände beywohnen, gefordert, und da er auf die Unabhängigkeit seiner Lande beharret, vom Kaiser in die Acht erklärt. (t)

Der Kaiser übergibt hierauf denjenigen Theil von Burgund, welchen Wilhelm der Knab besessen hatte, dem H. Konrad von Zähringen, des verstorbenen Graven Mutter Bruder. (u) Er will hiedurch dem Herzogen sowohl seine Dankbarkeit vor die ihm wider die Hohenstaufische Parthie geleistete Hülfe, als auch das wahre Vertrauen, so er in ihn sezt, zu erkennen zu geben. H.

(r) WIPPO l. c. p. 438. sqq. Die Verwirrung war in Burgund damals so groß, daß man bey Unterschreibung der Urkunden sich dieser Worte bediente: Facta Charta -- Dominol regnante ac Regem exspectante. MABILLON. Annal. T. IV. L. 57. N. 1. p. 377.

(s) Ob er A. 1126. oder 1127. gehalten worden, siehe MASCOV. in Comment. de Lothario II. C. VI. & VII.

(t) GÜNTHERUS in Ligurino L. V. v. 290. seqq.

(u) DODECHIN. Append. ad Marian. Scot. a. 1127. VIGNIER in Chron. p. 134.

Rector Burg.

§. H. Konrad führt nun die Regierung über das ganze Burgundische Reich, welches sich bis ans mittelländische Meer erstrekt, und heißt Rector Burgundiæ und Dux Zaringiæ. (v) Rainaldus sezt sich feindlich dagegen, und führt einen schweren Krieg mit H. Konrad, wird aber gefangen, und nach Strasburg vor den Reichstag geführt. Die Stände bewundern seine trefliche Eigenschaften, sezen ihn wieder in Freyheit, und laßen ihn in seine (w) eigene Gravschaft zurück. (x)

Reichs-Sachen.

§. IV. Sein Name (y) kommt in sehr vielen

(v) Herr Prof. Schöpflin hält dafür, es scheine, der Kaiser habe ihn lieber Rector, als Dux geheissen, um ihn als einen vom teutschen Reich abhangenden Fürsten, von dem Burgundischen Herzog jenseits des Flusses Araris, als einem Vasallen von Frankreich, zu unterscheiden. Doch heißt Conrad und seine Nachfolger auch Herzoge von Burgund.

(W) Man hält davor, daß von der Zeit an diese Gravschaft seye Franche-Comté oder freye Gravschaft Burgund genennet worden, weil die Graven dieses Landes besondere Freyheiten, und die Unterthanen grössere Rechte als andere Einwohner der Gravschaften genoßen.

(x) Rainalds Sache vertheidigen die Burgundischen Schriftsteller; z. E. Du Chesne *Hist. de Bourgogne* L. IV. c. 20. Gollut. *Memoires Sequanoises* L. VI. c. 4. Vignier *Chron. Burg.* Dunod. *Hist. du Comté de Bourgogne* L. IV. p. 169.

(y) In den Urkunden wird er genennet: Dux Ziaringen, Dux de Zarenche, de Ceringe, de Carintia, statt Ceringia, de Cerengun, Dux Burgundiorum, Rector Allemanniæ &c.

vielen Reichs und Kirchensachen vor. Ich will nur einige anführen.

A. 1130. da K. Lotharius II. ein Convent zu Basel hält, und einen Verglich über das Kloster Bürgeln (z) bestätigt.

In eben diesem Jahr, da dieser Kaiser denen Canonicis zu Zürch die Erlaubniß gibt, einen Vorsteher zu erwählen.

A. 1131. in dem Stiftungsbrief der Abtey Frienisberg oder Frenesberg in dem Berner Gebiet. Sie heißt im Lateinischen Aurora, oder Mons auroræ. (a)

A. 1132. Da K. Lotharius II. das Augustiner Kloster zu Hinterlachen, zwischen dem Thuner und Brienzersee, Lausanner Bißthums, in seinen Schuz nimmt, und es von aller Unterwürfigkeit der Bischöffe und weltlicher Herren frey macht, ihm auch die freye Wahl eines Vorstehers und Kastenvogts gestattet. K. Konrad III. bestätigt

---

(z) Dieses Kloster wurde hernach ein Priorat, und nun hängt es von der Abtey St. Blasii ab, ist aber der Sausenbergischen Landes-Hoheit unterworfen. Der gelehrte Herr P. Rustenus Heer, dem wir die Monumenta Austriaca zu danken haben, hat das Chronicon Burglense A. 1755. herausgegeben. Der Verfasser desselben ist Conrad, Mönch zu St. Blasii, und nachher Abt zu Muri, im zwölften Jahrhundert. Eben dieser ist auch der Urheber derer Actorum Murensium,

(a) WATTEVILLII Diss. in *Journal. Helvetique* 1746. p. 236.

stätigt nachher dieses, und gibt ihm A. 1146. noch einige Reichsgüter. H. Konrad führt die Kastenvogtey. (*b*)

A. 1139. da K. Konrad III. der Abtey Einsiedel auf dem Reichsconvent zu Strasburg einen Freyheitsbrief ertheilt. (*c*)

A. 1141. da eben dieser Kaiser wieder einen Reichstag daselbst hält, welchem eine grose Anzahl Reichsstände beywohnt. (*d*)

Auf denen Reichstagen zu Frankfurt A. 1140. und 1147. (*e*)

Stiftungen. §. V. Er selbst macht auch milde Stiftungen. Z. E.

A. 1139. beschenkt er das Kloster Reichenau mit einem Theil des Hofs Oningen. P. Innocentius II. genehmigt diese Schenkung. (*f*)

Zu einer andern Zeit gibt er der Johannes-Kirche zu Bürglen (*g*) ein Stück Feld in Stalsingen, welches in der Urkunde Scoupoza genennet wird. (*h*)

§. VI.

(*b*) Codex Dipl. Bad.
(*c*) HARTMANNI *Annales Heremi* p. 196.
(*d*) HERRGOTT T. II. n. 220.
(*e*) PEZ *Cod. Epistol.* P. I. p. 331. LÜNIG *Spicileg. Eccles.* P. III. p. 91. & *Contin.* L p. 908.
(*f*) HERRGOTT T. II. n. 214.
(*g*) *Chron. Burglense* C. 17. p. 382.
(*h*) Es ist dieses das an manchen Orten im Brisgau gebräuchliche Wort Schuppis, oder Tschuppis, oder Tschuo-

§. VI. Er hat zwey harte Kriege zu führen.

1.) Mit K. Konrad III.

Dieser Kaiser war von Hohenstauffen. Ein groser Theil der Reichsfürsten hatte ihn erwählt. H. Konrad ist dieser Parthie nicht zugethan. Er widersezt sich nebst andern Reichsfürsten der Wahl. Es muß ihn also K. Konrads Bruder, H. Fridrich von Schwaben der Einäugige, dessen Sohn Fridrich der Rothbart nach Konrad III. die kaiserliche Krone getragen, mit Krieg überziehen. Der Bischof von Strasburg Gebhard macht Gesellschaft mit Fridrich von Schwaben. (i)

H. Konrad ist unglücklich. Seine Feinde erobern Zürch, sie nehmen ihm sein Burgund jenseit des Berges Jura, sie erobern und plündern sein Residenzschloß Zähringen.

Tschuopis. Es zeigt ein zinsbares Gut an, dessen Besizer insgemein dem Herrn desselben auch zum Todfall verbunden sind. Wie denn zu Holzen, Mappach und Mauzenharb in der Herrschaft Röteln vor diejenige, welche Tschuppisgüter besizen, nach ihrem Absterben, gnädigster hoher Herrschaft an Todfall eine Crone oder 1. fl. 30. kr. bezahlt werden. Es gibt grose und kleine, von vielen oder wenig Jucharten. Wird ein ganzer Schuppis vertheilt, so heissen die Theile Schuppis-Stücke oder Güter. Man hat Korn und Pfenning-Schuppis. Jene tragen Frucht- diese Geldzins.

(i) GUILLIMANN. *de Episcopis Argent.* p. 232.

D

ringen. (k) Er muß sich also dem Kaiser unterwerfen, und erlangt darauf das verlohrne wieder. Der Krieg ist heftig, aber kurz.

2.) Mit Rainald oder Reginald, Grafen von Burgund.

Von dem ersten Krieg ist schon §. II. Meldung gethan worden. Nach dem Tode des K. Lotharius II. erweist sich Rainald ebenfalls gegen K. Konrad III. widerspenstig. Der Kaiser übergibt aufs neu desselben Lande an H. Konrad. Die Feindschaft bricht in einen so heftigen Krieg aus, daß Rainald und Konrad einander zum Zweykampf herausfordern. Der Tod macht vor diesesmal dem Streit unter ihnen beyden ein Ende. Rainald stirbt A. 1148. (*l*) und H. Konrad, (*m*) wie auch K. Konrad (*n*) folgen ihm A. 1152. H. Konrad wird in der Abtey St. Peter beygesezt, (*o*) wo bereits sein Vatter und Bruder ihren Ruhplaz erhalten hatten.

§. VII.

(*k*) OTTO FRISING. *de Gestis Frid.* I. L. I. C. 26.

(*l*) DUNOD *Hist. du Comté de Bourgogne.* L. IV. p. 170. DU CHESNE *Hist. de Bourgogne* L. IV. p. 531.

(*m*) GUILLIMANN. *Habsburg.* L. V. C. 4.

(*n*) OTTO FRISING. L. VII. Cap. ult.

(*o*) *Cathedra S. Petri in Nigra Sylva* p. 248.

§. VII. Seine Gemahlin war Clementia, H. Gottfrieds von Namur Tochter. (*p*) **Gemahlin**

Sie soll nebst ihrem Gemahl, welcher von dem Kloster St. Peter ein gewisses Gut bey Zähringen bekommen, diesem dagegen ein anderes bey Amindon (*q*) geschenkt haben. (*r*)

Auch hat in ihrer Gegenwart und mit ihrer Genehmigung, nach ihres Gemahls Tod, Kuno von Opfingen ein Gut bey Bikensohl erstgemeldtem Kloster übergeben. (*s*)

Die Kinder aus dieser Ehe sind: **Kinder.**
I.) Söhne.
1. Bertold IV. (*t*) Er hat den Stamm fortgepflanzt. Ich handle hernach von ihm.

2.

(*p*) SCHANNAT. *Vind. Lit. Coll.* I. p. 163. Peßler hält sie vor eine Gräbin von Baden im Ergau. Hannover. gelehrte Anzeigen vom Jahr 1751.

(*q*) Ist Emmendingen in der Marggrauschaft Hochberg. Es erhellet hieraus das Alterthum dieser zwar nicht grosen, aber sehr nahrhaften Stadt in unserm Vatterland. Sie ligt an der Elz und Bretten. K. Sigmund gab ihr A. 1418. die Freyheit einen Markt zu halten. Es ist daselbst das Fürstliche Oberamt und Specialat. Unter der Regierung unsers gnädigsten Landes-Herrn hat man angefangen, sie mit gutem Fortgang zu erweitern. Diejenige, welche sich daselbst anbauen, geniesen schöne Freyheiten, sonderlich wann sie nützliche Gewerbe treiben.

(*r*) Man hat davon die Urkunde im Kloster St. Peter.

(*s*) SCHFPÖLIN. *Hist. Zar. Bad.* T. I. p. 119.

(*t*) SCHANNAT. l. c.

2. **Rudolph.** (*u*) Dieser wird A. 1160. zum Erzbischof von Mannz erwählt an Erzbischof Arnolds Stelle, welcher von einem Complot getödtet worden. K. Fridrich I. versagt ihm die Bestätigung, weil ihn die Urheber der Rebellion erwählt hatten, und ernennet des Graven Otto von Wittelspach Bruder Konrad zum Erzbischof. (*v*)

H. Bertold sendet seinen Bruder mit einem Schreiben an K. Ludwig in Frankreich, und verspricht ihm in seinem vorhabenden Krieg wider den Kaiser Hilfe, wann er nebst P. Alexander III. seinem Bruder das Erzbißthum erhalten würde. (*w*) Allein vergebens. Konrad von Wittelspach wird A. 1162. vom Kaiser bestätigt. (*x*)

Man ist hernach dem H. Rudolph A. 1168. behülflich, daß er das Bißthum Lüttich bekommt. (*y*)

Er

(u) Er kommt mit seinem Bruder Bertold IV. als Zeuge vor in der Urkunde A. 1170. HERRGOTT. *Hist. Geneal. Austr.* T. II. p. 188.

(v) DODECHIN. in *Append. ad Marian.*

(w) DU CHESNE T. IV. *Epistolar.* Num. 377. FREHER. T. I. p. 427.

(x) SERARIUS de *Reb. Mogunt.* L. V. p. 564.

(y) ÆGIDIUS AUREÆ VALLIS in *Histor. Episcop. Leod.* ALBERIC. ad a. 1168.

Er verehrt als Bischof zu Lüttich das Haupt des Heil. Lamperts der Kirche zu Freyburg.

Er reißt mit K. Fridrich I. A. 1189. ins gelobte Land, kommt noch selbiges Jahr von Antiochien zurück, und stirbt bey seiner Wiederkunft A. 1189. (z)

3. **Adelbert.** Seiner geschieht Meldung in einer Urkunde A. 1152. und 1180. Er ist der Stammvatter derer Herzogen von Teck. A. 1215. ist er noch am Leben, und hinterläßt einen Sohn, welcher Teck besessen.

4. **Konrad**, und
5. **Hugo**, sind ohne Kinder gestorben. (a)

II.) **Töchter.**

1. **Clementia.** Heinrich der Löw, jener mächtige, grosmüthige und tapfere Herzog von Sachsen und Bayern vermählt sich mit ihr A. 1147. auf dem Reichstag zu Frankfurt. (b)

Sie bringt ihm das Schloß Baden, (c) hundert Dienstleute (Ministeriales) und 500.

(z) *Magn. Chron. Belg.* ap. PISTOR. T. III. p. 211.

(a) ALBERICI *Chron.* p. 351. GUILLIMANN. *Habsb.* L. V. C. 4.

(b) HELMOLD. *Chron. Slavor.* L. I. C. 8. ad a. 1147. PFEFFING. *ad Vitriar.* T. II. p. 146.

(c) Castrum Baden. Es ist dieses weder das Baden im Ergau, wie Peßler l. c. davorhält, noch Baden im Ufgau,

500. Mannwerk Akers (manſos) (*d*) entweder als ein Heyrathsgut, oder, als einen Theil ihrer vätterlichen Erbſchaft zu. Heinrich der Löw gibt A. 1157. dieſe Güter

Aſgau, ſondern das Schloß Badenweiler im Brisgau. Wir haben davon zwey gelehrte Abhandlungen. Eine von dem berühmten Tübingiſchen Rechtslehrer Herrn Gottfr. Dan. Hofmann: Diplomatiſche Beluſtigung mit des Niederſächſiſchen Grav Utonis und Herzog Heinrichs des Löwen an die Kaiſere Konrad II. und Fridrich I. vertauſchten Gütern Nürtingen und Baden. Die andere: Hiſtoriſch-Diplomatiſche Beluſtigung mit des Herzog Heinrichs des Löwen an K Fridrich I. vertauſchten Caſtro Baden. Der ungenannte Verfaſſer ſoll, der in denen Geſchichten unſers Vatterlandes ſo erfahrene Rath und geheime Regiſtrator, Herr C. C. Dill allhier ſeyn.

Dieſes alte Schloß iſt noch zu ſehen. Es iſt dabey ein Marktflecken gleiches Namens, und das wegen ſeiner treflichen Wirkungen berühmte Bad. Die Herrſchaft hat von dem Schloß den Namen. Sie iſt ohne Zweifel der edelſte Theil derer ſamtlichen Hochfürſtlichen Baden-Durlachiſchen Lande. Sie prangt mit ſchönen Matten oder Wieſen, anſehnlichen Wäldern, guten Silber-, Kupfer-, Bley- und Spiesglas-Bergwerken, reichen Fruchtäckern, und gibt unter dem ſogenannten Marggräver Wein, von dem beſten. Eine weitere Beſchreibung davon wird unten vorkommen.

(*d*) Manſus, oder Manſa, oder Manſum, heißt bisweilen ein Stück Lands oder Wieſen, ſo viel ein Mann in einem Tag bauen oder abmähen kan, ein Mannwerk, oder Mannshauet, wie man im Brisgau redet. Bisweilen zeigt es ein groß Stück Feld an, dabey der Bauer ſeine Wohnung hat. Einige wollen es durch das an vielen Orten übliche Wort Hube ausdrucken. V. Du Fresne *Gloſſar*.

Güter dem Kaiser Fridrich I. und bekommt davor andere in Sachsen. (e)

Er läßt sich hernach A. 1162. auf K. Fridrichs I. Anrathen unter dem Vorwand der nahen Verwandtschaft zu Costanz wieder von ihr scheiden. (f) Er hatte mit ihr die Gertrudis gezeugt, welche Fridrichs zu Rothenburg, Herzogs in Schwaben, K. Konrad III. Sohnes, und nach dessen Tode des Canutus K. in Dännemark Gemahlin gewesen.

2. Germana, oder Anna. Sie soll an Humbert III. Grav von Savoyen (g) vermählt, und eine Mutter derjenigen Agnes gewesen seyn, die dem Johannes Lackland (sine terra) K. Heinrichs II. in Engelland Sohn unter ansehnlichen Versprechungen zugedacht gewesen, aber vor der Heimführung gestorben ist. (h) Es ist allerdings wahrscheinlicher, daß diese Germana eine Tochter H. Konrads als Bertolds IV. wie andere wollen, gewesen sey.

Ver-

(e) Das Instrument ist aus der Urschrift abgedruckt in Origg Guelph. T. III. p. 466. und aus denselben in Herrn Prof Hofmanns erst angeführten diplom. Belust.

(f) Origines Guelficæ T. III. p. 182. Chron. Vrsperg. & Weingart. ap. LEIBNIT. T. I. Rer. Brunsv. ad a. 1162. HELMOLD. L. II. C 10. hingegen das Chron. Mont Sereni ad a. 1161. und andere setzen das J. 1163. und HERM. CORNERUS in Chron. ap. ECCARD. T. II. Corp. Hist. p. 741. ins Jahr 1169.

(g) GUICHENON. Hist. de Savoye T. I. p. 239.

(h) Annal. Angl. ap. SAVILIUM Script. Rer. Anglic. p. 532. Hovedenus nennt sie Alays.

Bertold IV.
Von 1152. bis 1186.

§. I.

Daß H. Bertold ein Sohn H. Konrads gewesen, ist aus verschiedenen Urkunden deutlich. (a)

Grav. Er führt bey seines Vatters Leben den Titul eines Graven. Also heißt er in einer Urkunde K. Konrads III. A. 1139. (b) Und in einer andern, darinnen Erlewin von Woluenwilare (Wolfenweiler) die Kirche dieses Orts nebst zwey Theilen seines Guts in Placito majori (c) dem Kloster St. Peter schenkt. (d)

Er

(a) SCHANNAT. *Vind. Litt. Col. I.* p. 163. HERRGOTT. T. II. Num. 220.

(b) Historische Nachricht von dem Priorat St. Ulrich S. 124.

(c) Ueberhaupt heissen Placita die offentliche Zusammenkünfte der Stände des ganzen Reichs, da man in Gegenwart der Könige oder Landesherren über wichtige Angelegenheiten oder Kriege sich berathschlagt. Sie wurden gehalten in offenen Orten unter freyem Himmel, auf dem Felde, unter Bäumen, auf der Strasse, vor den Thoren der Lager, vor der Kirchen, bisweilen, sonderlich die grössere, bey stürmischem Wetter in Häusern oder bedeckten Gebäuden. S. DU FRENE *Glossarium*, voce *Placitum*.

(d) SCHÖPFLIN. *Cod. Diplom. Bad.*

Er führt aber diesen Titul ohne Zweifel deswegen, weil ihm sein Vatter die Landgravschaft oder Gravschaft Brisgau nebst der Kastenvogtey St. Peter zu verwalten übertragen.

§. II. Nach seines Vatters Tod kommt Herzog. er gleich mit dem herzoglichen Titul vor. (e)

Ein Haupirrthum ists, wenn Felix Faber (f) schreibt, K. Fridrich I. seye A. 1152. von dem Reichstag zu Maynz, wo man ihn erwählt, wegen der Stände Uneinigkeit hinweg, und zu diesem Bertold geflohen, habe ihn auch hernach zur Danksagung vor die genossene Freundschaft zum Herzogen gemacht.

So irrt auch Gollutius, (g) der diesen Titul des Herzogs ins Jahr 1157. hinaussezt.

§. III. Wir lesen ihn in sehr vielen Urkunden. Er heißt darinnen bald Herzog von Zähringen, (h) bald Herzog von Burgund,

---

(e) SCANNAT. Vind. Litt. l. c. p. 115.
(f) In der Schwäbischen Geschichte 1. B. 19. Cap.
(g) Lib. VI. C. V.
(h) SCHANNAT. l. c. Chron. Reichersperg. ad a. 1154. ap. LUDEWIG. Scriptor. Rer. Bamberg. Vol. II. Er unterzeichnet daselbst nebst andern Reichsständen den Freyheitsbrief, den der Bischof zu Bamberg der Reichersperger Kirche gegeben. Lang Grundriß der Schweizerischen Kirchen-Historie, 1. T. S. 448.

gund, (*i*) bald Herzog von Zähringen und Rector von Burgund, (*k*) und Kastenvogt des Klosters St. Blasii. (*l*)

Er wohnt vielen Reichstägen bey. z. E. A. 1153. zu Worms, (*m*) 1166 zu Ulm, (*n*) 1183. zu Costanz, (*o*) ist auch ausser dem sehr viel bey dem Kaiser, z. E. 1170. zu Mengen, (*p*) 1173. zu Basel. (*q*)

Burgundische Sachen. §. IV. Als Rector von Burgund übergibt er A. 1155. alle seine Gerechtigkeiten, die er in der Stadt Vienne hat, an Guido Andreas, Dauphin von Vienne. (*r*) K. Fridrich bestätigt dieses. (*rr*)

Von dieser Zeit an üben die Dauphins einen Theil der Gerichtsbarkeit mit dem Erzbischof daselbst aus, der schon A. 1088. einen

---

(*i*) HERRGOTT. l. c. N. 230.
(*k*) TSCHUDI *Hist. Helv.* P. I. L. I. p. 90.
(*l*) HERRGOTT. l. c. N. 237.
(*m*) SCHANNAT. l. c.
(*n*) OTTO de BLASIO Cap. XIX.
(*o*) S. das Friedens-Instrument, welches K. Fridrich I. zu Costanz A. 1183. mit denen Italiänischen Städten errichtet, in Corp. Jur. Civil. Die Namen sind daselbst sehr verderbt, Bertold heißt Dux Zæremonc. Also wird er genennt Dux de Ceringa. HONTHEIM. *Histor. Trev.* p. 603.
(*p*) HERRGOTT. l. c. TSCHUD. l. c. p. 85.
(*q*) HERRGOTT. l. c. p. 189.
(*r*) DE GAYA *Geneal. & Chronol. des Dauphins de Viennois* C. IV. beschreibt die Verwandtschaft des H. Bertolds mit dem Dauphin Guido und dem P. Calixtus II. umständlich.
(*rr*) CHORIER *Hist. de Dauphiné* L. XI. p. 821.

Bertold IV. 1152-1186.

einen Theil von seinem Bruder Stephan, Graven von Burgund erkauft hatte. (s)

A. 1157. gibt er als Herzog und Rector von Burgund dem Cistercienser-Kloster Haute Rive (Altæ Ripæ) die Befreyung von Zoll und Weggeld in seiner ganzen Herrschaft; und A. 1160. der Abtey des Cistercienser-Klosters Hautcrest, insgemein Ocré einen Schirmbrief. Das Kloster ist bereits zerfallen. (t)

Sein Vatter hatte Krieg mit G. Rainald von Burgund. Er selbst kan auch nicht zum ruhigen Besiz kommen, und muß den Krieg mit Rainalds Tochter und Erbin Beatrix fortführen. (u) *Krieg mit Rainalds Erben.*

K. Fridrich I. endigt ihn. Er vermählt sich mit dieser Beatrix A. 1156. zu Würzburg, und macht einen Verglich mit H. Bertold. (v) *Verglich.*

H. Bertold verliert dadurch die Gravschaft Burgund oder Franche-Comté, und alles, was er in des Reichs Namen in dem alten eigentlichen Königrich Arelat be-

---

(s) SCHÖPFLIN. *Hist. Zar. Bad.* p. 127.

(t) SCHÖPFLIN. l. c.

(u) Davon sind die Verse an dem vierecfichten Thurn zu Brisach, der damals erbaut worden, zu verstehen:
Hanc Dux Bertholdus portam struxisse notatur,
A quo pro fraude Burgundia depopulatur.
SCHÖPFLIN. l. c.

(v) Daß der Verglich A. 1156. zu Stande gekommen, beweist Hr. Prof. Schöpflin umständlich l. c. p. 128. sq.

beſeſſen. Jene fällt der Beatrix, dieſes dem Reich heim.

Der Kaiſer nimmt auch A. 1156. von dem Erzbiſchof zu Vienne und Lion, wie auch von dem Biſchof zu Avignon und andern Ständen des Königr. Arelats den Eid der Treue. (*w*)

A. 1157. belehnt er den Erzbiſchof zu Lion, Eraclius mit allen Regalien und der weltlichen Jurisdiction über die Stadt Lion, und macht ihn zum Exarchen oder Kaiſerlichen Statthalter des Königreichs Arelat. (*x*)

Hingegen ernennt er zum beſtändigen Erzkanzler dieſes Reichs in eben dieſem Jahr den Erzbiſchof zu Vienne. H. Bertold unterſchreibt ſelbſt das Diploma. (*y*)

H. Bertold muß ſich begnügen mit denen diſſeits des Bergs Jura gelegenen Burgundiſchen Landen, welche auch Minder- oder Klein- oder das Helvetiſche Burgund genennt werden, nebſt Genf, (*z*)
Lau-

(*w*) RADEVICUS de *Geſt. Frid.* I. L. I. C. 11.

(*x*) PARADIN. *Hiſt. de Lyon.* L. II. C. 34. SERVETII *Chronol. Hiſtor. Antiſtitum Lugd.*

(*y*) JOH. a BOSIO *Antiquitates Viennæ*, welche ſeiner Bibliothecæ Floriacenſi angehängt ſind.

(*z*) Dieſe Stadt heißt in den Schriftſtellern der mittlern Zeit gar oft Gebenna, VALESII *Notitia Gallian.* p. 229.

Lausanne und Sitten im Walliserlande. (a)

Die Kastenvogtey Zürch ist nicht hieher zu zählen, wie Stettler meynt. (b) Dann H. Bertold II. hatte selbige bereits erhalten.

§. V. Durch diesen Verglich wachsen ihm neue Streitigkeiten zu. Als Oberherr von Genf, Lausanne und Sitten soll er auch den Bischöffen daselbst die Regalien verleihen. Diese wollen keinen andern Herrn als den Kaiser erkennen.

Streitigkeiten mit

Sonderlich sezt sich Ardutius Bischof zu Genf dagegen. Dieser hatte lange Zeit einen Streit wegen der weltlichen Jurisdiction mit dem Graven von Genf, Amadeus. H. Bertold überläßt dem Graven sein Recht, welches er vom Kaiser erhalten. Der Bischof klagt über Kaiser und Herzog. Der Kaiser versammlet die Reichsstände zu S. Jean de Lône im Erzbißthum Bisanz oder Besançon A. 1162. Die Versammlung spricht die Herrschaft über die Stadt Genf, deren Vorstädte und Schlösser dem Bischof zu, so daß er allezeit unmittelbar unter dem Kaiser stehen soll. Der Kaiser bestätigt dieses mit einer

dem Bischof zu Genf.

(a) OTTO de *rebus gestis Frid. I. Imp.* L. II. C. 29. OTTO de S. BLASIO C. 4. VIGNIER *Chron. Burg.* p. 138.

(b) In *Chron.* Vchtland. L. I. p. 3.

ner goldenen Bulle. (c) Also verliert H. Bertold seine Rechte. (d)

dem Bischof zu Lausanne. Der Bischof Amadeus von Lausanne sucht sich vorzusehen, und läßt sich H. Bertold die Freyheiten seiner Kirche mit einem Eide beschwören. (e)

Seine Nachfolger beklagen sich beym Papst, daß der Kaiser die Regalien der Kirche dem Herzog übertragen. (f)

Dieser bleibt dennoch bey allen Bewegungen im Besiz. Doch währen die Streitigkeiten fort bis zum Abgang der Zähringischen Familie. Da glaubt der Bischof die Schuz= und Schirmgerechtigkeit sey ihm nun heimgefallen, und veranstaltet durch einen besondern Freyheitsbrief
A.

(c) Spon. *Hist.* de *Geneve* T. II. p. 24. *Le Citadin* de *Geneve* p. 155. K. Fridrich I. wird von den Schriftstellern seiner Zeit als ein guter Soldat und Schütze, als ein großmüthiger und siegreicher Herr, als ein ernsthafter und strenger Richter, als ein Fürst von durchdringendem Verstand und erstaunenswürdigem Gedächtniß, aber auch als ein hochmüthiger, hitziger, Geld= und Landgieriger, insonderheit als ein ungerechter und falscher Herr beschrieben. Es scheint, H. Bertold habe erfahren, daß ihm wenigstens einige von diesen Eigenschaften nicht mit Unrecht zugeschrieben werden.

(d) Spon. l. c. p. 30.
(e) Schöpflin. *Hist. Zar. Bad.* T. I. p. 134.
(f) Stumpf Schweizer=Chronik, B. 8. S. 594.

A. 1219. daß sie künftig keinem andern möge übertragen werden. g)

Die Walliser, als Unterthanen des Bischofs, wollen von H. Bertold nichts wissen. Sie treiben ihn A. 1180. da er seine Rechte ausüben will, mit gewafneter Hand zurück. (*h*) Sein Sohn muß deswegen nach seinem Tode den Krieg fortführen.

den Walliser

§. VI. A. 1164. entsteht der Krieg zwischen H. Welf von Bayern und Pfalzgrav Hugo von Tübingen. Hugo hatte Strasenräuber, die zum Theil Welfs Unterthanen waren, gefangen und zum Strang verurtheilt. H. Bertold kommt Welfen mit vielen Leuten zu Hilfe. H. Welf belagert Tübingen, wird aber vom Pfalzgraven, dem viele schwäbische Graven und Stände zu Hilfe geeilet, so geschlagen, daß er mit Verlust seines ganzen Lagers fliehen und einen Waffenstillstand eingehen muß. Der Krieg fangt nach einem Jahr von neuem an. H. Welf stoßt zu H. Bertold, und verwüstet des Pfalzgraven Länder mit Feuer und Schwerdt. Der Kaiser kommt darüber aus Italien, hält A. 1166. einen Reichstag zu Ulm, dabey H. Bertold und Welf erscheinen. Hugo wird zu Neuburg gefänglich eingesezt,

Krieg mit Pfalzgrav Hugo.

(*g*) SCHÖPFLIN. l. c.
(*h*) SIMLERUS in *Vallesia* p. 134.

sezt, und Schwaben bekommt wieder Ruhe. (*i*)

Italidnische Sachen.

§. VII. Dem Kaiser Fridrich I. leistet er vortrefliche Dienste, vornemlich in seinen Italiänischen Kriegen.

A. 1158. unternimmt der Kaiser mit 100000. Mann einen Zug wider Mailand. H. Bertold folgt ihm. Die Stadt zählt bey 60000. Gewafneter in ihren Mauren, wird aber doch gedemüthigt. H. Bertold hilft mit einigen Fürsten an der Aussöhnung arbeiten. Die vornehmste in der Stadt, geist- und weltliche gehen mit blosen Füssen, die Burgermeister und übrige obrigkeitliche Personen und Bürger in einem erbarmungswürdigen Aufzug mit blosen Schwerdtern auf dem Hals, mitten durch die in Ordnung stehende Armee vor den kaiserlichen Thron, werfen sich dem Kaiser zu Fusse, und werden von ihme zu Gnaden aufgenommen. (*k*)

Der Kaiser beurlaubt nach diesem wichtigen Sieg einen grossen Theil der teutschen Fürsten mit ihren Völkern, und unter diesen auch H. Bertold. (*l*)

A.

(*i*) OTTO de S. BLASIO C. 18. 19. *Chron. Weingart.* C. 14. ap. LEIBNIT. T. I. *Rer. Brunsvic.* p. 791. *Abb. Vrsperg.* p. 221.

(*k*) OTTO de S. BLASIO in *Appendice* ad *Frising.* C. XI.

(*l*) RADEVICUS de *Gest. Frid.* L. I. C. 2.

A. 1159. reist H. Bertold wieder nach Italien, da die Mailänder sich vom P. Adrian IV. wider den Kaiser aufhezen lassen. (m) Er wohnt auch der Belagerung der Stadt Crema oder Cremona bey, welche sich 6. Monate hält, endlich aber auf Gnade und Ungnade ergeben muß. Die Bürger dörfen bey ihrem Auszug nicht mehr, als was sie auf den Schultern tragen können, mitnehmen; das andere wird denen Soldaten zu Theil, und der feste Ort in einen Steinhaufen verwandelt. (n) Er hilft sodann dem Kaiser einen neuen Sieg über die Mailänder erfechten, und führt des Kaisers Fahne. (o)

A. 1167. ist er wiederum bey dem Kaiser in Italien. Er unterzeichnet zu Rimini die Urkunde, darinnen der Kaiser dem Marggraven Heinrich die Marggravschaft des Guido übergibt, und steht unter denen weltlichen Zeugen zu erst. Z. E. Diebold und Ulrich, Herzoge von Böhmen, stehen nach ihm. (p)

A. 1168. schreibt P. Alexander III. an den Bischof zu Basel, er habe gehört, daß der Herzog von Zähringen dem Stift St. Alban

---

(m) GUNTHER. L. IX. Ligurin. v. 134. sqq.
(n) JOH. de CECCANO in Chron. fossa novæ ad a, 1160. OTTO de MORENA p. 826.
(o) OTTO de MORENA. Chron. Vrsp. p. 219. sq.
(p) MURATOR. Antiquit. Ital. T. I. Diss. VI.

Alban zu Basel die Kirche zu Hagendorf (*q*) weggenommen habe. Doch thut er ihn nicht, wie andere, welche sich an Kirchen vergriffen, in den Bann. (*r*)

A. 1177. erleichtert er dem Kaiser seine Rückreise aus Italien über die Alpen. (*s*)

Kloster Tennebach. §. VIII. A. 1161. kommt das Cistercienser-Kloster Tennebach zu Stande. H. Bertold sahe in der Schweiz das Kloster Frienisberg, (*t*) und bezeugte ein Vergnügen über den noch neuen Cistercienser-Orden. Abt Hesso führt aus selbigem zwölf Mönche in das Thal, nicht weit von Hachberg, durch welches der Tennebach fließt. Das Kloster bekommt davon seinen Namen, heißt aber sonst Porta Cœli.

Der Anfang des Gebäudes wurde A. 1158. gemacht, da ein Edelmann, Cuno von Horwin, den Grund und Boden samt den anliegenden Gütern denen Mönchen vor dreyßig Mark und einen Maulesel verkauft hat. (*u*)

Daß

(*q*) Ist Hegendorf im Solothurnischen. Leu in *Lex. Helv.*
(*r*) Schöpflini *Hist. Zar. Bad.* T. I. p. 142.
(*s*) Otto de S. Blasio C. 24.
(*t*) Mons Auroræ, zwischen Bern und Arberg. Es ist schon lang zerfallen.
(*u*) Jo. Gamansius in Hist. *Bad. MS.* Cap. 19. Ich werde unten in der Abtheilung von denen Herren Marggraven von Baden Nachricht von diesem Schriftsteller geben.

Daß auch H. Bertold Kastenvogt zu St. Blasii gewesen, erweißt die Urkunde vom Jahr 1166. (v) *St. Blasii.*

A. 1178. ertheilt er dem Capitul zu Zürch die Erlaubniß einen Plebanum (w) zu erwählen. (x) Diß ist ein Beweiß, daß er die in dem Zähringischen Hause erbliche Kastenvogtey zu Zürch ausgeübt. Er nennt sich auch A. 1185. da er den Streit zwischen denen Canonicis zu Zürch und dem Plebano zu Schwanlingen beylegt, Herzog und Rector von Burgund, und Kastvoget der Zürcher Probstey. (y) *Kastenvogtey zu Zürch.*

§. IX. A. 1169. hält er als Landgrav im Brisgau das Landgericht. Vor demselben erscheinen Adelgott, Luitpold und andere Freye von Chilheim mit dem Abt Burcard des Klosters Stein am Bodensee. (z) Sie stritten wegen des Juris patronatus der Kirchen zu Eimeldingen, Kirchheim und Merkt. H. Bertold ist zwar als Kastenvogt des Klosters auf des Abts Seite, erweißt sich aber als einen unpartheyischen Richter, und spricht, nachdem der Ge- *Landgericht.*

E 2 gentheil

(v) HERRGOTT. T. II. N. 237.

(w) *Plebanus*, Paroecus, Curio, Sacerdos, qui plebi præest; plebis dominus. DU FRESNE *Glossarium*. Ein Priester, der über das gemeine Volk gesetzt ist.

(x) HOTTINGER. *Hist. Eccles.* T. VIII. p. 58.

(y) HOTTINGER. l. c.

(z) CRUS. *Annal. Suev.* P. II. L. IV. C. 11.

gentheil seinen Beweiß vorgebracht, wider den Abt. (a)

Freiburg im Uchtland.

§. X. Er erbaut, um sein Burgund desto ruhiger zu besitzen, am Flusse Sanen die

---

(a) Die Urkunde ist in dem Archiv der Kirche St. Peter zu Basel. In dem Sigill daran wird H. Bertold vorgestellt als ein Reuter. Die westliche Fürsten führen bis über die Hälfte des vierzehenten Jahrhunderts in ihren Sigillen insgemein einen Reuter. Wir finden solches fast in allen von denen Oesterreichischen, Lotharingischen, Pfälzischen, Badischen Fürsten vorkommenden Sigillen. So steht H. Bertold auch in dem Sigill des Briefs A. 1181. in welchem er der Hauptkirche zu Solothurn eine Schenkung bekräftiget. Er führt darinn zugleich einen Spieß mit einer Fahne, nebst der Beyschrift: Berchtold Dei Gratia Dux & Rector Burgundiæ. Zur Erläuterung dienen etliche Anmerkungen aus Jo. Mich. Heineccii *Syntagm. de veteribus Germanorum Sigillis.* P. I. C. X. p. 125. sqq. Schon im eilften Jahrhundert liessen sich die Könige, regierende Fürsten, und einige Graven, welche ansehnliche Lande hatten, in ihren Sigillen zu Pferd vorstellen, ihre Würde und Oberherrschaft über ihre Lande dadurch anzuzeigen. Daher auch Frauenspersonen zu Pferd in denen Sigillen vorkommen, welche das Recht der Erbschaft in ansehnlichen Landen gehabt haben. Das reuten zu Pferd, und überhaupt das Pferd war ein besonderes Standes= und Ehrenzeichen, deßwegen man sich auch bey Beerdigung Fürstlicher Personen des Trauer= und Freudenpferds als eines Merkzeichens ihrer Hoheit bediente. Der Spieß mit einer Fahne, (hasta cum flammula) bedeutet ebenfalls ihre Landeshoheit (Jus territoriale merumque & mixtum imperium.) Dann das Aufstecken einer Fahne auf einem Schloß oder Thurn war ein Zeichen solcher Landeshoheit.

Bertold IV. 1152-1186.

die Stadt Freiburg (*b*) im Oechtland oder Uchtlande, (in pago Aventicenſi,) und beveſtigt ſie mit Mauren und Thürnen. (*c*)

In ſelbiger Gegend war damals keine Veſtung als Yverdon. Romont war nicht durch Kunſt, ſondern von Natur veſt. Die Freyheiten, welche dieſer neuen Stadt ertheilet worden, verſchaften ihr viele Einwohner. (*d*)

Er ſoll auch das Dorf Villingen auf dem Schwarzwald in eine Stadt verwandelt haben. (*e*)

§. XI. Er verläßt die Welt mit groſem Ruhm A. 1186. und wird ebenfalls zu St. Peter beygeſezt. (*f*) *Tod.*

§. XII. Seine Gemahlin **Hedwig** oder **Helwig** iſt ihrem Herkommen nach nicht *Gemahlin.*

(*b*) GUICHENON. *Biblioth. Sebuſiana* ap. HOFFMANN. T. I. *Collect. Script. & Monum.* p. 313. GUILLIMANN. de *Reb. Helv.* L. II. p. 287. L. III. p. 9. und die ihm folgen, nennen das Jahr 1179. ohne Grund. Denn in Urkunden vom Jahr 1178. wird ihrer bereits gedacht.

(*c*) A. 1481. iſt ſie in den Schweizerbund aufgenommen worden.

(*d*) SCHÖPFLIN. *Hiſt. Zar. Bad.* p. 145. ſeq.

(*e*) Stumpf Schweizer-Chronik, 7. B. 30. Cap.

(*f*) GUNTHER. in *Ligurino* L. II. v. 411. ſqq. *Chron. Conſtant.*

nicht bekandt. Einige (g) nennen sie eine Tochter Hermanns, eines Graven von Freiburg; andere lassen das Wort Grävin aus, und setzen schlecht hin, Helwig oder Heilwig von Freiburg. Sie ist die Mutter zweyer Töchter, Agnes (h) und Anna. (i) Jene wurde an Grav Ego von Urach, diese an Ulrich Grav von Kyburg vermählt, welcher unrecht Werner, (k) und Sigmund genennet wird.

(g) ALBERICI *Chron.* ad a. 1168. aber damals waren noch keine Graven von Freiburg.

(h) KOEHLER. ad IMHOF. *Notit. Procer. Imp.* L. V. C. 8. n. 6. ALBERT. ARGENTIN. in *Chron.* ap. *Vrstis.* T. II. p. 59. Von diesem Buche sehen wir der neuen Ausgabe mit Verlangen entgegen, die wir nächstens zu hoffen haben in Illustr. SCHÖPFLINI *Scriptor. Rer. Alsatic.* Dieser gelehrte Mann belehrt uns daselbst, daß dieser Schriftsteller eigentlich Matthias von Neuenburg geheissen habe.

(i) *Chron. Constant.* p. 740. Es muß aber daselbst, wie der Zusammenhang zeigt, statt Bertold V. gelesen werden Bertold IV.

(k) GUILLIM. de *Reb. Helv.* L. II. C. 15. L. III. p. 9. VIGNIER in *Chron. Burg.* p. 147.

Bertold V.

Bertold V.
Von 1186. bis 1218.

§. I.

Herzog Bertold V. führt den Zunamen der Reiche. (a) Er soll von ansehnlicher Leibesgrösse gewesen seyn. (b)

Er lebt zu einer Zeit, da Teutschland und Italien voll Verwirrung sind. Seine eigene Lande machen ihm noch mehr Sorgen. Insonderheit ist Burgund die reiche Quelle, woraus ihm eine Unruh nach der andern zufließt.

Gerechtigkeit und Ernsthaftigkeit sind ihm angeboren. (c) Er will, Sicherheit und Friede sollen in seinem Lande wohnen.

(a) SIMLERUS in *Vallesia.* p. 134.

(b) MUNSTERUS in *Cosmographia* L. III. C. 266. Er hat sein eisernes Rüstzeug in dem Zeughaus zu Bern gesehen, woselbst man auch noch jezo seinen Panzer und Waffen aufbehält. *Deliciæ urbis Bernæ* C. 19. p. 337.

(c) Der Verfasser des Chron. Vrsp. schildert ihn mit andern Farben. Er spricht ihm die Gerechtigkeit und Liebe zur Wahrheit ab, und nennt ihn einen höchst geizigen, mit aller Ungerechtigkeit angefüllten und deswegen sehr reichen Herrn. ALBERICUS in *Chronic.* ad a. 1218. gibt ihm auch kein rühmliches Zeugnis. Daß er allzusparsam gewesen, kan nicht geläugnet werden. Sein Bezeugen bey seiner Wahl zum Kaiserthum ist ein Beweiß davon.

nen. Dem Burgundischen Adel ist sein sorgfältiger Fleiß unangenehm, und unter einem ausländischen Landesherrn stehn unerträglich. Sie wollen von der teutschen Herrschaft frey seyn, und schützen immer ihre burgundische Rechte vor. Allein unter dem Schein der Freyheit tyrannisiren sie, und leben dabey unter sich in beständiger Uneinigkeit, suchen auch die Unterthanen öfters zur Aufruhr zu verleiten, und nennen den Herzog einen strengen Herrn und Tyrannen.

H. Bertold sucht der Bosheit Zäume anzulegen. Er stellt deswegen die schon den Römern bekannte Orte Milden und Yverdon (d) in bessern Stand, und Burgdorf wird von ihm bevestigt. (e)

Bern. §. II. Er erbaut auch eine ganz neue Stadt, nemlich das berühmte Bern am Flusse Aar. Der Anfang dazu wird unter der Regierung K. Fridrichs I. gemacht. A. 1191. (f) unter K. Heinrich VI. wird sie vollendet. Die Stadt war also gelegen, daß sie nach

---

(d) Minnodunum, französisch Moudon, und Ebrodunum. GUILLIMANN. *Habsburg.* L. V. p. 199. TSCHUDII *Chron. Helv.*

(e) TSCHUD. l. c. WAGNER. in *Mercurio Helvet.* p. 58. Der Ort heißt noch jetzt im Italiänischen Berthou, ohne Zweifel von ihrem Wohlthäter H. Bertold. Es ist ein groses Schloß auf einem Felsen daselbst, wo H. Bertold sich viel aufgehalten.

(f) WERNER ROLEWINCK in *Fascic. Temporum* ad h. a. ap. PISTOR. T. II.

nach der Art selbiger Zeit vor einen von Natur festen Ort konnte gehalten werden. K. Fridrich II. dem sie der Herzog vor seinem Tode nachdrücklich empfohlen, nimmt sie in den kaiserlichen und Reichsschuz. Sie bekommt von ihm in einer zu Frankfurt A. 1218. gegebenen Bulle, die Handveste genannt, grose Privilegien, darunter auch der Münzschlag und die Exemtion von allen Reichssteuren und Anlagen zu rechnen ist. (g)

Man ließt daselbst folgende Uberschrift an der Kirche St. Vincenz: „In memoriæ mo-„numentum perpetuæ Berctoldi V. Zarin-„giæ Ducis fortiss. urbis Bernæ conditoris „inclitiss. P. Patriæ illustriss. Bern. G. L. 2. P. „MCXCI. Frid. II. Rom. Imp. (h)

Man hat auch das Andenken des Erbauers dieser Stadt in den Münzen zu Bern bis aufs Jahr 1656. beybehalten. (i)

Ihren Namen leitet man insgemein von dem Bären her, welcher in dem Eichwald, vor dessen Umhauung erlegt worden. Dieses soll auch ihrem Wappen den Ursprung gegeben haben. (k) Der gelehrte

---

(g) Basler Lexicon: Bern. A. 1353. wurde sie ein Mitglied der Eidgenossenschaft.

(h) Diese Aufschrift ist in neuern Zeiten gemacht, denn zu der Kirche wurde erst A. 1421. der Grundstein gelegt.

(i) SCHÖPFLIN. Hist. Zar. Bad. T. I. p. 151.

(k) STETTLERI Chron. p. 5.

lehrte Herr von Watteville (*l*) in der
Schweiz führt ihn von dem Wort Bar
her, welches einen Ort wo man Gericht
halt, bedeutet. (*m*) Wie denn zu Nideck,
nahe bey Bern die Zähringische Landvögte
und Richter in Burgund vielfältig zu
wohnen pflegten. Herr Prof. Schöpflin
hält vor wahrscheinlich, daß sie den Na=
men von ihrem Erbauer, gleichwie Burg=
dorf, bekommen habe.

Schwäbi=
sche Sa=
chen.
§. III. Dem Haus Hohenstaufen ist er
eben so abgeneigt, als seine Vorfahren.
Er sucht vermuthlich seine Ansprache auf
das Herzogthum Schwaben geltend zu
machen. K. Heinrich VI. der Ernsthafte
gibt deswegen A. 1196. seinem Bruder
Conrad, Herzog von Schwaben und Spo=
leto Befehl, ihn mit Krieg zu überziehen.
Dieser kommt aber auf seinem Zug nicht
weiter, als nach Durlach, (*n*) daselbst
wird

(*l*) *Hist. de la Confœderat. Helvet.* L. II. p. 94.

(*m*) WACHTERI *Glossar.*

(*n*) CONRAD. VRSPERG. p. 304. sq. M. Jac.
Dan. Ernst schreibt in seinem historischen Bil=
derhaus P. I. Tit. XX. p. 334. er habe eine ehrliche Bür=
gerin zu Durlach schänden wollen, seye aber von ihr ge=
stochen und von dem Mann geschlagen worden, daß er
sterben müssen. Dieser hat seine Nachricht vermuthlich
aus CRUSII *Annal. Suev.* T. II. L. 12. C. 5. genom=
men. Die Worte daselbst sind folgende: „Viele wollen,
„er seye von einem zu Durlach umgebracht worden, oder
„von

wird er erſtochen, und darauf im Kloſter Lorch (o) begraben.

Der Kaiſer übergibt hierauf ſeinem andern Bruder **Philipp** das Herzogthum Schwaben, (p) und ſtirbt bald hernach A. 1197. (q)

§. IV. Die Stände des Reichs ſind um ein neu Oberhaupt bekümmert. Einige ſind auf der Seite dieſes **Philipps** von Schwaben, und verſammlen ſich deswegen an verſchiedenen Orten. (r) 1 Er hat bereits die Reichs-Inſignien in Handen, und gibt

Soll Kaiſer werde.

„von dem Weib ſelbſt, maſſen er ein wohlüſtiger Mann „und dem Hurenleben gänzlich ergeben geweſen; doch „war er nichts deſto weniger ein tapferer und wilder „Soldat, der gegen ſeine Freunde freygebig war, und „ſowohl von den ſeinigen als von fremden gefürchtet „wurde.„ Es iſt auch noch eine unter den Einwohnern zu Durlach übliche Erzehlung: ein ſchmales Gäßlein dieſer Stadt, darinnen der Herzog dieſe Schande zu thun vorhatte, und darüber ſein Leben eingebüßt, habe daher den Namen Königsgäßlein bekommen.

(o) Dieſes Kloſter im Herzogthum Würtemberg, ohngefehr eine Meile von Hohenſtaufen, war von denen Herzogen in Schwaben geſtiftet, und liegen viele von dieſem Hauſe daſelbſt begraben. Sattlers Beſchreibung des Herzogthums Würtemberg. Th. II. S. 272.

(p) *Chron. Weingart.* p. 799.

(q) ALBERT. STAD. p. 298. GODEFRID. COLON. ad a. 1197.

(r) OTTO de S. BLASIO C. 46. AUCTOR ANONYM. *Hiſtor. Landgrav. Thuring.* C. 31. *Chron. Montis Sereni* ad a. 1198.

gibt auf dem Convent zu Hagenau seine Neigung zum kaiserlichen Thron zu erkennen. (*s*)

Die Erzbischöffe von Cölln und Trier und andere Bischöffe, wie auch Heinrich Pfalzgrav am Rhein kommen zu Andernach und Cölln zusammen, und berufen H. Bertold von Zähringen dahin, um ihm die kaiserliche Krone aufzusezen. Er kommt. Doch, da er die Macht des Schwäbischen Philipps und des jungen Friedrichs, K. Heinrich VI. Sohns überlegt, bittet er um Bedenkzeit, und verspricht auf die bestimmte Zeit wieder zu kommen, hinterläßt auch deswegen einige Geißel. (*t*) Er findet aber vor rathsamer sich mit H. Philipp aus Schwaben zu vergleichen. (*u*) Er hatte bereits 6000. Mark Unkosten gehabt; (*v*) und sahe voraus, wie viele er noch zu machen hätte. Er tritt also gänzlich zurück, und bekommt zur Dankbarkeit von H. Philipp eine Summe von 11000. Mark. (*w*) Seine Freunde hören dieses zu Andernach mit nicht geringer Bestürzung, und erwählen darauf
Otto

(*s*) Philippus in Epistola ad Innocent. III. ap. BALUZ. *Registr. Negotior. Imperii* Num. 136. p. 747.

(*t*) OTTO de S. BLASIO l. c.

(*u*) CONRAD. VRSPERG. p. 306.

(*v*) Philippus in Epistola allegata.

(*w*) GODEFRIDUS COLONIENS. ad a. 1198.

Bertold V. 1186-1218.

Otto von Braunschweig, H. Heinrich des Löwen Sohn. (y)

Die Anhänger des K. Philipps berichten dem Papst Innocentius III. die Erwählung desselben. H. Bertold unterzeichnet den Brief selbst, und steht darinnen nach dem König in Böhmen vor allen andern Herzogen. (z)

Der Papst sieht diese Wahl nicht gern. Das schwäbische Haus und dessen anwachsende Macht ist ihm unangenehm. Er sucht in einem eigenen Schreiben an H. Bertold ihn zu bewegen, auf Otto Seite zu tretten. (a)

Er

(y) *Litteræ Principum Ottoni faventium* ap. MEIBOM. in *Apologia pro Ottone IV.* SCHATEN. P. I. *Annal. Paderborn.* L. IX. CONRAD. de FABARIA C. VII. *de Casibus Monast. S. Galli.* in GOLDAST. *Scriptor. Rer. Alemann.* p. 75. sqq.

(z) BALUZ. *Regist. de Negotio Imp.* Num. 61.

(a) BALUZ. l. c. N. 62. Dieses ist der merkwürdige Brief, darinnen P. Innocentius III. sich das Recht anmaßt, einen erwählten König zum Kaiser zu machen. Einige Scribenten nannten daher den Kaiser Otto Dei & Pontificis gratia Regem. Philippus Notarius in *Litteris ad Innoc. III.* n. 52. *Registri de Negotio Imperii;* und Otto selbst redet in denen Briefen an den Papst von einer fideli subjectione, und schreibt seine Erhöhung Pontificiæ benignitatis beneficio zu. Aus dem päpstlichen Schreiben ist das genommen, was Decretalium L. I. Tit. 47. C. 34. gelesen wird. In denen verschiedenen Codicibus Decretalium steht Caringiæ, Zarangiæ, Zerangiæ, Laringiæ, Saringiæ, Carinthiæ.

Er wiederholt auch dieses Gesuch in noch mehrern Schreiben. (*b*) H. Bertold bleibt beständig, und ersucht den Papst schriftlich dem K. Philipp seinen Beyfall nicht zu versagen. Vielleicht hat ihn die Forcht vor K. Philipp so sehr als sein Gewissen darinnen gestärket; ob er gleich in seinem Herzen dem Otto mehr, als jenem mag zugethan gewesen seyn. (*c*)

K. Otto sucht nach seiner Krönung die Anforderung des Reichs an Italien hervor. Er zieht sich dadurch die Ungnade des päpstlichen Hofs zu. Seine Unterthanen werden vom Papst ihrer Eidespflicht entbunden, und Fridrich II. ihm entgegen gesezt. H. Bertold geht zwar nebst andern Fürsten und Ständen des Reichs von K. Otto ab. (*d*) Er will aber Fridrichs Parthie nicht ergreiffen, (*e*) und verliert dadurch in den lezten Jahren seines Lebens die Gunst des Papsts.

Krieg mit den Wallisern. §. V. Er will die von seinem Vater ererbte Rechte über die Walliser behaupten.

(*b*) BALUZIUS N. 98. 158. 171.

(*c*) P. Innocentius stellt ihm dieses selbst vor in einem Schreiben. BALUZ. l. c. N. 43.

(*d*) ALBERICI *Chron.* ad a. 1209.

(*e*) Man gibt zur Ursache an, daß man am päpstlichen Hof nicht allzuwohl von H. Bertold gesprochen, und der K. Fridrich einen Groll (rancorem) gegen Bertolds Erben, Grav Egeno von Urach blicken lassen. SCHÖPFLIN. *Cod. Diplom. Bad.* C. 1219.

Bertold V. 1186-1218.

ten. Wirbt eine grose Anzahl Soldaten in der Schweiz und selbigen Gegenden. Er sucht mit ihnen den Berg Grimsel (*f*) zu übersteigen, und in die Thäler des Walliserlandes einzubrechen. Die Einwohner jenseit des Berges Jura, welche dem Herzog ebenfalls abgeneigt sind, geben den Wallisern Nachricht von seinem Vorhaben. Sie empfangen ihn mit einer grosen Niderlage. (*g*)

§. VI. Unter seinen Reichsgeschäften sind sonderlich zu bemerken:

Reichsgeschäfte.

A. 1208. bemüht er sich vor sich und seine Nachkommen um die Kastenvogtey der Abtey St. Gallen. Selbige war durch den Tod K. Philipps aus Schwaben ledig worden. Er bietet deswegen selbigem Kloster 4000. Mark Silber an. Dem Abt Ulrich misrathen solches seine Dienstleute. Er kommt ihnen zu mächtig vor. Er bekommt auch eine abschlägige Antwort. (*h*)

In

(*f*) Man rechnet diesen Berg zu den Lepontischen Alpen. Die Landschaft heißt Haßli, und gehört zu Bern. Im Winter ist er fast ganz unübersteiglich, denn auch im Sommer kan man wegen des Eises und Schnees, nicht anderst, als mit grosser Gefahr und Beschwerlichkeit hinüberreisen.

(*g*) SIMLERUS in *Vallesia* p. 135.

(*h*) CONRADUS de FABARIA de *Casibus Monasterii S. Galli* C. 8.

In eben diesem Jahr wird seiner als Regenten vom Herzogthum Burgund gedacht in einer Urkunde, nach welcher Rudolph Grav von Thierstein dem Kloster Frienisberg eine Schenkung gethan. (*i*)

A. 1209. wohnt er dem Reichstag bey, den K. Otto IV. zu Augspurg gehalten. (*k*)

A. 1210. bestätigt er der Abtey Zürch ihre alte Freyheiten als Kastenvogt derselben. (*l*)

Daß er die Kastenvogtey über das Kloster Selben im Schwarzwald besessen, hat Herr Prof. Schöpflin aus dem Archiv des Klosters St. Peter bemerkt.

Daß er Kastenvogt über das Kloster St. Blasii gewesen, erhellet aus der Urkunde A. 1232. darinnen M. Hermann von Baden zusagt, daß er von dem Kloster nichts verlangen wolle, als den Dienst (Servitium) den es zu H. Bertolds Zeiten geleistet habe. (*m*) Hier kan kein anderer Bertold, als der lezte Zähringische, welcher 14. Jahr vorher mit Tod abgegangen, verstanden werden.

A.

(*i*) SCHÖPFLIN. Cod. Dipl. Bad.

(*k*) ARNOLD. LUBEC. in Chron. Slavor. L. VII. C. 20.

(*l*) HOTTINGERI Specul. Tigur. p. 237.

(*m*) Cod. Diplom. Bad. ad a. 1232.

A. 1218. entsteht Streit zwischen ihm und dem Bischof zu Basel wegen einiger Güter der Kirche zu Basel. P. Honorius III. sendet von Rom schriftliche Erlaubnis, Schiedsmänner zu erwählen, um selbigen beyzulegen. (*n*)

§. VII. Er beschließt sein Leben A. 1218. zu Freyburg im Brißgau. (*o*) **Tod.**

Man sieht noch jezt zu Freyburg in der Haupt-Kirche eine ihm zu Ehren verfertigte Säule. Sie ist von Stein und stellt den Herzog ganz geharnischt mit zusammengefalteten Händen vor. (*p*) Zu Anfang des 16ten Jahrhunderts wurde bey Ausbesserung des hohen Altars sein Grab geöffnet, da man denn seinen Leichnam noch völlig ganz gefunden haben soll.

Das

(*n*) Cod. Dipl. Bad. ad a. 1218.

(*o*) Chron. Constant. ad a. 1218. Chron. Colmar. ab initio. GUILLIMANN. de reb. Helv. L. II. C. 15. führt davon folgende Verse an:
Cum bis sexcentis ter senis jungitur annis
In Friburg moritur Berchtoldus Dux Alemannus.
SIMLERUS in *Vallesia* p. 135. erzählt: diese Zeilen seyen vordem auf seinem Grabmal gestanden. Daß der 14. Tag des Hornungs sein Todestag gewesen, meldet SATTLERI *Chron. Friburg.* p. 23. hingegen AL-BERT. ARGENT. in *Chron.* p. 99. jezt den ersten May.

(p) Eine schöne Abzeichnung davon haben wir in SCHÖPFLINI *Hist. Zuringo-Bad.* T. I. p. 160.

F

Damals wurde unten an die Säule folgende Aufschrift gesezt:

BERCHTOLDUS V.
VLTIMUS ZARINGIÆ DUX
XIV. FEBRUARII ANNO MCCXIIX.
CUJUS OSSA SUB HAC STATUA
IN CRYPTA LAPIDEA
REQUIESCVNT.

Gemahlinnen. §. VIII. Wegen seiner Gemahlinnen sind die Geschichtschreiber sowol alter als neuer Zeiten nicht einig. Insgemein gibt man ihm zwey; die erste soll weder dem Namen, noch dem Geschlecht nach eigentlich bekannt gewesen, und A. 1210. in denen Wochen zu Solothurn gestorben seyn. (*q*) Guillimann (*r*) und Laufer (*s*) halten sie vor eine Grävin von Vohburg in Bayern. Der Verfasser (*t*) des Artic. Zähringen

im

(*q*) Tschudii *Chron. Helv.* T. I. p. 110. Er nennt den neugebohrnen Prinzen Bertold.
(*r*) *Rer. Helvet.* L. II. C. 14. L. III. C. 8.
(*s*) Geschichte der Schweizer Th. III. S. 9.
(*t*) Die Artikul Baden, Babenweiler, Hachberg, Rötteln, Zähringen, wie auch die Lebensbeschreibungen verschiedener Marggraven von Baden haben zum Verfasser den Fürstl. Baden-Durlachischen Hofrath und Archivarius Carl Fridrich Drollinger, welcher A. 1743. zu Basel, woselbst das Fürstl. Archiv ist, mit Tode abgegangen. Er besaß die größte Kenntniß von den Badischen Geschichten. Er hat einen Versuch einer Historie des Fürstlichen Hauses Baden hinterlassen.

im Basler Lexico stimmt diesen bey, und nennt sie Mechtild.

Nach deren Tod soll er sich A. 1212. zum zweytenmal mit einer Grävin von Kiburg, Namens Agnes, vermählt haben. (*u*) Herr Prof. Schöpflin (*v*) hält dafür, diese Muthmassung sey daher entstanden, weil Ulrich von Kiburg H. Bertolds Schwester zur Ehe gehabt. Pistorius (*w*) will von beeden nichts wissen. Er nennt Bertolds Gemahlin Jda, und gibt sie vor eine Bolognesische Gräfin und Wittwe Grav Gerhards von Geldern aus. Es stimmt damit das *Auctarium Aquicinctinum* (*x*) überein, dasselbe nennt der Jda Vater Matthäus, und unsern Bertold Ducem de Saringes. Pontanus (*y*) folgt ihm in dieser Nachricht. Allein *Olivarius Vredius*, (*z*)

F 2   der

---

sen. Sie geht bis aufs Jahr 1288. und ist ungedruckt. Er war zugleich ein glücklicher Dichter. Seine Werke hat der gelehrte Prof. der griechischen Sprache Hr. Joh. Jac. Spreng zu Basel mit einer Gedächtnisrede auf den sel. Herrn Hofrath herausgegeben. Sein würdiger Nachfolger ist der jetzige Herr geheime Hofrath und Archivarius Joh. Fridrich Herbster.

(*u*) TSCHUD. l. c. p. 112. NAUCLERI *Chron.* P. II. f. 184. Basler Lexicon.

(*v*) *Hist. Zaringo-Bad.* T. I. p. 161.

(*w*) In Tabula Genealog. ad *Chron. Constant.* ap. PISTORIUM.

(*x*) Ad a. 1181. & 1183. ap. MIRÆUM & PISTOR. T. I. *Rer. Germ.*

(*y*) *Histor. Gelric.* L. VI. p. 113.

(*z*) *Geneal. Flandr. Comit.* P. I. Tab. VII. p. 223.

der doch die Flandrische Geschichte aus denen Urschriften erläutert, gedenkt nichts von dieser Ehe, sondern nennt der Ida zweyten Gemahl Grav Reginald, welcher von 1192. bis 1212. mit ihr in der Ehe gelebt habe. Jedoch ist wohl möglich, daß nach dessen Absterben sie sich mit H. Bertold verlobt, und auch diese Ehe nicht lange gedauert hat.

Denn H. Bertolds Tod machte seine Gemahlin Clementia (z) zur Wittwe. Diese Nachricht hat Herr Prof. Schöpflin aus zwey Urkunden entdeckt, welche *Chifletius* (a) aus dem Archiv zu Dole in Burgund bekommen hat. H. Bertolds Gemahlin wird darinnen *Clementia Burgundica, Stephani, Ausonæ Comitis & Beatricis* (b) *filia* genennt. Er hatte ihr das Schloß Burgdorf in Kleinburgund nebst andern Gütern selbiges Landes zum Witthum zugedacht. Allein sein Schwager Egeno von Urach nahm alles dieses in Besiz, und sezte die Wittwe gefänglich ein. A. 1224. sprach der

---

(z) Einige machen diese zur dritten Gemahlin.

(a) PETR. FRANC. CHIFLETIUS in *Lettre touchant Beatrix Comtesse de Chalon.* Man sehe auch *Histoire de la Ville de Chalon. sur Saone* T. I. p. 306. Sie war die Erbin Grav Wilhelm II. zu Chalons an der Saone.

(b) Ihre Genealogie findet man in DU CHESNE *Hist. de Bourgogne.* L. IV. C. 26. p. 548. GOLLUT. *Memoires Sequanoises.*

der römische König Heinrich (c) in einem Gericht zu Bern der Clementia alles zu, was ihr von ihrem Gemahl bestimmt worden. (d)

Egeno achtete diesen Ausspruch nicht. Ihr Vatter Stephan rief daher A. 1235. den Kaiser Fridrich II. selbst um die Befreyung seiner Tochter an. Auch dieser sprach zu ihrem Vortheil. Man weiß aber nicht, was dieser Spruch vor Wirkung gehabt. So viel ist richtig, daß sie bis aufs Jahr 1235. mithin ganzer 27. Jahre gefangen gewesen, und Grav Egeno ihr Witthum im Besiz behalten.

§. IX. Er soll zwey Söhne gehabt haben, Bertold und Fridrich. (e) Einige nennen den leztern Conrad. Diese müssen ihm nach dem Jahr 1208. (f) mithin in den lezten zehen Jahren seines Lebens gebohren worden seyn. Die Scribenten, welche 200. Jahr nach ihm gelebt, berichten: diesen Söhnen seye noch bey ihres Vat-

Kinder.

(c) Dieses war der Sohn des Kaiser Fridrichs II. er wurde A. 1220. zum Röm. König erwählt, und hielte verschiedene Reichstäge.

(d) CHIFLETIUS l. c. p. 113.

(e) GUILLIMANN. Rer. Helv. L. II. C. 14. L. III. C. 8.

(f) CONRADUS de FABARIA de Casibus Monasterii S. Galli L. VIII. Er bemühete sich damals um die Kastenvogtey zu St. Gallen, und hatte nach der Urkunde noch keine Kinder.

Vatters Lebzeiten mit Gift vergeben worden. Alle stimmen darinn überein, daß die That A. 1217. zu Solothurn geschehen; im übrigen sind die Meinungen verschieden.

Einige melden, die burgundische Stände hätten nicht allein denen Kindern, sondern auch der Mutter Gift gegeben, um sie unfruchtbar zu machen, und also das ihnen verhaßte Zähringische Haus auszutilgen.

Nach andern hat die leibliche, nach andern die Stifmutter Agnes auf Anstiften derer burgundischen Stände die Hände mit dem Blute der Kinder besudelt.

Man erzehlt weiter: Nachdem H. Bertold von diesem Vorgang Nachricht erhalten, habe er seine Gemahlin enthaupten, und in Einen Sarg mit den Kindern in der Kirche des Heil. Ursus und Victors zu Solothurn beysezen lassen. A. 1544. wurde der Chor dieser Kirche ausgebessert. Man will damals die Gebeine dieser drey Personen in Einem Sarg gefunden haben. Münster und Stumpf geben sich vor Augenzeugen davon aus.

Die erste Nachricht von der Vergiftung hat Conrad Justinger (g) zu Bern gegeben.

(g) In *Chron. Uchtland.* Er hat dasselbe auf Befehl der Stadt Bern A. 1420. geschrieben. Es liegt noch ungedruckt zu Zürch und Bern. **Helvetische Bibliothek.** Th. IV. S. 25.

ben. Er schreibt sie allein dem burgundischen Adel zu, ohne von der Mutter oder Stifmutter etwas zu gedenken. Er sagt aber dabey, dis seye eine gemeine Erzählung. Dieser Meinung sind viele Schriftsteller zugethan. (*h*) Andere schreiben diese schrökliche That ihrer Stifmutter zu. (*i*)

Heinrich Lupulus oder Wölflin, Canonicus zu Bern im fünfzehnten Jahrhundert, hat eine noch ungedruckte Chronik von Bern geschrieben, die in dem Büchervorrath der Stadt Zürch aufbehalten wird. In derselben gedenkt er nichts von den Söhnen des H. Bertolds, sondern schreibt nur: H. Bertold sey der lezte seines Hauses. Dann durch seinen Tod sey dieses berühmte Geschlecht, da der Stamm abgehauen worden, (stirpe truncata) erloschen.

Stett-

(h) J. E. Stumpf Chron. L. VII. C. 30. MÜNSTER. in *Cosmograph.* L. III. CRUSIUS in *Annal. Suev.* P. II. L. 12. VIGNIER in *Chron. Burg.* p. 143. STETTLER. in *Chron. Uchtl.* L. I. p. 5. GUILLIMANN. *Rer. Helv.* L. II. C. 14. L. III. C. 8. *Habsburg.* L. VI. C. 2. Hafner Solothurner Schauplatz. Th. 1. S. 291. Th. 2. S. 35. Felix Faber in seiner Schwäbischen Historie schreibt, die Söhne seyen erst nach des Vatters Tod von dem Burgundischen Adel mit Gift getödtet worden.

(i) Drollinger im Basler Lexic. Zähringen. Dill in Oetters Sammlungen ꝛc. S. 399. Peßler in Hannöver. gelehrten Anzeigen A. 1751. S. 327.

Stettler erzehlt: die Gebeine derer Prinzen seyen nebst den Gebeinen ihrer Stifmutter in einem seidenen Tuch eingewickelt gefunden worden. Man habe gewisse Merkmale gehabt, woran sie erkannt worden. Allein er zeigt diese nicht an; so wenig als Stumpf, der sie A. 1544. selbst gesehen, und Münster, (k) der sie A. 1546. in Augenschein genommen, und aus denen Gebeinen geschlossen hat, der jüngere müsse anderthalb bis zwey, der ältere aber neun bis zehen Jahr alt gewesen seyn.

Des erfahrnen Hn. Prof. Schöpflins (l) Gedanken sind diese: Man kan nicht wohl läugnen, daß H. Bertold Kinder gehabt, die in der zarten Kindheit zu Solothurn gestorben, und in der Kirche des H. Ursus begraben liegen. Es ist möglich, daß dem Herzog nach dem Jahr 1208. da er noch keine Kinder gehabt, einige gebohren worden. Es ist aber auch möglich, daß sie A. 1217. eines natürlichen Todes gestorben sind. Man gibt zu, daß die Gebeine A. 1544. gefunden worden; aber die Vergiftung ist darum nicht glaublich, weil die Schriftsteller des dreyzehnten und vierzehnten Jahrhunderts, z. E. Joh. Vitoduranus, Conrad von Ursperg, die Colmari-

---

(k) In *Cosmograph.* L. III. C. 72.
(l) *Hist. Zaringo-Bad.* T. I. p. 169.

marische Dominicaner, **Albertus von Strasburg,** oder **Matthias von Neuenburg** den schröklichen Untergang eines so vornehmen und mächtigen Hauses nicht würden mit Stillschweigen übergangen haben. Wer hat ihn aber denen neuern nach 200. Jahren gesagt? Die Clementia lebte ja nach ihres Gemahls Tod noch so viele Jahre. (m) Warum sollte sie wohl, da sie selbst keine Kinder gehabt hatte, ihre Stiefkinder des Lebens beraubt haben, da sie von ihrem Tod keinen Nutzen sich versprechen konnte? (n)

Verwegene und ungegründete Urtheile finden bey gemeinen Leuten, wann ein grosses Haus ausstirbt, gar leicht Beyfall. Daher auch kein Wunder, daß man zu Bern, welche Stadt wider die Gewaltthätigkeit des Adels erbaut worden, nunmehr, da die Stadt ihren Zähringischen Beschützer verloren, dergleichen falsche Gerüchte um so eher angenommen, weil H. Bertold dieser neuen Stadt die Rache wider den Adel öfters soll empfohlen haben. Die mächtige Stadt hat den Burgundischen Adel nach und nach ausgerottet, und ihre Hoheit auf derselben Umsturz gebaut, und also denen Zähringern die lezte Ehre erwiesen. Es

---

(m) Dieses widerlegt den Tschudi, welcher S. 115. meldet, ihr Körper sey unter den Galgen verscharrt, der Kopf aber in der Kinder Grab gelegt worden.

(n) Wiewohl die Burg. Stände ihr grose Versprechungen gethan. TSCHUDI l. c.

Es ist ferner eine unschickliche Tradition zu Solothurn, daß von der Zeit, da die Gemahlin des Herzogs ihre Stiefsöhne getödtet, ein Gesez in der Stadt sey gemacht worden, daß keine Mutter ihre Kinder erben solle. Man trift dieses Gesez auch an andern Orten an. In dem Sachsen- und Schwabenspiegel geschiehet allein des Vatters in solchem Fall Meldung. Deßgleichen auch in denen Strasburgischen Statuten; doch ist es durch das Herkommen gemildert, und auch auf die Mutter gezogen worden. Das Burgundische Gesez enthält weder vom Vatter noch der Mutter etwas. Stumpf (n) widerlegt den Ursprung dieses Solothurner Gesezes gründlich.

(n) In seiner Schweizer-Chronik, B. 7. C. 30.

Die Herzoge von Zähringen
nach dem System
des Herrn von Watteville.

§. I.

Ich kan die so bescheidene als gründliche Widerlegung nicht übergehen, welche Herr Prof. Schöpflin gegen seinen Freund, den in der Republik Bern so angesehenen, als in der gelehrten Welt berühmten Herrn von Watteville geschrieben hat. Sie hat eben dieses vortreflichen Mannes völligen Beyfall gefunden. Ich habe lezteres aus seinem an Herrn Prof. Schöpflin ohnlängst erlassenen freundschaftlichen Schreiben mit Vergnügen ersehen.

Der Herr von Watteville (a) streicht nicht nur H. Bertold I. aus der Reihe derer Herzoge von Zähringen gänzlich aus, sondern er leitet auch den H. Bertold II. von denen Rudolphen her, welche in dem jenseit des Bergs Jura liegenden Burgund das Scepter geführt haben. Er macht anstatt Bertolds I. einen gewissen Herzog Rudolph, Conrads des Königs im

Inhalt desselben.

jenseit

(a) Man findet des Herrn von Watteville System unter dem Titul: *Lettre sur l'origine des Ducs de Zaringuen*, in dem *Mercure Suisse* 1746. und einige davon handelnde Streitschriften eben daselbst A 1747.

jenseit des Bergs Jura gelegenen Burgund Bruder, zum Stammvatter des Hauses Zähringen. Die Marggraven von Baden aber leitet er von Bertold I. Herzog von Kärnthen, einem Sohn Graven Landols von Habsburg her, so daß sie mit denen Herzogen von Zähringen in gar keine Verbindung kommen.

Die Wattevillische Stammtafel ist diese:

Rudolph II. K. in Burgund jenseit des Berges Jura † 937.

| Konrad K. in Burgund † 993. | Rudolph III. der Faule, † 1032. | Burckard, Erzbischof zu Lyon. | Rudolph, Herzog, komt in der Stiftung des Klosters Peterlingen vor bey GUICHEN. Biblioth. Sebus. p. 25. |

Bertold, Grav, bestätigt den Brief K. Rudolphs III. A. 1016. bey GUICHENON. Hist. de la Savoye T. III. p. 3.

Rudolph, Grav, kommt mit Grav Bertold in einer Urkunde von eben diesem Könige vor l. c. p. 2.

Bertold II. Herzog von Zähringen, eben der, dessen samt seinem Vatter Rudolph gedacht wird in der Urkunde A. 1076.

Konrad, Rector in Burgund.

Bertold III. Herzog von Burgund.

Bertold IV. letzter Herzog von Zähringen.

Untersuchung dieser Meinung. §. III. Der Hauptgrund dieser Meinung ist auf eine Urkunde vom Jahr 1076. gebaut, nach welcher einem Kloster in dem mindern Burgund eine Schenkung gethan worden durch Herzog Bertholfen mit Genehmigung

gung seines Vatters H. Rodolfs. (*b*) Man schließt daraus, daß dieser Vatter und Sohn aus Burgundischem Geblüte hergekommen, und die Urheber derer Zähringischen Herzoge in Burgund gewesen seyen.

Allein in dieser Urkunde wird niemand aus dem Geschlecht derer Burgundischen Könige verstanden, sondern derjenige Rudolph von Rheinfelden, welcher Herzog in Schwaben, und nachher H. in Burgund, ja gar Kaiser worden ist. Dieser hatte auch einen Sohn, mit Namen Bertold, welcher in der Blüthe seiner Jahre A. 1090. ohne Kinder verstorben ist. (*c*)

Die

(*b*) Rueggisbergensi Minoris Burgundiæ Monasterio donatio facta est *per manum. Bertolfi Ducis* interveniente patris *Rodolfi* Ducis auctoritate.

(*c*) AUCTOR APOLOGIÆ PRO HENRICO IV. ap. FREHER. *Scriptor. Rer. Germ.* T. I. p. 309. oder, wie ihn GOLDAST. in *Scriptoribus Apologet.* nennt: WALTRAMUS NAUMBURG. *de unitate Ecclesiæ* L. II. C. 36. ANNAL. HILDESH. ap. LEIBNIT. T. I. p. 732. ad a. 1090. BERTH. CONST. ad a. 1090. In allen diesen Stellen heißt Bertold ein Sohn des König Rudolphs. Hahn in der Reichshistorie Th. III. S. 79. not. aa. will behaupten, das Wort Sohn heiße hier, wie an vielen andern Orten, soviel als Tochtermann. Allein sein Beweiß ist nicht wohl angebracht. Er beruft sich auf *Geneal. Fundatorum Murensis Monast.* p. 401. Rudolfus Rex genuit Agnetem, Matrem Conradi Ducis. Diese Agnes war an H. Bertold II. den Sohn H. Bertolds I. von Zähringen und Vatter derer Herzoge Bertolds III. und Konrads vermählt, wie oben erwiesen worden.

Die jüngere Schriftsteller haben nicht bemerkt, daß Rudolph von Schwaben auch Rector in Burgund gewesen. Und doch hat Rudolph die Regierung über Burgund von der Kaiserin Agnes bekommen. (*d*) Aus dieser Ursache nennen ihn die Scribenten selbiger Zeit bald Herzogen in Schwaben, bald Herzog in Burgund und Allemannien. (*e*) Und in dem angeführten Schenkungsbrief geschieht seiner mit seinem Sohn Bertold, entweder als Kastenvogts des Klosters, dem die Schenkung gethan worden, oder als Herzogs von Burgund Meldung. Dieser aber kommt nicht aus Burgundischem, sondern Schwäbischem Geblüte her. Die Acta Murensia nennen seinen Vatter Cuno.

Es muß also Rudolph, K. Konrads von Burgund Bruder, dessen Guichenon gedenkt, ohne männliche Leibeserben verstorben seyn. Und dennoch gibt ihm der Herr von Watteville einen Sohn, nemlich Grav Bertold, und macht diesen zum Vatter eines gewissen Grav Rudolphs. Diese beede heissen in denen Urkunden beym Guichenon A. 1014. und 1016. schlechthin Graven.

(*d*) WALTRAMUS NAUMBURG. l. c. C. 16. „Tum „quidem erat Rudolfus Dux Suevorum, cui et- „iam dederat Hagna Imperatrix *cum regno Bur-* „*gundiæ* filiam suam in conjugium. Dieser Waltram hat zu selbiger Zeit gelebt.

(*e*) SIGEBERT. GEMBLAC. ad a. 1077. CONRAD. VRSPERG. ad a. 1075.

ven. Allein woraus erhellet, daß jener Grav Bertold vor einen Sohn des Burgundischen Herzog Rudolphs und Vatter des Grav Rudolphs müsse gehalten werden. Oder soll man ihn deswegen vor einen Sohn Bertolds ausgeben, weil er in der Urkunde A. 1014. dem Bertold nachgesezt ist?

In einer andern Urkunde A. 1009. welche die Kirche zu Lausanne betrift, steht Grav Rudolph vor dem Grav Bertold. Diese beede haben nebst andern Burgundischen Ständen die Schenkung dem König Rudolph III. angerathen; man kan aber nicht sagen, daß sie als Fürsten aus dem Burgundischen Geblüte ihre Genehmigung dazu gegeben haben.

§. IV. Es finden sich bey dieser Meinung auch noch folgende Anstände: *Andere Gründe dagegen.*

1. Es ist nicht wahrscheinlich, daß der Rudolph, welcher im Jahr 1014. Grav, und im Jahr 1076. mithin in einer Zwischenzeit von 62. Jahren, Herzog genennet wird, Eine Person sey.

2. Der Burgundische Rudolph kan nicht wohl ein Vatter desjenigen Bertolds II. Herzogs von Zähringen seyn, den die Jahrbücher (*f*) so deutlich vor einen Sohn Bertoldi I. Carentani erklären.

3.

(*f*) LAMBERT. SCHAFFNABURG. OTTO FRISING. *de Gestis Frid. I. Imp.* L. I. C. 9. ANNALISTA SAXO; CONRADUS VRSP. ad a. 1057.

3. Unter denen zwey Bertolden, welche LAMBERTUS SCHAFFNABURG. (g) anführt, war der eine ein Herzog von Kärnthen, und Widersacher des Kaisers. Der andere hielte die Parthie des Kaisers. Man kan diesen leztern nicht unter die Herzoge von Zähringen rechnen, und zu einem Sohn Herzog Rudolphs machen. Denn derjenige Bertold, der dem K. Heinrich ergeben war, war nur aus dem Ritterstand, (ex militari Ordine) und wird von dem angeführten Geschichtschreiber nach dem Ulrich von Cosheim, und Eberhard, der einer von des Königs Dienstleuten gewesen, gesezt. (h)

4. Bertold I. Herzog von Kärnthen ist ohne Zweifel der Stammvatter des Zähringischen Hauses. Das Wattevillische System übergeht diesen in der Zähringischen Genealogie völlig. Es zertheilt Bertold II. welcher, wie deutlich erwiesen worden, Bertolds von Kärnthen Sohn war. An einem Ort sezt man ihn in das erdichtete Burgund-Zähringische Haus. An einem andern gibt man ihm den Landolus aus der Habspurgischen Familie zum Anherrn. Bertold III. aber, Bertolds II. Sohn

---

(g) A. 1077. ap. PISTOR. T. I. p. 423.

(h) Dieser Bertold hatte einen Bruder, Namens Lupold, von gleichem Stande. BRUNO *de Bello Saxonico* ap. FREHER. T. I. zählt ihn unter die Dienstleute, (familiares) des K. Heinrichs.

Sohn, wird gänzlich übergangen, und, was er gethan, seinem Vatter zugeschrieben, mithin die ganze Ordnung derer Bertolden, die doch mit starken Gründen bevestiget worden, über einen Hauffen geworfen.

§. V. Es hat also die Verbindung, welche zwischen denen Königen von Burgund, mit Namen **Rudolph**, und denen Herzogen von Zähringen, die den Namen Bertold führen, erdichtet wird, keine Statt. Herzog **Konrad** von Zähringen ist der erste in diesem Hause, welcher vom Kaiser zum Rector in Burgund gesezt worden; er ist auch der erste, der die Burgundische Güter bekommen hat; gleichwie sein Vatter Bertold II. die Schirmvogtey über Zürch zuerst besessen. Staatsursachen bewegten den Kaiser, dieses Rectorat lieber einem Ausländer, als einem Burgundischen Herrn anzuvertrauen. Aber eben dieses war, wie schon oben bemerkt worden, denen Burgundern unerträglich.

Noch andere Gründe.

Hätten die Herzoge von Zähringen ihren Ursprung von denen männlichen Leibeserben derer Könige von Burgund, so würde das Burgundische Haus, welches unlaugbar mit Rudolph III. ausgestorben ist, nicht abgegangen, sondern, so lang ein Zähringischer Zweig vorhanden gewesen, in seiner Fortdauer geblieben seyn. Mithin läßt sich unmöglich behaupten, daß die Her-

Herzoge von Zähringen aus dem Königlichen Burgundischen Stamme müssen hergeleitet werden. (i)

Ein ganz neuer Scribent der Burgundischen Geschichte (k) will zwar nicht versichern, daß die Herzoge von Zähringen aus dem königlichen Hause Burgund abstammen; jedoch hält er dafür, daß sie aus dem Geblüte gewisser Burgundischen Magnaten herkommen, die nach K. Rudolph III. Ableiben in ihren Herrschaften sich der obersten Gewalt angemaset hätten.

Herrn Patricks Gedanken. §. VI. Indem dieses schreibe, so erhalte ich das 59te Stück des Hannoverischen Magazins von diesem Jahre. Ich lese in demselben: „Unmaßgebliche Erinnerungen „und Zusätze bey dem 76ten St. der Han„nov. Beytr. des Jahrs 1760.

Der ungenannte Verfasser ist ohne Zweifel der unermüdete Herr Regierungsrath Patrick zu Zweybrücken. Er gedenkt in diesen Zusätzen seiner Abhandlung von dem Ursprung der Herzoge von Zähringen, und daß er sie herleite aus dem Geschlecht derer Welfischen Könige von Burgund, namentlich einem nachgebohrnen Rudolpho Duce,

---

(i) Eben dieses glaubt Nic. Vignier in *Chron. Burgund.* p. 120. Er zeigt aber den Grund nicht an, woraus er glaubt. Es scheint, er habe sie von der weiblichen Linie herleiten wollen.

(k) Louis Dunod *Histoire du Comté de Bourgogne* L. III. p. 121. Er ist Franz. Parlaments-Advocat, und hat hin und wieder viele Fehler.

Duce, deſſen Nachkommen durch eine Erbtochter der königlichen Linie, nach altfränkiſchem Recht von der Burgundiſchen Erbſchaft ausgeſchloſſen worden. Das Eis bey dieſem Syſtem hat, (ſchreibt der gelehrte Herr Verfaſſer ſelbſt,) der Herr von Watteville gebrochen. Er erinnert zugleich, daß nach dieſem Syſtem leicht zu begreiffen ſey, warum derjenige Bertold, welcher von den Schriftſtellern ein Tochtermann des Königs Rudolphs genennet wird, auch ein Herzog ohne Herzogthum heiſſe; dann er ſeye ein von der Nachfolge ausgeſchloſſener Anverwandter oder Agnat geweſen, der blos ein Apanagium von Stratlingiſchen Gütern (*l*) in der Schweiz beſeſſen habe.

Kaum hatte ich dieſes geſchrieben, ſo wird mir auch des Herrn Regierungraths noch ungedruckte „Unterſuchung über den Urſprung des Hauſes Baden„ zugeſtellt. Er iſt daſelbſt in vielen Stücken einerley Meynung mit dem Herrn von Watteville. Er geht aber in ſehr wichtigen Dingen von dieſem ab, wie man gleich aus der Vergleichung derer Stammtafeln, welche dieſe beede gelehrte Männer gegeben haben, abnimmt. Der Herr Regierungsrath hält auch in dieſer Unterſuchung, welche vielleicht eben die vorhin angeführte iſt, dafür, „daß

Beſtärkung derſelben.

G 2 die

(*l*) Stratlingen war ein Schloß an dem Thuner=See, in der weſtlichen oder Burgundiſchen Schweiz. Man ſieht noch etwas davon.

„die Zähringer von dem berühmten Wel„phischen Geschlechte, besonders denen Her„zogen und nachmaligen Königen in Bur„gund, aber nach dem Mannsstamm, und „daneben von einer Prinzeßin Kaiser Lud„wigs des Frommen entsprossen seyen."

Da diese gelehrte Arbeit weitläuftig und mit vielen Stellen aus denen Schriftstellern versehen ist, so ist mir nicht wohl möglich, einen vollständigen Auszug daraus zu liefern. Ich lasse daher die Stammtafel nach des Herrn Regierungsraths System abdrucken, und mache aus der Abhandlung selbst nur einige Anmerkungen.

Der Herr Verfasser sagt: Es ist nicht unwahrscheinlich, daß, nachdem K. Otto der Große dem Habsburgischen Guntram dem Reichen seine Güter im Brisgau und Turgau, weil er es mit dem rebellischen Pfalzgrav Eberhard gehalten, entzogen, (m) er, oder sein Sohn Otto II, dieselbe dem Rudolph seinem Schwager, oder respective Oncle (n) werde übergeben, und dieser oder einer seiner Descendenten sodann seinen Sitz zu Zähringen genommen, und seiner Linie damit den Geschlechtsnamen davon gegeben haben. Er macht dabey die Anmerkung: Es kan auch seyn, daß ein Descendent des Herzog Rudolphs (Rudolphi

---

(m) Die Urkunde steht bey Eccard *in* Origg. *Habsburg.* p. 237.

(n) Siehe die Stammtafel.

ringen
h Patricks.

---

s Grosen.

Etico**h**, Welfisc**land, Braun banden.**	Gemahlin K. Ludwigs des Frommen.
	der Kahle, König in Frankreich.
Konr**a** lingen	Udo oder Eudes, König in Frankreich.	Robert, König in Frankreich.
Rudol**f**	Richard Justitiarius, Herzog in Burgund, 921.
Rudo**lf**	Herzog Burckards in Schwaben Tochter.
Konra**d**	heid, † A. 1000. G. 1) Lotharius, K. Italien. 2) K. Otto der Grosse, A. 951.
Rudol**f** A. 1014. 1018. König † A	
	h, Herzog, wird auch Berthold I. genennt A. 1076.
Berth**o**	Hermann, Marggrav, † A. 1074. G. Judith, † 1091.
Bertho**ld** I. Marggrav zu Baden, † A. 1130. † A. 1	

phi Ducis) durch eine Erbtochter die Zäh‍ringische Güter an sein Haus gebracht; dann man findet eine Familie dieses Na‍mens, Graven im Brisgau, in denen Jah‍ren 970. 1008. (o) Vielleicht war *Bertoldus Carentanus* (Bertold von Kärnthen) aus diesem Geschlecht? Er wird *Comes* und *Suevigena* (Grav und aus Schwaben gebür‍tig) genennet, welches auf die Burgundi‍sche Bertolde sich nicht schicket.

Ferner schreibt der gelehrte Herr Ver‍faßer: Herzog Bertold II. der im Jahr 1111. mit Tod abgegangen, Gebhard Bi‍schof zu Costanz, und Marggrav Hermann waren Enkel (p) Bertolds I. und Söhne *Rudolphi Ducis*, folglich Urenkel Rudolphs II. Königs in Burgund. Statt des Beweises der Abstammung Bertolds II. von H. Ru‍dolphen beziehet er sich auf das, was Herr von Watteville davon beygebracht hat, und fährt darauf fort, daß, wie nun derselbe so‍wohl von BERTHOLDO CONSTANTIENSI (q) und aus demselben im FRAGMENTO VRSTIS. (r) als

---

(o) *Journal Helvetique* A. 1746. p. 503.

(p) Der Herr Regierungsrath schreibt: „nicht die von „Herrn Professor Sachs angeführte Söhne.„ Von dieser in denen Carlsruher Nützlichen Sammlungen vorgetragenen Meynung kan ich zur Zeit um so weni‍ger abgehen, da sie durch des Herrn Prof. Schöpf‍lins Gründe aufs neu bestärkt worden.

(q) Ad a. 1092.

(r) Die Worte daselbst sind diese: Anno Domini MXCII.

als unter den Jahren 1093. und 1094. in welchen er das Kloster St. Peter gestiftet, und in Schwaben regiert, ausdrücklich von Zeringen und ein Bruder des Bischof Gebhards genennet werde, solches hinlänglich seye, dieser Brüder Ableitung von dem *Bertoldo Carentano*, (Bertold dem Kärnther) zu verwerfen, und alles dieses mit dem Document vom Jahr 1111. aufs vortreflichste übereinstimme.

Weitere Anmerkung. Neben deme bemerkt aber der Herr Regierungsrath noch weiter, daß in erst angeführtem Monument vom Jahr 1111. darinnen H. Bertolds II. Absterben festgesezt ist, Rudolph anstatt Bertold gelesen werde. (s) Er sezt die Anmerkung dazu,

MXCII. Principes Alemanniæ -- *fratrem Gebbardi* Constantiensis Episcopi *Bertoldum de Zeringen*, Ducem totius Sueviæ constituerunt, qui nondum Ducatum habuit, etsi jam dudum nomen Ducis habere consueverit. Das ist: Im Jahr 1092. haben die Stände von Alemannien -- den Bruder des Bischofs Gebhards zu Costanz Bertold von Zeringen zum Herzog über ganz Schwaben gemacht, der noch kein Herzogthum gehabt hat, ob er gleich schon lange den Namen eines Herzogs zu führen pflegte.

(s) Der Herr von Scheid macht eben diese Verbesserung in denen Hannöverischen Beyträgen A. 1760. Ich habe es aus einer Abschrift aus dem Kloster St. Peter abdrucken lassen, und kan nun, da es der sorgfältige Herr Prof. Schöpflin zu seinem Cod. Diplom. Bad. in Kupfer stechen lassen, versichern, daß in dem

Ori-

zu, die er mit Exempeln beweiset, daß manchmal der Sohn nach des Vatters Namen genennet worden, überhaupt aber die verschiedene Bertolde von einer Zeit eine Verwirrung in denen Geschichten und in der Geschlechtskunde verursacht haben. Zumalen der Kärnthische Bertold von jüngern Scribenten ebenfalls aus Irrthum *de Zeringen* genennet werde, wie vom ABBATE VRSPERGENSI (*t*) in dem FRAGMENTO VRSTIS. und im CHRONICO FRIBURGENSI (*u*) geschehen; (*v*) davon aber HERMANNUS CONTRACTUS und BERTHOLDUS CONSTANTIENSIS, die zu selbiger Zeit gelebet, nichts wüßten, sondern vielmehr dieser alle drey Bertolde unter den Jahren 1078. 1090. und 1092. ganz wohl unterscheide, indem er zweyer Sterbjahre ad a. 1078. und 1090.

Original ganz deutlich Rudolph zu finden seye. Sollten wir aber nicht Exempel von ähnlichen Fällen finden, daß die Namen Rudolph und Bertold verwechselt worden, obgleich beyde in der Bedeutung gar weit unterschieden sind, da dieser Name dignitate sua amabilem, Werthold, jener aber judicio seu juste auxiliantem Rechtbold oder Rechthilf, von Rug (judicium) und hülf (auxilium) anzeigt. Schottel von der teutschen Sprache p. 499. 1045. u. 1081. Oder sollte es ein Fehler der Schreibfeder auch in der Urschrift seyn?

(*t*) Ad a. 1077.
(*u*) p. 4.
(*v*) Das Chron. Vrsperg. endet sich A. 1229. Das Fragment. Vrstis. A. 1268. und das Chron. Friburg. geht bis ins 16te Jahrhundert.

und hierauf der Zähringischen zweyte Verwaltung des Herzogthums Alemannien beym Jahr 1092. berichte.

Ich muß es bey diesen wenigen Auszügen bewenden lassen.

Gedanken des Verfassers. Da nun der grosse Geschichtslehrer Hr. Prof. Schöpflin seine Gedanken gegen das Wattevillische System umständlich vorgetragen hat; so überlasse ich meinen werthesten Lesern die Gründe gegen einander zu erwägen. Indem ich betrachte, daß die Patrickische Ausführungen eben den Beweis der Filiation annehmen, welchen Herr von Watteville zum Grunde geleget hat, so bin ich versichert, daß die Erörterung des einen, die Erledigung des andern nach sich ziehen müsse. Mir bleibt noch zur Zeit die Schöpflinische Meynung die wahrscheinlichste, zumalen sich solche aus dem Marggrävlichen Titel von Verona bestätiget. Indessen greiffe ich anderer Einsichten hierdurch nicht vor. Genung, daß der Ursprung derer Herren Marggraven zu Baden aus dem Hause derer Herzoge zu Zähringen nunmehr ausser Zweifel, und deren hoher Adel so alt ist, daß sich dessen Ursprung in der Dunkelheit derer Zeiten verlieret.

Verwahtschaft der Clementia mit ih- §. VII. Bey dieser Gelegenheit habe ich die in die Zähringische Geschichte einschlagende Abhandlungen des sel. Herrn von Scheids in denen Hannöverischen Beyträgen

gen A. 1760. von einem vornehmen Gönner rem Ge-
empfangen, und mit Vergnügen gelesen. mahl
Die erste in dem 67ten Stück handelt von Heinrich
Herzog Heinrich des Löwen Verwandt- dem Lö-
schaft mit seiner Gemahlin Clementia von wen.
Zähringen. (w) Ich bediene mich derselben
zu einer kleinen Nachlese auch andern zum
angenehmen Unterricht.

Feller (x) leitet diese Verwandtschaft
daher, weil Herzog Bertold von Zähringen, der ein leiblicher Bruder Herzog Konrads, der Clementia Vatter, gewesen ist,
die Welfische Prinzeßin Sophia, eine Tochter Herzog Heinrichs des Grosmüthigen
Schwester zur Gemahlin gehabt habe.

Der Herr Grav von Bünau (y) und
der Herr Regierungsrath von Krath (z)
haben diese Meynung mit einigen Zusätzen
vermehrt und als hinlänglich angenommen. Der Herr geheime Justizrath Gru-
ber (a) scheint dieser Meynung beyzupflichten, sucht aber noch eine andere Ursache
dieser allzunahen Verwandtschaft darinnen,
daß des Herzog Heinrichs Maitresse Ida
mit der Clementia Mutter Geschwisterkind
soll gewesen seyn. Allein bey diesem Umstand

(w) Oben S. 55. ist von der Ehescheidung dieser Personen gehandelt worden.
(x) In *Monumentis ineditis* T. III. p. 172.
(y) Im Leben K. Fridrichs I. S. 390.
(z) In *Conspectu Histor. Brunsvic.* p. LXV.
(a) *Origg. Guelph.* T. III. p. 182.

stand würde die Geistlichkeit dem Herzogen nicht sowohl die Scheidung von seiner Gemahlin, als die Entlassung der Ida anzurathen gehabt haben.

Daß Herzog Welfs VI. Gemahlin Uta, Grav Gottfrieds von Calw Tochter mit der Clementia ebenfalls Geschwisterkind gewesen, (b) kommt hier nicht in Betrachtung; weil solches H. Heinrich dem Löwen vor seiner Vermählung muß bekannt gewesen seyn. Er hätte daher nach denen damaligen Kirchengesetzen vom Papst die nöthige Erlaubniß einholen müssen, folglich sich nachher nicht können scheiden lassen.

In Erwägung dieser Umstände gestunde der Herr von Eccard, (c) er habe die allzunahe Verwandtschaft nicht anführen können, und glaube deswegen mit dem Sagittarius, der Herzog sehe seiner Gemahlin darum überdrüßig gewesen, weil sie ihm keinen Sohn gebohren, und habe er nur die nahe Verwandtschaft vorgeschüzt, um sich von ihr los zu machen. Dieses aber scheint der Ehre eines so grossen Prinzen zu nahe zu treten.

Der Herr von Scheid fande bey seinen sorgfältigen Untersuchungen den Grad der Verwandtschaft. Seine Geschlechtstafel ist diese:

Bern-

(b) *Præfat. ad Tom. III. Origg. Guelf.* p. 54.
(c) *Origg. Guelf.* p. 61.

Herzoge von Zähringen.

Bernhard, Herzog von Sachsen, G. Bertrada aus Norwegen.

Ordulf, Herzog von Sachsen.	Ida, G. Albrecht III. Grav von Namur. MARNE Histoire du Comté de Namur p. 131. BLONDELLUS Tab. XXX.
Magnus, Herzog von Sachsen.	Gottfried, Grav von Namur.
Wulfhild, G. Heinrich der Schwarze Herzog v. Bayern.	Clementia, G. Konrad Herzog von Zähringen.
Heinrich der Stolze, Herzog von Bayern und Sachsen.	Clementia, Herz. Heinrichs des Löwen Gemahlin.

Herzog Heinrich der Löwe.

Da nun im zwölften Jahrhundert, ehe Papst Innocentius III. A. 1215. auf der berühmten Kirchenversammlung im Lateran das Eheverbott bis auf den vierten Grad der Blutsfreundschaft eingeschränkt hat, die Ehen bis in den siebenten Grad unerlaubt gewesen, davon bey dem Chifletius viele, und in der angezeigten Abhandlung verschiedene andere denkwürdige Exempel angeführet worden: so läßt sich begreiffen, warum Herzog Heinrich der Löwe nicht länger in der eingebildeten Blutschande leben wollen. Man findet in der belobten Abhandlung einige noch weitlosere Verwandtschaften, um welcher willen die Ehen einiger grossen Herren theils wirklich sind getrennet worden, theils, nach des Papsts Willen haben getrennt werden sollen. Denkwürdig sind des Kaiser Konrad des Saliers Worte, den der Papst nicht auf seinem Thron wissen wollte, weil er

sei-

seiner Gemahlin Gisela, nach damaliger Rechnung zu nahe verwandt gewesen. (d) Der kluge Fürst versprach sich scheiden zu lassen, sprach aber hernach, da er die kaiserliche Krone wirklich auf dem Haupte hatte, und man ihn an sein Versprechen erinnerte: „Er sehe nun einmal Kaiser, und wolle von seiner Gemahlin nicht geschieden seyn. (Se Imperatorem creatum nullo modo debere uxore viduari.)

Artig aber ists, daß sich H. Heinrich der Löw nachmalen mit der Englischen Mathildis vermählt hat, die ihm eben so nahe, als die Zähringische Clementia verwandt gewesen ist. Vielleicht hat er sich damals besser vorgesehen, und bey Zeiten bey dem Papst um Erlaubniß angehalten.

Weitere Nachricht §. VIII. Die andere Abhandlung lesen wir im 75ten und 76ten Stück, von H. Rudolphs in Schwaben, nachmaligen teutschen Königs Verwandtschaft mit dem Welphischen Hause zu näherer Prüfung der Verwandtschaft zwischen H. Heinrich dem Löwen und seiner Gemahlin Clementia. Ich finde daselbst unter andern vortreflichen Untersuchungen nachstehendes Schema genealogicum dieser Verwandtschaft, welches dem Herrn Verfasser die deutliche Stelle des

---

(d) Dieses soll ein schlechte Christenthum K. Konrads II. gewesen seyn, um welches willen ihn sein Reichsvorfahrer K. Heinrich II. der Heilige nicht sonderlich geliebet. GLABER RODULFUS *Hist.* L. IV. C. 2. apud Du CHESNE *Script. Franc.* T. IV. p. 41. sq.

des Weingartischen Mönchen, (e) wie er
selbsten schreibt, an Hand gegeben hat.

Grav Kuno von Oeningen.

Ita, G. Rudolph Grav von Altorf.	Richwara, G. Kuno, Graf von Rheinfelden.
Welf II. Grav von Altorf.	Rudolf, H. v. Schwaben Hern. König.
Cuniza, G. Marggrav Azo.	Agnes v. Rheinfelden, G. Bertold v. Zähringen, H. in Schwaben.
Welf IV. H. von Bayern.	Konrad, H. von Zähringen.
Heinrich der Schwarze Herzog von Bayern.	Clementia von Zähringen, H. Heinrichs des Löwen Gemahlin.
Heinrich der Stolze, Herz. von Bayern und Sachsen.	
Herzog Heinrich der Low.	

Mehrers anzuführen erlaubt der Raum
und mein Endzweck nicht. Ich verweise
meine geehrteste Leser auf diese ausführli-
che Abhandlungen selbst. Von

(e) In LEIBNITII Script. Rer. Brunsvic. T. I. p. 783.
Rudolfus (Welfus) accepit uxorem *de Oeninge*,
Itam nomine, cujus pater *Cuono*, *nobilissimus Comes*,
mater vero ejus *filia Ottonis M. Imperatoris*,
Richluit nomine. Hic itaque Cuono *quatuor filios*
progenuit, *Eggebertum*, *Leopaldum*, *Luittoldum*,
Cuononem, quorum primus, *Eggebertus* scilicet,
Marchiam illam, quæ est in finibus Saxoniæ *versus
Danos*, *Stadin* nominatam, obtinuit, & filios ac fi-
lias per diversas regiones disseminatas genuit. Ha-
buit quoque idem Cuono *quatuor filias*, quarum una
(Ita) Rudolfo isti (Welfo) alia (Richwara) cuidam
(Cuononi) *de Rinueldin*, *parenti Zaringiorum*, ter-
tia Regi Rugiorum, quarta Comiti de Dychau nupsit.
Anstatt Dychau ist Diessen zu lesen. Conf. AVENTIN.
Annal. Boic. L. VI. p. 579. Hund Bayerif. Stamm-
buch Th. 1. S. 24. CRUSII *Annal. Suev.* P. II. p. 26.

Von der Macht, Ansehen und denen Prärogativen des Hauses Zähringen.

§. I.

Macht u. Ansehen. Die Macht und das Ansehen dieses alt-fürstlichen Hauses ist nicht gering. Die Herzoge von Zähringen erscheinen in denen Geschichten als Herzoge von Kärnthen. (a) Sie stellen sich unsern Augen als Herzoge von Schwaben dar. Wir bewundern sie in dem Rectorat des Königreichs Burgund und Arelat. Ja wir sollen sie so gar auf dem Kayserlichen Throne erblicken. In diesen erhabenen Umständen kan es ihnen an Widersachern nicht fehlen. Das Haus Hohenstauffen (b) sucht vor andern

---

(a) Ob sie sich gleich niemals also geschrieben.

(b) Von dem Ursprung dieses so merkwürdigen Hauses mache ich aus denen Hannöverischen Beyträgen vom J. 1760. S. 1206. und denen Erinnerungen und Zusätzen im Hannov. Magazin dieses Jahrs S. 930. u. f. diese Anmerkung: CONR. VRSPERG. und der AUCTOR ANON. *Histor. Friderici Imp.* ap. KOELER. *de Fam. Augusta Stauffensi Probat. ad Tab.* I. n. 2. machen seine Herkunft so armselig, daß man dessen Voreltern unter dem niedern Adel suchen müsse. Allein OTTO FRISING. wann er von Fridrich dem Kaiserl. Tochtermane und ersten Herzoge aus diesem Hause redet, meldet, daß er von den edelsten Graven, oder, (welches eben so viel ist, Herren, Dynasten, worunter der ganze hohe Adel begriffen war,) in Schwaben seinen Ursprung herleite. Man findet aber ein Stauf ohnfern Neuleiningen. Es ist ein altes Berg- und Residenz-Schloß eigner Graven, und

Herzoge von Zähringen.

dern ihre Macht und Ansehen zu vermindern. Es gelingt ihm auch zweymal, daß es jenem das Herzogthum Schwaben entreißt. Kein Wunder, daß der Haß zwischen diesen zwey angesehenen Häusern in Schwaben, den man durch verschiedene Verträge zu tilgen gesucht, niemals sich so verlohren, daß eine wahre Freundschaft unter ihnen gestiftet werden können. Das Haus Zähringen verbindet sich vielmehr mit dem dritten mächtigen Hause in Schwaben, nemlich mit den Guelphen. (c) Ein Exempel davon

---

und kommt vor in **Mosers** Bericht von der Ryswick. Relig. Clausel.
Es war aber auch eine Herrschaft Stauffen im Würtenbergischen. Sie fiel erblich nach Folknands Tod an K. Fridrich I. und seine Familie, die mit dem unglücklichen Konradin erloschen. MAGER *de Advocatia armata* C. XI. n. 455. sq. Ob jene Graven, wie diese Herren von Staufen, Agnaten des Herzoglich-und Kaiserl. Hauses gewesen, bedarf noch mehrerer Untersuchung. Dieses führt den Namen der Gibelinen. Man leitet ihn von Weiblingen oder Gibelingen her. Wo liegt dieses? Eines findet man ohnweit Heidelberg im Wormsgau, oder Pago Lobodunensi. K. Konrad II. wird daher Gibellinus genennt. GUALVANEUS FLAMMA in *manipulo florum*, ap. MURATOR. T. XI. p. 615.
Ein anderes ist im Neckergau im Würtembergischen. Dieses nimmt man insgemein an. Man hat aber zu bedenken, daß sich K. Heinrichs IV. Tochtermann Fridrich, Herzog von Schwaben, schon Ducem Francorum genennt, und dessen Söhne Fridrich und Konrad ihres Schwagers K. Heinrichs V. eigenthümliche Güter am Rhein, wozu auch Weiblingen bey Heidelberg gehörte, geerbet haben. Ein drittes ist das Kloster Waiblingen im Algau, in der Nachbarschaft des Rießgau, wo Hohenstaufische Patrimonialgüter gewesen seyn sollen.

(c) Von diesem grossen Hause geben uns nun nebst LEIBNITII *Scriptor. Rer. Brunsvic.* die *Origines Guelficæ*

davon ist der Feldzug, den Herzog Konrad mit Herzog Heinrich dem Stolzen wider Kaiser Konrad III. gethan hat.

Zwar

Guelfica die beste Nachrichten. Ich will die artige Fabel hier wiederholen, die zum Ursprung des Namens Welf Anlaß gegeben haben soll. Isenbart, Herr zu Altorf in Schwaben hatte den Heiligen Ottmar, Abt zu St. Gallen im Gefängnis sterben lassen, und sich dadurch die Ungnade K. Karl des Grossen zugezogen. Er errettete aber nachher diesen Kaiser auf der Jagd von der Gefahr, die ihm ein Auerochs gedrohet hatte, und wurde nicht nur wieder zu Gnaden angenommen, sondern erhielt auch zur Vergeltung der Kaiserin Schwester Irmentrud zur Gemahlin. Diese versündigte sich einstmal an einer armen Frau, und gab ihr Schuld, sie könnte die bey sich habende drey Kinder nicht auf einmal von Einem Manne, wie sie vorgab, bekommen haben. Es wurde ihr deßwegen angewünscht, daß sie von ihrem Gemahl auf einmal so viele Kinder, als Monáte im Jahr sind, bekommen möchte. Diß geschah hierauf. Irmentrud schämete sich, und ließ eilf von diesen Kindern an einen Fluß tragen, um sie darinnen zu ertränken. Isenbart begegnete der Person, die sie trug, und bekam auf die Frage: was sie da hätte, zur Antwort: es seyen Wölpe oder junge Hunde. Er ließ sie sich zeigen, und nach erhaltener Nachricht von dem ganzen Verlauf der Sache, diese Kinder auferziehen, und, da sie ein wenig erwachsen waren, der Mutter an ihrem Geburtstage vorstellen; welche sich, nach erlangter Vergebung, innig darüber erfreut. Der älteste von diesen Kindern bekam zum Angedenken den Namen Welp oder Welph. Diese und andere Erzählungen von dem Namen Welph trift man bey BUCELINO in *Historia Agilolfingica*, und andern neuern Schriftstellern an.

Zwar finden wir einige Herzoge von Zähringen für das Haus Hohenstauffen in den Waffen. Was hat nicht Bertold IV. dem K. Fridrich I. in seinen italiänischen Zügen vor Hülfe geleistet? Und hat nicht Bertold V. die kaiserliche Krone lieber auf des schwäbischen Herzog Philipps Haupte sehen, als durch sie seine eigene Hoheit vermehren wollen? (d) Allein die Staatsabsichten, welche bey diesen Herren die Triebfedern ihrer gutscheinenden Handlungen waren, zeigten genugsam, aus welcher Quelle diese Freundschaftsbezeugungen hergeflossen seyen.

§. II. Die Herzoge von Zähringen sind nicht nur mächtig: sondern auch von grossem Ansehen im Reich, und behaupten unter denen vornehmsten Ständen des Reichs ihre Stelle. Versteht man unter denen Principibus oder Fürsten des Reichs die Herzoge nebst allen Ständen, die auf dem Reichstag erscheinen, das Populum oder die

Ansehen.

Vom Namen Welf ist zu lesen Perill. L. B. DE SENCKENBERG *Observ. de nomine* &c. *Gentis Guelficæ* in WEGELINI *Thes. Rer. Suev.* Vol. II. p. 136. sqq.

(d) Der berühmte Herr Moser schreibt in seinem teutschen Staatsrecht Th. VII. S. 29. daß dieser Herzog vom Papst wider den K. Philipp aufgeworfen worden, sich aber mit ihm in Güte verstanden habe, und gegen einige empfangene Lehen in seinem vorigen Stande verblieben sey. Eben dieses sagt J. P. Gundling im Leben Philipps aus Schwaben. Ich wäre begierig zu wissen, worinnen diese Lehen bestanden sind.

die gemeine Freyen ausgenommen, (e) oder solche, die in dem Reich ein Fürstenthum besitzen, und auf denen Reichstägen Sitz und Stimme haben, (f) wiewohl dieses nicht sowohl von denen ältern als neuern Zeiten gilt: so gehören sie allezeit unter die Fürsten des Reichs. Herzog Bertold heißt præcelsæ nobilitatis Vir; Vir egregiæ nobilitatis. (g) Ja er war ex nobilissimis Regni optimatibus. (h) Ueberhaupt finden wir sie in denen Unterschriften derer kaiserlichen Briefe bald vor allen weltlichen Ständen, bald unter denen Reichsfürsten vom ersten Range.

Güter im Brißgau. §. III. Sie sind auch in Rucksicht auf ihre Güter sehr ansehnlich. Jm Brißgau werden, ausser der Stadt Brisach und der Landgrafschaft, sehr viele eigenthumliche Güter,

---

(e) J. M. von Günderrode teutsches Staatsrecht S. 761.

(f) SCHWEDERI *Jus Publ. J. R. G.* p. 765.

(g) SCHANNAT. *Vindem. Lit. Collect.* p. 161. sq. Jch halte mich hier bey der aus dem schwäbischen Lehnrechte Cap. 1. hergenommenen Eintheilung des Adels in sieben Classen oder Heerschilde nicht auf. Es ist bekannt, daß denen Fürsten des Reichs noch im vierzehenten Jahrhundert der Titul Edle oder *Nobilis* ohne Beysatz des Worts Fürst gegeben worden. SCHILTER. *Comment. ad Jus Feud.* p. 523. *Annal.* H. REBDORF. ap. FREHER. *Script. Rer. Germ.* p. 620. Ed. Struv. Jch werde unten noch einiges davon zu sagen haben bey denen Herren Marggraven von Baden.

(h) Also nennt ihn OTTO FRISINGENSIS *de Gestis Frid. I. L. I. C. 1.* der doch kein Freund von seinem Hause ist.

Güter, die ihre Vorfahren, die Bertilonen, (i) beseſſen haben, namhaft gemacht. So leſen wir z. E. in denen Schenkungs- und Stiftungsbriefen dieſe Gegenden und Ortſchaften: Kelteswis, Filisninga, Hohunſtet, Ebinga und ein anderes Filisninga, Lutilinga, Taffinga, Dagolwinga, Zilinhuſir, Laufo, Frumara, Walohſtet, Eindeinga, Heſiliwanc, Truhtinga, Maginhuſir, Nehhepurc, Trotinga, Cozninga, Tormuatinga, Juhchuſa, Tagawinga, Waginga, Rihinga, und der Wald, der Wolvotal genennt wird, Priſigavia, Heburinga, Rincha, Pucohma, Wilare, Rimiſinga, Ruti, Ferſtete, Holcishuſa. (k)

Freyburg, die Hauptſtadt im Brißgau hat ihren Urſprung denen Herzogen von Zäh-

---

(i) Bertilo, Bertel, Bertold, Berchtold, Bartold, Birichtold, Piratilo, Piritelo, Pirihtelo, Perchtold, Perachtolb kommt in denen Urkunden des achten und beter folgenden Jahrhunderte gar viel vor. Sie werden meiſtens Comites (Graven) genennt, und von ihren Ortſchaften geſagt, ſie liegen in dem Comitatu (Grafſchaft - -

(k) Der ſieben letzten geſchieht Meldung in einer Urkunde vom Jahr 1008. oder 1010.; der erſtern in einer andern vom J. 794. da der H. Gallus reichlich beſchenkt worden. HERRGOTT. Cod. Probat. Geneal. Habsb. N. 24. & 163. Statt Pucohma muß geleſen werden Pucchinga oder Bucgingen, wie es in dem Beſtätigungsbrief K. Ottons III. über die Schenkung, welche dem Kloſter Sulzburg geſchehen, A. 993. genennet wird. Cod. Dipl. Bad.

Zähringen zu danken. Sie war von ihnen auf ihrem eigenen Grund und Boden erbaut. Das Gotteshaus St. Peter auf dem Schwarzwald wurde ebenfalls in denen eigenthumlichen Landen derer Herzoge errichtet. Die Einwohner der Stadt Villingen versichern, ihre Stadt (l) seye von eben diesen Herren, nach Art der Stadt Freyburg erbaut worden. Daß diese Herzoge eigene Güter zu Villingen gehabt, beweist die Urkunde A. 1236. nach welcher H. Bertolds V. Schwester Agnes ihren eigenen Hof in Villingen denen Nonnen geschenkt, ein Kloster daselbst anzulegen. Ja daß selbst das Schloß und die Stadt Villingen ihnen zugehört habe, ist nicht unwahrscheinlich. Dann ihr Enkel Heinrich, der Stammvatter der Fürstenbergischen Linie, besaß diese Stadt; er stiftete auch ein Franciscaner-Kloster daselbst, nach der Urkunde vom Jahr 1268.

in der Ortenau. Die Herzoge von Zähringen haben auch Güter in der Ortenau. Dieses beweiset die Bestätigung der Stiftung des Klosters Aller

---

(l) K. Otto III. hatte diesem Ort schon A. 999. die Freyheit eines offentlichen Markts, nebst andern Freiheiten ertheilt. Zwey Stunden davon ligt das Kloster St. Georgen, welches A. 1083. Hezelo von Tegernau nebst seinem Sohne Hermann und seinem Schwiegervatter Hesso gestiftet hat. Dasselbe erwählte die Herzoge Bertold III. und Konrad von Zähringen zu ihren Schirmvögten. Bericht von dem Gotteshaus St. Georgen A. 1714.

Aller Heiligen auf dem Schwarzwald A. 1203. Ja denen Bertolden wird eine Grafschaft (Comitatus) zugeschrieben in dem Pago Mortinave (*m*) oder in der Ortenau.

Daß sie in dem Herz von Schwaben in Schwaben Länder gehabt haben, ist aus der Urkunde K. Fridrichs I. gewiß. (*n*) Ihnen gehöreten die Grundstücke derer Herzogen von Teck, welche der Stammvater derselben Adelbert, Herzog Konrads Sohn, als eigenthümliche Güter bekommen hat. Man rechnet auch dahin einen Theil derer Ufgauischen oder Badischen Lande, wozu unter

---

(*m*) SCHANNAT. *Vindem. Lit.* coll. I. p. 19. Ortenau, Mortinau, Mortinhauga, Mortenhowe, Mortingia, Mortonowe, Mordinavie ist einerley. *Chron. Gottwic.* T. I. p. 690. woselbst jedoch die Grenzen dieser Landschaft nicht recht beschrieben, und nur bis ans Wasser Acher gesezt werden; indem auch das zu der Landvogtey Ortenau gehörige Gericht und Flecken Otterswenner unterhalb der Acher ligt. Man sezt also die Grenzen lieber also: oben das Wasser Bleich, unten die Oßbach, oder, wie einige wollen, Schwarzach, (Schwarzwasser) SCHÖPFLINI *Alsat. illustr.* T. I. p. 674. auf der einen Seite der Rhein, auf der andern der Schwarzwald. Den Namen leiten einige her von den vielen Mördern, die sich in dieser Gegend, sonderlich in dem Dorf Hundsfelden oder Humsfelden oder Hünisfelden, wie es in denen Urkunden vorkommt, häufig aufgehalten haben sollen. Dieses Dorf lag an dem Rhein, und ist von demselben schon lange hinweggeschwemmt worden. MÜNSTERI *Cosmograph.* L. III. C. 278. CRUSII *Annal. Suev.* P. III. p. 105. Ed. lat.

(*n*) *Orig. Guelf.* T. III. p. 466.

ter andern auch Backnang gehörte, wo die Marggraven von Baden Hermann II. und III. begraben liegen.

Kastvogtey Zürch. §. IV. Zu diesen eigenthümlichen Gütern kam unter K. Heinrich IV. die Advocatia oder die Kastenvogtey zu Zürch. Diese will mehr sagen, als die sonst gewöhnliche Kastenvogteyen derer Klöster. (o) Dann sie

---

(o) Advocatia. Vogtey wird in gar vielerley Verstände genommen. Es bedeutet solche bald einen blossen Schutz und Schirm, bald die Gerichtbarkeit, und diese bald in weitläuftigem, bald in engerem Verstande. Bald wird die hohe Obrigkeit oder Landeshoheit, bald die niedere Gerichtbarkeit, bald die peinliche und bürgerliche, bald nur diese darunter verstanden. In dem Vertrag K. Heinrichs mit P. Paschal vom Jahr 1110. heißt es: *regalia*, i. e. Civitates, Ducatus, Comitatus, *advocatias*. K. Lothar II. behielte sich bey Stiftung des Klosters S. Egidi zu Braunschweig vor de Vogedeye, efte dat wertlike Gerichte. In dem Uebergabsbrief des Herzogthums Westphalen an Cölln vom K. Fridrich I. heißt es cum omni *jurisdictione* videlicet cum comitatibus, cum *advocatiis*. Ju dem Gnadenbrief K. Ottons IV. für die Abtey Corvey wird gesetzt: *jurisdictiones* videlicet *advocatias*, comitatus &c. und bey Marggrav Heinrichs und Rudolphs von Hachberg Schenkung an den Johanniterorden im Jahre 1297. steht: *advocatiam* sive *jurisdictionem* caussarum civilium & criminalium. In Ansehung des Objects war solche Advocatia eine Land- Stadt- Dorfs- und Klostervogtey, u. s. w. Von dieser hat PAULLINI eine ganze Dissert. seinem *Syntagmati* R. G. angehängt; am umständlichsten aber MART. MAGER. a SCHOENBERG in dem unvergleichlichen Buch *de advocatia armata*, wovon die Struvische Ausgabe vom Jahr 1710. die beste ist, gehandelt.

Nobi-

sie erstreckte sich nicht nur über die Klöster

Nobilium Advocatorum munus præcipuum fuit, ut Ecclesias & Monasteria ac eorundem bona & homines in mundiburdium, sive tutelam defensionemque & patrocinium reciperent, fundationes, oblationes & donationes &c. a piis hominibus Ecclesiis factas in majorem fidem acceptarent, & denique cognoscerent, atque jus dicerent in caussis criminalibus super furto, rapinis, stupris, incendiis, & id genus delictis &c. MADER in *præfat. in Chron. Mont. Ser.* Ed. Helmst. 1670. p. 12. & 102.

Der Kastenvögte Amt war nicht nur die Stift und Klöster samt ihren Leuten und Gütern, vor ungerechten Gewalt zu beschützen: zumal in- und ausserhalb Rechtens zu vertreten, sowohl ihre bürgerliche Gericht, (dann sie übten alle Jurisdiction in denen Ländern der Geistlichen oder Klöstern aus, doch so, daß von den Freveln und Bussen (de proventibus fiscalibus seu malitiis) die Aebte den einen, die Schirmer aber den andern Theil bekamen,) da sie deren gehabt, zu besitzen, sondern auch ihrer Haushaltungen, des Einnehmens und Ausgebens, sich zu beladen, und dem Kaiser Rechnung deswegen zu geben.

Was hierwider von einigen eingewendet werde, lieset man unter andern in KOLBII *Aquila certante.* Conf. PFEFFINGER. ad VITRIARIUM T. I. p. 1152. Sie führen mancherley Namen, und heissen e. g. Advocati, Defensores, Caussidici, Mundiburdi, Tutores, Procuratores, Patroni, Pfleger, Voegte, Kasten-Voegte, Edel-Voegte, Schirmherren, Vice-Domini, woraus das verstümmelte Wort Viztum entstanden ist. Man erwählte dazu anfänglich Scholasticos oder Advocatos, hernach, da die Kirchengüter sehr zunahmen, mächtige Herren, um diese desto besser wider anderer Gewaltthätigkeit vertheidigen zu können. Sie sind sehr alt. Die Carthaginensische Synode Can. 99. rechnet ihren Ursprung schon von den Zeiten des Consulats des Stilico. Weitläuftig handelt von ihnen DU FRESNE in *Glossar.*

Einige

der Stadt, sondern auch über die Stadt
selbst

Einige Stifter derer Kirchen und Klöster haben sich solches Recht bey der Stiftung vorbehalten, üben also die Vogtey aus eigenem, das ist, Landesherrlichem Rechte aus, und diese wird advocatia ordinaria genennt. Andere haben solche aus Kaiserlichem Auftrage erlangt, und diese heißt advocatia extraordinaria. Gar oft geschahe es nun, daß die Nachkommen des Stifters advocatiam ordinariam, und andere Herren die extraordinariam von und mit dem Kaiser hatten. Ja, zuweilen wurde auch diese dem Landsherrn selbst zu der ordinaria von dem Kaiser aufgetragen. MAGER. de *advocatia armata* cap. VI. n. 228. cap. VIII. n. 393. cap. IX. n. 648-682. Die extraordinaria, so wie die, welche durch Verträge mit denen Klöstern erlangt wurde, war entweder pura oder conditionata, temporalis oder perpetua, sublimis oder inferior, armata oder togata, limitata oder illimitata, kurz, so vielerley, als es denen Kaisern oder Contrahenten solche zu bestimmen beliebte. Wohingegen die ordinaria, quæ jure territorii competit, keine andere Schranken kennete, und noch kennet, als die, welche dem Landesherrn bey der Stiftung sich selbst zu setzen, sind gefällig gewesen, oder, welche in der Verfassung des Landes, dessen Theil ein solches Kloster ist, ihren Grund finden. MULZ in *repræs. majest. imper.* P. II. cap. 7. p. 12. n. 117. 129. p. 353.

So finden wir noch mehrere Gattungen der Vogtey; Der Fürstl. Hofrath dahier, Herr Ge. Ernst Lud. Preuschen führt in seinen Nachrichten von der Regierungsart der Städte in Teutschland unter den Carolingischen und Sächsischen Königen (S. Carlsruher nützliche Sammlungen S. 10.) Advocatos oder Vögte an, welche von denen Graven erwählt wurden, denen man das Recht die Leibeigene derer Graven und andere in ihrem Gerichtszwange, zu schützen, zu vertreten, auch selbige hinwieder zu ihrer Schuldigkeit anzuweisen, aufgetragen hatte. Hieher zählen wir die Advocatiam über die Juden. Conf. Ill. GODOFR. DAN. HOFFMANNI Diss. de *Advocatia Imperatoris Judaica*. Tub. 1748. u. a. m.

selbst und derselben Gebiet, daher sie auch die Gravschaft Zürch (*p*) genennet wird. Die Titul, welche von einigen Herzogen vorkommen, zeigen auch etwas besonders. Also schreibt H. Bertold V. von sich in dem Brief, den er der Haupt=Kirche zu Zürch gegeben: „Berchtoldus de Zaringen „Dux & Rector Burgundiæ, Dei & Impe- „riali gratia Thuregici loci Advocatus, quod „Kastvoget dicitur.„ (*q*) In einer Urkunde, die zu Burgdorf A. 1210. geschrieben ist, redet er also von sich: „In oppido Tu- „ricensi & locis & districtibus circumquaque „vicinis, Imperatoris gratia ipsius locum te- „nens.„ Und in einer andern, von eben diesem Jahre und Orte: „Dei & Imperato- „rum ac Regum dono constitutus Judex & „Advocatus, qui vulgo Kastfogt dicitur, id „est, in omne Thuregum Imperialem juris- „dictionem tenens, Ludovici Regis acta ro- „boravit.„ (*r*) Er sezt daselbst die Worte hinzu: „Imperiali auctoritate, qua super uni- „versum Thuregum nos aliique nostræ pro- „sapiæ decessores Dei Regumque ac Impera- „rum dono præditi sumus.„ In diesen Stellen sagt er von sich, daß er die Jurisdiction über das ganze Zürch und die herum liegende Ortschaften und Districte besitze. Man merkt an, daß er hier dazu sezt von

---

(p) Von OTTONE de S. BLASIO cap. XXI.

(q) In HOTTINGERI *Histor. Eccles.* T. VIII. p. 50. ist diese Urkunde nicht richtig.

(r) HOTTINGERI *Specul. Tigur.* p. 32. & 237.

GOttes und des Kaisers Gnaden, (s) da er sonst in denen Burgundischen Urkunden des Kaisers nicht gedacht habe. (t) Man sucht

(s) Von dem Titul: Von GOttes Gnaden haben Michael Heinrich und Joh. Conr. Hagelganß Gebrüdere unter Fridrich Geißler A. 1677. zwey Dissertationen gehalten. Auch lieset man viel schönes davon in J. C. Speners Jure Publico B. 4. Cap. 1. §. 7. S. 374. folg. Die Grosen der Welt wollten vermuthlich dadurch anzeigen, daß sie ihr Ansehen der Gnade des Allerhöchsten zu danken haben, der sie zu seinen Statthaltern auf Erden gesezt. Gleichwie hingegen die vornehme Geistliche ausser jenem sich auch geschrieben unwürdige und niedrige oder geringe Knechte GOttes, desgleichen: aus göttlichem Verhängniß, (welches Wort hier in gutem Verstande zu nehmen ist.) Da aber die Bischöffe angefangen sich dieser Formul zu bedienen: Von GOttes und des Apostolischen Stuhls Gnaden, welches AVENTINUS L. VII. *Annal. Boior.* C. IV. §. 15. an ihnen nicht loben will: so glauben einige nicht ohne Wahrscheinlichkeit, daß diejenige Fürsten und Stände des Reichs, welche die Hoheit des Kaiserlichen Thrones gegen denselben aufrecht zu erhalten bemühet gewesen sind, zu dem bisher gewöhnlichen Worte von GOttes, auch noch dieses, und des Kaisers Gnaden angefügt haben. Oder, weil dem Kaiser gebührt jus summæ Advocatiæ, COCCEJI *Juris Publ. Prudentia* Cap. XXII. §. 2. HENNINGES. de *summa Imperatoris potestate circa sacra* Cap. X. so wollten sie, wenigstens in diesem Fall anzeigen, daß sie diese Würde und Vorrecht niemand anderst als dem Kaiser zu danken hätten. Diesen Titul führt FRANC. GUILLIMANN. *Rer. Helvet.* Cap. XV. §. 2. sonderlich von Konrad, Herzog von Zähringen an. LIMNÆUS in *Jur. Publ.* L. IV. C. VI. §. 31. PFEFFINGER. ad VITRIAR. Tom. III. Lib. III. Tit. 13. p. 997. sqq.

(t) Wiewohl LIMNÆUS l. c. §. 31. aus PITHOEI L. L.

sucht die Ursache in der besondern Gnade des K. Fridrichs I. der diese Kastvogtey, welche er eine zeitlang dem Hause Zähringen entrissen, dem Herzog Bertold wieder verliehen habe.

Ferner waren die Herzoge von Zähringen Kastenvögte der Benedictinerabtey Stein an dem Rhein. Die Urkunde besizt das Gotteshaus St. Peter. Sie ist vom Jahr 1152. Herzog Konrad von Zähringen wird darinnen ausdrücklich Kastenvogt der Kirche St. Peter und Stein (*u*) genennt. Anderer Kirchen nicht zu gedenken.

Stein.

§. V.

---

des *Comtes de Champagne & Brie* anführt: Herzog Bertold von Zähringen habe sich Herzog und Rector in Burgund von GOttes und des Kaisers Gnaden geschrieben. Und in *Additionibus* ad h. l. wird solches aus PONTI HEUTER. *L. I. Rer. Burgund.* auch von H. Konrad von Zähringen gemeldet.

(*u*) Dieses Kloster war anfänglich A. 966. zu Hohentwiel gestiftet von Hedwig, Herzog Burkards von Schwaben Gemahlin. Hernach A. 1005. verlegte man es mit K. Heinrichs II. Genehmigung nach Stein. Es scheint, daß Twiel von dem Herzogthum Schwaben zu Gunsten Herzog Bertolds II. der demselben absagte, seye abgerissen worden. BLUNTSCHLI *Memorabilia Tigurina* p. 435. v. SCHÖPFLINI *Hist. Zar. Bad.* T. I. p. 185. Man muß also dieses Kloster Stein nicht verwechseln mit einem andern Namens Steinheim im Herzogthum Würtemberg, welches auch Marienthal genennt, und erst A. 1255. gestiftet worden. BESOLD. *Docum. rediv.* Ed. Tub. 1636. p. 41. & 44. Sattlers Beschreibung des Herzogthums Würtemberg, Th. I. S. 146.

Burgundisch. Rectorat.

§. V. Eine besondere Aufmerksamkeit verdient das Rectorat des Königreichs Burgund, welches die Herzoge von Zähringen von dem K. Lotharius II. bekommen haben.

Burgund und Arelat ist zu selbigen Zeiten einerley. Beyde Namen werden von diesem Land gebraucht. König Rudolph II. von Burgund hatte diese beede Länder vereiniget. K. Konrad der Salier übergibt Burgund A. 1038. auf einer feyerlichen Versammlung der Burgundischen Stände zu Solothurn seinem Sohn Heinrich III. dessen Mutter Gisela K. Rudolphs Schwester Enkelin gewesen, und läßt ihn zum König von Burgund krönen. (v) Dieser besteigt A. 1039. nach seines Vatters Ableiben den kaiserlichen Thron, und besorgt unter mancherley Schicksalen (w) die Regierung in Burgund selbst. Er hinterläßt bey seinem Tod seinen minderjährigen Prinzen Heinrich IV. Die verwittibte Kaiserin Agnes, als desselben Obervormünderin, gibt ihre Prinzeßin Mathildis dem Graven Rudolph von Rheinfelden zur Gemahlin, und überträgt diesem Tochtermanne ausser dem Herzogthum Schwaben auch die Verwaltung des Königreichs Burgund. Rudolph wird Gegenkaiser, und stirbt A. 1080. Burgund fällt wieder

---

(v) Wippo in *Vita Conradi Salici* ap. Pistor. T. III. p. 482. Hepidanus ad a. 1044.

(w) Hermann. Contract. ad a. 1042. 1044. 1045.

Herzoge von Zähringen.

wieder an K. Heinrich IV. der es seinem Sohn überläßt. Bey denen Strittigkeiten zwischen dem Kaiser und Papst, oder, wie man zu sagen pflegt, inter Imperium & Sacerdotium, (x) tragen die Kaiser keine grose Sorge vor Burgund, bis endlich K. Lothar II. der vorigen Rechte sich wieder annimmt, und deren Verwaltung unter dem Namen eines Rectorats dem H. Konrad von Zähringen überträgt.

Dieses Rectorat begreift anfänglich das ganze Königreich Burgund jenseit des Gebirges Jura und Arelat. Nach dem oben gemeldeten Verglich mit K. Fridrich I. bleibt nur das Uchtland (Pagus Aventicensis,) die Waat (Pays de Vaud,) das Ergau und Walliserland übrig. Man trift darinnen mächtige Graven und Herren an, z. E. von Thun, Kiburg, Burgdorf, Neuburg, Nidau, Arberg, Strasberg, Remund, Froburg, Bucheck, von Thurn, Granson, Falkenstein. Alle diese stunden höchst ungern unter einem ausländischen Regenten. Doch bleibt es dabey bis A. 1218. das Zähringische Haus abgeht. (y) Darauf fällt das Helvetische Burgund samt der Landvogtey Zürch und der übrigen Allemannischen Schweiz

---

(x) Davon unter andern kürzlich handelt THOMASII historia contentionis inter Imperium & Sacerdotium.

(y) Dieses Rectorat gehört unter die deutlichsten Beweise der Verbindung des Königreichs Burgund mit dem teutschen Reiche.

126 Herzoge von Zähringen.

Schweiz an das Reich zurück, von dem es in folgender Zeit nach und nach abgerissen wird. Die vornehmsten Stücken des Burgundischen Rectorats haben nunmehr die Städte Bern, Freiburg und Solothurn im Besitze.

Weitere Anmerkungen. Die Herzoge von Zähringen waren also Vicarii (z) oder Statthalter des Kaisers in Burgund. Diese Würde war in ihrem Hause erblich, und gab Anlaß, daß sie nach und nach viele eigene Güter in der Burgundischen und Alemannischen Schweiz bekommen haben, die nach der Zeit dem Haus Kiburg erblich zugefallen sind. Diese Würde war aber auch sehr ansehnlich. Die Vögte derer Kirchen wurden zwar mit dem Blutbann von dem König investirt, sie stunden jedoch unter dem Rector oder Statthalter, und waren ihm dergestalt subordinirt, daß sie von ihme jederzeit zur Verantwortung konnten gefordert werden. (a) Nicht weniger stunden die Domainen des Königes unter seiner Gewalt. Wollte der König eine Verschenkung aus diesen Gütern thun, so geschahe solches nicht ohne Einwilligung oder Consens des

Re-

(z) Also heißt Bertold IV. in einer Urkunde vom J. 1162. ap. SPON. *Hist. de Geneve* T. II.

(a) Dieses bezeugen die Privilegien, welche von den Kaisern Lothar und Konrad der Kirche zu Interlach sind gegeben worden.

Rectors; (*b*) und behielte dieser bisweilen die Vogtey über dergleichen verschenkte Güter. So mußte auch eie Ertheilung der Lehen von dem Rector bestätiget werden; (*c*) und in Ausfertigung derer Briefe that man desselben Meldung. (*d*)

§. IV. Die Herzoge von Zähringen haben auch ihre Ministerialen, (*e*) Dienstleute und

Ministerialen.

(b) Solches erhellt aus der Schenkung, die K. Heinrich IV. A. 1076. dem Kloster Rueggisberg, und Konrad III. wie auch Fridrich I. der Kirche zu Interlach gethan. SCHÖPFLINI Cod. Dipl. Bad.

(c) „A. 1181. empfangt Ulrich, Herr von Welschneu-„burg etliche Höfe zu Selznach, und Bretlach von dem „Probst und Chorherrn zu Solothurn Burckard zu „Lehen; der Brief wird bestätigt mit Herzog Bertolds „des Landsregenten Insigeln." Tschudi Eydgenoßische Geschichte Th. 1. B. 2. S. 90.

(d) Z. E. A. 1131. steht von dem Stiftungsbrief des Klosters Frienisberg, er sey geschrieben Ducatum Burgundiæ nobiliter regente Duce Conrado. Und A. 1208. schenkte Rudolph von Thierstein eben diesem Kloster einiges Ducatum Burgundiæ potenter regente Duce Bertholdo.

(e) Sie haben den Namen daher, weil sie die Fürsten an ihren Höfen bedienten, und ihnen auch sonsten ihre Dienste leisteten. Am Hof wird sonderlich des Cammerers, Schenks, Truchsessen und Marschalks gedacht. Sie heissen auch Famuli, Dienstmänner, Dienstleute, Edelknechte, Edildegin u. s. w. GLAFEY *Commentatio historica de vera quondam Ministerialium indole,* und die demselben entgegengesetzte *Comment.* JOH. GEORG. ESTORIS *de Ministerialibus*, DE PLOENNIES u. a. m.

und Vasallen. (*f*) Unter denenselben kommen A. 1112. bey H. Bertold III. vor: Cuno von Blankenberg, Reinhard von Weiler, Gervord von Verstadt, Heinrich von Owen, Gisilwerd von Weder. (*g*) Dem H. Konrad werden A. 1123. unter andern zugeschrieben Rudinger, Ritter, (*h*)

Der-

(*f*) Wegen der Ableitung des Worts Vassus und Vassal, oder Vasall sind verschiedene Meynungen. Einige führen es von dem lateinischen Vasarum her, welches nach PITISCI *Lex. Antiquit. Rom.* Tom. III. p. 637. diejenige Geräthschaften und Hausrath bedeutet, der von denen römischen Magistratspersonen in die Provinzen mitgenommen worden; weil unter denen Vasallen, als Dienstleuten der Regenten, etwa auch einem dergleichen Vasarum wäre anvertraut worden. Insgemein aber führt man es von dem alten teutschen Wort Gwas her, welches einen Diener anzeiget, weil die Vasallen um ein gewisses Geld oder andere Dinge gedient haben. Einige waren am Hof des Regenten oder in seiner Familie, und thaten Hofdienste, und heissen daher gemeiniglich Vaſſi Regi & Dominici; andere waren zur Beschützung der Grenzen und zum Krieg bestimmt. STRUVII *Jurisprudentia Feudalis* C. VI. §. VIII. p. 184. sqq. Unter andern Verrichtungen der Vasallen ist wohl eine der merkwürdigsten, daß sie die Briefe und Urkunden ihrer Herren unterzeichneten, z. E. Guntranni Vasalli, Anselmi Vasalli, Ottadi Vasalli, in welchen Stellen das Wort Vasalli, wie DU FRESNE in *Glossario* anmerkt, eben so viel bedeuten soll, als das auch sonst gebräuchliche Wort Milites.

(*g*) SCHANNAT. *Vindem. Lit.* Coll. I. p. 160.

(*h*) Miles. Von diesem Wort sagt MEIBOM. in *not. ad Herlingebergam* T. I. *Rer. Germ.* p. 802. Diejenige, welche noch keinen Rittergürtel, Cingulum militare, bekommen hatten, nannte man Knechte, Knappen;

Berthold von Mufinheim, und seine zwey Söhne, Rudolph und Berthold, Egilolf von Blankenberg, Wernher und sein Bruder von Altinhoven, Hugo von Modelheim, Bivo von Heppenheim. (i) Von dem Hause des Herzogs (de Domo ducis) das ist, von seinen Vasallen, werden A. 1148. angeführt: Adalbert von Scöpfheim, Adalbert und sein Bruder Konrad von Stoufinberc, Sarnagal von Appinwiler, Sighelm von Tatenwilre, Burchart von Stoufinberc, Adalbert von Baden.

A. 1152. versichert H. Bertold IV. die Abtey St. Peter in eigener Person seiner Gnade. Bey diesem wohlthuenden Besuch hat er diese Vasallen bey sich: Odalric von Alemar, Wernher von Roggenbach, Wernher von Reinvelden, Truchseß, und seinen Bruder Gerhard, Walther von Tachwangen, Cono von Blanckeneck. (k) So sind ebenfalls bey der Schenkung, welche die Wittib des H. Konrads Clementia in

---

pen; nach Empfang dieses Ehrenzeichens aber Milites oder Ritter. Und SCHILTER *Comment.* ad C. L §. I. v. 22. *juris feudalis Alemannici*: Alle gebohrne von Adel waren anfänglich Waffenträger, Clienten, Edel-Knaben, Edelknechte, militares, milites gregarii. hernach erhielten sie wegen ihrer Tapferkeit mit mancherley Feyerlichkeiten den Rittergürtel, und wurden Ritter, milites.

(i) SCHANNAT. l. c. p. 161.
(k) SCHANNAT. l. c. p. 163.

in erstgemeldetem Jahr eben dieser Abtey thut, nachstehende Vasallen (de domo Ducis) Konrad von Rinvelden, Odalrich und seines Bruders Sohn Konrad von Aleina, Gottfried von Rotwila, Heinrich von Scopfheim, Gerung von Tettinshusen, Reginboto von Osmaningen, Reginhard von Valchensteina, Reginboto von Slatta, Konrad von Zaringen.

Und eben ist bereits angezeiget worden, daß des Herzog Bertolds IV. Schwester Clementia unter ihren eigenthümlichen Stücken hundert Ministerialen oder Dienstleute bekommen habe.

Titul. §. VII. Der Mönch zu St. Gallen Burckard, welcher im 13ten Jahrhundert gelebt, nennt die beede Bertolds, den ersten und zweyten, Marggraven; vielleicht deßwegen, weil ihre Nachkommen, die Marggraven von Baden, eben diesen Titul führen. Erasmus Frölich (*l*) glaubt, Kärnthen und Zäringen sey Ein Namen, und hätten sich die Zähringische Herren, weil sie das Herzogthum Kärnthen niemals besessen, nur des blossen herzoglichen Tituls bedient. Allein die Urkunden, die er anführt, sind nach seinem eigenen Geständniß (*m*) verfälscht. Und diejenige Schriftsteller, (*n*) welche

Ber-

(*l*) In *Archontologia Ducum Carinthiæ* p. 26.
(*m*) l. c. p. 42.
(*n*) ANNALISTA SAXO. *Chronicon S. Pantaleonis* ad a. 1106. 1114.

Bertolds I. Enkel Herzoge von Kärnthen nennen, haben sich durch die Aehnlichkeit der Worte Zähringen und Kärnthen in Irrthum verleiten lassen, daß sie geglaubt, jenes seye aus diesem entstanden.

Der Titul Herzog von Zähringen kommt vor Bertold III. nicht vor, weder in Urkunden, noch in einem Schriftsteller selbiger Zeit. LAMBERT. SCHAFFNABURG. nennt Bertold I. entweder schlechthin Herzog, oder in Erinnerung des Herzogthums Kärnthen, so er gehabt, Ducem Carintorum oder Carentorum. OTTO FRISING. (o) schreibt zwar, Bertold II. vom Schloß Zaringen habe des Gegenkaiser Rudolphs Prinzeßin zur Gemahlin gehabt. Und ALBERTUS ARGENTIN. (p) gibt eben diesem Bertold den Namen von Zeringen; allein beede waren zu ihrer Zeit schon dieses Titulus gewohnt, und haben ihn denen vorhergehenden Herzogen ebenfalls, jedoch anticipando beygelegt.

Da Bertold II. die Kastvogtey Zürch an sein Haus gebracht, so hat sein Enkel Bertold IV. und Urenkel Bertold V. in denen Urkunden sich des Titulus *Advocati Turicenhs* zuweilen bedient.

(o) *De Geftis Friderici I.* L. I. C. VII. Dieser Schriftsteller starb im Jahr 1158.

(p) In *Fragmento Vrſtiſiano* ad a. 1092.

Hierzu kam noch der Titul Rector (q) von Burgund. Die Kaiser gaben ihnen denselben in denen Briefen und Urkunden; und sie selbst legten sich solchen in denen Sigillen bey, darinnen sie zugleich Duces & Rectores Burgundiæ heissen. Der Titul Herzog geht hier nicht eigentlich auf Burgund; denn sie waren lange vorhero Herzoge, ehe sie Burgund bekommen haben. Auch war Burgund kein Herzogthum im eigentlichen Verstande, sondern ein Königreich. (r) Daß es aber bald Königreich Burgund bald Arelat genennet wird, kommt daher, weil diese beede Worte nach Verbindung dieser Länder ohne Unterschied gebraucht werden. Also wurden K. Friedrich I. und Karl IV. mit der Krone des Königreichs Arelat gekrönt; und der Churfürst

---

(q) Das Wort kommt auch in ältern Zeiten vor. Schon vom zweyten Jahrhundert hat man eine güldene Münze, welche den Kaiser Didius Julianus vorstellt, mit der Beyschrift: RECTOR ORBIS. WELSERUS de summis S. R. I. officialibus p. 109. Nachher haben die Præsides Provinciarum, oder Landvögte und Regenten derer eroberten oder sonst erworbenen Länder diesen Namen geführt. CASSIODOR. VARR. c. 12. An dem Hof zu Constantinopel war das Rectorat eine besondere Würde LUITPRAND. L. III. c. 7.

(r) Rudolph H. von Schwaben, welcher auch das Königreich Burgund von der Kaiserin Agnes bekommen hatte, wird von einigen Herzog von Burgund genannt. Der Fehler rührt aber daher, weil er zugleich Herzog in Schwaben war.

fürst von Trier ist Erzkanzler durch das Königreich Arelat.

Am deutlichsten ist der Titul unterschieden in dem Brief H. Bertolds IV. an den Abt zu Clugny. In demselben wird er Herzog von Zeringen und Rector von Burgund genennt. (s) Eben so steht er in dem Sigill, welches an seinen Briefen hin und wieder gefunden wird. (t)

§. VIII. Das Geschlechtswapen des Zäh- **Wapen.** ringischen Hauses findet man das erstemal in dem Freyheitsbrief A. 1157. darinnen H. Bertold IV. dem Kloster Haute Rive (Altæ Ripæ) Zoll und Weggeld erläßt. Man sieht an demselben ein wächsernes Sigill, in welchem ein goldener Löw ist in einem rothen Feld, der von der rechten zur linken aufsteigt. Eben dieses Sigill trift man an in Herzog Bertolds IV. Schreiben an die Bürger zu Freyburg A. 1179. welches er erstgemeldtem Kloster zum besten abgelassen. Spener (u) hält dafür, der rothe mit

J 3   Gold

(s) GUICHENON. Biblioth. Centur. II. num. 64.
(t) Dieses alles dient zur Widerlegung TOBIÆ PFANNERI de præcipuis Germaniæ Principum Gentibus C. IX. p. 270. Er sagt daselbst, die Zähringer hätten nicht sowohl den Besitz als Titul von Burgund gehabt.
(u) Operis Herald. Part. special. L. II. Cap. IV. §. 2. Gleicher Meynung ist IMHOFF. in Notitia Procerum L. IV. C. VIII. §. 25. Diesen ist Trier, Zschackwitz und andere gefolgt, nur daß letzterer in seiner Wapenkunst Cap. 15. S. 230. anmerkt, der rothe gekrönte Löwe im silbernen Felde seye vermuthlich das alte Zähringische Wapen gewesen. In Lucä Fürsten-Saal S. 141. wird

Gold gekrönte Löw in einem silbernen Feld seye das Wapen der Landgrafschaft Brißgau gewesen. Allein das vorbeschriebene Wapen dient zu seiner Widerlegung. Dann obgleich ausser allem Zweifel ist, daß die Herzoge von Zähringen auch Landgraven im Brißgau gewesen: so läßt sich doch nicht begreiffen, warum H. Bertold als Rector von Burgund das Brißgauische Wapen an solche Briefe sollte hängen lassen, welche Burgundische Angelegenheiten betroffen haben. Spener meldet ferner, er habe gelesen, daß Guntram des Reichen Söhne, Landolin und Bertilo um das Jahr 1000. in denen Sigillen der Stiftung des Klosters Sulzberg vorkommen mit einem gekrönten zu Ende doppelt in Pfauenaugen auslauffenden Löwen. Er sezt diesem bey: „auf „dem Helm zur Rechten ist ein rother ge= „krönter Löw, dessen Hals und Rucken we= „gen gezacketem Zierrath rauch ist, und „samtliche Zacken oder Zähne sind mit „Pfauenfedern geziert; auf diesen Helm „hat man nachher zwey Schwanenhälse und „Köpfe gesezt." Allein von dergleichen Zierrathen weiß das Sigill des Bertilo und derer Bertolden nichts; sie waren auch in selbigen Zeiten nicht gebräuchlich. (v)

§. IX.

es aus Münsters Weltbeschr. also beschrieben: im Schilde ein aufgerichteter Löwe mit ausgestreckten Oberklauen. Auf dem Helm liegt ein flacher Hut; oben auf demselben eine runde Kugel gestammt fast wie ein Tannzapfen.

(v) HEINECCIUS de *Sigillis* Part. I. C. X. num. 30. p. 131. & Part. II. C. IV. num. 4. p. 215.

§. IX. Die erſten Herzoge haben vermuth- Reſident-
lich ihre Reſidenz zu Briſach, und auch auf
dem Schloße Lyntberg nicht weit von dem
Kloſter Hirſchau im Würtembergiſchen gehabt; wiewohl zu vermuthen iſt, daß Lyntberg und Limpurg im Brißgau zuweilen
verwechſelt worden, und vielmehr dieſes,
als jenes zur Reſidenz zu machen ſeye.
Die folgende wohnten auf dem Schloſſe
Zähringen. Bey ihrem anwachſenden An-
ſehen in der Schweiz hielten ſie ſich oft zu
Solothurn, und zu Burgdorf auf. (w)
Daß Bertold IV. auch bisweilen zu Uber-
lingen in Schwaben ſich aufgehalten habe, gibt die Urkunde vom Jahr 1152. zu
erkennen. (x)

§. X. Zähringiſche Denkmale hat die al- Denkma-
les verzehrende Zeit uns gar wenige übrig le.
gelaſſen. Oben iſt der Bildſäule Herzog
Bertolds V. (y) womit Freyburg pran-
get,

(w) JOACHIM. VADIANUS de obſcuris Alemanni-
corum verborum ſignificationibus in COLDASTI
Script. Rer. Alemann. Tom. II. p. 63.

(x) SCHANNAT. Vindem. Lit. coll. 1. p. 163.

(y) Ich habe oben vergeſſen, von dieſem treflichen Herrn
anzuführen, daß Cruſius in ſeiner Schwäbiſchen
Chronik Th. II. S. 224. nach Moſers Ausgabe, ſchreibt,
er habe in einem geſchriebenen Buche gefunden; dieſer Herzog habe einen ſolchen Appetit nach Menſchen-
fleiſch gehabt, daß er ſeine Knechte umbringen und ko-
chen laſſen. Dieſe Nachricht iſt eben ſo gegründet als
die andere, daß er die Stadt Freyburg erbaut habe.

get, gedacht worden. Sie ist die einzige, die man noch zur Zeit weiß, oder entdecket hat. Das Gotteshaus St. Peter sollte uns sehr viele Grabmale vorzeigen können, wenn es nicht selbsten mehr als einmal ein Opfer der Flamme worden wäre. Die Hauptkirche zu Freyburg mit ihrem prächtigen und künstlichen Thurn steht noch als ein unvergleichliches Denkmal von der Hoheit dieses Hauses. Und die Kirchen und Thürne, welche derselbe in der Schweiz und Burgund errichtet, verkündigen bey denen Bernern, Freyburgern, Burgdorfern u. a. m. seine Bemühung um die Ausbreitung und Beförderung des Guten.

Hieher sind die im Brißgau befindliche Ueberbleibsel, sowohl des Schlosses Zähringen nicht weit von Freyburg gegen Mitternacht, als auch des sehr starken oder eisernen Thurns (z) zu Brisach (a) zu zählen.

Von Münzen, welche die Herzoge von Zähringen geprägt, kan man zur Zeit keine

---

(z) Er stunde gantz bis ins Jahr 1745. da die Festungswerker gesprengt worden. Die Ueberbleibsel sind in Kupfer zu sehen in SCHÖPFLINI *Hist. Zar. Bad.* T. I.

(a) Damals lag Brisach schon dißseits des Rheins. In ältern Zeiten hatte der Rhein diesen Ort auf seiner linken Seite gelassen und war zur Rechten um ihn herumgeflossen. Deßwegen nennt auch der Mönch Albericus im dreyzehnten Jahrhundert, diesen Ort eine Stadt im Elsaß, (Oppidum Alsatiæ.) SCHÖPFLINI *Alsat. illustr.* T. I. p. 678.

ne aufweisen. Wenigstens versichert der
grose Geschichtsforscher Herr Professor
Schöpflin, daß ihm niemals dergleichen
zu Augen gekommen seyen. Dann diejenige, welche nach dem Abgang dieses Hauses
geschlagen worden, sind hieher nicht zu zählen. Das dankbare Bern hat gewisse Münzen zum Angedenken seines Erbauers schlagen lassen. Man liest darauf Bertolds
Namen, aber sein Bildnis ist nicht auf selbigen zu sehen. Mehrere Städte haben
das Gedächtnis ihrer Beherrscher und
Wohlthäter nach ihrem Absterben durch
Prägung einiger Münzen verehrt. Ich besize eine dergleichen von der Stadt Besançon,
die nach dem Tode K. Karls V. geprägt
worden. Auf der einen Seite derselben ist
dieses Kaisers Bildnis, und auf der andern sein gewöhnlicher Wahlspruch.

Unter denen Urkunden von denen Zähringischen Herzogen hat der Freyheitsbrief
und die Stadtgesetze der Stadt Freyburg,
wie auch der Rotulus (b) zu St. Peter die
erste Stelle.

(b) Teutsch Rodel oder Rolle, weil das Pergament oder
Papyr zusammengerollt würde. Mehrers siehe in
DU FRESNE *Glossario.*

S 5 Von

Von der Theilung derer Zähringischen Lande.

§. I.

Drey Theilungen.
Man hat drey Theilungen derer Zähringischen Güter zu bemerken. Die erste erfolgt nach Herz. Bertolds I. Tod. Dessen Sohn Bertold II. bekommt die vornehmste Landschaften im Brißgau und Schwaben. Sein Enkel Hermann II. tritt in seines bereits verstorbenen Vatters Hermanns I. Platz, und erhält die Hachbergische, Ortenauische und Ufgauische (a) Güter.

(a) Der Pagus Vfgouue, oder Huffgouue ist nach dem *Chron. Gottwic.* L. IV. p. 832. sq. zu suchen, wo nun die Marggraufschaft Baden ist, und zwar zwischen Philippsburg und Ettlingen an dem Rhein, zwischen der Pfinz und Alb. Es setzt dahin Cnutlinga, (Knielingen) Dettenheim, Freckestatin, Hecinstein, (Eckenstein) Linchenheim, (Linkenheim) Vetrisse, Wanesheim. Dieses ist ein Theil des Bezirks, der im Lehenbrief K. Karls IV. vom Jahr 1363. das Land von Graben bis gen Mülenburg an der Albe genennet wird. Herr Professor Schöpflin in *Alsat. illustr.* T. I. p. 676. hält den Pagum Aviacensem oder Vsgouue, der von dem Wasser Osa oder Oß den Namen hat, mit dem Pago Vfgouue vor eins. Der selige Herr geheime Rath und Lehenprobst Sahler in seiner ungedruckten Grundlegung der Historie des Fürstlichen Hauses Baden stimmt ihm deßwegen nicht bey, weil vorgemeldete Oerter zwischen der Alb und der Pfinz, jedoch unterhalb der Alb am Rhein gelegen; oberhalb der Pagus Albegau sich befinde.

ter. Er führt zugleich den Titul eines Marggraven fort. Daher Baden im Ufgau nach und nach eine Marggravschaft genennet worden.

Durch die andere fallen die Teckischen Güter, als eine besondere Herrschaft (Dynaltia) an H. Bertolds IV. Bruder Adelbert. Weil dieser aus herzoglichem Geblüte herstammt, so wird er und seine Nachfolger Herzoge genennet.

Die dritte geht A. 1218. vor, da das Herzoglich = Zähringische Haus ausgestorben. (*b*) Die nächste Agnaten und Erben sind

---

finde, der sich über Neuburgweyher und Au den Rhein hinauf ziehe, auch den gröften Theil der ehemaligen Gravschaft Forchheim in sich begreiffe; der Pagus Vsgau aber oben liege im Gebirge um und an dem Bach Oß, dabey die Stadt Baden befindlich, mithin der Pagus Albegau zwischen denen Pagis Vsgauue und Vfgauue zu setzen sey, und diese beede von einander absondere.

(*b*) In Tschudi eidgenoßischer Geschichte 1. Th. 3. B. S. 116. lesen wir diese Worte: Herzog Bertold ist Anno Domini 1218. am dritten Tag Merz, zu Latin 4. nonas Martii genannt, im Brisgöw zu Fryburg in der Stadt gestorben: Und dieweil Stammen und Namen abgangen, hat man Ine mit Schild und Helm in das Kloster zu St. Peter im Schwarzwald zu seinen Vordern begraben. Er hat ein schön Land ingehapt, nemlich die Stadt Jenff, die ganze Landschaften Waat, Uchtland, Ergöw und Wallis, so alles Minder Burgund genämpt wird, das ganze Brisgöw und Schwarzwald, die Stadt Zürich und das ganze Zürichgöw, das fiel alles wieder an das Römisch Rich; ußgenommen die alt Grafschaft Zeringen, so im Brißgöw und im Schwarzwald ligt,

sind die Herzoge von Teck, und Marggrav Hermann IV. von Baden. Allein die sämtliche Eigenthumsgüter werden Bertolds V. Schwestern, Agnes und Anna, zu Theil.

H. Bertolds V. Erben. §. II. Die Herren Marggraven von Baden bekamen vermuthlich nach Absterben derer Herzoge von Zähringen die Landgravschaft Brißgau. Die Herzoge von Teck verkauffen ihre Rechte an K. Fridrich II. Dieser zieht die Stadt Freyburg im Brißgau, Bern, (c) Freyburg, und Solothurn in der Burgundischen Schweiz, Zürch samt der Landvogtey in der Alemannischen Schweiz, und die Gravschaft Rheinfelden, im Namen des Reichs, an sich. Hieraus entstehen die Stritigkeiten zwischen dem Kaiser und Bertolds Schwestern und deren Ehgemahlen.

§. III.

---

ligt, dann die alti Vest Zeringen zu St. Peter allein ein halbe tütsche Meil von der Stadt Fryburg im Brißgöw gelegen, dieselb Graffschaft fiel an die Grafen von Hochen Urach, nemlich Graf Egen von Urach und Graf Cunen oder Cunrat von Urach, den man nämpt von Fryburg, Gebrüdern, dann dieselben beid waren Herzogs Berchtolds Vatter, Bertholdi des Vierten Schwöster Süne. Nach Herzogs Berchtolds Tod nam Künig Fridrich die Land, so er verlassen, in des Römischen Richs Handen, dem sie heimgefallen, diewil der Stamm abgangen: die Graffschaft Zeringen blieb den Grafen von Urach. Wie fern diese Nachricht gegründet, wird aus dem folgenden deutlich erhellen.

(c) GUILLIMANN. in *Habsb.* L. VII. C. 2. p. 343. berichtet, Bern und Zürch seyen schon von Bertold V. an K. Fridrich II. übergeben worden.

§. III. Egeno von Urach, (d) der Prinzeßin Agnes Gemahl, vergleicht sich anfänglich zu Ulm, hernach zu Hagenau mit dem Kaiser, (e) welcher ihr Freyburg und einige andere Güter zurückgibt. Egeno mit dem Bart (f) bekommt also die Lande in Schwaben und auf dem Schwarzwald, nebst Freyburg im Brißgau. Er nennt in einer Urkunde vom Jahr 1219. die Stadt Freyburg seine Stadt. Er erbaut nachher

Grav in Urach.

(d) Herr Professor Schöpflin macht hier die Anmerkung: „Dieses ist nicht das bekannte Schloß Urach im „Würtenbergischen, sondern ein anderes Schloß im „Schwarzwald. Beedes gehörte dem Haus Fürstenberg.„ Der gelehrte Herr Archivarius Sattler scheint das erstere hieher zu rechnen in seiner treflichen Beschreibung des Herzogthums Würtemberg 1. Th. S. 112. folg. Er führt in der Beschreibung des Würtenbergischen Urachs verschiedene Urkunden an, darinnen dieses Egeno gedacht wird; und nach diesem auch die Worte ALBERTI ARGENTIN. ap. VRSTIS. p. 99. „Als H. Ber„told von Zähringen zur Zeit K. Fridrichs (II) „A. 1218. den 1. May mit Tode abgegangen, fiel sei„ner Schwester Mann von Kiburg die Herrschaft in „Burgundien zu; dem andern aber, Egeno mit dem „Bart, Grafen von Urach, die untere Herrschaft.

(e) *Cod. Diplom. Bad.*

(f) In einer Urkunde des Klosters Tennebach vom Jahr 1210. schreibt Grav Egeno, der Agnes Gemahl, die Stadt Freyburg seye erbaut worden „ab illustribus Du„cibus Zaringie, progenitoribus uxoris meæ, Dominæ „Agnetis Comitissæ, cujus ego jure matrimonialis con„sortii advocatus existo.„ von denen Durchleuchtigen Herzogen von Zähringen, denen Voreltern meiner Gemahlin, der Frau Gräfin Agnes, deren Vogt ich kraft des ehlichen Rechtes bin.

her auf einem Berge in der Nähe ein Schloß, um die Freyburger im Gehorsam zu erhalten, welches den Namen **Burghald** führt. (g) Die Nachkommenschaft des *Ege-no*, welche hernach unter dem Namen der Graven von Freyburg berühmt sind, haben lange Zeit daselbst ihre Wohnung. A. 1363. kauft sich die Stadt von ihnen los. (h)

Grav von Kiburg. §. IV. Herz. Bertolds V. andere Schwester ist Anna, Grav Ulrichs von Kiburg Gemahlin. Aus dieser Ehe stammt des vortreflichen Kaiser Rudolphs I. von Habsburg (i) Mutter Heilwig ab. Anna

(g) KIEFFER. de *Domo Habsburgo-Austriaca* p. 146.
(h) SCHÖPFLINI *Histor. Zaringo-Bad.* T. I. p. 201.
(i) Es ist in damaligen und nachfolgenden Zeiten nichts ungewöhnliches, daß die Namen der Personen, Länder u. s. w. sehr verstümmelt geschrieben worden. Daher heißt er auch, Grav von Haveckesberge, von Havebesberge, von Havesburg, von Avensperg. *Chron. Mart.* ap. *Meibom.* T. I. *Rer. Germ.* p. 390. *Chron. Magdeb.* l. c. T. II. p. 331. BENEVENT. de RAMBALD in *libro Augustali*, und JOH. VILTANO in *Hist. Flor.* L. VII. c. 3. heißt ihn: Comte di Furinburgo.

Graven von Kiburg aus Hr. Pr. Schöpflins Hist. Zar. Bad. T. I. p. 202.
Ulrich, (Herrgott A. 1218.) G. Anna von Zähringen, Bertolds V. Schwester; Chron. Constant.

Söhne dieses Ulrichs: Herrgott A. 1223.

| Hartman, K. Rudolph I. nennt ihn seiner Mutter Bruder. Herrgott. A. 1271. | Werner, Guillim. de Reb. Helv. L. II. C. 15. macht ihn zu Anna von Zähringen Gemahl. | Heilwig, G. Alberts von Habsburg. |

Hartmann der jüngere, mit Rudolph I. Geschwisterkind, besitzt Burgdorf, Herrg. A. 1275.

Rudolph von Habsburg, Röm. Kaiser, geb. A. 1218.

Wir

Anna bekommt die eigenthümliche Güter in der Schweiz, welche H. Konrad, wie auch sein Sohn und Enkel besessen. Die Grafschaft Burgdorf in der Schweiz bleibt in denen Händen derer Graven von Kiburg (k) bis zum Abgang dieses Hauses. Von den übrigen Burgundischen Landen in der Schweiz fällt ein Theil von dem Land Waat (Pago Vaudunenſi) dem Graven von Savoyen zu. (l) Ein anders Stück davon, wie auch von Uchtland wird dem Biſchof von Lauſanne, denen Graven von Kiburg, Neuburg, dem Herrn zu Granſon und andern zu Theil.

§. V. Der Stadt Bern wird anfänglich der Grav von Regenſperg zum Reichsvogt geſezt. Nicht lang hernach wird ſie von dieſer Vogtey loß, und eine freye Reichsſtadt.

Bern.

Wir leſen *in Annal. Colmar.* von Anfang: „K. Rudolph iſt gebohren aus dem Geſchlecht des Herzogs „von Zähringen in eben dem Jahr 1218. darinnen „Bertold geſtorben." Der Verfaſſer dieſes Buchs will uns aufmerkſam machen auf den Urſprung beeder Häuſer, daß nemlich Zähringen und Habsburg von einem Stammvatter herkommen.

(k) Die Graven von Kiburg, welche die Burgundiſche Lande, nach dem Abgang des Zähringiſchen Hauſes, geerbet, und ihre Nachkommen bedienen ſich wenigſtens bis aufs Jahr 1383. in offentlichen Inſtrumenten des Tituls: Graven von Kiburg und Landgraven von Burgund. HERRGOTT. *Geneal. Dipl. Prolegom.* p. LVII.

(l) GUICHENON. *Hiſt. de Savoye.*

stadt. (m) Der Römische König Heinrich hält daselbst im Jahr 1224. ein Gericht.

Freyburg. Die Stadt Freyburg im Uchtland wird von K. Fridrich II. A. 1219. zu Hagenau vor eine freye Reichsstadt erkannt. (n) Sie erwählt sich anfänglich den Graven zu Kiburg, der zu Burgdorf seine Wohnung hat, und, nach Abgang dieses Hauses, die Graven von Habsburg, zu ihren Schuzherren. (o)

Zürch. Die Stadt Zürch bekommt nach dem Tod des lezten Herzogs von Zähringen eben-

---

(m) SIMLERUS in *Helvetia*, Art. *Bern.*

(n) Tschudi l. c. S. 115. schreibt von beeden Städten folgendes: Da nun Herzog Berchtold des Namens der Funfft und letste Stammens und Namens von Zeringen die Unsicherheit und grossen Uffsaß der Burgundischen Herren befand, sprach er: Wolan, ich bin umb mine Kind kommen, und muß mich bi disem Volck mins Lebens besorgen, diwil sie haben fürgenommen, min Namen und Stammen ußzutilgen, so will ich Inen ein letze lassen, daß ich und mine Kind gerochen, und dieser Grafen und Landtherren Nachkommen all, so solchs über mich und mine Kind angesechen, sollend ußgetilget und gar vom Land vertriben werden. Er fuhr angentz zum Römischen Künig Fridrichen dem Andern, übergab Im beid Stett, Bern und Fryburg im Uchtland an das Römisch Rich, mit Geding, daß si niemermer davon söltind veränderet, noch mit keinem andern Herrn beherrschet werden, dann allein mit einem Kaiser oder Künig des Römischen Richs, und daß si gefryt söltind sin, wie die Richsstatt Cöln an dem Rhin, mit allen deßen Fryheiten, zu münzen, selbs zu herrschen und regieren, das alls bestättet Künig Fridrich mit sinen küniglichen Briefen.

(o) GUILLIMANN. de *Reb. Helvet.* L. III. C. 9.

ebenfalls mehrere Freyheiten, die Herzoge hatten das Recht den Rath zu erwählen, wie auch die Reichs- und Kastvogtey über die Klöster der Stadt ausgeübt. K. Fridrich II. nimmt sie nun in den Reichsschutz, und ertheilt ihr solche Privilegien, daß sie in folgenden Zeiten von keinem Kaiser solle verpfändet, noch von dem Reich getrennet werden mögen. Die Burgerschaft soll das Recht haben, das Stadt-Regiment selbst zu besetzen. (*p*) Also wird Zürch eine Reichsstadt. A. 1230. führten die Bürger einen Wall und Graben um die Stadt; wiewohl einige die erste Mauren, Gräben und Thürne schon in die Zeiten K. Karls des Dicken sezen. A. 1251. errichten die Bürger, nach dem Tode ihres Wohlthäters K. Fridrichs II. mit denen Landleuten zu Schweiz und Uri, ein Schutzbündnis auf 3. Jahr; und A. 1351. tritt die Stadt mit den vier eidgenoßischen Waldstädten gegen das Haus

---

(*p*) BLUNTSCHLI *Memorabilia Tigurina* p. 344. K. Fridrichs Sohn sucht bald hernach diese Stadt wider die von seinem Vatter ihr ertheilten Freyheitsbrief vom Reich zu eximiren, und seinem Prinzen Conradin zum besten dem Herzogthum Schwaben als eine Landstadt einzuverleiben. K. Richard bestätigt ihr A. 1260. ihre Reichsimmediätät. K. Rudolph thut ein gleiches, nachdeme ihn die Stadt zu ihrem Beschützer, sonderlich gegen den Herren von Regensberg erbetten hatte. Darauf deutet JOH. VITO DURANI *Chron.* p. 29. ap. LEIBNIT. in *Accißion. Histor.*

K

Haus Oesterreich in den grossen Bund, und erlangt unter denselben den ersten Sitz.

Warum die M. v. B. nicht alles geerbet.

§. VI. Es entsteht hiebey die Frage: Warum die Herren Marggrafen von Baden, als die nächste Agnaten, ihren ausgestorbenen Vettern nicht in allen ihren eigenthümlichen Gütern gefolget sind, sondern einen grossen Theil denen Zähringischen Töchtern und deren Anverwandten oder Nachkommen haben überlassen müssen? Ich antworte kürzlich: Die aus dem Hause gegangene Söhne hatten sich von ihren Brüdern, welche den Zähringischen Stamm fortgepflanzet hatten, vollkommen getrennet, oder eine Todtheilung mit ihnen gemacht, ohne sich den mindesten Anspruch oder Gemeinschaft vorzubehalten. Dann wie zu damaligen Zeiten die Gemeinschaft ein wahrer Grund der Erbfolge, und der einzige Grund der Lehnfolge war: Also mußte deren Trennung zugleich den Verlust der Lehnfolge wirken.––Dieses sagt das Kaiserrecht. Es bestätigen solches die Geschichtschreiber. Die Geschichte selbst stimmt damit überein. (*q*) Und dieses ist

der

(*q*) Diese Sätze sind in denen Freyherrlich von Senkenbergischen zu Gunsten des Hauses Leiningen-Westerburg gegen Leiningen-Dachsburg an das Licht gestellten Streitschriften, in dieses grosen Gelehrten schönen Schriften de condominio und de succesione filiæ ultimi gentis-præ agnatis remotioribus; sodann in des hiesigen hochfürstl. Herrn geheimden Raths und

Lehen-

der wahre Grund der Lehre von dem Vorzug derer Töchter vor dem weiter gesippten

Lehenprobsts Johann Jacob Reinhards zu Gunsten des Rheingräflichen Hauses entgegen die Herren
Fürsten zu Salm entworfenen Schriften, gründliche
Ausführung und die Gemeinschaft ein wahrer
Grund der Lehenfolge genannt; auch in dessen Lehns-
folge aus der Gemeinschaft ohne Mitbelehnschaft
ausführlich vorgetragen. Gleichen Endzweck haben die
Bemühungen des dahiesigen hochfürstl. Hofraths Herrn
Georg Ernst Ludwig Preuschens, welcher in
denen Carlsruher nützlichen Sammlungen S. 106. 283.
337. u. s. w. lesenswürdige Beyträge zur Erläuterung
der Succeßionsordnung in teutsche Reichsländer,
insbesondere die Lehne, wie solche in denen mitt-
leren Zeiten an Enden Schwäbischen Rechtens üblich gewesen ist, geliefert, und die hieher gehörige
Gründe und Zeugnisse derer Geschichte und Rechte
S. 118. u. f. kurz zusammengefaßt hat. Von Burgund, wohin unsere Zähringer auch gehöreten, schreibt
OTTO FRISING. in *Vita Friderici I. L II. c. 29.*
Mos in illa Provincia Burgundia, qui pene in
omnibus Galliæ Provinciis obfervatur, remanfit,
quod femper feniori fratri ejusque liberis feu *ma-
ribus*, feu *feminis* paternæ hereditatis cedat au-
toritas, ceteris ad illum tanquam dominum refpi-
cientibus. Der Herr Regierungsrath Patrick führt
hiebey das gleiche Erbrecht an, welches in der bekannten Dachsburgischen Succeßion beobachtet worden.
Die Graven von Habsburg und Werde als
Agnaten wurden nemlich sowohl im eilften Jahrhundert, da der Mannsstamm abgestorben, als auch A.
1211. bey Erlöschung der Brabantischen Graven
dieses Namens der Erbtochter Gertrudis und mithin deren nächst gesippten Cognaten, denen Herren
Marggraven von Baden, ihrer Mutter Brüdern, A.
1226.

ten Mannsstamm, von dem Satze: semel
exclusa, semper exclusa, und also die wahre
Ursache, warum weder die Marggraven
von Baden, noch die Herzoge von Teck,
noch die Nachkommen derer ausberathenen
Zähringischen Töchter, derer Schwestern
Bertolds III. und Bertolds IV. zur Verlassenschaft Bertolds V. sind berufen worden. (r)

1226. durch Urtheil und Recht nachgesetzt. Denkwürdig ist dabey, daß erstgemeldete Graven von Wer-
be selbst, als Landrichter im Elsaß den Ausspruch
gethan. Ill. SCHÖPFLIN. *Alsat. Illustr.* T. II. p. 523.
LAGUILLE *hist. d'Alsace* P. I. L. XIX. p. 220. 221.

(r) Diese Materie ist gründlich abgehandelt und sowohl
aus denen alten teutschen Rechten, als dem durchge-
henden Herkommen in des Herrn geheimden Raths
und Lehnpropst Reinhards dahier Abhandlung von
dem Erbfolgsrecht derer Töchter vor denen Stam-
vettern in teutschen Reichs Allodien bestätigt zu
finden; wo S. 42. der gemeldete Zähringische Fall auch
umständlich angezeigt ist.

Drit-

Konrad, Herz[og

A[

| Konrad I. Herzog von Teck A. |
| Ludwig I. Herzog von Teck A. 1249 |
| Ludwig II. Herzog von Teck A. 1. |

| Ludwig III. Herzog A. 1279. H[|
| † vor 1295. Gem. Luitgard, He[|
| Marggräfin von Burgau. |

Ludwig IV. Herzog,	Hermann
1328. Kaiserlicher Hof-	1361. G. A[
richter A. 1346.	genowe, W.[
	rads von F[

Konrad III.	Fridrich III.	Ulric[
Herzog, geb.	Herzog 1385.	† 1432.
1361. † nach		na, He[
1381.		mirs [
		Tochte[

Dritte Abtheilung.
Von denen Herzogen von Teck.

§. I.

Das alte Schloß Teck ligt nicht weit von Kirchheim und Weilheim am Flusse Lauter auf einem Berge, dessen Höhe die benachbarten Alpen übersteigt. Die Breite dieses Berges ist so groß, daß im Frühling und Sommer eine nicht geringe Anzahl Vieh der Waide und des Wassers darauf geniessen kan. Oben ist ein sehr wasserreicher Brunnen, der A. 1540. als der Fluß Lauter meistens, und die andere Wasser in selbigen Gegenden gänzlich ausgetrocknet waren, einen grossen Ueberfluß an Wasser behalten hat. Das Schloß ist A. 1525. in dem sogenannten Bauren-Krieg durch Hans Wunderer, einen Anführer derer aufrührischen Bauern ruinirt worden. (a)

Schloß Teck.

(a) Sattlers Beschreibung des Herzogthums Würtemberg, Th. II. S. 95. Den Namen Teck will man herleiten von denen alten Tectosager, deren schon JUL. CÆSAR DE B. G. L. VI. c. 24. FLORUS L. II. c. 11. u. a. gedenken. Eine zimlich fabelhafte Beschreibung des alten Teckerbergs und Schlosses liest man in Walj Würtemb. Stamm- und Namensquell S. 209. u. f.

Herrschaft Teck.

Zu diesem Schloße gehört die Herrschaft (Dynastia) gleiches Namens. Die Durchleuchtigste Herzoge von Würtemberg sind nun die Besitzer davon, und schreiben sich daher Herzoge von Teck. Sie führen auch den Teckischen Schild im Wapen. Schloß und Herrschaft Teck waren vor diesem ein Eigenthum oder Allodium des Hauses Zähringen. (b)

Weil nun dieses die Herzogliche Würde besessen, so nannte man Teck ebenfalls ein Herzogthum, welches es aber im eigentlichen Verstande damals nicht gewesen ist. (c)

Ursprung der Herzoge.

§. II. Daß die Herzoge von Teck ihren Ursprung aus dem Hause Zähringen haben, finden wir bey vielen neuen Geschichtschreibern. Keiner aber führt den Beweiß dieser Verbindung. Der Herr Professor Schöpf-

---

(b) CRUSIUS in *Annal. Suev.* L. II. P. III. p. 124. gedenkt einer Teckischen Agnes, durch welche die Herrschaft und Schloß Teck an die Graven von Habsburg gekommen; nach welchen es Rudolph, Herzog in Schwaben von seinem Schwager K. Heinrich zum Geschenk erhalten, und von diesem sein Tochtermann H. Bertold II. von Zähringen es zum Heurathsgut bekommen habe. Der Habsburgische Gemahl dieser Agnes soll ums Jahr 1010. Egeno gewesen seyn. Die Unrichtigkeit dieses Vorgebens, und daß damals kein Egino in diesem Hause gelebt habe, legt die Stamtafel von denen Graven von Habsburg deutlich vor Augen in HERRGOTT. *Geneal. Diplom.* T. I. p. 200.

(c) SCHÖPFLIN. *Hist. Zar. Bad.* T. I. p. 205.

Schöpflin hat uns auch hierinnen ein angenehmes Licht aufgesteckt. (*d*)

Die erste Meldung eines Herzogs von Teck geschiehet, so viel man dermalen weiß, in dem Bestätigungsbrief, welchen K. Heinrich VI. im Jahr 1193. zu Gemünd (apud Gamundiam) dem Kloster Lorch im Herzogthum Würtemberg über seine Privilegien ertheilt hat. Daselbst steht Herzog Albert von Teck unter denen Zeugen gleich nach Herzog Konrad von Schwaben. (*e*)

Um diese Zeit kommt unter denen Söhnen H. Konrads von Zähringen ebenfalls ein Albert vor. Wir finden ihn in einer Urkunde des Klosters St. Peter vom Jahr 1152. bey seinen Brüdern Rudolph und Hugo.

(*d*) l. c. p. 106. sqq. Der berühmte Herr Moser führt in der *Biblioth. Scriptor. de reb. suev.* p. 62. in *Append.* ad CRUS. *Annal. Suev.* zwey Chronica Mspta an, die er gefunden, davon sonderlich die eine allerhand Documenta und andere gute Sachen habe. Sodenn meldet er, daß die Genealogie dieser Herzoge auf einer grosen Tabelle zu Owen im Chor der Kirche hange, ingleichem, daß eine solche in der Fürstl. Kunstkammer zu Stutgart zu finden seye. Auch hat der berühmte Herr J. G. v. Eccard eine Historie derselben ausgearbeitet, die aber nicht gedruckt worden. Vielleicht beliebt es einem gelehrten Mitbürger dieses Lands dieselben und andere Nachrichten zur gründlicheren Kenntnis dieses Theils der Geschichte mitzutheilen.

(*e*) BESOLDI *Docum. Rediv.* p. 727. Walz l. c. S. 214. u. f. führt aus LYRERI *Chron.* u. a. an, daß schon zu Zeiten K. Ludwigs des Kinds ein Balthasar, H. von Teck, desgleichen A. 1009. Burchard H. von Teck u. a. gewesen. Auf was Grund diese Nachricht beruhe, ist mir unbekandt.

Hugo; (f) desgleichen mit seinen Brüdern H. Bertold IV. Rector in Burgund und Hugo, in dem Brief A. 1151. darinnen Ulrich dem Herren von Welschneuburg etliche Höfe von dem Probst Burckhard zu Solothurn ertheilt werden. (g)

Da nun die Teckische Lande ohne Zweifel dem Hause Zähringen als ein Eigenthum zugehört haben, und eines Herzogs Alberts von Teck um eben diese Zeit gedacht wird, auch der Name Albert oder Adelbert (h)
in

(f) SCHANNAT. *Vindem. Lit.* Col. I. p. 163. Herr Prof. Schöpflin führt noch eine Urkunde aus diesem Kloster von eben demselben Jahre an, darinnen eines Adelberts, der H. Bertolds Bruder gewesen, gedacht wird.

(g) Tschudi Eidgenoss. Geschichte Th. 1. B. 2. S. 90. HERRGOTT. *Cod. Prob.* num. 244.

(h) Crusius in der Schwäb. Chron. Th. II. B. 7. C. 3. S. 453. nach Herrn Mosers Ausgabe nennt diesen Albert, den er auch als einen Sohn H. Konrads von Zähringen anführt, einen Herrn von Trachenfels, einem ihm zugehörigen Schloß im Waßgöw bey Weissenburg. Er meldet zugleich, daß ihn Gremmelspach einen Herz. von Zähringen und Teck nenne, der zu Owen begraben sey. Dieses Owen ist der Begräbnisort derer Herzoge von Teck, ja, wie einige wollen, ihre eigentliche Residenz gewesen. Sattler l. c. S. 106. Walz l. c. S. 212. folg. berichtet aus dem Zeitbuch Thomä Lyreri von Rankweil, daß schon um das Jahr Christi 104. ein Herr von Weck Namens Erckinger in dieser Landesgegend sehr mächtig an Land und Leuten, aber kein Christ gewesen sey. Derselbe sey durch Krieg gedemüthiget, und zum christlichen Glauben gebracht worden. Man habe ihm nachher eine Vestung gebaut,
und

in dem Zähringischen Hause vorkommt: so ist höchſt vermuthlich, daß Albert H. von Teck ein Sohn H. Konrads von Zähringen geweſen, (i) und alſo die Herzoge von Teck von denen Herzogen von Zähringen herſtammen.

Man kan zum Ueberfluß noch als einen Beweiß beyſezen, daß die Herzoge von Teck, nachdem das Zähringiſche Haus abgeſtorben, unter denen Erben deſſelben erſcheinen. Sie traten aber ihr Recht an K. Friedrich II. ab. In Erwägung dieſer Umſtände ſtimmen ſelbſt die Würtembergiſche Geſchichtſchreiber unſerer Zeit dieſer Meinung von dem Urſprung derer Herzoge von Teck ohne Anſtand bey. (k)

§. III. Die Geſchlechtsfolge derer Herzoge

---

und ihr den Namen St. Veits-Berg gegeben, ihn aber, ſtatt Herren von Weck, genannt Herzogen von Teck. Er habe ſodann ſeine im vorhergehenden Krieg ruinirte Stadt Weck wieder aufgebaut, und ſie Owen geheiſſen. Einige ſind ſo keck, daß ſie von dieſer fabelhaften Erzählung das andere Quartier in dem Herzoglich Würtembergiſchen Wapen, von ſchwarz und gold ſchrägrechts gewect, herleiten. Daß das Herzogliche Haus dieſes Wapen wegen dem Herzogthum Teck führen, iſt wohl kein Zweifel: Aber den Urſprung deſſelben von dieſen Erzählungen herführen wollen, iſt mehr als lächerlich.

(i) GUILLIMANN. Habsburg. p. 208.

(k) Sattler l. c. S. 99. Steinhofer in der neuen Würtembergiſchen Chronik Th. II. S. 31. 133. u. a.

zoge von Teck ist vielen Schwierigkeiten unterworfen. (*l*)

Albert. Der erste ist also Albert oder Albrecht, H. Konrads von Zähringen Sohn. Dem Vatter gibt Sattler ein vortrefliches Zeugnis. (*m*)

Von dem Sohn Albert schreibt er: „ er schied von diesen landen unnd wardt „ im widerumb eingeben im Schwaben- „ landt die Burg unnd das schloß Teck, „ mit aller seiner zugehör, von dannen sei- „ ne vorderen hieher in dies landt kom- „ men

---

(*l*) Oben n. d. ist von einer teckischen Genealogie etwas gemeldet worden. Einer solchen gedenket auch Sattler. Dieser war Capellan an der Hauptkirche zu Freyburg. Er ist der Verfasser der Chronick von Freyburg im Brisgau, die der Elsaßischen und Strasburgischen Chronick des Jacob von Königshoven angehängt ist. Er thut daselbst S. 17. eines Calenders im Meßbuch zu Teck Meldung, darinnen Herzog Albrechts oder Alberts Nachkommen alle stehen, wie sie geheissen haben, und gestorben seyen. Von diesem Buche ist, so viel ich weiß, nichts mehr vorhanden. Vielleicht berufen sich die angeführte MSta darauf. Ich bin in dieser Geschlechtsfolge dem Herrn Professor Schöpflin gefolgt. Aus einigen Würtembergischen Geschichtschreibern habe noch eine besondere Geschlechtstafel gemacht; die ich aber wegen ihrer Weitläuftigkeit und andern Ursachen beydrucken zu lassen Anstand nehme.

(*m*) In der Freyburgischen Chronik S. 17. „ Er war ein „ sanftmütiger und ein gar güttiger Fürst, der alle Ding „ zum besten kert hatt, so vill ihm müglich gewesen ist. „ Er hatt viel Land unnd Leutt gemacht, sonderlich im „ Oberlandt, unnd gnediglich geregirt, derhalb in me- „ niglich lieb gehatt. „

„ men waren, unnd daselbst ist er ver-
„ scharrett und bliben, und eyn Herzog
„ von Teck genant worden, mit seinen
„ nachkommen„ u. s. w. Fast eben dieses
berichtet Peter Gremmelspach. (n) Er ist
A. 1215. noch bey Leben. Damals gibt er
Heinrichen von Fridingen die Vogtey zu
Schina zu Lehen. (o) Sein Todesjahr ist
unbekannt. Doch scheint es, er seye noch
vor dem lezten H. von Zähringen Bertold V.
in die Ewigkeit übergegangen, weil Kaiser
Fridrich II. einen Theil der Erbschaft, wie
oben gemeldet worden, von denen Herzogen von Teck (also in der mehrern Zahl)
A. 1219. gekauft hatte. Er hinterließ
wenigstens zwey Söhne.

§. IV. Der eine ist Bertold. A. 1223. Bertold.
wird er Bischof zu Straßburg. Man
rühmt in den 15. Jahren seiner Regierung
seine Glückseligkeit und Freygebigkeit. Er
macht Klöster und Stifter sehr reich, und
erhält guten Frieden in dem Bißthum und
im Lande. (p) Er gewinnt Bernstein;
und

(n) Dieser Abt des Klosters St. Peter im Schwarzwald
A. 1497. schreibt am Ende eines alten Todtenbuchs,
von H. Albrechts Bruder, dem Bischof Rudolph
zu Lüttich: „er eignete sich das Schloß Teck mit allen
„Zugehörungen zu.

(o) Sattler l. c S. 100.

(p) Königshoven Chron. B. 4. S. 244. Er heißt
daselbst Bechtolt von Deck.

und vereinigt Mundingen mit Honaue. (q)
A. 1228. entſteht Krieg zwiſchen ihm und
denen Graven von Pfirt. Sie waren einander verwandt. Dann der Biſchof Bertold und Fridrich II. Grav von Pfirt hatten zum Urgroßvatter den H. von Zähringen Bertold II. Der Krieg iſt heftig
und dauert 3. Jahr. Dem Biſchof ſteht
die Stadt Straßburg bey, Grav Rudolph
von Habsburg war dieſer Stadt Venre,
(Fähndrich). Der Grav hat 14. Städte
auf ſeiner Seite. Es kommt zu einem
hitzigen Trefen bey Bladolzheim (r) und
Hirzevelt. Der Biſchof erhält den Sieg.(s)

A. 1235. unterzeichnet er auf dem Reichs-
Tag zu Maynz das Kaiſerl. Diploma,
darinnen das Herzogthum Braunſchweig
errichtet worden. Er heißt in demſelben
ausdrücklich: Bertoldus Princeps Teccen-
ſis, Argent. Epiſcopus. (t)

Konrad I. §. V. Der zweyte Sohn Herzog Adelberts iſt Konrad I. Dieſer war bisher unbekannt. Herr Prof. Schöpflin entdeckt
ihn aus einer Elſaſſiſchen Urkunde vom
Jahr 1232. nach welcher der Kaiſer Heinrich V.

(q) Anhang zu Königshoven S. 1149.
(r) Von dieſem Ort im Elſaß, welcher insgemein Blo-
tzen heißt, ſ. SCHÖPFLIN. *Alſat. Illuſtr.* T. II. p. 57.
(s) Königshoven B. 4. S. 313. 314. VRSTIS-
Fragm. in *Scriptor. Rer. Germ.* P. II. p. 90. *Annal. Colmar.*
(t) *Origin. Guelf.* T. IV.

rich V. Hagenau von dem Abt zu Murbach Dattenried, als ein Lehen angenommen. Er versteht auch diesen Konrad unter dem Herzog von Teck, der ohne Namen zwey Jahr hernach vorkommt. (*u*)

§. VI. Ludwig I. wäre also ein Sohn Konrads I. Er erlaubt A. 1249. einer Adelheid und einigen seiner Dienstleute (ministerialium) weiblichen Geschlechts sich in das Frauen-Kloster zu Kirchheim zu begeben, und daselbst ihre Tage im Dienste Gottes zuzubringen. (*v*)

A. 1251. legt er einen Streit wegen der Jurisdiction des Abts vom Kloster Alpirspach in dem Städtlein Dornhan oder Dornheim bey. (*w*) A. 1258. gibt Grav Ulrich von Würtemberg, und Ludwig H. von Teck 2c. ihre Güter bey Bozingen denen Klosterfrauen zu Pfullingen. (*x*)

Lud-

Ludwig I.

(*u*) SCHANNAT. *Histor. Wormat.* Prob. num. 128.

(*v*) BESOLDI *Docum. monast. virg.* p. 549. CRUS. *Annal. Suev.* P. III. L. I. c. 13. Auch Frauenspersonen werden ministriales genennt, und ist ihnen ohne besondere Erlaubnis ihres Landsherrn nicht erlaubt, sich in ein Kloster zu begeben.

(*w*) BESOLD. *Doc. mon. viror.* p. 252. Daß die Herzoge v. Teck als Schirm-und Kastenvögt dieses Kloster wegen ihrer Schulden sehr beschwehrt, und ihnen daher A. 1363. die Herzoge von Urßlingen zu Kastenvögten gesetzt worden, s. in Sattlers l. c. Th. 2. S. 275.

(*x*) BESOLD. *Doc. mon. virg.* p. 339.

Ludwig I. hinterläßt zwey Söhne, Ludwig den Jüngern und Konrad II. Von jenem stammt die ältere, von diesem die jüngere Linie her.

Ludwig II. §. VII. Diese beede Brüder kommen in der Urkunde vom Jahr 1278. vor, in welchem Grav Hermann von Sulz das Dorf Hopfau an das Kloster Alpirspach käuflich überläßt. (*y*) A. 1159. siegeln eben dieselben eine Urkunde vor ihren Dienstmann Eberhard von Straßberg. Es wird darinn zugleich zweyer Söhne Ludwigs II. nemlich Ludwig III. und Hermanns, als Zeugen, gedacht. A. 1280. verkauft er mit denenselben seine Güter in Kürnbach nebst dem Kirchensatz (Jure patronatus) an Bruno von Hornberg. Er verläßt die Welt A. 1283. und wird zu Owen beygesezt. (*z*)

Konrad II. §. VIII. Konrad II. ist der Stammvater der jüngern Linie, welche vor der ältern abgestorben. A. 1270. soll er Kirchheim unterhalb der Vestnng Teck in eine Stadt verwandelt haben. (*a*)

A. 1282. wohnt er nebst andern Reichsfürsten dem Reichstag zu Augsburg bey. K. Rudolph I. von Habsburg belehnt daselbst seine Prinzen Rudolph und Albrecht mit den Herzogthümern Oesterreich und Steyer-

---

(*y*) BESOLD. *Docum. monast. viror.* p. 256.
(*z*) Sattler l. c. S. 100.
(*a*) Sattler l. c. S. 105.

Steyermark. (*b*) Dieses gibt unter andern zu einer Zwistigkeit zwischen dem Kaiser und einigen Ständen des Reichs, sonderlich Eberhard Graven von Würtemberg Anlaß. Der Kaiser belagert diesen in seiner Residenz Stutgart noch selbiges Jahr; nimmt ihn aber auf Vermittelung des Erzbischofs Werners von Maynz bald zu Gnaden auf. (*c*) H. Konrad II. von Teck hatte dem Kaiser Hülfe geleistet. Grav Eberhard sucht sich deswegen an ihm und andern Schwäbischen Ständen zu rächen. Der Kaiser nöthigt ihn aufs neu zum Frieden, und befihlt zu mehrerer Sicherheit die Reichsflecken Reutlingen, Eßlingen und Heilbronn in Ringmauern einzufassen. (*d*)

A.

(*b*) *Deduction des Droits de la Maison de Bavière a la Succession d'Autriche* T. II. p. 428. EBERHARDUS *Altahensis* ad A. 1281. Man will, daß der Kaiser seinen Sohn Rudolph zugleich mit dem Herzogthum Schwaben belehnt habe. Allein es ist nicht richtig. Man sehe LAMBEC. *in append.* III. *Comment. Bibl. Aug. Vindob.* p. 330. Und hat er ihm etwa seine Patrimonialstücke in Schwaben gegeben, so waren solche etwas anders als das Herzogthum Schwaben.

(*c*) FUGGER ad A. 1282. p. 115. TRITHEMII *Chron. Hirsaug. & Annal. Colin.* ad A. 1286. Letztere setzen unrecht das Jahr 1286. dann der Erzbischof Werner war schon A. 1283. gestorben. SERRARIUS *rer. Mogunt. in Wernero.*

(*d*) FUGGER l. c. p. 116.

A. 1284. ertheilt ihm K. Rudolph aus Dankbarkeit wegen der geleisteten Dienste die Freyheit, das Dorf Heiningen ohnfern Göppingen zu einer Stadt zu machen, und einen Wochenmarkt daselbst zu halten. Sie soll überhaupt gleiche Freyheiten, wie Freyburg im Brißgau genießen. (e)

A. 1287. vergleicht sich H. Konrad u. seines Bruders-Sohn Herman mit Grav Eberhard von Würtemberg, Grav Albrecht von Hohenberg, Grav Ludwig von Oetingen und denen beeden Konraden von Weinsperg, Gebrüdern, wegen einiger Schieds- oder Austragsrichter, welche in denen Strittigkeiten, die unter ihnen entstanden, den Ausspruch thun sollen. (f)

A. 1288. schenkt H. Konrad und Hermann, seines Bruders Sohn, dem Kloster Zwifalten den Kirchensatz im Dorf gleiches Namens, den Walther von Anemerckingen von ihnen zu Lehen getragen. (g) In eben diesem Jahr steht er unter den Reichsständen gleich nach denen geistlichen Fürsten in einem Freyheitsbrief, den der Kaiser zu Maynz dem Bischof zu Worms gegeben hat. (h) Um eben diese Zeit kommt ein Kon-

---

(e) Sattler l. c.

(f) Sattler l. c. S. 101.

(g) Sattler l. c.

(h) SCHANNAT. *Hist. Episc. Wormat.* Prob. num. 171.

Konrad genannt Thecke vor, der A. 1284. den Verkauf bestätigt, welchen sein Vasall, Hartrat von Balbolzheim über die Güter zu Ehrenbrechtshofen, gegen die Johanniter Commende zu Reichardsode getroffen. Dieser war aus der Brauneckischen Linie, und gehört gar nicht unter diese Herzoge von Teck. (*i*)

§. IX. Herzog Konrad gesegnet dieses Zeitliche A. 1292. *Sein Tod.*

Seine Gemahlin ist dem Taufnamen nach nicht bekannt. Sie ist aber eine Tochter Grafs Otto von Zweybrücken und Eberstein. (*k*) *Gemahlin*

Von derselben hinterläßt er vier Söhne: Simon, Konrad, Ludwig und Fridrich. Diese gerathen in Verdrüßlichkeit mit ihres Vatters Bruders Sohn H. Hermann. Hermann war vor H. Konrad Bürg worden, und hatte dadurch Schaden gelitten. Pfalzgrav Götz von Tübingen stiftet endlich den Vergleich, daß die vier Gebrüdere ihrem Vetter die halbe Burg Teck nebst der Burg Gutenberg zum Unterpfand gebeu, und ihre Güter nicht eher unter sich vertheilen sollen, *Söhne.*

(*i*) S. des berühmten Hohenlohischen Hofraths und Archivarii Herrn Christ. Ernst Hanselmanns dipl. Beweiß von der Landeshoheit ꝛc. S. 424.

(*k*) BESOLD. *Docum. rediv. monast. Wirt.* p. 82. S. Herrn Hofrath Preuschens Erläuterung der Succeßionsordnung in teutsche Reichsländer ꝛc. in den Carlsruher Nützl. Samml. S. 379. folg.

L

ſollen, als bis ihres Vatters Schuldner befriediget wären. Er ſelbſt muß vieler Schulden wegen unterſchiedliche Güter verkaufen; wie gleich wird bemerket werden.

Simon und Konrad verkauffen im Jahr 1302. um 560. Pfund Heller ihre eigene Leute und Güter zu Oſtorf, Bückelsperg, Leydringen ꝛc. an ihren Dienſtmann, Ritter Reinhard von Ruti; deßgleichen A. 1303. etliche Güter zu Hainingen an das Kloſter Adelberg.

A. 1304. verkauft H. Simon an Berchtold von Bondorf etliche Höfe zu Vergfelden, und erlaubt nebſt ſeinem Bruder Konrad, daß Hanns und Wernher von Schilteck ihres Bruders Ehefrau Adelheid auf ihre Lehen im Sulzbach, Lauterbach, Kürnbach, Sulzen, Schramberg und Götelbach wegen ihres Zugeldes verweiſen können.

A. 1305. unterreden ſie ſich, daß ſie alles, was zur Herrſchaft Teck gehöre, nemlich Kirchheim, Owen, Gutenberg und Hainingen weder an den König in Teutſchland Albrecht I. noch ſonſt an jemand, durch den es an jenen kommen könnte, verduſſern wollen.

A. 1306. wird Herzog Ludwig von Grav Eberhard zu Würtemberg, der damals in Herzog Heinrichs von Kärnthen Dienſten war, dahin geſchickt, in ſeinem Namen den Eid der Treue abzulegen.

Dieſe

Diese vier Brüder giengen nach u. nach ohne männl. Erben zu hinterlassen in die Ewigkeit. Simon stirbt A. 1316. Er war vermählt gewesen mit Agnes, Grävin von Helffenstein. Konrad folgt ihm A. 1329. und Ludwig A. 1334. Leztere verkauffen A. 1317. um 4000. Pf. Heller die Stadt Rosenfeld mit denen beeden Burgen Aisteig und Beuren, nebst Leydringen, Ysingen, Bückelsperg, und allen Dörfern und Gütern, die auf dem Heuberg und Mühlbach gelegen, an Grav Eberhard von Würtemberg; und erlauben zugleich, alle dazu gehörige Güter, die ihren Vettern Ludwig, Hermann, Luzmann und Fridrich von Teck verpfändet gewesen, wieder zu lösen. (l)

A. 1318. verkauffen sie ferner die Aemter Hainingen und Voll mit allen Zugehörungen, wie auch Seningen, Lotenbach, und alle in diese Aemter gehörige Weiler und Kirchensätze als ein freyes Eigenthum an eben diesen Grav Eberhard von Würtemberg um 2000. Pf. Heller. A. 1322. verpfänden sie eben demselben die Nutzung zu Owen und Kirchheim gegen 500. Pf. Heller. Sie behalten sich jedoch vor, daß, wann H. Ludwig vor Abzahlung dieser Schuld sterben sollte, seine Gemahlin Margaretha von Truchendingen solche Nutzung bis in ihr Ende geniessen sollte. Dieses geschahe auch bey erfolgtem Todesfall. (m)

§. X.

(l) Sattler l. c. Th. 1. S. 176. folg.
(m) Sattler l. c. Th. 2. S. 101. 102.

§. X. Die ältere Linie war nun ausgestorben. Herzog Ludwigs II. Söhne, Ludwig III. und Hermann II. sollten die ganze Herrschaft erblich besitzen. Allein das meiste war bereits verkauft oder verpfändet.

Ludwig III.

Ludwig III. starb ohne männliche Leibeserben. Dann sein Bruder Hermann übergibt A. 1295. dem Frauenkloster zu Kirchheim das Eigenthum aller Güter zu Welden, die sein Bruder Ludwig seiner Gemahlin Luitgart, einer gebohrnen Marggrävin von Burgau für ihr Zugeld oder Heurathsgut um 100. Mark Silbers verschrieben hatte.

Hermann II.

A. 1293. bestätigt und erneuert der R. K. Adolph I. bey Reutlingen die Freyheiten, welche das Kloster Hirschau von K. Friderich II. empfangen. H. Hermann von Teck ist Zeuge dabey. (*n*) A. 1302. verkauft er bey seinem Schuldenlast alle seine Leute und Güter zu Marbach, Murr, Lauffen, Kirchberg ꝛc. an Grav Eberhard von Würtemberg. Er hinterläßt nach seinem Tode vier Söhne, Ludwig, Hermann, Luzmann und Fridrich. (*o*)

§. XI.

(*n*) Besold. l. c. p. 559.

(*o*) Sattler l. c. Es werden zwar daselbst dem H. Hermann nur vier Söhne zugeschrieben. Da aber S. 103. eines H. Konrads gedacht wird, welcher an Agnes, Gr. von Hohenberg vermählt gewesen, und ums Jahr 1350. erstochen worden seyn soll; die andere

Her-

Herzoge von Teck.

§. XI. K. **Ludwig** IV. aus Bayern un- **Ludwig** ternimmt bey seinen anhaltenden Verdrüß- **IV.** lichkeiten mit dem Papst und einigen Italiänischen Ständen seinen Zug nach Italien mit 100000 Mann. Unter dem Gefolg des Kaisers ist auch Herz. Ludwig IV. Er unterzeichnet A. 1328. das Diploma über die Erhebung Luca zu einem Herzogthum, und steht unter denen Zeugen nach H. Heinrich von Braunschweig. (p)

A. 1337. thut er als K. Ludwigs Hofrichter, damals zu Frankfurt, den Ausspruch für Grav Kraften von Hohenlohe gegen Herrn Konrad von Hurnheim, wegen der Gravschaft Flügelau und Ulßhofen. (q)

Sein

Herzoge von Teck auch alle, Fridrich I. ausgenommen, ohne Söhne verstorben seyn, und dieser von Konrads Verlassenschaft den Spital zu Kirchheim gestiftet §. XII. so ist vermuthlich, er sey **Hermanns** Sohn gewesen. Ich weiß ihn zur Zeit sonst nirgends hinzuthun. In Lucä Fürstensaal S. 163. und in SPENERI *Sylloge* p. 609. ist er ein Sohn **Simons V.** und bey Walzen ein Sohn **Konrads III.**

(p) LEITNIT. *Cod. Jur. Gent.* P. L p. 132. MEIBOM. *histor. erectionis Ducatus Lucensis* T. III. *rer. Germ.*

(q) Der Urtheilsbrief steht in Herrn Hofrath **Hanselmanns** dipl. Beweis von des Hauses Hohenlohe Landeshoheit, Th. I. Von diesem Hofgericht handelt Herr Reichshofrath **Heinr. Balth. Blum von Kempis.** Von H. Ludwig als Hofrichter Perill. SENCKENBERG *de Sigillis Jud. Cur. Imp.* p. 357. Von dergleichen Hofrichter steht in K. Fridrichs II. Reichs-

Abschied

Hermann III. Sein Bruder Hermann III. verkauft A. 1343. den Kirchensatz zu Waldmeßingen an Konrad von Falkenstein: und A. 1347. verzeyht er sich der Kirche zu Hößlingen gegen dem Kloster Alpirspach. Dieses schenkt ihm dagegen, zur Bezahlung seiner Schulden, 610. Pfund. Doch muß er ihm vor sich und seine Erben versprechen, innerhalb 10. Jahren weder etwas von ihm zu entlehnen, noch zu verlangen, daß es Bürgschaft vor ihn leisten solle. (r) A. 1361. befiehlt ihm K. Karl IV. er solle sich des Schutzes und Schirms über dieses Kloster gar nicht annehmen. Er wird in dem Befehl der Edle Herzog Hermann von Oberndorf genennet. Vielleicht hat er daselbst residirt. (s) Das Kloster erwählt hierauf A. 1263. mit Genehmigung K. Karl IV. H. Konrad von Urßlingen zu seinem Kastenvogt. (t)

Seine

Abschied zu Mainz A. 1326. Cap. 24. bey Goldast R. Sat. Th. 2. S. 20. „Wir setzen auch, daß des Richshoff ha„be ein Hoffrichter, der ein Freyhermann sy, der auch „an dem Ampt zum mynsten ein Jahre blieben, ob er „sich recht und wol behelt. Der soll alle Tage zu Ge„richt sitzen, an (ohne) den Sontag und die heiligen „Tag: und soll die Lute richten, die ihme clagent, von „allen Lüten, one Fürsten und andere Hochlüte, wo „es geet an ihr Lybe, oder an ihr Recht, oder an ihr „Erbe, oder an ihre Ehre, das wollen wir selber „richten.„

(r) Sattler l. c. S. 102. 103.
(s) BESOLDI *Docum. Wirtemb.* p. 262. 263.
(t) Ibid. p. 263. sqq.

Seine Gemahlin ist Anna von Sigenowe, Grav Konrads von Freyburg Wittwe. (u)

§. XII. Fridrich I. scheint der jüngste Fridrich 1. Sohn H. Hermann III. gewesen zu seyn. A. 1319. befreyt er als Vogt und Schirmer des Klosters Alpirspach alle Leute, so dahin ziehen, und da wohnen, von allen Steuren und andern Diensten. (v)

A. 1325. vergleicht er sich nebst seinem Bruder Lutzmann mit Walthern von Gerolzeck wegen des Kirchensatzes zu Fluorn. (w) Anno 1347. wird er von K. Karl IV. zu seinem Landvogt (Advocato provinciali) zu Augsburg bestellt. (x) A. 1348. ist er bey ihm zu Prag an seinem Hof, und unterzeichnet vier Kaiserliche Briefe, darinnen Karl wegen Succeßion im Königreich Böhmen, und dessen Rechte und Ansehen Vorsicht thut. Er steht darinnen gleich nach denen Churfürsten von Cölln und Sachsen, und Rudolph dem Jüngern Herzog von Sachsen. (y)

A. 1349. schreibt K. Karl IV. von Maynz aus an ihn, daß er sich mit dem Rath zu

---

(u) S. unten die Graven von Freyburg.
(v) BESOLD. l. c. p. 259.
(W) Sattler l. c. S. 102.
(x) Paul von Stetten Geschichte der Stadt Augsburg. Th. I. S. 102.
(y) *Append. Docum.* ad GOLDAST. *de Regno Bohem.* p. 55. sqq.

Augsburg wegen derer Reichsgüter der Juden, welche die Stadt weggeschafft hatte, vergleichen möchte. (z)

A. 1359. ist er zu Prag Zeuge in Kaiser Karl IV. Bestätigungsbrief, den er dem Kloster Denckendorf über die von dem R. K. Heinrich erhaltene Freyheiten ertheilt. (a) In eben diesem Jahr ist er Herzog Rudolphs von Oesterreich und Landgravens im obern Elsaß, dem der Kaiser die Advocatiam Alsaticam, oder die Reichsregierung über das Elsaß übertragen, Subadvocat, oder Unterpfleger. (b) In eben diesem Jahr und A. 1361. finden wir ihn auch als Regenten in dem Oesterreichischen Elsaß und in Schwaben. (c) Er verbindet mit seinem Geschlechts-Wapen auch das Oesterreichische. (d) A. 1360. erkaufte er von Cuno dem Truchsessen von Stöffeln eine Behausung zu Kirchheim. Er stiftet auch selbiges Jahr von H. Konrads Verlassenschaft und nach dessen leztem Willen den Spital daselbst. (e) §. XIII.

(z) Stetten l. c. S. 103.
(a) BESOLD. *Doc. red. monast. Wirt.* p. 476.
(b) Rudolph schreibt sich Unterlantvogt und Pfleger in Elsaß, item Pfleger des Richs in allem Elsaß. SCHÖPFLIN *Alsat. illustr.* T. II. p. 566. & 567.
(c) Er heißt Landvogt in Schwaben und im Elsaß. SIEYE ER *vita Alberti II.* col. 290.
(d) Schöpflin l. c. p. 595. wo das Sigillum Capitaneatus Ducum Austriæ per Sueviam & Alsatiam, dessen sich H. Fridrich bedient, angeführt wird.
(e) Sattler l. c. S. 106.

§. XIII. Ich werde bey Erwägung der Umstände und gewöhnlichen Lebensjahre der Menschen bewogen, mit Hrn. Prof. Schöpflin dafür zu halten, daß erst abgehandelter H. Fridrich einen Sohn gleiches Namens gehabt, und diesem dasjenige zuzuschreiben sey, was sonst von dem Vatter gemeldet wird. Doch getraue ich mir nicht zu behaupten, ob der Vatter oder Sohn derjenige Kaiserliche Hofrichter seye, welcher im Jahr 1365. vorkommt. (f) *Fridrich II.*

Er hat grosse Strittigkeit mit Konrad von Urßlingen wegen des Erbschenken-Amts bey dem Kloster St. Gallen. Konrad beruft sich auf die Belehnung von dem Convent, und Fridrich auf die Belehnung vom Abt. Man streitet zugleich wegen der Kastvogtey des Klosters Alpirspach. Sie vergleichen sich endlich A. 1371. Herzog Konrad verkauft an H. Fridrich vor 11500. Pfund Heller die Burg Wasneck, die Dörfer Waldmeßingen, Bezendorf, Boihingen und Oberndorf, welches leztere zum Erbschenkenamt gehörete, desgleichen die Burg Brandeck und die Kastenvogtey über das Kloster Alpirspach. Er behauptet auch das Erbschenkenamt des Klosters St. Gallen; hingegen begibt sich H. Fridrich aller Ansprache auf die Burg und Stadt Schiltach und dazu gehörige Dörfer. (g)

(f) Perill. DE HARPPRECHT Cammergerichts-Archiv. P I. §. 33. p. 36. & p. 106. sqq

(g) Sattler l. c. S. 103. 176.

A. 1381. sucht er sich seiner Schulden zu entledigen. Er verkauft zu Urach nebst seinem Sohn Konrad an Grav Eberhard von Würtemberg vor 17500 Goldgulden die Hälfte der Burg Teck, und des Städtleins Kirchheim samt den Vorstädten und dem Weiler Lindach, mit denen zugehörigen Leuten und Gütern. (h) Es blieb ihm also gar wenig mehr übrig, ausser der Herrschaft Mindelheim, allwo er auch samt seinen Söhnen begraben liegt.

Ander. Es scheint, er seye bald nach diesem aus der Welt gegangen. Er ist ein Vatter von 13. Kindern, nemlich sieben Söhnen und sechs Töchtern. Konrad starb vor dem Vatter, (i) und zwey Simons in zartester Kindheit. Von denen vier übrigen Friedrich, Ulrich, Georg und Ludwig werde ich hernach etwas weniges zu melden haben.

Unter denen Töchtern solle Beatrix an einen Herrn von Heydeck, und Agnes an Grav Heinrich von Werdenberg vermählt worden seyn. Viele lassen sich hier durch die Aehnlichkeit derer Namen verführen, und setzen statt Werdenberg, Grav von Würtemberg.

(h) Sattler l. c S. 103. Reichsständ. Archival-Urkunden gegen die Ritterschaft Th. 1. S. 1. Steinhofer Th. 2. S. 422.

(i) Auf diesen mögen die Worte in einem alten Meßbuch der Abtey St. Gallen gehen: „A. 1361. am Himmel-„fahrts-Abend wurde gebohren der irluchte Fürste Herre „Herzog Konrad der dritte.

temberg. Margaretha bekommt zum Gemahl den Grav Fridrich von Ortenburg, und Guta den Grav Johannes von Wertheim. Irmengard ist die Gemahlin Veits von Rechberg, und Elisabeth stirbt in der Kindheit. (k)

§. XIV. Fridrich III. verkauft im Jahr 1385. den Residenz- und Begräbnisort Owen, mit dem Städtlein Gutenberg und der Burg, in welcher sonst das Archiv derer Herzoge von Teck gewesen, samt dem ganzen Lenninger Thal, und allen dahin gehörigen Dörfern ob und unter der Alp, nemlich Bißingen, Brucken, Eckweiler, Krebstein, Nabern, Ober- und Unterlenningen, Ohmden, Schopfloch und Roßwelden, an Grav Eberhard von Würtemberg auf ewig zum Eigenthum. Sie waren ihm schon A. 1353. um 6000. Gulden verpfändet. (l) Hingegen sezt er sich A. 1383. in den Besiz von Mindelheim der Stadt, Mindelberg der Vöstin und Mindelburg der Burg, die er von Herrn Heinrich Hochschlitzen an sich bringt.

Aber auch dieses versezt er bald hernach an die Herzoge Stephan, Johann und Fridrich von Bayern auf etliche Jahre um 6000. Gulden. Diese Umstände beschreibt

Fridrich III.

(k) Sattler l. c. S. 103.
(l) Sattler l. c. S. 111. Steinhofer l. c. Th. 2. S. 444. 448.

schreibt weitläuftig der sel. Prof. Steinhofer. (m) Man muß aber acht haben,
ob keine Widersprechungen daselbst vorkommen. Eben derselbe sezt seinen Tod in
das Jahr 1390. und nennt ihn den in Grav
Eberhards Diensten berühmten und altge-
wordenen H. Fridrich von Teck, der seine
meiste Landschaften verbraucht, an Würtemberg verkauft, und sich größtentheils
mit Mindelheim vergnügen müssen, allwo
er auch gestorben. (n)

Ulrich. §. XV. Sein Bruder H. Ulrich erwählt
zur Gemahlin des Polnischen Herzogs
Casimirs Tochter, Namens Anna. Auch
diese Ehe, ist unfruchtbar. Er stiftet mit
seiner Gemahlin A. 1409. die Stephans-
Pfründ zu Mindelheim. A. 1415. übernimmt er die Vormundschaft über seines
Schwagers Grav Heinrichs von Werdenberg unmündige Kinder. Er wird ferner
derer Graven von Würtemberg Ludwigs
und Ulrichs vormundschaftlicher Rath;
und reist nebst andern Räthen A. 1419.
zu Kaiser Sigmund in die Bulgarey, die
Lehen für diese beede Graven zu empfahen,
und ihre Freyheiten bestätigen zu lassen.
A. 1421. ist er Obmann oder Schiedsrichter bey denen zwischen diesen Graven
und denen Herren von Geroldseck entstandenen Strittigkeiten. A. 1429. wird er
nebst

(m) Im zweyten Theil der Würtemb. Chronik S. 445.
(n) l. c. S. 486.

nebst Grav Ulrich, von Helfenstein gegen Grav Rudolph von Sulz als Zeuge verhört, daß im Land zu Schwaben zu einer Kundschaft oder Zeugenverhör nicht über dreyzehen und nicht unter fünf Zeugen verhört zu werden üblich und Rechtens seye. A. 143?. gesegnet er das Zeitliche in Italien. K. Sigmund hatte ihn dahin als seinen obersten Hauptmann oder Statthalter abgesendet. (o)

§. XVI. Nun ist noch der einzige Herzog von diesem Geschlecht übrig, nemlich Ludwig IV. H. Ulrichs Bruder. Dann von Georg, der sich dem geistlichen Stande gewidmet, wird gemeldet, er seye Doctor der heiligen Schrift und Provincial in Bayern worden. Ludwig hatte eben diese Lebensart ergriffen. Er wird Patriarch zu Aquileja. A. 1418. reiset er nebst seinem Bruder H. Ulrich auf die Kirchenversammlung zu Costanz. Sie werden mit groser Solennität eingeholt und empfangen. (p) Ludwig vertheidigt mit löblichem Eifer die teutsche Freyheit. Die Venetianer sind ihm nicht gewogen, und vertreiben ihn von seinem patriarchalischen Stuhl. Er nimmt seine Zuflucht zur Kirchenversammlung zu Basel, stirbt auch daselbst an der Pest A. 1439. (q)

Ludwig IV.

und

(o) Sattler l. c. S. 103. 104.

(p) Herr von der Hardt ad h. a. Steinhofer l. c. S. 675.

(q) VGHELLI *Ital. Sacr.* T. V. p. 118. setzt seinen
Tod

und liegt bey den Karthäusern vor dem Altar begraben. (r) Er hat das Zeugnis, daß er ein standhafter Mann gewesen. (s)

Erlöschung des Geschlechts. Nun hat der Teckische Mannsstamm nach 287. Jahr ein Ende. Die Herrschaft Mindelheim, und so noch sonst etwas von denen Teckischen Gütern übrig gewesen, fällt an die Söhne seiner Schwester Irmengard, welche an Veit von Rechberg vermählt gewesen. Diese Herrschaft Mindelhelm kam nachher A. 1618. an Maximilian, Herzog und Churfürsten von Bayern. (t) Und die Graven von Würtemberg, welche schon vorhin das meiste von denen Her-

---

Tod ins Jahr 1434. Daß dieses unrichtig seye, beweist der Bannspruch, welchen die Kirchenversammlung den 22. Dec. 1435. wider die Republic Venedig gethan, der so lang kräftig seyn solle, bis sie diesen Patriarchen wieder in sein Amt würden eingesetzt haben. Man liest ihn in HARDUINI *Actis Conciliorum* T. VIII. p. 1470.)Den besten Beweis gibt seine Grabschrift, so in TONJOLA *Basilea sepulta*. p. 116. zu lesen:

Anno Dn. M. CCCC. XXXIX.
die Mercur. XIX. Aug. obiit
Reverendiff. in Christo Pater
Illustrissimus Princeps ac Dominus
Dn. LVDOVICVS, Patriarcha Aquilegiens.
et Primas Italiæ, Duxque de Deck. &c.

(r) Wursteisen Basler Chron. S. 354.

(s) ÆNEAS SYLVIUS de *Concilio Basil.* L. I. nennt ihn *virum non minus animi constantia, quam generis nobilitate præstantissimum.*

(t) ADLZREITERI Annales Boici, Part. III. col. 32.

Herzogen von Teck erkauft hatten, ziehen nun auch das Schloß Teck an sich. (u)

Aus diesem erhellet, daß die Graven und Herzoge von Würtemberg von denen Herzoglich Teckischen Gütern nichts durch Erbschaft, und nichts, oder gar wenig durch die Waffen erlangt haben. Die Vermählung Grav Eberhards des milden mit der Teckischen Agnes ist ohne Grund, und alles, was man daher leiten will, falsch. (v)

Die Fragen: ob die Herrschaft Teck samt Kirchheim dem Hause Oesterreich jemals versezt gewesen, und heimfallen mögen? ferner, durch welchen Vertrag die Oesterreichische Ansprache daran gänzlich aufge-

---

(u) Steinhofer l. c. Th. 1. S. 142.

(v) Gänzlich ungegründet ist, wann Walz l. c. S. 207. schreibt: das Herzogthum Teck seye A. 1313. durch Heurath an das Herzogthum Würtemberg gekommen. Er widerspricht sich auch selbst, indem er S. 241. berichtet, H. Fridrichs IX Tochter Beatrix oder Judith habe sich A. 1417. mit Eberhard dem Sanftmüthigen, Graven zu Würtemberg vermählt, und durch dessen Heurath seye das Herzogthum Teck samt dem Herzogthum Urslingen mit dessen Gütern auf dem Schwarzwald an das Haus Würtemberg erblich und eigen erwachsen; und daher Herzog Eberhard I. von Würtemberg A. 1495. auf dem Reichstag zu Worms von K. Maximilian I. öffentlich als Herzog von Würtemberg und Teck erklärt und bestätiget worden. Allein auch diese Vermuthung ist erdichtet. S. Steinhofer Th. 2. S. 652. Pregizers Würtembergischen Cedernbaum Th. 1. S. 10.

aufgehoben worden? und ob die Graven von Würtemberg um des Teckischen Herzogthums willen Herzoge von Würtemberg genennt worden? welches leztere der Kanzler von Ludewig (w) behaupten will, findet man von dem oft angeführten sel. Prof. Steinhofer beantwortet. (x)

Also war der Hauptstamm Zähringen abgestorben. Der Teckische Zweig verdorret. Der Badische, ist Gott Lob! noch in voller Blüthe. Die gute Hand des Allerhöchsten walte über ihm, und lasse seine Aeste bis ans Ende der Tage grünen!

(w) In Dissert. *de prærogativis Wirtemb. Ducat.*
(x) l. c. Th. III. S. 2. 499. 566. folg.

Gra[f]

Egeno I. Grav von Urach A. 1[...] Tochter.

Egeno II. Grav von Urach, Herr von [S]ennebach, † A. 1236. G. Adelheid von

Konrad I. Grav von Freiburg, † A. [...] omherr zu Gem. Sophia, Gråvin von Zoller 275.

Egeno III. Grav von Freiburg, übe[rkam] zu Baden, Konrad II. die Gravschaft A. 1316. [†] 1272. von Lichtenberg.

Konrad III. Gr. v. Freyb. A. 1316. **Verena,** Landgr. im Brißgau A. 1318. † A. 1350. A. 1300. G. 1) Katharina, Fridrichs Herz. v. Lothringen T. 1290. 2) Aña, Ulrichs von Sigenowe. A. 1330.

Fridrich, Landgrav im Brißgau A. [...] Grav zu Freiburg, A. 1350. † 1356. G. [...]na, M. Rudolphs von Hachberg, Herrn [zu] Sausenberg, Tochter.

Clara, G. Göz oder Gottfried, Pfal[zgra]h, M. von gråv von Tübingen, verkauft die Herrsch[aft] n Röteln, Freib. ihres Vatters Bruder Ægo 1358.

Johann, Grav von Freiburg und M[...] Hachberg A. 1444. die Herrschaft Badenweiler Johannis von Chalons, Prinzen von Orang[e]

Vierte Abtheilung.
Von denen Graven von Freiburg.

§. I.

Die Graven von Freiburg stammen von denen Graven von Urach ab. Diese führen ihren Namen von dem alten Schloß Urach, welches ehemals auf dem Schwarzwalde zwischen Freiburg und Villingen gestanden. Ein kleiner Fluß gleiches Namens floß vorbey. (*a*) Man muß dieses Urach nicht verwechseln mit dem Schlosse Urach oder Hohen-Urach im Herzogthum Würtemberg. (*b*) Einige schreiben lezteres unrecht Aurach, oder Aurich. (*c*)

Einer derer ältesten Graven von Urach, von dem man mit Grunde etwas sagen kan, ist

Ursprung

(a) Urach zeigt eigentlich nach der Zusammensetzung der Worte eine Vielheit der Wasser an. Ur heißt sehr viel und ach bedeutet Wasser. BESOLD. in *Thesauro Pract.* voce Ur.

(b) Siehe oben S. 141. n. (d).

(c) Ein anders ist das Dorf Aurich zwischen Entzweihingen und Glattach im Herzogthum Würtemberg, welches das Edelweib Adelheit die Drescherin um ein jährlich Leibgeding A. 1389. an Grav Eberhard zu Würtemberg mit fertigem und gesundem Leib, da sie wol varen, reuten und gan mocht, wie die Worte lauten, verkauft hat. Sattler Beschreibung des Herzogthums Würtemberg Th. I. S. 207.

ist Gerhard. A. 1080. ist er Domherr zu Straßburg. Er wird hernach Prior zu Hirschau und endlich Bischof zu Speyer. Er stirbt daselbst A. 1110. (d) Er hat einen Bruder mit Namen Egno. (e)

Dieser Name Egino, Egeno, Egno, Ego ist in dieser Urachischen, wie in der Fürstenbergischen Familie sehr gewöhnlich. Man liest z. E. einen Egeno in der schon mehr angeführten Urkunde vom Jahr 1181. (f) und in einer andern von eben diesem Jahr, welche das Kloster Denkendorf betrift. (g)

A. 1185. steht in einem Entscheidsbrief, den Herzog Fridrich von Schwaben zwischen Konrad von Heiligenberg (de sancto monte,) und dem Kloster Salmansweiler (de Salem) gegeben, unter denen Schwäbischen Ständen gleich nach Bertold und Fridrich

(d) Sattler l. c. S. 112. Simon Historie der Bischöfe zu Speyer, S. 57.

(e) So wird er genennt in *Libro Tradition. Hirsaug.* ap. SATTLER. l. c.

(f) Bey Tschudi Th. 1. S. 90. Im lateinischen steht Comes Egeno de Uren, welches der Uebersetzer gegeben Grav Egon von Urach. Sonst kommt das Wort Uren in Schriften der mittlern Zeiten also vor, daß es das Uri in der Schweiz bedeutet. CHRON. GOTTWIC. T. I. p. 837.

(g) BESOLD. *Docum. rediv.* p. 459.

rich), Graven von Zollern, ein Grav Egeno von Urach. (*b*)

A. 1215. bestätigt K. Fridrich II. dem
Kloster Lorch seine Freiheiten. Egeno
Grav von Urach und sein Sohn, dessen
Name hier nicht gemeldet wird, sind Zeu-
gen. (*i*)

A. 1217. vertauschen Pfalzgrav Rabado
und sein Bruder Heinrich, Grav von Ortenburg dem Kloster Waldsassen ihr Gut
Turfenreut. Man liest dabey einen Graven Egeno als Zeugen. (*k*) Und eben
dieser ist, nach allen Umständen, der Tochtermann Herzog Bertolds IV. von Zähringen, der Agnes Gemahl und des lezten
Bertolds Schwager. (*l*)

§. II. Von dieser Erbschaft und Thei- *Zähring.*
lung derer Zähringischen Lande ist bereits *Theilung.*
gehandelt und bemerkt worden, daß Strittigkeiten mit dem K. Fridrich II. welcher
denen Herzogen von Teck ihren Antheil abgekauft, sonderlich wegen Freiburg entstanden, aber bald glücklich beygeleget worden

---

(*b*) HERRGOTT *Cod. prob.* num. 246. Diese Urkunde ist auch darum merkwürdig, weil der Herzog von
Schwaben zu Ende derselben das Jahr seiner Herzoglichen Regierung anführt, wie solches die Kaiser und
Könige zu thun pflegen.

(*i*) BESOLD. l. c. p. 729.

(*k*) Hundii Bayerisch Stammbuch, Th. 2. S. 15.

(*l*) Siehe oben S. 70. 141.

den seyn. Ich gedenke hier nur der beeden Urkunden vom Jahr 1219. darinnen der Kaiser seine gute Gesinnung gegen Grav Egeno (m) schriftlich zu Tage gelegt. Die eine vom 6. Sept. befiehlt allen Städten des Kaisers und deren Vorstehern, die Unterthanen des Graven von Freiburg und seiner Diener, die sich währender Uneinigkeit bey ihnen aufgehalten, frey zu entlassen. Die andere vom 16. Sept. ist ein feyerlichs Instrument, in welchem der Kaiser alle die Güter, die er von denen Herzogen von Teck gekauft hatte, zum Eigenthum, andere aber, die er ihm nicht schenken können, zu Lehen gibt, und noch andere Versprechungen beyfügt. (n)

Egeno I. und seine Söhne. §. III. Ich führe nun noch einiges von diesem Egeno, den wir in der Freiburgischen Geschichte den Ersten nennen, und seinen Kindern an.

A.

(m) Man versteht hier insgemein Egeno den ältern; Eine Urkunde vom Jahr 1226. scheint nicht undeutlich den Ausspruch vor den jüngern zu thun. K. Friedrich II. sagt darinnen, er habe den Grav Egeno von Hura (Urach) wegen der besondern Liebe und Gewogenheit, die er gegen seinen Bruder Bischof Konrad trage, in seine Gnade aufgenommen. *Cod. Diplom. Bad.* ad a. 1226.

(n) Beede sind zu Hagenau gegeben. S. *Cod. Diplom. Bad.* ad a. 1219. In beeden nennt der Kaiser den Egeno seinen Blutsverwandten (consanguineum suum) welches er auch in andern Briefen thut.

A. 1220. bestätigt Egino der ältere, Grav von Urach, und Egino Grav von Urach, Herr des Schlosses von Frieburc, das ist, Vatter und Sohn jeder in einem besondern Instrumente die Schenkung eines Hofs und einer Mühle samt allen dazu gehörigen Aeckern, Wiesen, Weinbergen ꝛc. die Konrad Groze und seine Frau Hiltrudis ausserhalb der Stadt Freiburg dem Gotteshause Tennebach gethan. Sie verleihen diese Güter dem damaligen Abt Konrad und dem Kloster zu einem rechten Erblehen (ze rehtem Erbilehin) auf ewig, gegen einen Breißgauischen Solidum jährlich zu bezahlen. (o) Diese Urkunden sind um so merkwürdiger, weil nicht nur der jüngere Egeno den Titul eines Herrn von Freiburg darinnen führt, dessen sich sein Vatter nicht bedient, sondern auch der eigentliche Erbe seiner Mutter Bruder Herzog Bertolds ausdrücklich genennt wird. Vatter und Sohn gedenken darinnen derer Herzoge von Zähringen, jener als derer Vorältern seiner Gemahlin, dieser als der Vorältern seiner Mutter.

Daß Egino bis ins Jahr 1229. (p) gelebt habe, will man daher schliessen, weil

---

(o) Beede Urkunden stehen in *God. Dipl. Bad.* ad A. 1220. Grav Konrad von Freiburg bestättigt alles dieses A. 1258.

(p) Die Freiburger Chronick bey Königshoven S. 24. nennt ihn Grav Egs von Fürstenberg mit dem Bartz

weil sich sein Sohn bis dahin Egeno den jüngern nennt. Doch wird auch dieser Beysaz zuweilen weggelassen.

Gemahlin. Seine Gemahlin Agnes (*q*) lebt noch A. 1236. im Wittwenstande. In diesem Jahr ist sie zu Villingen und schenkt mit Genehmigung ihrer Söhne einigen Nonnen einen eigenthümlichen Hof daselbst zu einem Kloster. Sie schreibt sich in der Urkunde Grävin von Ura und von Friburc. (*r*)

Egeno

---

sie schreibt ihm die Erbauung eines Schlosses gleich oben der Stadt, welches auch Freiburg genennt worden, zu; und sezt seinen Tod ins Jahr 1236.

(*q*) Nach einigen ist dieses seine zweyte Gemahlin gewesen. Sie geben ihm zur Ersten eine Grävin von Urach.

(*r*) *Cod. Dipl. Bad.* ad a. 1236. Wann sie sich, wie insgemein gemeldet wird, zum zweytenmal mit Grav Eberhard IV. von Wirtemberg vermählt hat, so kan es weder im Jahr 1225. wie in Pregizers Cedernbaum Th. I. S. 4. steht; noch, A. 1235. wie Steinhofer in der neuen Wirtenb. Chron. Th. 2. S. 131. schreibt, geschehen seyn. Lezterer führt bey dieser Gelegenheit an, daß durch diese Vermählung nicht nur ein ziemlicher Theil der Gravschaft Urach, sondern auch das Amt eines Reichsjägermeisters an Wirtenberg gekommen, und nachher von denen Wirtenbergischen Fürsten der St. Huberts- oder Jagdorden ohne Zweifel darum errichtet worden sey, daß diese hohe Reichswürde in beständigem Gebrauch und Andenken bis auf die späteste Nachkommenschaft möchte erhalten werden. Man zählt hieher auch das Jägerhorn und die Hirschgeweyhe im Herzoglichen Wapen.

Siehe

Graven von Freiburg.

Egeno und Agnes haben drey (s) Söh-Söhne.
ne. Sie sind folgende:

1. Egeno der jüngere. Von diesem handle ich hernach.

2. Konrad, oder Kuno.

Dieser erwählt den geistlichen Stand. Er wird Episcopus Portuensis und der Römischen Kirche Cardinal genennt. (t) Er soll in Vorschlag gekommen seyn, das sichtbare Haupt der Kirche zu Rom zu werden, diese hohe Würde aber sich abgebeten haben. K. Fridrich II. gedenkt seiner mit vorzüglicher Achtung. (u)

A. 1224. sendet ihn P. Honorius III. nach Teutschland das Kreuz zu predigen. Bey seiner Ankunft zu Cöln thut er Fridrich, Graven von Isenberg, und die ihm den dasigen Erzbischof Engelbert ermorden helfen, in den Bann. Grav Fridrich wird hernach durch die Strassen und Gassen wie ein Hund geschleift, und endlich aufs

---

Siehe davon mit mehrerem Mosers teutsches Staatsrecht Th. VI. S. 317. LIMNÆUM in *addit. ad Jus Publ.* T. IV. p. 600.

(s) Münster in der Cosmograph. B. 3. S. 799. weiß nur von zweyen.

(t) Also steht derselbe A. 1227. unter der Zahl derer Cardindle: Frater Conradus Egenonis de Vrach Suitonum Dynastæ filius, monachus.

(u) Siehe die Urkunde, welche in der Note (m) angezeigt ist.

aufs Rad geflochten. (v)

Bischof Konrad verrichtet das ihm anbefohlene Geschäfte mit gutem Fortgang, und bezeichnet viele mit dem Kreuz zum Zug ins gelobte Land. (w)

3. Bertold.

Auch dieser ist ein Geistlicher. Man liest in vielen neuern Schriftstellern, Herzog Bertold V. von Zähringen habe damals, wie er A. 1198. auf den Kaiserlichen Thron sollen gesetzt werden, seiner Schwester Agnes beede Söhne Cuno und Bertold denen Wahlfürsten zu Geisseln gegeben; dieselbe hätten in ihrer Gefangenschaft eydlich angelobt, ihr Leben in einem Kloster zuzubringen, wann sie ihre Freyheit wieder erhalten würden; nachdem sie nun von ihrem Stiefvatter Grav Eberhard von Würtemberg mit einer starken Summe Geldes frey gekauft worden, so seye Cuno zu Eßlingen ein Predigermönch oder Conversbru-

---

(v) ALBERT STAD. ad a. 1226. p. 304. GODEFR. COLON. ad eund. a. p. 295. ALBERIC. *Chron.* P. II. p. 519. Man vermuthet, diese Ermordung habe zur Verordnung P. Honorius III. in *Constit.* ap. RAYNALD. T. XIII. ad a. 1225. n. LI. p. 323. 324. Anlaß gegeben, daß man diejenige, welche sich an einem Cardinal vergriffen, als Majestätsschänder behandeln, und die Strafe solcher Leute selbst auf die Nachkommen ausdehnen solle.

(w) GODOFRED. MONACH. ad a. 1224. seq. ap. FREHER. *Scriptor. rer. Germ.* T. I. p. 393. 395.

versbruder worden, Bertold aber in das Kloſter Salmansweiler gegangen; Bertold habe zugleich den Antheil an ſeiner Erbſchaft ſeinem Stiefvatter, Kuno hingegen den Seinigen dem Kloſter zu Eßlingen geſchenkt, von welchem ihn Grav Eberhard gegen andere Güter ausgetauſcht habe. (x)

Man findet dieſen Bertold A. 1215. als Abt zu Tennebach. In dieſer Würde wohnt er einer Kirchenverſammlung bey, welche P. Innoc. III. zu Rom hielte. Da nun dieſe

---

(x) Dieſe Erzählung ſteht unter andern in CRUSII *Annal. Suev.* P. II. L. 12. C. 7. *Centur. Magd.* wie auch in des Badiſchen Rath, Michael Brauns Badiſchem Heerſchild, der in dem Hochfürſtl. Archiv ungedruckt liegt. Und Tſchudi l. c. S. 99. ſchreibt davon alſo: „Herzog Berchtold hat ſine Oheim „Graf Cunraten, und Graf Berchtolden von „Urach, Gebrüdern, die ſins Vatters Schwöſter Sün „und Graf Egens ſel. von Urach Sün warend, denen „von Cöllen ꝛc Bürgen umb den Koſten geben, als „man Ihne ꝛc Römiſchen Künig erwelt hat, da Ime „die Statt Cöln groß Guth darglihen, alſo loſt er ſi „nit, und wurdent die guten jungen Grafen in Gefan„genſchaft gelegt, müßtend ꝛc letſt Ir eigen Houptgut „darſtrecken, damit Si ledig möchtend werden; Si „verheiſſend in der Gefangenſchaft beid Geiſtlich zu „werden, damit Si Gott erlöſe. Cunradus iſt Abt „zu Ciſtercium in Burgund worden, und darnach vom „Papſt zu einem Cardinal St. Ruffina und Biſchoff „Portuenſis gemacht, der ander Berchtoldus ward „Abt zu Lützerach." Letzteres beſtärken BERNARDINI *Faſti Lucell.* p. 161. ſq.

dieſe im Jahr 1210. gehalten worden, (y) ſo muß er ſchon um dieſe Zeit Vorſteher dieſes Hauſes geweſen ſeyn. Ich nehme dieſe Nachricht aus dem Leben B. Hugonis Ord. Cilterc. Er heißt darinnen ausdrücklich ein Schweſter Sohn H. Bertolds von Zähringen, und Sohn des Graven von Urach. (z)

Egeno II. **Egeno II. der jüngere.**

§. IV. Auſſer dem, was bereits von ihm gemeldet worden, führe ich folgendes kürzlich an.

A. 1219. wird ſeiner gedacht in der oben angezogenen Urkunde.

A. 1221. den 15. May erlaubt er ſeinem Dienſtmann Eberhard von Haſela ſeine eigene Leute der Abtey Tennebach zu übergeben. (a)

A.

(y) Eſtors Anmerkungen über das Staats und Kirchenrecht S. 165.

(z) Der Auszug ſteht in SCHÖPFLINI Cod. Dipl. Bad. ad a. 1218. H. Bertold von Zähringen wird darinnen als ein eitler Weltmann und abgeſagter Feind dieſes Kloſters beſchrieben, der mit gänzlicher Zerſtörung deſſelben umgegangen ſey.

(a) SCHÖPFLIN. l. c. ad a. 1221. obgleich ſein Vatter damals noch lebt, ſo verſtehe ich dieſes doch von dem Sohn, weil er in der Urkunde Herr des Schloſſes Freiburg genennt wird, welcher Titul, wie ſchon bemerkt worden, bey ſeinem Vatter nicht vorkommt.

A. 1229. schenkt er das Gut zu Algiswilre und die Aecker und Wälder, welche Guta von Reinchem und Heinrich, der Ritter, besizen, dem Kloster Allerheiligen auf dem Schwarzwald. (b)

In eben diesem Jahre thut er den entscheidenden Spruch bey denen Strittigkeiten, die zwischen dem Kloster St. Blasii und Heinrich von Gephingen über dem Kirchensatz zu Utinwilare entstanden. Konrad, Bischof von Kostanz, bestätigt ihn. (c)

A. 1230. bezeugt ihm der römische König Heinrich durch ein Schreiben (gegeben bey Freiburg den 13. Aug.) daß er allen Groll und Unwillen gegen ihn abgelegt, weil er ihm seine Juden bey Freiburg gefangen hatte. (d)

In denen zwischen dem Bischof von Straßburg, Berchtold von Teck, und dem Grav Ulrich von Pfirt entstandenen Feindseligkeiten (e) ist Egeno auf des leztern Seite. A.

(b) SCHANNAT *Vindem. Lit.* Coll. I. pag. 150. Die Jahrzahl steht nicht dabey. Man schließt aber aus dem Wort Junior, nach oben angenommenem Satze, daß es dieser Egeno sey. Vielleicht aber ist Egeno III. zu verstehen.

(c) HERRGOTT *Cod. prob.* n. 289.

(d) *Cod. Dipl. Bad.* ad a. 1230. Hier wird er das erste mal Grav von Freiburg genennt. Dieser Titul wird hernach unter seinem Sohn Konrad erst recht üblich.

(e) Siehe oben S. 156.

Verrichtung A. 1234.

A. 1234. in der Streitsache welche zwischen Marggrav Hermann von Baden und Heinrich Bischof zu Basel nebst dessen Vasallen, dem Grav Ego, über einigen Bergwerks und Wildbahns-Gerechtigkeiten, die er im Brißgau prätendirte, entstanden, spricht der römische König Heinrich auf dem Reichstag zu Frankfort vor den leztern, und sezt ihn wirklich in den Besitz ein. (*f*) Eben dieser römische König belehnt ihn bald hernach in eben diesem Jahr den 13. Julii bey Eger wegen der Flüsse Renchental, Wisen, Brigen, Kinzechen bis Gengenbach, und namentlich Milenbach, Elzach, Treysonia, Brega und Donau bis an Ymmendingen samt allen Bächen, die in dieselben fliessen, daß er alles Gold oder Silber, so er in denenselben Flüssen und Bächen, oder auf denen daranliegenden Bergen finden würde, in seinen Nuzen zu verwandeln kraft dieses Lehenbriefs berechtiget seyn solle. (*g*) Dieses Recht kommt A. 1387. von Grav Konrad III. zu Freiburg auf M. Rudolf von Hachberg, seiner Schwester Anna Gemahl. In eben diesem Jahr 1234. beschenkt er und seine Gemahlin Adelheid das Kloster Tennebach mit einigen Weinbergen. (*h*)

A.

(*f*) GOLDAST. *Constit. Imper.* T. I. p. 300. URSTIS. *Chron.* p. 120.

(*g*) *Cod. Dipl. Bad.* ad a. 1234. In dieser Urkunde wird Egeno Grav von Friburg und von Urach genennt.

(*h*) *Cod. Dipl. Bad.* ad eund. an.

A. 1236. baut er, um sich des Gehor- *Freiburg.*
sams der Stadt Freiburg besser zu versichern, das untere Bergschloß daselbst, welches zu vielen Verdrüßlichkeiten zwischen denen Graven und Burgern Anlaß gibt. Die Stadt will ihre Freiheiten, so ihr H. Bertold verliehen, behaupten. (*i*)

In eben diesem Jahr 1236. geht er den *Tod.*
Weg alles Fleisches. Seine Gebeine ruhen im Kloster zu Tennebach. (*k*)

Seine Gemahlin wird Adelheid, Grä- *Gemahlin.*
vin von Nissen genennt. (*l*)

Er hinterläßt vier Söhne: (*m*) *Söhne.*

1. Konrad I. Von diesem werde ich hernach handeln.

2. Bertold.

Er wird Grav von Urach genennt, und besizt einen Theil von dieser Gravschaft.

K.

(*i*) GEORG. KIEFFER Diss. de *Habsburgo-Austriaca Domo.* Er macht aber aus beeden Egens, Vatter und Sohn, Eine Person.

(*k*) KIEFFER l. c. Freib. Chron. bey Königshoven S. 29.

(*l*) Freib. Chron. S. 24. Der Verfasser schreibt ihm daselbst irrig den mit der Stadt A. 1293. errichteten Vertrag zu, worinnen ihm auch das Baßler Lexicon Art. Freiburg folgt.

(*m*) Sie kommen in zwey Tennebachischen Schenkungs-Briefen vom Jahr 1237. vor; in einem wird ihrer Mutter Adelheid, jedoch ohne Beysatz ihres Geschlechts gedacht. Cod. Dipl. Bad. ad a. 1237.

K. Richard übergibt A. 1260. denselben dem Graven Ulrich von Wirtemberg, und belehnt ihn damit. (*n*)

3. **Heinrich.** (*o*)

Dieser heißt Grav von Urach und Herr in Fürstenberg, auch Grav von Bürstenberg. Wann er derjenige Heinrich von Fürstenberg ist, welcher A. 1254. den halben Theil seiner Güter zwischen Slatersteig und dem Schloß Urach samt der Comitia, die er aus der mütterlichen Erbschaft besessen, an Grav Ulrich von Wirtemberg gegen halb Wittlingen übergeben hat: (*p*) so müssen die in dem Tauschbriefe stehende Worte mütterlicher Erbschaft so viel bedeuten, als Großmütterlich.

Mit dem, was bey seinem Bruder Bertold gemeldet worden, stimmt überein, daß Grav Heinrich von Fürstenberg den übrigen Theil der Gravschaft Urach vollends A. 1265. an Grav Ulrich von Wirtemberg mit

---

(n) Sattler l. c. S. 115.

(o) Was bey denen von ALB. ARGENT und verschiedenen neueren Scribenten, z. E. BUCELINO in *Germaniæ Stemmatograph.* T. IV. p. 88. sq. SPENER. in *Opere Herald.* Part. Spec. L. III. C. 19. Hübner in Genealog. Tabellen, Th. I. Tab. 266. von diesem Heinrich gegebenen unrichtigen Nachrichten Herr Prof. Schöpflin bemerkt, findet sich in dessen oft angeführten *Histor. Zar. Bad.* T. L p. 432.

(p) Sattler l. c. S. 113. Steinhofer l. c. Th. 1. S. 140.

Graven von Freiburg.

mit dem Daumen, um 310. Mark Silbers verkauft habe. (q)

A. 1267. gibt Heinrich Grav von Vürstenberch denen Minoriten ein Vorschreiben an den Provincial derselben in Teutschland, daß ihnen ein Kloster in seinem Schloß Villingen zu erbauen erlaubt werden möge. (r) Und A. 1268. bestätigt er mit seiner Gemahlin Agnes diesen Ordensleuten solche Freiheit zu Villingen sich nieder zu lassen. (s)

A. 1270. verkauft er mit Einwilligung seiner Gemahlin Agnes und seines Bruders Gottfrieds vor 36. Mark Silbers einen Hof bey der Kapelle des H. Nicolaus an die Nonnen und den Convent, die den Namen hatten von dem Hause seines Vatters Bruders. (t)

A. 1271. verkauft Grav Rudolph von Habsburg und Kyburg, welcher zwey Jahr hernach zum Römischen König erwählt wird, dem Kloster Marienzell im Schwarzwald einen ihm für das Heyrathsgut seiner Gemahlin Gertraud verpfändeten Hof zu Tüngen (u) um 200. Mark lötigen Goldes,

Grav

(q) Steinhofer l. c. Th. 2. S. 150.
(r) Cod. Dipl. Bad. ad a. 1267.
(s) Cod. Dipl. Bad. ad a. 1268.
(t) Cod. Dipl. Bad. ad a. 1270.
(u) In denen alten Briefen wird niemals Thiengen, wie wir diesen in der Herrschaft Badenweiler gelegenen Ort

Grav Kunrad und Hainrich, Gebrüdere, hängen auf Verlangen des Grav Rudolfs, welcher sie seine Vettern (Avunculos) nennet, ihre Sigill an diesen Brief. Nach der Beschreibung, die ich von dem Herrn Geheimden Hofrath Herbster aus dem Fürstlichen Archiv zu Basel erhalten habe, stellt das Sigill Grav Konrads einen rechter Hand reutenden, in der Rechten eine Standarte haltenden Reuter vor, dessen Leib bedeckt ist, mit einem dreyeckigten Schilde, auf welchem ein ausgebreiteter Adler sich befindet; auf dem Helm ist ebenfalls ein zum Fluge gerüsteter Adler, mit der Umschrift: S. CVNRADI. COMITIS. DE. VFRIBVRG. Der Fehler in dem Worte Vfriburg ist ganz deutlich. Grav Heinrichs von Fürstenberg Sigill aber ist nur ein dreyeckigter Schild mit dem ausgebreiteten Adler, und der Umschrift: S. COMITIS. HAINR. .... DOMINI IN WRSTENBERG. Die Lücke muß vermuthlich heissen COM. D. FRIBG. zumalen da man von dem lezten Buchstaben G noch eine Spur siehet.

4. Gott-

Ort zu schreiben pflegen, sondern beständig Tüngen gelesen. Der Hof kommt A. 1399. durch Tausch an gedachte Herrschaft. Siehe des Fürstl. Baden-Durlachischen Herrn Geheimden Hofraths und Archivarius J. F. Herbsters gründliche Nachricht von K. Rudolphs von Habsburg erster Gemahlin, in denen Carlsruher nützlichen Sammlungen, S. 85.

4. Gottfried.

Er widmet sich dem geistlichen Stande, und kommt als Domherr zu Straßburg und Costanz in etlichen Urkunden vom Jahr 1270. und 1273. vor. (v)

Konrad I.

§. V. Von diesem Sohne Grav Egeno II. führe ich ausser dem, was schon von ihme vorgekommen, noch dieses an: *Konrad I.*

A. 1243. ist er Zeuge in dem Schenkungsbrief, darinnen Hartmann der ältere, Grav von Kiburg, das Eigenthum seiner Güter in der Schweiz dem Stift Straßburg schenkt, und wieder von Bischof Bertold daselbst zu Lehen nimmt. (w)

In denen heftigen Strittigkeiten K. Fridrichs II. und P. Innocentius IV. (x) ist er diesem geneigt. Der A. 1245. aus Anstiften des Papsts (y) gegen K. Fridrich erwählte so genannte Pfaffen-König Heinrich Raspo aus Thüringen verspricht in *hält es mit dem Papst.*

(v) SCHANNAT. *Vindem. Lit.* Coll. I. p. 146.
(w) HERRGOTT *Cod. Prob.* num. 337. Tschudi l. c. Th. 1. S. 139. folg.
(x) MATTHÆUS PARIS. NIC. DE CURBIO *in Vita Innocent.* STEPHAN. BALUZII *Miscellan.*
(y) CONRAD. EPISC. in *Chron. Mogunt.* p. 574. sq. INNOCENT. IV. *litteræ* ad *Archiepisc.* ap. RAYNALD. T. XII. ad a. 1246.

in einem besondern Schreiben von Lion dem Graven Konrad zu seinen Schlössern und Städten Neuwenburg, Offenburg und Ortenberg zu verhelfen. (z) Der Pabst bestätigt nach Heinrichs Tod diese Versprechung. Ein gleiches thut A. 1251. der durch eben dieses Papsts Vorschub gesezte Römische König Wilhelm aus Holland. Die gemeldete Ortschaften werden ein Erbstück Grav Konrads genennt. Ob sie aus der Zähringischen Verlassenschaft, oder einer andern Erbschaft herrühren, läßt sich nicht eigentlich bestimmen. (a)

A. 1255. erhält der Prediger im Spital zum Heil. Geist in Freiburg von Gr. Konrad mit Einstimmung seines Sohns Konrad des Plebani der Pfarrkirche daselbst die Pfarr=Rechte. An der Urkunde hangt sowol sein, als der Stadt Freiburg Insiegel. Jenes kommt mit dem beschriebenen (b) überein. Auf diesem sieht man eine Mauer mit drey Bögen und drey Thürmen, auf deren äussersten Theilen blasende Männer stehen; hin und wieder ist ein Stern, und unten eine Lilie.

A. 1258. thut er nebst Grav Rudolf von Habsburg, und dem Herrn von Usenberg bey entstandenen Strittigkeiten des Abts

---

(z) Cod. Diplom. Bad. ad a. 1248.
(a) Schöpflin Hist. Zar. Bad. T. L. p. 233.
(b) Siehe vorher S. 192.

Abts zu Tennebach mit Hermann und Johann von Weißweil, einen entscheidenden Spruch. (c)

In eben diesem Jahr bestättigt er die von seinem Vatter und Großvatter A. 1220. bekräftigte Schenkung der Mühle bey Freiburg, die dem Kloster Tennebach verliehen worden. (d)

A. 1259. erlaubt er allen seinen Dienstleuten und andern Unterthanen dem Kloster Tennebach von ihren beweglichen und unbeweglichen Gütern zu vermachen, was ihnen belieben möchte. (e)

A. 1261. zieht er mit Grav Rudolf von Habsburg, nachmaligem Kaiser, mit Grav Hartmann von Kiburg, und Heinrich Herrn von Neuenburg nach Straßburg. Sie samtlich schwören daselbst öffentlich vor dem ganzen Volk der Stadt Hilfe zu leisten wider den dasigen Bischof Walther von Gerolseck und seine Bundsgenossen. Grav Rudolf übernimmt die Hauptmannschaft der Stadt, und besiegt den Bischof vollkommen. (f)

A. 1262. kommt er als Zeuge vor in dem

(c) *Cod. Dipl. Bad.* ad a. 1258.
(d) *Cod. Dipl. Bad.* ad eund. a.
(e) *Cod. Dipl. Bad.* ad a. 1259.
(f) Königshoven Elsaß. Chron. S. 147. Fugger ad an. 1263. p. 62.

dem Freiheitsbrief, den K. Richard zu Schlettstadt dem Stift Basel gegeben. (g)

A. 1269. tritt Werner von Stophen (Stauffen) dem Kloster St. Trutpert mit Genehmigung seines Herrn des Gr. Konrads von Vriburg das Schloß Scharfenstein ab. Grav Konrad und sein Sohn Heinrich stehen selbst unter den Zeugen. (h)

Tod. Grav Konrad stirbt im Jahr 1272. Sein Begräbnis ist im Münster zu Freiburg. (i)

Gemahlin. Seine Gemahlin ist Sophia, Grav Fridrichs von Zollern Tochter. (k) Er vermählt sich mit ihr, nach langen Stritigkeiten unter beeden Häusern, A. 1248. (l)

Söhne. Aus dieser Ehe hinterläßt er brey Söhne. Der eine ergibt sich dem geistlichen Stande. Die andere beede theilen ihres Vatters Verlassenschaft, ausgenommen die Vasallen, Dienstleute und Bergwerke, welche sie in Gemeinschaft mit einander besizen. (m)

Die

(g) HERRGOTT *Cod. Prob.* num. 456.
(h) HERRGOTT l. c. num. 505.
(i) Freiburger Chron. S. 30. KIEFFER *de Domo Habsburgo-Austr.* p. 146.
(k) Freiburger Chron. l. c.
(l) SCHÖPFLIN l. c. p. 236.
(m) Zeugen bey dieser Theilung sind: Grav Rudolf von Habsburg, Grav Heinrich von Fürstenberg, Konrad von Freiburg, Domherr zu Costanz, Egenons und Heinrichs Bruder. SCHÖPFLIN L c.

Graven von Freiburg.

Die Söhne sind diese:

1. **Egeno III.** Von diesem hernach.

2. **Konrad.**

Dieses ist der, welcher den geistlichen Stand vorgezogen. Er ist anfänglich Pfarrer zu Freiburg, hernach Domherr und Probst zu Costanz. Er kommt mit seinen Brüdern in vielen Briefen vor. Sonderlich ist der vom Jahr 1293. merkwürdig, da er samt seinem Bruder Egeno dem Hospital zu Freiburg das Jus parochiale bestätigt. Er heißt daselbst Cuonradus de Friburg, Præpositus majoris Ecclesiæ Constant. Rector Ecclesiæ parochialis in Friburg in Briscaug. Auf dem Insiegel der Probstey ist das Bild des Heil. Stephans nebst einer Lilie. (*n*)

3. **Heinrich.**

Sein Antheil von der vätterlichen Verlassenschaft ist kraft des Theilungsbriefs vom Jahr 1272. Neuenburg, Badenweiler und Husen im Kinzingerthal, wie es ausdrücklich genennet wird. (*o*)

(*n*) SCHÖPFLIN l. c. p. 240. 241.

(*o*) ALBERT. ARGENT. *Chron.* ap. VRSTIS T. II. p. 99. stimmt mit dem Theilungsbrief überein. Badenweiler heißt auch in demselben Baden; und dient also dieses zur Bestärkung dessen, was oben angeführet worden ist.

Streit wegen Neuenburg.

Er bekommt Streit wegen Neuenburg mit Heinrich, (p) Bischof von Basel. Dieser hindert ihn an der Besiznehmung dieses Orts, weil er eines Burgers Frau Gewalt angethan habe. Er leistet hierauf A. 1273. Grav Rudolf von Habsburg, noch ehe er die Kaiserliche Krone trägt, Hilfe wider diesen Bischof. Rudolph erhält Nachricht, daß er im Vorschlag sey zur Kaiserlichen Würde, und läßt sich darauf nebst Grav Heinrich von Freiburg mit dem Bischof wegen des Friedens in ein Compromiß ein. Rudolph und Heinrich erwählen auf ihrer Seite den Burggraven von Nürnberg, oder Heinrich (q) Graven von Fürstenberg, auf des Bischofs Seite aber ist Marggr. Heinrich von Hachberg. (r)
Der

(p) Daß dieser Bischof Henricus de Nouo Castro geheissen, hält HERRGOTT Cod. Prob. num. 528. not 2. davor.

(q) Dieses ist ohne Zweifel derjenige Heinrich von Fürstenberg, von welchem ich kurz zuvor gehandelt, Egens des jüngern Sohn.

(r) Dieses Compromiß steht in Tschudi Eidgenoss. Geschichte, Th. 1. S. 176. Wursteisens Basler Chron. B. 2. C. 21. HERRGOTT Cod. Prob. num. 528. Der Kaiser empfangt noch vor Endigung dieser Sache die Bottschaft von seiner Erhöhung zur Röm. Königlichen Würde, sendet auch aus dem Lager vor Basel den Burggraven, der sie überbracht, in die Stadt, dem Bischof seine Wahl wissend zu machen, der darüber in die Worte soll ausgebrochen seyn: „Size „fest, lieber HErre GOtt, sonst wird er bald auch „deinen

Der neue Kaiser Rudolf beſorgt in eben dieſem Jahr Grav Heinrichs Angelegenheiten mit der Stadt Neuburg. (s)

Merkwürdig iſt der Vertrag, den er mit ſeinem Bruder Egeno geſchloſſen. Grav Heinrich hatte eine Reiſe vor, wohin, iſt mir nicht bekannt, und ſezte bis auf ſeine Wiederkunft zu Verwaltern ſeiner Häuſer, das iſt, Schlöſſer, und Güter, Wernhern von Stoupfen, Albrechten von Valkenſtein, Heinrichen von Lideringen und andere. Weil er vermuthlich damals noch keine Kinder hatte, ſo vermachte er Baden(Badenweiler) ſein Haus, (oder Schloß) wie auch Dugheim (Auggen) und Neuenburg mit allen Zugehörden, Mannen und Dienſtmannen ſeinem Bruder Egen und deſſen Erben auf folgende von dieſem eidlich beſchworene Bedingungen. 1) Grav Egen ſolle ſich dieſer Häuſer und Güter nicht eher anmaſſen, er habe dann für ihn, Grav Heinrich vergolten oder bezahlt ſeinen rechten Gülten oder Schuldgläubigern 600. Mark Silbers, und 1000. Mark gegeben um ſeiner Seele willen, und wo er Grav Heinrich Schaden gethan habe. 2) Würde denen rechten Gülten mit den 600. Marken nicht gar

Vertrag mit ſeinem Bruder Egen.

„ deinen Thron beſteigen. „ Doch ſchickt er gleich eine anſehnliche Geſandſchaft ins Lager, dem neuen Regenten Teutſchlands Glück zu wünſchen, und hierauf erfolgt der rechte und beſtändige Friede.

(s) ALBERT. ARGENT Chron. p. 100.

gar vergolten, so soll man, mit Grav Heinrichs Beichtiger, nämlich des Lesmeisters von den Predigern zu Freiburg und Bruder Burkarts von Hechingen Rathe, von den 1000. Marken nehmen, um die rechte Gülte gar zu vergelten. 3) Stürbe Grav Heinrich, und hätte alsdann sein Bruder Lust zu dem Gute, so soll er Grav Heinrichs Verwaltern noch weitere 50. Mark Gelts in ihren Gewalt geben. 4) Stürbe Grav Heinrich ausser Lands, und wäre über das, was die Häuser bedörfen, etwas erspart worden, so soll es seinen Schuldgläubigern, und nicht seinem Bruder gegeben werden. 5) Käme er wieder heim, so soll dieses Gemächte ungültig seyn, wann er wolle. Alles dieses hat auch Grav Egens Gemahlin Katharina bestätiget. Da nun Grav Heinrich noch bis aufs Jahr 1303. als in denen Brißgauischen Landen gegenwärtig und in Handlungen mit seinem Bruder begriffen vorkommt: so ergibt sich von selbst, daß dieser Handel müsse zurückgegangen seyn. (t)

A. 1290. wird seiner gedacht in der Nachricht von der Vermählung der Katharina, Fridrich Herzogs von Lothringen Tochter,

---

(t) Diese umständliche Nachricht habe ich der Gewogenheit des Herrn Geheimen Hofrath **Herbsters** zu danken, der sie mir aus dem Fürstlichen Archiv zu Basel gütigst zugeschickt hat. Das meiste ist mit denen Worten, wie solche in der Urkunde stehen, ausgedruckt.

Tochter, mit **Egons** Sohne **Konrad.** (u)

A. 1297. übergibt er seinem Bruder **Egeno** alle seine Rechte auf die Silbergruben im Breißgau. Es entstehen hierüber A. 1300. einige Strittigkeiten. Sie werden denen Schiedsmännern von K. Albrecht I. überlassen. Es scheint aber sie seyen nicht zum Ende gediehen.

Er stirbt vor dem Jahr 1303. *Tod.*

Seine Gemahlin ist unbekannt. Er hinterläßt von ihr zwey Töchter. *Er Gemahlin und Töchter.*

1. Margaretha.

Diese wird an **Otto** Grav von Straßberg vermählt. **Egeno** heißt sie wegen der Bergwerke ohne Sorge seyn. Sie muß aber doch Ursache gehabt haben sich zu beklagen. Dann das Kaiserliche Hofgericht spricht ihr einen Theil derselben zu. Dis geschieht in Beyseyn des **Egeno,** und dieser muß am Hof des Kaisers bleiben, bis er dem Graven von Straßberg Gewährschaft geleistet.

Aus dieser Ehe stammt her Grav **Jmer,** dessen sonderlich in zwey Urkunden vom Jahr 1322. und 1368. Meldung geschiehet. In jener stehen die Worte: Wir Vro **Margreth** du Grävin von Strazberg vnd Graven **Jmer** min Sun. (v) Diese bezeugt zugleich,

---

(u) CALMET *Hist. de Lorraine* T. II. Prob. col. 530.
(v) Siehe die schon angeführte Abhandlung des Hrn. Geheimen

gleich), daß er das Schloß samt der Herrschaft Badenweiler pfandsweise besessen. Davon unten noch etwas wird gemeldet werden.

2. **Verena.** Von dieser ist zur Zeit nichts bekannt.

Egeno III.

Egeno III. §. VI. Ihm fällt in der Theilung der vätterlichen Lande die Grafschaft Freiburg zu. Der kleine Fluß bey Heitersheim macht die Grenzen zwischen seinem und seines Bruder Heinrichs Antheil. Doch behalten sie ihre Dienstleute und Silberbergwerke gemein. (w)

Er

---

heimen Hofrath Herbsters in den Carlsruher nützlichen Sammlungen, S. 89. Im Sigill (S. Margarete de Montfort.) heißt sie von Montfort. A. 1324. kommt eine Margaretha von Straßberg mit eben demselben Sigill vor an einem Vergleichsbrief Heinrichs von Brülingen, welcher den Kirchensatz zu Badenweiler gehabt, mit denen Nonnen zu Adelhausen. Herr Prof. Schöpflin schließt daher höchst wahrscheinlich, sie sey zuerst an einen Grafen von Montfort vermählt gewesen, und habe sich in der zweiten Ehe ihres ersten Gemahls Insigel bedient. Es war nicht ungewöhnlich, daß vornehme Frauenspersonen ihre alte Sigille oder Pettschaften beybehalten, wann schon etwa durch Verheurathung eine Aenderung ihres Namens oder Titels vorgegangen.

(w) Der Theilungsbrief ist bey seinem Bruder Heinrich angezeiget worden. Er steht im *Cod. Dipl. Bad.* ad a. 1272.

Er und seine Stadt Freiburg haben Strittigkeiten mit dem Herrn zu Veldenz. A. 1282. machen sie einen Stillstand auf sechs Monate, und im folgenden Jahre Frieden.

A. 1284. erlaubt er, als Kastvogt der Abtey St. Peter, daß die Bergwerksvereinte im Suckendahl und auf dem Herzogenberge eine Wasserleitung über den Grund und Boden dieser Abtey machen dörfen.

A. 1284. entzündet sich ein heftiges Feuer zwischen dem Bischof Peter zu Basel und Grav Reginald von Mömpelgard. Dieser hatte schon vorher A. 1283. dem Bischof die Stadt Brondrut abgenommen, weswegen K. Rudolf dem Bischof zu Hülfe geeilet, und ihm zu dem Seinigen wieder geholfen. (*x*) Nun fangt Grav Reginald die Händel aufs neue an, und steckt dem Bischof unterschiedene Dörfer in Brand. Grav Egeno als ein Vasall des Bischofs zieht mit ihm wider seinen Feind zu Felde. Es kommt zum Treffen. Grav Egeno zieht sich plötzlich zurück, und der Bischof leidet eine grosse Niederlage. (*y*) K. Rudolf steht darauf dem Bischof nachdrücklich bey, erobert Mömpelgard und Bisanz, und demüthigt

---

(*x*) ANNAL. COLMAR. ad a. 1283.
(*y*) VRSTIS. *Chron. Baſ.* L. 3. C. 2. *Baſil. Sacr.* p. 250. cit. ISELINO in TSCHUDII *Chron. Helv.* T. I. p. 197. a.

müthigt die Graven. **Reginald muß 800. Mark Silber erlegen.** (z)

Freiburgische Händel.

Die Stadt Freiburg macht ihm viel zu schaffen.

A. 1289. entsteht ein Mißvergnügen zwischen ihm und den Burgern zu Freiburg. Er hat viele Schulden. K. Rudolf nebst denen Bischöfen von Straßburg und Basel, wie auch M. Heinrich von Hachberg, Landrichter im Brisgau, vermitteln zu Basel die Sache also, daß die Burger dem Graven 1400. Mark Silbers bezahlen, und dagegen das Umgeld auf 10. Jahr zu geniessen haben sollen. (a)

A. 1297. spricht der Grav ein Urtheil über die Oeler daselbst, wegen begangenen Diebstahls und Betrugs. Die Stadt sezt sich dagegen. Man erwählt Schiedsrichter. Diese erkennen dem Graven das Blutgericht zu.

A. 1299. hat er neue Verdrüßlichkeit mit Freiburg. Man beschuldigt ihn der Tyranney gegen die Sabt. Sie sezt sich gegen ihn. Er belagert sie. Sein Schwager Konrad von Lichtenberg, Bischof zu Straß-

---

(z) Die beeden Brüder hatten gar im Sinn, sich unter K. Philipps von Frankreich Schutz zu begeben, und ihr Land von ihm zu Lehen zu tragen. ALBERT. ARGENT et TRITHEM. *Chron.* ad a. 1289. Fuggers Ehrenspiegel S. 127. 130.

(a) *Cod. Dipl. Bad.* ad a. 1289.

Straßburg kommt ihm zu Hülfe. Dieser führt aber seine Leute zu hitzig an, und wird von einem Metzger aus der Stadt so gestochen, daß er am vierten Tage hernach stirbt. (b) Auf den Platz, da dieses geschehen, wird zum Angedenken ein Kreuz und eine Kapelle errichtet. Es kommt endlich

A. 1300. unter Vermittelung K. Albrechts zu einem Vergleich zwischen dem Grav Egeno samt dessen Sohn und der Stadt. Vermög desselben soll diese das Weinumgeld auf 17. Jahr gegen jährliche 300. Mark Silbers behalten. (c)

Es

(b) Tschudi l. c. S. 225. sieht es als eine Vergeltung an, daß er K. Adolfs Unglück befördern helfen. Seine Wort sind diese: „Graf Eg! — halff Bischoff „Cunrat — der ouch in Kunig Adolfs seligen Tod „geschworen hat, — und als man mit einander schal„muzt, und der Bischoff die Sinen hantlich anricht „tapffer je striten, loufft ein Burger von Friburch, der „ein Mezger was, fründlich durch das Volck, und „sticht sin Spieß durch den Bischoff, daß er angentz „starb." Königshoven in der Elsaß. Chron. S. 256. meldet eben dieses, er setzet nur hinzu, daß er „mit einem grossen Volk die Stadt belag, und — reit „in ein syden Wambesche (woraus ALBERT. ARGENT. das Wambasia rubra gemacht.) Sonst hat dieser Bischof ein erhabenes Angedenken an dem hohen Münsterthurn zu Straßburg, als wozu zu seiner Zeit der Grund gelegt worden. SCHÖPFLINI *Alsat. Illustr.* T. I. p. 292.

(c) SCHÖPFLIN *Hist. Zar. Bad.* T. I. p. 242. In

Es gibt aber A. 1307. wiederum Irrungen zwischen ihnen. Der Grav schickt deswegen seinen Sohn Konrad mit einem Schreiben an K. Albrecht I. ab, um ihn von denenselben zu benachrichtigen. Und

A. 1308. schließt er und seine Söhne Konrad und Heinrich einen Schuz- und Truzbund mit Grav Dibold von Pfirt, dessen Sohn Ulrich, dem Herrn von Rotenberg und Grav Eberhard von Wirtemberg.

Uebrige Verrichtungen.

A. 1290. verbündet er sich mit Fridrich, Herzog von Lothringen auf sein Lebenlang. Dieser verspricht ihn schadlos zu halten, wann ihm durch seine Freundschaft ein Ungemach zuwachsen sollte. (d)

A. 1291. gibt er dem Abt Meinwarten und der Abtey Tennebach das Burgerrecht zu

---

der Freiburg. Chron. S. 25 — 29. ist diese Richtung oder Vertrag nach seinem ganzen Inhalt befindlich, und diejenige namentlich genennt, welche dabey gewesen, und theils ihre Insiegel angehänget haben, nemlich: M. Heinrich und Rudolf, Gebrüdere, Marggraven von Hochberg; Heß von Isenberg, Heinrich von Geroljeck, Gebrüder; Johann von Schwarzenberg. Als Schiedsrichter werden namhaft gemacht: Burckart der Weysseberger, Berchtold der Sermenzer von Neweburg und sein Bruder Jacob Sermenzer, und Diethrich von Thuseli, Egenolff Küechlin, Johann Schnewlin und Gottfried von Schlettstadt. Auch diese haben ihr Insiegel daran gehenkt. Es wird aber daselbst dieser Vertrag ins Jahr 1293. gesezt.

(d) Cod. Dipl. Bad. ad a. 1290.

zu Freiburg ohne bürgerliche Beschwerden zu genieſſen, wie ſie es von ſeinem Vatter auch bekommen hatten. (e)

In denen damaligen Reichs- und Thronſtrittigkeiten zwiſchen Adolf von Naſſau und Albrecht von Oeſterreich iſt er anfänglich, wie ſehr viele andere Stände am Rhein, auf des erſtern Seite. A. 1293. beſtätigt dieſer Römiſche König Adolf dem Kloſter Adelberg die Privilegien, welche ihm von K. Fridrich I. und dem Röm. König Heinrich ertheilt worden. Ego und Heinrich, Gebrüder, von Vriburch, ſind dabey Zeugen. (f) Es hält ſich auch K. Adolfs Gemahlin in ſeiner Nachbarſchaft zu Breiſach auf. (g) Er ändert aber ſeine Gedanken. Als Herzog Albrecht von Oeſterreich ſich unter andern auch im Sundgau um Beyſtand gegen K. Adolf bewirbt, ſo leiſten ihm ſelbigen nebſt Eberhard von Wirtemberg und vielen andern Biſchof Heinrich von Koſtanz und Grav Egen von Freiburg. (h) Albrecht bezeugt ihm nach

Verbalten bey b. Streit Adolf v. Naſſau und Albrecht v. Oeſterr.

(e) *Cod. Dipl. Bad.* ad a. 1291.

(f) Besold. *Docum. rediv.* p. 39. Sie heiſſen daſelbſt Comites, Nobiles viri; wodurch damalen die Reichsgraven und der hohe Adel angezeiget wurde; wie ſolches mit mehrerm ausführt Herr Hofrath Hanſelmann im diplomat. Beweiß von der Landeshoheit des Hauſes Hohenlohe.

(g) Jo. Georg. Scherzii Diſſ. *de Imperatoris Adolphi Naſſovii depoſitione.*

(h) Tſchudi l. c. S. 217.

nach der Hand, als wirkliches Reichs-Oberhaupt, seine Dankbarkeit, und versezt ihm A. 1298. den 17. Dec. gegen 1000. Mark Silber straßburgischen Gewichts das Schloß Mahlberg mit allen dazu gehörigen Gütern, Dörfern, Leuten und Rechten. (i)

Häusliche Strittigkeiten.

§. VII. Egeno muß Anlaß zu Muthmassungen gegeben haben, daß er seine Lande veräussern wolle. Dann sein Sohn Konrad sezt ihn im Schloß zu Freiburg in gefängliche Verwahrung, bis er auf Anrathen K. Ludwigs des Bayern und anderer Freunde verspricht, die Gravschaft Freiburg seinem Sohn und dessen Erben vorzubehalten. K. Ludwig ertheilt auch zu Oppenheim A. 1315. (k) dem Sohn einen Sicher-

---

(i) Cod. Dipl. Bad. ad a. 1298.

(k) Dieser Brief ist gegeben: Donnerstags vor dem 12ten Tag. Was ist dieses vor ein Tag? Diese Art zu zählen ist in der mittlern Zeit nicht ungewöhnlich. Also kommt vor, Donnerstag nach dem zwölften Tag, in Schilters Anmerkung zu Königshoven Chron. S. 932. Mittwoch nach dem zwölften; MEINDER Tr. de judic. Centen. p. 275. &c. Es ist aber dieser zwölfte Tag kein anderer, als der so genannte Heil. drey Königstag, oder das Fest der Erscheinung Christi, als der zwölfte Tag nach dem Geburtsfest unsers Hochgelobten Erlösers. Dieses steht auch sonsten öfters dabey, z. E. nach dem heiligen zwölften Tag nach Weihenachten, SCHILTERI Comment. jur. feud. alem. p. 600. 601. Item zum zwölften Tag nach den nech-

Sicherheitsbrief gegen alle, die obige Gefangenschaft zu rächen sich unterfangen würden. Endlich überläßt er seinem Sohn Konrad die Herrschaft Freiburg, das Schloß und die Stadt, die Dienst- und Lehenleute, samt allen dazu gehörigen Gütern, das Schloß Zäringen, das Glotterthal, ausser den Leuten zu St. Peter, wie auch die Güter der Kastvogtey St. Ulrich und Selben; und behält sich nur das Dorf Ebendte, (vermuthlich Breit=Ebnet B. D.) den Göllinshof, die Kastvogtey St. Peter und jährlich 150. Mark Einkünfte von der Stadt Freiburg vor. In dieser Urkunde wird seiner Tochter Clara gedacht, die als eine Klosterfrau zu Freiburg in dem Kloster gleiches Namens ihre Tage zugebracht. Sie bekommt vermöge gedachten Vergleichs jährlich 12. Pfund Gelds auf ihre Lebenszeit. Unter andern Sigillen ist ein neues von Grav Egeno denkwürdig. Es steht darauf die Mutter GOttes mit dem Kinde JEsu.

Er verwechselt bald hernach das Zeitliche mit dem Ewigen, und wird in dem Frauenkloster St. Clara beygesezt. (*l*) Tod.

Er

---

sten Wihenachten. WENCKER. in *Collect. Archiv. Jur.* p. 59. Umständlich handelt hievon CHRIST. GOTTLOB. HALTAUS. in *Calendario medii ævi*, p. 38. sqq.

(*l*) KIEFFER l. c. p. 146.

Gemah-
lin und
Kinder.
Er war vermählt mit Katharina von Lichtenberg, obengedachten Bischof Konrads von Straßburg Schwester. Sie gebahr ihm ausser vorgemeldeter Clara drey Söhne. Diese sind:

1. Konrad II. Von welchem hernach.

2. Heinrich.

Dieser ist Domherr zu Straßburg. In einer Urkunde vom Jahr 1310. heißt er Heinrich von Friburg, Schazmeister der Kirche zu Straßburg.

3. Gebhard.

Er stund als Probst an eben dieser Kirche. A. 1310. leistet er vor die von Keppenbach Bürgschaft bey Marggrav Heinrich von Hachberg. A. 1318. nach Bischofs Johannes zu Straßburg Ableben, wird ihm von einem grossen Theil der Domherren diese Würde zugedacht. Der mehrere Theil aber erwählt Bertold von Bucheck. (*m*) Gebhard verbindet sich wider ihn A. 1235. und stirbt A. 1237.

Konrad II.

Konrad II. §. VIII. Seine Regierung fällt in die Zeit, da das teutsche Reich durch die getheilte

---

(*m*) Königshoven Chron. S. 257. Sein Leben hat beschrieben ALB. ARGENT. ap. VRSTIS. *Script.* P. II. p. 169. sqq.

te Wahl derer Churfürsten zwey Häupter, Ludwig von Bayern und Fridrich von Oesterreich, bekommen hatte. (n) Die meiste Stände in Niederteutschland und fast alle Rheinische Städte bis nach Selz erkennen Ludwig den Bayern vor ihren Oberherrn. Die Städte am Oberrhein aber und im Elsaß waren auf der Seite Fridrichs des Schönen. (o) Grav Konrad erwählt anfänglich die Parthie des erstern. Dieser verspricht ihm nach seiner ungemeinen Leutseligkeit und Freygebigkeit A. 1315. den 1. April 1000. Mark Silbers, davon die Helfte an dem nächstfolgenden Pfingstfest, p)

(n) Man lese davon Herrn Johann Daniels von Olenschlager vortreflich erläuterte Staats-Geschichte des Römischen Kaiserthums in der ersten Helfte des vierzehenden Jahrhunderts.

(o) Man sehe von denen Anhängern beeder Kaiser CHRON *Ludov. IV.* p. 420. ANON. LEOBIENS. L. IV. p. 913.

(p) Zwischen Pfingsttag und Pfingstfest muß man sonderlich in denen Gegenden, die in der Nachbarschaft der Alpen liegen, einen Unterschied machen. Jener bedeutet in mittlern Zeiten gar oft so viel, als unser Donnerstag. CLUVER. L. I, *Antiqu. Germ.* und LEIBNIT. T. I. *Script. Brunsv.* p. 45. leiten solches daher, weil der Jupiter, als der Donnergott, (daher der Donnerstag den Namen hat,) von einigen Völkern PEN oder PENNIN, d. i. Haupt genennet worden, und ihm die Spizen der Berge heilig waren. Daher auch die Alpes Penninæ genennt wurden, die man in folgenden Zeiten Mons Jovis, Jupitersberg geheissen.

der andere halbe Theil aber auf das Michaelisfest bezahlt werden solle.

Allein A. 1321. ward K. Ludwig von einem grossen Theil seiner Freunde verlassen, und sahe sich auch wegen Geldmangel genöthiget, (q) die Rheinländer mit dem Rücken anzusehen, und nach seinem Bayern kümmerlich zu flüchten. Grav Konrad und sein Sohn Fridrich halten es vor rathsam auf des siegenden K. Fridrichs von Oesterreich Seite zu tretten. Sie gehen mit desselben Bruder Herzog Leopold diesen Vergleich ein, daß sie zwey Jahr lang den österreichischen Herren Hilfe leisten, und zehen Jahre hindurch nichts feindliches gegen sie vornehmen wollen. Hievor werden ihnen 500. Mark Silber zugedacht, doch müssen sie so viel Land, als dieses Geld betragt, dagegen dem Haus Oesterreich zu Lehen auftragen.

A. 1316. bestätigt er seiner Stadt Freiburg ihre Freiheiten, sonderlich die Abgaben wegen Frucht und Wein, das Recht einen

---

sen. Andere, als SCHERZ. ad SCHILTERI *Antiqu. Teut.* T. II. p. 144. n. 2. halten dafür, dieser Tag heisse Pfingsttag von dem Wort fünf, weil er der fünfte Tag in der Woche ist. Diese Meynung findet aber nicht so viel Beyfall. Vid. HALTAUS. l. c. p. 9. 10.

(q) Wie er zum Treffen bey Mühldorf ausgezogen, hatte er nicht mehr als noch elf Pfund Heller in seinem Schatz. S. von Olenschlager l. c. S. 109.

einen Bürgermeister, Zunftmeister, Schul＊
halter, Mößner zu erwählen, das Münz＊
recht u. a. m.

A. 1331. wird Herzog Konrad von Urs＊
lingen, welcher 100. Mark Silber an ihn
zu fordern hat, auf den Ausspruch des
Kaiserlichen Hofrichters Konrads von Gun＊
delfingen in den Besiz des Schlosses Frei＊
burg auf einige Zeit eingesezt.

A. 1338. legt Rudolph von Bergheim,
Ritter, den Streit bey, der zwischen Grav
Konrad von Freiburg, und Walther von
Endigen über den Gütern des Schlosses
Lichteneck entstanden.

A. 1341. ist Grav Konrad Schiedrich＊
ter zwischen Lutold von Krenchingen und
dessen Sohn gleiches Namens, Domherrn
zu Straßburg, die mit den Gebrüdern
M. Rudolf und Otto von Hachberg wegen
dem Dorf Nieder=Eggenheim und dem
Schloß Branbach (Brombach) im Streit
waren. Er spricht jenen das Dorf samt
dem Kirchensaze, und diesen das Schloß
zu. (r)

Grav

(r) Schöpflini l. c. p. 247. Nach anderer Nachricht wä＊
re der Domprobst Lutold schon A. 1323. todt gewesen.
Dann in diesem Jahr soll, wie unten gemeldet wer＊
den wird, Margaretha von Staufen, alle Güter,
Zinnß und Gilten zu Brombach und Niedereggenheim,
die sie von Lutold von Röteln, dem Domprobst er＊
erbt, gegen zwey Juder Wein jährlichen Leibgeding＊
vor dem Gericht zu Basel übergeben haben.

Tod.

Grav Konrad schließt sein Leben A. 1350. in hohem Alter. Man sezt ihn im Dominicanerkloster zu Freiburg bey. Man sieht daselbst noch seine Grabschrift, und sein und seiner Gemahlin Wapen; nämlich oben einen Schild mit einem Adler; und unten drey kleine Adlervögel, wie etwa im Lothringer Wapen.

Gemahlinnen u. Kinder.

Er hatte zwey Gemahlinnen.

1. Katharina, s) Herzog Fridrichs von Lothringen Tochter. Er vermählt sich mit ihr A. 1290. (t) Oben gemeldeter Konrad von Lichtenberg, Bischof zu Straßburg, begeht dieses Fest sehr feyerlich. Grav Konrad bestimmt ihr das Schloß Lichteneck zum Wittumb. Sie bewilligt hernach A. 1316. daß ers gegen 400. Mark Silber verpfändet. Sie macht ihn zum Vatter seines ältern Sohnes Fridrichs.

2. Anna, eine Tochter Ulrichs, Herrn von Sigenowe, oder Sipnouw. (u) Sie gebiert ihm seinen jüngern Sohn, Egeno IV. (v) Von beeden Söhnen wird hernach gehandelt. Er vermacht ihr A. 1330. hundert Mark Wittwengehalt aus der Schazung

---

(s) Die Freiburger Chron. nennt sie S. 30. unrecht Johanna.

(t) CALMET. Hist. de Lorraine T. II. Prob. col. 535. ANNAL COLMAR. ad a. 1290.

(u) Freib. Chron. l. c. ALBERT. ARGENT. de Gestis Bertholdi Episc. p. 169.

(v) Freib. Chron. S. 30.

zung zu Freiburg. Bertold, Bischof zu Straßburg löst A. 1334. von ihr das Städtlein Ettenheim (w) mit 300. Mark. Nach ihres Gemahls Absterben ist ihr Beystand Johann, Grav von Fürstenberg. Sie bekommt A. 1351. von ihrem Sohn Egeno die verpfändete Schlösser Lichteneck und Nünburg auf Lebenslang. A. 1352. vermählt sie sich zum zweytenmal mit Herzog Hermann von Teck, welcher versprochen alle Verträge, die sie mit ihrem Sohne gemacht, zu halten.

Fridrich.

§. IX. Grav Konrads II. ältester Sohn Fridrich erhält schon A. 1330. von seinem Vatter 150. Mark Silbers, als ein beständiges Einkommen, und A. 1338. die Juden zu Freiburg. (x) Er regiert noch bey seines

Fridrich.

(W) Es liegt zwar im Elsaß, und ist ein uraltes Eigenthum derer Bischöffe zu Straßburg; die Marca Ettenheimensis aber, die davon den Namen hat, wurde zu Brißgau gerechnet. Schöpflin. Alsat. illustr. T. I. p. 674. T. II. p. 162.

(x) Die Juden stunden von uralten Zeiten her unter denen Kaisern. Sie nennten sich auch deren eigene Kammerknechte, wogegen sie einem neuerwählten Kaiser eine Kronsteuer und Opferpfennig entrichten mußten. Sie durften lange Zeit von Reichsständen ohne besondere Erlaubnis des Kaisers nicht aufgenommen werden. Nachdem sich aber die Landes-Hoheit erbauet, so haben
die

nes Vaters Lebzeiten die Landgravschaft Brisgau, die ihm von denen Marggraven zu Hachberg verpfändet worden, und wird darüber A. 1334. von K. Ludwig dem Bayern belehnt. Doch behielt der Vatter noch drey Jahr das Landgericht (judicium provinciale,) und die Helfte des Einkommens davon vor seinen Antheil.

A. 1338. gerathet er mit seiner Stadt Freiburg in solche Verdrüßlichkeiten, daß er die Stadt verlassen muß. Er vergleicht sich jedoch bald mit denen Bürgern derselben. (y)

A.
die Kaiser frühzeitig, wie die Zölle, Münzen, und andere Fiscalrechte, also auch die Rechte über die Jüdischheit bald einem Bischof, bald einem Herzog, bald einem andern Reichsstand freywillig gegönnet, und solche damit belehnet. Ein Exempel dergleichen Belehnung werden wir von Grav Fridrichs Bruder Egeno hernach vernehmen. K. Ludwig aus Baiern ließ sich sonderlich angelegen seyn, diesen Theil derer Kaiserlichen Rechte in Ausübung zu bringen. Er ließ viele Verordnungen ihrentwegen ergehen. Unter seinem Nachfolger K. Karl IV. wurde das Recht Juden zu haben den Churfürsten in der guldenen Bulle Tit. IX. ausdrücklich bestätiget; Und dieses Recht breitete sich dann gar bald auf alle Reichsstände aus. Ein Theil derselben hatte solches vorher gehabt. Andere fiengen es nun an zu üben. Die Kaiser schwiegen stille. Und so ist dieses Recht bis auf den heutigen Tag von allen Reichsständen, als ein Hoheitsrecht geübt worden. Jac. Karl Speners teutsches J. P. Th. III. S. 42. n. 5. PFEFFINGER. ad VITRIAR. T. III. p. 1275. sqq.

(y) Freib. Chron. S. 31.

A. 1348. und 1349. ist das grosse Sterben in vielen Städten Teutschlands, sonderlich am Rhein, da z. E. allein in der Stadt Basel 14000. Menschen begraben worden. (z) Die Schuld wird hauptsächlich denen Juden gegeben, die zum Theil nicht ohne Grund beschuldigt wurden, daß sie die Brunnen vergiftet haben. Man verfährt wider sie mit Feuer und Schwerdt. Sie finden aber auch ihre Vertheidiger. Grav Fridrich verbindet sich A. 1349. mit dem Bischof zu Straßburg, Grav Eberhard und Ulrich von Wirtemberg, Marggrav Hermann, Marggr. Fridrich und Marggr. Rudolf dem Wecker von Baden, und vielen andern benachbarten Graven und Herren, einander des Juden-Brands halben wider männiglich vertheidigen zu helfen. (a)

Er bekommt mit seinem Bruder Egeno IV. Streit wegen des Wildbanns und der Bergwerke im Brißgau. Ihr Lehenherr Johann, Bischof von Basel, thut A. 1351. den Ausspruch, daß jeder die Helfte davon besizen soll. Sie vertragen sich kurz hernach dahin, daß jedem frey stehen solle, seinen Antheil zu veräussern. Fridrich überläßt seinen Theil A. 1356. M. Heinrich von Hachberg. Aber gleich darauf ist Egeno nicht

---

(z) VRSTIS. *Chron. Basil.* L. III. C. 11. Tschudi l. c. S. 378.

(a) S. die 1ste Anmerkung zu Königshoven Chron. von dem Juden-Brand, S. 1021. sqq.

nicht damit zufrieden, und beschwert sich bey dem Bischof zu Basel. Dieser hält ein Lehengericht, welchem M. Heinrichs Vetter, M. Otto von Hachberg, Herr zu Röteln ebenfalls beywohnt. Der Lehenhof zu Basel spricht den ganzen Wildbann, mit Ausschliessung M. Heinrichs, Grav Egeno IV. zu.

Den Kirchensaz und das Dorf Aichstetten gibt er auf Bitten derer Herren von Usenberg, welche A. 1354. den Göttingshof zu Aichstetten von ihm zu Lehen empfangen, dem Ritter Gerhard, Schultheissen von Endingen, und andern, gleichwie die Herren von Wieseneck und Falkenstein vorher einen Theil der Dörfer Bözingen und Oberschafhausen bekommen hatten.

Tod. Sein Tod fällt in das Jahr 1357.

Gemahlin. Er vermählt sich A. 1318. mit Anna, M. Rudolfs von Hachberg Prinzeßin. Ihr sind 700. Mark zur Ehesteuer zugedacht, die ihr Bruder M. Heinrich bezahlen soll. Dieser versezt dafür die Landgravschaft Breißgau seinem Schwager und dessen Vatter. (*b*) Sie gesegnet das Irdische A. 1331. (*c*) Seine zweyte

---

(*b*) Förster Cap. 10.

(*c*) In dem Chor der Dominicaner-Kirche ist diese Grabschrift: Anno Dni M. CCC. XXXI. pridie Kal. Marcii ob. Dna Anna Comitissa Friburgensis ac Lantgravia Brisgaudie. Die Freib. Chron. irret also, wenn sie ihren Tod erst nach der Aussöhnung ihres Gemahls mit der Stadt Freiburg sezt.

zweyte Gemahlin soll gewesen seyn Helena, Gråvin von Montfagi, die nebst ihm in dem Kloster zu den Predigern in Freiburg begraben worden. (d)

Aus erster Ehe ist eine einige Tochter, Namens Clara bekannt. Sie wird eine Gemahlin des Pfalzgraven Gozo oder Göz von Tübingen. Die Freiburger wollen, nach ihres Vatters Tod, lieber unter ihrer, als ihres Vatters Bruders, Grav Egens, Herrschaft stehen. (e) A. 1357. erlaubt sie Johann von Usenberg das Dorf Aichstätt zu verkaufen, doch behält sie sich das Auslösungsrecht vor. Dieses überläßt sie hernach dem Egeno, und begnügt sich mit denen Schlössern Lichteneck und Nünburg mit allen ihren Zugehörungen, wie auch tausend Mark Silber. Und dieses genießt nach ihrem Ableben ihr Sohn Grav Konrad von Tübingen. (f)

Tochter.

Egeno

(d) Freiburg. Chron. l. c.

(e) Die Freiburg. Chron. l. c. sagt von ihr: „Die was „ so ein kün, dapfer Weib, daß sie die von Freiburg „ zu einer regierende Frawen annamen, die hatt al„ wegen geschrieben sich also: Wir Clara Pfalzgrefin „ von Tübingen, Grefin unnd Frawen zu Freiburg im „ Breisgaw, thun kundt rc. Sie liegt bey ihrer Mutter, und ihrem Sohn Pfalzgrav Konrad von Tübingen zu Freiburg begraben. l. c.

(f) Freib. Chron. S. 32.

Egeno IV.

Egeno IV. §. X. Grav Konrads jüngerer Sohn ist Egeno IV. Er folgt seinem Bruder Fridrich in denen Reichs- und andern Lehen und wird darüber A. 1356. auf Befehl K. Karl IV. von Bischof Johann von Straßburg belehnt. A. 1360. belehnt ihn dieser Kaiser zu Nürnberg selbst mit der Herrschaft Freiburg, der Landgravschaft Brißgau und denen Juden in der Stadt Freiburg. (g)

A. 1358. vergleicht er sich mit dem Bischof zu Basel wegen des Wildbanns, daß, wann sein Geschlecht ausgehen würde, derselbe dem Stift heimfallen, und niemand mehr zu Lehen gegeben werden solle.

Krieg mit Freiburg. Sonderlich ist denkwürdig sein Streit mit der Stadt Freiburg A. 1366. Die Stadt zeigt abermal, daß sie nicht eine gemeine Landstadt, und Grav Ego von ihr zum Herrn angenommen worden sey. Er sucht sie plötzlich mit Sturmleitern zu ersteigen. Aber vergebens. Es wird ihr verrathen. Sie bedient sich noch zum Angedenken des so genannten Greuselhorns. Ihr ziehen zu Hülf die von Basel, Breisach, Neuburg, aus dem Kinzingerthal, u. a. m. Sie ersuchen auch die Stadt Bern schriftlich um ihren schleunigen Beystand. (h) Ueber-

---

(g) HERRGOTT *Cod. Prob.* num. 817.
(h) Das Schreiben steht bey Tschudi l. c. S. 465.

berhaupt bringen sie gegen 6000. Mann zusammen. Hingegen wird Grav Egō mit Soldaten unterstüzt von dem Marggrav zu Baden, M. Otten zu Hachberg, von denen Graven und Herrn von Salm, Ochsenstein, Vinstingen oder Feneſtranges, Lichtenberg, Leiningen, Zweybrücken, Uſenberg u. a. m. Die Freiburger ſind anfangs glücklich, und zerſtören ihm ſein über der Stadt liegendes Schloß, welches damals in Teutſchland wenige ſeines gleichen hatte. Sie rucken darauf vor die Stadt Endingen, welche die Herren von Uſenberg beſaſſen, und wollen ſie durch eine Belagerung zur Uebergabe zwingen. Egeno eilt ihr mit einer groſſen Macht zu Hülfe. Es kommt zum Treffen. Der Grav ſiegt durch ſeine ſtarke Reuterey. Tauſend ſeiner Feinde bleiben auf der Wahlſtatt, bey 400. werden in den Rhein geſprengt, und etliche 100. macht er zu Kriegsgefangenen. Die Stadt ist in den äuſſerſten Nöthen, und ſiehet ſich gezwungen, dem Graven ſich auf Gnade und Ungnade zu ergeben. Allein die Herzoge von Oeſterreich Albrecht und Leopold nebſt denen Biſchöffen von Straßburg, Koſtanz und Baſel legen ſich ins Mittel, und helfen A. 1368. einen Vergleich zu Stande zu bringen. (i)

Die

(i) Tſchudi l. c. S. 456. hat b-von dieſe Worte: „Als
„ die Fürſten von Oeſterreich Herzog Albrecht und
„ Herzog Lüpolt Gebrüdern märktend, daß die Stadt
„ Friburg

Vergleich. Die Stadt zahlt an den Graven vor alle seine Rechte und Ansprachen wie einige wollen 2000, oder, nach andern gar 20000. Mark löthigen Silbers. Die Stadt bekommt also ihre Gerichte, den Kirchensaz, das Münzrecht, die Zölle u. a. m. ausgenommen

„Friburg in üsserster Not und Armit was, und mit
„länger erharren mocht, practicirend Si durch Ihre
„Amptlüt heimlich mit den Burgern, wie Si die
„Stadt an sich bringen, und eignen mochtend, und
„unterstunden sich den Grafen und die Stadt mit einander
„je verrichten, und war die Täding gemacht,
„daß die Stadt den Graven umb alle sine Rechte und
„Ansprachen vßkouffen, und sich von ihm gar ledig machen
„sölt, darum musten Si Im kouffen Badenwiler
„die Herrschaft mer dann umb 17. tusend Marck Silbers,
„und mustend Im darzu noch alle Jar uß der
„Stadt Seckel 3000. Gulden geben. Und in derselben
„Not kam die Stadt in der Herrschaft von Oesterrich
„Hand, daß Si diselben Herzogen zu Iren Herren und
„Schirmern annamend, wann Si Inen dagegen grosse
„Verheissungen tattend. — Es hattend die Herzoge
„von Oesterrich die von Friburg vertröst, Inen eine
„grosse Stür ze tunde, an die Ußkouffung des Grafen,
„damit Si sich unter Ir Oberkeit begebind, und als
„Si das tettend, und sich verschriben hattend, Inen
„underworffen ze finde, gabend Si Inen nie einigen
„Heller und wendetend für, als man Inen hiesch, Si
„hättend grossen Kosten mit der Täding gehept, und
„umb Ir willen vil Müy und Arbeit erlitten, welches
„si für ein mercklich Summ anschlugend, und hettind
„Inen lieber haruß gehoufcht." Dem sey, wie ihm
wolle, so ist gewiß, daß die Stadt Freiburg von dieser
Zeit an in den Händen des Durchleuchtigsten Hauses
Oesterreich geblieben ist.

nommen des Graven Vasallen, die in der Stadt wohnen. Den Bürgern wird freygestellt, einen andern Herrn nach ihrem Belieben zu erwählen. Das Schloß und die Herrschaft Badenweiler, so von den Graven von Freiburg durch die Vermählung der Margaretha mit Grav Otto von Straßberg an die Graven dieses Namens und von diesen durch Erbschaft an die Graven von Fürstenberg gekommen, wird nun von der Sadt um 25000. Gulden zurück gekauft (*k*) und dem Graven Egeno abgetretten.

(*k*) Vollständige Beantwortung des zweyten Absazes der so genannten gründlichen Ausführung der dem Durchleuchtigen Churhause Bayern zustehender Erbfolg ꝛc. ꝛc. S. 50. LUNIG. *Spicil. Sec.* p. 1678. sqq. Der hierüber errichtete Kaufbrief lautet also: „Wir Graff
„ C u n r a d von Fürstenberg ꝛc. und Graff H e i n r i ch
„ Herre zu Fürstenberg sin Vetter thunt kunt allen den,
„ die disen Brieff sehent oder hörent lesen, daß wir
„ beede mit gemeinem einhelligen Willen, und mit gu-
„ tem wolbedachten Mute, ze den Ziten da wir es wol
„ getun mochtent, verkhaufft hant, recht und rechtlich
„ eins steten ewigen Kauffes für uns und für alle unser
„ Erben und nachkommen, und gebent ze khauffende
„ mit dißem gegenwärtigen Brieffe den wissen, beschei-
„ denen dem Burgermeister, dem Rathe, den Burgern
„ und der gemeinde gemeinlichen der Statte ze Friburg
„ in Brisgau an Jren und derselbe stete, B a d e n die
„ Burg, mit all irer Zugehörde, die uns von unserm
„ Vettern sel. Graff I m m e r von Straßberg angefal-
„ len ist, und dazu alle die Lüte, Dörffere, Gerichte,
„ Kilchenseze, Zwinge und Benne, Stüren, Bette,
„ Zinß, Nuze und Recht die zu derselben Burg ze Ba-
„ den

tretten. Die Stadt bezahlt, wie vorher an seines Bruders Tochter Clara, Pfalzgrävin von Tübingen, jährlich 200. Pfund. Seine übrige Rechte ausserhalb der Stadt, und ihrem Gebiet, die Landgravschaft Brisgau samt den Dienst- und Lehenleuten, die Bergwerke, Jagdgerechtigkeit, Dörfer, Gerichte, Leute, Güter ꝛc. verbleiben dem Graven. Ferner soll keiner seiner Unterthanen zum Burger von der Stadt ohne seine Erlaubnis angenommen werden. Diesen Vertrag bestätiget unter andern mit seinem Sigill Marggrav Otto von Hachberg. (1)

In einem andern Instrument verspricht Egeno an eben demselben Tage, sich zu bemühen, daß dasjenige, was er von dem Reich in der Stadt und deren Gebiet besessen, dem Hause Oesterreich, oder wen die Stadt sonst zu ihrem Herrn erwählen würde, zu Lehen gegeben, und der Verkauf seiner eigenthümlichen Güter ihr durch ein Landgericht versichert werden solle.

Man

„ den und der Herrschaft gehörent ꝛc. ꝛc. geben zu Fry„ burg des jares da man Zelt von Gottes Geburte dry„ zehn hundert achteme und Sechzig Jar an dem nehsten „ Dunrstag nach dem heiligen Ostertag. „ S. schon oben angeführte Belustigung mit des Herzog Heinrich des Löwen an K. Fridrich I. vertauschten Castro Baden.

(1) Man sehe hievon SCHÖPFLINI *Hist. Zar. Bad.* T. I. p. 253. sqq. Freiburg. Chron. S. 33. 34. Münsters Cosmographie B. V. C. 219. u. a. m.

Man bestimmt sechs Monat zur Wahl eines neuen Herrn, von welcher sogleich dem Graven solle Nachricht ertheilt werden. Zugleich werden fünf Schiedsmänner gesezt, wann sich etwa ein neuer Streit erheben sollte. Diese müssen indessen das Schloß und die Herrschaft Badenweiler bewachen, und ihnen, bis zur gänzlichen Richtung der Sache, 13500. Mark Silber vor den Graven zu Händen beliefert werden.

In einem dritten Verglich, der an eben demselben Tage geschlossen wird, überläßt die Stadt dem Graven den vierten Theil des Städtleins Stauffen. Dasselbe gibt Grav Egeno nachher A. 1370. samt dem Schloß denen Gebrüdern Walther und Otto von Staufen, wie auch A. 1371. das Städtlein Sulzberg auf Befehl Hesse, Herrns von Usenberg, der sich seines Rechts darüber begeben, zu Lehen.

Das Schloß und Herrschaft Oltingen wird ihm von denen Graven von Kiburg vor 18000. Gulden versezt, und kommt von ihm an seinen Sohn Konrad. (m)

Der Tod macht seinen Veränderungen ein Ende A. 1385. Sein Ruhplaz wird ihm in der Kirche zu Badenweiler gegeben; allwo man noch sein schönes Grabmaal sieht. Auf dem ruhenden Schild zeigt sich ein stehender Adler mit ausgebreiteten Flügeln. Die Umschrift ist diese:

Tod.

Anno

(m) Schöpflin l. c. p. 255.

Anno Domi mille. CCCLXXXV. in vigil. Sti. Bartolo. Apli. ob. nobil. dns. Ego comes. de. Friburgo. hic sepultus.

Gemahlin. Seine Gemahlin ist **Verena**, Ludwigs des lezten Graven von Welsch-Neuburg oder Neufchatel Tochter. Ihr Gemahl bestimmt ihr A. 1369. zu ihrem Wittumb die ihm im Sundgau verpfändete Ortschaften, Thann, Masmünster, Sennheim ꝛc. Sie **Kinder.** ist die Mutter Graf Konrads III. von welchem hernach zu handeln ist, und der Anna, welche A. 1387. an M. Rudolf von der Hachberg-Sausenbergischen Linie vermählt worden, nachdem sie schon vorher A. 1384. gegen 6000. Goldgulden auf ihre vätterliche und mütterliche Erbschaft Verzicht gethan hat.

Konrad III.

Konrad III. §. XI. Dieser einige Sohn Grav Egenons IV. schreibt sich Grav von Freiburg und Landgrav im Brisgau.

A. 1395. verpfändet er das Dorf Scalstatt im Brisgau dem Ritter (Armigero) Roltieb Rot, um 661. Goldgulden.

In eben diesem Jahr sezt er seinen Schwager M. Rudolf auf den Fall, wann er ohne rechtmäßige Leibeserben abgehen sollte, zum Erben aller seiner Güter ein, und zwar mit Bewilligung des damaligen Bischofs von Basel, von welchem, wie gedacht,

dacht, verschiedene Stücke zu Lehen rühreten. Desgleichen verschreibt er eben demselben in dem nemlichen Jahr am Freytag nach Verena zu Herbst vor Schultheiß und Gericht zu Neuenburg, wann vorgemeldeter Fall sich ereignen würde, die Landgravschaft im Brisgau, welche A. 1318. durch Heirath von denen Marggraven an die Graven von Freiburg pfandsweise gekommen, und bis dahin verpfändet geblieben ist, derowegen, wie Grav Konrad bekennet, von Abniesens wegen billig ledig seyn solle.

Auch empfangt M. Hesso von Hachberg in diesem Jahr das Dorf Eichstett nebst dem Kirchensatz von Grav Konrad zu Lehen.

A. 1397. übergibt er den Marggraven Rudolf und Hesso, wie auch Grav Konrad zu Tübingen, Herrn in Lichtenegge sein Schloß Badenweiler gegen eine Summe Geldes, die er von ihnen entlehnt, mit dem Beding, daß nach geschehener Rückzahlung dieses Geldes, das Schloß ihm und seinen Erben wieder zurück gegeben werden solle. Es kommt hernach an Oesterreich.

A. 1398. bekennt Herzog Leopold von Oesterreich in einem Briefe zu Thann, daß er von Konrad Graven von Freiburg, Herrn in Neuenburg, das Schloß Badenweiler und alle seine Güter und Einkünfte in dasigen Gegenden des Brisgaues bekommen,

men, um seines Vatters Schulden damit zu berichtigen, doch so, daß ihme die Belehnung derer Vasallen verbleiben solle. Und A. 1399. versichert dieser Leopold von Oesterreich, daß ihm diese Herrschaft vor 28000. Goldgülden verpfändet worden, davon er 2000. dem Graven selbst ausbezahlt hätte, die übrigen aber zur Befriedigung derer Glaubiger anzuwenden wären. Bald hernach belehnt eben dieser Herzog Leopold im Namen des Graven den Paul Mörser mit denen Dörfern Bezingen und Ober-Schafhausen, (n) und übergibt als Besizer der Herrschaft Badenweiler dem Kloster St. Maria statt des Hofs in Tüngen, der ihm ehedessen von Grav Rudolf von Habsburg geschenkt worden, die Kirche und den Kirchensaz zu Herderen.

Aus dieser Ursache muß die Herrschaft Badenweiler in denen Kriegen des Hauses Oesterreich mit denen Schweizern viele Drangsale ausstehen. Also schicken die von Basel A. 1409. tausend Mann zu Fuß und 500. Mann zu Pferd in diese Herrschaft, wie man eben zu Keisersberg eine Tagsazung hält und am Verglich arbeitet, und stecken acht Dörfer in Brand. Der Stillstand kommt jedoch noch selbiges Jahr unter Vermittelung M. Rudolfs von Hachberg zu Stand. (o) §. XII.

(n) A. 1421. verrichtet Grav Konrad diese Belehnung wiederum selbst.
(o) Wursteisen Basler Chron. S. 216. Tschudi l. c.

Graven von Freiburg.

§. XII. Die Neuburger Erbschaft ist von grosser Wichtigkeit.

Neuburger Erbschaft.

A. 1288. überträgt Grav Rolin von Neuburg seine Gravschaft K. Rudolf I. zu Lehen auf. Dieser belehnt damit Johann III. von Chalon, Herrn von Erlach. (p) Dieser gibt es dem erstern Besizer Rolin als ein Afterlehen. (q) Nach Rolins Tod folgt sein Sohn Ludwig, (r) und diesem seine älteste Tochter Isabella, die Gemahlin Rudolfs von Nidau.

Isabella stirbt A. 1397. Sie sezt diesen Grav Konrad, ihrer Schwester Verena Sohn, in ihrem Testament zum Erben ein. Er bedient sich von dieser Zeit an des Tituls und Wapens eines Graven von Neuburg. (s)

A. 1399. macht er als Grav zu Neuburg mit denen zu Murten einen Vertrag wegen des Zolls am Fluß Zil. (t)

---

l. c. S. 650. schreibt: „Man soll auch wüssen, daß der „ fromm Fürst Marggraf Rudolf von Hochberg, Herr „ zu Röteln sich in disen Handel gar fründlich und nach„ bürlich mit der Statt Basel hielt, auch uff disen „ Tagen Schiedlüt zwüschend beiden Partyen was, da„ mit si je Friden kamend.

(p) Der Lehenbrief steht in Höhenhards oder J. P. von Ludewigs Preußischem Neuburg. S. 306.

(q) l. c. S. 308.

(r) Dieser scheint der erste gewesen zu seyn, der sich Grav von Neuburg genennt. Vorher kommen nur Herrn von Neuburg vor.

(s) Kurz vorher habe ein Exempel davon angeführt.

(t) Er steht in französischer Sprache in Tschudi Eidgen. Geschich-

Johann IV. von Chalon sezt sich zwar anfänglich wider Grav Konrad, und will die nach dem Burgundisch-fränkischen Lehnrecht, wie einige behaupten, erledigte Gravschaft als Lehensherr sich zueignen. Vergleicht sich aber mit ihm, und belehnt ihn mit Neuburg, nachdem er vorher soll eingestanden haben, daß er diese Gravschaft aus Gewogenheit und Gunst Johannis, nicht aber vermög des Testaments, oder wegen der Verwandschaft, besize. So viel ist gewiß, die Neuburger selbst rühmen ihren Regenten Grav Konrad, A. 1407. und seine Privilegien, und versprechen, daß, wann er ohne rechtmäßige Leibeserben die Welt verlassen würde, sie keinen andern, als den Johannes IV. von Chalon, Prinzen von Orenge vor ihren Herrn erkennen würden. (*u*)

In eben diesem Jahr erhalten die Neuburger von der Stadt Bern das Burgerrecht. Daß Grav Konrad hiedurch an seinen Rechten nichts verloren, bezeugen die hierüber gefertigte Instrumenten, in deren einem ausdrücklich steht, es seye mit Wissen und Genehmigung des Herrn Konrad von Freiburg, Graven u. Herrn von Neuburg, geschehen. (*v*)

Isa-

Geschichte Th. 1 S. 597. u. f. woselbst es ausdrücklich heißt: Wir Konrad Grav von Friburg und von Neuschatel.

(*u*) Hohenhard l. c. S. 331.

(*v*) Leu helvetisches Lexicon S. 9494. LEIBNIT. *Cod. jur.*

Isabella wird in neuern Zeiten (w) einer Unbilligkeit deswegen beschuldigt, daß sie den Graven Konrad von Freiburg zum Erben eingesezt, da doch dieser von denen Neuburgischen Ständen sowol, als auch selbst von dem Johann IV. von Chalon als der rechtmäßige Grav von Neuburg erkannt wird. Sie bekennen in einem Brief A. 1406. daß sie diesem Johann die Gravschaft übergeben wollten, wann Konrad ohne Erben versterben würde. Sie verstehen aber unter diesen nicht nur die Söhne, sondern auch die Töchter und deren Erben. (x) Da nun Konrad einen Sohn Namens Johann hinterläßt, so kan diesem die Erbschaft ohnmöglich strittig gemacht werden. Der Streit aber entsteht nachher A. 1457. da M. Rudolf von Hachberg diesem Graven Johann gefolgt ist. Davon wird in der Abtheilung von den Marggraven von Hachberg gehandelt werden.

§. XIII. Von seinen übrigen Verrichtungen sind noch folgende anzuführen: *Uebrige Verrichtungen.*

---

jur. gent. mantiss. P. II. p. 108. Andere sezen dieses ins Jahr 1398.

(w) Hohenhard l. c. S. 13. folg. Gundling historische Nachricht von Neufchatel S. 15.

(x) Hohenhard Beylagen S. 312. folg. Die hieher gehörige Worte s. in SCHÖPFLIN *Hist. Zar. Bad.* T. I. p. 259. not. b.

Von der Forderung die M. Rudolf von Hachberg wegen 3000. Mark Silber an ihn gemacht, wird unten gehandelt werden.

Er kommt in der berühmten Kirchenversammlung zu Kostanz vor A. 1415. Die Kirche hatte damals drey Oberhäupter, die einander zum grossen Aergernis der Gemeine schändeten und mit dem Bannstrahl schlugen. Selbst die weltliche Staaten hatten daher viele Zerrüttungen zu besorgen. Man erwählte den Balthasar Cosa, einen Neapolitaner, welcher den Namen Johannes XXI. oder XXIII. annimmt, und von vielen beschuldigt wird, daß er ein Mann ohne Glauben und Religion gewesen (y) und so gar die Auferstehung der Todten und ein ewiges Leben geläugnet habe. K. Sigmund hoft, durch eine allgemeine Kirchenversammlung werde der Kirche geholfen werden. Er thut deswegen eine Reise durch einen grossen Theil von Europa, und bietet mit Einwilligung P. Johannes XXIII. zu demselben zusammen. (z) Es nimmt A. 1414. seinen Anfang. P. Johannes wird gleich im folgenden Jahr, nachdem man den Schluß abgefaßt, ein

Conci-

(y) Nach dem Zeugnis der 11ten und 12ten Seßion der Kostanzischen Kirchenversammlung. SPANHEM. Hist. Eccl. Sæc. XV. II. 1. HERMANN VON DER HARDT.

(z) K. Maximilian pflegte deswegen scherzend zu sagen: K. Sigmund sey des Heil. Röm. Reichs Büttel gewesen.

Concilium sey über den Papst, (*a*) seiner Würde entsezt. Er ergreift gegen sein Versprechen die Flucht, und begibt sich nach Schafhausen, Laufenburg und endlich in die Nachbarschaft Grav Konrads nach Freiburg im Brisgau. (*b*) Herzog Fridrich IV. von Oesterreich leistet ihm Vorschub, und wird deswegen von dem Kaiser in die Acht erklärt, bey welcher Gelegenheit der Canton Bern vom Aargau und vom österreichischen Stammschlosse Habsburg Meister wird. (*c*) Da die Berner in diesem Krieg die Stadt Zofingen belagern, führt Grav Konrad im Namen des K. Sigmunds das Commando. (*d*)

A. 1417. ertheilt ihm K. Sigmund wegen der ihm vielfältig geleisteten Hülfe die

---

(*a*) NATAL. ALEXANDER *Hist. Eccles.* Sæc. XV. Diss. IV. JAC. BEN. BOSSUET *Defensio Sententiæ Cleri Gall. de potest. eccles.* T. II. LENFANT *Diss. Histor. & Apologetique pour Jean Gerson & Concile de Constance; Historia* ejus *Concilii* adjuncta.

(*b*) P. GREGOR. KOLBII *Series Roman. Pontif.* pag. 280.

(*c*) S. des Königl. Grosbrit. Churfl. Braunschw. Lüneburgischen Hofraths Herrn J. St. Pütters vollständiges Handbuch der teutschen Reichshistorie S. 407.

(*d*) Tschudi l. c. Th. 2. S. 12, 13. „ouch hattend si bi „Jnen des Kunigs Richs-Panner, und was der Grav „Cunradt von Friburg, Herr zu Weltschen Nüwen„burg Houptmann darüber an statt des Kunigs.

die Erlaubnis, die Herrschaft Badenweiler aus den österreichischen Händen gegen 4000. Gulden los zu machen; und

A. 1418. bestätigt er ihn zu Kostanz und Straßburg um der Dienste willen, die sowol er als sein Vatter ihme gethan, in dem Besiz dieser Herrschaft. Er soll sie auch behalten, wann sich gleich K. Sigmund mit Herzog Fridrich von Oesterreich versöhnen würde.

In diesem Jahr belehnt Hartmann, Bischof zu Basel den M. Rudolf von Hachberg und Grav Konrad von Freiburg mit dem von seinem Stift zu Lehen gehenden Wildbann und denen Bergwerken im Brisgau, in Gemäsheit des gedachtem Marggrav Rudolfen ertheilten Consenses, wovon oben Meldung geschehen ist.

Tod. Sein Lebensende erfolgt im Jahr 1422. Sein Begräbnis soll in dem ehmaligen Cistercienserkloster Rheinthal bey Badenweiler und Müllheim gewesen seyn.

Gemahlin. Seine Gemahlin ist mir unbekannt. Luca (e) nennt sie ohne Grund Elisabeth, des lezten Graven von Neuburg Tochter. **Sohn.** Sie sey, wer sie wolle, so gebiert sie ihm den lezten Graven von Freiburg Johann.

Johann.

(e) Im Gravensaal S. 186.

Johann.

§. XIV. Daß Grav Johann schon bey seines Vatters Lebzeiten den Titul Landgrav im Brisgau und Herr zu Badenweiler geführt habe, bezeugt die Urkunde vom Jahr 1422. welche mit seines Vatters Insiegel versehen ist.

Johann der Unerschrockene, Herzog in Burgund, jener merkwürdige Herr in den französischen Geschichten, thut A. 1419. eine Reise nach Frankreich. Es soll eine Versöhnung zwischen ihm und dem Dauphin Karl VII. nach denen langwierigen Feindseligkeiten gestiftet werden. Der 10te Sept. ist zu einer Conferenz bestimmt, sie gänzlich beyzulegen. Dis ist das Mittel, wodurch der Dauphin den Herzog listiger Weise lockt, und ihn auf der Brücke zu Montereau-Faut-Yenne durch den Tannequy von Chatel, einen alten Diener des Herzogs von Orleans, und andere, die dazu abgeordnet sind, grausam erschlagen läßt. Unter denen, welche den Herzog von Burgund begleiten, ist ausser Wilhelm von Vienne, Herrn von St. Georgen, M. Rudolfs von Hachberg Schwiegervatter, auch Grav Johann von Freiburg und Neuburg. Lezterer hat neben andern das Unglück, daß er gefangen wird, und, weil er vermutlich sich durch besondere Treue und Anhänglichkeit an dem Herzog hervorgethan hat, mit einer grossen Summe Gelds sich loßkaufen muß. (f)

Badenweiler. Um diese Zeit geht mit der Herrschaft Badenweiler abermals einige Veränderung vor. Dann A. 1424. folgt in derselben Johann von Neuburg, Herr von Warmeck, dem Konrad Dibold Waldner. Derselbe bezahlt an den Graven von Freiburg 6000. Gulden, und wird wirklicher Herr davon, vermög des Pfandschaftsrecht, nach welchem auch, mit seiner Einwilligung, Kaspar Meinwart die Dörfer Mengen und Tüngen bekommt. Die Oesterreicher wollen sich ihres älteren Pfandschaftsrechts anmassen, und überfallen die Herrschaft sowol als die Landgravschaft Brisgau. Grav Johann wird hieburch so in Harnisch gejagt, daß er A. 1428. das Oesterreichische Elsaß auf das schröcklichste verheert,

---

(f) PARADIN. *Hist. de Bourgogne.* PLANCHER *du Duché de Bourgogne* T. III. p. 524. Tschudi l. c. Th. 2. S. 121. hat diese Worte: „Dis 1419. „Jahrs als Herzog Hanß von Burgund in Franckrich „fur, ward Er von H. Ludwigs von Orlienz sel. „Edelluten einem Tanaquil von Castell genant, mit „einer Mord-Art ze tobt geschlagen, dann biser Herzog „Hanß hievor A. 1407. ouch den H. Ludwig sel. „von Orlienz Nachts; im Hennegow ertödten lassen, „bis hettend H. Ludwigs etliche Edellüte dem H. „Hanß den Tod geschworen. Es wurden ouch H. „Hansen selig etliche Diener gefangen, namlich „Grav Hanß von Friburg, Graf Conrats se- „ligen Sune, Herr zu Weltschen Nüwenburg, der „hernach mit grossem Gut sich lösen mußt."

verheert, und von keinen Friedens-Vorschlägen etwas wissen will. Der damalige Landvogt im Elsaß und Sundgau Johann, Grav von Thierstein, (g) bringt es nachher durch M. Wilhelms von Hachberg und anderer Vermittlung dahin, daß beyde Theile die Waffen niederlegen, und den Ausspruch dem Rath der Stadt Basel überlassen. Grav Johann bekommt die Herrschaft Badenweiler wieder, und sezt über dieselbe Grav Heinrich von Nuwenfels, unter dessen Verwesung sie A. 1443. Grav Eberhards IX. von Würtemberg Wittwe Henrica, der Tochter und Erbin des lezten gefürsteten Graven zu Mömpelgard Heinrichs, auf Lebenslang überlassen wird. Sie stirbt gleich im folgenden Jahre, (h) und Badenweiler kommt wieder an Grav Johann. Dieser schenkt sie so denn seinen Vettern, M. Rudolf und Hugo von Hachberg. Weil aber M. Hugo in eben diesem Jahre aus der Welt geht, so bleibt sie dem ältern Bruder allein, der auch A. 1450. von eben diesem Grav Johann zum Erben in seiner Gravschaft Neuburg und übrige dazu gehörige Länder, eingesezt wird. Ludwig von Chalon, Prinz von Orenge sezt sich als Lehensherr dagegen, und Grav Johann muß sich aufs neue von ihm zu Granson mit der Gravschaft Neuburg belehnen lassen,

---

(g) SCHÖPFLIN. *Alsat. illustr.* p. 597.

(h) SCHÖPFLINI *Hist. Zar. Bad.* T. I. p. 263.

laſſen, unter eben den Bedingungen, die ſein Vatter eingehen mußte. (i) Dem ohngeachtet bleibt Johann bey ſeinem einmal gefaßten Entſchluß. (k)

Das Burgerrecht, welches ſein Vatter A. 1398. mit der Stadt Bern errichtet, wird von ihm A. 1424. erneuert. Er erweißt ſich auch als einen rechtſchaffenen Bundsgenoſſen derſelben A. 1444. und in folgenden Jahren in den Kriegen der Schweizer mit dem Hauſe Oeſterreich und Frankreich. (l)

Wie nun die Eidgenoſſenſchaft mit Frankreich einen Frieden eingeht; ſo iſt auch Grav Johann in demſelben mit begriffen. (m) Mit den Oeſterreichern, welche

---

(i) S. vorher S. 230.

(k) Leu helvetiſches Lexicon Th. 14. S. 41. *Reflexions ſur la Reponſe de Mad. Lesdiguieres touchant le Droit du Roi de Pruſſe ſur Neufchatel.* p. 37.

(l) Tſchudi Th. 2. S. 455. ſchreibt davon: „Diſer „Zite hielt ſich der Herzog von Saffoy, und Graf „Hans von Freyburg, Herr zu Weltſchen Nüwen„burg, und Graf Hans von Valandis, die all Burg„rechte mit denen von Bern hattend, gar wol und „eerlich an denen von Bern, ſi widerſeitend ouch der „Herrſchaft von Oero von Bern wegen, und ſchicktend „ouch ein ſtarcken Zug denen von Bern ze hilff u. ſ. w.

(m) S. 17. Anmerkung über Jac. von Königshoven Chron. S. 975. wo in der Miſſive Hanns Rote, Ritters, Burgermeiſters vnd der Rate ʒe Baſel an den

Meiſter

che die Herrschaft Badenweiler aufs neu feindlich überziehen, geht er keinen Frieden ein. Er sucht jedoch seine Herrschaft wieder zu bekommen, und veranstaltet A. 1454. eine Unterredung mit Herzog Albrecht von Oesterreich, zu Waldshut. Dieser nimmt dazu seinen Marschall von Hallweil, der Grav Johann aber M. Rudolf von Hachberg. Allein auch dieses Geschäfte lauft fruchtlos ab. Der Bischof von Basel soll endlich das Schiedsrichterliche Amt führen, zu welchem Ende Grav Johann den Rudolf von Ringoltingen, Schultheiß von Bern, und Oesterreich den Rudolf von Ramstein nach Basel abordnet.

Der Tod Grav Johanns unterbricht alles dieses. Dieser erfolgt im Jahr 1457. Er stirbt ohne Leibeserben, und mit ihm geht das gräflich Freiburgische Geschlecht ab. Sein rechtmäßiger Erbe ist, nach seinem Testament, welches zu Besançon verwahret worden, wie schon gedacht ist, M. Rudolf von Hachberg; davon unten zu handeln ist.

Tod.

Seine

Meister und den Rat zu Straßburg diese Worte zu lesen: „Hand also einen Friden zwüschent dem Fürsten
„ dem Delphin und allen den sinen an einem, demsel-
„ ben Fürsten dem Herzogen von Safoy, Grauen
„ Hannsen von Friburg Grauen und Herren
„ zu Nuwemburg ꝛc. Gemeiner Eidgenoschaft und
„ uns an dem andern, umb einen Friden geworben, und
„ auch den früden ewiclich gegen einander ze haltende ꝛc.

Gemah-
lin.

Seine Gemahlin ist Maria, eine Tochter (*n*) Johanns von Chalon, Prinzens von Orenge, der A. 1418. gestorben. Derselben Bruder ist schon mehr gemeldeter Ludwig; ihre Schwester, die Alienora oder Alix, welche an Wilhelm von St. Georg, vermählt war, deren Tochter Margaretha eben der Marggrav Rudolf von Hachberg zur Ehe hatte, welchen der lezte Grav von Freiburg Johann zum Erben eingesezt hat.

(*n*) JOSEPH DE LA PISE *Hist. des Princes d'Orange* p. 80. & 110. *Genealogies histor. des Souverains* T. IV. p. 314. 316. Tab. LXIV.

S. 241.

Mar[

Herzog Bertolds I. von Zähr[ini, Gem.

Hermann II. Marggrav zu Bad[zu Backnang.

Hermann III. Marggrav zu Bad[v von Verona, † A. 1160[ngen Tochter. A.

Hermann IV. Maragrav zu Bad[ug, stirbt im gelobten Land A. 1[.

Hermann V. Marggr. zu Baden [ertraud, G. bekommt Durlach u. Ettlingen A. 122[recht II. let. G. Irmengard, Herzog Heinrichs d[Grav von von Sachsen Tochter und Erbin, Stift[chsburg. sters Lichtenthal; ist darinnen nebst ih[begraben.

Hermann VI. Marggrav zu Bade[Elisabeth, reich, † A. 1250. begraben zu Kloster [G. Ludwig, Heinrichs des Gottlosen von Oesterr[Herr v. Lichreich und Steyermark A. [tenberg.

Fridrich, geb. A. 1249. Herzog [in Kärnthen, Steyermark und Marggrav zu B[utter der Eli. Neapel A. 1268. mit Konradin, H[emahlin.

Fünfte Abtheilung.
Von den Marggraven zu Baden.

Hermann I.
Von 1052. bis 1074.

§. I.

Daß Herzog Bertold I. von Zähringen drey Söhne, Herzog Bertold II., Gebhard, Bischof zu Kostanz, und Hermann gehabt habe, ist oben (a) bereits angezeigt, und von lezterem zugleich berühret worden, daß ihm der Titul eines Marggraven beygelegt werde.

Sohn Bert. I. von Zähringen.

Diese

(a) S. 9. 23. Ich will davon noch die Worte aus den *Annal. MSct.* des Klosters St. Peter, welche A. 1497. von dem Abt daselbst gesammlet worden, anführen: „Bertholdus hujus nominis secundus dignus patri hæres in Ducatu successit, qui nostri cœnobii Deo devotus cum fratre suo Gebhardo Constantienli Episcopo fundator extitit: Frater eorum Hermannus in Marchionem sublimatus est, quam dignitatem postea pro Deo deseruit clamque fugiens Cluniacum petiit, ibique occultatus habitu monachico usque ad finem vitæ pauper Christi feliciter delituit."

Beweiß. Diese Wahrheit gründet sich auf den Beweis unverwerflicher Schriftsteller. (*b*) Herr Prof. Schöpflin stellt unter diesen aus dem Alterthum zwey weitere glaubwürdige Zeugen auf. (*c*) Beede sind Benedictiner, und haben zu Ausgang des 11ten und Anfang des 12ten Jahrhunderts gelebt. Der eine ist Ulrich, Canonicus zu Regensburg, hernach Mönch zu Clugny oder Cluni zu eben der Zeit, da M. Hermann sich in demselben aufgehalten. Ulrich bezeugt seine Hochachtung gegen diesen dadurch, daß er sein Leben und Grabmal in einem besondern Buch beschreibt. Dieses ist zur Zeit nicht bekannt. Der andere ist ein dem Namen nach unbekannter Mönch im Kloster Mellen. Er beruft sich auf den ersten, und meldet, er habe das Leben des heiligen Hermanns beschrieben, der aus einem Marggraven ein Mönch worden, und ein Sohn Herzog Bertolds, und Bruder Bischof Gebhards von Kostanz gewesen sey. (*d*)

§. II.

───────────────

(*b*) CONRAD. Abb. Vrsperg. BERTHOLD. CONSTANT. ad a. 1074. ap. VRSTIS. T. I. *Scriptor. rer. Germ.* schreibt: *Hermannus Marchio filius Berchtoldi Ducis.*

(*c*) *Hist. Zar. Bad.* T. I. p. 268. sqq.

(*d*) „Vdalricus composuit vitam & epitaphium „Sancti Hermanni, ex Marchione monachi, filii, „Ducis Berchtoldi, fratris Gebhardi, Constan- „tiensis Episcopi.„ Der berühmte Bibliothecarius

Bern-

§. II. Wann man diese Nachrichten mit demjenigen vergleicht, was sonsten von dieses M. Hermanns lezten Lebensjahren berichtet wird: so ist nicht nur höchst wahrscheinlich, sondern unläugbar, daß hier kein anderer zu verstehen sey, als derjenige, den wir vor den Stammvatter der Durchleuchtigsten Herren Marggraven zu Baden halten, und dessen in einer Urkunde vom Jahr 1052. gedacht wird, nach welcher ein Edelmann Namens Hesso zu Eichstätten eine Pfründ gestiftet coram Bertholdo Duce & Hermanno Marchione; wie der sel. Hofrath und Archivarius Drollinger in seinem oben angezogenen Entwurf bemerkt. Ich will aber ausser dem noch einige Urkunden anführen, welche die Sache ebenfalls deutlich vor Augen legen. *(Weiterer Beweiß.)*

In der Abtey St. Peter, auf dem Schwarzwald, findet sich eine pergamentene Schrift, oder Rotulus, 20. Schuh lang und 1. Schuh breit, darinnen die Urkunden der Bertolden aus dem Hause Zähringen aufgezeichnet stehen. Man liest darinnen eine kurze Nachricht von diesem unter Herzog Bertold II. A. 1090. angefangenen und A. 1093. vollendeten Klosterbau. (e) Unter den Zeugen steht ein *Hermannus Marchio*

Bernhard Pez hat diesen ungenannten Geschichtschreiber A. 1716. herausgegeben. Er ist seiner Bibliothecæ *Benedictinæ* Maurianæ angehängt.

(c) S. oben S. 27.

chio fratruelis præfati Ducis. (Hermann Marggrav, vorgemeldeten Herzogs Bruders Sohn.) (f) Wer ist hier der Herzog? und wer ist der M. Hermann seines Bruders Sohn? Der ganze Zusammenhang der Geschichte belehrt uns zur Genüge, daß jener Herzog Bertold II. von Zähringen, dieser aber Marggrav Hermann II. ein Sohn unsers Marggraven Hermanns I. sey. Wann nun M. Hermann II. ein Sohn M. Hermanns I. ist, wie hernach wird erwiesen werden, so ist unläugbar, daß Marggrav Hermann I. ein Bruder Herzog Bertolds II. folglich ein Sohn Herzog Bertolds I. gewesen sey.

Dieses bekräftiger eine andere Urkunde aus eben dieser Rolle (Rotulo) ohngefehr vom Jahr 1112. nach welcher M. Herimannus, sel. Angedenkens, Marggraven Herimanns Sohn vor das Heil seiner eigenen und seiner ohnlängst verstorbenen Gemahlin Seele ein Gut in Amparingen, und die Haupt-

---

(f) Daß das Wort *fratruelis* eben das, was wir in unserer Muttersprache Bruders Sohn heissen, bedeute, kan mit vielen Exempeln, und aus der Aehnlichkeit der lateinischen Sprache deutlich dargethan werden. Von diesen Zeiten S. DU FRESNE Glossar. Die Urkunde selbst habe ich in den Carlsruher nützlichen Sammlungen p. 179. aus diesem Rotulo, oder aus denen Actis fundationis Monasterii S. Petri in Nigra Silva abdrucken lassen, wie ich sie damals bekommen. Man wird sie nun in dem *Codice Diplom. Badensi* samt einer andern in Kupfer gestochen nach ihrer Urschrift mit jener vollkommen übereinstimend lesen.

Hauptkirche (basilicam) (g) daselbst dem H. Petrus geschenkt hat. Unter den Zeugen steht Berthold Herzog, Vatters Bruders Sohn (patruelis) eben dieses Graven. (h) Dieser Grav ist niemand anderst, als eben derjenige Marggrav Hermann, der in vorher angeführter Urkunde ein Bruders Sohn des Herzogs genennt wurde, das ist M. Hermann II. Nehmen wir nun abermal die Zeitrechnung zusammen, und bedenken, daß diese Urkunde vom Jahr 1112. ist, damalen aber Herzog Bertold III. die Zähringischen Lande regiert, und zu dieser Zeit ein M. Hermann diese Stiftung gemacht, welcher Bertolds Vatters Bruders Sohn ist, Bertolds III. Vatter aber Bertold II. gewesen, und dieser einen Bruder Hermann gehabt habe; so ist sonnenklar, daß dieser Hermann II. ein Sohn unsers Hermanns I. folglich ein Enkel Bertolds I. von Zähringen müsse gewesen seyn. Man stelle sichs also vor:

Bertold I. Herzog von Zähringen.

Bertold II. Herzog † A. 1111.	Hermann I. Marggrav † A. 1074. Stammvatter der Marggraven von Baden.
Bertold III. Herzog † A. 1122.	Hermann II. Marggr. von Baden † A. 1130. (fratruelis) Bruders Sohn H. Bertolds II. und (patruelis) Vatters Bruders Sohn H. Bertolds III. §. III.

(g) vid. DU FRESNE *Glossarium.*
(h) Bertholdus Dux patruelis ejusdem Comitis.

Titul.

§. III. Auf die Einwendung: Woher es gekommen, daß, da der Vatter und Bruder sich Herzog genennet, dieser Hermann nicht gleichen Titul führe, sondern sich Marggrav nenne, und in vorangezogener Urkunde sein Sohn Hermann II. gar nur Grav (*i*) genennet werde? antworte ich: es ist nichts ungewöhnliches, daß sich Dynastæ in der mittlern Zeit bald Herren, bald Herzoge, bald Marggraven geschrieben, je nachdem es ihnen beliebet. (*k*) Es ist mir aber kein Exempel bekannt, daß ein Marggrav von Baden sich selbst den Titul eines Graven jemalen beygeleget habe. Der Grav Werner von Baden, welcher im Jahr 1147. vorkommt und den man hier anführen will, stammt nicht aus diesem Fürstlichen Geschlechte, sondern gehört unter die Graven von Baden in der Schweiz oder im Ergau, wird auch in derselben ganz deutlich von M. Hermann unterschieden, indem sie also nach einander stehen: Herimannus Marchio de Bada, Wernherus Comes de Bathen. (*l*)

§. IV.

(*i*) In GOLDAST. *Const. Imp.* T. I. P. 322. steht eine Urkunde vom Jahr 1152. darinnen eines Hermanni Comitis de Baden gedacht wird. Dieses müßte denn Hermann III. seyn; der doch sonst nicht als Grav, sondern allezeit als Marggrav vorkommt. Bekannt ist, daß die bey Goldasten befindliche Urkunden nicht ohne genaue Prüfung anzunehmen sind.

(*k*) HEINECCIUS *de Sigillis* P. I. C. VIII. pag. 70. HERRGOTT *Geneal. Diplom.* T. I. p. 46. 64.

(*l*) BARING. *Clav. Diplom.* p. 27. HERRGOTT l. c.

§. IV. Dieses, und daß die Herren Marggraven zu Baden in einigen Urkunden noch im Jahr 1214. unter den Graven vorkommen, ja gar denenselben nachgesezt werden, mag einige (*m*) auf die unrichtige Gedanken gebracht haben, die Herren Marggraven zu Baden seyen im Anfang, und noch unter der Regierung K. Fridrichs II. im Gravenstand gewesen; woraus man wohl gar den irrigen Schluß machen wollen, sie seyen in denen alten Zeiten nicht in der Zahl der Reichsfürsten oder grossen Reichsstände gewesen. Ich habe hier nicht zu zeigen, wie ferne auch Graven unter dem Namen der Principum oder Fürsten begriffen worden, den öffentlichen Reichsversammlungen und Berathschlagungen beygewohnt, und bis auf das Interregnum ihre Stimme bey Kaiserswahlen gehabt. (*n*) Wer weiß aber nicht, daß Graven oft in den Urkunden den Herzogen vorstehen? Grav Otto von Henneberg wird Herzog Heinrich von Oesterreich (*o*) und Balduin Gräv von Flandern dem Her-

Reichsfürst.

―――――――――――――――

(*m*) *Autor Anonymus* der unmaßgeblichen Gedanken über die von verschiedenen teutschen Fürsten gesuchte neue Vota &c.

(*n*) Man sehe davon Hrn. Hanselmanns dipl. Beweis von der Landeshoheit des Hauses Hohenlohe S. 118. sqq. 142.

(*o*) DE LUDEWIG *Diss. de formula Ducat. Brandt* p. 41.

zog Heinrich von Limburg, (p) desgleichen Gerhard von Diez dem Herzogen von Meran (q) vorgesezt. Und wie oft stehen die Marggraven unter den Graven? (r)

Ferner davon.

§. V. In dem folgenden wird dieser Ungrund nach und nach sich immer mehr zu Tag legen. Dieses mag an diesem Ort genug seyn. Gewiß ist, daß Herzog Bertold von Zähringen ein uralter Reichsstand gewesen. Wer sollte sich denn den geringsten Zweifel beygehen lassen, daß sein Sohn und seine Nachkommen gleiche Würde besessen, und also die Herren Marggraven zu Baden gleich bey ihrem Ursprung unter die Fürsten des Reichs gezählt worden seyen. (s)

§. VI. Eins habe nur noch anzuführen. Der sel. Prof. Peßler zu Frankfurt an der Oder (t) und der gelehrte Jesuite P. Frölich zu Wien (u) bemerken, daß die Herzoge

---

(p) LUNIG. *Spicil. Eccl.* Cont. Part. I. p. 340.

(q) LUNIG. l. c. Part. 3. p. 176.

(r) GLAFEY *Anecd. jur. publ. & hist.* pag. 250. Daselbst ist eine Urkunde vom Jahr 1360. in welcher Marggrav Wilhelm von Meissen unter den Graven als Zeuge befindlich ist.

(s) S. des Anonymi D. D. d. i. Herrn Rath Dillen gründliche Abhandlung von dem Ursprung der Herren Marggraven zu Baden in Oetters Sammlung S. 580. u. f.

(t) in *Serie Ducum Carinthiæ* Witeb. 1740.

(u) in *Specimine Archontologiæ Carinthiæ* P. II. p. 8. sq.

zoge von Kärnthen ihre nachgeborne Söhne oder Anverwandten mit der Markgravschaft Verona zu versorgen im Gebrauch gehabt haben. Da nun Herzog Berthold I. von Zähringen A. 1060. sowohl das Herzogthum Kärnthen als die Marggravschaft Verona bekommen, (v) so liese sich auch daraus, wann sonst keine andere Ursachen wären, abnehmen, warum sein jüngerer Sohn Hermann sich nicht sowohl Herzog, als Marggrav genennt habe. Weil er nun sich Marggrav geschrieben: so wurden auch sowol seine als die seinem Sohne theils aus der Großvätterlichen Erbschaft, theils sonst zugefallene Lande ein Marggravthum oder Marggravschaft nach und nach genennet. w) Er selbst kommt allein unter dem Titul eines Marggraven, ohne Beysaz seiner Länder vor. Da er aber der Stammvatter der

Q 5   Herren

(v) S. oben S. 13. folg.

(w) Herr Regierungsrath Patrick macht hieben diese Anmerkung: „Wo die Marggravschaft Hermanns „zu suchen sey, läßt sich aus einer Stelle WIPPONIS „*in vita Conradi Salici* leicht beurtheilen, wann es „daselbst heißt: Basilea *in confinio triviali Burgun-* „*diæ, Alemanniæ & Franciæ orientalis.* Wie „dann GUILLIMANN. *in Habsburgicis* versichert, „daß er Sausenberg besessen habe.„ Ich will mich hiebey nicht aufhalten, und führe nur an, daß dieser gelehrte Mann in einer besondern Erläuterung über die Stelle aus dem Wippo zu zeigen sich angelegen seyn lassen, wie die Stadt Basel auf die Grenzen von Francia Orientali oder des Rheinischen Franken gerechnet werden möge.

Herren Marggraven zu Baden ist, so nehme ich keinen Anstand ihn Hermann I. zu nennen.

Der berühmte Johann Pistorius, von welchem ich hernach etwas sagen werde, meldet, daß dieser Marggrav Hermann von K. Heinrich IV. mit dem Titul eines Marggraven beehrt worden sey. (x)

§. VII.

(x) Diese Nachricht lese ich in der geschriebenen Geschichte des so genannten AUCTORIS oder ANONYMI BADENSIS. Herr Prof. Schöpflin hat zu Baden Gelegenheit gehabt, den eigentlichen Verfasser derselben zu erfahren und von seinen Lebensumständen uns zu belehren. Er hieß Johann Gamans. Er war zu Jülich gebohren, und begab sich A. 1606. zu Trier in die Gesellschaft, die von unserm Erlöser sich nennt. A. 1641. gab er zu Antwerpen die Professionem quatuor votorum heraus; davon nachzusehen: ALEGAMBE in *Bibliotheca scriptorum Soc. Jesu*, und KOENIG in *Bibliotheca veteri & nova*. Er hat aus den Bibliotheken und geschriebenen Büchern vieles entdeckt, welches seine Freunde Bolland und Henschen den *Actis Sanctorum* einverleibet haben. Aus den Niederlanden kam er an den obern Rhein; SOTWELLUS in *Biblioth. Scriptor. Soc. Jesu recognita*, Romæ 1676. wo er zu des SERARII *Metropoli Mogunt.* viele Zusätze gemacht, welche man nirgends findet. GEORG. CHRISTIAN. JOHANNIS in præfatio ad NIC. SERARII *Res Mogunt.* schreibt, die Papyre des Gamans seyen theils in die Hände derer P. P. zu Antwerpen, theils des Joh. Siegfrid S. J. gekommen, theils in dem Mayn zu Grunde gegangen. Er stunde in genauer Bekanntschaft mit Boineburgen

§. VII. Ich komme nun wieder auf Marggrav Hermann I. Man kan nicht eigentlich angeben, was er bey seines Vatters Lebzeiten vor einen Theil seiner Länder besessen und beherrscht habe. Ist die Nachricht des Pistorius (y) richtig, daß

---

gen und Leibnizen. Lezterer hielt ihn vor würdig, die Ausgabe der teutschen Concilien zu besorgen. BOINEBURGII *Epist.* XXIII. A. 1655. BRAUBACHII ad DIETERICH. *scripta.* LEIBNITII *Cod. jur. gent. Diplom.* in præfat. ad Mantiss. p. 7. Auf Veranlassung des Kammerrichters, Herrn Marggr. Wilhelms zu Baden, schrieb er in dem Jesuiter-Collegio zu Baden eine Badische Genealogie, bis auf Marggrav Rudolf den Langen oder Grossen, und bediente sich dabey unter andern der Nachrichten, die Pistorius gesammlet hatte; von welchen man keine Abschriften dermalen weiß, und daher vermuthet, sie seyen A. 1689. in dem Badischen Brand ein Raub der Flamme worden. Gamans wurde mit seiner Arbeit fertig im 74sten Lebensjahr gedachten M. Wilhelms, mithin A. 1667. und eignete sie dessen Sohn Marggrav Hermann zu. Sie hat die Ueberschrift: *Marchionum Badensium & Hochbergensium Progenitores*; oder nach der Abschrift, die ich besitze: *Austriacorum Augustissimæ & Principum Badensium Familiæ unius fœcunda arboris & axnosa duo florentissimi rami &c. ex fide Historicorum & Chronologorum magna ex parte coævorum & actis publicis aliisque authenticis documentis.*

(y) Dieses ist der schon angeführte Johann Pistorius oder Becker, ein in den Geschichten unsers Vatterlandes sehr merkwürdiger Mann. Sein Geburtsort ist Nidda in dem Oberfürstenthum Hessen, welches

daß er sich einen Marggraven von Limpurg, einem Schloß im Brisgau, geschrieben, so läßt sich daraus abnehmen, daß er auch Güter im Brisgau besessen hatte.

Er

welches ihm den Zunamen Niddanus gegeben hat. Er war A. 1546. gebohren. Sein Vatter war Johann Becker, letzter Päpstlicher, und, nach seiner Annahm des Evangelii, erster Evangelischer Pfarrer und Superintendent daselbst; ein Mann, welcher bey dem im Jahre 1526. zur Reformation derer Heßischen Lande in Homberg zusammen beruffenen Synodo eine vorzügliche Stelle hatte, und sehr vieles zur Reformation in diesen Landen beytrug. Vorgedachter sein Sohn hatte sich der Arzneykunst gewidmet und bereits den Doctorhut erhalten; legte sich aber bald auf die Rechtsgelehrsamkeit, bekannte sich zur Reformirten Religion, und wurde Hofrath bey Marggrav Ernst Fridrich von Durlach, woselbst er A. 1583. das berühmte Gymnasium errichten half. Er bewegte seinen Fürsten zu gleicher Religionsveränderung. Nachher bekannte er sich zum Römisch-Catholischen Glauben, und wurde zum Doctor der Theologie gemacht. In diesen Umständen beförderte er den Abtritt Marggrav Jacobs von Durlach von dem Evangelischen zu eben diesem Glauben. Nach desselben Tod A. 1590. begab er sich nach Kostanz und von da nach Freiburg, erhielt neben der Würde eines Kaiserlichen und Bayerischen Raths die Probstey der Domkirche zu Breslau, und wurde Haus-Prälat des Abts von Fulda. Er starb A. 1608. zu Freiburg. Er war ein feuriger Kopf, und von starker Einsicht, sonderlich in historischen Dingen. Von den Herren Marggraven von Baden genosse er eine ansehnliche Besoldung, die Geschichte dieses Hauses zu untersuchen, wozu man ihm alle Gelegenheit geöfnet; unter andern hat ihm der berühmte Würtembergische Gelehrte Oßwald

Gabel-

Hermann I. von 1052-1074.

Er erwartet aber die Ehre und Macht, die ihm durch das Absterben seines Vatters hätte zuwachsen sollen, nicht, sondern begibt sich noch bey muntern Jahren in das Kloster Cluni in Burgund. Man gibt mancherley als den Grund dieser Veränderung an. Sein Vatter Herzog Bertold hatte A. 1073. das Herzogthum Kärnthen und die Marggravschaft Verona verloren, und war wieder in seine eigene Lande in Schwaben zurück gekommen, als ein Herzog und Marggrav ohne Herzogthum und Marggravschaft. Vielleicht hat ihn das widrige Schicksal seines Vatters bewegt, der Welt sich zu entschlagen, und in der stillen Einsamkeit seine Tage zu beschliessen. Es waren aber damalen auch die gewaltsame Strittigkeiten des P. Gregorius VII. oder Hildebrands

(Marginalien: Geht ins Kloster. Ursachen.)

Gabelkofer, vieles aus den Archiven in Schwaben mitgetheilt. A. 1591. versicherte er, seine Arbeit seye zum Druck fertig; er hat aber nichts, als zwey Genealogische Tabellen heraus gegeben, welche in dem von ihm ans Licht gestellten *Chronico Constantiensi Manliano* zu finden sind. Von seinen Papyren hat vorbeschriebener Johann Gamans einen guten Gebrauch gemacht. Pistorius ist übrigens der Verfasser der *Scriptorum rerum Polonicarum;* und der drey Theile *Scriptorum rerum Germanicarum,* unter welchen jene A. 1582. diese A. 1583. 1584. und 1607. die Welt erblickt haben. Ausser denselben kommen in den Kirchengeschichten verschiedene Streitschriften vor, in welchen er seine Feder gegen die Lutheraner geschärft. Sonderlich hat er in der raren Rede auf M. Jacobs Tod eine künstliche Beredsamkeit verschwendet.

brands mit K. Heinrich IV., wodurch, wie schon oben angemerkt worden, der Staat erschüttert und die Kirche äusserst zerrüttet worden. (z) Vielleicht hatte M. Hermann ein grosses Mißlieben hieran, und wollte weder seine Hochachtung gegen das höchste Reichs-Oberhaupt gekränkt sehen, noch auch dem Obervorsteher der Kirche sich mit äusserlicher Gewalt widersezen. Er folgt also dem Beyspiel sehr vieler anderer, und sucht mit ihnen einen ruhigen Aufenthalt in einem Kloster. (a) Oder es hat ihn die Gemeinschaft des Lebens und der Güter, welche damalen so überhand genommen, daß auch viele vornehme Laien von beederley Geschlecht, sich dazu verstunden, (b) zu dieser Veränderung gebracht.

(z) GUILLIMANN. in *Habsburg.* L. V. C. I. p. 172. zielt hierauf in diesen Worten: „ Hermannus Marchio, Bertholdi Zeringensis frater haud inferiori rerum divinarum amore & studio & ejusdem tempestatis adeo foedæ, turbidæ, profanæ & impiæ tædio & despectu, quam potuit, secretissime, nullis omnino præter conjugem, quæ illi Hermannum II. filium & successorem genuerat, a quo hodierni Marchiones Badenses & Hachbergenses, consciis & arbitris, cum eidem suam & communem sobolem commendasset, Cluniacum in Burgundiam se surripuit, monachumque induit. „

(a) BERTHOLD. CONST. ad. a. 1083.

(b) BERTHOLD. CONSTANT. ad a. 1091. His temporibus

bracht. Dieses ist um so wahrscheinlicher, weil seine Gemahlin, wie wir gleich vernehmen werden, eben diese Lebensart erwählt hat.

§. VIII. Daß aber M. Hermann vor andern das Kloster Cluni erwählt, hat ohne Zweifel seine Ursache gehabt. Diese Abtey in dem District Maconnois in Burgund

Cluni

poribus in regno Teutonicorum communis vita multis in locis floruit, non solum in clericis & monachis religiosissime commorantibus, verum etiam in laicis, se suaque ad eandem communem vitam devotissime offerentibus. Non solum autem virorum & feminarum innumerabilis multitudo his temporibus se ad hujusmodi vitam contulerunt, ut sub obedientia clericorum sive monachorum communiter viverent, eisque more ancillarum quotidiani servitii pensum devotissime persolverent; in ipsis quoque villis filiæ rusticorum innumeræ, conjugio & seculo abrenuntiare, & sub alicujus sacerdotis obedientia vivere studuerunt, sed ipsæ etiam conjugatæ nihilominus religiose vivere, & religiosis cum summa devotione non cessaverunt obedire. Es ist daher kein Wunder, daß man die Klöster vergrössern müssen. TRITHEM. in *Chron. Hirsaug.* ad a. 1082. bezeugt, daß man auf die Erweiterung des Klosters Hirschau habe bedacht seyn müssen, weil mehr denn 150. Mönche darinnen gewesen, ohne die fratres barbati & donati. Also hieß man die dahin gekommene Personen. Sie wurden auch conversi & oblati genennt. Ein solcher durfte nachher seinen Vorsatz nicht mehr ändern, sonst fiel er in die Strafe des Banns. BERTH. CONST. ad a. 1092.

gund ist das Haupt des Clunianenser-Ordens. Sein vorzüglicher Ruhm vor andern Klöstern hat den Marggraven vermuthlich dahin gezogen. (c)

Diejenige, welche den Ursprung der Herzoge von Zähringen und folglich auch der Marggraven zu Baden von den Burgundischen Königen herleiten, geben eine andere

---

(c) „Die genaue Zucht, die man daselbst beobachtet, die „grose Anzahl der Religiosen, welche daselbst waren, „die Gottesforcht und Andacht, wovon man durch„drungen wurde, wenn man in dieses heil. Kloster „trat, machten es sehr berühmt„; schreibt P. Hippolyt Helyot in der Geschichte aller Klöster und Ritterorden, im 5. Band, S. 222. P Gregorius VII. befande sich ehemals darinnen. Kasimir, K. Mieciolaus in Polen Sohn, der nach seines Vaters Tode A. 1034. von der Krone ausgeschlossen worden, und sich gezwungen sahe, aus dem Königreiche zu gehen, begab sich von Paris, wo er studirt hatte, nach Cluni, wurde ein Religiose und zum Diaconus geweyht. Als ihn hernach die Polen von P. Benedict IX. auf ihr inständiges Bitten zurück erhielten, daß er sie regieren und sich vermählen durfte, mußten sie zum Angedenken dieser Päpstlichen Gnade dem Apostolischen Stuhle jährlich einen Thaler zu bezahlen und ihre Haare in Gestalt einer Krone abzuschneiden, versprechen. Helyot l. c. S. 228. 229. Es haben auch die Aebte dieses Klosters jederzeit besondere Freyheiten gehabt, und Sitz im Parlament zu Paris bekommen. Ferner ist bekannt, daß noch verschiedene Prioraten im Brisgau, als St. Ulrich auf dem Schwarzwald; und im Elsaß das zu Oelenberg, Thierbach u. a. m. davon abhangen. ANDR. QUERCETANI (DU CHESNE) *Biblioth. Cluniac.*

andere Urſache an. Sie ſagen, wann man erwägt, daß die Königin Bertha von Burgund Rudolfs II. Wittib, dem damaligen Abt Majolo zu Cluni das Kloſter Peterlingen (d) anvertraut hat, ſo ſieht man die Bewegurſach, warum M. Hermann als ein Abkömmling gedachter Königin ſeine Retirade aus der Welt vor andern in gedachtes Kloſter genommen, weil nämlich daſelbſt das Gedächtnis ſeiner Vorfahren durch jährliche Seelmeſſen gefeyert worden. Oben iſt aber ſchon dargethan worden, daß die Folge weder nothwendig noch wahrſcheinlich ſeye.

§. IX. M. Hermann iſt alſo im Kloſter Cluni? Wie bringt er ſeine Zeit daſelbſt zu? Daß der Mangel der Erkenntnis und eine allzuweit getriebene Ehrerbietung vor einen Stand, an dem man beſondere Vorzüge zu erblicken glaubt, in ſolchen dunkeln Zeiten, wie die damalige waren, einem groſſen Herrn ſtatt des Regimentsſtabs den Schäferſtock in die Hände gegeben habe, iſt gar nichts unmögliches. Man ſchreibt daher von dieſem anſehnlichen Reichsfürſten, er habe aus groſſer Demuth der Schafe des Kloſters gewartet. (e) Der berühmte Mahler Marcodel Lalabreſſe hat ihn auf einem künſt-

---

(d) GUNDLINGIAN. Part. XX. p. 445.

(e) VIGNIER *la veritable origine* &c. p. 28. hat dieſe Worte: Ayant par un mouvement de Dieu tres extraordi-

künstlichen Gemählde, welches noch zu Rom vorhanden seyn soll, als einen Hirten, der sich unter seiner Heerde auf seinen Stock lehnt, und voll heiliger Betrachtung gen Himmel sieht, vorgestellt. Andere treiben seine Demuth und Erniedrigung noch höher, und versichern, er habe bis an sein Ende die Schweine des Klosters gehütet. (*f*)

Tob. §. X. Dieses erfolgt im Jahr 1074. (*g*) mithin

traordinaire quitté sa maison, ses enfans, & ses biens, se retire au monastere de Clugny, ou il se fit berger, & honorant par cette vie inconnue celle de Jesu Christ en la terre.

(*f*) TRITHEMIUS in *Chron. Hirsaug.* ad a. 1082. T. 1. p. 54. erstattet als ein neuerer Scribent diesen Bericht: „Fuit eo tempore Marchio Hermannus nomine, dives & potens, qui divino spiritu compunctus, mundum cum suis vanitatibus pro Christi amore contemnens, principatum suum, cum omnibus divitiis & honoribus deseruit, & fugiens occulte de patria sua, nemine sciente penitus recessit. Veniens itaque in habitu pauperis peregrini ad Monasterium Cluniacense in Burgundiam custos porcorum ejusdem coenobii pro amore Christi factus est, assumtoque sanctae conversationis habitu sub regimine Beati Hugonis Abbatis in ordine usque ad mortem incognitus, & pastor, sicut diximus, porcorum humillimus & devotissimus permansit.„ Eben diese Nachricht wiederholt er Tom. II. p. 460. sq. weitläuftig, und beschreibt daselbst diesen Marggraven als einen sehr mächtigen und sehr reichen Fürsten.

(*g*) BERTHOLD. CONSTANT. et ABB. VRSPERG. ad

Hermann I. von 1052-1074.

mithin vier Jahre vor dem Tod seines Vatters. Er hatte folglich die Regierung seiner vätterlichen Lande noch nicht angetreten.

§. XI. Seine Gemahlin ist Judith. **Gemahlin.** Sie war von vornehmem Herkommen, ob sich gleich nicht mit ganz völliger Gewißheit sagen läßt, von welchem Geschlecht sie gewesen. Gabriel Bucelinus, (*b*) Spe-

---

ad a. 1074. Jener schreibt also: „Hermannus Marchio filius Bertholdi Ducis, Cluniaci vitam angelicam arripiens, perfectissime adhuc adolescens, uxore & unico filio, & omnibus, quæ possederat, derelictis, vere monachus migravit ad dominum VII. Cal. Maji. Dieser faßt es kürzer in diesen Worten: „Hermannus Marchio, „filius Bertholdi Ducis, monachus obiit. Diesen glaubwürdigen Zeugen sind andere gefolgt, welche eben dieses berichten: Jacob Menlius oder Manlius, der Rechte Doctor und Prof. zu Freiburg, wie auch K. Maximilians I. Raths, in dem A. 1522. herausgegebenem Seel und Heiligen Buch K. Maximilians altvorderen, setzt er unter dieses Kaisers Agnaten unsern M. Hermann, und schreibt von ihm: „Hermann Marggrav zu Zeringen, des nächst bestimmten Bertholds Bruder, „ligt, ehrlich begraben zu Cluniac, da er gar ein „löblich Münnich gewesen ist." Eben so schreiben SAUSSARIUS in *Martyrologio Gallicano.* HIER. GEBVILLERIUS in *Commentar. de origine cœnobii Waldkirchen.* GUILLIMANN. in *Habsburg.* L. V. C. 1. u. a. m.

(*b*) in *German. Topo-Chrono-Stemmatograph.* Vol. II. p. 352.

ner, (*i*) Imhof, (*k*) Hübner, (*l*) Lucä (*m*) u. a. nennen sie, obgleich ohne Beweis, eine Gräfin von Calw. Dieses ist auch höchst wahrscheinlich und wenigen Zweifeln ausgesezt, wann man folgende Umstände bemerkt.

A. 1075. bestätigt der Römische König Heinrich IV. dem Kloster Hirsau die Erneurung desselben. (*n*) In dieser Urkunde wird der milde Wohlthäter samt seiner Gemahlin und Kindern namhaft gemacht. Er heißt *Adelbertus* (o) *Comes de castello Chalavva*; seine Gemahlin wird *Wieldruda*, seine Söhne *Bruno Adelbertus* und *Gotifridus*, seine Töchter aber *Vota* und *Irmingarda* genennt. In P. Gregorius VII. Bestätigungsbrief hierüber von eben diesem Jahr (*p*) steht ganz deutlich Adelbertus

---

(*i*) in *Sylloge Genealogico-Histor.* p. 610.

(*k*) in *Notitia Procer. Imperii* L IV. C. 8.

(*l*) Genealog. Tabellen, Th. I. Tab. 228.

(*m*) Fürsten-Saal S. 178.

(*n*) BESOLD. *Doc. rediv.* p. 513. sqq. daselbst wird zugleich p 530. zur Erklärung des Worts Chalavva gemeldet, es bedeute calvum leonem einen kalen Lew, woher auch das Wapen dieser Graven entstanden. LAMB. SCHAFNABURG. ad a. 1077. nennt ihn Comitem de castello, quod dicitur Calevvo.

(*o*) Mehrere Nachrichten von ihm s. in Sattlers Beschreibung des Herzogthums Würtemberg, Th. I. S. 158. u. f.

(*p*) l. c. p. 539.

berrus Comes de Calva. Und bey *Trithemio*, (q) welcher die zuvor angeführte Urkunde K. Heinrichs auch vorlegt, wird dem Adelbert der Titul Grav von Calw, und seiner Tochter der Name Utha (r) beygelegt. Eben dieser erzählt die grosse Gutthätigkeit der Gemahlin des M. Hermanns gegen das Kloster Hirsau, (s) zu dessen Erweiterung sie die Kosten übernommen. Er nennt sie jedoch nicht mit Namen, sondern nur überhaupt Marggrävin. (t) Ich halte nach diesen Erzählungen einstweilen diese Utha oder Judith von Calw vor die Gemahlin unsers M. Hermanns, bis ich eines bessern gründlich belehrt werde.

Wann dieses seine Richtigkeit hat, so ist M. Hermann ein naher Verwandter des P. Leo IX., als welcher A. 1050. bey seinen auf K. Heinrichs III. durch Teutschland angestellten Reisen seinen Neveu, oder, wie ihn Trithemius nennt, seinen Nepoten, Grav Adelbert zu Calw heimgesucht, und ihn das in Abgang gerathene Kloster Hirsau wieder zu erbauen ermuntert hat.

(q) *Chron. Hirsaug.* T. I. p. 239.

(r) Daß Utha, Juta, Juditha einerley sey, kan mit vielen Exempeln erwiesen werden. KOELER in Diss. *de Geneal. familiæ Augustæ Stauffensis* p. 16. *Annal. cœnob. Bebenhus.* in LUDEWIG. *reliqu. MSct.* T. X. p. 418.

(s) l. c. p. 255.

(t) l. c. p. 291.

hat. (u) Grav Adelberts Mutter war eine Schwester des P. Leons IX. und Tochter Grav Heinrich IV. von Egisheim. (v)

Muthmaſſung wegen Baden. Es fließt aber aus diesem, daß diese Juditha eine Tochter Grav Adelberts von Calw gewesen, noch eine andere Anmerkung.

K. Heinrich III. schenkt A. 1406. dem Stift Speyer ein Gut (prædium) mit seinem Zugehör in Villa (w) Baden. (x) Diese Villa Baden liegt nach der Urkunde in dem Ufgau oder Uffgau in der Gravschaft Adelberts.

(u) l. c. p. 189. sq.

(v) SCHÖPFLINI *Alsat. illustr.* Tom. II. p. 474. sq.

(w) *Villa* heißt in den mittlern Zeiten nicht allezeit ein Dorf, sondern bedeutet auch ansehnliche Städte. Strasburg und Colmar werden mit diesem Wort benennet. WENCKERI *appar. Archiv.* pag. 216. LAGUILLE *Hist. d'Alsace* p. 65. Mehrere Nachricht gibt KAYSERI *Diss. de Hassia ducibus nunquam subjecta* p. 15. *Singul. Norimb.* p. 556. HERTII *Diss. de fide Dipl. Germ. Imp.* p. 29.

(x) *Codex Dipl. Bad.* ad a. 1046. Nach dieser Urkunde ist unrichtig, wann in dem *Chron. Præsul. Spir. civit.* ap. ECCARD. in *Corp. Hist. medii ævi* T. II. p. 2260. oder in JOH. DE MUTTERSTATT *Chron. Spir.* ap. Perill. SENCKENBERG. *Sel. Jur. & Hist.* T. VI. p. 162. gemeldet wird, daß dieser Kaiser der Kirche zu Speyer Baden mit allen Zugehörungen und Nutzbarkeiten ꝛc. geschenkt habe. Dann nach der Urkunde, welche ohne Zweifel dem chronico vorzuziehen, ist nicht die Villa Baden, sondern nur ein prædium in Villa Baden von dem Kaiser dem Stift geschenkt worden.

berts. Nun wird man um diese Zeit, meines Wissens, keinen Graven dieses Namens finden, auf welchen sich dieser Besiz besser schicken möchte, als oft angeführten Graven von Calw, der, wie leicht zu erweisen ist, ein sehr begüterter Herr gewesen. Niemand wird läugnen, daß die Graven um diese Zeit schon Erb- und Allodial oder eigenthümliche Güter besessen haben. (y) Von denen Graven von Calb bezeugen solches die viele Oerter und Güter, welche sie theils denen Klöstern hingegeben, theils durch Vermählungen auf andere gelangen lassen, theils durch Kauf an das Fürstliche Haus Würtemberg abgegeben. Es ist also der höchste Grad der Wahrscheinlichkeit daß diese Tochter Grav Edelberts von ihrem Vatter diese Villam Baden bekommen; und ihr Sohn M. Hermann II. solche von dieser seiner Mutter ererbt habe. Dieses wird dadurch noch mehr bekräftigt, daß in einer Urkunde K. Heinrichs IV. vom Jahr 1102. gemeldet wird, Rothenfels liege in der Gravschaft Grav Hermanns (in comitatu Hermanni Comitis). (z) Verglei-

R 4 che

(y) STRUVII Diss. de *Allod. Imperii* p. 91. & 265.

(z) Hier irrt mich abermal nicht, daß M. Hermann II. nur Grav genannt werde. Es ist viel zu bekannt, daß dieser Titul damals und hernach Fürstlichen Personen beygelegt werde. So ist oben S. 56. von Herzog Bertold IV. dergleichen gezeigt worden, und mag hier zur Nachlese dienen, was von ihm steht in *Chron. Luneb.*

che ich eine andere vom Jahr 1046. mit derselben, darinnen ausdrücklich steht, eben dieses Rothenfels sey zu finden in der Grafschaft Adelberts, (in comitatu Adelberti Comitis in Pago Vffgow) so weiß ich keinen andern Hermann hier anzuwenden, als Grav Adelberts Enkel Hermann II. den Sohn M. Hermanns I., woraus abermalen folgt, daß die Juditha M. Hermanns I. Gemahlin und Hermanns II. Mutter gewesen sey, und folglich ihrem Gemahl dieses Land zugebracht habe.

Und eben dieses mag die Ursache seyn, warum manche Geschichtschreiber dem M. Hermann I. den Namen eines Marggraven von

---

Luneburg. ap. LEIBNIT. T. III. *Scriptor. rer. Brunsv.* p. 173. „In densulven Jaren 1168. ver„drefhe sine Husfrouvven van sick, Greven Bar„tholdes Suster van Zaringen." Eine Urkunde vom Jahr 1282. in Beckmanns Historie des Fürstenthums Anhalt Th. 7. S. 166. steht: Nos Rudolphus Dei gratia Dux Saxoniæ &c. protestantes, quod —— *inclito principi* Bernhardo *Comiti de Anhalt* —— dedimus &c. Und in *Chron. Bav.* ap. PEZ. T. II. *rer. Austr.* col. 79. schreibt der ungenannte Verfasser: Peperit etiam duas filias, quarum unа copulata est *Comiti de Heſſen.* So wird auch der mächtige Fürst Gero in Sachsen, Marggr. von Brandenburg und Lausnitz, in HOPPENRADII *Annal. Gernrod.* ap. MEIBOM. T. II. *rer. Germ.* p. 417. bald Marggrav, bald Herzog, bald Grav genennet. PFEFFING. ad *Vitriar.* T. I. p. 1309. sqq. T. II. p. 88. sqq.

von Baden beylegen, wann sie gleich keinen Beweiß darüber führen. (a)

Die Marggrävin begibt sich endlich unter den Gehorsam des P. Urbans II. welcher vor seiner Erhebung auf den Päpstlichen Stuhl in dem Kloster Cluni, wo nun ihr Gemahl sich befande, Mönch gewesen war, welches sie vermuthlich zu diesem Entschluß bewegt hat. Sie stirbt zu Salerno im Königreich Neapolis A. 1091. nachdem sie 17. Jahr im Wittwenstande gelebt hatte. (b)

Der von diesen Fürstlichen Personen erzeugte einzige Prinz ist Marggrav Hermann II., von welchem im folgenden zu handeln ist.

(a) Aus diesem ist zu erklären, warum ich oben S. 3. gesagt habe, daß schon unter K. Heinrich IV. Marggraven von Baden in den Urkunden vorkommen.

(b) BERTHOLDUS CONSTANT. ad a. 1091. „Judi-
„tha piæ memoriæ Marchionissa, nobilis genere,
„sed nobilior sanctitate, uxor quondam Herman-
„ni, religiosissimi Marchionis migravit ad Domi-
„num quinto Kal. Octobr. ipsa enim cum marito
„suo religiose vixit, post cujus obitum XIX.
„(XVII.) annos in viduitate & sancta conversa-
„tione permansit, demum ad Dominum Papam
„Salernum pervenit, ibique sub ejus obedien-
„tia discessit. „

Hermann II.
Von 1074. bis 1130.

§. I.

Hermann II. Marggrav Hermann II. erbt von seinem Großvatter und Vatter einen Theil der Brisgauischen Lande, insonderheit das Hachbergische, und vermuthlich von seiner Mutter einen Theil der Badischen Lande. Er wird daher insgemein M. Hermann der Erste von Baden genannt. Er kommt auch ausdrücklich mit dem Beysaz Marggrav von Baden vor. Wir nennen ihn Hermann den Andern, in Ansehung seines Namens. Er wird auch in einem Rotulo ohngefehr vom Jahr 1111. nach welchem Wolfhelin von Tonsula und sein Sohn Hiltibrand, dem Kloster St. Peter all sein Gut bey Schallstadt verkauft, Hermann der Andere genennt. (a)

Sonst heißt er insgemein nur Marggrav ohne Beysaz des Landes. Bekannt ist, daß es in selbigen Zeiten nicht ungewöhnlich gewesen, nur den Ehrentitul zu sezen, ohne das Geschlecht zu nennen.

Was bey seinem Vatter wegen Limburg (b) bemerkt worden, gilt auch von ihm,

---

(a) Præsente Dom. *Herimanno secundo*, & pluribus ejus militibus. *Cod. Dipl. Bad.* ad a. 1111.

(b) Es heißt sonst auch Limperc; liegt nicht weit von Endingen

ihm, doch ist mir keine Urkunde bekannt, in der ihm der Titul Marggrav von Limburg beygelegt wird.

Daß er in einer Urkunde vom Jahr 1087. nur Grav genennt wird, ist um so weniger anstößig, weil er Landgrav im Brisgau gewesen ist, und der Ort Celle auf dem Schwarzwald, welcher nach dieser Urkunde dem Priorat St. Ulrich verliehen worden, in dieser Gravschaft gelegen war. (c)

§. II Er kommt als Marggrav in sehr vielen Kaiserlichen und andern Urkunden vor, und ist bey vielen Reichshandlungen, z. E.

Verrichtungen.

A.

.. dingen und Brisach, und wird vor den Geburtsort K.
„ Rudolfs I. gehalten. Fugger schreibt davon im
„ Spiegel der Ehren des Erzhauses Oesterreich S. 49.
„ So ist nun von Frau Heilwig Graf Albrechts
„ des Weisen Gemahlin, auf dem Haus Limburg in
„ Ober-Elsaß, alwo dieser Graf einen Hofsitz hatte,
„ A. 1218. — gebohren Rudolf der Fünfte dises Na-
„ mens, Graf zu Habsburg. Er ward von K. Frid-
„ rich, welcher eben zu Breisach, Reichsgeschäfte hal-
„ ber sich befande, aus der Heil. Taufe gehoben.

(c) Der gelehrte Verfasser der *Notitiæ villarum Pagi Vffgowe* im Carlsruher Wochenblat A. 1757. 18tes St. S. 141. führt einen Graven Hermann an, der im Jahr 1102. die Gravschaft Vorchheim besessen habe. Er hält selbigen pro Serenissimæ Domus Badensis Protoparente, wie seine Worte lauten. Derselbe könnte also kein anderer seyn, als M. Hermann II. Er wurde hier ebenfalls Grav genennt, weil von seiner Gravschaft Vorchheim die Rede ist.

A. 1076. ist er bey der Zusammenkunft der Fürsten zu Worms, und steht in dem Brief K. Heinrichs IV. welcher dem Kloster Rueggisberg in Kleinburgund gegeben worden, unter den Marggraven zuerst als Zeuge. (*d*)

A. 1111. wohnt er der Reichsversammlung zu Straßburg bey, und ist unter den Zeugen in dem Freyheitsbrief, welchen K. Heinrich V. dem Kloster Einsiedel ertheilt. (*e*)

A. 1112. bestätigt K. Heinrich V. den Burgern zu Worms, welche er wegen des besondern Zutrauens, so er in sie sezte, mit Wohlthaten überschüttet, und vielen Reichsburgern vorgezogen, (*f*) die Freyheit von auswärtigen Zöllen. Er versichert, daß er solches mit Vorwissen der Fürsten thue. Unter diesen steht auch M. Hermann. (*g*)

A. 1114. bekräftigt K. Heinrich V. dem Gotteshaus Muri seine Freyheiten, und bald

---

(*d*) SCHÖPFLIN. *Hist. Zar. Bad.* T. I. p. 282.

(*e*) HARTMANNI *Annal. Eremi Deip.* p. 172. In eben diesem Jahr findet man ihn bey der Uebergab oder Schenkung, die der Abtey St. Peter von seines Bruders Sohn Herzog Bertold II. und dessen Gemahlin und Kindern geschehen. Ueberhaupt gedenken seiner viele dergleichen Wohlthats-Urkunden vor besagtes Kloster. *Cod. Dipl. Bad.* ad a. 1111.

(*f*) LUDEWIG *rel. Mst.* T. II. p. 180. sq.

(*g*) Moriz vom Ursprung der Reichsstätte, Anhang S. 142.

bald hernach spricht er ein Urtheil in den Strittigkeiten des Klosters Einsiedel mit denen von Schweiz. In beeden Urkunden steht M. Hermann nach Herzog Bertold (von Zähringen) und Pfalzgrav Gottfried. (*h*)

In eben diesem Jahr wird dem Stift Basel die Vereinigung des Klosters Pfäffers mit demselben von eben diesem Kaiser versichert. M. Hermann ist unter den Zeugen. (*i*)

A. 1123. ertheilt K. Heinrich V. dem Stift St. Blasii über ihre vorhin erlangte Freyheiten einen Bestätigungsbrief. A. 1126. bekräftigt K. Lothar II. demselben die Schenkung des Orts Ochsinhusin. In beeden Briefen lesen wir den Marggrav Hermann. (*k*)

§. III. Daß er dem Kaiser auch in seinen beschwerlichen Kriegshändeln als ein treuer Reichsfürst beygestanden sey, bemerkt das Alterthum bey der Belagerung des Schlosses Limpurg in den Niederlanden. (*l*)

§. IV.

(*h*) Tschudi Eidgenoss. Geschichte Th. I. S. 50. 54.

(*i*) HERRGOTT *Cod. prob.* n. 194. Wann M. Hermann auch hier unter den Graven steht, so ist eben die Antwort, die bereits auf diese Einwendung gegeben worden, zu wiederholen.

(*k*) HERRGOTT l. c. n. 197. 205.

(*l*) Die Belagerung beschreibt SIGEBERT. GEMBL. ad a. 1101. conf. MIRÆI *Opp. Dipl.* T. I. p. 614.

Backnang.

§. IV. Er sorgt auch vor Kirchen. Backnang hat an ihm einen Wohlthäter. Er und seine Gemahlin vermehren nach dem rühmlichen Beyspiel ihrer Eltern die Zehenden und Güter dieser Kirche. Die Aufzeichnisse dieses Stifts, wohin auch seine Grabschrift zu rechnen, machen ihn zum Stifter desselben, und sezen seinen Anfang ins Jahr 1116. unter die Regierung P. Paschals II. (m) Crusius (n) aber schreibt die Errichtung desselben seiner Gemahlin zu. So viel ist gewiß, daß Bischof Bruno von Speyer, als unter dessen Sprengel dieses Kloster gehört, dem M. Hermann und seiner Gemahlin A. 1122. die Erlaubniß ertheilt, Augustinermönche dahin zu sezen. (o)

Marggrav von Baden.

§. V. Besonders merkwürdig sind die Urkunden vom Jahr 1130. weil man diese insgemein vor die erste hält, darinnen ausdrücklich eines Marggraven von Baden Meldung geschicht. Ob man gleich nicht mit völliger Gewißheit behaupten kan, ob sie von ihme oder

---

(m) *Cod Dipl. Bad.* Dieses Chronicon Mſct. des Klosters Backnang nennt den Stifter Marggrav Hermann von Baden. Hingegen in BESOLDI *Docum. Eccleſ. Backenang.* p. 8. wird bemerkt, M. Hermann von Baden, und sein Sohn, als Herren des Orts Backnang haben dieses Kloster nur bereichert. Siehe auch Zeilers kleine Schwäbische Chronick S. 16.

(n) *Annal. Suev.* P. II. L. II. c. 1.

(o) BESOLD. *Theſ. Pract.* T. II. p. 73.

oder seinem Sohn Hermann III. reden: so ist doch aus den Umständen höchst wahrscheinlich, daß der Vatter zu verstehen sey. (p)

Nach der einen bestätigt K. Lothar II. auf dem Reichstag zu Basel den 6. Febr. dem Stift zum grossen Münster in Zürch seine Privilegien. Der Kaiser meldet, daß solches geschehe auf Bitten und Begehren seiner Fürsten, Anserichs, Erzbischofs von Bisanz — Konrads von Zähringen, Marggrav Hermanns von Laden u. s. w. (q)

Die andere vom 8. Febr. enthält Bischof Ulrichs von Kostanz Bestätigung über einen Vergleich der Abtey St. Blasii wegen des Orts Bürgeln. Auch hier steht ausdrücklich Marggrav Hermann von Baden, (r) unter den Reichsfürsten.

§. VI. Ich muß hier eine kurze Beschrei= Stadt
bung dieser alten Stadt Baden, von wel= Baden.
chem das Fürstliche Haus den Namen führt,
einrücken.

Sie

(p) Gamans setzt das Jahr 1129. darinnen sich K. Lothar zu Basel eingefunden, und mit ihm unter andern Reichsfürsten Marggrav Hermann von Baden.

(q) *Cod. Dipl. Bad.* ad a. 1130. rogatu & petitione *Principum nostrorum*, Anserici videlicet Bisantienlis Archiepiscopi —— Cuonradi Ducis de Zarenche, *Hermanni Marchionis de Bathen.*

(r) HERRGOTT *Cod. prob.* n. 211. Cum Rex Lotharius multique Procerum videlicet —— Chonradus Dux de Zaringin, *Herimannus Marchio de Badin*, aliique complures &c.

Sie liegt in einer bergigten Gegend, welche aber fruchtbar und weinreich ist. (s) Den Namen haben ihr die dabey befindliche warme Bäder (t) gegeben. Sie heißt daher auch Thermæ, und Thermæ inferiores zum Unterschied von Baden in der Schweiz, (u) welches Thermæ superiores genennt wird. Desgleichen Thermæ martianæ, von dem daran liegenden Schwarzwald.

Von dem Alterthum dieses Orts zeugen die alten Steine mit ihren Aufschriften. An dem Eingang der Hauptkirche unter dem

---

(s) In der Nähe ist die Kinzing und der Oßbach. Dieser kommt aus einem Thal des Gebirges oberhalb der Stadt Baden, heißt bey seinem Ursprung Beinnersbach, weiter hinab Oßbach, und hernach der Oelbach. Er fließt unterhalb dem Dorf Oß in die Murg.

(t) Von denselben und ihren herrlichen Wirkungen handeln umständlich D. Joh. Matth. Heß; Georg Pictorius; Gallus Etschenreutter; D. Ruland; Gregorius Salzmann; vornämlich D. Joh. Kiefer in der Beschreibung des Marggräblichen warmen Bades. So eben lese ich in der Frankfurter Kaiserl. Reichs-Post-Zeitung vom 9. Dec. 1763. wie auch in diesem Jahr von den häufig angekommenen Badgästen die vortrefliche Wirkungen dieses Bads, und zugleich die kluge Direction und Aufsicht des alldortigen erfahrnen Herrn D. Bellons öffentlich gerühmet werden, mit der Versicherung, daß viele, welche elend, am ganzen Leib contract und stumm dahin gebracht worden, vollkommen wieder gehen und reden können.

(u) Tacit. *Histor.* L. 1. C. 67. gedenkt dieses Orts.

dem Glockenthurn liest man auf einem viereckigten Steine diese Worte: (v)

M. AVRELIO
ANTONINO
CAES. IMP. DE
STINATO. IMP.
L. SEPTIMI SE
VERI. PERTIN
ACIS. AVG. FIL1
O RESP. AQV

das ist: *Marco Aurelio Antonino Caesari Imperatori destinato Imperatoris Lucii Septimii Severi Pertinacis Augusti filio Respublica Aquensis.*

Dieser Stein belehrt uns, daß diese Stadt zu den Zeiten der Römer Civitas Aquensis geheissen habe, und schon im zweyten Jahrhundert nach Christi Geburt als eine Republik im Flor gestanden seye. Der Marcus Aurelius Antonin, dessen hier gedacht wird, ist nicht K. Antonin der Fromme, wie einige geglaubt, als welcher niemals Aurelius heißt; es ist auch nicht sein angenommener Sohn, der berühmte Weltweise Aurelius, der seines Wohlthäters Antonins Namen angenommen hat: sondern der bey den Teutschen beliebte Bassia-

---

(v) Zeilers Beschreibung des Schwabenlandes S. 473. Einige haben diesen Stein zu Cöln, andere zu Baden in der Schweiz finden wollen.

S

Bassianus Caracalla, der Sohn des K. Septimius Severus Pertinax, wie die Worte ganz deutlich zu Tag legen. Caracalla nimmt auf Anrathen seines Vatters, welcher sich bereits Pium genennt hatte, den hochgeschäzten Namen Aurelius Antoninus an. Sein Vatter macht ihn darauf A. 196. zum Cæsar; A. 197. legt er ihm den Titul Imperator destinatus, und A. 198. die Ehrenworte Tribunitiam potestatem und Augustus bey. A. 199. wird ihm das Proconsulat zugeschrieben. A. 200. heisset man ihn Pium. A. 201. bekommt er togam virilem von seinem Vatter. A. 202. wird er zum Römischen Consul gemacht. Er tritt dieses erste Consulat mit seinem Vatter zu Antiochien an, und wird endlich A. 204. Felix genennt. Aus dem Zusammenhang dieser Wahrheiten erhellet, daß dieser Stein ums Jahr 197. verfertiget worden seye. (*w*)

Aus den Römischen Meilensteinen, welche in dem Hochfürstlichen Schloßgarten zu Durlach stehen, davon ich an seinem Ort eine Beschreibung geben werde, ist deutlich, daß die Stadt Baden von der Kaiserlichen Aurelianischen Familie auch mit dem Beynamen Aurelia beehrt worden, welches etwas später mag geschehen seyn, da K. Cara-

---

(*w*) Ill. SCHÖPFLINI *Alsat. illustr.* T. I. p. 553. 568. sqq.

Hermann II. von 1074-1130.

Caracalla sich in diesen Gegenden aufgehalten, und als ein grosser Liebhaber der Bäder das Ansehen dieses Orts befördert, worinnen er die Kaiser Elagabalus und Severus Alexander zu Nachfolgern gehabt hat. Das Alterthum dieses Orts ist also ausser Zweifel. Das Erbauungsjahr aber läßt sich nicht bestimmen, obgleich die Dagobertische Urkunde vom Jahr 676. die Kaiser Adrian und Antonin vor die Erbauer angibt.

Die Stadt hat noch mehrere Denkmale von diesen alten Weltbezwingern. In der Gartenmauer des Kapucinerklosters siehet man einen ziemlich grossen Stein, der einem Römischen Altar ähnlich, und dem Angedenken eines Römischen Soldaten (militis legionarii) gewidmet worden ist, mit dieser Aufschrift:

DIS. MANIBVS.
L. AEMILIVS. L. F. CLA.
CRESCENS. ARA.
MIL. LEG. XIIII. G. M. V. VALERI.
BASSI. ANN. XXXIII. STIP. XIIII.
L. AEMILIVS. MANSVETVS.
ET. L. AEMILIVS. ALBANVS.
FRATRES. IDEMQVE
HEREDES. F.
CVRAVERVNT.

das ist: *Diis manibus Lucius Aemilius Lucii filius, Claudia* tribu *Crescens Ara* oppido ortus

ortus *miles legionis quartæ decimæ geminæ Martiæ*, vel Minerviæ, *victricis. Valerianæ Baſſianæ, annorum triginta quatuor, ſtipendiorum quatuordecim Lucius Aemilius Manſuetus et Lucius Aemilius Albanus fratres iidemque heredes fieri* vel faciundum *curaverunt.* Unten ſteht ein mit zwey Pferden beſpanntes vierrädriges und hinten bedecktes Fuhrwerk, worauf ein Fuhrmann ſizt. Es iſt ohne Zweifel ein Bagage- und Proviantwagen, dergleichen auf mehrern Steinen vorkommen. (x) Auſſer dieſem iſt in eben dieſer Mauer ein anderer Stein, zum Angedenken eines von einem Soldaten, (milites cohortalis) mit dieſer Aufſchrift:

L. REBVRRINIVS
L. F. CL. CANDIDVS
ARA. MIL. CH. XXVI
VoL. CRANICI. VIC
TRIS. STIP. XIII
H. F. C.

das iſt: *Lucius Reburrinius, Lucii filius, Claudia tribu, Candidus, Ara oriundus, miles cohortis vigeſimæ ſextæ, Voluntariorum, Cranicianæ victricis ſtipendiorum XIII.* hic ſitus eſt, *bæredes fieri curaverunt* Monumentum. (y) Genug von den Römern.

Dieſe

(x) Schöpflin. l. c. p. 591. ſqq.
(y) Schöpflin. l. c. p. 594.

Diese alte Stadt Baden, welche zu der Römer Zeiten gestanden, ist vermuthlich von den Allemanniern, die keine Städte leiden konnten, zerstöhrt, und in folgenden Zeiten erst wieder erbauet worden.

Unter den Franken wurde diese Stadt und ihr Bad gerechnet zu dem Pago Auciacensi in Francia Orientali oder Ostfranken. A. 676. schenkt König Dagobert II. das Bad samt der dazu gehörigen Markung dem Abt Ratfried zu Weissenburg. (z) König Ludwig der Teutsche wiederholt diese Schenkung A. 873. nachdem dieses Bad in die Hände seiner Vasallen, wie er sagt, gekommen war. (a) Ungegründet ist, wann Münster, (b) Irenicus (c) u. a. melden, K. Otto III. habe die Stadt Baden dem Stift Weissenburg genommen, und zu dem Fürstenthum Baden gethan. So viel ist gewiß, daß er A. 994. daselbst dem Kloster Schwarzach die Freyheit ertheilt, einen Markt in Villa vallator zu errichten. (d) Er gehörte nach der damaligen bekannten

---

(z) *Cod. Dipl. Bad.* num. 1.

(a) Idem num. 2. SCHANNAT *Vind. Litt.* Coll. 1. p. 6. Bünau Reichshistor. Th. III. S. 855. LAGUILLE *Hist. d'Alsace* p. 2.

(b) in *Cosmograph.* p. 809.

(c) in *Exegef. Hist. Germ.* L. III. C. 103.

(d) GUDENUS in *Syll. var. Dipl.* p. 452. sq.

Eintheilung der Gaue im Jahr 961. in den Ufgau oder wie einige wollen, in den Uffgau, wahrscheinlich wie etliche dafür halten, ad Comitatum Chuonradi Comitis, und im Jahr 994. zu dem Comitatu Cunonis. (e)

Sollte die Vermuthung richtig seyn, daß beede Konrad zu der Familia Salica gehört haben, so dürfte der lezte Cuno des erstern Konrads Enkel und wohl gar K. Konrad II. gewesen; (f) so fort von diesen die Gerichtbarkeit in unserm Baden mit der Grafschaft und procuratione des Klosters Schwarzach mittel= oder unmittelbar auf den obengedachten Adelbert von Calb gediehen seyn. (g) Dem sey wie ihm wolle, hatte

---

(e) Dieses scheint daraus klar zu seyn, weil das Kloster Schwarzach damals in dem Comitatu dieser Herren und sub eorum procuratione, i. e. advocatia, S. DU FRESNE gelegen, und eben demselben noch mehr andere bey und unterhalb Baden gelegene Oerter zuständig waren, ja K. Konrad II. selbst in villa Baden ein prædium im Besiz hatte.

(f) Siehe davon des Freyherrn von Senckenberg *Select. jur. & Hist.* Tom. III. p. 9. sq. ESTOR in *Originib. jur. publ. Hass.* L. I. C. 9. §. 27. sqq. edit. nov. p. 79. Herrn Joh. Dan. von Ohlenschlager Untersuchung des wahren Ursprungs der Salischen Kaiser aus dem Elsassischen Hause, Frfurt. 1747. SIM. FRID. HAHN de *genuino stemmate Conradi Salici.* KOELER de *famil. Augusta Franc.* in WEGELIN. *Thesaur. rer. Suev.* T. II. p. 76. sqq.

(g) S. Seite 263.

te doch die Salische Familie ihre in diesem Comitatu gelegene eigene Güter, auch nach der Gelangung Konrads auf den Thron, behalten. Dann so verehrte K. Heinrich III. dem Stift Speyer in eben dem Jahr 1046. ein prædium in villa Baden in pago Vffgouue in comitatu Adelberti Comitis, welches sein Vatter Konrad II. erworben hatte. (*b*) Bald hernach finden wir die Erlauchte Hermanne als Besitzer dieser Gegend, ja eben der Gravschaft, welche Adelbert besessen hatte; es seye nun, daß solche von jenen ältern Besizern, wie Herr Prof. Schöpflin davor hält, erst durch die Hände der Herzoge von Zähringen gegangen, oder, wie andere vermuthen, durch M. Hermanns II. Mutter Judith, die Tochter Adelberts von Calw, auf dieselben gekommen sey. (*i*)

Genug, von dieser Zeit an besassen die Herren Marggraven dieses Land mit den dazu gehörigen Rechten und dem Orte Baden. Ebendieselbe haben in der Folge der Zeit ihre Hauptresidenz an diesem Orte genommen, welcher hieburch die Ehre erlangt hat,

---

(h) S. Seite 262.

(i) Daß aber dieses nicht das Castrum Baden sey, welches K. Fridrich I. von Heinrich dem Löwen eingetauscht hat, wie unter andern Herr D. Büsching in der neuen Erdbeschreibung dritten Theils ersten Band S. 1393. mit dem Beyfügen schreibt, M. Hermann II. habe es von diesem Kaiser bekommen, davon s. S. 53. und 223. K.

hat, diesem altfürstlichen Hause den Beynamen zu geben.

Als der Hauptwohnsiz unserer Fürsten wurde er nach Gewohnheit damaliger Zeit bevestiget. A. 1330. hat Bischof Berchtold zu Straßburg, der ihn mit Hülfe der dasigen Burger vergeblich belagert, seine Stärke erfahren. (k) Bald darauf ward derselbe zur Stadt gemacht, (l) folglich in seine urälteste Rechte hergestellet. Diese Stadt aber wurde A. 1643. ein Raub der verbündeten Völker, die sie nebst Gernsbach ausgeplündert, und Steinbach abgebrannt haben. (m)

In M. Jacobs I. Testament geschieht Meldung zweyer Schlösser zu Baden, nämlich Alt und Neubaden. Wann sie erbaut worden, ist unbekannt. Von Altbaden sieht man noch auf einem Berge die Ueberbleibsel, und an denselben die Wapen der Marggraven zu Baden. Einige vermuthen, daß M. Hermann II. dieses Schloß Baden erbaut habe. M. Philipp II., M. Philiberts Prinz, hat auf das Neue viele Kosten verwendet. Das Schloß war nach damaligen Zeiten prächtig. Man sahe daselbst eine reiche Rüstkammer mit vielem altem Gewehr. Es prangte mit den Bildnissen der Marggraven zu Baden, und vielen

---

(k) Königshoven Els. Chron. S. 320.
(l) Königshoven l. c. S. 387.
(m) Zeiler l. c.

len Alterthümern. In der Stadtkirche haben einige Badische Fürsten ihre Ruhestätte.

In das 1688ste Jahr fällt der fürchterliche Tag, da dieses altfürstliche Wohnhaus ein betrübtes Opfer der Flammen wurde. Man hatte es vorher aller seiner Festungswerke beraubt. Der damals commandirende General der Königlich Französischen Völker Duras ist deswegen unvergeßlich. (n)

§. VII. Man fragt: wann die Marggravschaft Baden entstanden sey? Die verschiedene Bedeutung des Worts March, Mark und Marchia hat zu vielen Muthmassungen von dem Ursprung der Marggravschaften überhaupt Anlaß gegeben. (o) Ich halte mich nicht dabey auf. Die gemeinste Bedeutung dieses Worts, da es so viel heißt, als eine Grenze, stärkt diejenige in ihren Gedanken, welche die Marggravschaften allein an den Grenzen suchen. Daher die Marggraven auch Duces und Comites limitanei genennt worden, welche an der Grenze sowol als Richter, als auch gegen alle plötzliche Einfälle als Kriegs-Befehlshaber zu betrachten sind. Da sie nun die Marggravschaft Baden an dem Rhein finden,

Marggraffchaft Baden.

(n) Weitläuftig handelt von dieser Badischen Zerstörung die Lebensbeschreibung der Marggraven von Baden S. 54. folg.

(o) Siehe davon mit mehrerm PFEFFING. ad Vitriar. T. II. p. 589. sqq. DU FRESNE Glossar. SAGITTAR. de Marchia Soltwed. §. 20.

finden, und dieſer, nach ihrer Meynung, Teutſchland und Frankreich ſcheidet: ſo hoffen ſie guten Grund zu haben, wann ſie glauben, dieſes Land ſeye zu einer Marggravſchaft wider die Franzoſen gemacht worden.

Fragt man, zu welcher Zeit ſolches geſchehen? ſo ſind ihre Antworten verſchieden. Arniſäus (p) und Myler ab Ehrenbach (q) machen K. Karl den Groſſen, und Gundling (r) K. Arnulf zum Stifter. Zaſius, (s) Dietherr, (t) Imhof, (u) Schurzfleiſch, (v) vermuthen K. Heinrich der Finckler, dem man die Errichtung vieler Marggravſchaften zuſchreibt, ſeye auch der Urheber von dieſer. Münſter (w) und Irenicus (x) reden dem K. Otto III. das Wort. Henninges, (y) und Lehmann, (z) ſchreiben dieſe Landsveränderung dem K. Fridrich I. zu. Hieher ſind alle diejenige

zu

(p) de *J. Majeſt.* L. II. C. 4. n. 15.

(q) in *Archol. Ord. Imp.* C. 6. §. 10.

(r) in *Otüs* p. 102. und im *Diſcours ad Cocceji jur. publ. prud.* p. 71.

(s) in *Epit. in uſus feud.* p. 15.

(t) in *Addit. ad Beſoldi Theſ. pract.* voce Baden.

(u) in *Notit. procer.* L. IV. C. 8. §. 1.

(v) *Opp. Hiſtor.* p. 273.

(w) *Coſmograph.* Cap. 279.

(x) *Exegeſ. Germ.* L. III. C. 103.

(y) *Theatr. Geneal.* T. III. p. 239.

(z) Spener. Chron. B. 4. Cap. 7.

zu zählen, welche den Ursprung der Herren Marggraven zu Baden aus Italien herleiten. Nur sind sie darinnen verschieden, daß einige aus Baden und Hachberg eine, andere aber zwey Marggravschaften machen. Alles sind entweder Vermuthungen, denen der Beweiß fehlt, oder gar Fabeln.

Man bedenke dagegen folgendes. Wir finden in dem Alterthum Marggraven von Baden, ehe eines Marggravthums gedacht wird. Baden selbst war weder eine Gravschaft noch Marggravschaft, sondern lag in der Gravschaft Adelberts von Calw, wie schon gezeigt worden. Die Fürsten und Stände in Teutschland nannten sich nach ihren Städten oder Schlössern. (a) Also wurden die Besizer des Schlosses Zähringen Herzoge von Zähringen genennet, ob gleich kein Herzogthum Zähringen jemals in der Welt vorhanden gewesen ist, und Hessen bekam den Namen einer Landgravschaft, da seine Regenten, welche aus dem Hause der Herzoge in Brabant, mütterlicher Seits aber aus dem Geblüte der Landgraven von Thüringen herstammen, sich Landgraven nannten. Hieraus ergibt sich, daß mehrmalen die Länder durch ihre Besizer einige Titul erlangt haben, welche sie weder ursprünglich gehabt, noch durch Kaiserl. oder Königl. Begnadigungen erhalten hatten.

(a) Der berühmte Köler macht die Anmerkung: Post annum 1070. cœpit mos ab urbe aut municipio aut alio quovis loco derivandi cognomina.

hatten. So war auch enblich keine Marggravſchaft am Rhein gegen Frankreich nöthig. (b) K. Karl der Groſſe war ſelbſt König in Frankreich, und nachher konnte Lothringen, welches vom Rhein bis an die Maas unter Teutſchland ſtunde, dieſem zu einer Mark oder Grenze dienen. Ueberhaupt muß man ſich hüten, daß man von den mit der Zeit erlangten Rechten keinen Schluß auf die urſprüngliche Verfaſſung der Marggravſchaften mache. (c) Da nun M. Hermann als der Eigenthumsherr des Schloſſes Baden den Marggrävlichen Titul führte, ſo bekam auch Baden ſo, wie die Herrſchaft Hachberg, welche er aus der Zähringiſchen Verlaſſenſchaft beſaß, nach und nach in Urkunden und ſonſten, den Titul einer Marggravſchaft.

§.VIII. A. 1113. ertheilt K. Heinrich V. zu Worms den Brüdern der Zelle Michelſtadt ein Privilegium über alle zu ſolcher Zelle gehörige Güter und Geſtifte. Unter den Fürſten, die darinnen angeführt werden, ſteht

---

(b) Spener in der Staats-Rechts-Lehre Th. II. S. 279. n c. allwo eine weitläuftige Abhandlung von den Marggraven zu leſen iſt, ſagt von Baden: „Gegen „Frankreich beburfte es vormals keiner beſondern Ver- „ſorgung der Grenzen. Deswegen ſind an der Seite „einzele und ſchwache Marken. Man wollte denn die „ebenfalls aus mehrern kleinen Marken erwachſene „Mark-Graffſchaft Baden, gegen Frankreich, und zu „des Rheinſtroms Verſicherung geſtiftet haben.

(c) Spener l. c.

steht gleich nach Friderico Duce, *Heriomannus Marchio.* (d) So wenig ich nun zweifle, daß hier Friörich, Herzog von Schwaben zu verstehen sey: so wenig finde ich Anstand zu glauben, dieser Marggrav Hermann sey unser Hermann II. Also steht er auch in dem Vergleich über die Grenze zwischen der Abtey St. Peter und dem Kloster Celle. (dd)

§. IX. Marggrav Hermann geht in einem hohen Alter in die Ewigkeit A. 1130. und ist nebst seiner Gemahlin und etlichen seiner Nachkommen in der Kirche zu Backnang begraben, nach dem Zeugniß des Grabmals: (e)

Tod.

Hac cubat Hermannus Badensis Marchio tumba,
   Qui clauſtri et templi conditor hujus erat.
Anno milleno moritur, centum quoque ſubdas
   Terque decem a puero, quem pia virgo parit.
Huc dum transfertur cum poſteritate, fluebant
   Quindecies centum cum tribus, adde decem.
                                  Filius

(d) Schneider Erpach. hiſtor. Urkunde zum III. Satz. n. 11. S. 509.
(dd) *Cod. Dipl. Bad.* num. 26.
(e) BESOLD. *Docum. Eccleſ.* Backenang. p. 9. CRUS. *Annal. Suev.* P. II. L. IX. C. 14. Man lieſt hier, daß dieſe Grabſchrift in neuern Zeiten verfertigt worden, nachdem nämlich das von feindlicher Hand verbrannte Kloſter wieder aus ſeiner Aſche hervorgekommen. Es läßt ſich aber vermuthen, daß damals entweder noch ein Theil der alten Grabſchriften vorhanden geweſen, oder man Abſchriften davon gehabt habe.

❋ ❋ ❋
Filius Hermanni jacet hic, Hermannus & alter
Dotem firmavit auxit & ille patris,
Illius & genitrix Judintha putatur adeſſe
Berta ſimul conjux : nomine quartus eget.

Gemahlin.

§. X. Von ſeiner Gemahlin läßt ſich nichts mit Gewißheit ſagen, als daß ſie Judith geheiſſen, und, wie erſt bemerkt worden, an der Seite ihres Gemahls ruhe. (*f*)

Kinder.

Von dem aus dieſer Fürſtlichen Ehe erzielten einzigen Prinzen Hermann III. habe ich jezo zu handeln. Es wird auſſer ihm auch einer Tochter gedacht, Namens Judith, welche wegen groſſer Heiligkeit ſowohl in ihrem Leben, als nach ihrem Tode berühmt geweſen. Ein lieblicher Geruch, der aus ihrem Grabe zu Backnang hervorgeſtiegen ſeyn ſoll, hat davon gezeuget. Ihre Grabſchrift ſtimmt damit überein:

Filia

(*f*) Man gibt ſie vor eine Tochter Bertolds, Graven von Hohenburg, aus. Dieſes Schloß Hohenburg iſt bey der Reichsſtadt Rothweil zu ſuchen. Bertold ſoll die Stadt Durlach, und die ganze herumliegende Gegend bis an den Rhein beſeſſen, mithin ſeine Tochter das Badiſche Land ihrem Ehgemahl zugebracht haben. Dieſer Meynung tritt Gamans bey, und ſucht ſie mit vielen Gründen zu behaupten. In der Urkunde Papſts Calixtus II. vom Jahr 1122. S. Cod. Dipl. ad h. a. kommt ein Grav Bertold von Hohenburg vor, wegen des Kloſters Gottsau. Ich verſpare meine Anmerkung von ihm bis dahin, wo ich von dieſem Kloſter handeln werde.

Hermann II. von 1074-1130.

Filia Fundantis jacet hic Judintha ſub urna
  Virgo ferens nomen matris ut ante fuit.
E tumulo hoc quondam ſuaves exiſtis odores,
  Vt pia plebs ſanctam prædicet atque putet.

Bucelinus führt noch mehrere Kinder an. Er nennt einen Albert, (g) Wernhern, Rudolf, (h) und ſtatt der Juditha, eine Tochter

(g) Dieſes iſt ohne Zweifel der vermeynte ALBERTUS BADENSIS, welcher bey Cöllnern, Dumont, Lünig u. a. in der Urkunde vom Jahr 1156, da das Durchleuchtigſte Haus Oeſterreich in ein Herzogthum erhoben wurde, vorkommt. Gleichwie aber PFEFF. ad VITRIAR. T. II. p. 656. vermuthet, es müſſe daſelbſt STADENSIS geleſen werden: alſo hat der Herr Reichshofrath und Freyherr von Senckenberg in ſeinen Gedanken von dem allzeit lebhaften Gebrauch des uralten teutſchen Rechts ſolches auſſer allen Zweifel geſezt, da er die Urkunde aus ihrer Urſchrift mitgetheilt hat.

(h) Dieſen M. Rudolf verſteht ohne Zweifel Cruſius, wann er in ſeiner Schwäbiſchen Chron. Th. 2. B. 10. C. 1. S. 566. nach Herrn Moſers Ausgabe alſo ſchreibt: „Es iſt zu wiſſen, wie man ſolches in „den Manuſcriptis findet, wiewohlen es etliche Leute „gibt, die gern mehrere Gewisheit von denſelben hätten, daß bey dem Herzog Fridrich von Schwaben, „dem Einäugigen, ſich der Würtembergiſche Graff „Johannes aufgehalten, ein munterer und dienſtfertiger, und eben deswegen von dem Schwäbiſchen „Herzog ſehr geliebter junger Herr, deſſen Rath ſich „auch der Herzog bedient hat. Dieſen Johannes „ſchickte der Herzog nicht gar lang vor ſeinem Tod „(wann mir recht iſt) nach Stuttgard, daß er vor ſei„nen

Tochter Kunegund, die an Grav Burckard von Sulz vermählt worden. Dieser Bericht scheint aber eben so gegründet, als sein anderer, daß M. Hermann II. A. 1105. von K. Heinrich IV. aus Verona nach Teutschland gebracht worden; als welches den

„ nen Sohn Friderich, (der nachmals Kaiser Barbarossa genannt worden,) um des Marggraven Rudolphs von Baden einige Tochter Anna (welche andere Maria nennen,) anhalten solte, welche Gesandschaft Johannes getreulich verrichtete. Es wurde ihm aber von dem Marggraven geantwortet, warum er denn die Tochter nicht vor sich begehrte? Wann er um selbige anhielte, sollte er solche haben, wo aber das nicht seye, solle sie Friderichs Herrn Sohn nicht abgeschlagen seyn; aber Johannes erwiederte drauf, daß er nicht geschickt worden, die Tochter vor sich zu begehren, sondern vor seines Herrn Sohn. Wie er aber mit der Antwort des Marggraffen nach Hauß kam, und solche seinem Herrn hinterbrachte: sagte der Herzog zu ihm: Nun wohlan, mein lieber und getreuer Minister, weilen euch das Glück günstig ist, so bedient euch der Gelegenheit und nehmt euer Glück an, weder ich, noch mein Sohn wollen euch hierinnen etwas in Weg legen. Und also wurde Johannes des Marggrafen Tochtermann, nach dessen Tod er Stuttgard zum Heurathgut bekommen." So weit Crusius; deme Wohleb, Schwelin u. a. folgen. Auf die Frage: Wie Stuttgard an gedachten M. Rudolffen gekommen sey? antworten einige: Stuttgardt sey anfänglich nur ein Stuttengart gewesen, den K. Otto des Grossen Sohn Luotholf oder Ludolf, Herzog in Schwaben, A. 950. angelegt; nachdem derselbe das Herzogthum Schwaben A. 954. seinem Vatter wieder

abgetre-

Hermann II. von 1074-1130.

den Geschichten gänzlich entgegen ist. Daß M. Hermann II. eine Prinzeßin gehabt habe, die zwar dem Namen nach unbekannt, aber an Herzog Ulrich I. von Kärnthen vermählt gewesen seye, erweißt Herr P. Frölich (i) aus einer Urkunde.

abgetretten, seye der Stuttengart den Marggraven zu Baden eingeräumt und A. 1119. von einem Marggraven zu einer Stadt gemacht worden. Sie wollen den Besitz der Herren Marggraven zu Baden unter andern noch damit bestärken, daß M. Rudolf zu Baden A. 1259. den Klosterfrauen zu Pfullingen eine Schenkung etlicher Weinberge zu Stuttgard, welche sein Eigenthum gewesen, bestättigt. BESOLD. *Docum. rediv. mon. virg.* p. 332. Zeiler l c. S. 367. u. a. m. Weitläuftig schreibt gegen diese Erzählung der gelehrte Herr Archivarius Sattler in der historischen Beschreibung des Herzogthums Würtemberg, Th. I. S. 19. 20.

(i) in *Archontol. Carinth.* p. 87. Ich werde sie hernach unter M. Hermann III. S. 302. anführen. LAZIUS L. VIII. *de migrat. gent.* nennt sie H. Ulrichs I. Gemahlin Agnes, hat aber vermuthlich, wie Herr P. Frölich schreibt, die Gemahlin des lezten Herzogs dieses Namens, welche Agnes geheissen, mit Ulrichs I. Gemahlin confundirt.

T Hermann

Hermann III.

Von 1130. bis 1160.

§. I.

Hermann III.

Marggrav Hermann III. ist als ein großmüthiger Regent und streitbarer Held in den Geschichtbüchern berühmt; und erhält den Beynamen der Grosse. (*a*) Es scheint, er habe einige Zeit, sonderlich gegen Ende seines Lebens, sich in dem Schlosse Hachberg aufgehalten; weswegen er auch Marggrav vom Schlosse Hachberg genennt wird. (*b*)

§. II.

(a) Man sehe die Urkunde vom Jahr 1153. in GUICHENON. *Biblioth. Sebus.* ap. HOFFMANN. T. I. *Collect. Script. & Monum.* p. 240.

(b) Also wird seiner gedacht in der Aufschrift in dem Kreuzgang des Klosters Tennebach, zu welchem der Grund unter seiner Regierung gelegt worden, S. oben S. 66.: „Anno ab incarnatione Domini nostri Jesu „Christi 1158. ad laudem Dei omnipotentis, ac „beatissimæ semper virginis Mariæ Dei genetricis „constructum est hoc Monasterium Porta cœli „vulgari nomine Tennebach, hoc fundatore & „auctore venit in hunc locum venerabilis Do„minus Abbas Hesso de Friensberg cum XII. mo„nachis, ejusque fundum emerunt cum multis „prædiis adjacentibus & adpertinentiis a nobili „viro Cunone de Horwin in præsentia inclyti Du„cis Berchtoldi & *illustris Principis Hermanni* „*Marchionis de Castro Hachberg* ipso mediante & „sigillo

§. II. Gegen die Kirche zu Backnang erzeigt er sich als einen freygebigen Wohlthäter. Und in Bestätigungsbriefen über die Freyheiten anderer Kirchen, wird seiner öfters gedacht. Z. E.

A. 1134. beschenkt er, nach dem Beyspiel seiner glorreichen Eltern, mit Genehmigung seiner Gemahlin Bertha, die Kirche des H. Pancratius und die Augustinermönche zu Backnang mit einem Gut zu Huningen. (c)

A. 1139. den 28. May bestätigt K. Konrad III. auf dem Reichsconvent zu Straßburg dem Kloster Einsiedel seine Freyheiten

Wohlthäter der Kirchen.

„ sigillo suo confirmante pactum &c. Man hat hieraus den Schluß ziehen wollen, er habe Baden nicht mehr besessen, weil er hier Marggrav vom Schloß Hachberg genennt werde. Es ist aber zu bedenken, daß M. Hermann bey dieser Kaufhandlung als Dominus Territorii Hachbergensis die Bestättigung derselben ertheilt, und man ihm eben deswegen den Titul eines Marggraven von Hachberg beygelegt. Auch ist nicht vorbey zu gehen, daß er mit dem Titul eines Principis Illustris erscheint. Solches dient zur Widerlegung derer, welche die Wahrheit in Zweifel ziehen wollen, daß die Herren Marggraven zu Baden allezeit unmittelbar unter dem Kaiser und Reich gestanden seyen. Mittelbare Stände führen den Titul Principum illustrium nicht. BECMANN. *Notit. Dign. illustr.* T. I. p. 373. S. D. D. oder Herrn Rath Dills Abhandlung in Oetters Sammlungen S. 101. u. f.

(c) *Cod. Dipl. Bad.* ad a. 1134. Dieser Ort lag in *Comitatu Adelberti.*

ten mit Beystimmung seiner Fürsten. Unter diesen ist auch M. Hermann. (*d*) An eben diesem Tage unterzeichnet er den Brief, den erstgemeldeter Kaiser der Abtey Selse im Elsaß gegeben. Er wird darinnen Advocatus dieses Orts genennt. (*e*) Ferner wird er in dem Bestätigungsbrief dieses K. Konrads, den er dem Abt Wickram von Pfeffers gegeben, Marchio de Batha genennt. (*f*) Weiter wird seiner gedacht in der Bekräftigung desselben über den Tausch Bischof Burkards zu Basel mit dem Prior Ulrich zu Celle auf dem Schwarzwald. (*g*) Wie auch in der Urkunde, nach welcher Bertold, Grav in Brisgau, Herzog Konrads von Zähringen Sohn die Kirche zu Wolvenwilare (Wolfenweiler) dem Kloster St. Peter auf dem Schwarzwalde, dessen Advocatus er war, in Gegenwart M. Hermanns ohnfern Ofmanningen (Opfingen) im Namen Erlewins von Wolvenwilare übergibt. (*h*)

A. 1144. lesen wir ihn in dem Entscheidsbrief, den K. Konrad III. in den Strittig-

---

(*d*) HERRGOTT *Geneal. Diplom. Cod. prob.* num. 218.

(*e*) Conf. SCHÖPFLIN. *Alsat. illustr.* T. II. p. 180.

(*f*) Tschudi Eydgen. Geschichte Th. I. S. 65.

(*g*) *Cod. Dipl. Bad.* num. 38.

(*h*) Idem num. 39. zu Ende der Urkunde steht ausdrücklich Ego *Herimannus Marchio* —— præsentem Kartam sigilli mei impressione roborari ac confirmari feci.

Hermann III. von 1130-1160.

Strittigkeiten des Abts Rudolf von Einsiedel mit denen von Schweiz gehabt. (i)

A. 1147. übergibt eben dieser Kaiser, nach seiner Wiederkunft aus dem gelobten Lande, auf dem Reichstag zu Frankfurt der Abtey Corvey die zwey Frauenklöster Kemminaba und Visbike, nach dem Urtheil M. Hermanns und anderer Fürsten. (k)

A. 1148. stiftet Grav Bertold von Eberstein mit seiner Gemahlin Uta das Cistercienserkloster Herrenalb, (l) an den nordwest-

---

(i) Tschudi l. c. S. 69. HERRGOTT *Cod. probat.* num. 223. Das Kloster Einsiedel heißt daselbst Megenrades cella.

(k) FALCKE *Tradit. Corbej.* SCHATEN. *Annal. Paderborn.* L. VIII. p. 771. PAULINI *Diff. de Monasterio Virgin. Keminadensi* p. 104. & in *Histor. Virg. Colleg. Visbecensis* p. 50. BARINGII *Clav. Diplom.* p. 26. Edit. nov.

(l) Crusius in der Schwäb. Chron. Th. 2. B. 10. Cap. 8. setzt die Stiftung auf den 30. Sept. A. 1146. die Urkunde selbst aber, bey eben demselben l. c. Cap. 7. und in BESOLDI *Docum. rediv. Monast.* p. 68. in PETRI *Suev. Eccles.* p. 19. lautet vom Jahr 1148. ohne Bemerkung des Tags. In derselben erscheint Bertold nicht als Grav, sondern als Herr von Eberstein; hingegen auf seinem Grabmal wird er Dominus Bertholdus Comes de Eberstein genennt. SCHANNAT *Histor. Wormat. prob.* p. 76. Was Gelegenheit zur Stiftung dieses Klosters gegeben haben soll, erzählt Crusius l. c. Cap. 8. und aus ihm Besold l. c. S. 127. Sattler histor. Beschreibung des

nordwestlichen Grenzen von Würtemberg, und beschenkt es mit seinen Gütern zu Otterswepher und einer Gegend im Albethal nebst dem Dorf Dobel, welches damalen Eberhard von Strubenhard von ihm zu Lehen getragen, nach dessen Tode es dem Kloster zufallen solle. Er erlaubt zugleich seinen Lehen- und Dienstleuten und andern Unterthanen durch Schenkung, Kauf oder Tausch ihre Güter an daßelbe zu veräussern.

---

des Herzogthums Würtemberg Th. 2. S. 277. also: A. 1134. seye Herzog Fridrich von Schwaben mit einem Albrecht von Zimmern, und Graf Bertold von Eberstein zu Erchingen von Magenheim auf sein Schloß Magenheim gekommen, um mit ihm im Stromberger Wald sich mit der Jagd zu belustigen, da Albrecht von Zimmern verschollen und von einem Gespenst in ein Schloß geführt worden, wo sein Vetter Fridrich die Mahlzeit mit einigen seiner Diener eingenommen. Nachdem er aber von dem Gespenst wieder zurück geführt worden, habe Albrecht das Schloß gesehen im Feuer und Schwefeldampf aufgehen, und ein erbärmliches Geheul gehört, worüber er aus Schrecken ganz grau worden. Als er nun wieder zu seiner Gesellschaft gekommen, und ihnen sein Abentheur erzehlt, so haben sie sich alle entsezt, und Albrecht ein Frauenkloster Zimmern in des Erchingers Landen, Bertold von Eberstein aber die beede nahe an einander liegende Klöster Herrenalb und Frauenalb gestiftet. Die Unverschämtheit dieser Fabel fället aber schon aus der Zeit der Stiftung in die Augen, da Herrenalb im Jahre 1148. und Frauenzimmern im Jahre 1238. ist gestiftet worden, wie der Stiftungsbrief des leztern in *Besolds Docum. rediv. Monaster. Virg. Wirtemb.* p. 110. sattsam bewähret.

fern. Unter den Zeugen, die in dem Stiftungsbriefe vorkommen, hat Marggraf Hermann die erste Stelle. (m)

A. 1152. begibt er sich mit Herzog Bertold IV. von Zähringen in die Abtey St. Peter auf dem Schwarzwald, und ist Zeuge bey dieses Herzogs Uebergab der Kastenvogtey dieses Gotteshauses an den damaligen Abt Gozmann. (n)

A. 1153. ist er Zeuge in dem Freyheitsbrief, den K. Fridrich I. zu Speyer dem Bischof zu Genf ertheilt. (o)

§. III. Gleichwie er nun sich gegen die Kirche zu Backnang mildthätig, und gegen andere freundschaftlich erwiesen: also haben wir auch ein Exempel, daß eine Kirche ihn mit Gütern beschenkt hat. Die Aebtissin Hilde-

Bekommt Besigheim.

(m) Diese Urkunde hat einige auf die irrige Gedanken verleitet, daß die Herren Marggraven zu Baden vor diesem den Graven von Eberstein mit Lehenspflichten oder andern Diensten zugethan gewesen seyn. Sie haben die zu Ende derselben vorkommende Worte fideles nostri auf alle darinnen genannte Zeugen ohne Grund gezogen, und auch von dem Marggraven zu Baden und dem Pfalzgraven zu Tübingen irriger Weise verstanden. Die Freyb. Chron. bey Königshoven S. 42 meldet: "Man sagt, daß die Graffen von Eberstein „vor Zeiten so mechtig Herren sein gewesen, also das „inen die Marggraffen von Baden zu Hoff sein gerit„ten und gebient haben.

(n) SCHANNAT *Vindem. Lit.* Coll. I. p. 163.

(o) SPON *Hist. de Geneve* T. II. p. 8.

Vildeberta zu Erstein gibt ihm mit Einwilligung ihres Kastvogts, Hugo, Grafen von Dagsburg A. 1153. den Hof Besingheim (Besigheim) mit allen Zugehörungen und Leuten. K. Fridrich I. bekräftigt diese Schenkung. (*p*)

Weitere Verrichtungen. §. IV. Aus dem was vorhin gemeldet worden, erhellt, wie viel dieser Reichsfürst um die K. Konrad III. und Fridrich I. gewesen. Wir treffen ihn aber bey andern Handlungen und Verrichtungen noch mehr um dieselbe an.

A. 1139. unterzeichnet er zu Weissenburg das Frankenthalische Diploma K. Konrads III. (*q*) Desgleichen ist er Zeuge in eben dieses Kaisers Bestätigungsbrief über das Kloster Denkendorf. (*r*)

A. 1141. ist er bey ihm zu Straßburg, und steht als Zeuge in der Kaiserlichen Urkunde über den Vergleich der Kirche zu Basel und dem Kloster St. Blasii, die Schirmsgerechtigkeit betreffend. (*s*)

In einer Urkunde K. Konrads III. vermuthlich vom Jahr 1149. gegeben *Aemonæ post reditum e Palæstina* steht *Marchio de Padin*. Eine andere von diesem Jahr datum

---

(*p*) Cod. Diplom. Bad. ad a. 1153.
(*q*) SCHANNAT *Histor. Wormat. Cod. Prob.* p. 69.
(*r*) BESOLD. *Doc. red.* p. 451.
(*s*) HERRGOTT l. c. num. 219.

tum Ratisbonæ Kal. Jul. hat diese Worte: *Marchio de Baden.* (t)

A. 1150. wohnt er dem Reichsconvent zu Würzburg bey. (u)

A. 1152. lesen wir ihn in dem Bestätigungsbrief Herzog Bertold IV, von Zähringen über die Stiftung des Klosters St. Peter auf dem Schwarzwald. (v)

A. 1153. ist er bey K. Fridrich I. zu Speyer. (w)

A. 1155. bestimmt K. Fridrich I. zu Kostanz die Grenzen des dasigen Bisthums. In dem darüber gefertigten Instrument erscheint Hermann, Marggrav von Baden. (x)

A. 1158. ist er mit K. Fridrich I. zu Hagenau, woselbst dieser dem Cisterciens serkloster Neuburg im Elsaß einen Schirm brief ertheilt. Es heißt darinnen ausdrücklich Marggrav von Baden. (y)

T 5 Inson-

(t) Eine dritte vom Jahr 1153. benennt Hermannum March. Veron. welchen Herr P. Frölich l. c. p. 85. vor den Herzog von Kärnthen hält. Conf. MASCOV. in *Annot.* XVI. *ad res* Conradi III. p. 361.

(u) HAHRENBERG. *Histor. Diplom. Ecclef. Gandersheim.* p. 325.

(v) *Cod. Dipl. Bad.* ad a. 1152.

(w) GUICHENON l. c.

(x) LUNIG *Spicileg. Eccles.* P. II. p. 157. *Chron. Const.* ap. PISTOR. p. 695.

(y) Johann Gamanns l. c. Die noch ungedruckte Urkun-

Insonderheit bezeugen dieses die Kaiserliche Belagerungen und Heerzüge, bey den wir unsern Marggraven an der Seite dieser Kaiser antreffen.

Weinsperg. §. V. A. 1140. unternimmt K. Konrad III. die Belagerung Weinsperg. (z) Daß

Urkunde wird Herr Prof. Schöpflin in dem Cod. Dipl. Alsat. vorlegen. Sie widerlegt das Vorgeben, daß man vom Jahr 1156. bis 1208. keine Urkunde vorzeigen könne, in welcher ein Marchio de Baden genennt werde.

(z) Gelegenheit zu derselben gab folgendes: K. Konrad III. hatte bald nach seiner Erhebung auf den Kaiserl. Thron Heinrich den Stolzen, Herzog von Sachsen und Bayern, jenen mächtigen Fürsten seiner Zeit, welcher sich nach seines Schwehers K. Lothar II. Absterben Hoffnung zur Kaiserl. Würde machte, auch bereits die Reichskleinodien besaß, in die Acht erklärt. Man brauchte unter andern zum Vorwande, daß ein Fürst nicht zwey Herzogthümer zusammen besitzen könne, welches doch sehr viele Beyspiele der mittlern Zeiten beweisen. STRUV. Corp. Hist. Germ. p. 433. n. 14. Er hatte einen Prinzen, Heinrich den Löwen, den Heinrichs des Stolzen Bruder Guelf mit Ernst vertheidigte und in seine vätterliche Lande eingesetzt haben wollte. Der Kaiser belagert Weinsperg. Welf will es entsetzen, leidet aber eine gänzliche Niederlage, und muß den Ort verlohren gehen lassen. Die Weiber in derselben bitten den Kaiser um einen freyen Abzug, und, daß sie so viel mit sich in Sicherheit bringen dörfen, als sie auf dem Rücken tragen könnten. Der Kaiser erlaubts ihnen. Jede nimmt ihren Mann auf den Rücken, und also kommen sie in das Kaiserliche Lager.

Daß M. Hermann derselben beygewohnt bezeugt die Urkunde (a) von diesem Jahre, darinnen eines Marggrav Hermanns und eines Wernhers, Graven von Baden gedacht wird. Lezterer gehört nach Baden in der Schweiz.

A. 1147. ließ sich K. Konrad durch die Kreutz. durchdringende Beredsamkeit und die erzählte Wunderwerke des Heil. Bernhards, Abts

Lager. Der Kaiser lobt ihre Treu, und behält sie nebst ihren Männern zu Gaste. DODECHIN. in *Append. ad Marianum* ad a. 1140. p. 473. CONRAD. VRSPERG. p. 280. aus welchen TRITHEM. in *Chron. Hirsaug.* ad a. 1140. CRUS. in *Annal. Suev.* und andere zu verbessern, welche melden, Herzog Welf sey selbst in der Stadt gewesen. Diese Geschichte oder Fabel, wofür sie von vielen gehalten wird, hat den Herzog Laurentius von Medicis, da sie ihm in einer Krankheit vorgelesen wurde, so ergözt, daß er gesund worden. Ich kan nicht umhin, hiebey zu melden, daß von der in diesem Treffen gebrauchten Losung auf der einen Seite: Hier Welf, auf der andern: Hier Waiblingen, (welches die Welschen nicht aussprechen konnten, und daraus Gibelingen gemacht,) die beyden Factionen der Welfen und Gibellinen ihre Namen bekommen haben, die sich noch im folgenden Jahrhundert in Teutschland und Italien ausgebreitet haben. Ill. MASCOV. *de Conrad* III. p. 141. BLANDRATE *de origine Guelforum & Gibellinorum.* Basil. 1519.

(a) Es kommen darinnen die Worte vor: Actum in obsidione Castri Weinsperg. HARTMANN. *Annal. Einsidl.* p. 198. MONACH. WEINGART. p. 203.

Abts zu Clarevaux, (b) auf dem Convent zu Speyer (c) zur Annehmung des Kreuzes bewegen, und nach dem Exempel K. Ludwigs VII. (d) in Frankreich einen Kreuzzug (e) vorzunehmen.

(b) Siehe davon PHILIPPI DE CLARAVALLE *Vita seu Miraculorum Bernhardi Abbatis* L. VI. C. 4. p. 1172. sq.

(c) OTTO FRISINGENSIS de *gestis* Frid. I. Lib. I. C. 39. Lehmanns Speyer. Chron. B. 5. Cap. 52.

(d) Ill. SCHÖPFLIN. *de sacris Gallorum in Oriente bellis* in Comment. Histor. & Critic. p. 336. sqq.

(e) Die Kreuzzüge gehören mit zu denen weit aussehenden Anschlägen P. Gregorius VII. oder Hildebrands; und wurden auf Veranstaltung P. Urbans II. auf der Kirchenversammlung zu Clermont in Frankreich A. 1095. beschlossen. Die Absicht sollte seyn, die Saracenen aus dem gelobten oder heiligen Lande zu vertreiben. Der Krieg heißt daher der heilige Krieg, oder die heilige Züge. Die Werbung der Mannschaft geschahe von den Geistlichen, welche unter Reizungen und Drohungen Hohe und Niedre zu diesen Zügen zu vermögen wußten. Und dieses hieß man das Kreuz predigen. Wer sich dazu entschloß, wurde mit dem Kreuz bezeichnet, und trug gemeiniglich ein rothes Kreuz auf den Schultern. Daher diese Kriegsverrichtungen Kreuzzüge, Cruciatæ, les Croisades genennt wurden. Sonst heissen sie auch Passagia. Der Anfang wurde gemacht A. 1096. Den ersten Haufen von mehr als 80000. Menschen, führte Peter Eremita, ein von Amiens gebürtiger Pilger, auf eine so unglückliche Weise an, daß er beynahe allein übrig blieb. Ihm folgte Gottfried von Bouillon, Herzog von Nieder-Lothringen, mit 80000. Mann. Dieser ware glücklicher. Dann er wurde, nachdem er viele Orte im gelobten Lande erobert, und endlich A. 1099. den 18. Jul. nach einer

nicht

men. (f) Jeder dieser Herrn hatten eine fürchterliche Armée von 70000. gepanzerten Mann.

nicht langen Belagerung Jerusalem eingenommen, zum Könige von Jerusalem ernannt. In folgenden Zeiten führten Kaiser und Könige immer neue Heere und den Kern ihrer Leute hinein, richteten aber wenig oder gar nichts aus. Endlich haben diese den Staaten so nachtheilige Züge ums Jahr 1291. zum grossen Glücke Europens ein Ende genommen. Dann die Entvölkerung der Lande, welche hieraus entstunde, war erstaunlich. VOLTAIRE in seiner Histoire des Croisades p. 78. gibt die Anzahl derer, so dabey ihr Leben elend aufgeopfert, bis auf das Jahr 1147. auf 1600000. an, und um das Jahr 1291. stieg solche über 7. Millionen, nach dem Zeugnis WILHELMI WALSMESBURIENSIS. VOLTAIRE nennet den gemeinen Haufen bey den Kreuzzügen, die gröfste Räuberbande, welche jemalen in der Welt gewesen sey. Kaiser, Könige u. Fürsten, sagt er nach seiner Schreibart, waren deren Anführer; Sie suchten Länder zu erobern, wozu sie kein Recht hatten. Und ihre Soldaten mit dem Trosse beraubten wen sie antrafen, Christen und Türken. Mehrere Nachricht von diesen Kreuzzügen s. in PFEFFING. ad VITR. T. I. p. 1410. T. II. p. 278. in BUDDEI Diff. de *Expeditionibus Cruciatis*. BOECLERI *Annot. Histor. de Passagiis* ad Orat. Æneæ Sylvii super hoc argumento habitam. ACCOLTI *Hist. belli sacri adversus infideles*. MAIMBOURG *Histoire des Croisades* &c. u. a. m. Die Scribenten selbiger Zeit mit ihren Schriften s. in BUDERI *Bibl. Hist.* p. 18: Was in teutschen Staats- und andern Rechten durch dieselbe vor Neuerungen verursacht worden, zeigt JUST. HENN. BOEHMER Diff. *de varia jurium innovatione per expeditionem cruce signatorum*.

(f) Um eben diese Zeit ward ein ähnlicher Zug wider die Wenden vorgenommen, dem unter andern Herzog Heinrich der Löw und sein Schwiegervatter Herzog Konrad von Zähringen beygewohnt haben. MASCOV. *Comment. de Lothar. & Conrado III.* p. 196. 232. sq.

(g) Die

Mann. (g) Eine nicht geringe Anzahl teutscher Fürsten u. Herren, und unter denselben unser M. Hermann hatte sich ebenfalls mit dem Kreuze bezeichnen lassen, und leisteten K. Konrad Gesellschaft auf diesem Zuge, (b) und bey den unbeschreiblichen Beschwerlichkeiten, die auf allen Seiten sich zeigten. Die Griechen führten sie durch die unwegsame Wüsteneyen von Cappadocien, wo Mangel und Hunger herrschte; sie vergifteten die Brunnen, und untermengten das Mehl mit Kalk und Gips, lieferten auch durch andere Bosheiten den Kaiser mit seinem Heer den Feinden des christlichen Namens

---

(g) Die Worte MARINI SANUTI in *Libro secretorum fidelium crucis* L. III. P. 6. C. 19. sind davon artig: *Vterque principum circa LXX. millia equitum habuisse dicitur. Quid, putas, fecissent, CXL. equitum, si fuisset Deus cum eis.*

(b) MARIN. SANUTUS l. c. OTTO FRISING. l. c. C. 58. WILH. TYRIUS L. 17. C. 1. Letzterer nennt einen Hermann, *Provinciæ Veronensis Marchionem*. Der gelehrte Herr P. Frölich in *Archontologia Carinthia* p. 43. & Part. post. Cap. V. p. 84. hält diesen Hermann vor einen Kärnthischen Herzog. Doch gibt er zu, daß unser M. Hermann mit dem K. Konrad III. in Palästina gewesen sey, und führt zu dem Ende die Worte an aus dem *Documento Canoniæ Seccoviensis* n. VII. *Diplomatar. Sacr. Ducatus Styriæ* P. I. p. 146. & 147. wo A. 1149. unter den Zeugen, die mit K. Konrad III. zu Frisach gewesen, folgende stehen: *Hainricus Dux de Karinthia & avunculus ejus Hermannus Marchio de Baden.*

mens bey nahe in die Hände. (i) Der Kaiser verliert gleich Anfangs mehr als den zehenden Theil seiner Leute, und nach und nach fast sein ganzes Heer; zieht endlich A. 1149. mit den übrigen in sein Teutschland zurück. M. Hermann ist ein Augenzeuge von allem diesem, kommt nach ausgestandenen Beschwerlichkeiten glücklich nach Haus, und wird von seinen Unterthanen mit Frolocken empfangen.

Der Held hatte wenige Jahre ausgeruhet, so thut er mit dem folgenden Kaiser Fridrich dem Rotbärtigen die denkwürdige Reise in Italien. Die Mayländer erhuben ihr Haupt fast über die ganze Lombardie, und suchten ihr Fessel anzulegen. Der Kaiser und Stände des Reichs beschliessen A. 1152. auf dem Reichstag zu Würzburg sie zu demüthigen. (k) Da nun die Lombardische Einwohner A. 1153. auf dem Reichstag zu Kostnitz heftig über die Gewaltthätigkeiten der Mayländer klagten, diese auch den hierauf ihnen zugeschickten Kaiserlichen Befehl so wenig respectirt, daß sie ihn gar zur Erde warfen

Italiän. Bus.

(i) NICETAS CHONIATES L. I. de gestis Manuelis Comneni p. 139. JOANNES IPERIUS in Chron. S. Bertini P. III. C. 43. p. 642. WILH. TYR. d. l. C. 20.

(k) ALBERT. STADENS. ad a. 1152. Rex Wirceburg Conventum habuit & principes in expeditionem in Longobardiam jurare fecit.

warfen und mit Füssen getretten: so kommt der Kaiser A. 1154. selbst mit seinem Heere nach Italien. Die Burgermeister der Stadt Mayland, welche der Armee den Weg zeigen sollen, verschulden sich dadurch noch mehr, daß sie die Soldaten drey Tage lang, bey dem eingefallenen ungestümmen Wetter durch unwegsame Oerter führen, daher der Kaiser einige Schlösser der Mayländer zerstören und A. 1155. die Stadt Tortona, welche auf ihrer Seite war, nach einer hartnäckigen Gegenwehr, plündern und verbrennen ließ. Ihm wird hierauf zu Pavia die Lombardische Krone aufgesezt. Er erhebt sich von da nach Rom, und empfängt daselbst die Kaiserliche Krönung von P. Hadrian IV. Nach diesem läßt er die Einwohner zu Spoleto, die sich grob wider ihn vergangen, seinen gerechten Zorn empfinden, und begibt sich über Verona nach Haus. Verona hält ihn ein wenig auf. Die Einwohner besezen die Pässe, und hindern mit gewafneter Hand den Kaiser am Durchzug. Insonderheit dient ein Bergschloß ihnen zur Sicherheit. Der Kaiser ersteigt das Raubnest. Die darinnen angetroffene 500. Personen, meistentheils von Adel, müssen ihr Leben lassen; und zwölf der Vornehmsten wird der Galgen zuerkannt, welche Arbeit einer von ihnen verrichten muß. (*l*) M. Hermann ist

---

(*l*) MORENA *Hist. rerum Laudensium* p. 813. OTTO DE S. BLASIO C. VII. p. 199.

ist dem Kaiser in diesen Verrichtungen zur Seite, und langt mit ihm wieder glücklich in Teutschland an.

§. VI. Nicht lange hernach, nämlich A. 1158. erscheint er mit dem Titul: **Marggrav von Verona**, in dem Urtheilsbrief, welchen K. Fridrich I. den 14. Jun. zu Augsburg zwischen Otto von Freysingen und Herzog Heinrich dem Löwen ertheilt. (m) Diesen Titul führt sowohl er, als seine Nachkommen bey anderthalb hundert Jahr sehr oft. Die Herren Marggraven werden bald Herren von Verona, bald Marggraven von Verona, bald Marggraven von Baden und Verona genannt. Auch kommt das Veronesische Insiegel bey ihren Unterschriften vor. Und dieses gab Anlaß zu der irrigen Meynung von dem Ursprunge der Herren Marggraven zu Baden aus Italien; welche aber eben dadurch widerlegt wird, daß M. Hermann schon vor dem erst im Julius 1158. unternommenen

Marggrav von Verona.

(m) MEICHELBECK *Hist. Frising.* T. I. p. 337. & 338. Die Urkunde wird sehr ungleich angetroffen, und gehen die Abschriften hie und da von einander ab. Weil in einem andern Document daselbst vom Jahr 1159. steht: *Hermannus Marchio Veronensis & Heinricus Dux Karenthanus:* so erklärt Herr P. Frölich auch das erstere von Herzog Hermann von Kärnthen in *Archont. Carinth.* P. poster. Cap. V. p. 85. 86.

U

menen Feldzug Marggrav von Baden, und endlich auch Marggrav von Verona genennt wird, wie er dann der Belagerung Weinspergs mit K. Konrad III. unter dem Namen von Baden beygewohnt hat, anderer Umstände nicht zu gedenken.

Man fragt hiebey, wie dieser Titul entstanden sey? Schon oben (*n*) ist gezeigt worden, daß dem Herzog Bertold I. die Regierung in Kärnthen und Verona in dem vorhergehenden Jahrhundert übertragen, aber auch bald wieder entrissen worden. K. Fridrich hatte bey seinem ersten Zug erfahren, wie viel ihm an Verona, als einem Schlüssel zu Teutschland und Italien gelegen war, und hat vermuthlich denselben den Händen seines getreuen Marggraven Hermanns, dessen Abkommen von dem Herzog Bertold und daher rührende Rechte ihm nicht mögen unbekannt gewesen seyn, anvertraut; wo es nicht bereits vorher geschehen ist, als dieser Kaiser über die Lombardischen Städte, und die Tarviser Mark, als Italienische Lehen, Regenten und Reichsbeamte (Rectores & Præfectos) gesezt worden, wie die Städte in Teutschland damals Kaiserliche Vögte (Advocatos Imperiales) erhalten hatten. Es wurde aber allem Anscheinen nach die Regierung unsers Marggraven über Verona hernach unterbrochen. Die um Verona

---

(*n*) S. 13. folg.

rona herum liegende Städte hatten die so genannte Veronesische Gesellschaft (o) errichtet, woraus endlich der grosse Lombardische Städtebund erwachsen, der den langwierigen Krieg unterhalten, welcher erst A. 1183. zu Kostanz beygelegt worden. Er bediente sich aber dennoch des Titels fort. Insonderheit ist zu merken, daß er in einem Italienischen Monument vom Jahr 1160. Marggrav von Verona, Herzog von Kärnthen genennt wird. (*p*) Es werden hiedurch

---

(*o*) La Compagnia de Veronesi, SARAYNA *de gestis Veronensium* L. I. in *Thesaur. rer. Ital.* T. IX. p. 7.

(*p*) *Marchio Veronensis*, *Dux de Carentana*. VGHELLI *Italia sacra* Tom. II. Col. 372. Wiewol Herr P. Frölich l. c. p. 86. dafür hält, man müsse ein H. dazwischen sezen, und lesen: *Hermannus Marchio Veronensis*, *Henricus Dux de Carentana*; mithin hier den Kärnthischen Herzog Hermann verstehen. Jedoch ist er des Dafürhaltens, daß um diese Zeit, unter diesem Herzog Hermann von Kärnthen, welcher vorher Marggrav zu Verona gewesen sey, der Titul Marggrav von Verona, und die dazu gehörige Gewalt; so viel nämlich unter den damaligen Unruhen in Italien noch übrig gewesen, auf Marggrav Hermann III. oder IV. zu Baden gebracht worden sey. Er führt folgende Ursachen an, warum er glaubt, daß Herzog Hermann die Würde der Marggravschaft, welche bisher den Herzogen von Kärnthen oder ihren Brüdern eigen gewesen wäre, auf den Badischen Stamm gelangen lassen, oder wenigstens solches nicht verhindert habe. 1) Seye die Regierung der Veronesischen Marggravschaft, oder der Titul schon von dem Herzogthum Kärnthen getrennt gewesen. 2) Habe Herzog Hermann hieburch seine Rechte an dieses Herzogthum im Angedenken erhalten. (q) Im Leben Marggr. Hermanns IV. werde ich noch etwas hievon anführen.

§. VII.

mann von Kärnthen, da er A. 1161. das Herzogthum bekommen, keinen Bruder mehr gehabt, und wo er ja schon ein Vatter zweyer Söhne gewesen, so seyen sie noch in ihrer zarten Kindheit gestanden. 3) Habe er dagegen an dem Marggrav Hermann zu Baden einen nahen Vettern gehabt. S. vorher S. 302. 4) Die Badische Hermänner seyen gewiß aus einerley Geschlecht mit den Zähringischen Bertolden gewesen; da nun die Bertolde bis ins zwölfte Jahrhundert zuweilen mit dem Titul Herzoge von Kärnthen beehrt worden, so habe dieses auch etwas beytragen können, warum der Marggrävlich Veronesische Titul, der von dem Herzoglich Kärnthischen Stamme abkommen sollte, vorzüglich einer ohnehin verwandten Familie, die den Herzoglich Kärnthischen Titul führt, sollte übertragen werden. 5) Habe der Herzog von Kärnthen bey den grossen Unruhen unter K. Fridrich um so eher zugegeben oder gewünscht, daß diese Würde auf jemand anderst gelange, weil sie ohnehin mehr Beschwerlichkeit als Nuzen mit sich geführt; wiewohl Verona selbst ums Jahr 1161. und folg. die Kaiserliche Parthie hielte. Ich überlasse meinen Lesern beederseitige Gründe zur eigenen Prüfung.

(q) Es wird mir von einem Gönner meiner Arbeiten und Freunde der Geschichte eine ungedruckte lesenswürdige Abhandlung des gelehrten Schöffen zu Frankfurt, Herrn Joh. Dan. von Olenschlaaer zugestellt; die ich meinen Lesern mit dessen gütiger Erlaubnis als einen Anhang, zu diesem Zeitverlaufe der Badischen Geschichte, von Wort zu Wort mittheilen will.

Hermann III. von 1130-1160.

§. VII. Marggrav Hermann hat als ein Reichsfürst seine Dienstleute oder Hofämter. (r) Daß dieselbe ihm nicht nur an seinem Hofe und in seinen Landen, sondern auch ausser denselben die schuldige Dienste geleistet haben, beweißt sein Aufenthalt zu Speyer A. 1150. wo der K. Konrad damals Hof gehalten hat. In der Urkunde, die daselbst dem Stift Corvey ausgefertigt worden, steht Herimannus Marchio de Baden & sui Ministeriales. (s) *Hofämter.*

§. VIII. Marggrav Hermann gibt der Welt gute Nacht A. 1160. (t) und wird zu *Tod.*

(r) Conf. Jo. GEORG. CRAMERI Comment. de jure Principum ac Procerum Germaniæ servitia aulica a Vasallis nobil. exigendi.

(s) MARTENIUS T. II. p. 607. MASCOV. L. c. p. 275. PETRI Suev. Eccles. p. 716. PAULINI Tr. de Advocat. monast. §. 35. Syntagm. rer. Germ. p. 568. Principes autem cum suis Ministerialibus hi interfuerunt —— Fridericus Dux Sueviæ & Alsatiæ & sui Ministeriales —— Herimannus Marchio de Bathen & sui Ministeriales &c. Bekannt ist, daß die Hofämter von den Lehrern des Staatsrechts vor ein uraltes und sehr gewöhnliches Kennzeichen der Fürstl. Würde gehalten werde, LUDEWIG jur. feud. p. 660. 715. RICCIUS vom Landsäßigen Adel, p 94. und daß kein mediater weltl. Stand dergleichen gehabt habe. Es ist also auch dieses ein Beweiß, daß die Herren Marggraven zu Baden unmittelbare Reichsstände und Fürsten gewesen sind.

(t) Im dritten Theil zu Sam. von Puffendorf Einleitung

Backnang bey den Seinigen zur Ruh gebracht, wie die vorher (u) angeführte Grabschrift daselbst bezeugt.

Gemahlin. Seine Gemahlin soll Bertha gewesen seyn, Herzogs Matthäi von Lothringen und Berthä oder Judith K. Fridrichs I. Schwester, Tochter. Sie ruhet nach mehr angeführter Grabschrift an der Seite ihres Gemahls. Der einzige Prinz dieser Durchleuchtigsten Eltern ist Marggrav Hermann IV.

---

lcitung.:c. Ed. 1748. S. 567. steht unrecht, daß er auf der Reise nach Syrien mit Tode abgegangen sey.

(u) S. 286.

Hermann

Hermann IV.
Von 1160. bis 1190.

§. I.

Marggraf Hermann IV. bringt einen grossen Theil seiner Lebenstage mit Kriegsverrichtungen zu, und erweißt sich als einen heldenmüthigen Fürsten. Er wohnt aber auch andern Kaiserlichen und Reichsgeschäften bey, und führt in den davon handelnden Urkunden, sowohl den Titul eines Marggraven von Baden, als auch, und zwar meistentheils, eines Marggraven von Verona, wie sein Herr Vatter M. Hermann III. Seine Residenz hat er zu Baden. Er heißt aber auch Marggrav von Hachberg.

Hermann IV.

§. II. Unter die in seinem Lande vorgefallene kirchliche Veränderungen ist zu zählen, daß das Kloster Tennebach, zu welchem bey Lebzeiten seines Vatters A. 1158. der Grund in seinen Hachbergischen Landen gelegt worden war, nunmehr unter seiner Regierung zu Stande gekommen und A. 1161. von zwölf Mönchen bewohnt worden ist. (a)

Kirchensachen.

§. III.

(a) S. Seite 66. und vid. *Cod. Dipl. Bad.* ad a. 1161. Es werden in dieser Urkunde auch des Marggraven Dienstleute angezeigt. Er selbst heißt Marggrav Hermann in Castro Hahberg.

Krieg mit Hugo von Tübingen.

§. III. In dem heftigen Krieg, welcher A. 1164. zwischen Herzog Welf von Spoleto und Pfalzgrav Hugo III. von Tübingen in volle Flammen ausgebrochen, ergreift er mit seinem Vettern Herzog Bertold IV. von Zähringen die Welfische Parthie. (b)

Italiän. Zug.

§. IV. Er begleitet den K. Fridrich I. welcher ihm nicht nur wegen der nahen Anverwandschaft, sondern auch wegen seiner ruhmvollen Treue gegen ihn und das teutsche Reich sehr ergeben war, auf seinem abermaligen Feldzug wider die rebellische Städte in der Lombardie, und wohnt nachher A. 1183. zu Kostanz den Friedenshandlungen des Kaisers mit den Italienischen Städten bey, nachdem man über die Präliminarpunkten bereits im April und May desselben Jahrs einen Verglich zu Piacenza getroffen hatte. (c) Denkwürdig ist, daß Marggrav Hermann eben dasselbe Instrument, in welchem den Veronesern die Freyheit wieder gegeben worden, unterschrieben, und sich darinnen Marggrav von Verona

---

(b) S. oben S. 63. 64. Ausser den daselbst angeführten Scribenten ist nachzusehen Mutius in *Chron.* Chron. Bebenhusan. ap. Ludewig *Rel. Mst.* T. X. p. 408. Feller in der Braunschweig-Lüneburgischen Geneal. Historie. S. 329. 334. wo dieser Hugo der Dritte genennt wird.

(c) Sigonius *de regno Italiæ* L. 14. p. 338.

rona genennt hat. (d) Woraus zu vermuthen ist, daß er damals die Marggrafschaft Verona noch besessen habe.

§. V. Ich gedenke noch einiger Urkunden, darinnen seiner Meldung geschiehet. *Urkunden.*

A. 1181. ist er Zeuge in dem Bestätigungsbrief, den K. Fridrich I. dem Kloster Trutenhausen im Elsaß über seine Stiftung ertheilt. (e)

A. 1185. bekommt der Römische König Heinrich VI. (VII.) von dem Bischof zu Basel Heinrich I. die Hälfte des Hofs (curtis) Brisach, die Hälfte des Bergs Eggeharthberc (Eckardsberg) zu Lehen. Unter den Zeugen hat die erste Stelle Hermann von Baden. (f)

§. VI. Die Italienische Schriftsteller nennen unsern Fürsten bald Arman, bald Hermann. Ughellus meldet, daß im Jahr 1177. bey der Einweihung des hohen Altars *Herr von der Marggravschaft Verona.*

U 5

(d) SIGONIUS L c. p. 339. und vollständiger in dem Anhang des CORP. JUR. CIV. JUSTINIANEI in Constitutione de Pace Constantiæ.

(e) OBRECHT. Prodr. p. 228.

(f) HERRGOTT Cod. Prob. num. 245. Das Wort Marchio steht zwar hier nicht dabey. Herrgott hält ihn aber mit gutem Grund vor diesen Marggrav von Baden. Man kan mehrere Exempel aufweisen, daß dieses Wort, vermuthlich aus Versehen, ausgelassen worden ist.

tars in der Hauptkirche der heiligen Maria zu Verona, welche am 25ten Julius (VIII. Kal. Aug.) besagten Jahrs Papst Alexander III. selbst verrichtet hat, nach Ausweiß der darauf gefertigten Urkunde: „D. Hermannus, Marchio & Dominus to-„tius Marchiæ Veronensis,, angewohnt habe. (g) Onuphrius Panvinius erzählt eben dieses, und nennt denselben Arman einen teutschen Marggraven. Er irrt aber in dem Jahre. (h)

Vorgedachter Ughellus berichtet weiter, (i) wie im Jahr 1186. der heiligen Julia-

---

(g) *Ital. Sacr.* Tom. V. p. 799. Conf. *Cod. Dipl. Bad.* ad a. 1177. P. Frölich in *Archontolog. Carinthiæ* P. II. C. 5. p. 88. zeigt, wie schon im vorhergehenden angeführt worden, den Unterschied dieses Hermanns von dem damals lebenden Hermann Herzogen zu Kärnthen, und bestätigt also dessen Badischen Ursprung.

(h) *Antiquit. Veron.* L. VII. p. 183. „A. 1187. „Kal. Aug. Alexander III. Papa consecrat altare „majus Ecclesiæ S. Mariæ Antiquæ Veronæ, præ-„sente inter alios D. *Armano, Theutonico Mar-„chione & D. totius Marchiæ Veronensis.* Papst Alexander war schon im Jahr 1181. den Weg alles Fleisches gegangen; S. Herrn Vicekanzlers J. G. Estors Anmerkungen über das Staats- und Kirchenrecht, S. 325. Folglich konnte die Einweihung nicht im Jahr 1187. von ihme geschehen. Es war vielmehr nach dem Ughellus das Jahr 1177. Die wahre Abschrift findet sich im *Cod. Dipl. Bad.* ad a. 1277.

(i) in *Italia Sacra* Tom. V. p. 807. „in præsentia „D.

Hermann IV. von 1160-1190.

Juliana von Lepida im Veronesischen eine Kirche geweyhet worden, seye in Beysenn Herrn Armans, eines teutschen Marggraven und Herrn der ganzen Veronesischen Mark oder Marggravschaft.

Der grosse Geschichtslehrer Herr Prof. Schöpflin macht hiebey diese Anmerkung: (k) Hieraus ist deutlich, daß M. Hermann IV. auch nach dem mit den Italienischen Städten zu Kostanz geschlossenen Frieden, nicht nur ein Reichsbeamter, (Præfectus) sondern auch Herr von Verona gewesen sey. Sein Vatter wird Marggrav von Verona, er aber Herr von der ganzen Marggravschaft genennt. Es mangelt auch nicht an neuern Scribenten, (l) welche davor halten, daß, nachdem der Kaiser die Stadt Mayland gänzlich besiegt, (m) unserm M. Hermann Verona seye übergeben worden. Nimmt man

„ D. *Armani Theutonici Marchionis & Domini*
„ *totius Marchiæ Veronensis* consecrata est Eccle-
„ sia S. Julianæ de Lepida in Veronensi districtu.

(k) *Histor. Zar. Bad.* T. I. p. 301.

(l) SPENERI *Sylloge Geneal. Hist.* p. 611.

(m) Diese vortrefliche Stadt wurde A. 1162. bis auf die Kirchen Mariä, Mauritii und Ambrosii völlig geschleift, mit dem Pfluge umgeackert und der Boden mit Salz bestreuet. AUCTARIUM AFFLIGEMENSE ad a. 1162. PTOLOMÆUS LUCENSIS in *Annalibus* ad e. a. MORENA p. 858. BURCKARDUS de excid. Mediol. ap. FREHER. Tom. I. p. 330.

man dieses an, so muß man auch annehmen, daß der Vatter die Reichsamtey, der Sohn aber die Herrschaft selbst über Verona bekommen habe. Hermann heißt in der angeführten Stelle ein teutscher Marggrav und Herr über die ganze Veronesische Mark oder Marggravschaft. Diese Worte beweisen, daß er ursprünglich ein Teutscher und ein Marggrav des teutschen Reichs, zugleich aber auch Herr der Mark Verona gewesen sey. (*n*) Und diese Mark ist

---

(*n*) FROELICH in *Archont. Carinth.* Cap. V. pag. 92. 93. schreibt daher gar wohl: „ Dudum explosa ab Eruditis est illa quorundam fabella, & a nobis novis confutata momentis, Badensium nobilissimam stirpem Verona oriundam fuisse, atque *Marchionis* titulum *a Veronensi Marchia* primum Badenses accepisse. Enim vero multo antea tempore *Marchionum* dignatione honorati Badenses Principes, adeo magnam se honoris accessionem *Marchionatu Veronensi* nactos esse non existimabant, ut raro admodum, neque nisi aut Veronæ degentes, aut in Carinthiæ rebus, sese *fere Marchiones Veronæ* scriberent: quippe qui mallent avito illo, plenique juris titulo *Marchionum Badensium*, præ adventitia illa, vacuaque fere *Marchionum Veronensium* appellatione gloriari. „ Dieser gelehrte Pater zeigt zugleich, wie gering gegen das Ende des zwölften Jahrhunderts das Ansehen und die Macht der Marggraven von Verona gewesen seye. Man muß sich übrigens wundern, daß TORELLUS SARAYNA in libro: *De his, qui potiti fuerunt Dominio Veronæ* pag. 26. sqq. *in Thesauro antiquit. & Histor. Italiæ*
Græ-

ist eben die Marggrafschaft, welche K. Heinrich IV. seinem Ur-Anherrn Herzog Bertold I. samt dem Herzogthum Kärnthen hundert Jahre vorher entrissen hatte; da dann Herzog Bertolds jüngerer Sohn Hermann I. den Titul eines Marggraven, zum Angedenken der vorigen Würde, sich beygelegt, auch solchen von andern erhalten hat. Dieses ist ein abermaliger Beweiß, daß die Herren Marggraven von Baden nicht aus Italien herstammen, sondern Teutschland sie als eingebohrne Fürsten zu verehren habe. (o)

§. VII.

Græviano Tom. IX. P. VII. keine Meldung der Marggraven von Verona gethan hat.

(o) Die Durchleuchtigste Herren Marggraven Philipps und Ernst Fridrich haben A. 1585. vermuthlich auf Veranlassen des Pistorius nachstehendes Schreiben an den Doge zu Venedig abfassen lassen, um sich wegen der Veronesischen Sachen genauer zu erkundigen, und waren Willens den Ritter Josua von der Scheer mit demselben abzusenden. Ich kan aber nicht versichern, ob die Gesandtschaft wirklich vor sich gegangen, und von derselben eine Antwort zurück gebracht worden sey. Das Schreiben selbst war dieses:
„ Serenissime Princeps, Domine & Amice obser-
„ vande. Cum multi hactenus viri docti de fami-
„ liæ nostræ dignitate libros in publicum protulis-
„ sent, essent autem ipsorum in varietate & dissen-
„ sione quadam constitutæ sententiæ, dedimus uni
„ de ministris nostris mandatum, quem isti negotio
„ & labori parem esse putavimus, ut originem &
„ progressionem gentis nostræ ex omnibus historiis
„ &

Münze.

§. VII. Ich muß nun einer denkwürdigen Münze gedenken, dergleichen man in vorigen Zeiten eine nicht geringe Anzahl bey Sulzberg gefunden hat. Sie sind aus dem

„ & monumentis diligenter perquireret, neque so-
„ lum diffensiones tolleret veterum scriptorum, sed
„ etiam res a majoribus nostris laudabiliter & glo-
„ riose gestas mandaret litteris; Ille vero statim
„ cum manum adhibuisset operi, cognovit ex archi-
„ vis nostris & ex multis impressis litteris; proge-
„ nitores nostros primitus ex Germania ab Impera-
„ toribus, eorum propinquis, immissos in Longobar-
„ diam & præsertim in Veronensem Marchionatum,
„ rursus autem cum aliquandiu Veronam & vicinam
„ provinciam venissent, in Germaniam revocatos
„ esse ante annos fortassis 400. Et cetera se qui-
„ dem ex Germaniæ nostræ litteris & libris sperat
„ consecuturum, sed illud unum quod a litteris no-
„ stris remotum, neque in publicis libris conscri-
„ ptum est, in Italia perveftigandum putat, scilicet,
„ quando primum gubernandam acceperint Vero-
„ nensem Provinciam, quamdiu tenuerint, quid
„ ab illis præclare sit in Italia & in possessione Mar-
„ chiæ istius factum & administratum, quando rur-
„ sus inde discesserint. Cum igitur id nobis humi-
„ lime significasset, & nos nullo loco melius ista,
„ quam Veronæ cognosci putaremus, neque dubita-
„ remus, in Archivis urbis & in monasteriis eam re-
„ rum consignatam & inscriptam esse memoriam,
„ visum est nobis scribere ad Dilectionem Tuam,
„ quæ jam ditionem illam nomine amplissimi Sena-
„ tus Veneti cum imperio tenet, & rogare vehe-
„ menter, non solum ut monasteria, quæ Veronæ
„ & in vicinia sunt, perquiri, & interrogari viros
„ historiarum & veterum rerum peritos, ab hoc ex-
„ hibi-

dem feinsten Silber, und zeigen auf der einen Seite ein Kreuz in einem Circul eingefaßt, mit der Umschrift: HERMANNVS. Die andere Seite hat ein Schloß oder einen Thurn zwischen diesen Buchstaben

P	S
R	A
I	C.

Gamans, bey dem ich diese Nachricht und Abzeichnung finde, gibt keinen Ausschlag, welcher Marggrav Hermann hier zu verstehen sey, sondern meldet nur überhaupt, die Hermanne haben Breisach besessen. Die Verfasser des Basler Lexicon (p) schreiben, K. Otto IV. solle in seinen Kriegen mit K. Fridrich II. hieher seine Zuflucht genommen, und, weil die Burger einige seiner Hofbedienten wegen verübter Schandthaten umgebracht, die andern aber nebst dem Kaiser aus der Stadt gejagt, selbige dem Herzog Bertold von Zähringen geschenkt haben. Daß das Schloß Brisach

---

„ hibitore, dilecto nostro, cui id negotii imposui-
„ mus, benigne permittat; verum etiam Veronensi-
„ bus mandet, quo legatus noster eo sumtibus no-
„ stris profectus, omnibus modis ad illa impetranda,
„ quæ cupimus, adjuvetur. Illud universum, quia
„ ad amplificandam laudem & memoriam familiæ
„ nostræ pertinet, & Dilectioni Tuæ incommodum
„ afferre nullum potest, neque alio profecto a no-
„ bis susceptum fuit consilio, quam ut inde aliquid
„ ad familiam nostram ornamenti accederet, roga-
„ mus Dilectionem Tuam perbenigne, ut nobis gra-
„ tificari non gravetur,

(p) Art. Brisach.

Brisach von Herzog Bertold IV. erbaut worden, ist oben (q) bemerkt worden. Es ist demnach hier vermuthlich M. Hermann IV. der zu dieser Zeit gelebt hat, zu verstehen. Herr Prof. Schöpflin hält dafür, daß beede Linien, so wohl die Zähringische als die Badische eine gemeinschaftliche Münzstatt zu Brisach gehabt haben.

Kreuzzug. §. VIII. Die betrübten Nachrichten, welche die Abendländische Christen aus dem Morgenlande erhielten, verursachten einen neuen Kreuzzug. Das verständige Oberhaupt der Saracenen, der ungemein tapffere Saladin (r) macht sich die unter den Christen herrschende Uneinigkeit zu Nuzen. Er unternimmt die Belagerung der vesten Stadt Tiberias. Der König zu Jerusalem, Guido von Lusignan, die Tempelherren, kurz, Geistliche und Weltliche bemühen sich den Ort zu entsezen; sie werden aber aufs Haupt geschlagen, und K. Guido gerathet selbst in die Hände des Siegers. Die unglückliche Folgen dieser Niederlage sind: der Verlust Jerusalems, und vieler anderer Pläze. Den Christen bleibt ausser Tyrus, Antiochien, und Tripoli di Soria fast nichts mehr übrig. Papst Gregorius VIII. und dessen Nachfolger

---

(q) S. 59.

(r) WILHELM. TYRIUS *Hist. rerum in partibus transmarinis gestarum* L. XX. C. 12.

Hermann IV. von 1160-1190.

folger Clemens, laſſen eilends das Kreuz predigen. K. Fridrich I. befindet ſich zu Maynz, (s) und beſchließt nebſt 68. Reichsfürſten den Kreuzzug. Er bricht mit einem Heer von 150000. ſtreitbaren Mann aus Teutſchland auf, und nimmt ſeinen Weg über Preßburg nach dem gelobten Lande. Unter andern Reichsfürſten, welche dem Kaiſer folgen, iſt Fridrich Herzog von Schwaben, des Kaiſers Prinz, Bertold Herzog von Meran, und des Kaiſers aufrichtiger Freund Marggrav Hermann. (t) Als die Stadt Iconium, oder Cogni,

---

(s) CHRONOGRAPHUS SAXO ad a. 1188.

(t) TAGENO in *Deſcriptione Expedit. Aſiat.* ap. STRUV. T. I. *rerum German.* Dieſer Dechant der Paſſauiſchen Kirche wohnte dem Kreuzzug ſelbſt bey. Er bemerkt die Menge der Graven, die mit gereiſet, nur überhaupt, die Fürſten aber macht er zum Theil ausdrückl. namhaft: „Anno Chriſti MCLXXXIX. Fridericus „Imperator Ratisbonam intravit, ibi cum XVII. „Epiſcopis & omnibus principibus maximum „concilium celebravit, totam quadrageſimam & „Paſcha ibi manſit. Poſt Paſchæ dies tranſactos „(quod evenerat V. Id. Apr.) ex Ratisbona mo„vit, navali itinere Bataviam deſcendit, cum eo „filius ejus Fridericus Dux Alemanniæ, Berthol„dus Dux Meraniæ, ex Bavaria de Caſtro An„dechs natus, *Hermannus Marchio Badenſis*, „Epiſcopi Herbipolenſis, Monaſterienſis, Diet„poldus Bathavienſis, Oſſeburgenſis, Miſſenen„ſis, *cum multis regni comitibus* cum magna „multitudine populi per Vngariam & Græciam „iter ſuum direxerunt.„

X

Cogni, von denen Christen belagert wurden, und die Feinde von allen Seiten solche verhinderten, führete M. Hermann mit dem Herzog von Meran die Völker an, so zur Bedeckung dienen sollten. (u) Kaiser Fridrich I. will sich in dem Flusse Cydnus, (v) welcher ehemals dem Grossen Alexander so gefährlich gewesen, nicht weit von Tarsus in Cilicien, der Geburtsstadt des vortreflichen Heydenlehrers, abkühlen, er sinkt unter, und kommt zwar wieder hervor, stirbt aber nach dreyen Tagen zu Seleucien im Jahr 1190. Seine Gebeine werden zu Antiochien, sein Eingeweide aber zu Tarsus begraben. (w)

Tod. Unser Marggrav folgt seinem Freunde noch selbiges Jahr in die Ewigkeit nach. Er stirbt zu Antiochien, vermuthlich an einer Krankheit; und ruht auch im Tode bey seinem Freunde, dem Kaiser.

Bildnis. Derjenige Mahler, welcher die Bildnisse der Durchleuchtigsten Herren Marggraven

---

(u) Crusius in der Schwäb. Chron. Th. 2. B. 11. Cap. 18. berichtet dieses aus einem unbekannten Schreiben. Conf. VRSTIS. *Scriptor.* p. 561.

(v) Einige nennen ihn Serra, andere Saleph. Conf. III. SCHÖPFLIN. *Comment. Hist. & Crit.* p. 349. n. b. Joh. Chr. Harenbergs Abhandlung von der Todesart und dem Todesort K. Fridrichs I. in den Hannöver. nützlichen Sammlungen, 1757. S. 1369. folg.

(w) TAGENO l. c. OTTO DE S. BLASIO ad d. a.

graven zu Baden in neuern Zeiten verfertiget hat, die wir in dem hiesigen Hochfürstlichen Residenzschlosse aufgestellt sehen, hat diesen Fürsten besonders gezeichnet. Sein Angesicht ist mit dem herabgelassenen Helme verdeckt. Man tragt sich deswegen mit allerhand Muthmassungen. Ob es die am besten getroffen haben, welche meynen, man habe vor seiner Abreise noch keine Abschilderung von ihm gehabt, und ihn also nicht auf eine ihm unähnliche Weise vorstellen wollen; oder die, welche glauben, man habe hiedurch seinen Heldenmuth, wie auch seinen ungewöhnlichen Tod zu erkennen gegeben, überlasse ich anderer Urtheil. Andere leiten diese Vorstellung von der Veränderung der Helmkleinodien überhaupt her, da es nichts ungewöhnliches gewesen, daß Vatter und Sohn wohl einerley Schilde, aber ganz verschiedene Helmkleinodien geführt haben. (x)

§. IX. Wer seine Gemahlin gewesen sey, ist ungewiß. Einige nennen sie Bertha, und geben sie vor eine Tochter eines Pfalzgravens von Tübingen aus. Nach andern soll sie Irmentrut geheissen, und einen Elsassischen Herzog Theodorich zum Vatter gehabt haben; Andere machen sie zur Tochter Herzog Heinrichs aus Bayern. So viel

Gemahlin und Kinder.

(x) SPENER. in *Opere Heruld.* P. I. C. 6. §. 34. p. 321. führt hievon aus Herzogs Elsaß. Chron. etliche Exempel an.

viel ist richtig, daß sie die Mutter dreyer
Prinzen und einer Prinzeßin ist. Der älteste war:

Hermann der V.

Welchen die Vorsehung zum Stammvatter des heutigen ganzen Durchleuchtigsten Hauses Baden bestimmet hat. Ich habe von ihm hiernächst besonders zu handlen. Der andere Sohn

Fridrich

stehet jenem in den Urkunden allzeit nach, und war also vermuthlich jünger. Nach den geschriebenen Nachrichten hat er kein so hohes Alter erreicht, wie sein Herr Bruder. Man findet folgende Nachrichten von ihm; z. E.

A. 1209. steht er in einem Instrument pro Nivellensi Ecclesia K. Otto IV. nebst seinem Bruder M. Hermann. (y)

A. 1210. ist er in einer Urkunde eben dieses Kaisers das Stift Speyer (z) betreffend, nach Fridrich Graven von Saarbrücken. Er heißt darinnen wie in der vorhergehenden ausdrücklich Marggrav von Baden.

A. 1214. ist M. Hermann von Baden und sein Bruder Fridrich Zeuge in einem Diplomate, welches K. Fridrich II. im Lager
bey

(y) Miræi Opp. Dipl. T. I. p. 734.

(z) Sie ist in dem Archiv dieses Hochstifts aufbehalten.

bey Jülich den 9. Sept. dem teutschen Orden ertheilt. (*a*)

A. 1215. ist er nebst seinem Bruder M. Hermann bey dem Kaiser zu Würzburg. (*b*)

In eben diesem Jahr kommt ein Marggrav von Baden unter den Zeugen vor, in dem Tausch (concambio) K. Fridrichs II. mit dem Bischof zu Regensburg. (*c*) Der Taufname ist ausgelassen.

X 3   In

(*a*) Teutsche Ordens-Deduction contra Hessen, inter Diplom. n. 3.

(*b*) Dis bezeugt die Urkunde vor die Stadt Cöln in dem Hochfürstl. Baden-Durlachischen Archiv.

(*c*) GEWOLD. *Addit. ad* HUNDII *Metropolin.* T. III. p. 4. Ebendaselbst steht auch ein Heinrich von Nyffen. Vielleicht ist er ein naher Verwandter der Gräuin Abelheid von Nyffen. S. oben S. 189. Daß der Marggrav von Baden in dieser Urkunde dem Burggraven Konrad von Nürnberg, dem Grav Poppo von Henneberg, und dem Grav Albert von Eberstein nachgesezt ist; sonsten aber auch die Marggraven den Graven vorgesezt werden, hat in der schönen Anmerkung PFEFFINGERI *ad* VITRIARIUM T. II. p. 657. Anlaß gegeben: „Licet autem Mar-
„chiones nostri Comitibus modo præferantur,
„modo postponantur, non satis tuto infertur,
„quod tempore Friderici II. Imp. nondum *Prin-*
„*cipum charactere* fuerint insigniti, quippe qui
„non solum eodem cum Zaringiæ Ducibus sangui-
„ne erecti sunt, sed & jam *Henrici* IV. ævo
„*Hochbergicæ* Marchiæ Domini erant, Ducibus
„aliisque Imperii Principibus, potentia & auctori-
                                  „tate

In eben diesem Jahr verkauft Heinrich von Lare ein Gut bey Spizenbach auf der sogenannten Breitebnet, welches er von dem Fürstl. Hause zu Lehen getragen, an den Abt Bertold zu Tennebach mit Genehmigung beeder Durchleuchtigsten Herrn Brüder. (d)

Auch wird in diesem Jahr ein Marggrav von Baden nebst andern Fürsten zu Aachen mit dem Kreuze bezeichnet. Ob es M. Hermann oder Fridrich gewesen, läßt sich nicht eigentlich bestimmen. Doch ist vermuthlich lezterer zu verstehen, weil er nachhero wirklich mit andern ins Gelobte Land gezogen, und in demselben das Zeitliche gesegnet, wie aus der angeführten Urkunde klar erhellet. Das Jahr seines Todes ist unbekannt. Vor seiner Abreise hatte er mit Einwilligung seines Bruders Hermanns und desselben Gemahlin Irmengard alle sein Eigenthum in Ulm dem teutschen Orden geschenkt. (e)

A. 1216. unterzeichnet Kaiser Fridrich II. zu Würzburg einen Freyheitsbrief vor den

"tate pares, vel superiores; studio in Imperato-
"res & Reipublicæ amore, nemini secundi; Po-
"tentioribus Germaniæ Civibus connubiorum ne-
"cessitudine conjuncti, in vetustioribus chartis
"publicis Principibus semper admisti „ &c.

(d) *Cod. Dipl. Bad.* ad a. 1215.

(e) GODEFRIDI *Annal.* ap. FREHER. T. I. p. 383.

den Erzbischof Adelbert zu Magdeburg und seine Kirche. Unter den Zeugen stehen beede Marggraven von Baden Hermann und sein Bruder Fridrich. (*f*) Wenige Tage hierauf überläßt der Kaiser daselbst eben diesem Erzbischof das Schloß Scheuburg gegen 2000. Mark Silber. Unter den Zeugen stehn gleich nach Ludwig Herzog von Bayern, Marggrav Hermann von Baden, und sein Bruder Fridrich. (*g*) Und gleich darauf hebt der Kaiser in eben dieser Stadt den Tausch des Bischofs zu Regensburg mit den Aebtißinnen des obern und untern Klosters daselbst auf; welches diese beede Brüder bezeugen. (*h*)

Der dritte Sohn ware

Heinrich I.

Dieser ist der Stammvatter der Herren Marggraven von Hachberg. Seine Lebensbeschreibung kommt unten vor. (*i*)

(*f*) Lunig *Part. Spec.* Contin. 2. p. 357.

(*g*) Becmann. *Histor. Anhalt.* P. III. L. 4. C. 21 p. 437.

(*h*) Heider von Reichsvogteyen. Hundii *Metropol.* T. 2. p. 592.

(*i*) Indessen dient dieses zur Widerlegung des irrigen Vorgebens, daß die Herren Marggraven zu Baden und die zu Hachberg aus unterschiedlichem Stamm seyen.

Die Tochter hieß

Gertraud.

Sie wurde vermählt an Albrecht Prinzen von Brabant, der sich Grav von Metz und Dachsburg schriebe. Hiedurch ist dem Hochfürstlichen Hause die Gelegenheit zugestossen, die Dachsburgische Lande mit den seinigen zu verknüpfen, wie bald wird gezeigt werden.

Hermann

Hermann V.
Von 1190. bis 1243.

§. I.

Marggrav Hermann V. hat verschiedene Beynamen. Man nennt ihn Hermann den Kleinen, vermuthlich wegen seiner Leibesstatur; Hermann den Frommen, und Hermann den Streitbaren. (a)

Da die erstgebornen Prinzen damals den Vorzug noch nicht besassen die Länder ihrer Vätter allein zu besizen: so geht auch nach M. Hermanns IV. Absterben eine Theilung zwischen seinen Prinzen vor. Der älteste, nämlich M. Hermann V. bekommt die Marggravschaft Baden. Der zweyte M. Heinrich wird Herr der Marggravschaft Hachberg. Ich finde nicht, daß

Hermann V.

Landestheilung.

(a) Diese Anmerkung finde ich in der geschriebenen Nachricht des Johann Fridrich Jünglers. Er war ein geschickter Rechtsgelehrter und Hofrath Marggrav Georg Fridrichs von Baden-Durlach, den er auch auf seinen Reisen begleitet. Er hat A. 1623. eine kurze Beschreibung von dem Fürstlichen Hause Baden in lateinischer Sprache geschrieben, unter dem Titul: Vera genuina ac legitima radix stemmatis Marchici-Badensis-Hachbergensis. Er hat sich bey dem Ursprung dieses Hauses am meisten aufgehalten, und ist vornämlich dem System des Guillimanns gefolgt.

der dritte Prinz, M. Fridrich einen Theil der vätterlichen Lande bekommen habe. Auch scheint es, daß nach M. Hermann IV. das Fürstliche Haus von dem Besiz der Marggravschaft Verona abgekommen sey; wiewohl die nachfolgende Fürsten nicht aufgehört haben, sich des Veronesischen Tituls sowol in ihren Unterschriften, als auch zuweilen in ihren Insiegeln zu bedienen.

Reichssachen. §. II. Dieser erhabene Reichsfürst führt über fünfzig Jahr das Scepter, und kommt bey einer grossen Anzahl Reichssachen vor. Ich will die vornehmsten anführen, ohne die zu wiederholen, welche schon bey seinem Herrn Bruder M. Fridrich angezeigt worden.

A. 1208. ertheilt Heinrich Herzog von Sachsen und Pfalzgrav am Rhein zu Worms dem Kloster Bebenhausen, als Schirmvogt desselben, die Freyheit, daß sich jedermann von seinen Unterthanen, Dienst- und Lehenleuten vor ihre Personen in dasselbe begeben, oder ihre Güter dahin vermachen dörfen. M. Hermann und sein Bruder Fridrich sind dabey Zeugen. (*b*)

A. 1209. erbietet er sich, nebst andern Fürsten mit K. Fridrich II. wider die Türken

_____
(*b*) BESOLD. *Doc. Monast. rediv.* p. 371.

ken nach Jerusalem zu ziehen. Es hat aber das Werk keinen Fortgang. (c)

A. 1214. unterzeichnet er gleich nach Herzog Theobald von Lothringen das Diploma, welches K. Fridrich II. zu Hagenau dem teutschen Orden gegeben. (d) Und in einem andern Gnadenbrief, den dieser Kaiser in eben demselben Jahr zu Rothweil dem Bisthum Straßburg ertheilt, kommt er als Zeuge vor. (e) Desgleichen in dem Tausch dieses Kaisers mit dem Bischof von Regensburg. (f)

Nachdem P. Innocentius den K. Otto IV. in den Bann gethan, und der Erzbischof zu Maynz Siafrid, des Papsts Exempel gefolgt war, sucht der Kaiser durch Bündnisse seinen Thron zu befestigen. Er erlangt an vielen Orten seinen Endzweck. In Schwaben und am Rheinstrohm will es ihm nicht gelingen. Sondern er muß bey der Ankunft seines Gegenkaisers, Fridrichs II. in Teutschland, von Ueberlingen nach Brisach sich begeben, und

---

(c) Herzog Elsaß. Chron. B. 2. C. 31. S. 43.

(d) Teutsche Ordens-Deduction contra Hessen; inter Dipl. n. 2.

(e) LAGUILLE *Histoire d'Alsace*, preuves p. 35.

(f) GEWOLD. T. III. p. 5. *Addit.* ad HUNDII *Metrop. Salisb.*

und unter Begleitung M. Hermanns den Rückweg in seine Erblande suchen. (g)

A. 1216. wird die Wahl K. Wenzels in Böhmen gegen den Primislaus von K. Fridrich II. zu Ulm bestätigt. In dem hierüber ertheilten Briefe erscheint auch Hermann als Marggrav zu Baden. (h)

A. 1218. ertheilt K. Fridrich II. dem Kloster Allerheiligen zu Hagenau einen Bestätigungsbrief über seine Freyheiten. M. Hermann von Baden ist unter den Zeugen der erste. In eben diesem Jahre bekräftigt dieser K. Fridrich zu Ulm in Beyseyn vieler Fürsten, Baronen und Edlen den Ausspruch des Erzbischof Diderichs zu Cöln, daß ohne ausdrückliche Einwilligung des Bischofs zu Basel niemand erlaubt

---

(g) CONRADUS DE FABARIA *de casibus Monast. S. Galli* C. VII. pag. 77. CONRAD. VRSPERG. p. 319. AUCTOR HISTORIÆ NOVICAT. MONAST. ap. MARTEN. & DURAND. T. III. *Thesauri Anecd. nov.* p. 1153. sq. „Odo in mon-„tem Brisacum se recepit, & ibi residentiam dis-„ponit, ut ex hac munitione sibi resistentes im-„pugnare valeat. Saxones igitur, qui secum „venerant, res burgensium nimis avide diripien-„tes, & uxoribus & filiabus eorum violentiam „inferre volentes, seditionem contra se conci-„tant, & ab indigenis advenæ conteruntur. Im-„perator per crepidinem montis resiliens, rebus „perditis cum paucis evasit, deinde *Ducatu* „*Marchionis de Badin* fultus abscedit.

(h) LUNIG *Part. Spec.* Cont. I. C. 3. p. 5.

Hermann V. von 1190-1243.

laubt seyn solle in der Stadt Basel (consilium dare vel instituere) eine Rathsversammlung anzuordnen oder zu halten. M. Hermann von Baden steht unter den Zeugen. (*i*) So lesen wir ihn unter den Zeugen in einem Bestätigungsbrief dieses Kaisers zu Wimpfen über die Schenkung, welche einer Kirche zu Passau geschehen; (*k*) und in einem andern, darinnen K. Fridrich dem Bischof Bertold und der Kirche zu Brixen gewisse Freyheiten wegen der Silbergruben und anderer Bergwerke, wie auch wegen des Salzes ertheilt. (*l*)

A. 1219. beschenkt Kaiser Fridrich II. zu Frankfurt diese Stadt mit einem Hof oder Platz zur Erbauung derjenigen Kapelle, welche heutigs Tags St. Leonhard genennet wird. Auch in diesem Schenkungsbrief lesen wir M. Hermann von Baden. (*m*) In eben diesem Jahr unterzeichnet er die zu Goslar gefertigte Kaiserliche Urkunde, mit dem Titul: Marchio Veronensis. (*n*) Er steht in dem Lehenbrief des Kaisers, den er zu Hagenau dem Guffus und Jacob von Locarno ertheilt; (*o*)

Er

(*i*) HERRGOTT. *Cod. Prob.* num. 275.
(*k*) GEWOLD. T. I. *Addit. Metrop.* HUNDII. p. 383.
(*l*) GEWOLDUS l. c. p. 477.
(*m*) Privilegia der Stadt Frankfurt, S. 2. Lünigs Reichsarchiv, *Part. Spec.* IV. Cont. 14. Abs. S. 557.
(*n*) HEINECCII *Antiquit.* Goslar. p. 218.
(*o*) *Cod. Diplom.* Badensis p. 155.

Er erhebt sich mit dem Kaiser in selbigem Jahr nach Nürnberg, und ist Zeuge in dem Diplomate, worinnen der Kaiser das Kloster Schefftersheim in seinen und des Reichs besondern Schuz nimmt, und sich selbst zu dessen Advocato sezt. (*p*)

A. 1220. reist er mit dem Kaiser wieder nach Hagenau und unterzeichnet daselbst den Confirmationsbrief des Kaisers für Herrn Heinrich und Fridrich Gebrüdere von Hohenlohe, als sie alle ihre eigenthümliche Güter dem teutschen Orden, in welchen sie getretten, übergeben hatten. Unter den Zeugen hat er die erste Stelle. (*q*) In dem Briefe von eben diesem Jahr, darinnen der Kaiser die Stadt Wienne dem Reich zuspricht, steht als Zeuge Herman Margkraf zu Baden. (*r*)

A. 1221. spricht K. Fridrich II. vorgedachtes Kloster Schefftersheim von allen Neu-Gereuth-Zehenden frey, kraft eines Diplomatis, gegeben bey Barum, in welchem wir M. Hermann de Badin unter den Zeugen antreffen; (*s*) und in eben diesem Jahr finden wir ihn auch bey dem Kaiser zu

---

(*p*) TOLNER. Cod. Dipl. Bad. p. 69. Hanselmann Diplomat. Beweiß ɾc. S. 373. *Singul. Norimberg.* p. 581. 583.

(*q*) Hanselmann l. c. S. 374.

(*r*) Perill. SENCKENBERG. *Select.* Tom. IV. p. 442.

(*s*) Hanselmann l. c. S. 392.

zu Tarent, woselbst er in dessen Diplomate, so er dem teutschen Orden ertheilt, unter den Zeugen zwischen Herzog Ludwig von Bayern und dem Herzog von Spoleto steht. (*t*) Aus Zusammenhaltung der Umstände wird nun wahrscheinlich, daß er auch des Jahrs vorher der Kaiserlichen Krönung zu Rom beygewohnt habe.

A. 1224. ist er abermal bey dem Kaiser zu Hagenau. (*u*)

A. 1225. ertheilt der Römische König Heinrich, welcher in Abwesenheit seines Herrn Vatters, der sich damals in Italien aufhielte, die Regierungsgeschäfte in Teutschland besorgte, der Stadt Rheinfelden ansehnliche Freyheiten. Der Marchio Badensis, dessen unter den Zeugen Meldung geschicht, ist kein anderer als unser Marggrav Hermann. (*v*) In eben diesem Jahr war er bey diesem Römischen König zu Hagenau. (*w*)

A.

(*t*) Teutsche Ordens-Deduction gegen Hessen; inter Diplom. n. 5. Lünig Reichsarchiv vom teutschen Orden, Docum. I.

(*u*) PETRI *Suevia Eccles.* p. 655.

(*v*) HERRGOTT *Cod. Prob.* num. 280. Die Namen sämtlicher Zeugen sind in dieser Urkunde entweder gänzlich ausgelassen, oder nur mit dem Anfangsbuchstaben bemerkt; z. E. E. Coloniensis, Trevirensis, venerabiles Archiepiscopi, Wormaciensis, Spirensis, Episcopi, Marchio de Baden, Comes de Liningen &c.

(*w*) WENCKER. *Coll. jur. publ.* p. 186.

A. 1228. beſtättigt der Römiſche König Heinrich VII. zu Eßlingen dem Kloſter Adelberg die Freyheit, daß allen Reichsunterthanen demſelben ihre Güter zu vermachen erlaubt ſeyn ſolle. Unter den Zeugen ſteht Marggrav von Baden. Sein Name iſt daſelbſt, wie bey einigen andern Zeugen nicht ausgedruckt. (*x*) In eben dieſem Jahr unterzeichnet er die Urkunde des Pfalzgrav Ludwigs bey Rhein, darinnen er der Kirche zu Lamberg Beſtes beſorgt. (*y*)

A. 1230. kommt er in dem Briefe K. Heinrichs VII. vor, welchen er dem Grav Ego von Freyburg wegen der Juden gegeben. (*z*) Um dieſes Jahr erweiſt er ſich gegen den Teutſchen Orden freygebig. Er ſtiftet eine Commende zu Ulm, und vermacht dahin die Güter, welche ſein Bruder Fridrich ſowol als er daſelbſt beſeſſen hatte. Diß geſchieht mit Genehmigung ſeiner Gemahlin Irmengard. Sein Sohn M. Hermann ſteht mit unter den Zeugen. (*a*)

A. 1231. beſchenkt er die Kirche des Heil. Pancratius zu Backnang mit dem Kirchenſaß zu Landſiblen, und den dazu gehörigen Zehenden, um den Schaden zu erſezen, der ihm in dem Krieg, welchen er mit

---

(*x*) BESOLDI *Docum. Monaſt. red.* p. 30.
(*y*) TOLNER. *Cod. Pal.* p. 72.
(*z*) *Cod. Dipl. Bad.* ad a. 1230.
(*a*) *Idem* p. 176. S. vorher Hermann IV. S. 326.

mit den benachbarten Graven geführt hatte, angethan worden. Hingegen zieht er mit Bewilligung des dasigen Abts und Convents den Berg, darauf das Schloß Reichenberg ist, und einiges andere, so er denselben entzogen hatte, an sich, doch mit der Bedingung, daß seine Erben niemalen daselbst eine Mühle anzulegen befugt seyn sollen. Er verspricht zugleich, daß die Mühle aus dem Eichenberg, die er auf den Gütern der Kirche unbilliger Weise erbaut hatte, nach seinem Tode mit allen Rechten derselben heimfallen solle. (b)

In eben diesem Jahr ist er Zeuge in dem Diplomate, welches der Römische König Heinrich VII. dem Abt des St. Maria Magdalena-Ordens in Teutschland gegeben. (c)

In eben diesem Jahr finden wir ihn bey dem Röm. König Heinrich zu Schwäbischhall, allwo dieser dem Kloster Denkendorf eine Salzpfanne (patella salis) zu eigen gibt, (d) und zu Ende desselben Jahrs zu Hagenau, woselbst Heinrich das Dorf Tattenried von dem Stift Murbach in Lehensschutz nimmt.

A. 1232. ertheilt K. Fridrich II. zu Friaul dem Kloster Bebenhausen einen Frey-

---

(b) Cod. Dipl. Bad. ad a. 1231.
(c) HERT. de fide Diplom. p. 67.
(d) BESOLD. l. c. p. 465.

Freyheitsbrief über seine Güter zu Eßlingen. Unter den Zeugen steht H. Marchio de Baden; worunter entweder unser M. Hermann oder sein Bruder Heinrich zu verstehen ist. (e)

In einem Schreiben Johannis von Tor, Dechants, und Hermanns von Stokka, Kanonici zu Kostanz, an den Päpstlichen Kämmerer und Erzbischof zu Arles Gasbert geschicht Meldung einer Uneinigkeit und eines Kriegs der Herzoge von Oesterreich, Herzogs von Burgund, Marggravens von Baden, der Bischöffe, von Lausanne, Basel, der Graven von Savoyen, Neuenburg, zwischen den Städten Bern und Friburg, Lausanner Diöces ꝛc. wodurch die Wege ganz unsicher worden aus Italien nach Teutschland zu reisen. (f)

A. 1233. wird er nebst dem Erzbischof Sigfried von Maynz, und Bischof Konrad von Speyer von dem Röm. König Heinrich verordnet die heftige Strittigkeiten, welche zwischen dem Bischof Heinrich zu Worms und dem Rath u. der Stadt daselbst sich erhoben hatten, beyzulegen. Der Bischof hatte den Rath verändert, und anstatt vierzig aus der Gemeinde, die das Regiment geführt, fünfzehen von Adel verordnet, der Burgerschaft ihr Rathhaus abge-

---

(e) Besold. l. c. p. 380.
(f) Cod. Dipl. Bad. ad a. 1232.

abgebrochen, und alle Gerichte an seinen Hof aus Befehl K. Fridrichs II. gezogen; wie Bruschius meldet. Da nun deswegen ein entsezlicher Lärmen in der Stadt entstanden, so sucht K. Heinrich demselben durch die gemeldete Commißion ein Ende zu machen. Weswegen M. Hermann mit den andern zu Fränkfurt im Merz die strittige Partheyen verhört, und Friede und Einigkeit zwischen ihnen befördert. (g)

In eben diesem Jahr unterzeichnet er als Zeuge zu Eßlingen sowol den Bestätigungsbrief, welchen das Kloster Bebenhausen von diesem Röm. König im vorhergehenden Jahr über seine Güter zu Eßlingen bekommt, (h) als auch das Privilegium K. Heinrichs, daß die Burger zu Speyer von allem Zoll zu Oppenheim befreyt seyn sollen. (i) In diesem Jahr ist er auch bey K. Heinrich zu Schwäbischhall als Zeuge, da er einen Theil des Dorfs Gebsattel der Kirche zu Chomberg übergibt. (k) Endlich ist von diesem Jahr zu bemerken, daß er mit Bewilligung seiner Gemah-

---

(g) Lehmanns Speyerische Chron. B. 5. C. 89. Moriz vom Ursprung der Reichsstädte, Anhang S. 168.

(h) BESOLD. l. c. p. 382. PETRI Suev. Eccles. p. 136.

(i) Lehmann l. c. Cap. 86.

(k) MAGER. de Advoc. armata Cap. II. num. 50.

Gemahlin dem Kloster Herrenalb die Befreyung vom Umgeld in seinen gesammten Landen ertheilt. (*l*)

Fürstengericht A. 1234.   M. Hermann bekommt Strittigkeiten mit dem Bischof Heinrich zu Basel und Grav Ego von Freyberg, wegen einigen Bergwerks= und Wildbanns=Gerechtigkeiten im Brisgau, die lezterer von dem Stift Basel zu Lehen getragen. Die Sache gelangt A. 1234. auf dem Reichstag zu Frankfurt vor den Römischen König Heinrich; dieser untersucht die Anforderungen, und thut in ihrer Gegenwart, vor dem Fürstengericht den Ausspruch wider M. Hermann. (*m*)

In eben diesem Jahr ist M. Hermann zu Altenburg bey erstbenanntem Römischen König,

---

(*l*) MEICHSNER. *Dec. Camer.* T. IV. Decis. 35. p. 996. Die Marggrävin wird daselbst Hirmogard genennt. Diese Stelle widerlegt zugleich dasjenige, was TRITHEMIUS in *Chron. Hirsaug.* p. 564. und andere schreiben, daß der Gemahl dieser Marggrävin Irmengard, Heinrich geheissen habe. Add. ECCARD. *Hist. Geneal. Princ. Sax.* p. 674.

(*m*) Siehe oben S. 188. Ausser den daselbst angeführten Schriften findet man die Urkunde in LONDORP. *Act. Publ.* T. I. C. 5. DUMONT. *Corp. Diplom.* T. I. P. I. p. 137. Da dieser Streit vor einem Fürstengericht ausgemacht worden ist: so ist es unter vielen andern abermal ein Beweiß, daß die Herren Marggraven zu Baden keine Landsasse der Herzoge in Schwaben und denselben unterworfen gewesen; sondern ohnmittelbar unter dem Kaiser im Reich gestanden seynd.

König, und kommt als Zeuge vor in dem Freyheitsbrief den er der Kirche zu Goßlar gegeben hat. (n)

A. 1235. hält sich K. Fridrich nach seiner Rückkunft aus Welschland mit sehr vielen Ständen des Reichs zu Hagenau auf; unter diesen ist auch Marggrav Hermann von Baden, und steht er in dreyen das Haus Hohenloh betreffenden Urkunden als Zeuge. (o) In eben diesem Jahr wohnt er mit andern Fürsten dem Turnier zu Würzburg bey. (p) Und Papst Gregorius IX. läßt wie an viele Reichsfürsten und Graven also auch an M. Hermann ein höfliches Einladungsschreiben ab, mit K. Fridrich II. die Reise ins gelobte Land wider die Erbfeinde des Christlichen Namens vorzunehmen. (q)

A. 1236. im Merzmonat finden wir ihn bey diesem Kaiser zu Straßburg und Colmar

---

(n) HEINECC. *Antiq. Goslar.* p. 244.

(o) Hanselmann Diplom. Beweiß ꝛc. S. 398. folg. in zweyen ist weder des M. Hermanns ganzer Name, noch der Anfangsbuchstabe desselben ausgedruckt, sondern es heißt allein, Marchio de Baden. in dem dritten steht aber ganz: *Hermannus Marchio Badensis.*

(p) Rixner Turnierbuch. Auch hier ist ein Exempel, daß bey den Turnieren die Herren Marggraven zu Baden nach ihrem Stand und Würde mit andern anwesenden Fürsten allzeit in gleichem Rang gestellt und von den Graven unterschieden worden.

(q) Cod. Dipl. Bad. ad a. 1235.

mar, und iſt er ſowohl bey dem Vergleich des
Straßburgiſchen Biſchofs mit der Stadt,
als in denen der Stadt Straßburg ertheilten Privilegien Zeuge. (r) In dem Brachmonat eben dieſes Jahrs hängt er ſein Sigill an den Brief Grav Wilhelms von
Duingen; (s) und ertheilt der Abtey Neuburg im Elſaß ein ſchriftliches Zeugnis wider Grav Heinrich von Werden im Unter-
Elſaß wegen des Dorfs Dunninheim. (t)

Im

(r) *Tabular. Eccleſ. Argent.* WENCKER. *de Pfal-
burg.* p. 9.

(s) *Perill.* SENCKENBERG. *Medit.* p. 412. Kopp
auserleſene Proben des teutſchen Lehenrechts, Th. I.
S. 249. folg.

(t) *Chartular. Neoburg.* p. 69. Der Anfang heißt
ausdrücklich: *Hermannus Dei gratia*, Marchio de
Baden; gleichwie in einer anderen Urkunde vom Jahr
1233. ap. SCHANNAT. *Hiſt. Epiſc. Wormat.* T. I.
p. 241. *Hermannus Dei gratia, Marggravius de
Baden.* Hingegen wird der Beyſaz *Dei gratia* in
der unten aus MEICHSNERI *Dec. Cam.* angeführten Nachricht ausgelaſſen; welches allenfalls nichts beſonders iſt. TENZELIUS *in vita Friderici Admorſi*
ap. MENCKEN. T. II. *Scriptor. rer. Germ.* Col. 490.
bringt eine Urkunde bey vom Jahr 1301. die alſo anfangt: Nos Theodoricus Junior Thuringiæ Land-
gravius Orientalis & Luſatiæ Marchio &c. Ja man
hat Exempel, daß ſo gar in Königlichen Urkunden der
Beyſaz: *Dei gratia* oder von GOttes Gnaden
mangelt; welches unter andern der gelehrte Herr Verfaſſer der behaupteten Vorrechte der alten Königlichen
Bann-Forſte S. 115. aus GOLDASTI *Conſtit. Imp.*
T. I. p. 325. bemerkt hat.

Hermann V. von 1190-1243.

Im darauf folgenden Heumonat ist er bey dem Kaiser zu Augspurg. Man ließt ihn als Zeuge in dem Privilegio, welches die Burger zu Maynz vom K. Fridrich II. erhalten, daß sie von keinem weltlichen Richter oder Fürsten ausserhalb der Stadt Maynz für irgend ein weltliches Gericht geladen oder gezogen werden sollen. (u) Von da erhebt er sich mit dem Kaiser nach Würzburg, wo der Stadt Worms ein Freyheitsbrief vom Kaiser ertheilt wird. (v)

§. III. Nun habe ich zwey merkwürdige Erbschaften unsers Märggraven anzuführen. Ich gedenke zuvorderst der Dachsburgischen Erbschaftssache. Es ist schon (w) angezeigt worden, daß die Prinzeßin Gertraud M. Hermanns V. Schwester, an Albrecht II. von Dachsburg, aus dem Hause Brabant, vermählt worden. Dieser geht A. 1211. mit Tod ab. Er hinterläßt eine einzige Tochter, Namens Gertraud. Seine beede Söhne Wilhelm und Albrecht wollten sich bey der glücklichen Zurückkunft von einem Turnier, zu Hause in diesen Ritterspielen aufs neue üben. Da sie aber gar zu hizig auf einander loßritten, erstachen sie einander beede unglücklicher Weise. Der betrübte Vatter, welcher sich keine Hoffnung machte, wieder Kinder zu bekommen,

Dachsburgische Erbschaft.

(u) Hanselmann Diplom. Beweiß ꝛc. S. 402.
(v) Moriz vom Ursprung der Reichsstädte, S. 173.
(w) Im Leben Marggrav Hermann IV. S. 328.

kommen, sezet im Jahre 1201. seines Bruders Sohn H. Heinrichen in Brabant zum Erben ein, welchem auch K. Philipp aus Schwaben im Jahr 1204. die Reichslehen Albrechts würklich verleihet. Doch reuet ihn dieses zum Theil und will er einen Theil seiner Güter dem Stift Lüttich zuwenden. Bald hernach wird ihm die Tochter Gertraud gebohren. Er verwandelt darauf, aus dem Schuldenlast zu kommen, die Schenkung, so er dem Stift Lüttich zugedacht, in einen Verkauf; man verspricht ihm 50000. Mark Silbers. Seine Tochter verlobt er in ihrer zarten Kindheit mit Theobald, Herzog in Ober-Lothringen 5. Jahr vor seinem Tod. Seine Verlassenschaft bestunde in der Gravschaft Dachsburg, einem Theil von Egisheim im Elsaß, in der Gravschaft Metz in Lothringen, und in der Gravschaft Muha, (Comitatu Mohano, und Valve. Alles dieses soll die Gertraud, welche von einigen unrecht Agnes und Katharina genennt wird, erben. Ihr erster Gemahl Theobald schrieb sich daher: Comes Metensis & Dagsburgensis. Er starb 1220. Von ihrem zweyten Gemahl Theobald, Herzog von Champagne, und nachmaligen König in Navarra, wird sie, unter dem Vorwand der Unfruchtbarkeit, geschieden. Von ihrem dritten Gemahl, den die jüngern Scribenten, Simon, Simund, Aimund und Emico nennen, hat sie keine Kinder, und

stirbt

stirbt A. 1225. Ihre Erbschaft wird zerrissen. M. Hermann und sein Bruder M. Heinrich von Hachberg machen wegen der Dachsburgischen Lande nach dem Alemannischen Rechte, welches im Elsaß üblich war, (*x*) an diese Lande einen Anspruch. Sie haben einen Competenten an dem Herzog von Brabant. Dieser läßt die Sache vor den K. Fridrich auf den Reichstag zu Worms gelangen. Der Kaiser verweist die streitende Parthien an den gewöhnlichen Richter. Sigebert, Landgrav im Niedern. Elsaß und sein Sohn Heinrich sprechen also A. 1226. in einem öffentlichen Gericht bey Molzheim den Marggraven nach den Alemannischen Gewohnheiten bey Erbfolgen die ganze Erbschaft zu, (*y*) diese wird aber so fort von den Herren Marggraven an das Stift Straßburg verschenkt. (*z*) Grav Emich, der hinterlassene Gemahl der Gertraud, wie auch, nach seinem Tod, sein Bruder Fridrich, Grav von Leiningen suchen sich in den Besiz der Gravschaft zu sezen, und bekommen durch einen Vergleich mit Bertold, Bischof zu

Y 5.   Straß-

(*x*) Ill. SCHÖPFLIN. *Alsat. illustr.* T. I. p. 261.

(*y*) Secundum jus terræque nostræ consuetudinem antiquam & approbatam præfatos Marchiones totius hereditatis supradictæ veros, solos & proprios hæredes invenimus. P. LAGUILLE *Preuves a l'Histoire d'Alsace* p. 34.

(*z*) Cod. Dipl. Bad. ad a. 1226.

Straßburg, einen ansehnlichen Theil von derselben. Der Bischof von Metz bemeistert sich der Schlösser Turquestein, Herrenstein nebst der Stadt Sarburg, wie auch der Grafschaft Metz, und die Mohanische Länder kommen, vermög obiger Verhandlung, an den Bischof von Lüttich. (*a*)

Braunschweig. Erbschaft. §. IV. Nun folgt die Braunschweigische Erbschaft. Nachdem Herzog Heinrich der Schöne von Sachsen und Pfalzgrav am Rhein ohne männliche Leibeserben gestorben war: so fiel unserm Marggraven und seinem Schwager Otto dem Durchleuchtigen, Pfalzgrav und Herzog in Bayern, dessen beeden Tochtermännern, die Stadt Braunschweig, als ein Welfisches Eigenthum, erblich zu. Der Kaiser hatte allerhand Ursachen, warum er ein Verlangen getragen diese Stadt eigenthümlich zu besizen. Er bemüht sich darum bey denen Erben A. 1227. und vergleicht sich mit unserm Marggraven, dem der Ort und die Lande ohnehin sehr entlegen waren, dahin: daß er ihm vor seiner Gemahlin Erbrecht (*b*) die Stadt

---

(*a*) SCHÖPFLIN. *Alsat. illustr.* T. II. p. 160. & 489. sqq.

(*b*) Pro bonis, quæ Marchioni *ex parte uxoris suæ de proprietate in Brunsvic* contingebant; wie die Worte in der Urkunde vom Jahr 1234. lauten. Und in dem Lehenbrief den der Kaiser nachher A. 1235. dem Herzog Otto gegeben, als er ihm auf dem Reichstag zu

Stadt Ettlingen zu Lehen, die Stadt Durlach zum Eigenthum, und die Städte Sunnesheim und Eppingen vor 2300. Mark Silbers pfandsweise überläßt. Diesem Vorgang widersezt sich Herzog Heinrichs naher Vetter Otto das Kind, dem Herzog Heinrich schon vorher im Jahr 1223. seine sämtliche Lande übergeben hatte; er bemächtigt sich der Stadt, damit dieses Welfische Eigenthum nicht in die Hände der Gibellinen kommen möchte; und der von dem Kaiser abgeschickte Römische König Heinrich muß mit den Völkern, welche dieselbe besezen sollen, unverrichteter Sachen abziehen. (c) Die Mißhelligkeiten beeder Familien, der Welfen und Gibellinen werden dadurch gestärket. Marggrav Hermann aber bleibt im Besiz der in dem Tausch ihm abgetrettenen Städte. Wann bey diesem Tauschhandel das durch die Clementia

---

zu Maynz das Herzogthum Braunschweig und Lüneburg verliehen, stehen diese Worte: „Civitatem insuper
„de Brunſwich, cujus medietatem proprietatis
„dominii a Marchione de Baden & reliquam me-
„dietatem a Duce Bavariæ, dilectis Principibus
„nostris emimus, pro parte uxorum suarum, quæ
„fuerunt quondam filii Henrici de Brunſwich,
„Comitis Palatini Rheni, similiter in eadem curia
„conceſſimus &c. *Orig. Guelf.* T. IV. p. 49.
Tab. I.

(c) *Orig. Guelf.* Tom. IV. p. 9. ſq. MEIBOM. Diſſ. *de erectione Ducatus Brunſv.* T. III. *Scriptor.* p. 104. TOLNER. *Hiſtor. Palat.* C. 18. p. 381.

mentia Prinzeßin von Zähringen abgekommene Baden, man mag nun das in der Marggraffchaft dieses Namens gelegene Residenzschloß, oder die Stadt Baden, oder beedes verstehen wollen, (c) wiederum an das Fürstliche Haus gebracht worden wäre; so ist ganz gewiß, daß solches in der Urkunde nicht würde mit Stillschweigen übergangen worden seyn.

Treue gegen den Kaiser. §. V. Fridrich II. sahe sich genöthigt, wegen seiner vielen Italiänischen Verdrüßlichkeiten etwas länger in selbigen Staaten sich aufzuhalten. Sein ältester Prinz, Heinrich, der schon die Römische Königskrone trug, vermuthlich aber wegen seiner angenommenen bösen Lebensart (d) von seinem Vatter weniger als sein Bruder Konrad geliebt wurde, sucht Gelegenheit, sich des Kaiserlichen Throns zu bemächtigen, und wigelt zu Bopard viele Rheinische Städte und andere, theils mit guten Worten und Versprechungen, theils mit Drohungen gegen seinen Vatter auf. Die Stadt Worms weicht nicht von ihrer Treue. Und unser M. Hermann erweist seine rechtschaffene Ergebenheit gegen den Kaiser durch ein nachahmungswürdiges Beyspiel. Er

---

(c) *Orig. Guelf.* T. III. 17.

(d) HISTORIA NOVIENTENS. MONASTERII pag. 1156. Henricus cœpit, quasi degener luxui deservire, consilia prudentum avertere, tyrannorum præcipitem dementiam & consortia deligere.

Er reist in der Stille mit einem kleinen Gefolge nach Sicilien, und ertheilt in eigener Person dem Kaiser Nachricht von dem höchst gefährlichen Vorhaben seines Sohns Heinrichs, rathet ihm auch, so bald als möglich, die Rückreise nach Teutschland zu beschleunigen. Der Kaiser erkennt, wie billig, diese Fürstliche Treue und Liebe mit wahrem Dank, und schickt sich zur Reise nach Teutschland an. M. Hermann begibt sich indessen auf des Kaisers Verlangen in seine Lande zurück.

Kaum hatte der Römische König Heinrich dieses rechtschaffene Vornehmen Marggrav Hermanns vernommen, so denkt er voll Zorn auf Rache. Er zieht seine Leute zusammen, und droht denen Badischen Landen mit der grausamsten Verheerung. M. Hermann konnte sich auf die baldige Ankunft seines Freundes, des Kaisers verlassen; er vereinigt unterdessen die Völker derer, die mit ihm gleiche edelmüthige Gesinnung gegen das höchste Reichs-Oberhaupt hatten, und sezt sich männlich zur Wehr. (e)

K. Heinrichs Unwillen hierüber.

Doch

———

(e) Dieses berichtet TRITHEM. *Chron. Hirsaug.* ad a. 1234. als ein neuer Scribent. Ich erinnere mich nicht, ob in Scriptoribus coævis etwas von Verdrüßlichkeiten zwischen dem Römischen König Heinrich und M. Hermann V. vorkomme, ausser was Heinrich selbst in seinem Schreiben an den Bischof Konrad von Hildesheim gedenkt ap. SCHANNAT in *Vind. Lit.* Coll. I. p. 199.

Doch nöthigt ihn der Römische König Heinrich von den vorgedachten 2300. Mark Silbers, davor ihm Laufen, Sunsheim und Eppingen verpfändet waren, tausend Mark nachzulassen. Allein K. Fridrich sezt bey seiner Ankunft in Teutschland A. 1234. im November den Marggraven in seine gegründete Rechte wieder ein, nachdem er ihn bereits in Italien versichert, daß es bey dem getroffenen Tauschhandel sein Verbleiben haben solle, hebt mithin den abgedrungenen Vergleich seines ungehorsamen Sohns, den er, sich eines bessern zu besinnen, nach Sicilien, als einen Gefangenen abgesendet, auf. (*f*) Die Urkunde ist in dem Hochfürstli=

(*f*) Die Güldene Bulle des Kaisers, worinnen der vorgegangene Tausch beschrieben ist, habe ich in einer Einladungsschrift, darinnen ich kurz von M. Hermann III. und seinen Kindern gehandelt habe, aus einer alten Abschrift mitgetheilt. Daß in dieser Abschrift ein Fehler stehe, und an statt Konrad müsse Heinrich gelesen werden, habe bald hernach in einem andern Programmate von der Marggrävin Irmengard, bey einem gewissen Vorfall mit einem mir unschäzbaren Gönner angezeigt. Der Abdruck selbst war, wie ich mit vorsichtigem Fleiß ausdrücklich gemeldet, von Wort zu Wort, nach der Abschrift gemacht worden. Kritische Anmerkungen wollte ich, aus mir bekannten Ursachen, nicht beyfügen, so wenig, als in der Urkunde K. Fridrichs I. wegen Eristein, und andern. Sonst hätte unter andern anführen können, daß Konrad erst A. 1228. gebohren und A. 1237. zur Röm. Königswürde befördert worden. KOELER. *de Geneal. fam. Aug. Stauff.* Ist nun diese Urkunde verstümmelt, wie der berühmte Herr D. Büsching zu Petersburg, in der neuen Erdbeschreibung, dritten Theils erstem Band S.

Hermann V. von 1190-1243.

fürstlichen Baden-Badischen Archiv. Die andere aber vom Jahr 1227. auf die sich der Kaiser beruft, ist nicht mehr vorhanden.

In einem Kopeybuch der Abtey Murbach, welches im vierzehnten Jahrhundert geschrieben zu seyn scheint, wird eine Urkunde angeführt vom Jahr 1233. nach welcher M. Hermann einige Einkünfte zu Grezingen und Durlach von dasigem Abt als ein Lehen bekommen. (g)

§. VI.

S. 1393. dritter Auflage schreibt; sonderlich weil man die Zeugen darinnen vermißt: so beliebe man zu seiner Zeit den *Cod. Dipl. Bad.* ad a. 1234. nachzusehen, in welchem eben diese Urkunden aus ihrer Urschrift vorgelegt werden. So bekannt aber ist, daß niemals ein Hugo Grav von Thyringen um diese Zeit gewesen, welchen von gelehrten Männern sowohl als mir gar leicht zu bemerkenden Schreibfehler Thyringen statt Tybingen, meiner alten Abschrift ich, nach meinen Absichten, ohne kritische Erinnerungen, in der Urkunde stehen lassen: so bekannt ist gewiß, daß niemals ein Marggrav Heinrich III. zu Baden gewesen, von dem ich hätte schreiben können, welcher Abdruckfehler jedoch, in der vortreflichen Erdbeschreibung des gelehrten Herrn D. Büschings l. c. sich findet. Weitläuftiger hab ich mich gegen den sel. Herrn Hofrath von Scheid in Hannover erklärt, und halte ich mich daher auch bey den Anmerkungen einer berühmten Wochenschrift von gelehrten Sachen nicht auf, worinnen meiner kleinen Schrift eben die Ehre wiederfahren ist, welche man grösseren Abhandlungen auswärtiger berühmter Männer angethan hat.

(g) „Ego Hermannus Marchio de Baden tenore pre-
„sencium profiteor recognosco quod ego deci-
„mum in gzige & unuas ante Durlahe recepi
„a venerabili Dno meo Hugone Dei gra Morba-
„cenſi

Durlach, Ettlingē, Laufen, Pforzheim ꝛc.

§. VI. Aus diesem erhellt, wie die beede alten Städte Durlach und Ettlingen an das hohe Fürstliche Haus Baden gekommen sind. Und irrt demnach Münster, (*h*) Crusius (*i*) und andere mit ihnen, welche berichten K. Fridrich II. habe den Marggraven zu Baden mit den Städten Durlach und Heidelsheim eine Verehrung gethan.

Ungegründet ist, wann Tollner, (*k*) Schurzfleisch, (*l*) Imhof, (*m*) und aus diesem der berühmte Herr von Eccard (*n*) u. a. m. schreiben, die Städte Durlach, Heidelsheim, Ettlingen und Pforzheim, (*o*) seyen

---

„ censi Abbate ad cujus ecclesiam de jure dinosci-
„ tur pertinere in feudum. Hoc universis presen-
„ tes litteras inspecturis significo & volo fieri ma-
„ nifestum. Datum anno Dñi M. CC°. XXXIII.

(*h*) *Cosmograph.* p. 809.

(*i*) *Annal. Suev.* P. III. L. 2. C. 20.

(*k*) *Hist. Pal.* p. 33.

(*l*) *Dissert. de reb. Bad.* §. X.

(*m*) *Notitia Procer. Imperii* L. IV. C. 8. §. 5.

(*n*) *Orig. Guelf.* T. III. L. VII. C. 3. §. 41.

(*o*) MAJUS *in vita Reuchlini* glaubt auch, die Stadt Pforzheim sey durch die Gemahlin des Marggr. Hermanns IV. an das Fürstliche Haus gekommen: „ loco
„ jam ob Hermanni IV. temporibus uxoris jure
„ ad Marchiones nostros devoluto (Pforzh.) pu-
„ blicisque tabulis ab Imp. Friderico II. confir-
„ mato &c. Conf. p. 109.

seyen ein Stück des Heyrathsguts, welches die Marggrävin Irmengard ihrem Gemahl zugebracht habe. Wohin auch gehört, wann einige vorgeben, Durlach, Pforzheim, Heidelsheim ꝛc. hätten den Creichgauischen Graven zugehört, und wären nach deren Absterben an K. Fridrich II. und das Reich als eröfnete Lehen heimgefallen, von diesem aber den Marggraven zu Baden geschenkt und überlassen worden. Dann, ob man gleich nicht mit völliger Gewißheit sagen kan, zu welcher Zeit, und auf welche Art diese ansehnliche Stadt an das Hochfürstliche Haus Baden gekommen sey: so ist doch so viel ganz ausser Zweifel, daß es schon ein Eigenthum der Herren Marggraven zu Baden gewesen, ehe Konradinus seinen Kopf verlohren hat: (p) wodurch also das Vorgeben derer vereitelt wird, welche glauben, es sey erst nach dem Tod dieses lezten Herzogs in Schwaben an das Fürstliche Haus gelangt.

Die Stadt und das Schloß Laufen wurden nachher A. 1346. von M. Hermann mit Bewilligung seiner Vettern an Albrecht Hofwarten um 3000. Pfund Heller verkauft. Und von diesem Hofwarten bekam es das Hochfürstl. Haus Würtemberg. (q)

Sunnes-

(p) Cod. Dipl. Bad. ad a. 1257.

(q) S. Herrn Archivar. Sattlers Beschreibung des Herzogth. Würtemberg, 2. Th. S. 67. Steinhofers neue Würtemb. Chron. 2. Th. S. 355.

B

Sunnesheim, oder Sinsheim kam nach der Zeit von dem Hochfürstlichen Hause Baden wieder ans Reich. Dieses Städtlein wurde jedoch A. 1315. von K. Fridrich dem Schönen wiederum an die Marggraven Fridrich und Rudolf zu Baden um tausend Pfund Heller versezt, und kam endlich an die Churpfalz.

Eppingen behielt das Hochfürstl. Haus Baden im Besiz bis aufs Jahr 1402. da es von M. Bernhard an Churpfalz um 10000. Gulden verpfändet, unter M. Karl I. aber an Churpfalz das Losungsrecht an dieser Stadt und der Stadt Heidelsheim aufgehoben worden ist; wie in der Folge der Geschichte an seinem Ort wird bemerkt werden.

Uebrigens ist eine Frage, wie die Stadt Durlach 2c. an K. Fridrich II. gekommen sey, daß er sie unsern Marggraven habe vertauschen können? Der sel. Herr Hofrath von Scheid (r) hält sie vor ein Zähringisches Erbstück, welches der Kaiser bekommen habe. Es ist aber dagegen zu bedenken, daß, wann sie Zähringische Güter gewesen wären, sie samt andern Zähringischen Allodial- oder eigenthümlichen Gütern den Schwestern Herzog Bertolds V. hätten zufallen müssen. Zu den Ländern des Herzogthums Schwaben (s) läßt sie sich um

---

(r) Orig. Guelf. T. IV. p. 20.

(s) Der berühmte Herr Prof. Hofmann zu Tübingen
scheint

um deswillen nicht rechnen, weil sie keinen Theil vom Herzogthume Schwaben ausgemacht, sondern zu Teutschfranken gehört haben. Man hält sie also vor Städte des Ostfrankens, welches Herzogthum K. Fridrich II. in Besiz gehabt hat. (t)

§. VII. A. 1235. hält K. Fridrich II. wegen seines aufrührischen Prinzen Heinrichs zu Maynz den berühmten Reichstag, auf welchem er ihn der Thronfolge verlustig erklärt, und als einen Gefangenen nach Apulien schickt. Auf dieser Reichsversammlung erhebt er Braunschweig und Lüneburg zu einem Herzogthum des Reichs; er begibt sich seiner Ansprache an die Stadt Braunschweig samt Zugehörde, und überläßt solche an Otto genannt das Kind, der sie dann als ein Lehen vom Kaiser empfängt. (u) M. Hermann unterschreibt den

A. 1235.

---

scheint dieser Meynung beygethan zu seyn, in der diplomat. Belustigung, 1760. S. 115.

(t) SCHÖPFLIN. *Hist. Zar. Bad.* T. I. p. 313.

(u) In dem Lehenbrief bedient sich der Kaiser dieser Worte: „Civitatem de Brunſvich, cujus medie„tatem proprietatis dominii a Marchione de Ba„den, & reliquam medietatem a Duce Bavariæ di„lectis Principibus noſtris emimus, pro parte „uxorum ſuarum, quæ fuerunt quondam filiæ „Henrici de Brunſvich, Comitis Palatini Rheni, „patrui dicti Ottonis, ſimiliter in eadem curia „Imperio conceſſimus, proprietatem nobis debi-
„tam

Lehenbrief, und steht darinnen den Marg=
graven von Brandenburg vor.

Von dieser Zeit an führt vorgemeldetes
Haus nicht mehr den Titul, wie bisher, von
Sachsen, sondern von Braunschweig und Lü=
neburg. (v) Wir finden nicht, daß der Kai=
ser ein anderes Stück Landes dagegen be=
kommen hätte. Wann einige dieses vor
ein Merkmal seines freygebigen Gemüths
halten, andere aber es für eine Großmuth,
da er dem Herzog ein Zeichen seiner Freund=
schaft zu erkennen geben wollen, daß er die
Kaiserkrone, welche ihm auf die Empfeh=
lungsschreiben seines Vettern K. Hein=
richs III. von Engelland vom P. Grego=
rius einige Jahre vorher angetragen wor=
den, großmüthig ausgeschlagen; (w) aus=
legen: so bemerken andere hierbey einen
Staatsstreich des Kaisers, daß er einen so
mächti=

„ tam in dominium Imperii transferentes. „ *Orig.
Guelf.* T. IV. p. 49. not. ** MEIBOM. *Scriptor.
rer. Germ.* T. III. p. 207.

(v) S. Herrn Hofrath Pütters vollständigeres Hand=
buch der teutschen Reichshistorie, S. 295.

(w) THOM. RYMER. T. I. *fœderum, conventio-
num, litterarum & actorum publicorum Anglic.*
p. 308. Hahn bemerkt in der teutschen Staats=
Reichs= und Kaiserhistorie, Th. 4. S. 153. n. h. daß,
da OTTO PUER in den dreyen A. 1229. abgefaßten
Urkunden *Dux de Brunswick* genennt werde, die
Meynung der Gelehrten dadurch sattsam bestärkt wer=
de, daß selbige Titulatur A. 1235. nicht etwa zuerst
aufgekommen sey.

mächtigen teutschen Herrn, dessen Lande sich auser dem Verbande des Reichs befanden, in den Gehorsam des Reichs zu bringen, und ihn zum Reichsvasallen zu machen, gewußt hat.

§. VIII. Seinen Regimentsstab, wel- Tod. chen er über fünfzig Jahr mit grossem Ruhm und Ehre geführt, legt er in hohem Alter in seinem Tode nieder A. 1242. oder, wie Herr Prof. Schöpflin dafür hält, A. 1243. den 16. Jenner. Er ist in dem von seiner Gemahlin gestifteten Kloster Lichtenthal beygesezt. (x)

(x) In dem Todten-Register des Kloster Lichtenthals in SCHANNAT *Vindem. Lit.* Coll. I. p. 164. ist das Sterbejahr des Marggraven nicht ausgedruckt. Es heißt nur beym XVII. Kal. Febr. Illustris HERMANNUS Marchio de Baden, Fundator. Er wird hier der Stifter dieses Gotteshauses genennt, vermuthlich, weil er der milden Stifterin verehrungswürdiger Gemahl war. TOLNER. in *Hist. Palat.* C. 16. p. 362. sezt den 3ten Octobr. (IV. Non. Oct.) als den Tag seines Absterbens. Und in meiner Abschrift der Gamansischen Sammlung lese ich: ,, Hermannus M. de Baden vivere desiit A. 1242. ,, Diem obitus & locum sepulturæ his verbis an- ,, notarunt Sanctimoniales Lucidæ Vallis: XVII. ,, Kal. Febr. ob. Illustris Hermannus Marchio de ,, Baden fundator, *in der Kyrchen vorn Fron* ,, *Altar.,,* So ist auch der sel. Hofrath und Archivarius Drollinger der Meynung, daß M. Hermann A. 1242. gestorben sey. S. Basler Lexicon, Artic. Baden.

Gemahlin.

§. IX. Seine Gemahlin war, wie schon angezeigt worden, die Prinzeßin Irmengard. (y) Ihr Herr Vatter war der berühmte Herzog Heinrich der Schöne, (z) oder Lange; Heinrichs des Löwen, Herzogs in Sachsen und Bayern und der Mechtildis, Prinzeßin K. Heinrichs in Engelland ältester Prinz, (a) und Bruder K. Otto des Vierten. Ihre Frau Mutter hieß Agnes, (b) eine Tochter und Erbin Konrads, Pfalzgraven am Rhein.

Unsere

(y) Unrecht wird sie Irmentrud, Gertraud, Helice, oder Eilicke, und Adelheid von vielen neueren Scribenten genennt. Eine Gräfin von Baden nennt sie CONRAD BOTHO ad a. 1227. ap. LEIBNIT. T. III. p. 361. in diesen Worten: „Ock so „starff Palsgrave Hinrick eyn Here to Brunswick „unde Brunswick dat starff an syne beyden dochter „de Hertoginne to Beyern unde Grevinne to „Baden.

(z) Seine ausserordentliche Schönheit verursachte, daß ihn die Prinzeßin Agnes dem K. in Frankreich Philipp vorgezogen hat; obgleich selbst der Kaiser sich vor denselben bey ihrem Herrn Vatter um sie bemühet hatte. Man lese hiebey des ehemaligen berühmten Würzburgischen Geheimden Raths Johann Georg von Eckart Kleinodien-Kästlein von Verlöbnis Herzog Heinrichs zu Sachsen ꝛc.

(a) Idem Dux (Henricus Leo,) Henricum, filium suum *majorem* misit &c. GERH. STEDERBURG.

(b) Also nennt sie ALBERTUS STADENSIS ap. KULPIS. p. 275. MONACHUS WEINGART. ap. LEIBNIT. T. I. p. 805. Und eben diesen Namen führt sie

in

Hermann V. von 1190-1243.

Derselben Erstgeburt.

Unsere Marggrävin hatte noch eine Schwester, mit Namen Agnes, (c) die an Herzog Otto den Durchleuchtigen in Bayern vermählt worden. Man hat sich lange mit der Frage beschäftigt: Welche unter diesen beeden Schwestern die Erstgebohrne sey? Weil Otto von Bayern den Rang vor Marggrav Hermann von Baden hatte, und daher seine Gemahlin Agnes der M. Irmengard vorstunde, so haben viele den Fehler begangen, daß sie vorgegeben, seine Gemahlin seye an Jahren älter, als ihre Schwester die Marggrävin von Baden, obgleich M. Hermann in verschiedenen Urkunden auch seinem Schwager vorgesezt wird, und zwar eben aus dieser Ursache, weil seine Gemahlin älter gewesen als die Pfalzgrävin Agnes. Da ich bey einer andern Gelegenheit die Gründe beederseitiger Meynungen historisch vor Augen gelegt habe, (d) so will ich solches jezt nicht wieder-

---

in FREHERI *Orig. Palat.* ex edit. Perill. J. J. REINHARDI p. 176. sqq. Ja Herzog Heinrich nennt sie selbst mit dem Namen Agnes in einer Urkunde, vid. GUDENI *Sylloge varior. Dipl.* p. 48. sq.

(c) SCHANNAT in *Histoire abregée de la maison Palatine* p. 1. ist also in einer irrigen Meynung, daß H. Heinrich nur eine einige Prinzeßin, mit Namen Agnes gehabt habe. Unrecht ist auch, wann sie bey einigen Gertraud heißt.

(d) In einem Programmate 1760., darinnen ich die Frage beantwortet habe: Ob des Marggraven Hermanns

wiederholen, und führe ich daher nur zwey Stellen an, woraus sich diese Wahrheit sonnenklar zu Tage legt. ALBERTUS STAD. ad a. 1227. „Henricus Dux & Palatinus Co-„mes Rheni sine filio obiit, & Bremensis Ar-„chiepiscopus comitatum Stadensem obtinuit. „Henricus Imperatoris filius, civitatem Bruns-„wig pro eo, quod Imperator eam a *majore* „*dicti principis filia* comparaverat, emtionis „titulo impetebat, & Dux Bavariæ pro eo, „quod ejusdem *junior filia* suo filio nupserat, „jus hæreditarium allegabat. „ (*e*). Und Kaiser Fridrich II. nennt die Marggräfin Irmengard in der Urkunde vom Jahr 1234. ausdrücklich die Erstgebohrne. (*f*)

Lichtenthal. Sie ist die milde Stifterin des Frauenklosters Lichtenthal (Lucidæ Vallis). (*g*) Der Anfang des Gebäudes wird A. 1245. nicht

---

manns IV. (V) von Baden Gemahlin Irmengard Herzog Heinrich des Schönen oder Langen älteste Prinzeßin gewesen seye?

(e) Tollner, welcher in *Hiſtor. Palat.* p. 362. die Marggräfin die jüngere Tochter nennt, sieht den begangenen Fehler ein, und gibt ihr *in Additionib. ad Hiſt. Palat.* p. 42. nebst dem rechten Namen, auch ihre Erstgeburt.

(f) *Orig. Guelf.* T. IV. L. VIII. num. 48. p. 141. 142. *Cod. Dipl. Bad.* ad a. 1234.

(g) Es wird auch Buren und Büeren von dem Orte dabey es liegt, genennt. TOLNER. *Hiſtor. Palat.* p. 362. *Cod. Dipl. Bad.* ad a. 1245.

nicht weit von der Stadt Baden gemacht. (h) Sie sezt dahin einige Klosterfrauen von dem Cistercienser-Orden aus dem Gotteshause Walden, zu welchen sich noch einige andere eingefunden. A. 1246. wird von der Marggrävin und ihren Prinzen Hermann und Rudolf, Trudinda von Walden zur ersten Aebtißin ernannt. A. 1248. kommt der gegen Morgen liegende Theil des Klosters zu Stande und wird von den Klosterfrauen bewohnt; da sie vorher außer dem Kloster in einem geringen hölzernen Häuslein sich aufgehalten hatten. In eben diesem Jahr wird dieses neue Gotteshaus dem Cistercienser-Orden einverleibt und die geistliche Aufsicht dem Abt zu Neuburg übertragen. Um diese Zeit verrichtet der Bischof Heinrich von Straßburg die Einweihung des hohen Altars, wobey die Veränderung mit dem verstorbenen M. Hermann vorgeht. (i) Die Marggrävin bringt ihre Wittwentage in demselben andächtig zu, bis sie A. 1259. das Zeitliche mit dem Ewigen verwechselt. (k)

Sie

(h) Eine Grabschrift bezeugt solches. cf. SCHANNAT. *Vindem. Lit. Coll.* I. p. 171. 172. „Dominus Sy-
„ mon dictus de Grevenhusen, Capellanus piæ
„ memoriæ Dominæ I ᴍ ᴇ ɴ ɢ ᴀ ʀ ᴅ ɪ s *Marchio-*
„ *nissæ de Baden Fundatricis Ecclesiæ nostræ.*

(i) *Cod. Dipl. Bad.* ad a. 1245.

(k) VI. Kal. Mart. nach dem Todtenbuch des Klosters, in welchem aber ihr Tod in das 1260ste Jahr gesezt ist.

Sie ist beygeſezt in der groſſen Kirche vor dem hohen Altar in bem nämlichen Grabe, in welches ſie den Leichnam ihres Durchleuchtigſten Ehgemahls, nachdem er ſchon ſechs Jahr an einem andern Ort gelegen geweſen, beerdigen laſſen. Auf dem Grabſtein ſteht nichts als † IRMENGARDIS FUNDATRIX. Nachher wurde daneben ein ſehr anſehnliches Denkmal verfertigt, das uns der Herr Prof. Schöpflin vorlegen wird, mit der Umſchrift:

Annis inventis XLV. mille ducèntis
Alma Palatina fundavit laude ſupina
Tunc Irmengardis hoc clauſtrum Lucida Vallis,
Lucet per mores, virtutes, res & honores.

§. X. Marggrav Hermann V. hat von ſeiner Gemahlin Irmengard zwey Prinzen, (*l*) und wenigſtens eine Prinzeßin hinterlaſſen.

Näm-

---

(1) Der Römiſche König Heinrich meldet in ſeinem Vertheidigungsſchreiben an Biſchof Konrad zu Hildesheim, (Dat. ap. Ezzelingen IV. Non. Sept.) A. 1235. daß er auf des Marggraven Antrag einen ſeiner Söhne als Geiſſel bey ſich gehabt habe: „ *Filium* „ *Marchionis de Baden*, quem ſponte & ultro „ nobis obtulit immo devotius ſupplicavit, ut „ ne aliquam de ipſo diffidentiam haberemus, „ eum in obſidem recipere dignaremur, per dura „ præcepta Patris noſtri, quibus contraire nec vo- „ lumus, nec debemus, non ſine maxima vere- „ cundia reſtituere cogebamur. „ Es iſt aber unbekannt,

Nämlich

Hermann VI. (*m*) folgte seinem Herrn Vatter in der Marggravschaft nach. Ich werde sogleich von ihm handeln.

Rudolf, hat das Hochfürstliche Haus fortgepflanzt. Von ihm gibt der zweyte Theil Nachricht.

Elisabeth. Sie wird eine Gemahlin Ludwigs II. Herzogs von Lichtenberg; (*n*) und liegt zu Baden

---

bekannt, welcher von beeden Prinzen hier zu verstehen sey. SCHANNAT. *Vind. Lit.* Coll. I. p. 199.

(*m*) THOMAS EBENDORFER DE HASELBACH *Chron. Austriac.* in *Scriptor. Rer. Austr.* T. II. p. 726.

(*n*) Also steht bey XIII. Kal. im Todtenbuch des Klosters Lichtenthal in SCHANNAT. *Vind. Lit.* Coll. I. pag. 166. ELISABETHA de Lichtenberg, Soror Domini Rudolfi Marchionis Badensis sepulta in Capella apud Altare S. Catharinæ; und nach p. 172. hat die Aebtißin Abelheid samt dem Convent zu Lichtenthal, der Elisabeth verstorbenen Gemahl Ludwig zum Besten, jährlich eine Seelen-Andacht zu halten versprochen, in diesen Worten: „Nos ADILHEIDIS „& Conventus Lucidæ-Vallis promisimus bona „fide Dominæ ELISABETHÆ de Lichtenberg, „sorori Domini Marchionis, nostri Fundatoris, „Rudolfi, Anniversarium Mariti sui LUDOVICI „in die Sanctæ Elisabethæ, plenæ Refectionis „Amministratione & Orationum persolutione, sin„gulis annis celebrare.„ Warum hier M. Rudolf der Stifter dieses Klosters heisse, wird sich aus dem

Baden begraben. (Hamans gedenkt noch einer Prinzeßin, Namens Irmengard. Sie soll an einen Grafen von Würtemberg vermählt gewesen seyn, nach den Worten einer Bulle P. Innocentius IV. an den Abt zu Schwarzach, darinnen die verwittibte Marggräfin Irmengard eine Schwiegermutter eines Grafen von Würtemberg genennt wird. Es wird aber weder der Name des Grafen, noch seiner Gemahlin angezeiget. (o) Ich finde auch weder in Pregizers Würtembergischen Cedernbaum, noch einem andern Schriftsteller etwas davon.

---

dem folgenden ergeben. Von der Herrschaft Lichtenberg S. SCHÖPFLIN. *Alsat. illustr.* T. II.

(o) „Cum sicut dilectus & nobilis Vir comes de „Wirtemberg exposuit coram nobis, dilecta in „Christo filia, nobilis mulier Irmengardis relicta „Marchionis de Baden, socrus sua pro animæ suæ „remedio monasterium Lucidæ Vallis Citerc. Ord. „fundavit.„ Wann die Bulle ächt ist, so muß ein Fehler in der Jahrzahl vorgegangen seyn; indem Innocentius IV. im Jahr 1259. da die Bulle gegeben ist, nicht mehr in dieser Welt war. Er ist schon A. 1254. gestorben. Deswegen fällt auch die Muthmaßung weg, daß M. Rudolphs I. Prinzeßin, Graf Eberhards des Durchleuchtigsten Gemahlin, zu verstehen seyn, und unter socrus Großschwiegermutter verstanden werden möchte.

Hermann

Hermann VI.

Von 1243. bis 1250.

§. I.

Marggrav Hermann VI. führt von seiner Statur den Beynamen der Kleine. Er regiert anfänglich die von seinem Vatter hinterlassene Lande mit seinem Bruder Rudolf gemeinschäftlich, bis ihn die göttliche Vorsehung zur Regierung eines andern Landes beruft, wodurch dem Hochfürstlichen Haus ein hellscheinender Glanz aufgegangen ist, der sich aber bald in einer blutigen Dunkelheit wieder verloren hat.

Hermann VI.

§. II. Es scheint M. Hermann habe schon im Jahr 1232. bey Lebzeiten seines Herrn Vatters die Regierung über die in dem obern Brisgau gelegene Sausenbergische Lande geführt. So lesen wir z. E. daß in diesem Jahr M. Hermann der jüngere von Baden mit dem Abt von St. Blasii wegen des Bergs Susenberc eine Stritigkeit gehabt habe, welche durch Bischof Konrad von Kostanz gütlich beygelegt worden sey. Vermög des Verglichs bekam die Abtey vor ihre gemachte Anforderung ein gewisses Gut, hingegen versprach der Marggrav an die St. Blasische Höfe im Brisgau keine weitere Forderungen zu machen, als die Dienstleistung, dazu man schon

schon zu Herzog Bertolds Zeiten verbunden gewesen. (a)

Backnang. §. III. Gleich nach M. Hermanns V. Tod wird das ihm zugehörige Stift und die Stadt Backnang von seinen Feinden hart mitgenommen, und fast ganz verwüstet. Dessen Söhne und Nachfolger in der Regierung, die Marggraven Hermann VI. und Rudolf I. schlagen diese mit einem grossen Heldenmuth in die Flucht, und thun ein Gelübde: dem Schuzheiligen dieses Stifts Pancratius zu Ehren, dessen Hülfe sie den erfochtenen Sieg zuschreiben, das Stift aus seinen Ruinen wieder aufzurichten; welches sie auch nachmals ins Werk sezen. (b)

Lichtenthal. Von der innerlichen Hochachtung, welche diese beede Herren Brüder vor ihre verwittibte Frau Mutter gehabt haben, zeugt ihre gutthätige Bereitwilligkeit die Aufnahm des von derselben gestifteten Klosters Lichtenthal zu befördern. Sie geben ihm zu dem Ende A. 1245. die Rechte des Kirchensazes zu Ettlingen und Baden (nämlich den dritten Theil) den Zehenden zu Jffitsheim, die Dörfer Winden und Buere mit allen Zugehörungen, zwey Höfe (curias) in Osse und einen zu Eberstein nebst zwölf Pfund Straßburger Münz von ihren Zinsen

---

(a) Codex Dipl. Bad. ad a. 1232.
(b) **Sattler** Historie des Herzogthums Würtemberg, Th. I. S. 135.

sen zu Selse. (c) Da die Söhne damals noch kein eigenes Sigill hatten, so bedienten sie sich in diesem Briefe des Sigills ihres Herrn Vatters.

In eben diesem Jahr ertheilt P. Innocentius IV. dem geistlichen Vorsteher der Kirche zu Acher, Straßburger Diöces, mit Namen Bertold, auf ausdrückliche Empfehlung und Bitte der Marggraven Hermanns und Rudolfs von Baden die Erlaubnis, ausser seiner Pfründe, noch eine andere, so sie ihm würde aufgetragen werden, annehmen zu dörfen. (d)

Ob nun gleich sich hieraus deutlich darlegt, daß diese ruhmwürdigste Fürsten der Geistlichkeit nicht abgeneigt waren, so geschahe jedoch, daß M. Hermann in einen Streit mit dem Prämonstratenser=Kloster Allerheiligen auf dem Schwarzwald, wegen der Schirmvogtey zu Nußbach und anderer Güter desselben gerathen. Die Sache wird A. 1246. dem Bischof Konrad von Speyer zum Ausspruch überlassen. Dieser spricht, nach vorgenommener Untersuchung, dem Marggraven seine angegebene Rechte an diese Güter ab. Die Urkunde hievon ist zu Stolhoven ausgefertigt, und kommt darin=

(c) Cod. Dipl. Bad. ad a. 1245. In dieser Urkunde wird Vatter, Mutter und beede Brüder mit Namen genennt.

(d) Cod. Dipl. Bad. ad a. 1245. Es kommen in dieser Urkunde die Dapiferi oder Truchseße der Herren Marggraven zu Baden vor.

darinnen unter den Zeugen ein Hermann, Sohn des Marggraven vor. Da man nun sonst schwerlich eine Spur findet, daß unser M. Hermann einen Sohn dieses Namens gehabt habe, hingegen einer unter M. Rudolfs I. Kindern mit diesem Namen benennt ist; so ist vermuthlich dieser allhier zu verstehen, den wir in den Badischen Geschichten Hermann VII. nennen. (e)

§. IV. A. 1248. belehnt M. Hermann nebst seinem Bruder M. Rudolf den Herrn von Usenberg, Namens Jesso, mit verschiedenen Gütern zu Eistatt. (ee) Da dieses das Jahr der Vermählung des erstern ist, und er seine Reise nach Oesterreich angetretten hat, so kommt er in den Badischen Regierungssachen nicht mehr vor.

Tod. §. V. Marggrav Hermann wird aus der Zeit in die Ewigkeit versezt A. 1250. den 4. Octobr. (f) Daß die Verdrüßlichkeiten der Oesterreichischen Landesregierung und die Ausgelassenheit der Unterthanen hierzu sehr viel beygetragen haben, ist nicht zu läugnen. Ja es haben einige Schriftsteller (g) sich nicht gescheuet zu melden, er sey

---

(e) *Cod. Dipl. Bad.* ad a. 1246.
(ee) *Idem* num. 120.
(f) *Chron. August.* ap. FREHER. T. I. pag. 528. „ Hermannus, Marchio de Baden, qui sibi usurpaverat Ducatum Austriæ, moritur IV. Non. „ Octobr. „
(g) J. E. REUSNER. Er fehlt aber im Todesjahr, davor er 1248. angibt.

sey eines gewaltsamen Todes durch beygebrachtes Gift, gestorben. Gewiß ist, daß sein erblaßter Leichnam im Kloster Neuburg in Oesterreich beygesezt worden ist. (b)

§. VI. Seine Gemahlin ist Gertraud, (i) die einzige Prinzeßin Herzog Heinrichs III. des Gottlosen oder Grausamen von Oesterreich, und Wittwe Marggrav Uladislaus (k) von Mähren, König Wenceslaus III. in Böhmen Sohns, und Bruders desjenigen Ottocars König in Böhmen, den Kaiser Rudolf nachher aus Oesterreich vertrieben hat. Der Vatter dieser Prinzeßin, war der ältere Bruder Herz. Friedrichs des Sieghaften von Oesterreich; mithin ist sie eine Enkelin Herzog Leopolds VII. des Glorreichen gewesen. Ihre Mutter Agnes aber war eine Tochter Landgrav Hermanns von Thüringen. Gertraud verlor ihren Herrn Vatter A. 1227. Vor dessen jüngern Bruder Fridrich II. der Streitbare genannt, welcher erst sechs Jahr alt gewesen, (l) übernahm man sogleich die Regierung

Gemahlin.

(b) *Chron. Austral.* ap. FREHER. T. I. pag. 459. „ Hermannus Marchio obiit, in Niwenburga sepelitur. „

(i) IRENICUS in *Exeg. Germ.* L. III. C. 106. nennt sie unrecht Margaretha.

(k) Einige nennen ihn Heinrich.

(l) CALLES *Annales Austriæ.* Viennæ 1750. fol.

rung des Herzogthums Oesterreich und Steyermark. Er selbst führt sie hernach bey mannbaren Jahren bis an sein Ende. Dis erfolgt A. 1246. in der unglücklichen Schlacht mit den Ungarn. Er ist der lezte aus dem Babenbergischen Stamme.

Sein Tod verursacht grosse Zerrüttungen und Unruhen. In Oesterreich ist vermög eines Privilegii von K. Fridrich I. A. 1156. auch das weibliche Geschlecht Succeßionsfähig. Daher sezt sich vorgemeldeter erster Gemahl der Prinzeßin Gertraud Uladislaus nach Fridrichs Absterben im Namen seiner Gemahlin in den Besiz von Oesterreich. Er folgt ihm aber nach wenigen Monaten in die Ewigkeit nach, und hinterläßt keine Erben. (m)

K. Fridrich II. macht Anspruch an diese Lande, und sendet Grav Otto von Eberstein nach Wien, Besiz davon zu nehmen; zumalen da einige Oesterreichische Landstände den Kaiser in der Lombardie ersuchen lassen, ihr Regent zu werden. Papst Innocentius IV. sezt sich mit blizender Hand dagegen. Der Kaiser ernennt jedoch den Herzog Otto von Bayern und Mainhard Graven von Görz zu Statthaltern, jenen in Oesterreich, diesen in Steyermark.

(m) BOHUSL. BALBINI *Epitome rer. Bohem.* L. III. C. 14. THOM. DE HASELBACH *Chron. Austr.* L. V.

marf. (n) Der Ungarische König Bela IV. will durch Hülfe der Waffen sich Meister von Oesterreich machen, er bekommt aber darinnen einen nur geringen Anhang. Erstgemeldeter Herzog Otto von Bayern o) leitet die Sachen so, daß sich die verwittibte Gertraud A. 1248. mit unserm M. Hermann, als seiner Gemahlin Agnes Schwester Sohn, vermählt. (p) Hierauf erkennen ihn sehr viele Stände im Lande als Herzog von Oesterreich und Steyermark; und P. Innocentius IV. bestätigt ihm in einem Schreiben von Lion den 14. Sept. 1248. das Herzogthum; (q) und in einem andern den 13. Febr. folgenden Jahrs empfiehlt er ihn dem Römischen König Wilhelm bestens mit Bitte, dem M. Hermann diese Lehen ohne Anstand zu ertheilen. (r) Die Geschichtschreiber bemerken, daß er niemals das ganze Land, sondern einen Theil desselben, und zwar denjenigen, welcher

---

(n) CHRON. SALISBURG. pag. 360. in *Scriptor. Austr.* T. I. p. 360.

(o) CHRON. *Claustro-Neoburgense* ad a. 1249. ap. PEZ. *Scriptor. rer. Austr.* T. I. p. 461. „Hermannus Marchio de Baden intravit Austriam auxilio Ducis Bavariæ, & duxit uxorem filiam Henrici Ducis.

(p) CHRON. MONAST. MELLICENSIS ad a. 1248. T. I. *Scriptor. rer. Austr.*

(q) *Cod. Dipl. Bad.* ad a. 1248.

(r) *Cod. Dipl. Bad.* ad a. 1249.

Wien am nächsten gewesen, besessen habe. (s) Seine Gemahlin gebiert ihm gleich in dem folgenden Jahr 1249. den Erbprinzen der Oesterreichischen Lande, Fridrich. (t) M. Hermann wird auch in den Urkunden und Schriften Herzog von Oesterreich genennt. Z. E. in dem Freyheitsbrief, welchen er dem Convent zu Zwelt wegen der freyen Salzdurchfuhr durch die Oesterreichische Lande A. 1249. zu Wien ertheilt. (u)

§. VII. Ich habe bereits angezeigt, daß K. Fridrich II. eine Prätension auf Oesterreich gemacht habe. Sie rührte her von der Gemahlin seines ungehorsamen Prinzen Heinrichs, mit Namen Margaretha. Sie hatte mit demselben zween Söhne Fridrich und Heinrich erzeugt, wiewohl diese vermuthlich damals schon nicht mehr am Leben gewesen, so aber geheim gehalten worden. (v) Dem sey wie ihm wolle, so war

---

(s) CUSPINIANUS in *Austria* p. 28.

(t) GERARD. A ROO *Histor. Austr.* L. I. pag. 15. „Cum Fridericus Austriæ Ducum ex Babenbergensi gente ultimus anno post mille ducentos „sexto & quadragesimo ex vulnere in pugna cum „Hungaris commissa recepto obiisset, *Hermannus Badensis*, qui *Gertrudim* illius ex fratre „Henrico Medlicensi nuptam in matrimonio habebat, Austriæ gubernationem adierat.„

(u) XI. Kal. Oct. LUDEWIG. *Rel. Mst.* T. IV. p. 44. Er heißt darinnen *Hermannus Dux Austr. & Styr. & Marchio de Baden.*

(v) S. Herrn Hofrath Pütters Handbuch der Reichshist. S. 301.

war die Frage, ob diese Margaretha, des Herzog Fridrichs Schwester, oder die Gertraud, welche an ihres Vatters Stelle nach seinem Tode getretten, bey diesen Landen, wo auch die Weiber succeßionsfähig sind, in Betrachtung zu ziehen sey? Der Tod läßt unsern Hermann die Entscheidung dieser Frage nicht erwarten. K. Fridrich II. thut in eben dem Jahr 1250. mit ihm die Augen zu. Margaretha, welche nun ihren Schwiegervatter, gleichwie A. 1240. ihren Gemahl, den Römischen König Heinrich, verloren hatte, kehrt in ihr Vatterland zurück. Beede Basen Gertraud und Margaretha wollen mit einander die Regierung führen. Margaretha lebt zu Haimburg; Gertraud mit ihrem Prinzen Fridrich zu Medlingen, und heißt daher auch bey einigen Schriftstellern Herzogin von Medlingen, (*w*) gleichwie ihr Prinz zuweilen von Medlingen genennt wird. (*x*)

Allein die Oesterreichische Stände wurden dieses Regiments gar bald überdrüßig, und da sie von den gefährlichen Absichten der Könige in Ungarn und Böhmen Nachricht bekommen, so senden sie Abgeordnete an den Marggraven in Meissen, Heinrich III. den Durchleuchtigen, und bitten,

---

(*w*) CHRON. *Clauſtro-Neoburg.* A. 1252.

(*x*) *Medlingenſis.* HAGEN. *Chron Auſtr.* ap. PEZ. *Scriptor. Auſtr.* T. I. Col. 1072. ſq.

bitten, er möchte ihnen einen von seinen Söhnen, die er mit der Constantia, des lezten Herzogs von Oesterreich und der oft gemeldeten Margaretha Schwester erzielt hatte, zu ihrem Landesherrn schicken. (y) Was geschieht? Die Gesandte müssen ihren Weg durch Böhmen nehmen. K. Wenceslaus III. von Böhmen sucht seinem Prinzen Ottocar dieses vortrefliche Land zuwegen zu bringen. Er ladet die Abgeordnete zu sich nach Prag, hält sie mit vielen Freundschaftsbezeugungen bey sich auf, und erlangt auf sein Versprechen, daß sich sein Prinz mit der verwittibten Margaretha vermählen solle, seinen Endzweck. Derselbe erhebt sich nach Wien. Das Beylager wird A. 1252. daselbst vollzogen. Er wird auf diese Art Herzog von Oesterreich, und besteigt in eben diesem Jahr, darinnen sein Vatter Todes verfahren, auch den Königlich Böhmischen Thron. Nachdem sich Ottocar auf diese Art des Oesterreichischen Herzogthums bemächtigt hatte, (dann Steyermark mußte er K. Bela in Ungarn abnöthigen) so verstieß er A. 1261. seine Gemahlin Margaretha, mit der er Zwillinge, Fridrich und Heinrich, welche durch Manfredus in Sicilien Bosheit ihr Leben ver-

---

(y) Unter diesen Söhnen M. Heinrichs war Albrecht der Unartige, der Stammvatter der heutigen Herzoge von Sachsen, von welchem diese ihre Anforderung auf Oesterreich herleiten. SCHWEDER. *Theatr. Prætens.* L. IV. Sect. 34. C. 7.

verloren, erzeugt, (z) und nahm die Ungarische Prinzeßin Kunigunde zur Gemahlin.

§. VIII. Bey diesen Umständen sieht sich Gertraud samt ihrem Prinzen zurückgesezt. Sie begibt sich daher mit demselben nach Meissen zu ihres Vatters Schwester Constantia. Sie vermählt sich daselbst A. 1258. auf Vermittelung des Ungarischen Königs Bela zum drittenmal mit einem Rußischen Prinzen Romanus. (a) Sie hat aber das Unglück, wie ihre Freundin, bald von demselben verlassen zu werden. (b) Sie soll eine Tochter von ihm gebohren haben, mit Namen Maria, die an Stephan von Sagarbia verheurathet worden. (c)

So viel ist gewiß, daß sie ihre Lebenstage nach mancherley Widerwärtigkeiten (d) in Meissen beschlossen hat; ob man gleich weder das Jahr ihres Todes noch den Ort ihres

---

(z) HAGEN. l. c.

(a) CHRON. CLAUSTRO-NEOB: ad a. 1252. „Ducissa de Medlich accepit maritum Ruscia in contumeliam amitæ suæ, Ducissæ Austriæ. „

(b) Idem ad a. 1253. „Rex Rusciæ relicta uxore rediit ad terram suam. „

(c) CUSPINIAN. Austr. p. 28. 43. aliique.

(d) Man mag sonderlich dahin den blutigen Tod ihres Hoffnungsvollen Prinzen Fridrichs zählen, den sie nach dem Zeugnis einiger Scribenten erlebt hat; wiewohl einige behaupten, sie seye zur Zeit seiner Enthauptung nicht mehr im Leben gewesen.

ihres Begräbnisses anzeigen kan. Eine denkwürdige Münze von ihr ist in dem Herzoglichen Münzkabinet zu Gotha, (e) worauf das Badische und Oesterreichische Wapen beysammen stehen. Desgleichen hat man eine Urkunde vom Jahr 1253. die sie dem Kloster des Heil. Kreuzes in Oesterreich gegeben. Sie heißt darinnen: Von GOttes Gnaden Herzogin von Oesterreich und Steyermark; auf dem daran befindlichen Sigill ist ihr Bildnis. (f)

Tochter Agnes
§. IX. M. Hermann hatte mit dieser Herzogin Gertraud einen Prinzen und eine Prinzeßin gezeuget. (g) Die Prinzeßin hieß Agnes. Sie wurde A. 1263. an Grav Ulrich von Kärnthen, (h) und, nach dessen tödtlichem Hintritt, an Grav Meinhard von Tirol vermählt. Sie ist die Mutter Heinrichs, Herzogs von Kärnthen und Gravs in Tirol, wie auch der Elisabeth, welche an Albrecht I. Kaiser Rudolfs I. Prinzen und nachmaligen Römischen Kaiser vermählt worden ist.

Sohn Fridrich
§. X. Der Prinz, mit Namen Fridrich, war, wie schon gemeldet, A. 1249. gebohren,

---

(e) Sie ist in Kupfer zu sehen in HERRGOTT *Monum. Austr.* T. II. Tab. I. n. 30.

(f) *Ibid.* T. I. p. 9. Tab. IV. num. 1.

(g) P. SIGM. CALLES *Annal. Austr.* P. II. p. 85. 158. sqq.

(h) CHRON. CLAUSTRO-NEOBURG. ad a. 1263. CHRON. *Austr.* ad h. a.

ren, und wurde in Meiſſen bey ſeines Groß-
vatters Schweſter Conſtantia, M. Heinrich des Durchleuchtigen Gemahlin erzogen. Er begibt ſich nachher zu Herzog
Ludwig dem Ernſthaften oder Strengen
in Bayern, dem Sohn Herzog Otto des
Durchleuchtigen, welcher ſeiner Großmutter Irmengard Schweſter Agnes zur Gemahlin gehabt, und die Vermählung zwiſchen ſeinen Eltern geſtiftet hatte. Mithin
war Prinz Fridrich ein naher Verwandter
von dieſem Herzog Ludwig in Bayern,
und nahm alſo bey ſeinen Umſtänden, da
er ſeines Herzogthums ſich beraubt ſahe,
ſeine Zuflucht zu ihm. Das Jahr kan nicht
eigentlich beſtimmt werden, wann er dahin
gekommen, noch auch, ob er beſtändig ſich
daſelbſt aufgehalten habe. Wider lezteres
ſcheint zu ſtreiten der Confirmationsbrief,
welchen ſein Schwager Herzog Ulrich III.
von Kärnthen A. 1265. Indict. VIII. den Ci-
ſtercienſern in Landeſtrot ertheilt hat, darinnen Fridrich als Zeuge vorkommt. (i)

(i) Teſte Domino *Friderico Marchione de Verona,
conſobrino noſtro.* RUBEIS *Monum. Aquil.* pag.
276. Das Wort *conſobrinus* zeigt ſonderlich in der
mittlern Zeit, wie Herr P. Frölich hiebey in *Archontol. Carinth.* C. V. p. 90. wohl bemerkt, eine
jede Blutsfreundſchaft oder Schwägerſchaft an, die
durch eine Schweſter veranlaßt worden. Er weiß wenigſtens ſelbſt keinen andern Fridrich in dieſen Zeiten ausfindig zu machen, auf welchen ſich dieſes ſchicken
ſollte, als eben den Oeſterreichiſchen oder Badiſchen
Fridrich.

Herzog Ludwigs anderer Vetter, des K. Fridrichs II. Enkel, Herzog Konrad von Schwaben, welcher insgemein Konradinus (k) pflegt genennt zu werden, begibt sich eben dahin. Beede Prinzen waren sehr nahe verwandt, (l) und hatten in Ansehung des Verlusts ihrer Lande gleiches Schicksal. Sie leben an dem Bayerischen Hof in genauer Verbindung, und dieses Band wird so vest, daß allein das Schwerdt es zertrennen konnte. Ich will diese Geschichte kurz zusammen fassen. (m)

Das Haus Schwaben war dem Päpstlichen Hofe wegen des benachbarten Königreichs Sicilien, welches jenes inne hatte, nicht

---

(k) Er war ein Sohn Konrads IV. Herzogs von Schwaben, oder I. K. in Sicilien. Solte mithin Konrad V. oder II. heissen; bekam aber den Namen Konradin, wegen seines zarten Alters. RICOBALDUS FERRARIENSIS in *Compilatione Chronolog.* p. 1286. Es ist falsch, wann ihn AENEAS SYLVIUS und andere vor des Römischen König Heinrichs, der in Sicilien im Gefängnis gestorben, Prinzen ausgeben.

(l) Sie stammten beede von einer Ur-Mutter Agnes K. Heinrichs IV. Tochter in gleichem Grade ab.

(m) Mehrers f. in ANDR. AD. HOCHSTETTER. Diff. *de Conradino ultimo Sueviæ Duce* ap. WEGELIN. in *Thesauro rer. Sueo.* T. III. p. 326. sqq. Allerhand Anmerkungen von dem letzten H. von Schwaben CONRADINO &c. in GUNDLINGIAN. P. IV. Art. 2. p. 417. und aus demselben in WEGELIN. *Thes. rer. Sueo.* T. II. p. 512. sqq.

nicht angenehm. K. Friedrich II. wurde sehr von demselben angefeindet, und verlohr so gar seine Kaiserkrone. Nach seinem Tode A. 1250. hinterließ er auſſer seinem ehlichen Prinzen Konrad IV. auch einen unächten, mit Namen Manfredus. Jener gerieth mit dem Papst in einen heftigen Krieg; und man bestach, als er in eine Krankheit verfallen, seinen Leibarzt, daß er ihm ein starkes mit Diamanten-Pulver und andern die Gedärme durchschneidenden Dingen gefülltes Clystir gab, woran er A. 1254. zum groſſen Leidwesen seiner meisten Unterthanen sterben müssen. (*n*) Dieser feurige Manfredus zog durch sein anmuthiges Wesen die Liebe des Volks sehr an sich, und erklärte sich nach einigen heftigen Strittigkeiten mit dem Hofe zu Rom vor den Vormünder des Prinzen Konradins, der sich damals in Teutschland befand. Er verbot aber bald, den Namen Konradins zu nennen, und streuete falsche Nachrichten von dessen Tode aus. Hierauf bemächtigte er sich nach einem vergeblich versuchten Verglich mit dem Papst der vornehmsten Städte in beeden Sicilien. Papst Urbanus IV. that ihn sodann in den Bann, und suchte dem Herzog Karl von Anjou in Frankreich diese Reiche in die Hände zu liefern. Sein Nachfolger P. Clemens IV.

ein

(*n*) SABA MALASPINA *Hist. rer. Sic.* C. IV. ap. MURATOR. *Scriptor. rer. Ital.* T. VIII. Dieſer Schriftsteller hat um die dieselbige Zeit gelebt.

ein gebohrner Franzose bestätigte die hierüber gepflogene Tractaten, und nahm sich vor, nicht eher ruhig zu werden, als bis er das Hohenstaufische Haus würde ausgetilget, und seinem angebornen Landsherrn Karl die Sicilianische Krone aufgesezt haben. Herzog Karl wurde auch wirklich zu Rom in der Peterskirche von einigen Carbinälen zum Könige gesalbet. Manfredus bemühete sich vergeblich einen Frieden mit ihm zu schliessen. Es kam A. 1265. zu einem hizigen Treffen, worinnen Manfredus sein Leben den 26. Febr. verloren hat.

Nun war Konradinus noch übrig. Sein sterbender Vatter hatte gewünscht, daß sich der Papst dieses unmündigen Prinzen annehmen möchte. Allein es geschahe nicht. P. Alexander verbote vielmehr den Churfürsten des Reichs bey Strafe des Banns ihn jemals zum Kaiser zu erwählen. P. Urbanus IV. wiederholet dieses. Und nun beraubt ihn Karl von Anjou auf Veranstaltung P. Clemens so gar seiner Erbkönigreiche. Jedoch behält er seine Anhänger in denenselben. Sie ersuchen ihn, persönlich in Italien zu erscheinen. Er schickt sich zur Reise an, und versezt deswegen A. 1266. den 24. Octob. zu Augsburg die Stadt Donauwert (Werdam Suevicam) an H. Ludwig von Bayern; sezt ihn auch aufs neue, wie er schon A. 1263. gethan, an eben diesem Tage zum Erben seiner Lande in Italien und Teutschland ein,

im

im Fall er ohne Leibeserben mit Tode abgehen sollte. Beede Urkunden hat Prinz Fridrich unterschrieben, als Herzog von Oesterreich und Steyermark, Marggrav von Baden. (o) Er sendet sein Manifest unter Königlichem Namen voraus, und macht sich A. 1267. auf die Reise. Herzog Ludwig von Bayern, Grav Mainhard von Tyrol, und Fridrich von Oesterreich und Baden begleiten ihn. (p) Sie kommen zu Verona an. (q) Es fehlt aber vornämlich an Geld.

Herzog

(o) *Fridericus Dux Austrie & Stirie, Marchio de Baden.* Bayerische Ausführung gegen Oesterreich, S. 8. C. 10. F. Fugger Oesterr. Ehrenspiegel, B. 2. C. 4. Lünig Reichsarchiv *Part. Spec. Cont.* II. S. 3. Im letztern liest man in der teutschen Uebersetzung nach Fridrich, Hermann zu Baden, welches aber ein unrichtiger Zusatz ist.

(p) Die Italiänische Scribenten nennen ihn zum Theil einen Prinzen von Habsburg. Sie haben darinnen, wie in andern teutschen Sachen mehr, geirret.

(q) Daß der Oesterreichische oder Badische Fridrich mit Conradino zu Verona gewesen sey, erweist das Schreiben Conradini datæ Veronæ VI. Kal. Jan. MCCLXVII. darinnen unter den Zeugen steht: *Fridericus Dux Austriæ dilectus consobrinus noster.* P. Calles S. J. *Annales Austriæ* P. II. L. VII. p. 461. n. b. Fridrich führt hier den Titul von Verona nicht, obgleich das Schreiben zu Verona gegeben worden. Ueberhaupt geschieht in der ganzen Erzählung von der Ankunft K. Conradins zu Verona und von seinem Aufenthalt daselbst, wie auch von seiner Abreise aus dieser Stadt, welche bey dem MONA-

CHO

Herzog Ludwig von Bayern und Graf Mainhard von Tyrol gehen Zweifelsohne zum Theil aus Furcht vor des Papsts Bann, nach Haus. (r) Konradin sezt sich nachher mit seinem Freunde Fridrich in Bewegung, und findet eine grosse Anzahl Anhänger. Die Römer selbst empfangen ihn mit offnen Armen, und grossen Feyerlichkeiten, (s) zum grossen Verdruß des Papsts, der damals zu Viterbo Hof hielte. **Schlacht.** Alles muß nun eine Schlacht entscheiden. Diese geht vor sich den 23. Aug. auf der Ebene bey Palenza, nicht weit von Tagliacozzo. Konradin theilt seine ansehnliche Armee in drey Theile. Er und Fridrich führen die Teutsche an; Galvana die Italiäner, und Heinrich von Kastilien die Spanier. Der Sieg lenkt sich auf der Prinzen Seite. Ihre Soldaten sind aber auf die Beute zu begierig, und verfolgen den flüchtigen Feind zu hizig. Karl von Anjou sammlet seine Leute, und schlägt die Prinzen aufs Haupt. Sie ergreifen die Flucht; wissen aber keinen Ort zur Sicherheit, und wollen nach Pisa sich begeben. In dieser Absicht kommen

---

CHO PATAVIENSI in *Chron.* ap. MURATOR. T. VIII. p. 728. zu lesen ist, keine Meldung unsers Fridrichs, als eines Marggraven von Verona.

(r) Gundling in *Gundling.* P. V. p. 441. sq. bemerkt, daß auch sonst interesirte Absichten dabey gewesen.

(s) MONACHUS PADUAN. SABA MALASPINA l. c.

men sie als Eselstreiber verkleidet nach
Astura, wo Konradinus, um Brod zu bekommen, seinen Ring hergab. Kaum segeln sie von da ab, so verfolgt sie der Herr
des Orts Johann Frangipani, dem sie
durch den Ring, welchen sie einem Fischer
das Brod zu kaufen gegeben, verrathen
werden; er holt sie ein, und bringt sie, in
Hoffnung grosser Belohnung von H. Karl,
nach Neapoli. Karl von Anjou gibt dem
P. Clemens IV. Nachricht hievon, und bekommt den bekannten Ausspruch: „Konra„dins Leben ist Karls Tod, und Konradins
„Tod ist Karls Leben,„ zur Antwort. (t)
Karl läßt einige Deputirte sich versammlen, welche wider des Juristen Guido von
Suzaria, (u) und vieler anderer vornehmen Personen Anrathen, das Todesurtheil
über diese beede grosse Fürsten aussprechen. (v) Sie hören es mit grosser Standhaftig-

Gefangenschaft.

(t) ALBERTIN. ARGENTIN. p. 98. „ Scripsit Caro„ lus Clementi tum Papæ existenti, quid faciun„ dum esset de Conradino capto. Qui rescripsit
„ eidem, quia ei favebat: *Vita Cunradini mors*
„ *Caroli; mors Cunradini vita Caroli.* Quo
„ scripto viso statim Carolus Cunradinum cum
„ Duce *Austriæ* decollavit. „ Und hiemit stimmen
andere Geschichtschreiber selbiger Zeit überein. Conf.
HENRICUS STERO ad a. 1268. ap. FREHER. T. I.

(u) TRISTANI CALCHI *Hist. Patria* C. 16. pag.
355. T. II. *Rer. Ital.* edit. Græv.

(v) Als die vornehmste Ursachen, warum sie den Tod verdient,

Enthaup- haftigkeit an. Es wird auch am 26. Oct.
tung. 1268. (w) zu Neapoli auf einem mit rothen seidenen Tapeten belegten Platz, wo
nun die Carmeliterkirche steht, öffentlich
mit dem Schwerdt vollzogen. Fridrich wird
zuerst enthauptet, nachdem Konradin den
zärtlichsten Abschied von ihm genommen.
Dieser hebt sogleich das Haupt seines Freundes auf, küßt dasselbe und drückt es mit dan-
kenden Thränen an seine Brust, bezeugt sodenn seine Unschuld, und läßt sich auch das
Seinige herunter schlagen, worauf noch einige andere Schwäbische Herren entseelt worden. Karl von Anjou sahe dieser erschröckli-
chen Execution von einem hohen Thurn in
der Ferne zu. Der Scharfrichter wurde von
einem herzhaften Manne so gleich des Lebens

---

bient, wurden angeführt: Konradin hätte den Kirchenfrieden gestöhrt, sich des Königlichen Titulus angemaßt, und dem König nach dem Leben getrachtet.
Fridrich und andere hätten seine ungerechte Sache
verfechten helfen; hätten mithin ebenfalls das Leben
verwirket. Es verdient aber hiebey Gundling l. c.
nachgelesen zu werden.

(W) Ueber das Jahr und den Tag ist verschieden gestritten worden. S. PFEFFING. ad VITRIAR. T. I.
p. 619. 620. STRUV. Corp. Hist. Germ. Per. VII. Sect.
VII. §. 11. n. 76. Habns Reichshistorie, Th. 4.
S. 256. folg. GUNDLING. d. l. p. 453. sucht zu erweisen, daß die Execution den 5. Nov. einen Tag nach
dem Tode P. Clemens geschehen sey. Er setzt dabey:
„Der jüngste Tag wird zeigen, welcher besser bestehen
„werde, Clemens oder Konradinus. Sie ha-
„ben einander geschwind in der andern Welt rencon-
„trirt. Wir müssen uns gedulden.„

Hermann VI. von 1243-1250.

bens beraubt, damit er sich nicht rühmen möchte, das Blut so ansehnlicher Herren vergossen zu haben. (x) Die Leichname dieser unglücklichen Personen, die im Bann gestorben, wurden in ein verächtliches Loch auf Karls Befehl geworfen. Nach der Zeit hat man an den Ort, wo sie eingescharrt worden, eine kleine Kirche erbaut. (y) Ich
über-

(x) Gundling l. c. S. 463. hält dieses vor ein Mährlein.

(y) Saba Malaspina L. VI. C. 6. schreibt: „Decori artus acephali tumulantur, sed humantur corpora sic obtruncata. Lapidum tumulus objicitur loco tumuli, cujus eminentia usque hodie subterratorum ostendit sepulturam. Quamquam habet opinio plurimorum, quod fratres illius loci vel ex devotione vel pietate materna ducti, seu prece pretiove commoti, ossa Conradini exhumaverunt & matri miserabili destinaverunt." Man hält also dafür, daß die Gebeine in der Carmeliterkirche ruhen. Ricordano Malespini, ein Florentinischer Scribent selbiger Zeit, welcher die erste Geschichte in Italiänischer Sprache geschrieben unter dem Namen *Istoria Fiorentina* Cap. 93. ap. Murator. *Scriptor. rer. Ital.* T. VIII. Col. 1014. nennt den Herzog Fridrich *Duca di Sterlichi*, und meldet, sein und Konradins Leichnam seyen an keinem geheiligten Orte begraben worden, weil sie in des Papsts Bann gewesen. Ricobald. Ferrar. in *Compilat. Chron.* ap. Murator. T. IX. p. 250. meldet, man habe sie am Meer beygesetzt. Conf. Schöpflin. *Alsat. illustr.* T. II. pag. 554. Uebrigens hat diese Hinrichtung zu allerhand
Urthei-

übergehe viele andere Denkwürdigkeiten, (z) die bey dieser fürchterlichen Begebenheit vorgekommen; und bemerke nur noch, daß Friedrich nicht mehr als zwanzig Jahr gelebt habe. Daß er vermählt gewesen seye, läßt sich nicht aus Schriftstellern selbiger Zeit behaupten. Henninges gibt ihm eine Gemahlin von Weinsperg, mit Namen Agnes. Er hat aber keinen sichern Grund.

Also ward von dem Hohenstaufischen Stamme der lezte Zweig mit Konradino abgehauen. Der gewaltsame Tod Fridrichs aber machte nur der älteren Linie des Hauses Baden ein Ende.

Urtheilen Anlaß gegeben. LARREY konnte diese Unternehmung mit aller seiner Beredtsamkeit nicht rechtfertigen. AMELOT endeckt seine Gedanken darüber in *Remarqu.* über TAC. *Annal.* L. I. p. 28.

(z) Weitläuftig liest man diese Geschichte unter andern in GERARD. A Roo *Histor. Austr.* p. 15. sqq.

Sechste

Marg(...)

Heinrich I. M. Hermanns

Heinrich II. M. zu Hachberg u(...)

Hachbergische Li(...)

Heinrich III. M. zu Hachberg und L(...) A. 1296. Vormünder der Kinder seine(...) † 1330. G. Agnes, Gräbin von (...)

| Heinrich IV. M. zu Hachberg, bekomt Kenzingen und Kirnberg, A. 1352. † 1369. G. Anna von Usenberg, A. 1316. | Rudolf, Vor(...) steher des teu(...) schen Ordens i(...) Hohenrain, † (...) A. 1343. |

| Otto I. M. starb im Treffen bey Sembach A. 1386. | Johann, † nach 1396. | Hesso I. M. (...)on Usenberg A. 1(...)8. Agnes v. Ge(...) Pfalzgräbin (...) von He(...) |

| Heinrich V. † vor 1399. | Otto II. verkauft sein Hachberg an M. Bernhard zu Baden A. 1415. † 1418. | Hesso II. † nach 1406. | (...) |

Rudolf IV. M. bekomt die Herrsch. (...) in Neuburg A. 1457. † 1487. G. Ma(...) Wilhelms, Herrn von (...)

Philipp, M. zu Hachberg und Gr. zu (...) † 1503. Gem. (...)

Johanna, Erbin der (...)

# Sechste Abtheilung.
Marggraven zu Hachberg.

I. Vor der Theilung in zwey Linien.

Heinrich I.
Von 1190. bis 1231.

§. I.

Die Herren Marggraven zu Hach- *Schloß Hachberg.* berg haben ihren Beynamen von ihrem uralten Residenzschloß Hachberg. (*a*) Daſſelbige liegt in der Landgrafschaft Brisgau, 6. Stund von Briſach, 3. von Freyburg, und eine von Emmendingen. Es hat vor andern Schlöſſern derſelben Landſchaft wegen ſeiner Schönheit und Veſtigkeit einen nicht geringen Vorzug. Seine Lage auf einem nicht ſteil aufgehenden Berge iſt ſehr angenehm. Es prangte mit den ſchönſten Gärten und Weinbergen. Seine erhabene Thürne und eiſerne Thore machten es furchtbar. Und die noch in demſelben vorhandene Gänge unter dem Boden,

---

(*a*) Dieſe Marggravſchaft iſt mit vortreflichem Weinwachs geſegnet. Sehr viel Orte haben das herrlichſte Getraid, auſſerordentlich ſchönen und brauchbaren Hanf, und eine ſehr reiche Viehzucht.

den, Gewölber und Mauerwerke, welche
von den vielen darauf gewachsenen Bäumen überschattet worden, dienen Freunden
der Alterthümer zum bewundernden Vergnügen. Sein Erbauer wird Hacho genennt, der im neunten Jahrhundert gelebt
haben soll. Da dieses Schloß sowohl durch
die alles verzehrende Zeit, als auch durch
die öftern Angriffe der Feinde grossen Schaden erlitten: (b) so liessen sich beede Durchleuchtigste Marggraven von Baden und
Hachberg, Karl der Erste im fünfzehen-
den, und Karl der Zweyte im sechszehenden
Jahrhundert die Ausbesserung und mehrere Bevestigung (c) dieses alten Schlosses
in Anlegung der Bollwerke löblichst angelegen seyn. Das Bildnis des leztern wurde in Stein ausgehauen und über das
Hauptthor desselben gesezt. (d) Marggrav Fridrich VI. von Baden und Hachberg

(b) A. 1636. wurde es durch Hunger geängstigt und vom
Commendanten zu Breisach Baron Reinach erobert,
und die Kanzley, Archiv und Geschütz alles nach Brisach gebracht; das Schloß aber sehr ruinirt.

(c) Daß hiezu ein vortreflicher Steinbruch hinter dem
Wirthshaus zu Hachberg beförderlich gewesen, gibt das
Schreiben des damaligen Landvogts zu Hachberg Mel-
chior von Ow an M. Karl, d. d. Weyher, den 28.
Dec. 1553. zu erkennen.

(d) Dieser Stein wurde A. 1749. auf Befehl unsers
gnädigsten Fürsten und Herrn in die Kirche nach Emmendingen gesezt, woselbst man diese Auffschrift noch
lieset: „Me primus Carolo imperante Magno
„HACHO unde nomen mihi A. DCCCVIII.
„erexit.

berg fuhr in dieser löblichen Bemühung fort, ließ es A. 1656. erweitern und in vollkommenen Stand stellen, welche Arbeit A. 1668. vollendet worden. (e) In solchem Stand blieb es, bis es A. 1688. den 1. und 2. Oct. von der damaligen Französischen Besazung zu Freyburg und Breisach eingenommen, und hernach A. 1689. den 17. Febr. auf Befehl K. Ludwigs XIV. in Frankreich, durch den Commendanten zu Freyburg Du Fay, seiner Pracht und Schön-

„ erexit. Ornatiorem Carolus quondam Badæ
„ Marchio regnante Friderico III. fecit. Jam
„ vero ob edacem ac ruinosam vetustatem Caro-
„ lus, magni animi Princeps, Badæ & Hach-
„ bergæ Marchio, cujus effigiem hic cernis, tum
„ reinstaurari tum adversus hostiles impetus in
„ sui suorumque munimen & refugium prompto
„ subjectorum auxilio præmuniri curavit, guber-
„ nante Carolo V. Imp. Aug. P. F. Anno Dom.
„ M D L IIII. „ Ein Freund dieser Gegend versichert mich, er habe auf einem Steine des Schlosses die Jahrzahl 1007. gefunden.

(e) Dieses bezeugt eine andere Aufschrift: „ Anno 1666.
„ ist auf des Durchleuchtigsten Fürsten Fridrichs
„ Marggraven zu Baden und Hochberg gnädigsten Be-
„ fehl durch mich Christoph Friderich Besold
„ von Steckhoffen, Ihrer Fürstl. Durchl. geweßten
„ Hofmeister, auch dermahligen Rath und Landvogten
„ der Fürstl. Marggraffschaft Hochberg dieses durch das
„ vorgeweßte laydige Kriegswesen gänzlich in Ruin ge-
„ kommene Fürstl. Stammhaus und Vöstung Hochberg
„ zu repariren angefangen und Anno 1668. wieder in
„ Defension gebracht worden. Welche der höchste
„ GOtt in Gnaden ferner erhalten und bewahren
„ wolle. „

Schönheit beraubt und mit einer entsetzlichen Menge Pulver gesprengt worden ist. Doch sind noch die Ueberbleibsel von seinem alten Ansehen liebliche Lobredner.

Namen. Ueber den Namen desselben hat man gestritten. Einige wollten ihn von dem hohen Berg, auf den es erbauet ist, herleiten, und schrieben daher Hochberg. Es wird aber diese Meynung von andern in Zweifel gezogen; weil die Höhe eines andern Berges in der Nähe diesen Berg nicht wenig übertrafe. In den alten Urkunden wird es bald Hachberg oder Hasberg, bald Hochberg genennt. Jenes soll, wie man vermuthet, so viel heissen, als der Berg des Hacho. Die beeden Buchstaben a und o werden übrigens in unsern Gegenden in vielen Worten ohne Unterschied gebraucht.

Hacho. So begierig man ist zu wissen, wer dieser Hacho sey; so wenig kan man es mit unwidersprechlicher Gewißheit sagen. Es wird selbst in der angeführten Inschrift des Schlosses Hachberg nur allein seines Namens und der Zeit, wenn er gelebt haben soll, gedacht. Zwar ist dieser Name in den alten Nachrichten nicht unbekannt. Schon im 7ten Jahrhundert verehrt ein Hagio den grössten Theil des in der Herrschaft Rappoltstein im obern Elsaß gelegenen Städtleins Bergheim dem Kloster Moyenmoutier. (*f*) Vielleicht ist dieses eben

---

(*f*) *Vir quidam nobilis*, Hagio dictus. SCHÖPFLIN. *Alsat. illustr.* T. II. p. 113.

eben der aus dem Geblüte des Elsaßischen Herzogs Etiocho abstammende Haicho, der A. 723. den Mönchen im Kloster Honaug seinen Antheil an der Insul geschenkt hat. (g) In eben demselben Jahrhundert kommt unter den Vorstehern der Kirche zu Straßburg ein Haicho vor. Unter der Regierung K. Ludwigs des Teutschen verliehe ein Sohn des Vodalberts und der Otpirga, mit Namen Haicho, einige Güter dem Kloster St. Gallen. (h) Auch in nachfolgenden Zeiten ist dieser Name im Brisgau nicht unbekannt gewesen. A. 1279. wird in einer teutschen Urkunde, welche das Kloster St. Blasii besizt, ein Brisgauischer Ritter, Namens Heinrich von Hacha, angeführt. Und im obern Brisgau ist ein Ort nicht weit von Auggen, welcher den Namen Hach führt.

Unser Hacho soll zu K. Karl des Grossen Zeit gelebt haben. Von dieser Zeit weiß ich nur eine einige Urkunde anzuzeigen, darinnen ein ähnlicher Name, nämlich Haginus vorkommt; (i) Sie ist von die-

---

(g) *Alsat. illustr.* T. I. p. 785.

(h) Sie lagen in Marca ad Hasumwanc. GOLDAST. *Script. rer. Alem.* T. II. P. I. p. 25. Daselbst findet man einen Hagino unter der Regierung Carolomanni; welcher Mancipium genennt wird p. 26. ferner einen Hagino in Hacco. als Zeugen, p 49. cf. Tom. III. p. 46. & MIRI *Notitia Eccles. Belgii*, p. 86. &o.

(i) TOLNER. *Cod. Dipl. Palat.* p. 6.

sem Kaiser selbst. Haginus heißt darinnen ein Grav. Münster sezt ihn unter diejenige, welche K. Karl der Grosse mit aus Italien gebracht hat. (k) Lazius (l) ist fast gleicher Meynung. Er sezt nur noch hinzu, daß von diesem Hacho das teutsche Sprichwort herzuleiten sey, da man zu einem harten und wilden Menschen zu sagen pflege: Du bist ain wilder Hach. Welches aber andere von einem ganz andern Wort herführen. Genug vom Hacho. So viel ist richtig, daß in den Urkunden, die man bisher gefunden, Hachberg nicht vor dem zwölften Jahrhundert vorkommt.

Ursprung der Marggravschaft Hachberg. §. II. Man wirft hier die Frage auf: Wenn diese Marggravschaft Hachberg entstanden sey? Man findet auch hier fast gleiche Antworten, wie oben vom Ursprung der Marggravschaft Baden, die ich daher nicht wiederhole. Ich führe nur dieses an, daß Gundling (m) dafür hält, die Marggravschaft Hachberg sey, wie die Marggravschaft Baden, zur Vertheidigung der Reichsgränze wider die Burgunder angeordnet worden.

(k) Cosmograph. B. 3. Cap. 260. S. 807. „Es ist
„ hie auch zu mercken, daß die ersten Herren von Hach-
„ berg sollen mit dem grossen Kayser Carlen aus Ita-
„ lien kommen seyn, vnd der erst Hacho geheissen ha-
„ ben, der war ein freudiger starcker Herr, vnd bawet
„ das Schloß in Breißgöw, vnd nennet es nach ihm
„ Hachberg rc.

(l) de migrat. gent. p. 402.

(m) in Otiis P. I. p. 102.

worden. Andere melden, daß, nach dem oft gemeldetem Hacho die männliche Succeßion abgegangen, und ihm nur eine Prinzeßin, mit Namen Judith übrig geblieben sey, welche an M. Hermann, Herzog Bertolds Sohn vermählt worden, dieser den Titul eines Marggraven, den er schon vorher geführt, auch diesem Lande mitgetheilt habe.

So viel ist unstreitig, daß die Herren Marggraven zu Baden diese Margravschaft besessen haben bis auf M. Hermann IV. der, wie im vorhergehenden angezeigt worden, zwey Söhne, Hermann V. und Heinrich I. hinterlassen, (n) von welchem jener die Badische, dieser die Hachbergische Lande in der Landestheilung bekommen hat. Folglich haben die Marggraven von Hachberg ihren Ursprung von den Marggraven zu Baden, und nicht diese von jenen, wie einige vorgeben, gehabt. Herr Prof. Schöpflin bemerkt hiebey, (o) daß sowohl die Badische als Hachbergische Lande aus Allodialgütern bestanden, und Hachberg erst im 15ten Jahrhundert, gleichwie Baden vorher im 14ten durch eine freye Uebergabe Reichslehen worden seyen, (p) und macht daher

---

(n) Der dritte, nämlich Fridrich ist vermuthlich vorher gestorben.

(o) *Histor. Zar. Bad.* T. I. p. 336.

(p) S. den Lehenbrief K. Fridrichs III. den er A. 1475. M. Christoph und Albrecht von Baden gegeben, in Lünigs Reichsarchiv *Part. Spec. Cont.* II. p. 947.

daher den Schluß, daß, wann Hachberg von Anfang eine Marggravschaft gewesen wäre, so müßte es auch von seinem Ursprunge an ein Reichslehen gewesen seyn.

Heinrich I.

§. III. Ich handle nun eigentlich von M. Heinrich I. Das erstemal kommt er mit dem Titul eines Marggraven von Hahberg im Jahr 1212. in einer Urkunde K. Fridrichs II. vor. (*q*) Jedoch hat er seinen Geschlechtstitul als Marggrav von Baden nicht völlig abgelegt, sondern sich dessen von Zeit zu Zeit bedient, wie viele Urkunden bezeugen. (*r*)

§. IV. Unter seine Verrichtungen ist folgendes zu zählen:

A. 1197. soll er dem Turnier zu Nürnberg beygewohnt haben. (*s*)

A. 1212. läßt K. Fridrich II. von Kostanz aus auf unterthänigstes Bitten der Stadt Straßburg ein Schreiben an ihn ergehen, darinnen er ihn nachdrücklich ermahnt,

---

(*q*) Cod. Dipl. Bad. ad a. 1212.
(*r*) Cod. Dipl. Bad. ad a. 1226. 1230. 1231. Hieraus ist Jüngler, das Basler Lexicon, Artic. Hachberg, wie auch PISTORIUS in *Tab. Geneal. Marchionum de Hachberg.* T. III *Scriptor. rer. Germ.* p. 782. zu verbessern, welche anführen, er habe den Badischen Titul selbst nicht geführt, doch werde er ihm von andern gegeben.
(*s*) Münster Cosmograph. S. 1235.

mahnt, den Egnolf von Landsperg, einen Straßburgischen Bürger, welcher von ihm gefänglich eingezogen worden, frey und loß zu laſſen. (t). Der Marggrav erfüllt den Befehl des Königs nicht, daher dieſer auf ferneres Anhalten der Stadt ſeinen Landvögten im Elſaß, Ulrich Grav zu Pfirt und Otto von Ochſenſtein, den Befehl ertheilt, nebſt den Reichsſtädten den Straßburgern mit Rath und That wider den Marggraven beyzuſpringen. (u).

A. 1223. iſt er Zeuge bey dem Vertauſch den die Aebtißin von Andlau vorgenommen, gewiſſe Güter zu Endingen, zu Vottingen und das Kloſter Tennebach betreffend. (v)

A. 1226. kommt die Dagsburgiſche Erbſchaft vor, die Er und ſein Bruder dem Biſchof und der Kirche zu Straßburg überlaſſen hat. (w)

A. 1230. bezeugt der Römiſche K. Heinrich, daß er allen Unwillen und Zorn, ſo er wider Grav Egeno zu Freiburg der Juden wegen gehabt, abgeſetzt habe. In dem Brief ſtehen als Zeugen H. & H. Marchiones. (x) Es iſt wohl nicht zu zweifeln, daß hier

---

(t) WENCKERI Collect. Archivor. & Cancell. jur. p. 355. & Cod. Dipl. Bad. num. 53.

(u) WENCKER. l. c. Cod. Dipl. Bad. num. 54.

(v) Cod. Dipl. Bad. num. 91.

(w) S. oben das Leben M. Hermann V. S. 343—346. Cod. Dipl. Bad. num. 94. 95.

(x) Cod. Dipl. Bad. num. 96.

hier die beede Herren Brüder, M. Hermann zu Baden und M. Heinrich zu Hachberg müssen verstanden werden.

In diesem oder dem folgenden Jahr schenkt er mit Genehmigung seiner Gemahlin das Ort und die Kirche Muosbach, mit allen Zugehörungen, an das Kloster Tennebach. Da aber das Dorf gegen 25. und der Wald gegen 30. Mark Silbers an den Herrn von Usenberg versezt war, so gaben die Gebrüder Burkard und Rudolf von Usenberg solche den Klosterleuten zu lösen. (y)

Landgrafschaft Brisgau. §. V. Die Landgrafschaft im Brisgau wird A. 1218. durch den Tod Herzog Bertolds V. von Zähringen offen. Sie war allen Umständen nach ein altes Lehenstück dieses Herzoglichen Hauses, welches dasselbe beybehalten hat, auch da die Badische Linie ihren Anfang genommen. Es scheint aber die Landgrafschaft sey, nach Abgang des Zähringischen Hauses, unserm Marggraf Heinrich vom K. Fridrich II. zu Lehen gegeben worden.

Tod. §. VI. Sein Leben hat er, wie aus der Tennebächischen Schenkungsurkunde, welche um die Zeit seines Todes gegeben worden ist, geschlossen wird, im Jahr 1231. geendiget. Gamans führt von seinem Tod und Begräbnis aus einem teutsch geschriebenen

---

(y) Cod. Dipl. Bad. ad a. 1231. num. 99. 100.

benen Buche dieses an: „Anno 1231. starb
„ und ward begraben in dem Closter Theu=
„ nenbach Marggraf Heinrich von Hach=
„ berg, welcher den Mönchen besagten Clo=
„ sters etliche gülten und gefäll zu Muspach
„ im freyen Ambt geschenket hat. „

 Von seiner Gemahlin hat man keine Gemah=
gewisse Nachrichten. Sie wird insgemein lin.
Agnes genennt und vor eine Gräfin von
Habspurg gehalten. (z) Daß sie die Mut=
ter zweyer Prinzen gewesen sey, beweist
erst angeführte Urkunde. Da über die
Geschlechtsfolge dieser Herren gar verschie=
dene Meynungen sind: so werde ich auch
hier den Anmerkungen des gelehrten Herrn
Prof. Schöpflins folgen.

(z) Pistorius l. c.

Heinrich

Heinrich II.
Von 1231. bis 1290.

§. I.

Heinrich II.   Marggrav Heinrich II. steht nach dem Ableben seines Herrn Vatters unter der Vormundschaft seiner Frau Mutter. Diese bestätigt in Beyseyn ihrer beeder Prinzen die Schenkung, welche ihr Gemahl kurz vor seinem Ende dem Kloster Tennebach gethan hatte, und besigelt die Urkunde mit ihres Gemahls Sigill. (a) Es trägt auch vor diese Prinzen eine rühmliche Sorge Bertold, Bischof zu Straßburg. Er war aus dem Herzoglich Teckischen Hause, und also ein Anverwandter derselben. Eine Urkunde von den Klöstern Bürgelen und Sitzenkirch im Sausenbergischen bezeugt solches. Er drückt aber darinnen die Namen der Prinzen nicht aus. (b) Man weiß auch weder den Namen des Bruders M. Heinrichs II. noch in was vor Umständen er gelebt habe. Vielleicht hat er in dem geistlichen Stande seine Lebenstage zugebracht. (c) A.

(a) *Cod. Dipl. Bad.* num. 99.

(b) „Sicut & alia bona *consanguineorum nostrorum puerorum*, videlicet bonæ memoriæ Marchionis, sub nostra protectione recipimus." *Cod. Dipl. Bad.* num. 102.

(c) Ist er etwa der *W. Canonicus Turicensis & Marchio*, dessen in einer Charta A. 1232. gedacht wird?

Heinrich II. von 1231-1290.

A. 1232. wird der Vergleich errichtet zwischen dem Abt und Convent St. Blasii und M. Heinrich dem Jüngern, wegen des Bergs Sausenberg. Lezterer verspricht darinnen nichts von den Höfen der Kirche St. Blasii im Brisgau zu fordern, ausser dem Dienst, der zu Herzog Bertolds von Zähringen Zeiten üblich gewesen. (d) Hier wird alles im Namen des Marggraven gehandelt, und kommt nichts von einer Vormundschaft oder Minderjährigkeit mehr vor, doch läßt sich deswegen nichts gewisses bestimmen.

§. II. Pistorius geht in seinem Geschlechtsregister hier ganz ab; und sezt zwischen Heinrich I. und II. zwey Generationen hinein. Auf diese Art:

Heinrich I. † A. 1231.

Rudolf I. M. zu Hachberg, A. 1239. und 1248.	Hermann I. M. zu Hachberg, A. 1248.

Heinrich II. genañt der Alte, M. zu Hachberg, A. 1261-1285.

Fridrich.	Rudolf II. M. zu Hachb. A. 1290.	Heinrich III. M. zu Hachberg und Landgrav im Brisgau, kauft Malterdingen A. 1296.

Pistorius entlehnt hier allem Anscheinen nach aus der Badischen Genealogie die Marggraven Rudolf und Hermann. Vielleicht hat ihm die Urkunde vom Jahr 1248.

dazu

(d) Cod. Diplom. Bad. num. 191.

dazu Anlaß gegeben, nach welcher die Marggraven Rudolf und Hermann das Lehen zu Eiſtadt Heſſo, Herrn von Uſenberg, auf ihrem Schloß Mülenberc (e) verliehen haben. (f) Piſtorius mag geglaubt haben, weil das Ort Eichſtätten zur Marggravſchaft Hachberg dazumal gehört habe, ſo habe dieſe Belehnung auch den Marggraven zu Hachberg zuſtehen müſſen. Er ſezt alſo in die Badiſche Geſchlechtstafel zu dieſer Zeit einen M. Rudolf und Hermann, und gleiches thut er in der Badiſchen.

Dem Piſtorius folgen Rittershuſius, (g) Spener, (h) Schurzfleiſch, (i) Imhof, (k) Hübner (l) u. a. m. Alle nennen M. Heinrichs I. Prinzen Rudolf und Hermann, und machen den erſten davon, nämlich Rudolf zum Vatter unſers Heinrichs II. mithin dieſen zum Enkel M. Heinrichs I. von Hachberg. Jüngler ſelbſt und Drollinger nehmen dieſe Meynung an, daß M. Heinrich I. der Großvatter des M. Heinrichs II. geweſen ſey. Sie benennen aber den

---

(e) Lag bey Mühlberg eine halbe Stunde von hier. Dis nun zerſtörte ſchöne Fürſtliche Schloß hat M. Philipp erbaut. M. Fridrich M. gab dem Ort die Stadtgerechtigkeit.

(f) Cod. Dipl. Bad. num. 120.
(g) Geneal. Tab. 126.
(h) Sylloge Hiſtor. Geneal. p. 612.
(i) de reb. Badenſ. §. IV.
(k) Tab. Geneal. P. II. Tab. 76.
(l) Geneal. Tabellen, Th. 1. Tab. 229.

den Marggraven nicht, der zwischen sie zu sezen sey.

Man gibt dagegen folgendes zu beden- Anmer-
ken. Die Herren Marggraven zu Baden kung dar-
haben in dem Zeitpunkt von A. 1230. bis über.
1250. in den Hachbergischen Landen verschiedene Rechte ausgeübt, weil sie die ältere Linie ihres Hauses ausmachten. So
wird z. E. A. 1234. die Strittigkeit gehoben, die M. Hermann von Baden und
Egino, Grav von Freyburg, wegen den
Bergwerken und dem Wildbann im Brisgau gehabt, wie schon oben erwähnt worden. Und A. 1248. haben gedachtermas-
sen die Herren Marggraven zu Baden Hermann und Rudolf, den Herren von Usenberg ein Lehen in Eichstätten zu Mülenberg
verliehen. Es ist mehr als bekannt, daß
in hohen Familien üblich seye, daß die ältere Linie sich gewisse Vorrechte, sonderlich
die Ertheilung der Lehen vorzubehalten pflege; desgleichen, daß die Vasallen getheilt
werden. Vermuthlich ist bey dem Hoch-
fürstlich Badischen Hause ein gleiches geschehen. Wer wollte also ohne andere Un-
terscheidungszeichen die Abstammung und
Geschlechtsfolge in den alten Zeiten, blos
aus den ausgeübten Rechten bestimmen.
Man nimmt indessen die Meynung, daß
M. Heinrich II. ein Sohn M. Heinrichs I.
gewesen sey, um so mehr an, als die Urkunde, nach welcher M. Heinrich von Hachberg dem grössern Kapitul zu Kostanz die

C c Abtey

Abtey Tennebach empfiehlt, des Vatters und Sohns, mit eben diesem Namen Meldung thut. (m)

Verrichtungen von A. 1258.

§. III. Er führt den Namen Heinrich der Ritter. Die Ursach folgt unten. Die vornehmste Verrichtungen die in seiner wirklichen Regierung vorkommen, sind ausser erstbemeldeten folgende:

A. 1258. hilft er mit andern Herren, Rittern und Edlen die Irrungen, welche zwischen den Edlen von Weißweil und dem Abt, wie auch dem Convent zu Tennebach, wegen des Dorfs Harderen entstanden waren, zu Endigen beylegen. (n)

A. 1261. bestätigt er dem Kloster Tennebach die Schenkungen, welche demselben von seinem Vatter und seinen Vorfahren in dem Dorf Mußbach gethan worden. (o)

A.

(m) Cod. Dipl. Bad. num. 156.

(n) Diese Nachricht lese ich in der geschriebenen Nachricht von Hachberg, welche der ehemalige Fürstliche Registrator und Renovator zu Hachberg, Gabriel Förster, A. 1636. unter dem Titul: *Relatio Genealogica & Historica*, von den Marggraven von Hachberg aus den Acten und Urkunden verfertigt hat. Man hat seinem aufmerksamen Fleisse sehr vieles zu danken.

(o) Cod. Dipl. Bad. ad a. 1261. Die Urkunde ist gegeben an der krumen Mitfun nach dem Palmtage. Dieser Tag heißt oft die krumme Mittwoche. Herr Otto von Graben gibt diese Ursache an, weil bey den Anschlägen der Pharisäer und Gefangennehmung

unsers

A. 1262. ist die grosse Uneinigkeit und Feindseligkeit zwischen dem Adel zu Basel. Ein Theil nennt sich die Gesellschaft des grünen Sittichs oder Psittigs (Papagay), der andere Theil nennt sich Edle vom Stern. Die Marggraven von Hachberg, Heinrich und seine Söhne, tretten mit den Graven von Neuenburg und Herren von Röteln auf die Seite der erstern.

Um diese Zeit hat er eine Fehde mit dem Bischof Heinrich von Straßburg und dessen Verbündeten. Auf seiner Seite sind Walther und Heinrich von Geroltzeckhe, Friderich von Wolfahr, und Hesso von Usemberg. Sie versöhnen sich bald und schliessen einen Stillstand A. 1263. am St. Otilientage. (p)

Um das Jahr 1270. übergibt er den Johanniter=Rittern zu Freyburg den Bann, die Vogtey und andere Rechte, die er zu Heitersheim und dem dazu gehörigen Distrikt gehabt, zu Lehen. Die Urkunde hiervon ist nicht mehr vorhanden; aus dem Bestätigungsbriefe aber seiner Söhne M. Heinrichs und M. Rudolfs hierüber erhellet, daß jenes 20. Jahr vor Uebergebung seiner Regierung geschehen sey. Da nun diese A. 1290. erfolgt ist, so ist zu schliessen,

---

unsers Heylands, die an diesem Tage geschehen, alles krumm zugegangen war. HALTAUSII *Calend. med. ævi*, p. 81.

(p) WENCKER. *Apparat. Archiv.* p. 173.

daß jenes ums Jahr 1270. müsse vorgegangen seyn.

A. 1273. wird er in dem Krieg, den Grav Rudolf von Habspurg und Heinrich, Grav von Freyburg, mit Bischof Heinrich von Basel gehabt, auf Seiten des leztern zum Schiedsrichter ernennt (q)

A. 1276.   A. 1276. erläßt K. Rudolf I. von Hagenau aus ein Schreiben an M. Heinrich von Hachberg und an den Schultheissen (Scultetum) zu Brisach, daß sie die zwischen der Abtey Tennebach und den Brüdern von Keppenbach entstandene Strittigkeiten beylegen möchten. (r)

In eben diesem Jahr faßt M. Heinrich in seinem Schloß Hachberg das Empfehlungsschreiben an das grössere Kapitul zu Kostanz ab, daß die Abtey Tennebach, darinnen sich die Anzahl Menschen sehr verstärkt, die Einkünfte der Kirche zu Musbach, welche ihm von seinem Vatter geschenkt worden, möchte zu geniessen haben.

In eben diesem Jahr ertheilt K. Rudolf I. den Bürgern zu Rheinfelden die Weibliche Succeßion in den Lehen, und gibt ihnen zugleich das Privilegium de non evocando, oder daß sie vor kein auswärtig Gericht dörfen vorgeladen werden. Unter den

---

(q) S. oben die Graven von Freyburg, S. 198.

(r) *Cod. Dipl. Bad.* num. 155.

Heinrich II. von 1231-1290.

den Zeugen steht M. Heinrich von Hachberg. (s)

„ So findet sich auch von diesem Jahr
„ eine Kundschaft von Marckgraf Hein-
„ chen von Hachberg, Landrichter im Bris-
„ gau, daß die von Freyburg von Landge-
„ richt behabt haben, niemand vor Recht
„ zu stehen, als vor ihren Herren. „ (t)

Daß sich M. Heinrich anfänglich dem
K. Rudolf entgegen gesezt habe, und in
diesem Jahr von demselben beruhigt worden sey, berichtet Tschudi. (u)

Hingegen gedenkt ALBERT. ARGENT. (v)

eines

(s) *Nobilis vir Heinricus Marchio de Hahperch.*
HERRGOTT. *Geneal. Habsb. Prob.* num 757.

(t) *Cod. Dipl. Bad.* num. 157.

(u) Seine Worte in der Eydgenoss. Geschichte erstem Th.
S. 285. sind diese: „Desselben Jars (1276.) kam Ku-
„ nig Rudolf gen Straßburg, und macht ein Landts-
„ friden mit allen Stetten am Rhinstrom: Er macht
„ den besten Friden in allen Landen, der in vil Jaren
„ je gesin was: Er hat zevor mit Hilff Pfalzgraf Lud-
„ wigs am Rhine, Herzoge in Beiern des Churfür-
„ sten, den Marggraf Heinrich von Niderbaden, und
„ andre in Schwaben, Elsaß und Francken, die sich
„ Ime widersezt, und dem Rich das Sin mit Gwalt
„ an sich gezogen, nit zufallen wolltend, mit Hörs-
„ Kraft gehorsam gemacht. „

(v) p. 109. „ Rex quadam vice a Henrico Marchio-
„ ne de Hachberg, qui parce dicebatur vesci, quid
„ comederet, requisivit. Quo respondente, quod
„ & ipse & sui comederent unum pulmentum cum
„ carni-

eines artigen Geſpråchs des Kaiſers mit ihm: Weil man nämlich von ihm geſagt, er eſſe ſehr ſparſam, ſo habe ihn K. Rudolf gefragt, was er dann äſſe? der Marggraf habe darauf dieſe Antwort gegeben: er ſelbſt und die Seinigen eſſen ein einiges Gemüß mit Fleiſchwerk, er vor ſeine Perſon aber und ſeine Gemahlin eſſen auſſer dem noch einen Kapaunen, wer mehr haben wollte, könnte es anderswo ſich geben laſſen. Dem Kaiſer habe dieſes ſo wohl gefallen, daß er geſprochen: Wahrhaftig, ihr eſſet nicht übel, wann ihr ſo eſſet.

A. 1277. ſtellt er dem Frauenkloſter Oelsberg bey Rheinfelden die ſchriftliche Verſicherung aus, daß er von allen deſſen Gütern und Beſizungen zu Blanſingen, (w) an jährlich ihm gebührenden Vogtey= oder Schirmgeld, nichts mehr verlangen wolle, als zwey Malter Roggen, und ein Saum rothen Weins. (x) Die Urkunde iſt von M. Heinrich zu Rheinfelden gegeben worden auf Erſuchen der Gemahlin K. Rudolf I. Anna; welche auch ihr Sigill daran gehängt.

„ carnibus, & ipſe & uxor ejus unum caponem,
„ & qui plus habere vellet, acciperet alibi: rex
„ reſpondit, Verè non male comedis, ſi ſic facis.

(w) Die Zinſen von dieſen Gütern ſind in folgenden Zeiten an das Kloſter Lützel, im Jahr 1734. aber an unſere gnädigſte Landesherrſchaft gekommen.

(x) Duo maltheros figuli & unam pſoumam vini rubei.

gehängt. Sie nennt ihn darinnen ihrer Mutter Bruder (Avunculum.) (y)

A. 1278. ist er nebst dem Bischof von Basel und Burggrav Fridrich von Nürnberg dem Röm. König Rudolf mit 800. Reutern zu Hülfe gezogen, als derselbe seinen zweyten Zug wider König Ottocar in Böhmen vornahm. M. Heinrich führt den Reichsadler, oder das Reichspanier, und erweist sich als einen klugen und tapfern Helden in dem Treffen bey Nidersprung. (z) Er bedient sich sonderlich dieser List. Seinen Soldaten befiehlt er, so bald er ausrufen würde: Die Feinde fliehen: so sollten sie alle mit Einem Munde diese Worte nachrufen. Diß geschicht; die Böhmen werden dadurch erschröckt, in Unordnung gebracht; und Kaiser Rudolf ersicht über seinen Feind, der selbst im Treffen umkommt, einen vollkommenen Sieg, obgleich mit nicht geringem

Ziebt K. Rudolf zu Hülfe.

(y) Cod. Dipl. Bad. num. 160. Von dieser Urkunde sowol als der Kaiserin Anna haben wir die schöne Abhandlung des sel. Herrn Geheimden Hofraths und Archivarii Herbsters, in den Carlsruher nützlichen Sammlungen S. 81. folg. Dieser gelehrte Mann hat während dieser meiner Arbeit den 12. Dec. 1763. zu Basel das Zeitliche mit dem Ewigen verwechselt. Seine hinterlassene Sammlungen, die Geschichte des Hochfürstlichen Hauses betreffend, sind hieher gesendet, und mir zum Gebrauch gnädigst übergeben worden.

(z) So nennt es MUTIUS ap. PISTOR. L. 21. Sonst heißt es das Markfeld. *Histor. Austral. plenior.* ad a. 1278.

gem Verluſt. (a) K. Rudolf ſchäzte dieſen Dienſt des Marggraven ſo hoch, daß er ihn nicht nur vor ſeine Perſon ſehr werth hielte, ſondern auch ſich ſeines Raths in vielen Angelegenheiten bediente. Von lezterem zeugt die Verordnung, welche K. Rudolf auf M. Heinrichs Gutachten gemacht hat, daß keiner von Adel in eines Graven oder Herren Gebiet und Herrſchaft, ob er gleich eigene Güter darinnen habe, ohne deſſelben Graven oder Herrn Bewilligung ſeine Burg oder Schloß darauf bauen ſolle. (b)

Gleiche Anhänglichkeit an den Kaiſer Rudolf erweiſt er auch in dem Krieg deſſelben mit Marggrav Rudolf von Baden. In demſelben ergreift er die Kaiſerliche Parthie, und hilft ſeinen nächſten Anverwandten beſtreiten. Hievon iſt im zweyten Theil zu handeln.

A.1279. A. 1279. verkauft Jacob, der Sermenzer genannt, ein Burger von Neuenburg, ein Gut zu Schalſingen und Eggenheim, ſo er von ſeinem Schwiegervatter, Heinrich von

---

(a) ALBERT. ARGENT. p. 102. Fuggers Ehrenſpiegel, B. 1. C. 12. VRSTIS. Chron. Baſil. p. 138. Tſchudi l. c. S. 187. welcher jedoch die Führung des Reichspaniers nicht dem M. Heinrich von Hachberg, oder, wie er ihn nennt, von Niederbaden, ſondern dem Grav Heinrich von Fürſtenberg und Burggrav Fridrich von Nürnberg zuſchreibt.

(b) Cod. Dipl. Bad. num. 164.

von Hacha, dem Lehenmann (milite,) bekommen, mit Vorwissen des Lehenherrns M. Heinrichs von Hachberg, unter gewissen Bedingungen, an Burckhard von Eggenheim, des Abts von St. Blasii Diener. (c) Eben diese Güter überläßt M. Heinrich bald hernach A. 1281. dem Abt und Convent St. Blasii. (d)

In eben dem Jahr 1279. erlaubt er den vier Dörfern Malterdingen, Henbach, Kunringen und Mundingen einen Acker bey Schadelandecke dem Vogt Dieterich von Landeck zu verleihen. (e)

A. 1282. ist er gegenwärtig, als Ludwig, Pfalzgrav bey Rhein, seine Lehen von Edelin, Abt zu Weisenburg, in Gegenwart K. Rudolfs empfangt. (f)

In eben diesem Jahr unterzeichnet Er und M. Hermann zu Baden nebst andern Ständen des Reichs zu Augspurg den Lehenbrief, welchen K. Rudolf I. seinen Söhnen Albrecht und Rudolf über das Herzogthum Oesterreich ertheilt. (g)   A.

(c) *Cod. Dipl. Bad. num. 162.*
(d) *Idem num. 281.*
(e) *Idem num. 283.*
(f) TOLNER. *Cod. Dipl. Palat. p. 78.*
(g) Er wird daselbst ausdrücklich unter die Principes gesetzt. S. vorläufige Beantwortung der so genannten gründlichen Ausführung der dem Hause Bayern zustehender Erbfolgs. Ansprüche auf die von K. Ferdinand I. besessene Erbkönigreiche 2c. adj. n. 52.

A. 1284. A. 1284. (*h*) schenkt er die Rechte und Gefälle seines Hofs zu Wettelbrunn dem Kloster Tennebach. In eben diesem Jahr thut er zwo seiner Töchter, Kunigund und Elisabetha in das Kloster Adelhausen (*i*) bey Freyburg. Er gibt zu ihrem Unterhalt dem Kloster den Zehenden in Uechtingen bey Burckheim, jedoch mit der Bedingung, daß entweder Er, oder seine Nachkommen denselben mit 100. Mark Silber wieder zur Marggravschaft lösen mögen. (*k*)

A. 1285. schenkt er mit Einwilligung seiner Gemahlin Anna, seiner Söhne Heinrichs, Rudolfs und Fridrichs, und aller anderer seiner Kinder, der Abtey Tennebach von seinen Einkünften zu Malterdingen fünf Mark. An dieser Urkunde, die zu Hahberg gegeben, hängen die Sigille M. Heinrichs von Hahberg, der Marggrävin Anna, und Heinrichs, Marggraven des Jüngern von Hahberg. (*l*)

A.

(*h*) In einer Urkunde K. Rudolfs I. von eben diesem Jahr ap. LUDEWIG. *Reliqu. Mſct.* Tom. II. p. 240. kommt unter den Zeugen vor: *Henricus Marchio de Hapsburg*; soll aber ohne Zweifel heissen *de Hachberg*.

(*i*) Dieses Kloster ist im vorigen Jahrhundert nebst andern, die vor der Stadt gelegen waren, zerstört worden, da Freyburg nach dem Nimwegener Frieden von den Franzosen beveſtigt wurde.

(*k*) *Cod. Dipl. Bad.* num 171.

(*l*) *Idem* ad a. 1285.

A. 1286. am St. Laurentien-Abend übergibt er die Eigenschaft und alles Recht, welches er hatte an dem Gelte, das Herr Brunwart von Ougheim, Ritter, aus der Frauen von Adelhausen Hofe zu Grisheim und zwar als ein Lehen von ihm dem Marggraven zu geniessen hat, gedachtem Kloster ledig und eigen. Der Aufenthalt seiner Töchter in demselben bewegt ihn zu dieser Freygebigkeit.

A. 1289. verschreibt ihm die Aebtißin Kunigund und der Convent zu Andelahe für alle Beschwerden an Serau jährlich drey Pfund Brisicher auf Martini zu geben. (m)

In eben diesem Jahr bemühet sich K. Rudolf I. den Krieg zwischen Grav Egino von Freyburg und den Burgern dieser Stadt beyzulegen. Er bedient sich dazu mit glücklichem Erfolg, wie der Kaiser in dem darüber aufgerichteten Vertragsbrief meldet, des Raths der Bischöfe zu Straßburg und zu Basel, wie auch des edilen Herrn Marggravin Heinrichs von Hachberg, der Landrihter ist in Brisgöwe. (n) Der Vertrag

---

(m) b. HERBSTERI Collect. Msct. de Marchion. Hachb. fol. 22.

(n) S. oben S. 304. Pistorius nennt ihn Landherr in Brisgau. Daß dem Marggraven hier und in andern Urkunden der Titul Edile und nobilis beygelegt wird, schadet ihm an seiner Fürstlichen Würde nichts, da der Kaiser zugleich die Worte dazu setzt: Von GOttes Gnaden. Ich führe nur einige Exempel an, daß auch

trag wird zu Basel gemacht am St. Matthäustage. M. Heinrichs Insigel hängt daran. Er sizt zu Pferde, mit einem Helm, Harnisch, Schild und Lanze gerüstet.

Sonst kommt in eben diesem Jahr unter den Bundsverwandten Herzog Fridrichs von Lothringen ein Marggrav von Hahperch, doch ohne Namen vor. Hingegen im folgenden Jahr wird er bey Erneurung des Bundes, Marggrav Heinrich von Hacbourg, genennt. (o)

§. IV. Um diese Zeit geschiehet seiner als regierenden Herrn zum leztenmal Meldung.

---

auch Fürsten Edle heissen. In dem Vertrag Johannis Gravens von Nassau, als Vormunders der Kinder Churfürst Rudolfs von der Pfalz, mit der Stadt Speyer, steht: „Der Edle Herr Herzog Lupold von Oester- „reich." Lehmanns Speyer. Chron. B. 7. C. 26. K. Ludwig IV. gibt dem Prinzen Königs Johannis in Böhmen das Prädicat: *nobilis. vir*. Die Römischen Kaiser und Könige selbst werden zuweilen Edle Fürsten, oder Edle Herren genennt. Von K. Fridrich s. MATTH. HAGENO in PEZII *Script. Austr.* T. I. p. 1141. Von K. Heinrich VII. EYBEN. Diss. *de tit. nobilis.* §. XI. *in Opuscul.* pag. 828. Conf. HERRGOTT. *Geneal. Diplom.* num. 741. Mehrers hievon s. in des hiesigen Herrn Raths und Geheimen Registrators Dillen gelehrten Abhandlung von der Titulatur, wie solche im vierzehenten Jahrhundert gegen und unter Fürsten üblich gewesen, in Herrn Oetters Sammlungen, S. 265. folg.

(o) CALMET *Hist. de Lorraine* Probat. T. II. Col. 530. & 533.

dung. Er übergibt den Regimentsſtab ſei- nen Söhnen, und tritt, aus beſonderer Hochachtung und Liebe zu den heiligen Ritter-Orden, in den teutſchen Orden. Schon 20. Jahr vorher hatte er den Hoſpi- talieru oder Johanniter-Rittern die Juris- diction und Vogtey in Heitersheim über- laſſen. Er ſelbſt kommt nun als ein Bru- der im teutſchen Orden vor in verſchiedenen Urkunden. Z. E. A. 1297. in dem Briefe, darinn ſeine Söhne gegen die Johanniter von Jeruſalem bezeugen: daß ihr Vatter ihnen die Regierung abgetretten, und ſich in den teutſchen Ritterorden begeben habe. Er ſelbſt unterzeichnet mit dieſem neuen Beynamen dieſe Urkunde. *Wird Ritter des teutſchen Ordens.*

§. V. Von ſeinem Todesjahr läßt ſich nichts gewiſſes behaupten. Förſter meldet, daß er A. 1297. noch im Leben geweſen. Solches bezeugt auch die erſt angeführte Urkunde. Im Basler Lexico wird ſein Abſterben ins Jahr 1321. geſezt. Man hat den Vatter mit dem Sohn verwechſelt. Vermuthlich iſt er zu Ende des 13ten oder gleich zu Anfang des 14ten Jahrhunderts geſtorben. *Tod.*

§. VI. Seine Gemahlin iſt ebenfalls un- bekannt. Piſtorius nennt ſie Anna von Altzena. Gewiß iſt, daß er ein Vatter dreyer Söhne, und dreyer Töchter geweſen. *Gemah- lin und Kinder.*

Die Söhne ſind:

   Heinrich III.   Rudolf.

Rudolf.

Beede folgen dem Vatter in der Regierung.

Hermann.

Er tritt in den Johanniter=Orden, und stehe ihm als Ordensmeister in Teutschland 13. Jahr vor. Seiner wird in einer Urkunde A. 1318, gedacht. Er beschließt sein Leben A. 1321. Sein Leichnam wurde in der St. Johanniskirche zu Freyburg beygesezt. Sein Grabstein hatte die Aufschrift: „Anno „Domini 1321. 2. idus Apr. obiit frater Her- „mannus de Hachberg, Prior Allemanniæ „Superioris.„ (p) Als diese Kirche im vorigen Jahrhundert wegen der neuen Vestungswerke abgerissen wurde: so kam vermuthlich auch dieser Grabstein dabey aus den Augen.

Die Töchter sind:

Agnes.

Sie wurde an Walther von Reichenberg vermählt.

Kunigunda und Elisabeth,

sind, wie oben angezeigt worden, ins Kloster gegangen.

(p) Förster. Cap. 3.

II. Nach der Theilung in zwey Linien.

1. Marggraven von Hachberg-Hachberg.

Heinrich III.
Von 1290. bis 1330.

§. I.

Daß Marggrav Heinrich III. der älteste Sohn M. Heinrichs II. gewesen sey, bezeugt die oben angeführte Urkunde vom Jahr 1286. welche diese Zeugen anführt: „Johannes von Schwarzenberg, „Heinrich des Markgrafen Sohn der äl- „teste ꝛc.„ Sonst aber schrieb er sich, in Ansehung seines Vatters, Heinrich den jüngern. Sein Sigill zeugt hievon.

Heinrich III. und Rudolf regieren gemeinschaftlich.

Weil der dritte Bruder den geistlichen Stand erwählt, so führen die beede andere Brüder M. Heinrich III. und Rudolf die Regierung gemeinschaftlich bis ums Jahr 1300. da die Theilung in zwey Linien erfolgte. Man schließt solches nicht unbillig daraus, weil sie bis dahin meistens mit einander, nachher aber besonders, in den Urkunden vorkommen.

A. 1293. hängen sie ihr Sigill an den Versöhnungsbrief Grav Egnes von Freyburg, und Konrads oder Cunons seines Sohns,
mit

mit der Stadt, gegeben Freytag nach St. Bartholomäustage. (*a*) Ein gleiches thun sie A. 1300. da ein abermaliger Versöhnungsbrief zwischen diesen streitenden Partheyen ausgefertigt worden. Das Sigill ist rund und stellt den Marggräflichen Schild mit dem schrägrechts liegenden Balken vor, mit der Umschrift: *S. H. junioris Marggravii d. Hachberg.* (*b*)

A. 1296. lassen sie ein Lehengericht zu Theningen halten. Davon die Worte also lauten: „Am Cistage nach St. Olerins„tag (*c*) sas Ulrich von Eistat zu Gerichte „an

---

(*a*) Freyburg. Chron. S. 25. folg. Oben in der Freyburgischen Beschreibung S. 205. habe ich mich geirret; und bey der not. (*c*) übersehen, daß zwey dergleichen Briefe ausgefertigt worden sind.

(*b*) Herbst *l. c.* Bl. 25.

(*c*) In der Erzherzoglich Oesterreichischen vollständigen Beantwortung der Bayrischen Ausführung, zweyten Absatz S. 58. u. f. wird diese Urkunde in das Jahr 1226. uf Dionysii gesetzet. Es ist aber in Vergleichung mit dem in hiesigen Fürstl. Archiven verwahrten Original ein offenbarer Fehler. SCHÖPFLIN. *Histor. Zar. Bad.* T. I. p. 436. Der Tag lauft aber auf eines hinaus. Dann wahrscheinlich ist Sant Olerinstag einerley mit Sanct Leodegarienfest, welches auf den 2. Oct. fällt. Rechnet man nun nach Chronologischen Regeln aus, auf welchen Tag das Leodegarienfest im Jahre 1296. gefallen, so zeiget es sich, daß es am Dienstag gewesen, mithin auf den darauf gefolgten Dienstag den 9ten Oct. gerad Dionysien-Tag eingefallen, demnach Dienstag nach Olerinstag und Dionysiustag ein und eben derselbe Tag gewesen seye,

„ an Marggrauen Henriches und Marg-
„ grauen Rudolfes von GOttes Gnaden
„ Marggrauen von Hachperg und Land-
„ grauen in Brisscowe, zu Teningen, und
„ wart Herrn Dietrich dem Walhe einem
„ Ritter von Keppenbach erteilt, wer ein
„ Erbe hat von dem andern und innerhalb
„ Landes ist, und empfahet es nicht in
„ Jahrsfrist, so ist solches dem Lehenherrn
„ verfallen. Mit des Landgerichts Insigel
„ besigelt. S. *Henrici Marchionis de Hah-*
„ *berg.* (d)

Nach Försters Bericht haben diese beede Brüder das Dorf Heitersheim, welches
ihr Herr Vatter ohne ihre Mitbewilligung
dem Johanniter-Orden geschenkt hatte, wieder mit Gewalt an sich gezogen. Der Vatter lebt aber noch, und nimmt sich der Sache mit Ernst an. Deswegen sie A. 1297.
dem Orden dasselbe aufs neue in Gegenwart ihres Herrn Vatters übergeben, und
vor sich und ihre Erben und Nachkommen
mit dem Anhang bestättigen, daß der Orden diesen Ort mit aller Herrlichkeit von
ihnen und ihren Erben zu Lehen tragen
und besizen solle, sie aber statt der Lehn-
dienste sich mit dem Gebet derer Ordensbrüder begnügen wollen. Von dieser Zeit
an ist dieser Ort dem Johanniter-Orden zuständig

(d) **Förster** l. c. *Cod. Dipl. Bad.* num. 188.

ständig und die Fürstl. Residenz des Obristen Meisters in Teutschland. (e)

In eben diesem Jahr haben sie von Heinrich, Mangolt und Wolfrad, Gebrüdern, wie auch von Wolfrad dem Jüngern, Graven von Veringen ihre Rechte, Gerechtigkeit und die Einkünfte des Dorfs Malterdingen um 60. Mark Silbers zu Rüblingen erkauft. Alle vier Graven haben die Urkunde mit ihren Sigillen bekräftigt. (f)

A. 1298. hält M. Heinrich ein Landgericht zu Waldkirchen. (g)

A. 1300. entsteht zwischen ihme, nebst seinem Bruder und der Abtey Tennebach eine Strittigkeit wegen des Wasser-Ablaufs zu Mundingen. Sie wird durch vier Schiedrichter beygelegt; nach dem Brief, gegeben

---

(e) Der Confirmationsbrief steht im Cod. Dipl. Bad. num. 189.

(f) Cod. Dipl. Bad. num. 191. Von den Graven von Veringen, deren Wohnsitz dieses Namens anjetzt in des Fürstl. Hohenzoller-Sigmaringischen Hauses Handen sich befindet, s. Iselins oder Basler Lexicon T. IV. v. Veringen. Man sieht in dem Sigill drey übereinander liegende Hirschgeweyhe, wie in dem Herzoglich Würtembergischen. In dem heutig Fürstl. Hohenzoller-Sigmaringischen Wapen finden sich zwar eben dergleichen Hirschgewichte, jedoch in anderer Form, nämlich in dem Schild auf des Hirsches Haupte, auf dem Helm aber zwey aufgerichtete. Die Heraldici geben solche für das Wapen von Sigmaringen an, da sie eigentlich von Veringen herrühren.

(g) Cod. Dipl. Bad. num. 194.

Heinrich III. von 1290-1330.

gegeben zu Emütingen, (h) (Emmendingen.) In eben diesem Jahr ertheilt er diesem Kloster die Freyheit, daß seine Dienst- und andere Leute demselben, sowohl bey ihrem Leben, von ihren beweg- und unbeweglichen Gütern schenken, als auch Vermächtnisse davon nach ihrem Tode zu geniessen, machen dörfen. (i)

§. II. Mit Anfang des vierzehnten Jahrhunderts scheint ihr Vatter gestorben zu seyn. Sie theilen dessen Lande in zwey Theile, welche von dem Hauptschloß Hachberg den Namen bekommen. M. Heinrich, als der ältere Bruder besizt Hachberg und die Lande im untern Brisgau. Er schreibt sich insgemein Markgrav von Hachberg, Landgrav im Brisgau. Von ihm kommt die Hachberg-Hachbergische Linie her. Diese geht A. 1418. mit M. Otto II. aus, welcher seine Lande drey Jahre vor seinem Ableben an M. Bernhard von Baden verkauft. Der jüngere Bruder Rudolf bekommt Sausenberg, und die Herrschaft im obern Brisgau. Er ist der Stammvatter der Hachberg-Sausenbergischen Linie. Sie blühet bis 1503. in welchem Jahr M. Philipp die Welt gesegnet. Seine Lande, welche mit den Herrschaften Röteln und Badenweiler vermehrt worden, überläßt er M. Christoph von Baden.

Landestheilung.

§. III.

(h) Cod. Diplom. Bad. num. 195.
(j) Idem num. 197.

§. III. Von M. **Heinrichs III.** Regierung finde ich diese Nachrichten.

Heinrich III regiert allein.

A. 1305. übergibt er dem Ritter von Freyburg Rudolf der Turner genannt, und dessen Bruder Johann das Gericht in Denzlingen zu Lehen. Der Lehenbrief ist ausgefertigt zu Freyburg; und hängt daran S. H. *junioris Marggravii d. Hachberg.* (k) In eben diesem Jahr kommt an seinen Bruder M. Rudolf eigenthümlich sein Antheil an der Burg Spanegge, bey Jechtingen am Rhein gelegen, welche damals Hans Spenlin zu Lehen trug, jedoch mit dem Beding, daß, wann Spenlins Sohn mit Tode abgehen würde, dasselbe Lehen ihrer beeder gemein seyn, und M. Rudolf auf der Burg zu Spanegge 20. Mark Silbers voraus haben solle. Das Sigill ist wie an vorher gemeldeter Urkunde. (l)

A. 1306. hält M. Heinrich der jüngere ein Mann- oder Lehengericht zu Burgheim auf Klag M. Rudolfs seines Bruders, wider des verstorbenen Spenlins Sohn gleiches Namens, weil er auf diesem dritten Rechtstag nicht erschien. Dieser wird des Lehens

---

(k) *Cod. Dipl. Bad.* num. 198. Der Brief ist gegeben an der nechste Mittewochen nach unserre Frouwuntage der errun; sonst heißt er deutlicher unser Frauentag der Eren; desgleichen der grosse Frauentag. Man versteht darunter das Fest der Himmelfahrt Marid. S. HALTAUS. *Calend. medii ævi,* p. 121. sq.

(l) *Cod. Dipl. Bad.* num 199.

Lehens verlustig erklärt, und selbiges als offen oder verfallen dem M. Rudolf rechtlich zugesprochen. Auch hier ist das nämliche Sigill befindlich. (m) In eben diesem Jahr wird M. Heinrich Bürge vor Werner von Stauffen, gegen Grav Konrad von Freyburg, und also wird dieser mit jenem ausgesöhnt. An dem Versöhnungsbrief ist eben dasselbe Sigill zu sehen.

A. 1307. verkauft er das Dorf Heimbach, welches mit den Dörfern Malterdingen, Könbringen und Mundingen einen gemeinen Wald hat, an Konrad Haffner zu Freyburg um 50. Mark Silbers auf Wiederlösung, mit Genehmigung Herrn Hugo von Ysenberg. (n)

A. 1310. verkauft er dem Kloster Tennebach etliche Güter zu Glaßhausen gelegen. (o) In eben diesem Jahr theilt er mit Grav Konrad von Freyburg das Gut, welches der Marggrav von der Aebtißin zu Anßlau gekauft hatte. Dieser behält vor sich das Schultheißentum zu Serau, den Zoll zu Endingen und die Matten zu Balbingen; der Grav bekommt die Mühlen,

A. 1311.

(m) Cod. Dipl. Bad. ad a. 1306. Die Urkunde ist gegeben, Dunrstage nach unserer Frauen Tage der Jüngern, das ist, Marien Geburt. HALTAUS. l. c. pag. 123. Wie wir im Teutschen sagen, jung werden; d. i. gebohren werden.

(n) Förster Cap. 4.

(o) Ebendaselbst.

Schultheissentum und Gülten zu Baldingen. (p)

A. 1311. A. 1311. gibt M. Heinrich dem Johann Wolfram von Hachberg zu einem Pfands, lehen gegen 185. Pfund Brisgauer auf Wiederlösung alle seine freyen Leute zu Gutenrode, zu beeden Musbachen, zu Schönabrunnen, zu Bretten, zu Richenbach, zu Norbrehtesberg, zu Büttenkropf bis an die alten Keppenbach; desgleichen die Leute, die er hatte von der Aebtißin von Andlau von Gerlosberge bis an Sunnenzil, mit allem Rechte, das er und sein Vatter hergebracht haben; so daß die Leute ihm jährlich geben sollen $18\frac{1}{2}$ ℔ ₰. Zeugen hiebey waren Grav Ege von Fürstenberg, Grav Konrad von Freyburg, Herr Johann von Schwarzenberg, Junker Friderich von Hernberg, und viele andere Ritter und Edlen. An der Urkunde geben Dunrestag nach St. Vellentinestag stehn die Sigille: *S. H. Margvii de Hahberg. S. Johanis dci Wolferan.* Im lezten ist ein Ochsenkopf. (q)

A. 1313. wird Burkhard von Keppenbach, der sich gegen den Marggraven ungebührlich verhalten, gefangen genommen, und auf das Schloß Hachberg gesezt. Er schwört hierauf nebst seinen Brüdern Rudolf

---

(p) Herbster l. c. Bl. 30.

(q) Herbster l. c. Bl. 31. Hierüber sind in folgenden Zeiten zwischen beeden Theilen Strittigkeiten entstanden, die A. 1340. verglichen worden.

dolf und Dieterich eine stäte ewige Süne (Frieden) mit den Marggraven zu halten, unter der Bürgschaft Grav Gebhards von Freyburg, Domprobsts zu Straßburg, Grav Cunrads seines Bruders und Junkers Fridrich von Hahberg. Auf diese Urphed wird er loßgelassen. (r)

A. 1314. gibt Grav Konrad von Freyburg wieder und überläßt seinem Vettern M. Heinrich das Gut zu Baldingen, das er von ihm bekommen und der Marggrav gekauft hatte von dem Koler, nebst Mühlen und Weingelt, und dem Schultheisenamt und allem das darzu gehört. Fridrich von Hornberg gibt über diese Uebergabe eine Kundschaft. (s)

In eben diesem Jahr ertheilt er dem Konrad Dieterich Schneulin die Erlaubnis, ein Schloß oder Burg im Brisgau zu bauen. (t) Er kauft darauf von den Johannitern zu Freyburg das so genannte Weyerschloß zwischen Hachberg und Emmendingen. Man nennt es von ihm Schneefelden. Es gibt noch mehr Gelegenheit seiner zu gedenken.

A. 1317. verspricht Johann von Endingen und sein Sohn Rüdiger, Ritter von Neuenburg, daß sie die jährliche vier Mark Silber,

---

(r) Förster l. c. Herbster l. c. Bl. 33.
(s) Herbster l. c. Bl. 34.
(t) Cod. Dipl. Bad. ad a. 1314.

Silber, welche Heinrich der jüngere M. von Hachberg ihnen zu Lehen gegeben hatte, vor 40. Mark Silbers Neuenburgischen Gewichts, ihm oder seinen Erben, auf ihr Begehren wieder zurück verkaufen wollen. (*u*)

A. 1319. gibt M. Heinrich dem Hermann Howat den Hof zu Baldingen zu Lehen, an St. Lucientag. (*v*)

A. 1324. A. 1324. vergleichen sich M. Heinrich und seine Söhne, Heinrich und Hermann, auf Anrathen ihrer Vettern, Hugo und Burkards, Herren von Usenberg, mit dem Kloster Tennebach, und bestätigen ihm seine Rechte in Malterdingen, die ihm verkauft worden. Sie empfehlen zugleich diese Abtey ihren Nachkommen zu guter Freundschaft. (*w*) Ueberhaupt hat M. Heinrich zu Hachberg mit erstgedachter Personen Rath, Wissen und Willen diesem Gotteshause in diesem Jahr alle die Gnad, Freyheit, Güter, Recht, Gericht, Stiftung, Gab und Kauf, so seine Vordern oder er gethan, oder mit demselben überein seyn kommen, es sey wo und was es wolle, mit allem, so darinn und darzu gehörig, bestätigt. (*x*)

In eben diesem Jahr soll, wie Förster sagt, M. Heinrich von Hachberg, und sein Sohn

---

(*u*) SCHÖPFLIN. *Hist. Zar. Bad.* T. I. p. 355.
(*v*) Herbster l. c. Bl. 34.
(*w*) SCHÖPFLIN. l. c. p. 356.
(*x*) Herbster l. c. Bl. 37.

Heinrich III. von 1290-1330.

Sohn Heinrich, dem Kloster Tennebach einen Freybrief gegeben haben über die Leute und Güter in Reichenbach und unter Keppenbach, die der Abt von Herrn Walther von Falkenstein erkauft hätte. (y) An dem Briefe hängen die Insigel *H. Marggravii* und *Henr. J. Marggravii de Hahberg.*

Auch errichten diese beede Fürsten in diesem Jahre einen Vertrag mit ihren Lehensleuten Konrad Dieterich Schnewelin und dessen Tochtermann Ottmann von Kaysersberg. Diese Ritter geloben mit ihrem Schloß Schneefelden der Marggravschaft Hachberg keinen Schaden zuzufügen, noch jemand von der Marggraven Leute ohne deren Erlaubnis in daselbe aufzunehmen, auch ohne derselben Wissen und Willen von den Mönchen zu Selden und Tennebach keine Leute zu kaufen, noch ihr Schloß zu verkaufen oder zu verändern.

A. 1325. am Montage in der Pfingstwochen gibt M. Heinrich der Alte und Heinrich sein Sohn Ulrich dem Mezzyer, einem Burger zu Freyburg um 7. ℔ ₰ zu kaufen die Griene (Wiese) zu der usseren Sexowe bey der Elzach. *S. H. Magvii. De. Hahberg. S. H. Filii. H. Margvii. de. Hahberg.* (z)

§. IV. Das Jahr seines Todes ist unbekannt. Doch scheint es, er sey ums Jahr 1330. in die Ewigkeit übergegangen.

(y) Förster l. c.
(z) Herbster l. c. Bl. 38.

Gemahlin. Seine Gemahlin war Agnes, Grav Ulrichs von Hohenberg Tochter. Sie entgieng ihrem Gemahl schon A. 1310. durch den Tod. Ihr Begräbnis ist im Klpster Tennebach vor dem hohen Altar; wo man noch diese Grabschrift liest: Anno Domini MCCCX. V. Id. April. (*a*) obiit nobilis Domina Agnes Marchionissa de Hahberg, filia Domini Ul. quondam Comitis de Hohenberg.

Sie ist die Mutter dreyer Söhne. Diese sind:

Heinrich.

Er übernimmt nach des Vatters Tod die Landesregierung.

Rudolf.

Dieser erwählt einen andern Stand. Er wird Johanniter-Ordens-Ritter, und anfänglich Commenthur zu Freyburg; hernach zu Hohenrain. Er heißt in einer Urkunde „Bruder Rudolf von Hahberg, Bru„ ber des Ordens St. Johannes Spitals „ von Jherusalem des Huses zu Friburg „ im Brisgöwe.„ An dem Kaufbrief, worinnen die Johanniter ihre Vestung im Brisgau zwischen Hahberg und Emmettingen, genannt der Wyer an Konrad Dietrich Snewelin um 55. Mark Silber verkaufen, ist das *S. Fris Rudolfi D. Habberg.* So wird seiner auch gedacht in der Versicherung, die gedach-

---

(1) In einer Abschrift von Försters MsS steht 1715. V. Id. April.

Heinrich III. von 1290-1330.

gedachtem Snewelin gegeben worden, einen Consensbrief von dem Obristen Meister des Ordens zu verschaffen; wie auch in der Bestätigung dieses Kaufs, die Bruder Albrecht von Schwarzburg, der Oberste Meister in teutschen Landen ertheilt. Diese Briefe sind sämtlich vom Jahr 1325. (*b*)

A. 1342. macht der St. Johann-Ritter-Orden ein Burg-Recht mit der Stadt Zürch, wegen ihres Hauses zu Wadiswil. Solches geschah unter andern mit Wissen Bruder Rudolfs des Margkgrafen von Hochberg, Commenthur des Hauses Reiden. (*c*) Er stirbt A. 1243.

Seine Gebeine ruhen in der St. Johanniskirche zu Freyburg, wo diese Grabschrift ehmals zu lesen war: An. Domini MCCCXLIII. XVII. Cal. Junii obiit frater Rudolfus, Marchio de Hachberg, quondam Commendator in Hohenrain. (*d*)

Hermann.

Dieser begibt sich ebenfalls in diesen Ritter-Orden. Er bekommt die Würde eines Ordensmeister in Teutschland.

Seiner wird gedacht in einer Urkunde seines Vettern (patruelis) Heinrichs A. 1318.

A.

(*b*) Herbster Bl. 52.
(*c*) Tschudi l. c S. 367.
(*d*) Pistorius macht diesen Rudolf zu einem Sohn M. Rudolfs von Saussenberg. Er irrt aber. Dann jener hat eine Gemahlin und Kinder. Dieser nicht.

A. 1347. verkauft er, als Commenthur, und das Convent des St. Johanniterordens zu Freyburg einige Güter an die Abtey Tennebach. An dem Brief ist das *S. Herimanni Marchionis de Habberg & Commendatoris*. In eben diesem Jahr wurde auch der Hof Alzenach in Gundlingen dem Kloster Sulzberg vor 380. Mark Silbers verkauft. (e)

Er stirbt A. 1357. und liegt auch zu Freyburg begraben. Seine Grabschrift war diese: Anno MCCCLVII. VII. Cal. Maji obiit frater Hermannus de Hachberg sacerdos quondam locumtenens & magister Conventus Rhodii in partibus Alemanniæ. (f)

(e) Die Urkunde ist gegeben am Gutemtage vor U. F. Tage der jüngern. Der gute Tag ist der Mittwoch. Er heißt sonst auch Goedestag, Gudenstag, Goens, oder Gunstag, Wohnstag ꝛc. von dem alten teutschen Gott Woban oder Wondam, den die alten Teutschen als den höchsten Gott verehrt haben, daher das Wort Guoban und Guobe hergekommen, statt welches man nun God oder Gott sagt. HALTAUS. l. c. p. 8. 9.

(f) Diese Inschriften sind samt der Johanniskirche bey der Französischen Beveftigung der Stadt Freyburg zerstört worden. Förster u. a. haben sie schon vorher aufgeschrieben.

Heinrich

Heinrich IV.
Von 1330. bis 1369.

§. I.

Marggrav Heinrich IV. nennt sich in den Urkunden oft Herrn zu Kenzingen; desgleichen in seinem Sigill M. Heinrich den jüngern, wie sein Vatter auch gethan hatte. Mit diesem Beysaz steht er in einer Nachricht das Kloster Tennebach betreffend, vom Jahr 1330. (*)

§. II. A. 1331. Samſtag vor Gregorientag erlaubt er Konrad Dietrichen Snewelin, dem Ritter von Freyburg, zehen Juchart (a) Reben zu Emmendingen ob dem Kalchofen gelegen, zu seinem Schloß Schneefelden zu kaufen von dem Kloster Tennebach, und solche gemeinschaftlich zu haben u. zu niessen mit ihm dem Marggraven und seinen Nachkommen. Man sieht an dem Brief S. *Heinrici Marchionis de Habberg.*

A. 1337. bestätigt er den Kauf der Einwohner zu Baldingen (hod. Bahlingen) an das Kloster Tennebach. (b)

A.

(*) *Cod. Dipl. Bad.* num. 241.

(a) Von dem in den Fürstlich Baden-Durlachischen Landen üblichen Land- und Feldmeßschuh s. unsers berühmten Hr. Kirchenrath und Rector Jacob Fridrich Malers Unterricht zum Rechnen, S. 178. folg.

(b) *Cod. Dipl. Bad.* ad a. 1337.

A. 1339. verspricht Adelheid von Geroldeck, Aebtißin zu Anblau Marggraven Heinrich zu Hachberg und seinen Erben ein gewisses Lehen, das über 20. Mark werth wäre, und ihr nächstens heimfallen werde.

A. 1340. A. 1340. versöhnt Bischof Berthold von Straßburg laut Urkunde vom 17. März unsern Marggraven, und die Herrn von Usemberg (c) mit der Stadt Brisach, wegen etlicher Usembergischen Leute, welche die Stadt zu Burgern angenommen hatte. Er hat überhaupt mit dieser Stadt vielen Streit wegen der leibeigenen Leute und Unterthanen, so von den Marggrävischen Dörfern in dieselbe gezogen waren.

In eben diesem Jahr stellt Wernher Schelleher, ein Burger zu Freyburg, seinen Lehenrevers gegen den Marggraven aus über den Hof im Dorf Baldingen. (d)

In eben diesem Jahr entscheiden Burgermeister und Rath zu Freyburg die zwischen dem Marggraven und dessen Lehenleuten von Keppenbach entstandene Strittigkeit wegen des Landtags. Der Ausspruch geht dahin, der Marggrav solle seine Landtage (judicia provincialia) zu der alten Keppenbach unter der Linden halten. Hiezu werden gerechnet die Gerichte, die sein Vatter und er von Alters hergebracht haben.

(c) In der Urkunde heissen sie die Kind von Usemberg.

(d) Herbsters l. c. Bl. 41.

Heinrich IV. von 1330-1369.

haben. Ausgenommen werden die Unterthanen Johañs u. Ulrichs von Keppenbach.

§. III. A. 1343. baut der Ritter Konrad Dietrich Snewelin mit Erlaubnis des Marggraven bey seiner Vestin Weyer auf der Bretten eine Mühle. Er gelobt, solche allein zu seiner Vestung zu gebrauchen, und an das Fischrecht, so in demselben Wasser dem Fürsten zusteht, keine Ansprache zu machen.   *A. 1343.*

In eben diesem Jahr versöhnt er sich mit der Stadt Brisach, welche vielen von seinen eigenen oder leibeigenen Leuten, die vom Kaiserstuhl (e) dahin gezogen waren, das Burgerrecht verliehen hatte. Die Versöhnung ist aber von keiner langen Dauer.

A. 1344. erkauft er von der Aebtißin Adelheid und dem Convent zu Andlau alle Rechte, Leute und Güter, so dieses Stift im Thale Sexau und zu Ottenschwanden besaß. Der Marggrav gibt dafür 200. Mark Silber, rechtes Freyburger Gewichts. Hiedurch wird die Marggravschaft Hachberg aller Mannschaft und Verbündnis, womit sie dieser Höfe wegen dem Kloster verbunden war, entledigt. (f) Man sieht an dem Kaufbrief das Sigill Bischof Bertolds von Straßburg, wie auch das Sigill

der

(e) In lateinischen Urkunden heißt dieser Distrikt: *Sedes imperialis.*

(f) Herbst l. c. Bl. 47.

der Aebtißin und des Convents, lezteres stellt die Kaiserin Richardis vor.

In eben diesem Jahr stellen etliche Leibeigene zu Rimsingen gegen den Marggraven einen Revers aus, daß sie ihr Leib und Gut von ihm auf keine Weise veräussern wollen.

A. 1346. legt abermal Burgermeister und Rath zu Freyburg den zwischen Marggrav Heinrich und Walther und Dieterich von Keppenbach, über Ettenheim entstandenen Streit bey. (g)

A. 1347. kauft M. Heinrich von Henne dem Smit von Fürtewangen, einem Burger zu Freyburg 4. Juchart Ackers bey dem mittlern Weyher bey Hachberg in dem Krumpach gelegen, um 10. ℔ ₰ Freyburger Münze. (h)

In eben diesem Jahr bewilligt er Fridrichen von Rappolstein, daß er aus dem Emmendinger Michenbach eine Wässerung auf seine Matten daselbst zurüsten lassen möge. (i)

A. 1352. §. IV. A. 1352. stunde er in Feindschaft mit denen von Mößkirchen. Sie ist von kurzer Dauer, und wird bald beygelegt. In eben diesem Jahr empfangt er von Fridrich,

---

(g) Herbster l. c. Bl. 45.
(h) Herbster l. c. Bl. 46.
(i) Förster ad h. a.

Heinrich IV. von 1330-1369.   433

Fridrich, Herrn von Usenberg (k) oder Ußenburg, wie in den alten Nachrichten vorkommt, zu Lehen die niedere Herrschaft Usenberg, nämlich die Stadt Kenzingen, die Burg Kürnberg mit allen dazu gehörigen Flecken und Gütern zu Herbolzheim, Bleichen, die Vogtey zu Minnenweiler oder Münchweiler, die Burg und Dorf Weißweil, den Kirchensatz zu Berckheim und die Kapelle, wie auch die halbe Wildbahn zu Sulzberg. Er besitzt auch diese Herrschaft wirklich und nimmt zu Kenzingen und Kürnberg seinen Wohnsitz, und schreibt sich daher mehrmalen Herr von Kenzingen. Den Zehenden, die Kirche, die Kapelle, überläßt er seinem Sohne Jesso.

Im Jahr 1353. gibt ihm Fridrich von A. 1353. Usenberg das Dorf Nortweil ꝛc. um 140. Mark Silbers Freyburger Brandes und Gewäges, zu kaufen, jedoch mit Vorbehalt der Wiederlösung vor sich, und wenn er Leibeserben männlichen Geschlechts bekäme. An eben diesem Tag (Zinstag nach St. Katharinentag) hat er ihm solches Dorf zu rechtem Mannlehen verliehen. Kaum war dieses geschehen, so verkaufen noch in diesem Jahr erstgemeldete Herren, der Marggrav von Hachberg und Fridrich von Ußen-

---

(k) Diesem wurden sie A. 1343. von Herzog Albrecht von Oesterreich Lehensweise eingeräumt. Folglich bekam sie der Marggrav als ein Afterlehen.

Ÿßenburg dasselbe Dorf dem Abt zu Alperspach mit allen Rechten und Gerechtigkeiten samt dem Hof und aller Zugehör, wie solches der von Ÿßenburg besessen, um 140. Mark Silber. Sie dingen sich jedoch die Wiederlösuug auf zehen Jahr aus. Nachdem nun der von Ÿßenburg oder Usenberg mit Tod abgegangen, ist Kenzingen mit andern Lehenstücken, nach einigen Strittigkeiten, wieder an Oesterreich gekommen. Nortwyll aber verblieb dem Abt zu Alperspach.

A. 1354. A. 1354. hat er Krieg mit den Städten Rheinfelden und Villingen. Herzog Rudolf von Oesterreich macht sich zum Mittler, und legt die Strittigkeiten bey. Um diese Zeit entstehen zwischen ihm und denen von Keppenbach heftige Zwistigkeiten wegen des freyen Amts, und der Leute und Gerichte darinnen. Sie gehen so weit, daß der Marggrav die von Keppenbach gefangen nach Hachberg führen läßt. Sie demüthigen sich, und die Stadt Freyburg vermittelt es dahin, daß die von Keppenbach dem Marggraven schriftlich geloben, nichts weiter an ihne zu fordern. Doch erhebt sich A. 1356. eine neue Mißhelligkeit wegen acht zu Keppenbach gesessenen Personen, an die sie beederseits Ansprache machen. Sie vergleichen sich in Güte. M. Heinrich wird in dem Briefe hievon, der gegeben ist am Gutemtage von St. Urbanstage, Herr zu Kenzingen genennt.

A.

A. 1356. übergibt Grav Fridrich von Freyburg, Grav Egens Stiefbruder, dem Marggraven seinen Theil an den Wildbännen im Brisgau, so er und sein Bruder von dem Hochstift Basel in Gemeinschaft zu Lehen getragen. Grav Ego ist damit nicht zufrieden. Er beklagt sich bey dem Lehenherrn Bischof Johann von Basel. Dieser hält A. 1357. ein Lehengericht, welchem M. Heinrichs Vetter, M. Otto von Rötteln, beywohnt. Das Urtheil fällt wider M. Heinrich aus. Die Haupturfache war, wie gedacht, weil Grav Ego diese Wildbanne von seinem Vetter Konrad geerbet, und auch seither mit seinem Bruder Fridrich gemeinschaftlich besessen habe. (l)

In eben dißem Jahr am Allerheiligen-Abend belehnt Bischof Johann von Basel den M. Heinrich mit dem Kirchensaze zu Bergheim und den halben Wildbännen zu Sulzberg, dergestalt, daß wem er den Bischof heisse den Kirchensaz leihen, dem soll er ihn leihen. (m)

Vom Jahr 1357. findet sich ein schiedsrichterlicher Ausspruch zwischen M. Heinrich von Hachberg, Herrn zu Kenzingen, und Grav Hugo von Fürstenberg, nach welchem

A. 1356.

_____

(l) Es wurde gegeben am Freytag nach der alten Vasenacht. Grosse Fastnacht, aller Mann Fastnacht, befreyete Sonntag, alte Fastnacht ist der Sonntag Invocavit. HALTAUS. l. c. p. 59. sqq.

(m) Herbster l. c. Bl. 49.

welchem jenem zwo Mühlen, auf der Bleicha gelegen, zugesprochen werden. Die Urkunde ist gegeben zu Kenzingen an U. F. Abend in Märzen.

In eben diesem Jahr besiegelt M. Heinrich einen Erblehenbrief Albrecht Vogets und Johannes Rübe, über den Widenhof zu Malterdingen, gegen den teutschen Orden zu Freyburg. (*n*)

A. 1358. §. V. A. 1358. macht Herzog Rudolf von Oesterreich seine Ansprache an die Herrschaft Kenzingen und Kürnberg. Sie wird auch in einem auf dem freyen Felde vor Seckingen, Freytags vor St. Agnesen Tag, von Grav Immer von Straßberg gehaltenen Manngericht dem Marggraven ab- und dem Herzogen zugesprochen. (*o*) Der Marggrav bedient sich dessen ohngeachtet des Titels eines Herrn von Kenzingen. (*p*) Herzog Rudolf sezt seine Ansprache fort. A. 1365. sizt Herzog Fridrich von Teck, Kaiser Karls IV. Reichs-Hofrichter, zu Prag zu Gericht. Herz. Rudolf läßt daselbst durch seine Bevollmächtigte Lützmann und Johann

---

(*n*) Herbster l. c. Bl. 50.

(*o*) Die Urkunde steht in des Freyherrn von Harpprecht Staatsarchiv des Kaiserl. und des Heil. Röm. Reichs Kammergerichts. Th. I. S. 37. u. f.

(*p*) Eine Tennebachische Urkunde vom Jahr 1360. an die er auf Bitten sein Sigill gehängt, und andere vom Jahr 1364. 1366. und 1368. die ich gleich anführen will, beweisen solches.

Johann von Ratelsdorf gegen den Marggraven um 20000. Mark Silbers die Immißion (Einsezung) in die Herrschaft Hochberg, Kürnberg und auf die Stadt Kenzingen samt allen Zugehörungen nachsuchen. Er erlangt solches und bekommt deswegen nicht nur ein Mandatum generale immissorium & manutenentiæ, oder überhaupt einen Befehl, daß man ihn einsezen und im Besiz schüzen solle, sondern es ergeht auch ein besonderer Befehl deswegen unter andern an Johannes, Bischof von Straßburg, wie auch an den Rath und Burgerschaft der Städte Straßburg, Freyburg u. Basel. Ja A. 1366. wird sogar die Acht wider ihn und die Stadt Kenzingen erkannt, und die Achtserklärung von dem Hofrichter Burkard, Burggraven zu Magdeburg und Graven zu Hardeck, so weit sich disfalls der Gerichtszwang des Reichshofgerichts erstreckt, im Namen des Kaisers verkündigt. (*q*)

§. VI. A. 1359. vertauscht der Marggrav sein Dorf Wilerspach, welches Jacob Vetterli von Freyburg von ihme zu Lehen trug, gegen einen Gülthof zu Thenningen. *A. 1359.*

Ein Kaufbrief vom Jahr 1360. der Anna Schorerin und ihrer Brüder Claus und Henni, welche dem Jöselin Ligelin, einem Burger

---

(*q*) Freyherr von Harpprecht l. c. S. 106. Num. XI. S. 107. Num. XII. S. 108. Num. XIII. *Cod. Dipl. Bad.* ad dd. ann.

Burger zu Freyburg ein Pfund Pfenning zu kaufen gegeben, ist besigelt mit dem Sigill des Edeln Herren Margraf Heinrich von Hachberg, Herren ze Kenzingen. (r)

Vom Jahr 1364. findet sich ein Schuldbekenntnis „Marctgraf Heinrichs von „Hachberg Herrn zu Kenzingen gegen „den erbern Knecht Frischi Zünden von „Kenzingen, Friderich Zünden sel. Sohn, „über 40. Gulden von Florenze gut an Golde und gnu swere vf der Wage vmb ein „Meiden, (s) den er Im darumb ze kuf„sende gab vnd in Im gesunt entwurt in „sinen Stal. Am nehsten Sunnentage vor „St. Waltburg tag. (t)

A. 1366. gibt Abt Brun und der Convent zu Alperspach gegen Herren Marckgr. Heinrich von Hachberg, Herrn zu Kenzingen einen Verzichtbrief auf allen Schaden, so sie gehabt und noch haben möchten, von wegen 4. Mark Silbers jährlichen Geltes, von Herren Hugen von Usenberg herrührend. (u)

A.

(r) *Cod. Dipl. Bad.* ad a. 1360.

(s) **Meiden** ist eine Gattung Pferd, und vermuthlich ein Hengst. In einer alten Ordnung der Stadt Strasburg bey SCHILTER. ad KOENIGSHOVEN. pag. 1080. sqq. werden die Worte Meiden und Pferde oder Hengste und Pferde vor einander gebraucht.

(t) **Herbster** l c. Bl. 51.

(u) **Herbster**, ebendaselbst.

A. 1368. stellt der Abt Nicolaus und das Convent zu Ettenheim-Münster im Elsaß einen Revers aus, „daß M. Heinrich „von Hochberg, Herre zu Kenzingen, „und M. Otto, Herre zu Hochberg, und „M. Hans und M. Hesso seine Söhne mit „150. lb Straßburger Pfenninge die Vog„tey des Dorfs zu Minnewilre (v) wieder „lösen mögen.„ Diese Wiederlösung ist im Jahr 1626. gegen den Kirchensatz und einen Theil des Zehenden zu Thenningen aufgehoben worden. (w)

§. VII. M. Heinrich IV. verläßt die Welt ums Jahr 1369.

Tod.

Seine Gemahlin Anna war Burkards, Herrn von Usenberg Tochter. Sie hatte ihm drey Söhne gebohren, Otto, Johann und Hesso, die in erst angeführter Urkunde vorkommen.

Gemahlin und Kinder.

Pistorius gedenkt auch einer Tochter Kunigunde, so an einen Freyherrn von Gliers (x) im Elsaß vermählt worden seyn soll.

(v) Von der Burg und Dorf Munweiler oder Minnewilre, so im Elsaß gelegen gewesen, siehe SCHÖPFLIN. *Alsat. illustr.* T. II. p. 71. 91.

(w) Herbster l. c. Bl. 51. b.

(x) Von diesem Hause f. SCHÖPFLIN. l. c. p. 687. sqq.

Otto

Otto I.

Von 1369. bis 1386.

§. I.

Verrichtungen bey Lebzeiten seines Vatters.

Marggrav Otto, der älteste Sohn M. Heinrichs IV. nimmt sich schon bey Lebzeiten seines Herrn Vatters der Regierung an; und heißt daher in den Urkunden Marggrav und Herr von Hachberg. Ich bemerke davon folgendes:

A. 1364. bringt er die Strittigkeiten, welche zwischen den Marggraven und der Stadt Freyburg, wegen der Burger dieser Stadt, die sich zu Baldingen aufhielten, entstanden, zu einem gütlichen Vergleich. (a) Der Marggrav hielt jährlich drey Gerichte daselbst. Es wird verordnet, daß diese Leute auch dabey erscheinen, desgleichen bey der jährlich dreymaligen Ankunft eines Marggraven mit seinem Gefolge, nämlich selb zehend mit zehen Rossen, mit andern die Kosten tragen helfen sollen ꝛc.

Freyburgischer Krieg.

Um diese Zeit bekriegt Grav Egeno von Freyburg diese Stadt. Seine Bundsverwandte sind unter andern A. 1367. Marckgrav Otto von Hachberg, Heinrich von Gerolzeck, genannt von Tüwingen, Heinrich von Gerolzeck Herr zu Lare, Johans und Hesse, Gebrüder Herren von Usen-

---
(a) Förster l. c. Cap. 6.

Usenberg, Johans Herre von Schwartzemberg und Martin Malterer, Ritter von Freyburg. Anlaß zu diesem Krieg gab die vielfältige Klage der Stände in selbiger Zeit, daß ihre eigene Leute von den benachbarten Städten zu Burgern aufgenommen wurden. Der Krieg dauert bis ins Jahr 1368. da Donnerstag vor dem Palmtage die Städte sich mit den Herren durch aufgerichtete Verträge verglichen. (*b*) Die Richtung zwischen M. Otto und den Städten Freyburg, Brisach und Neuenburg geschah ebenfalls an diesem Tage. (*c*)

Um diese Zeit wird unserm Marggrav Otto die Herrschaft Werra auf dem Schwarzwald, oberhalb Beuken gelegen, auf eine kurze Zeit versezt. (*d*)

A. 1366. gibt Clara von Ouwe, Rudins von Ouwe Wittib, über eine Gülte zu Windenreute von 20. Mutt Roggen und 7. Malter Habern, deren Wiederlösung mit 20. Mark Silbers Marggrav Heinrich verstreichen lassen, dem Marggrav

(*b*) *Cod. Dipl. Bad.* ad a. 1368. S. oben S. 222. Ich melde nur noch, daß, da damals die Stadt Freyburg dem Graven Ego die Burg und Herrschaft Badenweiler überlassen, sie ihm noch dazu 15000. Mark Silbers gegeben. HERBSTERI *Collect. de Comitib. Friburg.* fol. 127. b.

(*c*) Conf. WENCKER. de *Vsburger.* Contin. pag. 71; 75.

(*d*) VRSTIS. *Chron. Basil.* L. I. C. 21.

grav Otto, als seinem Erben und Nachkommen, von neuem das Wiederlösungsrecht. (e)

Nach seines Vatters Tod. §. II. Nach seines Herrn Vatters tödtlichem Hintritt kommen unter andern folgende Umstände von ihm vor:

A. 1372. wird ihm und seinem Bruder Hesso von K. Karl IV. die Vogtey und Schirm des Klosters Tennebach übertragen, wie solches das Kaiserliche Schreiben an gedachtes Kloster bezeuget. Es findet sich auch eine Tennebachische Urkunde von diesem Jahr mit M. Otto, Herrn von Hachberg Insigel.

A. 1373. gibt M. Otto Burkarten von Kürneg einen Zehenden zu Neuenburg, der Kürnegger Zehenden genannt, zu einem Mannlehen.

A. 1379. hat er abermals Strittigkeiten mit Ritter Walther von Keppenbach wegen der Gerichte und Landtage im freyen Amt. Sie werden bald durch Walthern von der Digck, Landvogt im Brisgau also beygelegt: daß des Marggraven freye Leute,

---

(e) M. Heinrich war damals noch am Leben, und doch heißt M. Otto sein Erbe und Nachkommen. Der Brief ist bekräftigt mit Johans Tegenlins ihres Vettern, Johans Tegenharts sel. Sohns, und mit Gregorien Tegenlins ihres Bruders Insigeln. Das Tegelinische Wappen ist ein Pentalpha oder Gatter. HERBSTERI Collect. de March. Hachberg. fol. 55.

Otto I. von 1369-1386.

te, so auf des von Keppenbach Gütern sizen, die drey jährliche Landtage oder Gerichte besuchen, solchen auswarten und gehorsam seyn; desgleichen wann schädliche (f) Leute in des Marckgraven Gerichten gerechtfertiget werden, es sey zu dem Gestul oder zu der Hart-Eichen, oder zu dem Kesterholz, sie sich auch dabey einfinden sollten. (g)

A. 1380. den 22. Febr. schenkt und übergibt Frau Anna von Keppenbach, Ulrichs von Keppenbach Wittwe, und damal Heinrichs von Speckbach Ehfrau, mit den bey einer Schenkung unter Lebendigen gewöhnlichen Feyerlichkeiten, dem M. Otto all ihr Recht und Gut zu Keppenbach, das sie von ihrem Ehemann ehemals bekommen oder sonst noch zu hoffen habe.

A. 1385. Samstag nach Urbani kauft er zu Schafhausen dem Wilhelm im Thurn des verstorbenen Hessen Schnelins Tochtermann ein Gültgut zu Winterreutin ab.

In eben diesem Jahr hat er und sein Bruder M. Hess mit Fridrich, Bischoffen von Straßburg einen Krieg. Herzog Leopold von Oesterreich und Grav Eberhard von Würtemberg vertragen die Partheyen also: der Bischof verspricht jedem Marggraven 1200. fl. in gewissen Zielern zu bezahlen. *Krieg mit Bischoffen zu Straßburg.*

(f) Schädliche Leute heissen nicht sowol Leute, die Schaden thun überhaupt; sondern solche, die wir Malesicanten nennen; Leute die eine Leibesstrafe verdient.

(g) Herbster l. c. Bl. 57.

zahlen. Hingegen verbinden sich diese, selbiges Jahr über mit der Vestung Höhingen dem Bischoffen zu Dienste zu seyn.

Tod.

§. III. Um diese Zeit bricht ein neuer Krieg zwischen den Eydgenossen und dem Hause Oesterreich aus. Die Eydgenossenschaft hatte schon lange sich gegen die Macht des Hauses Oesterreich und gegen den Adel in ihrem Lande verbündet. Man hatte von Zeit zu Zeit durch Verträge und Friedensschlüsse denen Verdrüßlichkeiten abzuhelfen gesucht. Allein da A. 1374. verschiedene teutsche Reichsstädte, dazu Zürch, Bern, Solothurn, Zug und Lucern gekommen, eine Verbündung gemacht, und man neue Oesterreichische Zölle angelegt; so brach die Flamme A. 1385. aufs neue aus. Herzog Leopold von Oesterreich zieht wider die Eydgenossen zu Felde. Ihm leisten Hülfe M. Otto von Hachberg, Ulrich Pfalzgrav von Tübingen und viele andere. Es kommt A. 1386. den 9. Jul. zum Treffen bey Sempach, in welchem Herzog Leopold und unser M. Otto, nebst einer grossen Anzahl Graven und Edelleute ihr Leben verlohren. (*b*)

M.

──────────

(*h*) Umständlich wird diese Schlacht beschrieben in Tschudi Eydgenoss. Geschichte, Th. I. S. 525. folg. Von den erschlagenen Fürsten schreibt er gleich im Anfang, S. 27.: „Der Durchleuchtig Fürst Herzog Lupolt „von Oesterrich. Der Hochgeborn Fürst Marggraf „Ott von Hochberg.„ Conf. ANON. HELV. Orig.

M. Otto Leichnam wird zurück gebracht, und im Kloster Tennebach in der Kirche vor dem hohen Altar beygesezt. Auf dem Grabstein ist das Marggräblich Badische Wapen mit zwey Steinbockshörnern auf dem Helm und zwischen denselben ein Pfauenfederbusch. Man liest diese Aufschrift: „A. MCCCLXXXVI. VII. Id. Julii „ obiit Nobilis Dominus Otto, Marchio de „ Hachberg. „

§. IV. Seine Gemahlin nennt Pistorius eine Schwester eines reichen Barons, mit Namen Maltrer. Diese soll ihm eine Tochter Emilia gebohren haben, welche eine Gemahlin Johann von Ruchen, des Ritters worden. Gamans macht seine Gemahlin nicht namhaft; sagt aber, sie sey die Mutter der zwey Söhne, welche in einer Urkunde vom Jahr 1366. vorkommen, und einer Tochter Emelina, die an Johann von Couci vermählt worden sey. Gewisses lässet sich in Ermanglung hinlänglicher Nachricht nichts sagen. Solte aber je etwas an dieser Vermählung und erzeugten Kindern seyn, so ist jedoch klärlich abzunehmen, daß selbige vor ihm den Weg alles Fleisches müssen gegangen, ansonsten diese und nicht seine zwey Herren Brüder ihme in der Regierung gefolgt seyn würden.

Gemahlin.

& *Histor. Archid. Austr.* ap. SENCKENBERG. *Sel. Jur. & Histor.* Tom. IV. p. 139. KOENIGSHOVEN. *Chron. Alsat.* p. 344.

Johann

Johann

stirbt nach 1408.

§. I.

Theilung. Nach dem Tode Marggrav Otto I. nehmen seine zwey Brüder Johann und Hesso „am Mittwochen nach U. F.
„Tag, als sie geboren ward, eine Thei-
„lung vor, dergestalt, daß M. Johansen
„worden ist die halbe Vestin Hachberg na-
„mentlich der Hinterteil, das ist das Herbst-
„haus, das Hinterhaus und der Hof da-
„zwischen, die halbe Stallung vor der Ve-
„stin; der Brunn und Thurn für die Ge-
„fangenen, alle Thore und die Pfisterey (a)
„blieben gemein und jeder Teil hatte den
„Weg darzu über des andern Anteil. Er
„bekam auch das Dorf Baldingen, mit
„dem Bedinge, wenn etwas daran versezt
„wäre, daß M. Hesse solches erledigen
„und bis es geschähe, mit so viel Nuzen,
„als es betreffe, wiederlegen solle. Fer-
„ner mußte ihm M. Hesse jährlich geben
„100. fl. Florenzer an Golde, 50. Mutt
„Roggengeltes (b) jährlich auf St. Mar-
„tinstag,

(a) Pfisterey bedeutet so viel als Hof-Beckerey.

(b) Das Wort Geld heißt hier, wie in gar viel andern Orten, so viel als Zins. Also werden A. 1448.
einem Lehenmann verliehen zwanzig Viertel Gelts
halb Roggen und halb Habern. A. 1309. kommt vor:
ein

„ tinstag, welches alles M. Johans haben
„ sollte zu einem rechten Leibgedinge sein
„ Lebtage, und nicht weiters und davon
„ nichts verdussern, ohne M. Hessen, oder
„ seiner Erben Einwilligung. Würde M.
„ Johans sich verehlichen mit einer seiner
„ Genössin (*) und Kinder mit ihr zeugen,
„ so sollen die Knaben alle die vorgenante
„ Güter, nebst der vorgenanten Vestin er-
„ ben können, als ihr Eigentum; wären es
„ aber Döchteren, so sollen sie nur an den
„ Güteren, und nicht an der Vestin erben
„ können, und so soll es auch mit M. Hes-
„ sen Kindern gehalten werden; überhaubt
„ so lange man ehelich gebohrne Knaben
„ finde von ihrer beeden Stammen und
„ von ihren Genössinen, so soll kein Weibs-
„ name einigs Recht zu der Vestin Hach-
„ berg haben. M. Hesse bekam die an-
„ dere Hälfte der Vestin Hachberg, und
„ die

ein Saum wisses edles Wingelds des besten all Jahr von der Tretten (Trotten oder Kelter) in Ir Faß ze antwortende. Zuweilen heißt es auch zehen Stück Hünergelds; obgleich die Hüner in natura geliefert werden. Sonst bedeutet das Wort Geld vor diesem so viel als Münze oder Schiedmünze, und in diesem Verstande wird es dem ohngemünzten Silber auch dem Goldgülden entgegen gesezt. So steht in einer Rechnung die Summa also: Summarum des Hauptguts an Silber 505. Mark. Summarum an Gold das Hauptgut bringt 11057. fl. 19. ß. Stebler; Summarum an Geld 705. Pfund Rappen, thut in einer Summ an Gold 17918. fl. 1. lb. 1. ß. Stebler.

(*) d. i. gleichen Standes.

„die zugehörige Herrschaft und Gerechtig„keit." (c)

§. II. In diese Theilung mischte sich der Bischof zu Straßburg Fridrich von Blankenheim, mit dem Beynamen Lung. (d) Derselbe hat ein schlecht Zeugniß in den Geschichten. Vornämlich wird seine Habsucht an ihm getadelt, und daß er seine Hände nach der Geistlichen und andern Güter ausgestreckt. So riß er nach dem Treffen bey Sempach das Städtlein Haselach im Kinzingerthal an sich, und bemächtigte sich nun auch mit Gewalt des den Brüdern des erschlagenen M. Otto zuständigen Dorfs Herbolzheim. (e)

§. III. Marggrav Johann kommt in den Urkunden theils mit seinen Brüdern Hesso und Otto, theils allein vor.

A. 1385. vertauscht er mit Vorwissen und Genehmigung seiner beeden Herren Brüder, sein Haus, Hof und Hofgesesse samt dem Garten zu Freyburg an den Abt Jacob und das Convent zu Freyburg. (f)

A.

(c) Herbster l. c. fol. 61. Man sieht daran: *S. Jobis. Markvii. De. Hachberg. S. He..onis. Marchionis. De. Hachberg.*

(d) Pulmonarius. Königshoven Chron. S. 1145.

(e) WIMPHELING. in *Catal. Episcopor. Argent.* C. 73. GUILLIMANN. *de Epist. Argentin.* C. 66.

(f) *Cod. Dipl. Bad.* ad a. 1385. An diesem Tauschbrief hängen die Sigill dieser drey Herren Brüder.

A. 1387. am Montag vor Pfingſttage kommt Georg von Wartemberg, genannt von Wildenſtein, mit Marckgr. Hanſen und Heſſen überein, daß ſie ſein Lehen, nämlich den von ihm an Ulman Wirt, Burger zu Neuenburg, verſezten Zehenden in Duwer, im Hacher, in Ougheim und in Müllheimet Bännen und um Neuenburg eben ſowol löſen mögen, als er oder ſeine Erben. (g)

A. 1394. verſchreibt Marggr. Hans, welcher mit Paulus Morſer, einem Edelknecht, den Zehenden zu Büſesheim, einem Dorfe bey Briſach, im Basler Biſtum gelegen, an Hamman Schultheiſſen, einem Burger zu Breiſach um 67. Pfund Rappenpfenning (*) Freyburg. Münze verkauft hatte, und ſolchen nicht gewähren konnte, an ſtatt der Gewährſchaft 28. Schöffel Roggengelts von der Mühle zu Baldingen jährlich zu liefern. Dis geſchieht mit Gunſt und Gehelle ſeines Bruders Margraf Heſſen ze Sachberg.

A. 1395. verſchreibt er mit und neben ſeinem Bruder M. Heſſen der Clara Anna Bocklin, Hanß Richen Ehfrau, den Hof zu Colmarsreutin, ſo Hans Rich wegen ſeiner erſten Frau ſein Lebenlang zu genieſen gehabt, zu einem Leibgeding.

§. IV.

(g) Herbſter l. c. Bl. 62.
(*) S. Herrn Kirchenrath und Rector Malers Rechenbuch, S. 152.

§. IV. Von seinem Todesjahr findet sich keine sichere Nachricht. So viel ist gewiß, daß er A. 1408. noch am Leben gewesen. Dann in diesem Jahr, Montag vor Palmtage, hat er sein Insigel an einen Brief gehängt, worinnen Werli Beffenhart, Vogt zu Baldingen, sich für den Marggrafen gegen Mertin von Blumeneck um eine jährlich auf Hilarientag fällige Gült verbürget hat.

Er hatte sich niemals vermählt gehabt; und ist, nach Försters Bericht, in der Fremde gestorben.

Hesso I.

stirbt A. 1410.

§. I.

Marggrav Hesso wird in den Urkunden meistens Marggrav von Hachberg, sehr oft aber auch zugleich Herr zu Höhingen genannt. Es ist zuvorderst einiges anzuzeigen, das von ihm noch bey seiner Herrn Brüder Lebzeiten vorkommt.

Bey Lebzeiten seiner Brü-der.

A. 1376. wird seiner in einer Tennebachischen Urkunde, und A. 1381. und 1382. in Usenbergischen Begebenheiten, davon unten zu handeln ist, gedacht. Er war der Usenbergischen Kinder Vormund. Man muß um diese Zeit den Hachbergischen Hesso mit dem Usenbergischen nicht verwechseln.

A. 1379. werden Brun von Rappoltstein, Hildebrand von Hunwiler, und Tiedmar von Hunwiler von dem Hofrichter Oßwald von Wartenberg, an statt und im Namen Grav Rudolfs von Sulz, in dem Hofgericht zu Rotweil auf Klage Grav Rudolfs von Habspurg in die Acht erklärt. Diesem werden darüber A. 1380. zu Schirmern bestätigt: Herr Leupold, Herzog zu Oesterreich, Herr Rudolph, Markgrave zu Hachberg und zu Rotteln, Herr Otte, Herr Johanns, Herr Hesse Marckgraven zu zu Hochberg die Marckgraven zu Baden, Grav Egen von Freyburg, und alle Graven von Kyburg, Grav Walrab von Tyerstein, und alle von Tyerstein, Grav Heinrich von Fürstenberg, Grav Johanns von Haslau, u. a. m. (a)

A. 1382. gibt er als Vogt und Pfleger Annen und Agneten, Hessen von Usenberg seines Oheims sel. Kinder mit Vorbehalt der Wiederlösung den bescheidenen Mannen Ebenart und Werlin Erben, Burgern zu Breisach, das Dorf Achtkarren unter Höhingen um 366. fl. zu kaufen. (b)

A. 1384. belehnt M. Hesse von Hahberg, Herr zu Höhingen mit Genehmigung seiner Brüder M. Otten und M. Johansen von Hahberg den Johann Truchsessen mit einem Usenbergischen Lehen, welches A. 1365. die Gebrüdere Herr Johann und Hesse von Usenberg des Berthold Truchsessen von Blanckenmosse Sohn verliehen hatten. (c)

Daß er Verdrüßlichkeit mit Fridrich, Bischof zu Straßburg gehabt, gibt der Versöhnungsbrief vom Jahr 1385. zu erkennen, nach welchem Herzog Leopold von Oester-

---

(a) HERRGOTT. Geneal. Habsb. Cod. Prob. n. 889.

(b) Herbster l. c. Bl. 65.

(c) Cod. Dipl. Bad. ad a. 1384. Der Marggrav bedient sich darinnen der Worte: „Wann die Herrschaft „von Usenberg nun zu Zäten in unsern Handen steht ꝛc.

Oesterreich diese Herren gütlich aus einander gesezt. Der Marggrav verspricht in demselben dem Bischof drey Jahr lang mit seiner Vestung Höhingen gegen jedermann, seine Lehenherrn ausgenommen, zu dienen; hingegen soll dieser ihm jährlich 400. fl. Dienstgeld bezahlen. (*d*)

§. II. Von seinen Verrichtungen nach seines Bruders M. Otto Tod, den Er und sein Bruder Johann überlebt, ist zu bemerken:

Nach M. Otto Tod.

A. 1387. übergibt M. Heß von Hochberg, Herr zu Höhingen den Pauliner Ordensbrüdern, oder, wie sie auch genennt werden, den Brüdern St. Pauls des Ersten Einsidels St. Augustins Ordens, (*e*) das in seiner Herrschaft Höhingen gelegene Gotteshaus, Haus und Hofstatt zu St. Peter auf dem Kaiserstuhl im Brisgau; desgleichen die Kirche und den Kirchensatz zu Vogtsberg. (*f*) Er nimmt sie in seinen Schuz,

---

(*d*) Herbster l. c. Pl. 66. Es muß dieses eine andere Verdrüßlichkeit gewesen seyn, als die, deren im Leben M. Otto, S. 443. bey eben diesem Jahre Meldung geschehen ist. In Tschudi Th. I S. 519. b wird auch eines Streits gedacht, den diese Margaraven mit der Stadt Basel A. 1385. wegen der Juden gehabt haben.

(*e*) Diese Einsidler hatten ehemals ihre Wohnung in dem nunmehr dem Hochfürstlichen Hause gehörigen Orte Obernimmburg. Ihr Kloster wurde nachher verstört.

(*f*) Schon A. 1333. haben unter P. Johannes XX. zwey Erzbischöfe samt zwölf Bischöffen der Filialkapelle St.

Schuz, Schirm und Vogtey mit dem Beding, daß sie und ihre Nachkommen unter keiner andern Herrschaft Vogtey sich begeben, noch in Reichs- oder andern Städten das Burgerrecht suchen oder annehmen sollen, bey Verlust dieser Schenkung.

Usenbergische Lehen von Basel. A. 1388. da der männliche Stamm der Herren von Usenberg ganz abgestorben war, hat Bischof Immer von Basel unsern M. Hesso und den Grav Walraf von Thierstein, beede gemeinlich und unterscheidenlich, und alle ihre Erben Lehensgenossen, belehnt mit allen den Lehen, die da gehören in das Schenkenamt des Bisthums Basel, und die diesem ledig worden sind von dem von Usenberg. Die in dieses Schenkenamt gehörige Lehenmänner waren: Herr Ott von Stauffen. Herr Dietrich von Falkenstein. Herr Konrad Schnewelin. Herr Hesse Schnewelin. Herr Hannsen sel. Kinder zu Wyer. Herr Hans Konzen sel. Sohn. Heinrich Plageben. Seiner Schwester Sohn Andreas Sune von Stülingen. Herr Walther von Keppenbach. Heini Kempf von Utingen. Heini Meinwart. Immers Kind von Ampringen. Wernhers Kind von Espach. Richart und Hanns von Schlatt. Dietrich, Münzmeister von Brisach. Peterman von Bolsenheim. Die von Roggenbach zu Schopfheim.

St. Peter und Paul auf dem Kaiserstul (in sede imperiali) ein Vergünstigungsschreiben von Avignon aus zugeschickt.

heim. Der Huruß. Herr Hammann von Grünenberg. Herr Clewi von Altenkasten. Burckard Münch von Landskron der Aelter. Herr Hanns Münch von Münchenstein. Herr Huglin zu Rhein von Mühlhausen. Herr Wilhelm von Hungerstein. Herr Heinrich der Reich. Rüdin von Biederthan. Herr Jacob von Schönau. Herr Ulmans Sohn von Pfirt. Die von Altenach. Herr Hermann vom Hause von Ysenheim. Herr Otmanns Schalers Sohn zu Basel. Johann Erharts Hof, ist auch ein Lehen. (g)

In eben diesem Jahr erkauft oder löset A. 1311. er die Stadt Sulzberg von Herrn Otto von Staufen um 500. fl. Er ertheilt hierauf den Klosterfrauen daselbst Benedictiner-Ordens, die ihn und seine Erben von freyem Willen zum Vogt und Schirmer erwählt, einen Schirmbrief. (h)

So liest man auch in diesem Jahr sein Schuldbekanntnis gegen Bartman Schultheissen von Uiringen, Burgern zu Freyburg, über 200. ℔ ₰ Freyburger Münz, auf das Wasser genannt die Elzach, und die Nuzung desselben von Nieder-Emmendingen bis gen Bertholdsfeld zur Scheuern versichert. (i)

Ff 4 §. III.

(g) Herbster l. c Bl. 67.
(h) Förster l. c Cap. 7.
(i) Herbster Bl. 70.

Verlöbnis seines Sohnes A. 1390.

§. III. A. 1390. am Samstage nach des Heil. Crützes Tage zu Herbst verlobt M. Hesso und seine Gemahlin Margaretha seinen noch minderjährigen Sohn, mit der ebenfalls noch unmündigen Gräfin Greden oder Margaretha von Nellenburg, welche die Gräfin Anna von Nellenburg, gebohrne Gräfin von Thierstein, mit ihrem ersten Gemahl Martin Malterer erzeugt hatte. In den Ehpacten verschreibt der Marggrav seiner künftigen Sohnsfrau, auf den Fall, wann die Ehe würde vollzogen werden und ihr Gemahl vor ihr ohne Kinder sterben, 300. Mark Silbers zum lebenslänglichen Wittumsgenuß, und versichert solchen auf Gebrecht das Thal (Brechthal). Die Gräfin Anna gibt dagegen ihrer Tochter zur Ehesteuer, und, auf den Fall, wann sie nach vollzogener Vermählung, ohne Kinder abgehen würde, derselben Gemahl zum lebenslänglichen Genuß 700. Mark Silbers, welche versichert wurden auf 550. Mark etwas minders, um welche Marggr. Hesso ihren das Dorf Eystatt versezt hatte; das übrige auf ihrer Kinder Güter und Zinse zu Endingen. Die Braut hatte auch bereits den vierten Theil an Heidburg der Vestin geerbet. Bürgen waren: Graf Walraf von Thierstein, der Gräfin Annä Vatter. Marckgraf Rudolf von Hachberg, Herr ze Rötelnheim. Dietrich von Valkenstein, Ritter. Dietrich Snewli Ritter, und Cunrat Dietrich zum Wiger. Es hängen

gen an diesem Briefe S. Hessonis. Marchionis. de Hachberg. S. Marg. Marchionisse. De, ... cbg. S. Rudolfi Markionis..... (k) Allem Vermuthen nach ist diese Vermählung nicht vollzogen worden, sondern Marggrav. Heinrich vorher gestorben. Seine Braut ist nachher an Caspar von Klingenberg verheurathet worden. Davon wird bald zu handeln seyn.

In diesem Jahr 1390. bekennt sich M. Hesso nebst seinem Sohne als Lehenleute des Grav. Hans von Habsburg wegen des Brechthals (Gebreche das Tall). (l)

A. 1391. stiftet Anna von Schwarzach, Hermanns von Schwarzach Wittwe eine ewige Messe in dem Kloster zu Sulzberg, zu St. Catharinen Altar. M. Hesso besigelt diesen Stiftungsbrief.

Ff 5   A.

(k) Herbster l. c. Bl. 68.

(l) HERRGOTT. *Hist. Gen. Austr. Cod. Prob.* num. 883. *Cod. Dipl. Bad.* ad a. 1390. Unter andern liest man in einer Urkunde; daß, wann Grav Hans ohne Leibeserben, Knaben, die Lehensgenossen sind, abgienge, der Marggrav und seine Erben und Nachkommen der Mannschaft ledig und von dieses Lehens wegen an niemand gebunden seyn soll. Diese Bedingung wurde A. 1405. erfüllt, da Grav Hans gestorben. Der Nexus feudalis wurde aufgehoben. Das Brechthal blieb den Herren Marggraven zu Hachberg, und von diesen den Herren Marggraven zu Baden, als ein freyes Eigenthum. Das Hochfürstliche Haus Baden-Durlach besitzt es auch noch titulo plene allodiali, jedoch mit Fürstenberg gemeinschaftlich.

Bekommt Höhingen.

A. 1392. gibt Ritter Wernher von Hornberg und Anne von Usenberg sein eheliche Frau Margraffen Hessen Herren ze Hachberg zu kaufen ihren Antheil an der Vesti Höhingen mit aller ihrer Zugehörde, und was obgenannte Frau darzu gehöriges von ihrem Vatter und Mutter ererbet hat, um 5000. fl. in Golde; desgleichen die Vestin Triberg um 3000. fl. (*m*) sie sezt ihn zugleich zum Erben ihres ganzen Vermögens ein, wann sie ohne Kinder sterben sollte. Hiedurch wird denn Marggr. Hesso Herr von der ganzen Herrschaft Höhingen, an der er bereits wegen seiner Frau Mutter Margaretha, die aus diesem Hause gewesen, einen Antheil gehabt hatte.

Hingegen gibt er im folgenden Jahr 1393. vorgemeldeten seinen Anverwandten das Dorf Brockingen auf ihr Lebenlang zu geniesen. Nach ihrem Absterben ohne Leibeserben soll es wieder an den Marggraven oder seine Erben fallen.

A. 1392. am Montag nach St. Michelstag thut Marckgraf Hesso von Hachberg Herr zu Höhingen einen Spruch zwischen dem Kloster Sulzberg und Gret Schezlin, wegen der Mühle und anderer Sachen. (*n*)

A.

(*m*) In des sel. Herrn Geheimen Hofrath und Archivar. Herbsters oft angeführten *Collectaneis Topographicis Marchionatus Hachberg.* Art. Triberg lese ich: „Die Uebergab ist geschehen um 3000. Pfund Heller.

(*n*) Herbster l. c. Bl. 71.

A. 1393. erkauft der Marggrav ein Haus in dem Städtlein Elzach, die Hölle genannt. (o)

A. 1395. stellt er einen Schadlosbrief aus gegen seinen Vetter M. Rudolf von Hachberg, Herrn zu Röteln und Sausenberg, wegen geleisteten Bürgschaft über 30. fl. Gelds bey Hansen von Blumeneck und 230. fl. Schuld bey Cunzmann Hesing von Neuenburg und Cunrat Stocker von Freyburg.

In diesem Jahr nehmen die Marggraven von Hachberg die Gesellschaft der Schlegeler auf. (p)

A. 1397. am Freytag nach St. Lucientage ertheilt der Römische König Wenceslaus, zu Würzburg dem M. Hessen die Freyheit, daß er zu Hochstat, Eystat, oder Thenningen, an der dreyen Orten einem, von jedem Wagen, der Kaufmannschatz führt, zwölf, von jedem Karren, der Kaufmannschatz trägt, sechs, und von jedem Pferde, das einen Saum mit Kaufmannschatz trägt, zween Strasburger Pfennige, sonst aber keinen weitern Zoll nehmen solle. Er gibt ihm ferner als ein Reichslehen den Rheinzoll zu Weißweil, nämlich von jedem

Far=

(o) Förster l. c.
(p) WENCKER. *Appar. Archiv.* p. 98. Grav Eberhard von Würtemberg hatte an Gr. Wolf von Eberstein und vielen Edelleuten heftige Feinde. Diese trugen, der gemeinesten Meynung nach, an der Seite einen silbernen Schlegel. Ihr Anführer hieß der Schlegel-König. S. Sattler Th. 2. S. 240. folg.

Fardel (*q*) einen alten grossen Turnos, auch ist ihm erlaubt von anderer Kaufmannschaß, die daselbst den Rhein auf- oder abgeht, nach Markzahl zu nehmen. (*r*)

A. 1398. Freytags nach Antonientag bekommt M. Hesse und M. Hans zu Hachberg vom Römischen König Wenceslaus zu Frankfurt die Freyheit, daß niemand sie und ihre Unterthanen um keinerley Sache willen für ein Landgericht oder ander Gericht, denn allein für das Reichs-Hofgericht heischen, laden und fürtreiben solle. (*s*)

Verschiedene Strittigkeiten.

§. IV. Ich habe nun zweyer Hauptstrittigkeiten zu gedenken, die dem Marggraven beschwerlich fielen.

A. 1395.

Die erste ist mit dem Ritter Johann Meinwart. Die deutlichste Nachricht gibt hievon der Spruchbrief Engelhards Herrn zu Weinsperg, der Herrschaft Oesterreich Landvogts, als Obmanns, geben zu Brisach vf St. Martinsabend, zwischen Markgraf Hessen und dem Ritter Hans Meinwarten, daß der Markgraf kein Recht habe zu der Losung des Dorfs Bischoffingen, noch zu den Leuten zu Wasenweiler, worüber Hans Meinwart einen Kaufbrief von Herrn

---

(*q*) Ein Fardel ist so viel als drey Centner. Ein grosser Turnos galt sechs Kreuzer, in seinem innern Gehalt aber war er nicht weniger als ein vor diesem gemünzter Sechsbäzner; wie aus K. Leopolds Bestätigung über den Zoll zu Weißweil vom Jahr 1665. erhellet.

(*r*) Cod. Dipl. Bad. ad a. 1397.

(*s*) Idem ad a. 1398.

Herrn Burcharten von Usenberg inhabe, sondern dieses Losungsrecht gehöre niemand, als Hessen von Usenberg Dochter, Frauen Annen von Usenberg, Herrn Wernhers von Hornberg ehelicher Wirthin, indem Markgraf Hessen Vatter selig M. Heinrich seinen Gunst und Willen zu Burcharts Herren zu Usenberg Kaufbrief gegen Johans Wevern seligen gegeben habe, kraft dessen die Losung niemand zu thun recht haben solle, als die von Usenberg, oder die Jhrigen; auch solle der Markgraf, wegen der an Hans Meinwarten und den Seinigen zu Schallingen und anderswo verübten Gewaltthätigkeiten und Plünderungen, dem Meinwarten 180. Rheinische Gulden und denen zu Schallingen 40. Rhein. Gulden geben. (t)

Die andere ist mit Caspar von Klingenberg und seiner Gemahlin Margaretha Maltrerin, der dem Marggraven Heinrich, wie oben gemeldet worden, zugedachten Braut. Grav Eberhard von Würtemberg entscheidet dieselbe A. 1399. zu Stuggarten an St. Johannstag ze Wyhennachten also: 1) Soll der Marggrav diesen Eheleuten wieder eingeben das Dorf Eystatt mit aller seiner Zugehörung, ihren Theil an Haideburg, und die Höfe zu Freyburg, die man nennt zu Lehen, doch mit Vorbehalt des Losungsrecht am Dorf Eistatt. (u) 2) Die

A. 1399.

Höfe

(t) Herbster l. c. Bl. 73.

(u) Dieses Dorf Eystat wurde A. 1416. von den beeden Ehleu-

Höfe Brait-Ebny sollen beeden Eheleuten gegeben werden, doch als Lehen, die sie vom Marggraven empfangen sollen, wann er deren Lehnbarkeit darthut; zugleich sollen sie verbunden seyn Erckenbolt Schlegelholz 8. ℔ ₰ Gelts davon zu geben. 3) Der Marckgrav soll wegen der Burghut zu Haideburg den Burgmann daselbst Hannsen von Ramsenstein wegen des seit seines Sohns Heinrichs Tod noch ausstehenden befriedigen. 4) Das Kriegsgeräth, so auf der Burg Haideburg gewesen, ehe M. Hesso dieselbe eingenommen, soll daselbst verbleiben. 5) Auf das Dorf Brockingen sollen beede Eheleute kein Pfandschaftsrecht mehr haben, sondern die darauf stehende Schuld todt seyn. 6) Die armen Leute (v) zu Eystatt sollen angehalten werden, nirgend anderstwohin zu ziehen. 7) Der Herrschaft Oesterreich als Domini directi Einwilligung soll beygebracht werden. An dem Brief befinden sich 6. Sigel, Würtemberg, Hachberg, Sulz, Hohenberg, Gundelfingen und Rosenfeld.

§. V,

Eheleuten dem Herrn M. Bernhard, als Käufern der Herrschaften Hachberg und Höhingen gegen versicherte 5000. fl. abgetretten.

(v) Arme Leute heissen bis ins 16te Jahrhundert und länger, so viel als Unterthanen. Es kömmt auch in der einzeln Zahl Arman vor. Insgemein zeigt das Wort leibeigene Unterthanen an; doch findet sich auch von andern; als, ein arm fry Mann, d. i. ein Unterthan, der nicht leibeigen ist. Conf. WENCKER. *de Vßburg.* Contin. p. 99.

§. V. Ich führe nun die noch übrige Denkwürdigkeiten vom Jahr 1400. bis zu seinem Ableben an.

A. 1400. verschreibt Frau Anna von Usenberg, die sich nach ihres zweyten Gemahls Werners von Hornberg Absterben an Herzog Reinold von Urßlingen verheurathet, von dem Hofgericht zu Rotweil aufs neue die Herrschaft Triberg und all ihr Gut unserm M. Hesso. In eben diesem Jahr erläßt der Marggrav dem Oberlin Keßlern 13. ß. A jährliche Steuer von dessen Gütern zu Gebrechte in dem Thal, (Brechthal) gegen Bezahlung 7. ℔ A.

Auch bezeugt in diesem Jahr Berthold von Snellingen, Kirchherr zu Lütkilch bey Schutter, daß vormals bey Absterben Caspars Kirchherrn zu Cappel bey Rheinow M. Heinrich zu Hachberg, der zu den Zeiten auch Herr zu Kürnberg war, obgenannte Kirche verliehen habe seinem Sohn M. Hessen, der solche auch viele Jahre in Gewalt und Gewähr gehabt habe. (w)

A. 1401. verleiht er dem Conrad Grauer und Henni Josten von Sulzberg einige Bergwerksstücke. (x) In diesem Jahr belehnt

A. 1400.

(w) Herbst er l. c. Bl. 80.

(x) Die Nachricht hievon bedient sich dieser Ausdrücke: „ M. Hesse verlihe zween Handschldge, da ist jeder „ Handschlag vier Fronberge, hinter Sulzberg in dem „ Fliederbache und spricht man ihm zu dem Künigsber-

lehnt Bischof Humbert zu Basel unsern Marggraven und Grav Bernhard von Thierstein mit den in das Schenkenamt des Bisthums gehörigen Lehen, welche, wie oben gemeldet worden, vormals die Herren von Usenberg besessen hatten. So bekommt auch in diesem Jahr M. Hesse von Bruder Dieterich von Keppenbach St. Johanns-Ordens den Zehenden zu Bischoffingen durch eine Uebergabe, gegeben Hettersheim Samstags nach St. Michelstag. (y)

A. 1403. und 1404. ist er im Proceß begriffen mit Herrn Hansen von Lichtenberg. Der Marggrav wird von dem Kaiserlichen Hofgericht zu Rothweil mit Urtheil und Recht auf die Lichtenbergische Dörfer und Güter zu Lichtenberg, Inngweyler, Sponeck, Bußweiler und Wißwiler eingesezt. (z)

A. 1404. A. 1404. am Mentag nach St. Jacobstag vergleicht die Stadt Brisach den Marggraven und den Ritter Hannemann Snewelin von Landeck wegen des Waldes und Gerichts zu Landeck und des vormals dabey gelegenen Städtleins, daß dem von Landeck die Gerichte auch über den Bezirk dieses vorma-

---

" ge, um den 31. Pfenning und um vier Isen Teile
" von jedem Handschlag vor sechzig Teilen ꝛc. Des-
" gleichen auch zu den vorgenannten Bergen, Wege
" und Stege und alle freyen Rechte, als zu andern
" Silberbergen Sitt und Gewohnheit.

(y) Herbster l. c. Bl. 40.
(z) Förster l. c.

vormaligen Städtleins gehören. In eben
diesem Jahr versöhnet sich unser Marggrav
und Thuring von Ramstein mit Ludwig
von Gliers, dem Herrn in Froberg, nachdem es zwischen ihnen wegen des Dorfs
Heimersdorf zu den Waffen gekommen
war. (a) Auch verschreibt in diesem Jahr
Jößli Tegeli, Edelknecht, seinen Schwestern, Frau Gertrud und Anna von Key-
penbach, Klosterfrauen zu Günersthal auf
ihr Lebenlang die mit 175. fl. wiederlösige
Gült von 12½. fl. welche er von M. Hessen
zu Ober- und Nieder-Emmendingen gekauft
hatte. In eben diesem Jahr wird auf Klage
M. Hessen der Vitztum (Vicedominus) von
Hohenstein, und von Haßlach im Breusch-
thal von dem Kaiserlichen Hofgericht zu
Rotweil in die Acht erklärt. (b)

A. 1405. vermählt er seine Tochter Margaretha an Graven Fridrich von Leiningen.
Er verspricht ihr zum Heurathsgut 1600. fl.
Er versezt seinem Tochtermann dafür das
Dorf Uiringen. Der Schultheiß und Ge-
schworene daselbst verschreiben sich, daß sie
daran von dem zwölften Tage nach Wei-
nacht über ein Jahr 400. fl. und dann vier
Jahr nach einander alljährlich 300. fl. bezahlen wollen. In

(a) SCHÖPFLIN. *Alsat. illustr.* T. II. p. 688. Dieses
Dorf heißt im Französischen Emericourt, es liegt
im Sundgau, nicht weit von Altkirchen.
(b) Förster l. c.

In dem nemlichen Jahr hat der Marggrav Streit und Krieg mit Ludemann, (Ludwig) Herrn zu Lichtenberg wegen der Burg und dem Dorf zu Weißweil, (c) dem Kirchensaß und allen Zugehörungen. Der Römische König Ruprecht macht ihm durch seinen Ausspruch zu Heidelberg Samstag nach St. Martinstag ein Ende: sie sollen alles dieses zu gleichen Theilen in Gemeinschaft besizen. Das Königliche Insigel hieran zeigt einen einfachen Adler. Zwey Jahr hernach A. 1407. verkauft dieser Ludwig, Herr von Lichtenberg seinen Theil mit Einwilligung M. Hessen seines Gemeiners, desgl. mit Genehmigung seines Bruders Johansen von Lichtenberg, Domherrn zu Straßburg, auch des Bischofs und Kapitels zu Straßburg, als Lehenherrn, um 500. fl. genannt Florenzer guter und genug schwär an Golde und Gewäge, an Egenolfen und Johansen von Rathsamhausen, Edelknecht; jedoch mit Vorbehalt der Wiederlösung um 500. Gulden Florenzer oder alter der besten Rheinischen Gulden. (d) M. Otto II. verkauft nach der Hand A. 1410. seinen halben Theil auch an diese Herren von Rathsamhausen; behält sich aber vor die
Wild-

(c) Weißweil war vor dem ein Lehen, das die Herren von Usenberg vom Bisthum Straßburg getragen. Johannes hat A. 1349. seine Gemahlin Susanna von Geroldseck um 400. Mark Silbers darauf verwidmet.

(d) HERBSTERI Collect. Topographica Marchion. Hachberg. Art. Weifweill.

Wildbänne, und das Mitjagen, die halben
Aecker, so den Herren zugehören zu dienen,
auch die halbe darzu gehörige Matten.

A. 1406. versichert M. Hesse samt seinen
Söhnen M. Otto und M. Hessen, dem
Ritter Götz Liebermann 34. fl. Gelts ab-
lösig mit 440. fl. auf die Einkünfte zu Emen-
tingen, Nieder-Ementingen, Malnegk,
Mindenrüti, Kolmansrüti, Bertholzveld
und Glimpenheim. Sie geben zu Bürgen
Graf Hermann von Sulz, Herzog Rainolt
von Vrslingen, Herrn Burckart von Stouf-
fen, Herrn Dietrich Snewelin, Herrn
Hanman Snewelin von Landegk, Rittere,
Hans Wernhern zum Wiger und Dietrich
Kotzen, Edelknechte. (e)

In eben diesem Jahr empfangen Walther und Engelhard von Keppenbach, des
verstorbenen Hessen von Keppenbach Söhne, von dem Marggraven den Hof zu Rigel,
der jährlich 42. Mutt Roggen Gelts gibt,
zu Lehen.

A. 1407. vertauscht der Marggrav den
bisher vom Bisthum Straßburg zu Lehen
getragenen Kirchensatz zu Kappelen, (f)
und

(e) Förster C. 7. hält M. Otto vor den jüngsten
Sohn. Hier wird er seinem Bruder vorgesetzt. Verschiedene Urkunden in diesem Zeitlauf zeigen, daß man
eben nicht allemal die Geburtsordnung so genau beobachtet habe.

(f) Aus einer Kundschaft Graf Rudolfs von Sulz von
A. 1403. ergibt sich, daß dieses ein Stück aus der
Usenbergischen Erbschaft gewesen sey.

und empfangt dagegen von Bischof Wilhelm den Kirchensatz zu Nimburg zu Lehen. In eben diesem Jahr verkauft er an Hannmann Snewlin, Ritter, um 500. fl. als ein Lehen zu haben das Dorf und Gericht zu Mundingen mit allen Zugehörden zu Wölplinsberg an dem Eychberg, zu Schorren, zu Wittenbühel, zu Bromshart und zu den Aspen, doch daß es nach zehen Jahren wieder gelöst werden könne. Ferner verkauft er in diesem Jahre Heinrich Hornbergen, einem Burger zu Freyburg eine Gült von jährlich 5. fl. um 70. fl. Rheinisch. Der Brief ist mit seinem und seines Sohns M. Otto Sigill bekräftigt. Um diese Zeit soll M. Hesso von der Stadt Straßburg zum Burger aufgenommen worden seyn, und ihr mit aufgehabenen Fingern den Eyd geschworen haben. (g)

Tod. §. VI. M. Hesso I. verläßt die Welt in einem Alter von mehr als sechzig Jahren A. 1410.

Gemahlinnen. Er hatte sich zweymal vermählt. Seine erste Gemahlin war Agnes. Herrn Heinrichs von Geroldseck Tochter. Sie ist die Mutter der drey Söhne, die ich gleich anzeigen will. Die andre war Margaretha, die Tochter Pfalzgrav Konrads von Tübingen, der Scherer genannt, Herrn von Herrenberg, und Verona, Gräfin von Fürstenberg. Die Vermählung ist vermuthlich

---

(g) WENCKER. Collect. J. P. p. 17.

muthlich A. 1381. gewesen. Wenigstens finde ich, daß in selbigem Jahr am Samstage vor St. Georgientage M. Otto und Johans die Eheberedung ihres Bruders M. Hessen mit ihren Sigillen bekräftigt haben. Ihm wurde die Herrschaft Herrnberg mit Ausschliesung der übrigen Töchter Pfalzgrav Konrads verschrieben; doch, wann der Pfalzgrav mit seiner Gemahlin von Fürstenberg einen Sohn erzeugen würde, sollte dieser die Hälfte der Herrschaft bekommen. (*b*) Da dieses Pfalzgravs Sohn vor ihm gestorben, so wäre also die Marggrävin seine rechtmäßige Erbin gewesen. Er verkauft aber schon A. 1382. die Stadt Herrenberg mit den Burgen daselbst und den Dörfern Kay, Münchberg, Gülsten, Altingen zur Hälfte, Wolfenhausen, Rammingsheim, Nebringen, Haßlach, Kuppingen, (*i*) Ysingen, Nufran, Gertrin-

gen,

(*b*) S. . . . ssonis. Marchionis. De. Hachb. S. Ottois. Marchiois. D. Hachbg. S. Johis. Marchio . . . . . Den Brief haben auch besigelt: Pfalzgraf Conrad von Tüwingen, Verena Gräfin von Fürstenberg, Pfalzgrävin von Tüwingen. Otte von Stoufen, Conrad Mainwart, Rittere. Her Syfrit Viheli, Dechan und Kilcherre zu Herrenberg, Bercholt Schenck von Ebenheim, Konz von Halfingen, Swigger von Altdorf und Abrecht von Nüwenegg, Edelknechte.

(*i*) Dieses Haßlach muß mit dem in der Herrschaft Badenweiler, und dieses Kuppingen mit dem Kuppenheim in der Herrschaft Mahlberg, davon jenes dem Herrn Marggraven zu Baden-Durlach, dieses dem Herrn

Marg-

gen, Hausen im Schönbuch und die Burg Koraw, wie auch alle seine Güter und Rechte zu Eich um 40000. ℔. Heller an Grav Eberhard zu Würtemberg. Er behält sich jedoch vor für seine Tochter, die bereits an unsern Marggraven vermählt war, 1000. Pfund für ihre Heimsteuer, für sich auf Lebenslang 1000. ℔. und für seine Gemahlin 300. ℔. Leibgeding. (k)

Tochter. Und diese Margaretha hat die Tochter gleiches Namens gebohren, die, wie schon bemeldt worden ist, mit Grav Fridrich von Leiningen vermählt wurde. (l)

Söhne. Die Söhne aus der ersten Ehe sind diese:

Heinrich.

Von diesem ist bereits angezeigt worden, daß er sich vermählen sollen mit der Margaretha Maltrevin; aber, vermuthlich vor der Vermählung, mit Tode abgegangen sey.

Hesso und Otto II.

Beede stehen in der oben beym Jahr 1406. angeführten Urkunde. Vermuthlich ist Hesso in jüngern Jahren gestorben. Wenigstens kommt nach dieser Zeit M. Otto allein vor. Ich handle nun von ihm.

Marggraven zu Baden-Baden zugehört, nicht verwechselt werden.

(k) S. Hrn. Archivar. Sattlers Beschreib des Herzogth. Würtemberg, Th. 2. S. 53. Cel. Jo. FRID HELFFERICHII Sched. de Comit. Suevia Palatin. Tub p 40. CRUS Annal. Suev. P. III. L V. Cap 14. p. 299.

(l) Pistorius gibt dem M. Hesso noch eine Tochter, Namens Agnes. Er sagt, daß sie die Gemahlin Fridrichs, Graven von Ortenburg gewesen sey.

Otto

Otto II.
stirbt A. 1418.

§. I.

Marggrav Otto ist der einige Erbe seines Herrn Vatters, zugleich aber auch der lezte Besizer seiner Lande. Er schreibt sich Marggrav von Hachberg und Herr zu Höhingen.

A. 1410. übergibt er seinem Schwager Graf Fridrich von Leiningen, und dessen Gemahlin Margaretha, anstatt der ihr versprochenen Ehesteuer, sein Dorf Uiringen. In eben diesem Jahr belehnt er Paul Morsern für ihn und seine männliche Leibeserben mit dem halben Theil, welche Er Marggrav Otto von den zwey Dörfern Schafhausen und Bezingen inne gehabt.

A. 1411. beschenkt er zu Endingen um seiner und aller seiner Vordern und Nachkommen, besonders seines Herrn und Vatters Marggr. Hessen Seelen Heil willen, der diese Gottesgabe bey seinen Lebzeiten verwilligt, den Prior Provincial und das Convent zu St. Peter, auf dem Kayserstuhl in seiner Herrschaft Höhingen gelegen, oder die St. Pauls, des ersten Einsidlers, Augustiner-Ordens Brüder, mit der Kirchen und dem Kirchensaz zu Vogtsberg. In diesem Jahr sezt Fridrich von Oesterreich zu Neuenburg M. Otten zum Vogt zu Endingen an statt des verstorbenen M. Hansen von Hachberg.

In

In eben diesem Jahr Freytags nach dem Jahrstag verkauft Marggrav Otto seinem Schwager Fridrich Grav von Leiningen ein Vierteil des Schlosses Höhingen um 1500. fl. auf Wiederlösung. Sie errichten mit einander einen Burgfrieden, „uff der Vesti „Höhingen vnd dazwüschend vntz Brisach „vnd von Brisach vntz gen Vringen, vnd „da dannen vntz an das Bruderhus vff dem „Keyßerstul, vnd von dem hinab vntz gen „Byschoffingen, vnd von Byschoffingen vntz „an den Rin ob Burghen nehst vnd den Rin „vff vntz gen Brisach schibenweise.„ (a) Auch gibt er in diesem Jahr dem Ritter Hannman Snewelin von Landeck eine Versicherung, daß M. Hesse sein Vatter und er von ihm von den auf das Dorf Mundingen aufgenommenen 500. fl. empfangen habe 139. fl., die er jährlich auf Martini mit 10. fl. in Gold verzinsen wolle, und die zu den 500. fl. womit das Dorf wiederlösig, auch bey der Wiederlösung bezahlt werden sollen. Der Marggrav versichert ihm hernach A. 1414. auf dieses Dorf noch ferner die 187. fl. für die er Hans Bettscholten von Straßburg an statt des Marggraven genug thun müssen.

A. 1412.   A. 1412. versezt M. Otto die Dörfer Denzlingen und Berchtoldsfelden an Heinrich von Wisenegg gegen jährliche 17. fl. (b)

(a) Herbster l. c. Art. Höhingen.
(b) Herbster l. c. Art. Denzlingen.

In diesem Jahr verpfändet er um 96. fl. in Golde Hans Oßwalten zum Wiger das Fischwasser, die Bretten und das Gericht scheibenweise um die Burg Weyer oder Wiger in einem beschriebenen Bezirke. Im folgenden Jahr entlehnt der Marggrav noch ferner 100. fl. in Golde von eben diesem Hans Oßwalt auf obiges Fischwasser und Gericht.

A. 1415. gibt er den Bach zu Vörstätten, der Schoppach genannt, und das Haus und Gericht daselbst, ein durch Absterben Werners von Falckenstein ihm heimgefallenes Mannlehen, dem Hanns Oßwalt zum Wiger zu Lehen. Er verkauft auch diesem um 4. ℔ ₰ die 6. Sester Roggengelts, die er denen von Falckenstein zu Zins gab ab der Schweigmatten, welche ebenfalls dem Marggraven heimgefallen waren.

§. II. Dieses Jahr 1415. ist besonders merkwürdig. Die Last der Schulden, welche dem Marggrav Otten sein Herr Vatter hinterlassen hat, drückt ihn so hart, daß er sich zur Verkaufung seiner sämtlichen Lande entschließt. Er bietet selbige zuvörderst dem Marggr. Rudolf Sausenbergischer Linie, als dem nächsten Stamsverwandten an. Dieser rathet ihm, sich deswegen an Marggrav Bernhard von Baden zu wenden. Der Kauf kommt auf Jacobi zu Stande. Der Marggrav zu Baden gibt ihm vor diese Lande 80000. fl. Rheinisch mit dem Beding: Marggrav Otto solle Höhingen

Verkauft Hachberg und Höbingen.

bis

bis an sein Ende besizen; „wenn er aber „eine eheliche Frau näme, da er doch keine „nemen solle, denn seine Genössin, näm- „lich eine Gräfin oder Freyin, und mit ihr „Leibeserben zeugte, soll er oder sie an „Hachberg das Recht der Wiederlosung ha- „ben.„ Den Kaufbrief haben mit besigelt, M. Rudolf von Hochberg, Herr zu Rötelen, und zu Sausenberg, wie auch Smaßmann Herr zu Rappolzstein, und andere. (c)

§. III. Marggrav Otto lebt nach diesem noch drey Jahre, und bedient sich seines vo- rigen Tituls. Er kommt auch noch wegen verschiedener Dinge vor.

A. 1416. A. 1416. Mittwochs vor Reminiscere hält in seinem Namen Rudolf von Schnel- lingen, Edelknecht, ein Lehengericht zu Uiringen. Die Beysizer sind Herr Hans von Stauffen, Ritter. Dietrich von Rat- samhausen vom Stein der Aeltere und Hans von Hohenfirst. Der Streit betraf das Dorf Vörstätten und den Bach Schoppach. Rit- ter Hannemann Snewelin von Valcken- stein machte daran Ansprache, als an Güter, die er denen von Valckenstein abgekauft ha- be. Hans Oswalt zum Wiger aber grün- dete sein Recht an dieselbe auf die Beleh- nung, die ihm nach dem Absterben derer von Valckenstein, auf dieses eröfnete Mannle- hen

---

(c) Dieser Verkäufer seiner Lande M. Otto II. wird in einigen Büchern Otto III. genennt. Man zählt als- denn den Otto von der Sausenbergischen Linie mit, als den zweyten dieses Namens.

hen vom M. Otto ertheilt worden. Lezterer siegt. Der erstere behält einige Allodien.

In eben diesem Jahr Zinstag vor St. Anthonientag wird Rudolf von Statz von M. Otto mit dem vierten Theil des Zehenden in Holzhausen belehnt.

A. 1417. wird in einem zu Achtkarren im Namen M. Otten gehaltenen Manngerichte die Absonderung des Lehens von dem Eigenthum zu Wörstätten, wegen vor erwähnter Strittigkeiten verwiesen. Und M. Bernhard z. B. bestätigt nachher A. 1419. Samstags nach St. Urbanstag das Urtheil.

§. IV. Marggrav Otto stirbt, wie man insgemein davor hält, A. 1418. unvermählt; und geht also der Hachberg-Hachbergische Ast mit ihm ab. Seine Lande fallen nach dem A. 1415. gemachten Kauf an das Hochfürstliche Haus Baden. Es besassen also die Herren Marggraven von Hachberg ihre Hachbergische Lande als ein Allodium oder Eigenthum. Gleiches geschah von den Herren Marggraven zu Baden bis aufs Jahr 1475. In selbigem Jahr belehnt K. Fridrich III. die Marggr. Christoph und Albrecht nebst der Marggravschaft Baden, zugleich auch mit der Marggravschaft Hachberg. (d) Was aber hierdurch eigentlich Lehen geworden seye, und was dieses Feudum oblatum für Rechte habe, das ist eine andere Frage, welche nicht anhero, sondern in das Badische Staatsrecht gehöret.

Tod.

(d) Lünigs Reichsarchiv Part. Spec. Cont. II. p. 947.

2. Marggraven von Hachberg-Sausenberg.

Rudolf I.

Von 1300. bis 1314.

§. I.

Sausenberg. Oben ist gezeigt worden, daß nach dem Absterben Marggrav Heinrichs, seine Söhne sich in seine Lande getheilt haben. Von dem älteſten M. Heinrich III. als dem Urheber der Hachberg-Hachbergiſchen Linie, iſt bereits gehandelt worden. Die Ordnung leitet mich nun auf Marggrav Rudolf. M. Heinrichs II. jüngſten Sohn. In der Landes-Abtheilung fällt ihm das Schloß Sauſenberg mit den dazu gehörigen Landen zu. Das Schloß liegt etwa eine Stunde von Kandern, am Schwarzwald, auf einem Felſen, der weder hoch noch ſteil, und gegen Morgen ganz mit Wäldern umgeben iſt. Hier iſt die erſte Reſidenz (*a*) dieſer Marggraven, die daher gemeiniglich die Sauſenbergiſche Linie genennt wird. Doch führt ſie auch den Titul von Hachberg. Die zu dem Schloß gehörige Lande heiſſen Sauſenhard. (*b*)

Den

(*a*) Dieſe Herren Marggraven haben nach der Zeit ihre Reſidenz auf das Schloß Rötelen verlegt.

(*b*) Die Landgravſchaft Sauſenberg ſtößt an die Herrſchaft Baden-

Rudolf I. von 1300-1314.

Landgravschaft. Den Titul einer Landgravschaft haben diese Lande ohne Zweifel daher bekommen: Marggrav Heinrich zu Hachberg war Landgrav im Brisgau, in welchem auch Sausenberg gelegen ist. Da nun sein Sohn seine Residenz allhier nahme, brachte er zugleich den von seinem Vatter angeerbten Titel eines Landgraven mit dahin.

Kommt nicht von St. Blasii her. Die oben (c) angeführte Urkunde vom Jahr 1232. mag dem sel. D. Spener (d) Anlaß zu den Gedanken gegeben haben, daß er geschrieben, die Herrschaft Sausenberg sey durch Tausch von der Abtey St. Blasii an die Herren Marggraven gekommen. Es ergibt sich aber aus der Urkunde selbst, daß die Rede darinnen nicht ist von dem Castro oder Schloß Sausenberg, vielweniger von der Herrschaft; auch wird gar nicht gesagt, daß eines oder das andere dem Gotteshaus eigenthüm-

---

Badenweiler, an den Oesterreichischen Schwarzwald, an die Herrschaft Rötelen und an den Rhein. Sie ist bergicht, dabey aber mit vortreflichen Wäldern, und an vielen Orten mit gutem Weinwachs gesegnet. Getraid ist viel, und die Viehzucht einträglich. Sie hat herrliche Eisengruben. Man grabt darinnen sehr schöne Agate, und Marmor von verschiedener Art. Die Unterthanen sind, wie auch in der Herrschaft Rötelen, leibeigen. Bey der Geburt wird vor einen zwey Marggr. Schilling, wann er huldigt eben so viel, und nach seinem Tode zwey Kreuzer bezahlt.

(c) Im Leben Marggrav Hermanns VI. S. 365.

(d) *Op. Herald.* L. VII. C. 4. §. 4. „ Fuit ea Dynastia „ (Sausenberg) a St. Blasii Abbatis permutatione „ acquisitum dominium. „

genthümlich zugehört habe. Sondern die Rede ist von einem Particularstreit, der sich allein auf den Berg Sausenberg erstreckt hat, und von keiner sonderlichen Erheblichkeit muß gewesen seyn, weil die Abtey in dem Vergleich mit einem Gut, welches jährlich zwey Mark Silbers getragen, zufrieden gewesen ist.

Sondern von Zähringen. Vielmehr hält man davor, daß diese Lande ein Stück des alten Zähringischen Patrimonii gewesen, das nach Abgang selbiges Hauses an die Herren Marggraven zu Baden gekommen, und bey der Landestheilung zwischen M. Hermann und Heinrich dem leztern zugefallen; die Urkunde vom Jahr 1232. selbst kan hierinnen zu einem Beweiß dienen. (e)

Rudolf I. §. II. Ich komme nun eigentlich auf Marggrav Rudolf I. (f)

A. 1300. hängt er nebst seinem Bruder M. Heinrich an den Versöhnungsbrief der Graven und der Stadt Freyburg sein Insigel. (g)

A. 1305. überläßt ihm sein Bruder M. Heinrich

(e) S. Basler Lexicon, Art. Sausenberg.

(f) Einige nennen ihn Rudolf III. S. Hübners Geneal. Tabellen, S. 229. Sie zählen die Rudolfe von Hachberg vor der Theilung mit.

(g) Es stellt den Marggraven reitend vor, auf der Brust den Schild mit dem Balken, in der Linken ein Schwerdt aufrecht haltend.

Heinrich seinen Antheil an die Burg Spanegge. (h)

A. 1309. hält er zu Schliengen ein offe-
nes Landgericht. Walraf, Grav von Thierstein ist Richter im Namen und anstatt M.
Rudolfs, Landgraven im Brisgau. Der
Marggrav legt daselbst seine Beweise wegen des Dorfs Uichtingen, des Schlosses
Spanegge, der Güter zu Bischoffingen, des
Guts zu Froschbach, der Vogtey zu Gretz-
hausen, und des Zehenden zu Grisheim
vor. (i) Es wird ihm auch nach gemeinem
Urtheil die nüzliche Gewähr über alle dieselben zuerkannt. Gleich darauf erstatten
Walraf, Grav von Thierstein und Johann
von Endingen, Ritter von Neuenburg, welcher vom Hofrichter des Röm. Königs Grav
Heinrich von Spanheim zur Zeugenfüh-
rung M. Rudolfs gesandt worden, ihren
Bericht, (k) jeder besonders, an den Hofrichter; daß die vom Hof aufgelegte Zeu-
genführung geschehen und der Spruch ertheilt worden, und daß dabey gewesen,
Walther Herr von Rötenlein, Jungher
Burkart von Usenberg, Herr Werner und
Herr Kun von Bergheim, Herr Arnold
von Grünenberg, Herr Ludwig von Ra-
tolzdorf, Herr Kunrat der Schaler von
Benkon, Herr Kunrat der Rummelherr,
Herr

(h) S. vorher das Leben M. Heinrichs III. S. 420.
(i) Cod. Dipl. Bad. num. 205.
(k) Idem num. 206. & 207.

Herr Peter der Schaller, Herr Kunrat der Münch von St. Martin, Herr Matthis der Riche, Herr Otto der Münch, Herr Walter von Tagernöwe, der Zeringer von Nüwenburg, Hr. Kutlieb und der Bohart.

In diesem Jahr stellt er dem Ritter aus dem Obern Elsaß Herrn Walthern von Reichenberg und dessen ehelichen Frauen Agnesen einen Schuldbrief aus über 200. Mark Silbers luters und lötiges des Gewäges von Colmar, wegen der von ihm erkauften Dörfer Rotwilre, Bergen und Vogtsberg am Kaiserstuhl, samt Zugehörden. (*l*)

Rötelische Erbschaft. §. III. Im Jahr 1311. stirbt Herr Walther von Rötenlein. Domprobst Lutold von Basel und Marggrav Rudolf erben nebst Thüring von Ramstein und Konrad Münch von Münchsberg dessen Verlassenschaft. Vermuthlich war die Gemahlin des Marggraven eine Bruders Tochter; wenigstens nennt der Marggr. den Domprobst seinen Oheim in einer Urkunde vom Jahr 1316. Der Domprobst und der Marggrav bekommen Streit mit Thüring von Ramstein und Konrad Münch von Münchsberg wegen der Burg Rotenberg, und den Gütern in den

---

(1) Er nennt diesen Herrn von Reichenberg einen Schwager. Eine Erläuterung hierüber finde ich in Ill. SCHÖPFL. *Alsat. illustr.* T. II. p. 76. Walthers von Reichenberg Gemahlin wird daselbst genennt Agnes von Hochberg.

den Dörfern und Bännen zu Oetliken, Haltingen und allen Dörfern, Bännen und Gütern jenseit Rheins im Brisgau gelegen ꝛc. und allen Gütern und Leuten, die ihnen durch diese Erbschaft zugefallen sind. Sie compromittiren auf Matth⸗s den Richen, Conrad den Schaler von Benkon, Burchard Wernher von Ramstein und Conrad zer Sennen. Diese thun den Ausspruch, daß der Domprobst und der Marggrav jenen beeden wegen der Burg Rotemberg in gewissen Zielern 250. Mark Silbers, und dem von Ramstein vor alle Güter, die ihm angefallen und verliehen worden von dem verstorbenen Herrn von Rötenlein, 350. Mark bezahlen sollen. (m)

Es scheint der Domprobst und der Marggrav haben hierauf die Güter mit einander besessen. Im Jahr 1311. verschreiben sich gegen den Domprobst Johans zum Rosen und Johans zum Roten Turne, Burger zu Basel, zu einer Wiederlösung über 20. Mark Gelts auf Oetlikein und Binzheim, welche er Wernhern zum Rosen mit Gunst und Willen des Marggraven um 200. Mark hatte zu kaufen gegeben. Eben dieselbe stellen diesen beeden Herren A. 1312. einen Revers aus, daß sie die von den 20. Mark Geltes, welche Wernhern zum Rosen

---

(m) HERBSTERI Collect. MSt. de March. Hochberga-Rotelanis. fol. 4.

sen auf gemeldete Orte verschrieben worden, zwischen St. Martins Meß und Ostern fünf Mark Geltes mit 150. Mark ablösen wollen.

A. 1313. erstattet Konrad der Schaler von Benkon, Ritter von Basel, an des Königs Johannes von Böhmen, damaligen Pflegers des Reichs, Hofrichter disseits des Gebürges, mit Namen Rudolf von Hewen, seinen Bericht, daß er den Domprobst und den Marggraven in die Gewalt und Gewähr der Stadt Schopfheim und Burg Rötenlein und alle die Güter wieder eingesezt habe, welche Herr Ulrich von Bütikon, genannt der Lieblose, geanleitet. (n) In eben diesem Jahr am St. Walpurgistage compromittirt der Marggrav und dieser Ulrich auf vier Schiedsmänner, die mit Bischof Johannes von Straßburg als dem Obmann den Ausspruch über ihre Strittigkeiten thun sollen. (o)

Tod.

§. IV. Marggraf Rudolf I. verläßt die Welt A. 1314. (p)

Seine

(n) *Cod. Dipl. Bad.* num. 212.

(o) Herbster l. c. Bl. 7. Der Anfang des Briefs ist: Wir He. Rudolf Marcgraue von Hahberg, Lantgrawe ze Brisgowe, und ich H. Vlrich von Buttikon der Liebelose.

(p) Wenigstens heißt er in einem Schreiben Andred von Ast, in diesem Jahr beate defunctus. *Cod. Dipl. Bad.* num. 214.

Seine Gemahlin ist unbekannt. Man **Gemah-**
hält sie vor eine Tochter eines Herrn von **lin.**
Röteln. (q) Sie ist die Mutter der Annä, **Kinder.**
welche A. 1418. an Grav Fridrich von
Freyburg vermählt worden ist; (r) und
dreyer Söhne, Heinrichs, Rudolfs und
Ottens. Sie haben alle ein Theil an der
vätterlichen und mütterlichen Verlassen=
schaft bekommen. Es ist nun von jedem
zu handeln.

(q) In IMHOFII *Tab. Geneal.* 75. P. II. wird sie
Agnes von Reichenberg genennt; und, wie Herr
Prof. Schöpflin in *Hist. Zur. Bad.* T. I. p. 380.
(f) erinnert, mit seiner Schwester Agnes, der Ge=
mahlin des Walthers von Reichenberg confundirt.
Hiedurch wird das, was vorhin S. 480. not. (1) von
ihr gemeldet worden, deutlich.

(r) S. oben die Graven von Freyburg, S. 218.

Heinrich.

Von 1314. stirbt nach 1318.

§. I.

Titul. Marggrav Heinrich schreibt sich nicht nur Marggrav von Hachberg, und Landgrav im Breisgau, sondern auch Herr von Rötelen. Sein Herr Vatter wurde kurz vor seinem Ende in diese Herrschaft eingesezt, und hat vermuthlich bereits den Titul davon angenommen; dessen er sich nun auch bedient.

Erbt ganz Röteln. A. 1315. Samstag vor St. Johannis des Täufers thut Otto von Ampringen, nebst dem Schultheiß und Rath zu Sulzberg einen Ausspruch in den wegen der Brißgauischen Silbergruben zwischen dem Bischof von Basel und Marggrav Heinrich obwaltenden Strittigkeiten. In der Urkunde führt M. Heinrich den Titul: Herr von Röteln. Er besaß bereits einen Theil dieser Herrschaft.

Zu Ende dieses Jahrs übergibt der Domprobst Lutold noch bey seinem Leben, als der lezte Herr von Röteln, dem Marggraven alle seine Schlösser, Dörfer, Land, Leut und Güter mit allem Recht und Gerechtigkeit vor dem Official zu Basel. Er behält sich allein die freye Nuzniessung bis an sein Ende vor. M. Heinrich wird in dem

dem Uebergabsbrief genennt: *Henricus Domicellus, Margravius de Hahperg, Lantgravius Brisgaugiæ.* (a) Der Domprobst thut nicht lang hernach seine Augen zu, und M. Heinrich kommt in den Besiz der ganzen Herrschaft Rötelu. Seine Nachfolger werden Kürze halber insgemein Marggraven von Röteln genannt.

§. II. Nach dieser Zeit kommt er theils mit seinen Brüdern, theils ohne dieselbe in den Urkunden vor. Z. E.

A. 1316. belehnt Marggrav Heinrich von Hachberg, Herr zu Rötellein, Landgrav im Breisgau und Otto sein Bruder, den Ritter Johannes von Hauenstein, dessen Frau Anna von Buttinkon, und ihre Kinder beederley Geschlechts, mit allen den Gütern und Leuten, mit Zwinge und Banne, die er und seine Vordern zu Tossenbach (b) zu Lehen getragen hatten.

In eben diesem Jahr gibt er zu Basel dem Rath und den Burgern zu Schopfheim zu einer Allmend das Holz und Berg Entegast, und die so genannte Schererbau. (c)

(a) *Cod. Dipl. Bad.* num. 217.

(b) *Cod. Dipl. Bad.* num. 219. Dieses Lehen kam nach der Zeit auf die Edlen von Schönau.

(c) Der Marggrav nennt in diesem Briefe den verstorbenen Domprobst seinen Oeheim.

A. 1317. geben die Ritter und Bürger zu Neuburg Johann und Rüdeger von Endingen, dem Marggraven das Wiederlösungsrecht wegen der vier Mark Geltes auf den Dörfern Hertikeim und Fürbach, die er ihnen zu Lehen geliehen hatte, daß er nämlich diese 4. Mark Geltes um 40. Mark lötiges Silbers Neuenburger Gewäges wieder ledigen könne. Der Marggrav heißt hier Heinrich der Jüngere, zum Unterscheid seines Vettern M. Heinrichs zu Hachberg-Hachberg. (d)

§. III. Nachdem er A. 1318. seine Schwester Anna an Grav Fridrich von Freyburg vermählt, und dessen Vatter Konrad sowol als ihm selbst vor die versprochene 700. Mark Silbers Heurathsgut die Landgravschaft im Brisgau verpfändet hatte: (e) so tritt er bald hernach (f) ab von dem Schauplatz

(d). Cod. Dipl. Bad. num. 221. So findet sich auch in einem Schreiben Johannis Kücheli de Friburg an Mittewochen vor St. Margaretun Tag A. 1317. Jung-herre Heinrich Maregrauen Rudolfs seligen Sun von Hochberg. HERBSTERI Collect. de March. Hachb. Rœselauis, fol. 8.

(e) Der Brief, wie auch K. Ludwigs Bestätigung hierüber steht im Cod. Dipl. Bad. num. 225. und 249.

(f) Pistorius gibt ihm das Leben bis ins Jahr 1334. Allein man findet ihn schon nach dem Jahr 1318. in keiner Activität mehr; und vom Jahr 1326. an geschieht seiner keine Meldung, sondern allein seiner Brüder Rudolfs und Ottens.

Heinrich, 1314. † nach 1318.

platz dieser Welt. Er hinterläßt weder Gemahlin noch Kinder. (g) Pistorius gibt seine Brüder Rudolf (h) und Otto vor seine Söhne aus. Eine Urkunde vom Jahr 1334. (i) erweist das Gegentheil. Marggrav Rudolf und Marggrav Otto bezeugen darinnen, daß die Landgravschaft Brisgau ihrer Schwester Gemahl Fridrich verpfändet worden sey; folglich waren sie der Grävin Anna und Marggrav Heinrichs Brüder.

(g) Imhof Tab. bb. und Hübner Tab. 229. machen ihn zum Fortpflanzer seines Geschlechts.

(h) Hingegen hält Pistorius den Hachberg-Hachbergischen Rudolf, M. Heinrichs III Sohn, welcher A. 1343. als Ordensmeister des teutschen Ordens gestorben, vor einen Bruder dieses unsers Sausenbergischen Heinrichs. Die Folge der Geschichte wird zeigen, daß dieser Rudolf eine Gemahlin und Kinder gehabt habe, welches von jenem nicht zu erweisen ist.

(i) Cod. Dipl. Bad. num. 249.

Rudolf

Rudolf II. und Otto,
Brüder Marggrav Heinrichs I.
Von 1326. bis 1352.

Otto und Rudolf III.
bis 1384.

§. I.

A. 1326. In den Geschichten dieser Linie ist gleichsam ein Stillstand vom Jahr 1318. bis auf das Jahr 1326. Wenigstens ist mir bis dahin nichts bekannt; von selbiger Zeit an ist vieles von Marggrav Rudolf II. und Marggrav Otto aufgezeichnet. Sie bedienen sich beede des Titels: Marggraven von Hachberg, Herren von Röteln, Landgraven im Brisgau. Sie regieren gemeinschaftlich bis ins Jahr 1352. da Marggrav Rudolf gestorben und ihm sein Sohn Marggrav Rudolf III. gefolgt ist.

A. 1326. vergleichen sie sich in Güte mit Lutold, Herrn von Krenchingen, und dessen Sohn Heinrich, wegen der Burg oder Veste Branbach, (a) und der dazu gehörigen
gen

(a) Dieses Schloß Branbach oder Brombach nebst Oerlikon gehören mit unter diejenige Schlösser, welche A. 1356. durch ein entsetzliches Erdbeben fast ganz ruinirt worden. Tschudi l. c. Th. I S. 447. beschreibt es in diesen Worten: „An St. Lurtag um Vesper Zit kam „ein grosses Erdbidem, und demnach etlich klein, und „do es ward umb die Zechne vor Mitternacht, do kam „noch

gen Leute und Güter. Sie wollen alles dieses mit einander in Gemeinschaft besizen; kein Theil soll den andern beunruhigen, und auf den Fall, wann einer wider den andern etwas zu klagen hätte, bestimmen sie zu Schiedsleuten Thüring, Herrn zu Ramstein, Götzmann den Münch, Ritter, und Herrn Chunen zer Sunnen, einen Bürger zu Basel.

A. 1327. vermacht Ludwig von Bütenheim, Edelknecht, mit ihrer Genehmigung die Lehen, die er von ihnen getragen, seinem Oheim Heinrich von Hungerstein. (b)

A. 1331. gibt er um 13. Mark Silbers Neuenburger Gewäges, dem Johanniter-Hause zu Neuenburg, die Erlaubnis, das Wasser, die Hölle genannt, zu haben, zu niessen,

Hh 5

---

noch ein grösserer und gar grausamer Erdbidem, der vil Stett, Schlösser, Kilchen, und Kilchthürn niderfällt. Die Keiserlich Statt Basel am Rhin verfiel gar mit einander — und gieng in der verfallnen Statt Basel gar uff, und kont etlich Tag niemand sterben vor dem hefen Erdbidem. — im Basler und Bisthum verfallen 30 Schlösser; Im Costenzer Bisthum 38. Schlösser; und anderswo auch viel, deren etlich Namen hier verzeichnet sind — Brandbach — Ortlikon ꝛc." Man sieht noch die Ruinen dieses Schlosses. Die Herren von Reichenstein tragen sollen es von dem Hochfürstlichen Hause zu Lehen.

(b) Cod. Dipl. Bad. Num. 239. An dem Briefhängt des von Bütenheim Insigel. Man sieht darauf einen aufrechten zum Streit gerüsteten Löwen mit einem über sich gewundenen Schwanz, durch welchen ein schwarzer Balken geht. Herbster l. k. S. 15.

sen, zu leiten und zu richten auf ihre Aecker, Matten und Mühlen, und wozu sie solches bedörfen zwischen Schliengen und dem Rheine.

A. 1333. A. 1333. am Zistage nach St. Margaretha, übergibt Frau Margaretha von Stauffen, des verstorbenen Hugo des Münchs, eines Ritters Wittib, vor dem Gerichte zu Basel alle Güter und das Geld, so sie von dem verstorbenen Domprobst zu Basel Lytold, und Kunrad von Goskon, Probst zu Werde, ihren Oheimen, zu Brombach und zu Eggenheim oder anderswo geerbet hatte, an beede Marggraven, unter dem Beding jährlich ihr, und nach ihrem Tode ihrem Sohn Bruder Hugo dem Münch, noch Ein Jahr nach Basel nebst den Fassen zu liefern ein Fuder weissen und ein Fuder rothen Weins von Eggenheim. (c)

A. 1335. verspricht Marggrav Rudolf und M. Otto wegen der Landgravschaft Breisgau auf geschehene Mahnung in drey Monaten Gewährschaft zu leisten. (d)

A. 1336. erhalten die Brüder Konrad und Fridrich von Iltzig, Ritter, und Johann von Bergheim, Edelknecht, von den Herren Marggraven zu einem gemeinen rechten Lehen das Dorf Brunstatt bey Mülhausen im Sundgau nebst dem Kirchensatz, Gerichten und andern Zugehörungen an Holz, Feld, Aecker, Matten rc. In eben diesem

---

(c) Cod. Dipl. Bad. num. 245.
(d) Idem num. 231.

diesem Jahr haben sie Strittigkeit mit Herrn Lutold von Krenchingen und dessen Sohn. Sie werden A. 1341. durch Vermittelung Grav Konrads von Freyburg beygelegt. (e)

A. 1337. bewilligt Marggrav Otto, daß Konrad Sweininger, ein Edelknecht, auf dem Zehenden zu Meli, den er und sein Bruder Johann Sweininger von dem Marggraven zu Lehen hatte, seiner Frauen Verenen von Achdorf 80. Mark lötigen Silbers zur Widerlegung ihrer Ehesteuer, mit Einstimmen seines Bruders gegeben, also daß sie bis zu deren Bezahlung jährlich 40. Stück Kornes der drey Gattungen Roggen, Dinckel und Habern von dem Zehenden geniesen solle. (f)

A. 1340. hat Marggrav Otto von Hachberg, Herr zu Susenberg und zu Röttellen zwey abgebrannte Hofstätte innerhalb der Ringmauer des Städtleins Schopfen, die der von Achtorf gewesen, um einen jährlichen Zins von 18. ₰ Münz erblich verliehen. (g)

A.

(e) S. oben S. 213. daselbst ist bey der Note (r) noch anzumerken, daß der Lutold, Dompropst von Basel, mit diesem Lutold, Domherrn von Straßburg von einigen unrecht confundirt werde. Ebendieselbe bestimmen auch das Jahr nicht recht, da die Margaretha von Staufen den Marggraben ihre Güter übergeben hat.

(f) Herbster l. c. Bl. 23.

(g) Herbster l. c. Bl. 24.

A. 1341. an der Mittwoche vor dem zwölften (h) Tage geben sie den Leigenzehenden (i) zu Haltingen an Weine, Korne, Pfenningzinsen mit dem Kirchensatze und allen Nuzen und Rechten, dem Ergernden Ritter Herrn Bertholde Waldenere und allen seinen Kindern, Döchtern und Söhnen zu einem rechten Lehen, gegen Empfang 1400. fl. von Florencie gut und schwär. (k) Zeugen sind, die Edeln und Ehrwirdigen Herren, Graf Walrafe von Tyerstein, Graf Götz von Fürstenberg, Her Hannemann der Münch Custer zu Basel, Her Cunrat und Her Burchart die Münche von Landskron, und Her Johans Ulrich von Huse, Her Kraft Waldenere, Her Wilhelm Waldenere, Ritter. Graf Götze von Fürstenberg bekennt zugleich, daß er an diesem Leigenzehenden und darein gehörigen Kirchensatze kein Recht habe, noch haben wolle. Und Berthold Waldener stellt an eben diesem Tage einen Revers aus, daß

(h) S. oben S. 208. (k)

(i) Ist so viel als Layenzehenden, und heißt also, weil daselbst kein Kloster oder ander geistlich Stift einigen Zehenden beziehet. Haltingen ist fast der einige Ort in den Obern Landen, wo unser gnädigster Landesherr allein Decimator sind. Dieser Layenzehenden machte, nach Hrn. Geheimden Hofrath Herbsters sel. Bericht, drey Viertel des ganzen Zehenden aus, das übrige Viertel gehörte der Kirchen; dermalen besoldet vermuthlich deswegen der Landesherr davor den Pfarrer, und baut die Kirche samt dem Pfarrhaus.

(k) Sie waren von Gold.

daß die Marggraven oder ihre Erben den Zehenden und Kirchensatz mit 1400. fl. wieder lösen mögen.

In eben diesem Jahr entsteht eine neue Strittigkeit wegen der Burg Brombach und Nieder-Eggenheim zwischen dem Marggraven und dem Herrn Lutolden von Krenckingen, wie auch dessen Sohn gleiches Namens, Chorherren zu Straßburg. (1) Sie compromittiren auf Grav Konrad von Freyburg. Dieser spricht noch selbiges Jahr auf Matthäi das Dorf Brombach denen Herren Markgrafen, Nieder-Eggenheim aber denen von Krenckingen zu.

A. 1348. verleihen beede Herren Marggraven Johansen ze Rine von Hesingen, Ritter, um 500. fl. von Florencie gute und schwäre das Dorf Haltingen als ein Pfandlehen. Im folgenden Jahr verschreibt sich dieser Ritter gegen die Herren Marggraven wegen des Wiederkaufs über Haltingen und der 10. Viernzal Dinckelgelds auf dem Zehenden zu Oetlikon. Er wiederholt solches A. 1363. auch gegen Marggrav Rudolf III.

A. 1350. geben Otto von Schliengen und Johann von Walpach den Herrn Marggraven das Wiederlösungsrecht um 170. fl. an die 14. Mltr. Roggen-Gelds und

---

(1) Daß die Ansprache der Herren von Krenchingen eigentlich auf die Erbschaft des Dompropsts Lutolds gegangen, beweist ein Laudum interlocutorium wegen der hohen Gerichts in Nieder-Eggenheim vom Jahr 1346.

und 7. ℔ ₰ Gelds auf den Leuten und Gütern zu Aettichon und Hertichon, (m) die Heinrich von Walpach, Burger zu Basel von ihnen gekauft hatte. (n)

Marggr. Rudolf stirbt.
§. II. Marggrav Rudolf II. scheint A. 1352. (o) die Welt verlassen zu haben.

Gemahlin.
Seine Gemahlin ist Katharina, Grav Ulrichs von Thierstein Tochter. (p) Sie folgt ihm in die Ewigkeit nach A. 1385. Ihr Begräbnis ist zu Basel in der Hauptkirche. Die Republik Basel hat ihr 212. Jahr nach ihrem Tode ein Grabmal sezen lassen. (q)

Aus

(m) Oettingen und Hertingen.

(n) Herbster l. c. Bl. 19.

(o) Förster sezt seinen Tod ins Jahr 1350. Es wird aber seiner noch in einer Urkunde vom Jahr 1352. gedacht, die ich hernach anführen werde.

(p) Gamans sagt, sie sey ihrem Gemahl im vierten Grad verwandt gewesen, und habe daher von Pabst Clemens VI. die nöthige Erlaubnis zur Vermählung auf ihr Gesuch erhalten.

(q) Ich will es aus TONIOLAE *Basilea Sepulta* p. 5. 6. hier anführen:

D. O. M. S.
CATHARINAE HVLDRICHI COMIT. THIERSTEINI F,
RODOLFI MARCHIONIS HOCHBURGENS.
LANDGRAVII BRISGOIAE
PRIMI EX EA FAMILIA KOETELAE DOMINI
CONJUGI,
RODOLFI MATRI,
WILHELMI AVIAE,
RODOLFI PROAVLAE,

PHI.

Otto und Rudolf III: bis 1384.

Aus dieser Ehe ist nur ein einiger Sohn nämlich Marggrav Rudolf III. Er war gebohren A. 1343. Nach seines Herrn Vatters Ableben führt die Vormundschaft über ihn seines Vatters Bruder, Marggrav Otto.

Sohn Rudolf III.

§. III.

PHILIPPI (IN QUO STIRPS MASCULA DESIIT,) ATAVIÆ
MULTARUM EJUS SECULI CALAMITAT.
SPECTATRICI,
ANNO POST EXEQUIAS CCXII.
VIRTUTIS ERGO
S. P. Q. BASIL. TEMPLUM INSTAURANS
ULTIMI TEMPORIS
ANNO M. D. III. C.
M. H. L. P.

Das hoher Stamm, das Land und Lüth
  Uns Adams Kind bewahren nit
Vor g'meinem Laid und Sterblichkeit,
  Das lehrn von mir, und b'halts allzeit;
Von Thierstein ich ein Gräfin war,
  GOtt mir zu einm Ehegmahl b'schar
Marggraff Rudolff den Fürsten milt,
  Der sich mit Basel löblich hielt.
Dem ich ein jungen Herrn gebar,
  Des Namm auch Marggraff Rudolff war.
Nach meines liebsten Herren Tod,
  Lebt ich allzeit im Witwenstath,
Bis mich berufft mein Herre Christ,
  Der unser aller Heyland ist.

Ein wenig unter ihrem Bildniß steht:
ANNO DOMINI M. CCC. LXXXV.
XII. KAL. APRIL.
OBIIT
NOBILIS DOMINA
CATHARINA DE THIERSTEIN, &c.

Marggr. Ottens Regierung und Vormundschaft.

§. III. Marggrav Otto ist nun nicht allein vor sich zu betrachten, sondern in so fern er auch vor seinen noch minderjährigen Vettern, seines Bruders Sohn Rudolf die Regierung führt.

A. 1353. gibt er vor sich und als Vormünder seines Bruders Sohn Marggrav Rudolf, Heinrich von Walpach, Burger von Basel und seinen Erben, das Wasser, und Wasserrunsen (*) in Zwingen und Bännen des Dorfs Nieder-Eckenheim zu einem rechten stäten Mannlehen. (r)

A. 1355. zieht sich Hugo von Lörrach des Marggraven Ungnade zu. Es bleibt ihm kein ander Mittel wieder in Gnaden zu kommen übrig, als daß er alle seine Marggrävische Lehen in die Hände des Marggrav Otto für ihn und seinen Pflegsohn zurück gibt. Sie werden ihm hernach in Gnaden wiederum verliehen.

A. 1356. verkauft er auf offenem Landtage zu Tannenkirch und in seinem Landgerichte für sich, und als Vogt, Pfleger und Sorgenträger seines noch nicht mundbärtigen Vettern, mit Wissen und Willen M. Heinrichen von Hachberg, Herrn zu Kentzingen, den in seine Herrschaft Susenberg gehörigen Widemhof bey der Kirchen zu Rüdliken samt dem Kirchensatz und zugehö-

---

(*) Wasserrunsen, aquarum decursus, sind Wasser, die z. E. beym Regen von Bergen herabrinnen, und zum Wässern der Wiesen gebraucht werden.

(r) Herbster l. c. Bl. 26.

gehörigen Gütern um 600. fl. Florentiner
guter und geber an Golde und an Gewichte,
dem Bruder Dieterich von Keppenbach,
Commentur des Johanniter=Hauses zu
Freyburg. (s)

A. 1357. theilt er mit Johan von Eptingen, Ritter, zu Lörach wohnhaft, die
gemeinschaftlichen Güter daselbst. Und im
folgenden Jahr kauft er von Ursula von
Baden und ihren Kindern ihren Theil an
der Burg zu Lörach und einen Garten, genannt der Rosengarten vor der Burg, um
140. fl. von Florencie.

A. 1358. empfangt von ihm Jacobs
von Nuwenfels, Edelknecht, als ein Mannlehen das halbe Dorf zu Ougheim, (t)
die

(s) Cod. Dipl. Bad. num. 268. Zeugen waren hiebey:
„M. Heinrich von Hachberg Herr zu Kentzingen.
„Ferner die edeln Knechte Gottfried von Stauffen,
„Erckebolt Slegelholz, Burckart Vogt-
„goldes, und Conrad sein Bruder, die auch da-
„zumal in Gericht waren, und Urteil sprachen, des-
„gleichen waren in Gerichte die erbern Priester und
„Herren Her Werner der Kilchherre von Witlikon,
„Her Niclaus Kugelin, Her Heinrich Kilch-
„herr zu Wolpach, Her Ulrich Kilcherr zu Tannen-
„kirch, Burckart zum Rosen ein Burger von Basel,
„Heinrich der Selder, Heinrich der Huber,
„Conrat der Höpler Burger von Nüwenburg,
„Heinrich Frie, Henni sein Sohn, Heinrich
„Bart, Ullin von Stein von Tannenkilch, Cuni
„von Tütliken, Werner und Henni seine Söhne,
„und Henni Etter von Rüdlikon, die auch Urteil
„darum sprachen.„

(t) Auggen.

Ji

die Leute, die seines Schwährs Rutschins Bócharts waren, das Reghen-Recht zu Dughein, den Bann zu Schliengen, und das Holz am Steinacker. In eben diesem Jahr spricht er Conrad dem Münch von Münchenstein, Ritter, die Bach zu, die vor Ottlikon und durch Haltingen rinnet unter dem Reine bis in den Rhein, doch daß Wernher zer Sonnen, den man nennet Kürna, welcher mit ihm darüber gestritten, sein Lebenlang darinnen fischen möge von dem Wege genannt Haltinger Wösch allernächst ob Hiltalingen gelegen im Haltinger Banne bis in den Rhein. (v)

Neuer Vormund. §. IV. A. 1358. am Diensttag nach Michaelis legt er die Vormundschaft über seines Bruders Sohn Marggrav Rudolf nieder. Er übergibt sie nebst den Burgen Brambach und Sausenberg, samt Dörfern, Leuten und allen Zugehörungen dem edeln und gewaltigen Herrn Grav Walraven von Thierstein. Dieser nimmt sie in Besitz, und Marggrav Otto gewährt sie dem minderjährigen Marggraven eidlich vor Gericht.

A. 1359. werden diese Burgen und was dazu gehört dem Marggrav Otto auf sein Lebenlang gegen jährliche 50. Stück spannenlange Forellen wieder übergeben. (w)

A.

(v) Herbster l. c. Bl. 29.
(W) „Am Samstage nach Lichtmeß hat vor Gericht zu
„ min-

Otto und Rudolf III. bis 1384.

A. 1361. tritt Johann und Heſſe von Uſenberg dem M. Otto und ſeinem Vettern M. Rudolf die Gerichte groß und klein zu Weil ab. (x) In eben dieſem Jahr Samſtag vor Andreastag verkauft Ritter Johann von Eptingen mit dem Beynamen Pulcant, ſein Theil an dem Dorfe und an der Burg Lörach dem Marggrav Otto und ſeinem Vettern, um 1100. fl. von Florenz. Dabey waren: Heinrich von Eptingen, genant der Ziſener, Burkard von Eptingen, genant der Sporer, Hartman von Eptingen, Johans von Flachslanden, genannt vom Thirnmach, Ritter, Götzemann von Stouffen, Heinzeman von Eptingen, genannt Snabel, Erckenbolt Slegelholz, Cuntze Biecker, Bürkelin Goltze. (y)

Lörach.

A. 1361.

„ mindern Baſel das edel Kind M. Rudolf von Hach-
„ berg Herr zc. Röttelein mit ſeinem Vogte, dem fro-
„ men, edelen und gewaltigen Herrn Graf Walra-
„ fen von Thierſtein, die Burg zu Suſemberg und
„ Brambach mit allen Zugehörden dem fromen edeln
„ und gewaltigen Herrn M. Otten von Hachberg
„ Herrn zu Rötellein geliehen zu einem rechten Leibge-
„ dinge auf ſein Lebtag gegen jährliche 50. Spannen-
„ lange Forennen zu der alten Vaſenacht fälligen Zin-
„ ſes, und daß nach M. Otten Abſterben ſolche Bur-
„ gen wieder an M. Rudolfen fallen ſollen.

(x) Herbſter l. c. Bl. 31.
(y) Obengedachter von Eptingen ſtellt in ſelbigem Jahr am Samſtag nach St. Nicolaustage einen Revers aus, daß Marggrav Otto und Marggrav Rudolf, oder ihre Erben die 100. fl. welche er von ihnen auf die Burg und Dorf Lörach gekauft, mit 1100. fl. löſen mögen.

A. 1362. wird dieſer Verkauf des Eptingiſchen Antheils an Lörach bey dem Biſchöflichen Official zu Baſel gerichtlich gewähret. In eben dieſem Jahr hat der Marggrav Otto vor ſich und ſeinen Vettern einen Streit wegen der Gerichte in dem Dorfe und Banne zu Hauſen mit Dietſchmann und Leonhardt zur Sonnen, Burgern von Baſel. Man überläßt die Sache dem Ausſpruch Konrads von Berenfels und Ottmann Schalers. Dieſe ſprechen den Herren Marggraven zu alle Gerichte über Todſchläge, Morden, Straſſenräubereyen, Ketzerey, Diebſtäle, Nachtbrände, Nothzüge und allem, das den Tod verſchuldet hat; den zu der Sonnen aber alle andere Gerichte.

A. 1364. wird Marggrav Otto Bürge vor die Graven von Fürſtenberg Konrad, Johann und Heinrich, über 2000. fl. Hauptgut, ſo ſie von der Stadt Neuburg im Brisgau entlehnt hatten, und 140. fl. jährliches Zinſes. Die Graven ſtellen dagegen dem Marggraven eine Schadloßverſchreibung aus.

M. Otto und M. Rudolf III.

§. V. Marggrav Rudolf III. übernimmt A. 1364. die Regierung ſeiner vätterlichen Lande ſelbſt, und führt ſolche in Gemeinſchaft mit ſeines Vatters Bruder Marggrav Otto. Dieſer übergibt ihm A. 1366. den halben Theil der Schlöſſer Sauſenberg, Brombach und Lörach mit den dazu gehörigen

rigen Leuten und Dörfern Brombach, Lörrach und Hasile, wie auch alle andre Dörfer, beweg- und unbewegliche Güter. (z)

A. 1365. wird Marggrav Otto und sein Vetter von dem Bischof Johann zu Basel mit dem Dorfe Hölenstein belehnt. Sie geben dagegen dem Stift zurück das Dorf Huttingen, die Vogtey über das Klösterlein unterhalb Istein, und den dazu gehörigen Wald, genannt der Heuberg, zwischen der von Witendw Holtz und der Hügelisöw.

A. 1367. gibt Jacob von Nüwenfels, Edelknecht, dem Marggrav Otto um 80. ℔ Stäbler Pfenning zu kaufen 10. ℔ ₰ stäbler Münz, und alle die Faßnachthüner und Tagwan, die sein Leibgeding gewesen zu Oykein in dem Dorfe auf den Leuten, die

---

(z) Die Uebergab geschahe durch Bartholomäus von Bern, Kellner (Cellerarium) des Schlosses Sausenberg, und Johann genannt Heyden, Vogt (Advocatum) der Herrschaft Sausenberg, Konrad, genannt Krebs, Vogt in Braubach, Johan, genannt von Schalbach, Vogt zu Lörach, welche zuvor diese Schlösser und Dörfer, nach damaliger Gewohnheit, im Namen Marggrav Rudolfs 6. Wochen und 3. Tag inne gehabt, in welcher Zeit M. Otto in keines gekommen. Marggrav Otto führt als Ursachen dieser Uebergab an sowohl die natürliche Affection, als auch seine Begierde dem Marggrav Rudolf ein Genüge zu leisten wegen der Einkünfte aus den Herrschaften und Gütern seines Vatters, die Marggrav Otto nach dessen Tode allein genossen hatte.

er schon vorher dem Marggraven verkauft hatte. (a)

A. 1368. A. 1368. erkaufen sie von Ritter Konrad Münch von Münchenstein mit Einwilligung seiner Söhne Henmans, Lutolds, Heinrichs und Hartmans, um 1400. Mark Silbers Basler Gewichts, das Schloß Otlikon, (b) die Dörfer Wile, Winterwile, Welmingen, samt den Leuten und Gütern zu Haltingen, Hiltelingen (c) und Hüningen; und im folgenden Jahr von den edlen Herrn von Schönau um 500. ℔ Stäbler Pfen-

---

(a) Herbster l. c. Bl. 41.

(b) Dieses Fürstl. Landschloß und zuweilen Wittwensitz lag zwischen Kleinbasel und Weil. Nach dem Westphälischen Frieden wurde es wieder aufgebaut und Fridlingen genannt von M. Fridrich V. Es wurde hernach im Französ. Kriege verbrannt. Bis A. 1733. stunden noch zwey Häuser daselbst, die aber damals, weil sie gerad gegen der Festung Hüningen über gelegen, rasirt wurden. Das ganze Fridlinger Gut verkaufte die anädigste Herrschaft im Jahr 1753. an die Einwohner zu Weil, welche die alten Rudera geschleift, und fruchtbare Wiesen daraus gemacht haben.

(c) War ehemals, wie Kleinhüningen, ein Filial von Haltingen. Dieses Hältelingen lag am Rhein. Es wurde in den vorigen Französischen Kriegen verbrannt. Die Einwohner flüchteten sich nach Haltingen, und ihre Marcktum wurde diesem einverleibt. Daher erhielten die Haltinger vortreflichen Waidgang und Wiesen. In diesem Jahrhundert ist auch das noch übrig gewesene wenige Mauerwerk der alten Kirche zusammen gerissen und der Platz brauchbar gemacht worden.

Pfenning den halben Theil des Dorfs und Kirchensatzes zu Marzell. (d)

In eben diesem Jahr am Eystage vor St. Laurentientag gibt Wilhelm von Höwenstein, Edelknecht, mit Genehmigung seines Sohns Hennmanns dem Marggrav Rudolf um 1400. fl. Florenzer guter und schwerer zu kaufen das Dorf Tossenbach, nebst Zwing und Bann, mit Leuten, Gerichten grossen und kleinen, mit dem Leyenzehenden und allen Zugehörden, welches alles er von der Herrschaft Röteln zu Lehen hatte, ausgenommen den Kirchensatz, den er zu Lehen trug von den Müllern zu Zürich. (e)

A. 1370. verkauft Jacob von Tegernau und sein Sohn Heinzmann den Herren Marggraven um 300. lb ₰ den Hof und Layenzehenden zu Rüdlikon (Rietlingen), so sie von diesen zu Lehen getragen hatten.

A. 1371. am Samstage vor St. Stephanstage belehnt Herzog Leopold von Öster-

---

(d) Cod. Dipl. Bad. num. 285. Rudolf von Schönau überläßt A. 1371. den Marggraven die Bezahlung nach Belieben zu thun in solcher Münze, die in seinen Landen bey den Steuern üblich sind. Sie geben ihm dagegen einen Schuldbrief in eben diesem Jahr. Bürgen sind: Petermann von Roggenbach, Jacob von Tegernowe, Edelknechte, Heintzman Arnleber, Wernlin Göselin, Wilhelm und Johannes Meyger von Varnowe Burger zu Schopsheim.

(e) Herbster l. c. Bl. 55.

Oesterreich zu Innsprug beede Marggraven mit dem Schloß Röteln und dem Städtlein Schopfen, so dazu gehört. Diß ist die erste Belehnung dieser Ortschaften vom Haus Oesterreich, die da aufgezeichnet ist. Röteln war eine freye eigene Veste und Herrschaft, davon unten noch etwas wird vorkommen. Und scheint es also, das Schloß allein sey von den Herren Marggraven dem Hause Oesterreich zum Lehen aufgetragen worden. (f) Die Herrschaft ist indessen in solcher Lehnsempfängnis nicht begriffen gewesen.

In eben diesem Jahr errichten beede Herren Marggraven einen Successions- und Erbvertrag. Marggrav Otto übergibt ihm alles das Seinige, aus denen bey der Uebergab A. 1366. angeführten Ursachen. Dagegen verleiht Marggrav Rudolf ihm alle diese Herrschaften wieder zu einem Leibgedinge um jährlich auf Lichtmeß zu zahlende 2. ℔. Wachses und 2. Kappen; und vermacht ihm zugleich alles das Seinige, wann er ohne Leibeserben sterben würde.

In eben diesem Jahr beschenken sie zu Sausenberg den Altar des Heil. Kreuzes

in

(f) Dieses sind des Försters Gedanken S. 12. In dem Lehenbrief stehen noch diese Worte: „Daß sie und „ihre Erben solche von ihm und seinem Bruder Herzog „Albrechten und ihren Erben in Lehensweise inha„ben sollen, als diese Lehen von Alter herkommen seyn.„ In der Folge der Zeit hat es disfalls viele Streitigkeiten gegeben, welche im Jahre 1741. sind beygeleget, und der Lehnsverband aufgehoben worden.

in der Kirche des Frauenklosters zu Sitzenkirch, und ordnen eine beständige Messe daselbst an. (g)

A. 1372. entsteht ein Streit zwischen den Marggraven und Peterman von Heydecke wegen 12. ℔ ₰ Gelts, so die Bauern zu Entenburg jährlich gegeben. Diese sind Leibeigene der Marggraven und wird also ihnen dis Geld als eine Leibeigenschaftssteuer angesezt. Das Dorf gehört dem Gegentheil, und selbiger fordert es als eine Vermögensteuer. Ritter Konrad von Biedertan wird zum Schiedsrichter erwählt. Dieser spricht jedem Theil die Hälfte zu. (h)

In diesem Jahr läßt der Bischof Johann zu Basel einen Missethäter, der die Vestung Istein verrathen und dem Feind in die Hände gespielt hatte, in dem Marggrävlichen Dorfe Kirchheim durch seine eigene Leute gefangen nehmen, und darauf zu Basel mit dem Rade hinrichten. Dieses ist ein Eingriff in die Jurisdiction des Marggraven zu Kirchen. Der Bischof stellt einen Revers aus, daß solches dem Marggraven nicht zum Nachtheil gereichen solle. (i)

Ji 5 A.

(g) Sie heissen in dem Briefe: Nobiles & spectabiles viri domicelli Otto & Rudolfus fratruelis ejus Marchiones de Hachberg, domini dominiorum & castrorum in Rœtelen & Susenberg. Beeder Marggraven Sigille hängen daran von rothem Wachse.

(h) Herbster l. c. Bl. 51.

(i) Daß Grav Humbert von Neuchatel Bischof zu Basel.

A. 1374. ist Marggrav Rudolf nebſt verſchiedenen Graven und Rittern Bürge, daß Ludwig von Gliers, Herr von Froberg, Peter den Schaler, welchen er in ſeinem Schloß Froberg gefänglich eingeſezt hatte, wieder auf freyen Fuß ſezte. (k)

A. 1376. verkauft Herr Johanns von Tengen die Vogtey Bulach und das Dorf um 800. Mark Silbers Friburger Brands und Gewichts an Marggrav Otto. (l) Von ihm kauft es hernach Herzog Leopold von Oeſterreich A. 1384. um 1000. Goldgülden. (m) In dieſem Jahr 1376. verſezt Biſchof Johann von Baſel die kleine Stadt Baſel an erſtgemeldeten Herzog Leopold von Oeſterreich. Baſel hat groſſe Widerwärtigkeiten davon. Sonderlich ſtiftet die Faßnachtsfeyer auch hier groſſes Unheil. Herzog Leopold ladet eine groſſe Menge Herren dazu: Es geht dabey her, wie insgemein zu geſchehen pflegt. Den Burgern iſt dis etwas ſeltenes. Sie ſchlagen zu; und wehren der Ausgelaſſenheit mit handvölliger Gewalt. Viele kommen ums Leben. Viele werden gefangen genommen. Unter dieſen iſt auch Marggrav Rudolf. Man ſucht

---

ſel Honberg, Wallenburg und Liechtſtal erſtlich der Stadt Baſel, hernach unſern Marggraven verſezt habe, ſchreibt Wurſteiſen Basler Chron. S. 199.

(k) SCHÖFFLIN. *Hiſt. Zar. Bad.* T. I. p. 389.
(l) Tſchudi Th. I. S. 493.
(m) Tſchudi l. c. S. 511.

ſucht die Ruhe zu befördern, und er bekommt mit andern bald wiederum ohne Entgelt seine Freyheit. (n)

A. 1378. ſtellen die Gebrüdere Graven von Montfort Konrad und Hugo vor Marggrav Rudolf einen Schadloßbrief aus, da ſie ihn „ze Burgen geben haben „ Vro Annen zem Luchs Burgerin ze Ba= „ ſel anſtatt Burkards ſel. des München „ von Landskron des ältern für 140. Marck „ Silbers Haubtguts und 12. Marck jähr= „ lichen Zinſes. „

In eben dieſem Jahr errichten beede Marggraven einen Succeßionsvertrag mit Grav Walrav von Thierſtein in Anſehung der Lehen, die ſie beede vom Biſchof zu Baſel haben. Der Biſchof Johannes geneh= migt ihn, und belehnt ſie nach demſelben gemeinſchaftlich, ſo, daß der den andern überlebende Theil das Lehen ganz beſizen ſolle. (o)

A. 1378.

A.

(n) Wurſteiſen Basler Chron. S. 190. Tſchudi S. 490. ſchreibt: „Als Biſchoff Johannes de Vien= „ na die kleine Stadt Baſel an Herzog Leopold von „ Oeſterreich verkauft hatte, und dieſer mit vielem Adel „ zu Baſel war, und allda vieler Mutwillen getrieben „ ward, iſt unter andern Herren auch Engelhard „ von Winſperg, zween Grafen von Zollern, Marck= „ graf Rudolf von Hochberg, Herr zu Rötelen und „ Suſenberg von der Burgerſchaft zu Baſel gefangen „ worden. „

(o) Förſter l. c.

A. 1380. verkauft das Frauenkloster an den Steinen Augustiner-Ordens, vor der Stadt Basel gelegen, an Oswalt Plinter, Edelknecht, Vogt und an statt M. Rudolfs 2c. zwelf Tagwan Matten genannt der Nunnen Brül im Brombacher Banne um 300. fl. von Florenz. (p)

Tod M. Ottens. §. VI. Marggrav Otto verwechselt das Zeitliche mit dem Ewigen ums Jahr 1384. in einem Alter von mehr als 80. Jahren. Man vermuthet er sey in der Kirche zu Sizenkirch, (q) der er Merkmale seiner Gutthätigkeit erwiesen hatte, beygesezt worden. Er hinterläßt keine Leibeserben.

Seine

(p) Um das Jahr 1383. kommt wiederum vor Juncher Oswald Pfirter, oberster Vogt der Herrschaft Rötelen.

(q) Dieses ist jezt ein Filial von Obereggenheim. Man sieht in der Kirche daselbst einen sehr schönen Grabstein, darauf ein grosser schrägliegender Schild, in welchem das Marggrävl. Badische Wapen, nämlich ein schrägrechts gehender Balken, und auf dem Schilde ein gekrönter Helm mit den Steinbockshörnern. In den vier Ecken sind zwey gegen einander aufrecht stehende kleine Schilde mit dem Balken ohne Helm; und zwey andere kleine Schilde mit vier Reihen Eisenhütlein 4. 3. 4. 3. auf welchen ein wachsender gekrönter Löwe ist. Dieses ist das Rötelische Wapen; welches insgemein also beschrieben wird: von Gold und blau Wellenweise quer getheilt mit einem wachsenden rothen Löwen auf dem Gold, und zwey Wellenweise geschobene silberne Querbalken auf dem blauen. S. Triers Wapenkunst S. 383. Ed. nov.

Seine Gemahlin war Elisabeth, Grav **Gemahlin.**
Imers von Straßberg Tochter. Der Marggrav hatte ihr 100. Mark Silbers zur Mor-
gengab versprochen, und davor die Zinse
und Gülten der Dörfer Vogelbach, Macht-
bolzberg, (Malschberg) Lutschenbach, der
Mühle zu Lutschenbach, Wandbach und Ei-
tenboch (Oedenbach,) angewiesen. Sie
stirbt A. 1352. ohne Kinder. Ihr noch lebender Vatter Immer ist ihr Erbe. Marggrav Otto vergleicht sich mit diesem seinem
Schwiegervatter dahin, daß Marggrav Rudolf diesen Zinsgenuß behalten solle „ all-
„ dieweil er Susenberg die Burg inne habe
„ und er und sein Bruder Marggrav Otte
„ ungeteilt haben, nach Marggrav Ottens
„ Tod aber sollen solche an Grav Imer oder
„ seine Erben fallen, bis die 100. Marck
„ Silbers würden bezahlt seyn. „

Rudolf

Rudolf III.

Von 1384. bis 1428.

§. I.

Rudolf III.

Marggrav Rudolf ist der rechtmäßige Erbe seines ohne Leibeserben verstorbenen Vettern Marggrav Ottens. Er besizt also die gesammte Sausenbergische und Rötelische Lande allein.

Vom Jahr 1385. findet sich „Elisabethen Gräfin und Frauen zu Neuenburg „in Losener (Lausaner) Bistume und Graf „Cunrats von Friburg Landgrafen in Briß„gowe Schadlosbrief gegen M. Rudolfen „von Hochberg Herren ze Röttelen und ze „Susenberg, wegen aller Bürgschaften, die „er für sie geleistet, oder künftig leisten „möchte. (a)

In diesem Jahr hält Hugo Ernin von Winterswilr, Vogt daselbst, das Gericht an statt des Marggraven, und gibt über eine von einem Burger zu Basel zu Lehen getragene Matten ein Urtheil.

A. 1387.

A. 1387. empfangt er von Bischof Immer zu Basel die Belehnung über die Dörfer Haltingen und Hölnstein, wie auch über die in der Marggravschaft oder unter seinen

---

(a) Auf dem Original steht von des Marggraven Hand: *Minf Swogers Schadlosbrief.*

nen Gerichten gesessene Gotteshausleute. (b)

Am Donnerstag nach St. Gallentag selbiges Jahr wird er auch zu Rheinfelden von Herzog Albrecht zu Oesterreich mit der Veste Röteln und dem Banne der Kirchhöre (*) Röteln, dem Kirchensaze und andern Zugehörungen; desgleichen mit der Stadt Schopfheim, mit dem Kirchensaze daselbst und allen, was dazu gehört, belehnt.

In eben diesem Jahr gibt sein Schwager Grav Konrad von Freyburg, Landgrav im Brisgau, alle seine Lehengüter und Geld, die er von dem Stift Basel bisher gehabt, demselben zurück, und empfangt selbige mit unserm Marggraven vor sich und seine Erben in Gemeinschaft.

Der Marggrav kauft auch in diesem Jahr von Heintzmann von Baden um 50. fl. einen Weyer zu Lörrach unter der Burg gegen der Wisen hin, und anderes nächst daran gelegenes Gefildes.

A. 1388. nimmt ihn erstgedachter Grav Konrad auf in die Gemeinschaft der Lehen, und der Mannschaft im Brisgau, so, daß er mit ihm genieße jährlich zwo Mark Silbers

---

(b) Gotteshausleute sind eigentlich diejenigen Leute, welche einem Stift oder Gotteshaus mit Leibeigenschaft verhaftet, aber unter einem andern Herrn seßhaft sind. Zuweilen heissen auch diejenige also, welche auf des Gotteshauses Gütern sizen, ob sie gleich nicht leibeigen sind.

(*) Kirchhöre heissen sonst die Orte, die zu einer Kirche gehören.

bers von den Wildbännen und Silberbergen auf dem Schwarzwalde, auch einen Habbicht von seinen Züchten.

In eben diesem Jahr ertheilt dem Marktgrav Rudolf ꝛc. das Kaiserl. Hofgericht zu Rotweil ein Urtheil wider Grav Heinrich von Fürstenberg, welcher damals in die Reichsacht erklärt worden, daß er dessen Festunge, Stätte ꝛc. Fürstenberg, Gysingen, Löffingen und Nüwenstatt angreiffen, für sich behalten, oder sonst nach Belieben damit schalten und walten möge. Dieses Urtheil wurde hernach dem Hochgebohrnen Marggrav Rudolfen ꝛc. von Swantibor Herzog zu Stetin, Kaiserl. Hofrichter bestätigt. Geben zu Prag Freytags vor St. Antonii Tage 1396. Weil sich der Grav auch der Käzerey verdächtig gemacht, so wird er auf Befehl des Erzbischofs von Maynz, vom Abt zu Tennebach auch in den Bann gethan. (c) Der Bischof von Basel vermit-

---

(c) Man führt unter andern diese Ursachen an: Quod coram sede Moguntinensi contumax fuerit, spretis & contemtis ipsius privilegiis, In animæ suæ salutis dispendium & scandalum Christi fidelium, quod de hæretica pravitate probabiliter sit suspectus, & quod de sanctæ matris ecclesiæ sacramentis aliter sentiat, quam sentiat & doceat Sancta Mater Ecclesia. Seinen Unterthanen und Anverwandten wird ernstlich verboten ihm einige officia humanitatis zu erweisen, ne illam retributionem accipiant, quam mus in pera, serpens in gremio & ignis in sinu suis consueverunt exhibere. Förster l. c.

vermittelt die Sachen so, daß der Grav frey gesprochen, und darauf zu desto festerer Freundschaftsverbindung eine Vermählung zwischen seinem Sohn Heinrich und Marggrav Rudolfs Tochter Verena geschlossen wird.

Auch belehnt ihn und seine Erben, Lehensgenossen, in diesem Jahr am Zinstage vor dem Meigentage Bischof Immer zu Basel, mit dem Lehen, das Richart von Schlatt und sein Bruder, Edelknechte, vom Stift Basel gehabt, und jährlich gegangen ist von dem Kirchenzehenden zu Tannenkirch, nun aber ledig worden war. In eben diesem Jahr bewilligt Ymer von Ramstein, Bischof zu Basel seinem liben Oheim M. Rudolfen 2c. den in sein von dem Bistum tragendes Lehen gehörigen Henman Gölzlin genannt Arnleder von Schopfheim, dessen Güter und Leibeserben zu befreyen und ledig zu lassen.

A. 1390. empfangt von ihm Hanman von Grünenberg, Ritter, für sich, seinen Sohn Peterman, Hansen von Grünenberg seines Vetters des verstorbenen Herrn Grünen Sohn, und Wilhelmen seines Bruders des verstorbenen Herrn Heintzmann Sohn, zu Mannlehen, alle Leute, Gerichte und Rechte, die sie und ihre Vordern in Lehensweise hergebracht haben in den Dörfern und Bännen zu Egringen und Mogenhart dergestalt, daß je der Aelteste solche empfangen und tragen soll.

A. 1390.

K k   A.

Geistliche Stiftungen.

A. 1391. ordnet und bekostiget er eine neue und beständige Messe und Caplaney über den Altar der Allerheiligsten Jungfrau Maria in der Pfarrkirche zu Röteln. Auch verschreibt er in diesem Jahr 6. Viernzal und 2. Sester Dinckel Gelts, 2. Schill. 10. ₰ Baßler Münz Gelt, die vormals die von Hauenstein von der Herrschaft Röteln zu Tossenbach als Lehen gehabt, dem Stift Rheinfelden, mit dem Beding, daß sie sein und seiner Vordern u. Nachkommen Jahrszeit jährlich 4. Stund, wann sie ihre Bruderschaft halten, begehen sollen.

Lehensachen A. 1392.

§. II. A. 1392. am Samstage nach des Heil. Kreuzes Erfindung belehnt zu Basel Bischof Fridrich von Straßburg, als Pfleger des Bistums Basel, unsern Marggraven und dessen Lehenserben, mit den Dörfern Haltingen und Hölnstein, den unter seinen Gerichten gesessenen Gotteshausleuten, und dem Korngelde, das Richart von Schlatt und sein Bruder zu Lehen gehabt zu Tannenkirch, und das nun Dieterich Viztum von dem Marggraven hatte. An eben diesem Tag belehnt er auch den Marggraven und Grav Konrad von Freyburg in rechter Gemeinschaft mit der Mannschaft und Wildbännen im Brisgau und auf dem Schwarzwalde. (d) Daß auch dem Marggrav

---

(d) Diese Belehnung geschah hernach wieder A. 1394. von Bischof Konrad von Basel. Nur wird noch in dem

graven Rudolf die oben angezeigte zwo Mark Silbers und der Habicht von den Lehnbaren Silberbergen und Wildbännen durch Graf Konrads von Freyburg Vogt Wirre richtig zu dieser Zeit überliefert worden, bezeuget Berthold Waldners, Ritters, und Wilderichs von der Huben, Dechants zu St. Thiebolt in diesem Jahr zu Badenweiler ausgestellte Kundschaft. (e)

A. 1393. am Zinstag nach Lichtmeß hält Johann Stölzlin Vogt in der Stadt Schopfheim an Marggrav Rudolfs Statt das Gericht, da zwischen adelichen Partheyen gesprochen wird.

A. 1394. bezeugt sowol der Marggrav als Heinrich Rich, Ritter, daß in den Dörfern Kilchein, Eymatingen und Efringen, wie auch in deren Zwingen und Bännen der Marggrav das peinliche Halsgericht habe, oder, wie es in der Urkunde lautet, über Mord, Raub, Nachtbrand, Strassenraub, Ketzerey, Diebstahl, Gifft trage, der Ritter aber über das übrige zu richten habe.

A. 1395. vermacht ihm Grav Konrad von Freyburg vor dem Official zu Basel

dem Lehenbrief gedacht, daß die Belehnung sich auch in angezeigten Dingen über Totrnau erstrecket habe; desgleichen wurden seine Rechte erneuert in dem Städtlein Schopfheim, wozu gehörten Gundihusen, Eaniton, Wiechs, Eichen und Enre Vernow.

(c) Herbster l. c. Bl. 71.

die ihm und seinen Vordern von den Marggraven von Hachberg um 700. Marck Silbers verpfändete Landgravschaft Brisgau. Er übergibt sie auch, in Erwägung, daß durch den bisherigen Genuß die gedachte Summe bereits getilget seye, (*f*) bald hernach dem Marggraven wirklich vor dem Gericht zu Neuenburg, (*g*) und empfangt sie von dem Marggraven gegen einem jährlichen auf Jacobi in recognitionem dominii directi zu liefernden Habicht wieder zu Lehen. (*h*)

In diesem Jahr vermacht Haman Arnleder zu Schopfheim, ein tapferer Kriegsheld u. Lehenmann des Marggrävl. Hauses, zum Zeichen seiner innigsten Dankbarkeit vor die von seinem Herrn genossene Gnade und Liebe, alle seine Mobilien, insonderheit aber seinen Panzer und Schwerdt des Marggraven ältestem Sohne, oder, wer sie würde führen können. (*i*)

Auch versichert der Marggrav in diesem Jahr den Graven Hans von Habspurg, daß er den Verpfändungsbrief wegen der Herrschaft Rotenburg im Basler Bißthum gelegen zur sichern Verwahrung in die Hände eines Dritten übergeben wolle.   A.

(*f*) „ Das sie vordern und er dieselb Lantgraffschaft Jn
„ Brisgow wol als lange genossen haben, das sie erlö-
„ set sie. „
(*g*) S. oben S. 226. 227.
(*h*) Cod. Dipl. Bad. num. 303. 304.
(*i*) Förster l. c. Cap. 14.

A. 1396. empfangt er zu Prugg im Ergow die Belehnung über die Veste Röteln und die Stadt Schopfheim von Herzog Leopold in Oesterreich).

A. 1397. hält Hans Herbot Vogt zu Lörrach das Landgericht im Namen seines Herrn in der Vorburg zu Röteln. *A. 1397.*

In diesem Jahr übergibt Wolf von Gerschnegge die Burg Badenweiler dem Marggrav Rudolf von Hachberg, Herrn zu Röteln und Sausenberg, dem Marggrav Hessen von Hachberg und Grav Konrad von Tübingen Pfandsweise. Sie geben dagegen die eidliche Versicherung von sich, daß wann Grav Konrad von Freyburg oder seine Erben ihnen genug thun werde um 80. fl. Gelds, so sie Wolfen von Gerschnegge zu Leibgedinge verschrieben, und um 160. fl. so sie ihm baar geliehen, sie demselben von lezterem ihnen übergebene Burg Badenweiler wieder einräumen wollen. (k)

§. III. Marggrav Rudolf erhält von den regierenden Kaisern schöne Privilegien. *Kaiserliche Privilegien und Belehnungen.*
A. 1397. auf Jubilate gibt ihm K. Wenceslaus die Freyheit, daß ihn, oder seine Erben niemand vor ein fremdes Gericht, sondern allein vor das Kaiserliche Hofgericht vorladen, und daselbst berechtigen, sei-

Kk 3 ne

(k) Hiemit ist dasjenige zu vergleichen, was oben S. 227. hievon gemeldet worden ist.

ne Unterthanen aber nirgends, als vor ihm oder seinen Amtleuten vorgenommen werden sollen, es sey denn im Fall versagten Rechtens, da erlaubt seyn solle, sie vor das Reichs-Hofgericht zu fordern. (*l*)

A. 1398. ertheilt eben dieser Kaiser dem Marggrav Rudolf und allen seinen Nachkommen das Privilegium, in ihrer Landgrafschaft und allen ihren Schlössern und Gebieten, auch allen ihren Leuten und Untersassen, allerley Aechter, wie sie immer Namen haben mögen, aufzunehmen, zu enthalten, hausen und hofen; doch daß sie einem jeden Kläger, der etwas an solche in die Acht erklärte Personen zu fordern haben würde, zu vollkommenem unverzogenem Rechte verhelfen sollen. (*m*)

A. 1401. belehnt K. Rupert den Marggraven mit dem Landgraviat im Brißgau, und Landgericht, wie auch mit dem Blutbann und andern Rechten. (*n*)

A. 1403. Freytag nach St. Pauls Bekehrung ertheilt ihm der Römische König Ruprecht die Freyheit zu Lörach jährlich einen Jahrmarkt auf Mittwochen vor St. Michaelis, und einen Wochenmarkt alle Mittwochen zu halten. (*o*) Er bestätigt ihm

---

(*l*) *Cod. Dipl. Bad.* ad a. 1397.
(*m*) *Cod. Dipl. Bad.* num. 310.
(*n*) SCHILTERI *Inſtit. jur. publ.* T. I. p. 88.
(*o*) An dem Brief hängt das Majestäts-Insigel mit der Um-

ihm zugleich die Freyheit, daß weder Er und seine Erben vor ein ander als des Reichs Hofgericht; noch seine Unterthanen vor jemand anderst, als ihn oder seine Amtleute und Richter, ausser im Fall versagten Rechtens, mögen gefordert werden.

§. IV. A. 1398. da der Marggrav nach Abgang der edlen Sweininger den Zehenden zu Meli als ein heimgefallen Lehen einziehen will, thut Claus von Huse, Oesterreichischer Landvogt, als Marggrävlicher Lehenmann, in dem Manngericht, so er in dem Dorfe Lörrach gehalten, diesen Ausspruch: Weil Conrad Sweininger seine verstorbene Ehfrau Verena von Achtdorf jährlich um 40. Stück Korns versichert hätte: so soll deren Tochter Elsin Schweiningerin, Henmans von Höwenstein Ehfrau auch so lang bis die bestimmte Bedingungen erfüllt wären, bey diesem Pfandschilling bleiben. (p)

A. 1399. errichtet er mit denen von Bern ein Bündnis auf fünf Jahr. (q) Und bald hierauf legt er noch in diesem Jahr die langwierige Zwistigkeiten, welche dieselben und

Umschrift: RUPERTUS. DIVINA. FAVENTE. CLEMENCIA. ROMANORUM. REX. SEMPER. AUGUSTUS. K. F : drich III. hat solches bey seiner Krönung bestätigt.

(p) S. vorher das Leben Marggrav Otto a. 1337.
(q) Tschudi l. c. Th. I. S. 599.

die von Basel mit einander gehabt haben, glücklich bey. (r) In eben diesem Jahr verkauft Uren zum Tolden, des verstorbenen Jennemanns zum Tolden Ehfrau, die sich nachher an Thüringes von Sissach verheurathet, dem Marggraven alle von ihrem ersten Ehmanne herrührende Rechte, Güter, Leute, Fälle, Zinsen, Gülten, Aecker, Matten, Reben, Häuser ꝛc. in den Dörfern und Bännen zu Oetlikon, Binzheim und Haltingen um 425. Goldfl. Sie behält sich allein anderthalb Mannwercke Reben vor.

Auch stellt in diesem Jahr Thüring von Ramstein, Freyherr zu Zwingen gegen den Marggraven einen Schadlosbrief aus, als sie beede mit einander von Herman Waltenhein, einem Wirthe von Basel 400. fl. aufgenommen, und der Marggrav seine beede Häuser zu Basel in der Spiegelgasse dafür verpfändet hatte. (s)

§. V.

(r) Tschubi l c Th. I. S. 637.

(s) Vom Jahr 1404. findet sich ein anderer Schadlosbrief Diethelms von Krenakingen, Freyen, und seiner Ehfrau Regel Anna von Arburg, gegen den Marggraven wegen der für sie dem Brobbecken zu Basel Rüdin von Meyenberg für 100. fl. Capital und 7. gl. jährlichen Zinß versetzten zwey Häusern zu Basel. Im Briefe stehen die Worte: „ sine zwene Höfe, Hüser und „ Gesesse ꝛc. aneinander gelegen ze Basel an der Spie- „ gelgassen bi den Agustinern zwischent den Hüsern zem „ Heil. Crütze und zer hochen Tannen. „

§. V. A. 1400. am Donnerstag vor dem Meyentage wird er gemeinschaftlich mit Konrad Graven von Freyburg mit der Mannschaft, Widbännen und Silberbergen im Brisgau, auf dem Schwarzwald und zu Tottnau, wie auch besonders mit Haltingen, Hölnstein, den Gotteshausleuten und dem Korngelde zu Taunenkirch vom Bischof Humber zu Basel belehnt. In eben diesem Jahr verkauft Ulman Rencle, Edelknecht, und oberster Vogt des Marggraven an Peter Dietrich, einen Fischer von Basel um 10. ℔ neuer Basler Pfenninge auf Wiederlösung 1. ℔ ₰ welches Claus jährlich zu den zweyen Johannestagen ihm gegeben von der Eigenschaft der Fachweide und Leweweide im Rhein zu kleinen Hüningen.

In eben diesem Jahr überläßt ihm Bruder Marquart von Baden, Commenthur zu Bügheim, verschiedene Erblehen und andere Zinse zu Wies, Tegernau, Engenstein und Röteln. Er empfangt dagegen vor das Haus zu Bügheim für frey und ledig den halben Theil des Kirchensazes zu Rollingen, des Wittums und Wittumshofs daselbst, den Hemmen von Bügheim, Edelknecht, und dessen Vordern von dem Marggraven und seinen Vorfahren zu Lehen getragen. Desgleichen kauft er in diesem Jahr von Frau Anna der Hürussin, gebohrner von Klingenberg, Rudolfs von Schönau Wittib, und deren Sohn Albrecht von Schönau um 2000. Goldgulden für frey, ledig und eigen die Veste genannt der Neue Stein mit den Dörfern und Höfen Gerispach, (t) Schlechbach, Sweygmatt, Küremberg, und Reippach, die Mühle zu Hasel, den Hof genannt Sattellegg, den Hof zu Blumenberg, den Hof zu Eychenbrunnen, den Hof zu Steinegg, und die Steingruben zu Küremberg. In dem folgenden Jahr hat sich der Abt Johann und das Convent zu St. Blasii zu Gunsten Marggrav Rudolfs des bisherigen Dominii directi über die Veste zu dem Neuenstein (u) auf immer begeben.

In eben diesem Jahr versezt Bischof Humbert von Basel die Gravschaft Homburg an den Marckgraven; und verkauft sie hernach im folgenden Jahr der Stadt Basel. (v)

A. 1402. A. 1402. vermacht Henni Zimmerman von Riehen dem Marggraven alles sein Vermö-

---

(t) Aus etlichen Zeugenverhören vom Jahr 1407. erscheint, daß die von Schönau vor diesem Kauf die grossen und kleinen Gerichte zu Gerspach von Marggrav Otto, Marggrav Rudolfs Vatters Bruder zu Lehen bekommen haben.

(u) Dieses Schloß ist nicht mehr vorhanden. In dem Bezirk desselben liegt heutigs Tags der Schwarzenbacher Hof, gegen dem Totmuß, oder, wie es nun heißt, Todtenbächlein.

(v) Baßler Lexicon, Art. Homburg. Wursteisen Baßler Chron. Bl. 37. daselbst wird allein vom Schloße Homburg und von Lichtenthal geredet.

Vermögen; seiner Frauen Eherecht, und was er seinem Sohne zugedacht, ausgenommen.

In diesem Jahr entstehen wegen des Zehenden zu Meli neue Irrungen. „Johan „von Lupfen, Landgrav zu Stühlingen, „Herr zu Hohennack Oesterreichischer Landvogt, Bruder Johans ze Rin St. Johans Ordens Commendur zu Basel und Rheinfelden und Hans Kriech von Arburg thun den Ausspruch: Der Marggrav soll bey dem Zehenden, als seinem Lehen ungehindert gelassen werden, der von Büttikon die darauf stehende 40. Stück Korngelds bis zur Ablösung mit 80. Mark Silbers behalten, die weiters darauf verschriebene 25. Mark Silbers aber ab: und die Kosten gegen einander aufgehoben seyn. (w)

§. VI. Er hat wegen einer Schuld von 3000. Mark Silbers eine schwere Verdrüßlichkeit

Verdrüßlichkeit mit Grav Konrad von Freyburg.

(w) Es hängt daran das Sigill des Marggraven in weiß Wachs. Der von Büttikon beschwert sich nachher über den Marggraven, als hielte er ihm den Entscheid nicht. Sie compromittiren auf Meister und Rath zu Basel A. 1407. Hier findet sich des Marggraven Sigill auf grünem Wachs. Hierauf wird A. 1408. vom Bürgermeister und Rath zu Basel der Spruch gethan: Henman von Buttikon soll jährlich seine 40. Stück Korns vom Zehenden zu Meli also empfangen, 6. Viertel Roggen für ein Stück; 12. Viertel Dinckel für ein Stück und 16. Viertel Habern für ein Stück, alles Rheinfelder Maas.

lichkeit mit seinem Schwager Konrad, Grav von Freyburg. Der Marggrav findet sich genöthigt, sich an das Kaiserliche Hofgericht zu Heidelberg zu wenden. Der Grav wird vor demselben zu erscheinen geladen. Er kommt nicht, und wird darauf A. 1403. am Freytag nach Assumtionis von dem Kaiserlichen Gericht in die Acht erklärt. Und A. 1404. sezt Engelhard von Weinsperg, des Römischen Königs Ruprechts Hofrichter, unsern Marggraven ein in den Besiz aller seiner Einkünfte. Wer Grav Konrad etwas liefern oder Gehorsam leisten würde, sollte gleichfalls in die Reichsacht verfallen seyn. Es sind auch wirklich A. 1405. alle Unterthanen des Graven männlichen Geschlechts über 14. Jahre, die dem Verbote ungehorsam gewesen, und sich dem Marggrav Rudolf nicht unterworfen, von K. Ruprecht zu Heidelberg geächtet worden. (x)

Geistliche Stiftung. A. 1405. stiftet er die Pfarrhäuser auf dem Kirchhof zu Röteln, und begabt sie mit

---

(x) Auf dem Briefe steht von des Marggraven Hand: „Der reht vnd Angriffbrieff über min Swager." Im Förster lese ich, daß sich diese Herren Schwäger einige Jahre hernach durch Vermittelung Grav Bernhards von Thierstein und der Herren von Basel also versöhnt, daß es bey der Uebergab der Landgravschaft im Brisgau, die Grav Konrad denen Marggraven gethan, allerdings verbleiben, jedoch Grav Konrad dieselbe von ihm lebenslänglich zu Lehen tragen und in recognitionem solches Lehens ihme jährlich einen blauen Habicht von seinen Züchten liefern solle.

mit jährlichem Einkommen. Im folgenden Jahr beschenkt er das Stift St. Clara zu Basel, in welchem vier seiner Prinzeßinnen waren, mit einigen Gilten und Zinßen. (y)

A. 1406. entsteht bey Gelegenheit eines bey dem Dorf Husen auf der Legelmatte an der Wiese begangenen Todschlags ein Streit wegen der Gerichtbarkeit zwischen dem Marggraven und Jacob Zibollen nebst dessen Sohn Peterman, der wegen seiner Frauen Annen der Hirussin von Schönau die Veste Altenstein (z) und das Dorf Zell samt Zugehörde inne hatte. Die hiezu erwählte Schiedsrichter Rudolf Vitztum, Gunther Marschall Rittere, und Konrad von Lauffen thun den Ausspruch vor den Marggraven.

In eben diesem Jahr spricht Johann Thüring Erzpriester zu Basel, als Schiedsrichter zwischen dem Marggraven und Hans von Flachslanden, wegen dessen Ehfrau Ursula, Wenher Sagwers Tochter, daß der Marggrav ihr wegen des zum Tolden Guts zu Oetlikon, welches sie von ihrem Vatter ererbet, jährlich 5½ Saum weisen Weins nach Oetlikon liefern lassen solle, doch wird ihm die Ablösung mit 55. Goldgülden vorbehalten. A.

(y) Förster l. c.

(z) Altenstein war ein Bergschloß; heutigs Tags ists ein Dorf und Burgstall zu der Herrschaft Zell gehörig, eine Stunde hinter Zell.

A. 1407.

Verein mit Basel

A. 1407. hält Henni Berſchi Vogt zu Wollbach an ſtatt des Marggraven das Gericht, und fertigt einen Kauf zu Hammerſtein. Des Marggraven oberſter Vogt war Juncker Ullman Renck. In eben dieſem Jahr trift er einen fünfjährigen Verein mit der Stadt Baſel, einander zehen Meilwegs um die Stadt behilflich zu ſeyn. Die Stadt verſpricht dem Marggraven acht Spieß mit Hengſt und Leuten wohl ausſtaffirt zu ſchicken; der Marggrav hingegen vier dergleichen. (*a*) Er bezeugt ſich auch gegen dieſe Stadt als einen wahren Freund; und ſucht A. 1409. Frieden und Einigkeit zwiſchen derſelben und dem Hauſe Oeſterreich herzuſtellen. (*b*) Sein Wort iſt auch A. 1410. als die verwittibte Herzogin Katharina von Oeſterreich, Herzog Leopolds des Stolzen Gemahlin, perſönlich von Wien, woſelbſt die Geſandten der Stadt Baſel nicht einmal angehört wurden, ankam, von ſolchem Nachdruck, daß mit Hilf der Stadt Bern und anderer der Friede hergeſtellt wird. (*c*) Gleiche Bemühung

---

(*a*) Wurſteiſen Basler Chron. S. 212.

(*b*) Wurſteiſen l. c. S. 216. 221. folg. Tſchudi l. c. S. 650. „ Man ſoll ouch wüſſen, daß der fromm „ Fürſt Matggraf Rudolf von Hochberg, Herr zu Rö- „ teln ſich in diſen Handel gar fründlich und nachbür- „ lich mit der Statt Baſel hielt, ouch uff allen Tagen „ Schiedlüt zwüſchend beeden Partyen was, damit ſi „ ze Friden kamend. „

(*c*) Tſchudi l. c. S. 653.

Rudolf III. von 1384-1428.

mühung bey neu entstandenen Strittigkeiten zwischen ihnen, ist von gutem Erfolg A. 1411. (d)

A. 1409. erkennt die Aebtißin Anna zu Seckingen, daß dem Marckgraven in dem Banne des Dorfs Stettheim die hohe Gerichte gebühren. In diesem Jahr sizt Cunz Bumann, Vogt zu Weil, an des Marggraven Statt zu Gerichte in dem Dorf Weil und fertigt einen Kauf über etliche Jucharten Holz. Des Marggraven Amtmann war Juncker Jörg von Tegernau.

A. 1410. schenkt ihm Walther Renck, Priester u. Rector der Kirchen zu Alaphen durch eine Schenkung unter Lebendigen viele liegende Güter zu Oetlikon (Fridlingen) Hiltelingen und Kleinhüningen, nebst dem halben Kirchensatz am leztern Orte. In eben diesem Jahr werden vor dem Officialathause Zeugen vernommen, daß dem Marggraven die hohen Gerichte zu Eymatingen, Efringen und Kilchhein, die niedere aber denen Reichen zugehören. Auch stellt ihm in diesem Jahr die Aebtißin zu St. Clara in Kleinbasel, Margaretha von Blumenberg einen Revers aus, daß der Kirchensatz zu Krenzach nebst 40. fl. Gelts, so der Edel und die frommen (e) vesten Herrn Thüring von Ramstein, Freyherr, Burkhart Münch und Herr Bertold von Stauffen, Ritter, jährlich

A. 1410.

(d) Tschudi S. 655.
(e) Fromm ist so viel als tapfer.

jährlich geben um 600. fl. Hauptguts, und einigen Wein= und Hühnerzinsen, welche der Marggrav seinen vier in besagtem Kloster befindlichen Töchtern Agnes, Catharina, Anna und Margaretha zum Leibgedinge gegeben, nach ihrer aller Tode wieder an ihn, oder seine nächste Erben fallen solle.

A. 1411. A. 1411. gibt Katharina von Burgund, Herzogin zu Oesterreich, als Inhaberin der Herrschaft Badenweiler, dem Vogt zu Tottnau auf den Silberbergen den Befehl, jährlich, so lange diese Silberberge in ihren Händen seyn würden, an den Marggraven zwey Mark Silbers abzurichten. Sie kommt zugleich mit dem Marggraven überein, daß sie ihm noch selbiges Jahr vor die ruckständige Zinse von den Silberbergen zehen Mark Silbers bezahlen wolle.

A. 1412. am Montage vor K. Heinrichstage willigt das Domkapitel zu Basel in die gemeinschaftliche Belehnung Marggrav Rudolfs und Konrads von Freyburg, mit der Mannschaft und Wildbännen im Breisgau und auf dem Schwarzwald, auch den Silberbergen auf dem Schwarzwald.

A. 1413. compromittirt er und die Stadt Basel wegen der Ansprache, die er an die Fischenzen und andere Stücke zu Enren Hüningen (Kleinhüningen) hatte, welche Ulman Renck vom Marggraven zu Lehen gehabt, die aber nun nach seinem Tode dem

Lehenherrn heimgefallen waren, auf Arnold von Berenfels, Günther Marschalk, Bürgemeister zu Basel, Burckart zu Rine, Rittere, Oswald Wartemberg, Ammeister und Konrad, Stadtschreiber zu Basel. Diese entscheiden, daß beede Theile an der strittigen Fischenz gleiches Recht und Theil haben sollen. In diesem Jahr werden die Gerechtigkeiten des St. Blasischen Dinghofs zu Riehen erneuert. Der Marggrav bekommt davon 22. Saum Weins, 3. ℔. Zinspfenning und von der Schuppos ein Faßnachthuhn. (f)

A. 1414. am Freytag nach St. Pauls A. 1414. Bekehrungs Tag wird er von Herzog Fridrich IV. von Oesterreich zu Schafhausen mit der Veste Rötelen und der Stadt Schopfen belehnt. So bestätigt ihm auch in diesem Jahr am Samstag nach St. Margarethen-Tag K. Sigmund zu Straßburg alle Kaiserliche und Königliche Freyheiten, Rechte, Herkommen, Briefe, Privilegien und Handvesten; und am St. Margarethen-Tag zu Basel, die Geleitsgerechtigkeit durch die Herrschaft Röteln.

A. 1415. gibt ihm K. Sigmund zu Kostanz die Freyheit, daß er seine Unterthanen, es seyen Gotteshausleute, Eigenleute, Lehenleute oder Pfandleute, wann sie unter andere Herren oder Städte ziehen, wieder

---

(f) Herbst L. c. Bl. 92.

wieder fordern möge, und man ihm solche bey Strafe 10. Mark lötigen Goldes wiedergeben sollte.

A. 1415. In diesem Jahr stellt er seinem getreuen Walther Rencken die Güter, welche dieser ihm lediglich übergeben hatte, mit dem Bedinge wieder zu, daß, was er nicht davon alienirt, nach dessen Tode wieder an den Marckgraven fallen solle, ohne seiner Erben und Nachkommen Wiederrede. Von eben diesem Jahr findet sich ein Schadlosbrief Marggrav Bernhards zu Baden, geben zu Eberstein Fritag nach St. Michelstag gegen Marggrav Rudolf ꝛc. wegen geleisteter Bürgschaft für die Gülte, welche Marggrav Otten von Hachberg auf die Herrschaften Hachberg und Höhingen verschrieben worden.

Auch reitet er in diesem Jahr mit den Gesandten der Stadt Basel und Straßburg nach Freyburg im Brißgau, um den von Kostanz entwichenen Papst Johann XXIII. mit der Kirchenversammlung daselbst zu vergleichen. Seine Bemühungen laufen aber fruchtlos ab. (g)

A. 1416. übergibt ihm Heinrich Gewig ein Haus zu Schopfheim, das Ehrhaftenhaus genannt.

A. 1417. A. 1417. hatte die Stadt Basel nach dem Exempel der Stadt Strasburg sich eine neue

---

(h) Wurstreisen Basler Chron. S. 225. folg.

neue Magiſtratsperſon, mit dem Titul Ans meiſter, ohne Vorwiſſen des Biſchofs gemacht. Der Biſchof beſchwehrt ſich hierüber bey der Kirchenverſammlung zu Koſtanz. Unſer Marggrav legt ſich ins Mittel, und bringt es dahin, daß die Stadt dieſe neue Würde wiederum abſchaft, und alſo das gute Vernehmen zwiſchen ihr und dem Biſchof hergeſtellt wird. (*h*)

A. 1418. hält Hans Rich, Ritter, in des Marggraven Namen ein Lehengericht zu Lörach. Urtheilſprecher ſind: Jerocheus von Ratzenhuſen, Henmann von Liebegg, Egli von Weſſenberg, Lütold von Berenfels, Herttrach ze Rin von Müllhuſen, Heinrich von Ertzingen, Erhart von Nüwenfels, Hans von Büchel, Burckart von Brunkilch, Hans von Roggenbach, Claus Goltz, Rietger Goltz, alle Edelknechte; Cunzli von Louffen, Peter Hans Schenck, Heinrich Gerwig und Ulman Bruner. Man erkennt daſelbſt, daß der Marggrav ſeine Lehen mit ſeinem Urbarbuche wohl beweiſen können. (*i*)

In dieſem Jahr am Samſttag vor Simonis und Judä wird er von Biſchof Hartmann

A.1418.

(*h*) Wurſteiſen l. c. S. 237.
(*i*) Den Brief haben mitbeſiegelt die edeln veſten Ritter: Her Henman von Grünenberg, Her Johans von Stouffen, Her Burkart Münch, Fritſchman von Iltzig, Hans Truchſäs, Schultheiß von Rinfelden, Edelknecht.

mann zu Basel mit den Dörfern Haltingen und Hölstein, den Gotteshausleuten und dem Korngelte zu Tannenkirche belehnt; so dann auf Allerheiligen Abend empfängt er die gemeinschaftliche Belehnung mit Grav Konrad von Freyburg über die Mannschaft ꝛc. im Brisgau ꝛc. wie vorher geschehen war. (k)

A. 1419. A. 1419. übt er seine Grundruhrgerechtigkeit aus. Ritter Walther von Andlau sendet ein mit Haber beladenes Schif von Bütenheim (l) aus. Es scheitert (grundrühret) bey Gutnau oberhalb Neuenburg. Des Marggraven Amtleute daselbst ziehen es ein. Der Marggrav gibt es aber auf Fürbitte Grav Hansen von Lupfen und anderer wieder zurück, jedoch gegen einen ausgestellten Revers, daß diese Zurückgabe seiner Grundruhrgerechtigkeit nicht nachtheilig seyn soll.

A. 1420. A. 1420. wütet im Brisgau eine fürchterliche Seuche, welche das Marggrävliche Haus in tiefe Trauer versezt. Sie reißt des Marggraven Sohn Rudolf, einen Herrn von 27. Jahren, dessen Frömmigkeit und Tugend ihn in jedermanns Herzen beliebt machten, wie auch drey Töchter, die im Frauen-

---

(k) Dieses geschicht abermals A. 1423. am Zinstage nach St. Jacobstag von Bischof Johann.

(l) Ist ein Andlauisch Schloß oberhalb Otmarsheim.

Frauenkloster zu St. Clara in Basel ge=
lebt, dahin. (m)

A. 1423. an der Mittwoche nach Weih= *Stiftun=*
nachten verordnet er und seine Gemahlin *gen.*
Gräfin Anna von Freyburg folgende
Schenkungen von Todes wegen, die sein
Sohn Marggraf Wilhelm in der nächsten
Jahresfrist nach seinem Absterben bezahlen
solle, als: den armen Leuten an der Birse
zu Basel 10. fl. um Gülten damit zu kau=
fen, die den armen Siechen jährlich auf St.
Katharinen Abend dienen sollen, ihr Mahl
zu bessern.   Der Kirche zu Tannenkirch
10. fl. davon die Zinse halber zum Bau der
Kirche und halber dem Kirchherrn gewid=
met seyn soll. Dieser soll jährlich auf den
Todestag des Marggrafen für ihn, seine
Gemahlin und alle ihre Vordern und Nach=
kommen eine Vigilie und Seelmesse spre=
chen. Den Barfüssern zu Basel 10. fl. die
Zinse soll ihnen ebenfalls zu Besserung ih=
res Mahls auf St. Katharinen Abend die=
nen.   Sie sollen aber auch die gemeldete
Seelmesse halten. Dem Gotteshause St.
Blasien 40. fl. Dem Gotteshause Wettin=
gen 20. fl. Dem Spital der armen Leute zu
Basel 10. fl. auch zu Besserung ihres
Mahls jährlich auf St. Katharinen Abend.
Den Augustinern daselbst 10. fl. zu gleichem
Endzweck; sie sollen aber auch des Marg=

Ll 3   graven

___

(m) Förster l. c. Wurstesen l. c. Bl. 64. seit ih=
ren Tod ins Jahr 1419.

graven Jahrszeit, wie vorgemeldet, begehen. Der Bruderschaft der Kappellanen auf Burg zu Basel 20. fl. mit eben dem Beding der Seelmesse. An den Bau U. L. Frauen auf Burg zu Basel 20. fl. Den Karthäusern daselbst und dem Kloster St. Clara jedem 10. zu gemeldetem Endzweck. Den Klöstern Klingenthal, Gnadenthal und den Predigern allda jedem 10. fl. desgleichen dem Kloster an der Steinen 10. fl. Dem Frauenkloster zu Unterlinden in Colmar 10. fl. Dem Frauenkloster zu St. Katharinen vor Freyburg 10. fl. Desgleichen halb an den Bau der Kirche zu Röteln und halb dem Kirchherrn allda 10. fl. So auch der Kirche zu Schopfen 10. fl. Der Kirche zu Wollbach 10. fl. der Kirche zu Haltingen 10. fl. Der Kirche zu Oetlikon 10. fl. Und dem Frauenkloster zu Schönensteinbach 10. fl.

A. 1424. Wegen der hohen Gerichte hatte Marggrav Rudolf mit verschiedenen benachbarten Ortschaften Strittigkeit. A. 1424. wird durch einen schiedsrichterlichen Ausspruch Burkard Münchs von Landscron, Ullmanns von Pfirt rc. unter andern festgestellt, daß gedachtem Marggraven als Landgraven von Sausenhart sothanes hohe Gericht ausserhalb Etters der Dörfer Schlien- und Steinenstatt zustehen, auch diejenige, so zum Tode verurtheilt würden, ihme ausgeliefert werden solten.

A. 1428. stiftet er drey Pfründen vor die Pfarr-

Pfarrkirche zu Rötelen. Sein Sohn Wilhelm bestätigt sie nach seinem Ableben.

§. VII. Und dieses Jahr 1428. (n) ist Tod. dasjenige, in welchem der vortrefliche Greiß Marggraf Rudolf sein ruhmvolles Leben in einem Alter von 84. Jahren beschließt; nachdem er seine Länder theils mit seines Vatters Bruder, theils allein bey 64. Jahren löblichst regiert hatte. Von seiner grossen Friedfertigkeit zeugt seine Regierung. Der Krieg, den er, nach Försters Bericht, zwey Jahr vor seinem Ende mit Dietrich von Rathsamhausen wegen des Dorfs Buttstatt im Sundgau führen mußte, ohngeachtet es ihm dreymal gerichtlich zugesprochen worden, machte ihm Beschwerden. Das Dorf Feldberg gieng damals im Rauch auf; und er selbst zog sich eine nicht geringe Schuldenlast zu, die er seinem Sohne Marggraf Wilhelm hinterließ.

Er wurde in einer besondern Todtenkapelle in der Kirche zu Röteln beygesezt. Seine zweyte Gemahlin Anna ruhet an seiner Seite. Es wurde ihnen ein sehr schönes Grabmal verfertigt, wiewol sine die & consule. Diese Kirche zu Röteln hatte er A. 1401. erbauen lassen, (o) und nachher

Ll 4 A.

(n) Förster sezt dabey am Sonntag nach der Lichtmeß.

(o) Hievon zeuget noch diese Aufschrift in derselben: Ich. Marggraf. Rudolf. macht. diß. Kirchen. in. dem. Jar. do. man. zalt. von. Gottes. Geburt. vierzehenhundert. Jar. und. ein. Jar.

A. 1418. zu einer Capitular- und Conventualkirche gemacht, (*p*) und sehr wohl beschenkt.

Gemahlinnen. §. VIII. Marggraf Rudolf hatte sich zweymal vermählt. Seine erste Gemahlin war Adelheid von Lichtenberg.

Zur zweyten Gemahlin erwählte er Anna, Grav Egens IV. von Freyburg, und Verena Gräfin von Welsch-Neuburg, Tochter, und des damals regierenden Grav Konrads III. v. Freiburg Schwester. Die Eheabrede wird errichtet A. 1387. in der Mittwoche vor St. Valentinstag. Nach derselben bekommt der Marggrav zur Ehesteuer 12000. fl. davon man ihm 7500. fl. auf die v. Oesterreich dem Graven verpfändete Stadt und Amt Sennheim und 3000. fl. auf das gleichfalls Oesterreichische Pfand Jstein die Veste versichert, die übrigen 1500. fl. aber in Jahres Frist zu zahlen versprochen. Die Braut thut Verzicht auf alle väterliche und mütterliche, wie auch auf der Gräfin Elsin (Elisabeth) von Neuenburg Erbschaft, jedoch mit ausdrücklichem Vorbehalt des Anfalls, wann ihr Bruder Grav Konrad ohne eheliche Leibeserben abgehen sollte; wenn die Oesterreichische Pfandschaften ganz oder zum Theil in Ablösung kämen, so solle der Marggrav die Gelder

---

(*p*) Die Urkunde steht unter andern in D. FRCHTM *Orat. de Johanne Gebhards.*

Gelder an sichere Güter anlegen, zwischen dem Forst und dem Hauenstein, und zwischen den Gebürgen beederseits des Rheins. Zur Wiederlage und Widum, oder, wie es genennt wird, für ihr Eherecht verschrieb ihr der Marggrav 6000. fl. auf Sausenberg der Veste und den Dörfern Sitzenkilch, Kander, Fürbach, Obern Eggenheim, Schalsingen, Gorgendorf, darzu den Höfen, die dem Marggraven und in den Kilchgang zu Obern Eggenheim gehören, sodenn Vogelbach, Kaltenbach, Lützschenbach, Machtelsperg, Martinszelle und Entenburg und der Vogtey zu Bürgelon. Er verspricht zugleich, daß, wann ihre Ehe ohne Kinder seyn würde, diese 6000. fl. an seiner Gemahlin Erben fallen sollen. Auch solle es ihm frey stehen, wann es Oesterreich gestatten würde, diese 6000. fl. auf die Stadt Schopfheim oder andere von demselben rührende hinlängliche Lehen zu verweisen. Von Seiten Freyburg wurden zu Bürgen gegeben: Dieterich Probst zu Lütenbach, Heinrich von Maßmünster, Schulherr der Stifte Basel, Bertold und Cunrat Waldener Ritter, Hartman von Masemünster, Wilhelm Waldener, Krafte Waldener, Henman von Wattwilr, genant Breller. Von dem Marckgrafen: Graf Walraf von Thierstein, Johans von Eptingen, genant Puliant, Claus vom Hus, Rittere, und Burckart Münche von Landskron. (q)

(q) Unter den Sigilln sind: *S. Rudolfi. Markionis. D.*

Die Marggrävin vermacht aber gleich in diesem Jahr den 22. Aug. ihrem Gemahl ihre Morgengabe von 1000. fl. und die ihr dafür übergebene Güter, nämlich das Dorf Velrperg in der Pfarrey des Dorfs Nieder Eggenheim gelegen samt den Häusern zu Sennenbach, auf den Fall, wann sie ohne Erben absterben sollte. Auf eben diesen Fall vermacht sie ihm auch A. 1388. den 18. Jan. ihr Eherecht der 6000. fl. Und A. 1389. den 23. Octobr. thut sie im Schlosse Rötelen auf die ihr auf das Schloß Sausenberg und zugehörige Dörfer verschriebene 6000. fl. Verzicht, wann sie sich nach ihres Gemahls Marggrav Rudolfs Tod wieder vermählen würde. (r) In eben diesem Jahr am Montag vor St. Martinstag schlagt der Marggrav die zu Erfüllung der seiner Gemahlin versicherten 12000. fl. Ehesteuer erhaltene 1500. fl. auf die Dörfer Obern- und Nieder Tegernowe und auf das Amt Tegernowe, wie auch auf alle ihre Steuer-

---

D. Hacbbg. S. Cuonradi. Comitis. De. Friburgo. beede von grünem Wachs.

(r) An dem Brief ist in grünem Wachs das Sigill derselben: †. S. Anne. Comitisse. De. Friburgo. Zeugen waren: Johann Vogt von Tüngen, Rector der Pfarrkirche in Rötellen, Ulrich Fabri von Egebatingen, Capellenpriester des Schlosses Rötelen, Ulmann genannt Rengck, (armiger.) Vogt des Schlosses Ustein, Henmann genannt Gölzli von Schopfheim, sonst genannt Arnleder, und Hugo genannt Vörster.

Rudolf III. von 1384-1428.

Steuergenossen. (s) Als nun A. 1392. die Veste Istein, auf welche der Marckgräfin an ihrer Ehesteuer 3000. fl. versichert waren, wieder erlediget, und dieses Geld dem Marckgraven bezahlt worden, so hat er solches auf die Burg (castrum campestre appellatum Ottikon) welche vormals er und seines Vatters Bruder Marggrav Otto von Conrad München von Münchenstein um 1400. Mark löthigen Silbers gekauft hatten, versichert. (t) A. 1403. vermacht die Marggrävin ihrem Ehgemahl ihre Ehesteuer von 12000. fl. aufs neue zum lebenslänglichen Genusse. Und A. 1409. begibt sie sich der ihrem Gemahl verschriebenen 12000. fl. dergestalt, daß sie nach seinem Tode auf die mit ihm erzeugte Kinder fallen sollen. (u)

Die

(s) Zeugen sind: Claus von Hus der Marckgräfin Vogt, Heinrich von Rasmünster Schulherr der Stift Basel und Herr Haus Schaler, Ritter.

(t) Geben den 5. Aug. im Schloß Röteln im obern Sumerhus. S. Rudolfi. Markionis. D. Hachb. S. Anne. Comitisse. de. Friburgo. Zeugen sind: Henmann von Howenstein, Vogt der Grävin Anna, Nicolaus Surber von Walzhut, Priester zu Röteln, Walther von Schönau genannt Hürus u. a. m.

(u) Præsentibus: Nobili & generoso venerabilique viro Dno Ottone Marchione de Hochberg, filia dictorum conjugum Canonico, Ecclesiæ Basil. & discretis viris, Johanne Fryembach Capellano Ecclesiæ Basil. Heinrico Gerwig famulo Rudolfi Marchionis.

Kinder. Die aus dieſer Ehe erzeugte Kinder ſind dreyzehn. Sieben Söhne und ſechs Töchter. (v)

Unter den Söhnen iſt zu bemerken

I. Otto.

Er erblickt die Welt A. 1388. und erwählt bey mehrern Jahren den geiſtlichen Stand. A. 1411. wird er zum Biſchof zu Koſtanz (w) erwählt. A. 1427. kommt er bey den Händeln des Abts von St. Gallen mit den Appenzellern, vor. Er thut ſie auf des Abts Anſuchen in den Bann; verſöhnt ſich aber hernach auf der Eidgenoſſen Vermittelung. (x) Die nachher unheilbar wütende St. Valentins Krankheit, wie ſie genennt wurde, nöthigte ihn den Biſchofsſtab niederzulegen. Er ſtirbt A. 1451. (y)

II. Rudolf.

Er kommt auf die Welt A. 1393. wandelt 27. Jahr tugendhaft, und ſtirbt, wie ſchon ange-

---

(v) Förſter Cap. 14.

(w) MANLII Chron. Conſtant. p. 762. Wurſteiſen S. 64. ſetzt hierzu das Jahr 1431. Die vorher angeführte Urkunde zeigt aber, daß er ſchon A. 1428. Biſchof geweſen. Man ſehe von ihm HERMANNI VON DER HARDT Concil. Conſtant. allwo ſeine Inſignia neben dem biſchöflichen Kreuz den Badenweilerſchen geſparten Pfahl vorſtellen; ohne das ſonſt gewöhnliche Rötelische Wapen. Von Marggrav Rudolf finde ich eben ſolches.

(x) Tſchudi l. c. Th. 2. S. 188. 197.

(y) Wurſteiſen l. c.

angezeigt worden, an einer pestartigen Seuche A. 1420. (z)

III. Wilhelm.

Dieser ist seines Herrn Vatters Nachfolger in der Regierung.

Von den Töchtern habe ich folgends anzuführen

Verena.

Sie wird vermählt an Heinrich Grav von Fürstenberg ums Jahr 1415. Wegen der Wiederlag ihres zugebrachten Heuraths-guts wird sie auf das Schloß Neufürstenberg und das Thal Werra versichert.

Vier andere, Agnes, Katharina, Anna und Margaretha leben im Frauenkloster St. Clara zu Basel, wie bereits gemeldet worden. Drey von ihnen sterben an der Seuche A. 1420.

Von den übrigen Kindern finde ich nichts aufgezeichnet.

(z) Wursteisen l. c. nennt das Jahr 1393.

Wilhelm.

Wilhelm.

Von 1428. bis 1441.

stirbt A. 1473.

§. I.

Anfang der Regierung.

Marggrav Wilhelm war 22. Jahr alt, da er seinem Herrn Vatter in der Regierung folgt. Er ist also ums Jahr 1406. gebohren. Er läßt sich gleich im Anfang seiner Regierung die Wiederherstellung des alten Residenzschlosses Sausenberg angelegen seyn. Seine Vorfahrena hatten nun bey hundert Jahren im Schloß Rötelen Hof gehalten; daher denn das ohnehin alte Gebäude zu Sausenberg, weil es nicht bewohnt worden, in Abgang gekommen.

Kaum hatte er seine Lande im Frieden zu regieren angefangen: so machten ihm die kriegerische Bemühungen Grav Thebalds von Neuenburg und des von Froberg Sorgen. Diese fallen A. 1428. mit 25000. Mann in das Sundgau ein, u. erwecken durch ihre Verheerungen überall Schrecken. Marggrav Wilhelm sezt sich mit den Städten Basel und Solothurn in gute Verfassung und sucht dem Unheil ein Ende zu machen. (*a*) In eben diesem Jahr wird er nebst andern zu einem Ritterkampf zwischen

---

(*a*) Wurstisen l. c. S. 247.

schen einem Spanier, Johann von Merlo und Heinrich von Ramstein, der auf den Sonntag vor Luciä angestellt war, zum Richter erbetten. (b)

In diesem Jahr kauft Heinzmann Bumann Vogt zu Weil in Marggrav Wilhelms Namen von des verstorbenen Fischers zu Klein-Basel Grundellin Wittwe eine Fischerey (ein Gewerb und ein Bachweid) zu Hüningen um 40. Rheinische Gulden. In eben diesem Jahr empfangt er vor sich und seine Erben vom Bischof zu Basel die Lehen Haltingen ꝛc. wie seine Vorfahren. Desgleichen wird er von demselben mit den Lehen belehnt, welche vorher sein Herr Vatter und der verstorbene Grav Conrad von Freyburg mit einander in Gemeinschaft gehabt. Es geschieht aber weder in diesem noch in den folgenden Lehenbriefen eine Meldung des damals lebenden Graven Johannis von Freyburg.

§. II. A. 1429. ertheilt ihm sein Bruder Otto, Bischof von Kostanz, die Freyheit, daß die Leute in seinem Lande, welche nach Urtheil und Recht vom Leben zum Tod gebracht worden, an geweyhete Oerter dürfen begraben werden.

A. 1430. am Freytag nach St. Jacobstag belehnt ihn Grav Hans von Lupfen auf Kaiser Sigmunds Befehl mit den Reichslehen.

_____

(b) Wurstisen l. c. S. 247.

lehen. (c) In diesem Jahr gibt ihm Johanna Gräfin von Thierstein mit Wissen und Willen ihres Ehevogts Burcart Münchs von Landskron um 300. Rheinische Goldgulden zu kaufen die Steuer zu Holzheim von jährlich 8. ℔. Stäbler mit allen den Leuten, die zu dieser Steuer gehören, so denn zu Hölstein 9. ℔. Stäbler Gelds von den Gütern daselbst; welches alles ihr ledig und eigen, und von ihrem vorigen Ehemanne Hanns Wilhelm von Girsperg an sie gekommen war.

Ferner kauft er in diesem Jahr von Mathisen von Walpach das Recht das Dorf Nieder-Eggenheim und die darzu gehörige Leute zu Dughein und Schliengen von den Edlen von Baden um 350. Rheinische Goldgülden zu lösen.

Marggrav Jacob von Baden, dem sein Herr Vatter Marggrav Bernhard die Marggravschaft Hachberg zu regieren übertragen, verpfändet in diesem Jahr die in dieselbe gehörige Stadt Sulzberg unserm Marggrav Wilhelm um 800. fl. (d)

Vertrag mit seiner Gemahlin. §. III. Daß er mit seiner Gemahlin Vertraulichkeit gehabt, bezeugt folgende Nachricht:

(c) Förster setzt diese Belehnung ins vorhergehende Jahr.

(d) Förster Cap. 15. Marggrav Wilhelm läßt daher A. 1437. am Freytag nach St. Marcustag den Hamman Hebnagel Schultheiß zu Sulzberg in seinem Namen ein Landgericht daselbst halten.

richt: A. 1431. am Donnerſtag vor St.
Urbanstag haben Elzbeth Marckgräfin
von Hochberg, gebohrne von Montfort, und
ihr Gemahl Marggrav Wilhelm von Hochberg, Herr zu Röteln und Sauſemberg,
ihrer entſtandenen Uneinigkeit und Miß-
helle auf einem gütlichen Tag zu Coſtenz
durch Unterhandlung ihrer Räthe und gebohrner Freunde ſich verglichen, daß 1) der
Marckgräfin Antheil an Bregenz Burg
und Stadt, den Schlöſſern Spiegelberg
und Gryeſſemberg ihrem Gemahl eingege-
ben werden ſollen, ſolche in ihrem und ihrer Kinder Namen zu nuzen und zu verwalten, dagegen ſoll er den mit Grafen
Herman und Steffan von Montfort errichteten Burgfrieden beſchwören und erneu-
ern, und nichts von ſolchen Schlöſſern und
Gütern veräuſern noch verpfänden, ohne
Wiſſen der Gemahlin, Graf Friderichs
von Toggenburg Grafen in Brettigöw und
zu Tauaß, Graf Johannſen von Lupfen,
Landgrafen zu Stülingen und Herrn zu
Hohenack und Graff Steffans und Her-
mans, Herren zu Bregenz. 2) Stürbe
der Marggrav vor ſeiner Gemahlin, ſo
ſollen obige Oerter an ſie und die mit ihm
erzeugte Kinder fallen. 3) Stürbe Er vor
ihr ohne Kinder, ſo ſollen ſeine Lande und
Leute an ſeine nächſte Erben fallen. 4)
Stürbe Sie vor ihm, ſo ſoll der Marggrav
ſeiner Kinder Vormünder ſeyn, bis ſie zu
ihren Jahren kommen. 5) Stürbe Sie ohne
Kinder

Kinder, so sollen diese Güter an die Jhrige fallen, wo sie nicht etwas ihrem Gemahl besonders vermachen würde. 6) Aller Zank und Uneinigkeit soll aufgehoben seyn. 7) Dieser Vertrag soll ihrer, der Frau Marckgräfin ehelich erzeugten Tochter, Fräulein Kunigunden von Nellenburg, an ihrem mütterlichen Erbe ohnnachtheilig seyn. (e)

In diesem Jahr wohnt er dem Reichstag zu Nürnberg in eigener Person bey. (f) Und in der damals gemachten Matricul in dem Krieg mit den Hussiten wird er um V. Gl. angeschlagen. (g)

A. 1432. Ritter Hanns Riche von Richenstein gibt ihm die drey Dörfer Kilchein, Efringen und Eymetingen zu kaufen, doch anfänglich mit Vorbehalt seiner leibeigenen Leute daselbst; A. 1432. aber Freytag vor St. Hilarientag übergibt er ihm auch diese, und empfangt dagegen des Marggraven Leute zu Jnzlingen zu Lehen.

Basler Concilium. §. IV. Marggrav Wilhelm ist bey der so berühmten Kirchenversammlung zu Basel

---

(e) Dieser Vertrag wurde hernach A. 1433. erneuert. Man sieht daran drey Sigille: S. Comitis. Friburgi. ... S. Wilhelmi. Marchionis de .... S. Elsbet. de Montfort.

(f) WENCKER. Contin. de Vsburgeris p. 101.

(g) SCHILTER. Instit. J. P. T. II. p. 61. DATT de pace publ. p. 170.

Wilhelm, von 1428-1441.

ſel (h) merkwürdig. Herzog Wilhelm in Bayern war zum Beſchirmer deſſelben beſtellt. Er findet vor nöthig A. 1432. eine Reiſe zu unterſchiedenen Fürſten zu thun, und um Hülfe zur Sicherheit des Concilii anzuſuchen. Er beſtellt daher aus habender Römiſch-Königlicher Macht unſern Marggraven zu ſeinem Verweſer dieſer Beſchirmung. Der Kaiſer Albrecht II. ſezt ihn A. 1439. in die Zahl derjenigen, denen er den Schuß dieſer Kirchenverſammlung anbefiehlt. (i) Der Magiſtrat zu Baſel läßt auch zu mehrerer Bequemlichkeit und Förderung dieſer Kirchenverſammlung eine Brücke über die Wieſe bey Kleinhüningen machen, und vergleicht ſich mit dem Marggraven wegen des Brückenzolls.

Der Marggrav wird bey dieſer Gelegenheit perſönlich mit dem damaligen Römiſchen König Sigmund, deſſen Rath er in nachſtehender Nachricht genennt wird, wie auch mit Herzog Fridrich von Oeſterreich bekannt. Er begleitet leztern in ſelbigem Jahr nach Wien, und verordnet indeſſen in ſeiner Abweſenheit Adelbergen

Mm 2 von

(h) Es nahm ſeinen Anfang A. 1431. und daurete bis 1447. Man ſehe davon AEN. SYLVII Lɪʙ. II. *de Concil. Baſil.* EDM. RICHERII *Hiſtor. Concil. general.* L. III. c. 1. JAC. BEN. BOSSUETI *Defenſionem ſententiæ cleri Gallic. de poteſt. Eccleſ.* T. II. p. 64. ſq. SEBAST. BRANT *Decreta Concil. Baſil.* u. a. m.

(i) WENCKER. *Appar. Archiv.* p. 335.

von Baden zu seinem Statthalter in seinen Landen, doch mit dem gemessenen Befehl, daß er kein erledigtes Lehen vergeben solle. (k) Ob er von da aus gleich wieder in seine Lande zurückgekehret, oder mit dem Röm. König Sigmund eine Reise nach Italien gethan habe, kan ich nicht behaupten. Lezteres wird aus dieser Nachricht, wahrscheinlich: „Am Freytag vor St. „Thomastage hat der Römische König „Sigmund zu Senis in Tuschkanien „(Siena in Toscana) dem Marckgrav „Wilhelm von Hachberg ꝛc. seinem Rahte, „alle Keiserl. Königliche Gnaden, Freyheiten, Rechte, Herkommen, Briefe, „Privilegia und Handfesten bestätiget.„ (l)

A. 1434. A. 1434. werden Grav Johann von Freyburg und Neuburg und unser Marggrav von Herzog Philipp in Burgund zu seinen Räthen, Kammerherren und Gesandten an K. Sigmund ernennt. (m)

A.

(k) Der Brief ist mit M. Wilhelms, und zugleich, wie die Worte lauten, mit seines lieben Bruders Graf Johansen von Friburg, Grafen und Herrn zu Neuenburg Insigel besiegelt.

(l) Eben dieses hat er hernach zu Basel A. 1434. am S. Jörgen Tage als Kaiser wiederholt.

(m) Joh. Comes Friburg. &c. & Wilhelmus Marchio de Hochberg Dominus de Rœthelingen *Consiliarii & Cambellani Philippi Ducis Burgundiæ ejusque Ambaxiadores* ad Sigismundum Regem Rom. Perill. *de Senckenberg Sel. jur. & hist.* T. VI. P. 479. & 485.

A. 1435. bestätigt ihm Payst Eugenius IV. den freyen Besitz des grossen Pfarrzehenden zu Schopfheim, Tannenkirch, Wolbach und Oetlikon, der sich auf 30 Sester, modios) und 70. Saum Wein erstreckt; wie ihn seine Vorfahren bekommen haben.

A. 1436. belehnt (n) ihn Friderich der ältere Herzog zu Oesterreich mit der Veste Griezzemberg im Turgow, und den andern dazu gehörigen Gütern, die er im Namen seiner Gemahlin als Reichslehen besaß. Er empfangt zugleich von ihm seine Oesterreichische Lehen. Um diese Zeit finden wir ihn bey erstgemeldetem Herzog Fridrich als Heerführer seiner Soldaten in dem Zürcher Krieg. Er läßt sich dabey den Vergleich beeder strittiger Partheyen sehr angelegen seyn. (o) Er wird auch in diesem Jahr 1436. zum Schiedrichter erwählt in einer Streitsache zwischen Schultheissen und Rath zu Baden im Ergöw, und Liebhart Rieren von Ulm dem Taschenmacher. (p) Und A. 1437. auf der Tagsazung zu Basel sucht er die Strittigkeiten

A. 1436.

(n) Diß geschah an Mittichen vor der drey Könige Tage. Förster sezt das Jahr 1435. Warum die Geschichtschreiber gar oft in Einem Jahr unterschieden seyn, davon ist zu lesen Herrn Regierungsraths Patricks *Clef Chronologique & Diplomatique* &c.

(o. Förster l. c.

(p) Tschudi l. c. Th. II. S. 217.

zwischen dem Herzog Fridrich von Oesterreich, denen von Zürch und denen aus dem Sarganserland beyzulegen. Seine Bemühungen aber waren vergeblich. Er verweist sie an das Concilium.

A. 1437. Donnerstags nach Kreuzerhöhung empfängt er von Bischoff Fridrich zu Basel die Belehnung über seine von ihm tragende Lehen. Der sel. Herr Herbster meldet hiebey, daß solches zum erstenmal in einem Lehenbrief geschehen, und dem Marggrav in demselben der Titul Hochgebohren beygelegt worden sey.

Oesterreichif. u. Schweiz. Sachen. §. V. Die kriegerische Umstände des Hauses Oesterreich mit den Schweizern machen, wie hernach noch weiter wird gemeldet werden, unserem Marggraven, als dessen Statthalter (q) oder Landvogt im Elsaß, Sundgau, Brisgau, Schwarzwald, Turgow,

---

(q) Er belehnt daher A. 1440. im Namen der Herzoge von Oesterreich den Franz Wider und Konrad Freveler von Basel. HERRGOTT. *Geneal. Habs. Cod. Prob.* num. 940. und Johann Zorn und dessen Erben. SCHÖPFLIN. *Alsat. illustr.* T. II. p. 597. Von andern Verrichtungen s. Tschudi l. c. Th. II. S. 338. folg. Hieher ist der Vergleich zu zählen, den er mit Johann Ludwig von Tullier wegen der Herrschaft Froberg (Monte gaudio, oder, nach dem Französischen, Montjoye) im Namen des Hauses Oesterreich getroffen hat. In der Urkunde hievon heißt er *Marquis Seigneur de Rœtelin & Susenberg, Baillif & Gouverneur de Ferrates & d'Aulxay.* SCHÖPFLIN. *Hist. Zar. Bad.* T. I. p. 400. (a)

Wilhelm, von 1428-1441.

Turgow, Hegau, Schwaben, Algow, am Bodensee ꝛc. er war, nicht nur sehr viele mühsame Beschäftigungen: sondern sie verursachen ihm auch starke Ausgaben. Er verkauft daher A. 1440. doch mit Vorbehalt des Wiederlösungsrechts, dem Gotteshaus St. Alban zu Basel den Kirchensaz und Zehenden ꝛc. zu Schopfheim in seinem Lande, im Wiesenthal gelegen, um 800. fl. Rheinisch. Jedoch läßt er bey der schweren Last, die ihm auf den Schultern lag, die Rechte seines Hauses nicht aus den Augen. Also löset er Anno 1441. als Herr der Herrschaft Badenweiler die Vogtey mit ihrem Recht in dem Kloster St. Peter auf dem Schwarzwalde, von dem Abt und Convent desselben wieder an die Herrschaft Badenweiler.

§. VI. Endlich faßt er den Entschluß, die Regierung seiner Lande im Brisgau, wie auch der Pfandschaft Sennheim seinen beeden Söhnen Rudolf und Hugo zu übergeben. Weil sie noch nicht volljährig waren, bestellt er ihnen zum Vormünder Grav Johann von Freiburg. Es ist bereits gemeldet worden, daß ihm sein Herr Vatter grosse Summen zu bezahlen hinterlassen. Diese vermehrten sich bey den Umständen, in welchen er sich befande. Er sieht also die Ablegung der Regierung als ein taugliches Mittel an, seinen Kindern diese Beschwehrde zu erleichtern. Die Uebergabe geschieht würklich A. 1441. auf

Legt die Regierung nieder.

Mm 4 Mit-

Mittwochen nach Frohnleichnahmstag. (r) Der Marggrav hält sich von der Zeit an meistentheils am Kaiserlichen Hofe auf; und wird wegen seiner grossen Einsicht in Kriegs- und Friedens-Sachen zu Rathe gezogen.

A. 1442. A. 1442. wendet sich der Abt zu Cronweissenburg an den Kaiserlichen Hof, weil die Burger dieser Statt ihn nicht vor ihren Grundherrn erkennen, und deswegen auch den Huldigungseid nicht schwören wollen. Die Sache wird des Marggraven Untersuchung und Ausspruch überlassen. Dieser geht dahin, daß die Bürger als Unterthanen des Kaisers und Reichs bey ihren Rechten zu erhalten, und sie nicht verbunden seyen, den dem Kaiser und Reich schuldigen Eid dem Abt zu schwören. Das hierüber zu Strasburg gefertigte Instrument ist mit dem Kaiserl. Insigel bestätigt.

In diesem Jahr ertheilt K. Fridrich III. zu Ensisheim der Statt Sulzberg die Freiheit, zu ewigen Zeiten zween Jahrmärkte nämlich auf Philipp und Jacobs, und auf Matthäustag zu halten. Er bestätigt zugleich den daselbst einige Zeit unterlaß

(r) K. Fridrich III. bekräftigte sie erst A. 1457. zu Grätz, und belehnte ihn indessen selbst mit seinen Landen; welches gleich im Jahr 1441. am Montage vor S. Laurentii zu Wien geschehen, da er ihm auch alle seine Privilegien, Handfesten, Briefe, Freiheiten, Rechte und gute Gewohnheiten bestätigt.

terlaſſenen Wochenmarkt auf alle Montage.

§. VII. Um dieſe Zeit begibt er ſich A. 1444. abermal in die Schweiz, um denen von Zürch als damaligen Bundsverwandten des Hauſes Oeſterreich wieder die Schweitzer Beyſtand zu leiſten, und in dem ganzen Krieg das Commando zu führen. (s) Er hat A. 1444. das Unglück, daß die zwey Schlöſſer ſeiner Gemahlin, Spiegelberg und Greiffenberg in der Schweiz, durch einige von Wähl im Turgau in Brand geſteckt werden. In eben dieſem Jahr fällt die blutige Schlacht bey dem Sichenhaus zu St. Jacob (bey der Birß) vor zwiſchen 1600. Schweizern und der Franzöſiſchen Armee, die aus 30000. Mann beſtunde und von dem Dauphin in eigener Perſon (t) angeführt wurde. Der Burgemeiſter und Rath zu Baſel erklären hierauf alle diejenige, welche Theil wider ſie daran gehabt, ihres Stattrechts und Aufenthalts in derſelben vor gänzlich verluſtig. In dem

---

(s) Die viele Abwechſlungen deſſelben, und die mühſame Arbeiten des Marggraven bey dieſen langwierigen Strittigkeiten beſchreibt weitläuftig Tſchudi l. c Th. II. S. 253. u. folg.

(t) Unter dem Dauphin commandirte der Grav Armagnac. Die Leute nannten daher den Krieg, den Armen-Gecken oder Jecken-Krieg. Wurſteiſen Baſler Chron. u. a.

Verzeichniſſe derſelben ſteht oben an Marggrav Wilhelm von Hochberg ꝛc. ꝛc.

Die erforderliche Ausgaben im Krieg
nöthigten ihn vor das Haus Oeſterreich bey
der Statt Zürch 21000. fl. baar zu entlehnen. Hierzu kamen noch 3000. fl. Es
entſtunde nachher ein Streit deswegen.
Herzog Sigmund von Oeſterreich macht
ihm dadurch ein Ende, daß er denen von
Zürch die Graffſchaft Kiburg übergibt,
welche auch ſeit dem in den Beſitz derſelben
verblieben ſind. (*u*)

§. VIII. Von ſeinen übrigen Verrichtungen bis an ſeinen Tod ſind noch einige
anzumerken:

A. 1447. A. 1447. verkauft er dem Frauenkloſter zu Berau um 100. Rheiniſche fl. die er
in ſeinen und der Gravſchaft Hauenſtein
Nutzen verwendet, auf Widerloſung 7.
Malter Habergelds von den Zinſen und
Vogtrechten zu Togern und Eſchbach, die
nach Hauenſtein gehören. Er gibt zu Bürgen: Cläwi Heinrich ſeinen Bergvogt zu
Tottenow und Niclaus von Affeshain ſeinen Waldvogt, mit dem Anhang, wann
die Pfand- und Gravſchaft Hauenſtein von
ihm oder ſeinen Erben gelöſt würde, daß
er ſie auf andere Unterpfänder erweiſen,
oder

(*u*) Tſchudi l. c. S. 441.

(*x*) Tſchudi l. c. S. 562. Herrgott. *Geneal Habs.*
T. I. p. 55. *Germania Princeps* L. I. T. 2. p. 278. ſq.

ober ihnen einen Willbrief (*q*) von der Herrschaft Oesterreich verschaffen wolle.

A. 1450. versezt er den Weinzehenden in dem Crenzacher Banne an Adelberg von Berenfels um 1100. fl an Golde. (*y*) In diesem Jahr stellt Jacob Truchseß von Waldpurg, des H. R. Reichs Landvogt in Schwaben und seine Gemahlin Ursula M. Wilhelms Tochter, diesem ihrem Schweher und Vatter, und dessen Gemahlin Elisabeth geb. von Montfort eine Quittung aus um 4000. fl. Ehesteuer. Ursula begibt sich darauf alles ihres vätterlichen Erbes.

A. 1459. den 19. Jun. hält er zu Wien ein Kaiserl. Cammergericht im Namen K. Fridrichs III. und thut wegen des Weinablasses in den Dörfern Britzinkon, Tatlingen, Gütikon und Mukarten einen Spruch.

§. IX. Bey seinem Todesjahr stimmen die Nachrichten nicht überein. So viel ist gewiß, daß er A. 1473. Freytag nach Cantate noch im Leben gewesen ist. Dann an diesem Tag schreibt er von Welschneuburg an

A. 1450.

Tod.

(*y*) Willbrief ist so viel als Bewilligungsbrief.

(*z*) Sein Sohn M. Rudolf bewilligt hernach A. 1477. daß Konrad von Berenfels diesen Zehenden weiters an das Kloster S. Clara in Kleinbasel um 220. fl. Rheinisch verpfändet.

an K. Fridrich III. daß er ſich mit ſeinem
Sohne M. Rudolf verſöhnt habe. (s)

Seine Gemahlin war, wie ſchon gedacht worden, Eliſabetha, eine Tochter Grav
Hugens von Montfort, Herrn von Bregenz,
u. Kunigunda v. Toggenburg. Sie hat ihm
auſſer zweyen Söhnen, von denen gleich
zu handeln iſt, die vorhin gemeldete Anna,
Jacob Truchſeſſen Gemahlin, gebohren.

(a) Förſter ſezt das Jahr 1468. ohne Grund. Derſel
Herr geheime Hofrath Herbſter macht eine Anmerkung, es ſcheine, daß er A. 1476. noch gelebt habe.
In demſelben Jahr auf S. Jacobs Tag thut Anshelm
von Maßmünſter, Ritter, auf alle Anſprache, die er
an M. Rudolf, M. Wilhelms Sohn, als deſſen
geweſener Amtmann zu Sennheim, gegen die erhaltene Anwartſchaft auf die Hungerſteiniſche und Waltpu-
chiſche Lehen im Sundgau Verzicht, und begibt ſich zugleich der Schuldforderung, die er an ſeinen alten
Herrn, ſiner Gnaden Vatter zu haben vermeinte.
Hier finde ſich der gewöhnliche Zuſatz weiland oder
ſelig nicht, der ſonſt, wenn von Verſtorbenen die
Rede iſt, nicht leicht ausgelaſſen werde.

Rudolf IV.
Von 1441. bis 1487.

§. I.

Da M. Wilhelm die Regierung bereits im Jahr 1441. seinen Söhnen Rudolf (a) und Hugo übergeben: so fange ich hier an die Regierungsjahre derselben zu zählen, ohngeachtet sie bis ins Jahr 1444. unter der Vormundschaft Grav Jo-

Gemeinschaftl. Regierung.

(a) M. Rudolfs Lehrer und Unterweiser war Werlin Moll, Schreiber von Lauffenberg. Er selbst nennt ihn in einem Brief von A. 1469. seinen treuen Zuchtmeister. Schreiber heissen in selbigen Zeiten gar oft so viel als Cantzler, denen die Sigille anvertraut werden. Zu Röteln aber vermuthlich, was wir jetzo Landschreiber zu Lörrach nennen; wie z. E. Claus Gerwig, Schreiber zu Röteln in einer Hausordnung vorkommt, da er vor den Marggraven einen Kauf A. 1475. gemacht hat. Zur gelehrten Geschichte gehört folgende Nachricht: Thuring von Ringoltingen von Bern us Uchtland hat zu dienst dem edelen Wolgebornen herren Marggraff Rudolff von Hachberge Herrn zu Rœtelen und zu Susenburg das Buch von der Melusina zu tutscher Zungen gemacht, gedruckt zu Heidelberg MCCCCXCI. FRICK. *Præf.* ad SCHILTER. *Thes. alem.* T. III. p. 40. Man macht diese Melusina zur Stamm-Mutter der Prinzen vom Hause Lusignan, die vor undenklichen Zeiten in Frankreich gelebt haben, und ausser grossen Schätzen auch ausserordentliche Wissenschaften, sonderlich in der Rabbinischen Cabale besessen

Johannes von Freiburg geſtanden ſind. Sie werden A. 1444. vor volljährig erklärt, und führen die Regierung ſelbſt. Hugo ſtirbt aber nicht lang hernach unvermählt.

Ihr bisheriger Vormund, und naher Anverwandter Grav Johann übergibt ihnen bald im Anfang ihrer Regierung A. 1444. auf unſrer Frauentag zu Herbſt durch eine freye Schenkung ſein Schloß und Veſtung Badenweiler mit aller Zugehörde und Begriff, Land und Leute zum Eigenthum, desgleichen die Loſung zu der Pfandſchaft Badenweiler gehörig. Die Marggraven nehmen hierauf das Badenweileriſche Wapen in ihren Schild; und bedienen ſich des Tituls von dieſer Herrſchaft.

In eben dieſem Jahr kauft Rudolf von Ramſtein, Herr zu Gilgenberg von Hans von Flachslanden die von der Herrſchaft Rötelnzu Lehen herrührende Burg Landskron mit dem Berge, Begrif und Zugehörde, wie auch die halben Gerichte des Dorfs

---

ſeſſen haben ſolle; daher man ſie in den damaligen unwiſſenden Zeiten als etwas übermenſchliches verehrt, u. nach ihrem Tod unzählige Fabeln von ihr erzählt hat; z. E. daß ſie halb ein Menſch und halb eine Schlange geweſen, mit den unter- und überirdiſchen Geiſtern Gemeinſchaft gehabt ꝛc. Mehrers ſ. in MEZERAY hiſt. de France T. III p. 359. ſqq. THUAN. Hiſt. L. 59. Das hier angezeigte Buch iſt alſo nichts anders als ein ſogenannter Roman.

Dorfs zu Leymen im Sundgau. Er reversirt sich zugleich in seinem und seines natürlichen minderjährigen Sohns, Hans Bernhards von Gilgenberg Namen, denen beeden Marggraven u. ihren Erben die ihnen gehörige Oeffnung in der Burg, und dem von Flachsland die Wiederlösung 4. Jahr lang um 600. Rheinische fl. und 60. fl. für einen Hengst und 10. Viernzal Korn zugestatten.

A. 1445. hält Clewy Schone Schultheiß zu Sulzberg das Gericht in diesem Orte an statt M. Rudolfs. In eben diesem Jahr Samstags vor Lätare belehnt zu Freiburg im Brisgau Herzog Albrecht VI. von Oesterreich in seinem, und des Römischen König Fridrichs, wie auch Herzogs Sigmunds Namen beede Herren Marggraven mit der Burg Röteln und der Stadt Schopfheim. An eben diesem Tag geschieht die Belehnung daselbst über ihrer Frau Mutter Elisabetha von Montfort, und Frau von Bregenz, von deren Mutter herrührende Güter im Turgau, nämlich Griessemberg, und dem, was dazu gehört. Nach dieser Zeit geschieht von Marggrav Hugo keine Meldung mehr.

A. 1450. gibt Marggrav Rudolf IV. Herrn Thuring von Hallwilr, Ritter, Herzog Albrechts von Oesterreich Marschall jährlich auf Martini zu bezahlen 31. fl. Manngelds. (b)   A.

(b) Vom Mangeld s. FLEISCHER. *Inst. jur. feud.* p. 450.

A. 1451. tritt ihm sein noch lebender Herr Vatter den Schwarzwald und die Herrschaft Hauenstein samt den Thälern Schönau und Totnau, welche Oesterreichische Pfandschaften waren und Marggrav Wilhelm bisher vor sich behalten hatte, ebenfalls ab. In diesem Jahr hält Henny Brottbeck, Vogt zu Bugkingen das Gericht an Marggrav Rudolfs statt. Burgvogt zu Badenweiler war Heinrich von Neuenfels. Er selbst gibt in diesem Jahr Hansen von Flachsland das Haus zu Lörrach, das die Wegenstetter vorher zu Lehen gehabt, zu einem Mannlehen.

A. 1452. §. II. A. 1452. tritt der Röm. König Friderich den Römerzug an, und läßt sich von Papst Nicolaus V. den 14. Merz mit der Lombardischen, und hernach nebst seiner Braut Eleonora, K. Eduards in Portugall Prinzeßin mit der Kaiserlichen Krone krönen. (c) Marggrav Rudolf begleitet den Kaiser, und wohnt allen diesen Feyerlichkeiten bey. Der Kaiser erfreut ihn auch mit einem Angedenken; er bestätigt

---

An dem Brief hängt des Marggraven Sigill auf grünem Wachs, wie auch A. 1461. an einem Hallweilischen Lehenbriefs; hingegen an einem andern von A. 1474. ist es auf rothem.

(c) GERARD A ROO L. 5. p. 185. MÜLLER. Reichstags Theatr. P. I. c. 7. §. 20. FUGGER. Ehrenspiegel L. V. c. 7. NICOL. LANCKMANN. de dissertatione & coron. Friderici ap. FREHER. T. II. p. 55. ÆN. SILV. p. 75. sqq.

tigt ihm unter dem grossen Majestäts-Insiegel zu Rom am Montag nach Lätare nicht nur das seinem Großvater von K. Ruprecht ertheilte Privilegium eines Jahr- und Wochenmarkts zu Lörach; sondern auch alle andere Privilegien, Handfesten ꝛc. wie auch die von K. Sigmund A. 1414. ertheilte Geleitsgerechtigkeit, desgleichen die im Jahr 1415. gegebene Freyheit, daß niemand seine Unterthanen aufnehmen, oder solche dem Marggraven, auf Erfordern bey Strafe 10. Mark löthigen Goldes, wieder zurückgeben solle.

A. 1457. auf Mittwoch nach S. Sebastianstag hält Ulrich Schilling Vogt zu Schopfen im Namen M. Rudolphs Gericht in dem Dorfe Mülenberg. In diesem Jahr bestätigt ihm, wie oben bemerkt worden, K. Fridrich III. die schon A. 1441. von seinem Vatter vorgenommene Landsübergab. *A. 1457.*

§. III. Dieses Jahr 1457. ist in seiner Regierung merkwürdig. In demselben geht Grav Johann von Freiburg ohne Leibeserben mit Tod ab. M. Rudolf ist sein nächster Erbe in der Gravschaft Neuburg. Er ist ein Enkel der Grävin Anna von Freiburg, die durch ihre Mutter von Rolin, dem ersten Besitzer des Neuburgischen Lehens abstammte. Denn der Anna Mutter Verena war eine Enkelin des Rolins. Da nun M. Rudolf ein Enkel der Anna ist, so *Neuburg. Erbschaft.*

succedirt er seiner Großmutter mit eben dem Recht, wie dem Rolin seine Enkelin Verena. So hatten es auch die Neuburger mit denen von Bern ausgemacht, u deswegen den Graven Konrad von Freiburg und Rudolf M. zu Sausenberg vor die rechtmäßige Nachfolger erkannt, und sie unterstüzt. Grav Konrads Sohn Johann hatte auch den M. Rudolf deßwegen, weil er seines Vatters Schwester Anna Enkel war, zum Erben eingesezt. Also kam die Gravschaft Neuburg A. 1397. durch einer Schwester Sohn an die Graven von Freiburg, und von diesen nunmehr A. 1457 durch einen Enkel der Vatters-Schwester an die Marggraven von Sausenberg. Dieses ist der Zusammenhang, wie ihn Herr Professor Schöpflin vorträgt. (d) Ich füge zugleich dessen hieher gehörige Stammtafel bey.

§. IV. Grav Johann hat sein Testament dem Erzbischof zu Besancon in Verwahrung gegeben; nach seinem Tode hat es der Official daselbst geöfnet, und die Anzeigung gethan, daß der M. Rudolf von Sausenberg in den Besitz der Gravschaft Neuburg müsse eingesezt werden. Der Marggrav erbot sich auch A. 1458. dem Ludwig von Orenge oder Oranien den Huldigungseid zu schwören. Dieser aber wollte

be-

(d) In. *Histor. Zar. Bad.* T. I. p. 405. sq. Man sehe zugleich nach oben im Leben der Graven von Freiburg S. 226. 229. 230. 231. 236. und folg.

S. 562.

Wi(und durch diese an die Margs
)mmen.

Marggraven zu Hachbergs
Saufenberg.

Rudolf II. Marggrav † A. 1352.

Rudlf III. M. belehnt den Gr. Konrad III.
J:enburg mit der Landgravschaft Brisgau
† A. 1428.

Joh|m Marggrav, übergibt seinen Söhnen
M. 1|e Regierung A. 1441. † nach 1473.

in der Gravschaft Neuburg   Hugo,
ochter der Mariá, Johan-   † A. 1444.

Rudolf IV. von 1441-1487.

behaupten, die Grafschaft sey als ein Lehen von ihm nunmehr ihm heimgefallen; und schlug deswegen die Herzoge von Burgund und Savoien zu Schiedsrichtern vor. Die Sache kam von dem Gericht zu Besancon nach Rom vor P. Pius I.I. und von da A. 1462. vor K. Fridrich III. Dieser schrieb dem Marggraven A. 1463. er wolle in der Sache einen Ausspruch thun, und inzwischen dem von Orenge befehlen, nichts neues in der Sache vorzunehmen. (e) Ob der Kaiser einen Spruch gethan habe, ist mir unbekannt. Die von Bern waren auf des Marggraven Seite, als welcher A. 1458. bey ihnen wie auch bey denen von Solothurn das Burgerrecht erneuerte. (f) Er blieb auch in dem Besitz von Neuburg und war ein beständiger Freund der meisten Cantons. Daher er in dem heftigen Krieg zwischen Karl dem Kühnen, Herzog in Burgund, und den Schweizern sein Neuburg wie auch seine Herrschaften Röteln und Sausenberg A. 1474. dem Schutz derer von Bern und von Solothurn übergeben, und so gar erlaubt hat, daß seine Unterthanen den Cantons huldigten; wie dann auch 500. Rötelische Unterthanen unter Bernischen Officiers Dienste thaten.

(e) *Reflexion sur la Reponse de Mad. de Lesdiguieres* p. 38. sq. wo die Relation aus den Acten vorgetragen ist.
(f) LEIBNITII *Cod. Jur. Gent. Mantissæ* P. II. p. 113. LEU *Lexic. Helvet.* T. XIV. p. 42. sqq.

ten. Er ſelbſt hielt ſich den gröſten Theil dieſes Burgundiſchen Kriegs hindurch zu Bern auf. Hieraus iſt begreiflich, warum der Marggrav, ohngeachtet er die Soldaten, die ihme Herzog Karl zur Beſchützung ſeiner Leute anerboten, nicht annehmen wollte, dennoch geſtattet hat, daß ſein Sohn Philipp bey deſſen Armee Kriegsdienſte that, und der Herzog dem Marggraven Schuzbriefe (g) vor ſeine Lande zuſchickte (h). Uebrigens machte ſich M. Rudolf während ſeiner Regierung bey denen Neuburgern durch Ertheilung neuer Privilegien (i) ſehr beliebt.

A. 1458. §. V. Die übrige Merkwürdigkeiten, ſo bis an ſeinen Tod vorgegangen, ſind nun noch anzuzeigen:

A. 1458. werden die Strittigkeiten, welche er und Biſchof Johann von Baſel wegen der Dörfer Weil, Tulliken, Riechen und Schliengen gehabt, durch gültige Handlung beygelegt. In eben dieſem Jahr wird Ritter Thüring von Halwilr, Erzherzogs Albrechts Marſchall und Hauptmann, nach Abgang Ritter Wilhelms von Grünenberg, mit den Dörfern Egringen u. Mogenhart von ihm belehnt. Er vergleicht ſich auch mit dem Spital zu Baſel, welches vormals einige Gerechtig-

---

(g) *Lettres de Sauvegarde.*
(h) Man bedenke hierbey, was hernach beym Jahr 1469. angeführt wird.
(i) Siehe unter andern Tſchudi L. c. S. 710.

rechtigkeit daselbst von dem Abt zu St. Gallen gekauft hatte.

A. 1460. läßt er zur Erneurung seiner Manschaft und Lehen ein Lehen-oder Manngericht zu Röteln halten. An seine statt ordnet er Heinrich Reichen von Reichenstein, Ritter zum Lehenrichter, und Peter Reichen von Reichenstein, Landvogt zu Röteln zu seinem Anwald, Verweser und Statthalter.

A. 1461. sitzt Hanns Schnewly Vogt N. 1461. zu Britzikon zu Gericht (k) daselbst im Namen M. Rudolfs; und Junker Otto von Röttenlen war damals Obervogt der Herrschaft Badenweiler. Im folgenden Jahr geschicht ein gleiches von Henny Cutly Vogt zu Wyl in des Klosters Klingenthals Hofe zu Ottlikon, wegen einer eingeklagten Schuld. Die Nachricht sagt dabey, daß solches geschehen, als gewohnlich in (l) Landvogt war Peter Reich von Reichenstein.

A. 1464. kauft er von dem Kloster St. Georgen auf dem Schwarzwald um 40. lb. Baßl. Währ. den obern Hof zu Kleinen-Kems, und den Ackerhof zu Blansingen, wie auch den Weg im Rhein über Kleinen-Kems mit

---

(k) Rudolf wird genennt Marggrav von Hachberg, Grav zu Neuenburg, Herr zu Röteln, zu Susenberg und zu Badenweiler.

(l) Eben dieses thut A. 1468. zu Winterswyler Vogt Clewi Wimme, Vogt daselbst und zu Welmlingen.

mit seiner Gerechtigkeit. In diesem Jahr vermacht ihm als seinem natürlichen Herrn und Erben Hanns ____ Kirchherr zu Rö=
teln 100. fl.

A. 1468. A. 1468. hilft sein Landvogt Hanns von Flachsland mit andern den zwischen Herzog Sigmund von Oesterreich und den Eidgenossen entstandenen Krieg wegen Mühlhausen beylegen. (m)

A. 1469. A. 1469. sucht Herzog Sigmund von Oesterreich den Schweizern wehe zu thun, und ihnen einen harten Nachbarn zu ver= schaffen. Er verkauft auf Wiederlösung die Grafschaft Pfirt, seine Lande im El= saß, Sundgau, Brisgau, Schwarzwald, die Waldstätte am Rhein, Seckingen, Lau= fenburg, Rheinfelden und Waldshut um

---

(m) Tschudi l. c. S. 690. Eben dieser führt S. 694. ein Schreiben des Ritters von Eptingen an die von Solothurn von diesem Jahr an, in welchem die Herren Marggraven Wilhelm und Rudolf deutlich den Fürsten beygezählt, und von den Graven unterschieden worden. Die Worte sind diese: „Ob Jr aber vermeinen „ welt und solicher meiner Anforderung halb mir nit „ schuldig zesin, so erbütt ich das zu recht — für den „ allerdurchlüchtigsten — Herrn Fridrichen Röm. „ Keiser— die durchleuchtigen hochgebornen Fürsten und „ Herrn Ludwig in obern und niedern Peiern, Herrn „ Sigmunden zu Oesterreich ꝛc. Herrn Ludwig zu „ Veldenz ꝛc. Herzogen, Herrn Karlin zu Baden, „ Herrn Wilhelm, Herrn Rudolf zu Hachberg „ Margrafen. Die wolgebohrenen Edlen — Herrn Han= „ sen zu Lupfen, Herrn Conraden zu Tübingen „ Grafen ꝛc.

um 80000. Gulden an Herzog Karl von Burgund. Der Herzog läßt durch unsern Marggraven (n) diese Lande u. deren Städte und Dörfer sogleich in seinem Namen in Eid und Pflicht nehmen: und sezt ihnen Peter Hagenbach, einen Ritter aus dem Obern Elsaß, zum Landvogt. Die Elsaßische Geschichtbücher sind voll von Nachrichten von der ausgelassensten Bosheit dieses Manns. Man suchte daher seiner loß zu werden. Die Elsässer, Brisgauer und Schweizer verbinden sich miteinander, bemächtigen sich hierauf A. 1474. seiner Person zu Breisach, wo er sich meistens aufgehalten, spannen ihn auf die Folter, sprechen das Todes Urtheil über ihn, entsetzen ihn aller Ehren und Würden, und lassen ihm den Kopf herunter schlagen. (o)

In diesem Jahr sizt Jacob Schäglh Vogt zu Hauingen in des Marggraven Namen offentl. zu Röteln auf dem Kapf (p) mit

---

(n) Er wird bey Erzehlung dieser Begebenheit Gubernator von Lützelburg genennt. S. bey Tschudi l. c. S. 708. die Note (a) Hieher gehört ein franz. Schreiben vom Jahr 1471. darinn Rudolf heißt: mon redoubté Seigneur Monsr. le Marquis de Hochberg, Gouverneur des Duchés de Luxemburg & Comté de Chini.

(o) SCHÖPFLIN. Alsat. illust. T. II. p. 22. §. 32. & p. 398. §. 307. Siehe auch Tschudi l. c. S. 709. u. folg. und Iselins Noten daselbst.

(p) Auf dem Platz oben vor dem Schloß Röteln wurde zu gewissen Zeiten, des Jahrs ein auch zweymal unter freyem Himmel

offenen, wie die Worte lauten, verbannenem Gericht zu Gerichte, darinnen etliche Güter der Herrschaft zu einem Garten gewähret werden. So hält das Gericht A. 1471. Heinrich Naff von Spiegelberg Vogt zu Schopfen; A. 1473. Hanns Bradbeck zu Buggingen; A. 1485. Konrad Brun Vogt zu Lauffen, und A. 1486. Hanns Michel Burg-Vogt zu Badenweiler auf dem Berge am Hochgericht bey Badenweiler.

A. 1471. ist in der Reichsmatricul unter den Fürsten Marggrav Rotil der Junge im Anschlag um 4. zu Roß und 8. zu Fuß.

A. 1473. A. 1473. zieht er 8½. Tagwan (q) Matten am Steinenbach zu Stein, welche vorher den Reichen von Reichenstein gehört, um 93¼. lb. Stäbler an sich.

A. 1475. kauft er von dem Kloster Margarethenthal, Karthäuserordens zu Klein-

Himmel ein Gericht gehalten, welches von den sieben Urtheilsprechern das Siebengericht hieß, von dem äussersten Spitzen oder des Schloßberges, welcher der Tapf (gleichsam Kopf) genennt wurde, den Namen Tapfgericht führete. Es war dabey ausser den 7. Urtheilsprechern, welches Vögte waren, ein Hofrichter, der gemeiniglich ein Landvogt gewesen. Sie sassen um eine steinerne Tafel, und erkannten über Civil- und Lehenssachen. Man appellirte dahin vom Wochengericht; und von ihm an das marggräfliche Hofgericht. Es daurete bis 1669.

(q) Tagwan ist eigentlich so viel als eine Arbeit, die ein Mann in einem Tag bestreiten kan. Daher kommt Hacktagwan, Rührtagwan, Erndttagwan oder Sattagwan, Rebtagwan; da nemlich die Unterthanen ihrer Herrschaft mit gemeldeten Arbeiten frohnen mußten.

Kleinbasel den Scholbachshof zu Eymentingen um 50. fl. Rheinisch. In diesem Jahr macht Wilhelm von Rünß des Marggraven oberster Vogt der Herrschaft Röteln mit Claus Gerwich dem Schreiber und andern Leuten auf des Marggraven Befehl denen von Tülliken eine Ordnung über ihre Häuser und Hölzer.

A. 1476. löst er mit 212$\frac{1}{2}$. fl. die Gilt von 7. ℔. ₰. und 14. Malter Roggen aus den Hertiken und Aeticken auf dem Sausenberg gelegen wieder ein; und zahlt zugleich 100. fl. Hauptgut ab, welche er für die von Rotberg bey den Frauen von St. Clara zu Basel bezahlt. (r)

A. 1477. übernimmt er die Vormundschaft über Magdalena Gräfin von Oettingen. (s)

A. 1477.

Nn 5   A.

(r) Die Quittung über beedes hat Abelberg von Rotperg, Dechant des hohen Stifts Basel ausgestellt.

(s) In der Nachricht hievon wird das Wort Schwester in einem besondern Verstand gebraucht. Sie lautet also: „A. 1471. auf den hindersten Tag des Brachmonats hat „der hochgeborne Herr Rudolf M. zu Hachberg, Graf „zu Nuwenburg am See, Herr zu Rötelen und zu Sau„senberg vor dem Official zu Basel seiner Schwe„ster Frau Kunigunden von Schwarzenberg Witt„wen, gebohrner Gräfin von Nellenburg, Enkelin, „Jungfrau Magdalena geb. Gräfin von Oetingen, „welche Graf Ludwig von Oetingen mit Eva von „Schwarzenberg, gedachter Frau Kunigunden Toch„ter erzeugt, Vogtey nach dem Todte ihrer Mutter „übernommen„. Ich bemerke zugleich, daß sowohl die von Schwarzenberg als alle andere gräfliche Personen in diesem Brief nur Wohlgebohren betitult werden, der Marggraf aber Hochgebohren.

A. 1478. kauft er von dem Kloster Adelshausen um 10. ℔ Stäbler ein Juchart Matten zu Badenweiler, die man nennt zum Gemür. (t) In diesem Jahr löst Erzherzog Sigmund zu Oesterreich die dem Marggraven verpfändete Statt Sennheim und Dorf Steinbach wieder mit 7500. fl.

A. 1480. ist in der Reichsmatricul unter den Fürsten der Marggraf von Rottel im Anschlag um 6. zu Roß, und 12. zu Fuß. Und in eben demselben Jahr ist er wieder unter den Fürsten um 14. zu Roß und 14. zu Fuß.

A. 1483. übergibt ihm Ludwig Kilchmann zu Basel alle seine Gerechtigkeit am Lichsenbanne zu Weyl, den er zu Lehen hatte. In diesem Jahr wird bey gehaltenem Gericht in der Vorburg zu Rötelen Johannis Försters weil. Kirchherrn zu Haltingen und Caplans zu Röteln, als eines unehlichen, Verlassenschaft dem Marggraven nach Herkommen des Reichs und seiner Herrschaft zuerkannt.

A. 1484. gibt ihm Ritter Caspar von Blumeneck einen Wiederlosungs-Revers über die Dörfer Tüngen und Mengen, die er mit des Marggraven Erlaubnis von Antons von Pforr Erben und Andreas Degelin um 1100. fl. an sich gelöst hatte.

§. V.

(t) Sie wird also beschrieben: sie liegt unten herauf an die Trencky hinter Tottikons Haus an des Marggraven Matte genannt die obere Gebreite.

Rudolf IV. von 1441-1487.

§. V. M. Rudolf beschließt sein Leben A. 1487. am grünen Donnerstage, nachdem er seine Lande bey 40. Jahr wohl regiert hatte. Er war von keinem kriegerischen Geist, sondern liebete die Stille mehr, als sein Vatter, und hatte das Glück bey derselben zwey schöne Landschaften, nämlich Neuburg und Badenweiler in Zeit von 13. Jahren durch Erbschaft zu erlangen. Er befreyete sich von vielen Schulden, die ihm von seinem Herrn Vatter und Grosvatter hinterlassen worden. Er bemühete sich die Pfandschaften, und was versezt gewesen, grossen Theils wieder einzulösen. Er nimmt also billig das Lob eines Gerechtigkeit liebenden, und sparsamen Vatters seines Volks mit aus der Welt. (u) *Tod.*

Er hatte sich vermählt mit Margaretha von Vienne, der einzigen Tochter Wilhelms von Vienne in dem Herzogthum Burgund. (v) Sie war eine Schwester. *Gemahlin- und Sohn.*

Toch-

(u) In einem Gedichte auf seinen Tod stehen nachfolgende Zeilen, aus welchen erhellet, daß das Sausenbergische Wapen kein anderes, als das alte Zähringische nur mit einigem Unterschied der Farbe sey:

Susenburg du bist ein Landgraffschaft
Drinn er gewaltet hat mit Kraft,
Daß der fry rot Lew anzeig gibt
Im wissen Feld ufrecht, nit überlibt,
Uf sinem Haubt ein guldin cron
Sin Klowen von Gold sind ufgeton.

(v) Dieser Wilhelm war in grossem Ansehen an dem Hofe des Herzogs Philipps des Kühnen und Johanns

Tochter der Maria von Chalons, welche
des lezten Graven von Freiburg Johannis Gemahlin gewesen. Der einige Sohn
M. Rudolfs, den ihm seine Gemahlin
Margaretha gebohren, ist Philipp, der
zugleich der lezte seiner Familie ist. Er
sollte wenigstens ein Theil von den Gütern in Burgund erben. Und hier haben
wir abermals eine Ursache, warum er in
dem oben angezeigten Schweizerkriege mit
Herzog Karl dem Kühnen zu Felde gezogen, da hingegen sein Vatter sich ganz ruhig zu Bern gehalten hat. Ich setze die
von Herrn Prof. Schöpflin vorgelegte
Stammtafeln der Margaretha hieher.

Stammtafel von vätterlicher Seite. (w)
Wilhelm von Vienne, Herr von S. George und S. Creuz.

Johann, †   Margaretha, Gem. M. Rudolfs IV. zu
ohne Kinder.   Hachberg-Sausenberg.

Stammtafel von mütterlicher Seite.
Johann III. von Chalons, erster Fürst aus seinem Hause
Orenge, † A. 1418.

Ludw. g der Gute,   Alix v. Chalons, G. Maria, G. Johañs
† A. 1463.   Wilhelms v. Viene. Gr. v. Freib. u. Neue.

Margaretha, Gem. Rudolfs IV. M. zu Hachberg-Sausenb.

Philipp, Margrav.

des Unerschrockenen; kommt auch als commandirender
General vor. PLANCHER *Hist. de Bourgogne* T. III.
Prob. p. 317. *Genealogies Hist. des Souverains* T.
IV. p. 316. Er hatte A. 1434. ein Testament gemacht,
und darinnen die geistliche Stifter und Kirchen wie auch
die Armenhäuser sehr wohl bedacht.

(w) Bey Herrn Herbster finde ich sie also:
                            Wilhelm

Aus dem Testament des Wilhelm von Vienne erhellet, daß er ein sehr reicher Herr gewesen. Zum Universalerben sezt er seinen Sohn Wilhelm Herrn von Bussi in Champagne ein. Ihm sollen seine Söhne folgen. (x) Würden diese ohne männlichen Leibeserben abgehen, so soll die Verlassenschaft dem Johann von Vienne, Herrn von Paigney zufallen und seinen Söhnen, insonderheit dem bereits lebenden Sohn Johann; diesen substituirt er Johann von Vienne Herrn von Roland, und seine Söhne; diesen Wilhelm von Vienne Herrn von Mombis u. s. w. Nach dem Tode des ältern Wilhelms tritt sein Sohn Wilhelm die Erbschaft an. Seine männliche Erben waren mit seinem Sohne Johann ausgestorben. Nun hatte er zwey Töchter, unter welchen Maria des Herrn von Blamont Gemahlin schon tobt war ohne Kinder zu hinterlassen Es war also unsere Marggrävin allein übrig. Es entstehet ein Streit über der Erbschaft. Der im Testament

Viennesche Erbschaft

Wilhelm von Vienne, Herr von S. George und S. Creux, macht ein Testament A. 1434.

Wilhelm von Vienne, Herr von Bussi.

| Margaretha, M. Rudolph s. | S. Johann, † ohne Kindes. | Maria, Gem. N. Herrn von Blamont, † ohne Kinder. |

(x) Die Töchter sollen mit Geld abgefertigt werden; und zwar, sollen sie bekommen 10000. fl. Ehesteuer, und jährlich 1000. fl. Einkünfte, auch über die 5000. fl. Münz, wann es nicht über 3. wären, die andere sollten ins Kloster gehen, und jede jährlich 100. Francos Turonenses haben.

ment unter den substituirten Erben allein noch lebende Wilhelm von Mombis verlangt, nach dem Testament, die ganze Erbschaft. M. Rudolf gibt sich in seiner Gemahlin Namen zum Miterben an. Die Sache gelangt zu erst vor das höchste Landgericht in Burgund; und wird hernach A. 1467. im Frieden beygelegt. Herzog Karl von Burgund bestätigt zu Brüssel den Vergleich. Vermög desselben sollen sie die sammtliche Güter und Erbschaft in Gemeinschaft besitzen, ausser St. George, Seurre, (y) Louhan, und die Herrschaft Jour, diese sollen der Marggrävin zufallen, gleichwie dem Wilhelm von Mombis die Herrschaft Arcen Barrois; hingegen solle ihm der Marggrav, um diese Herrschaft von seinem Sohn Philipp von Vienné Herrn von Persan wieder einzulösen, 2863. Franken, und zwar innerhalb Monatsfrist 1000. Burgundische Franken bezahlen, und so denn jährlich aus den Einkünften der gemeinschaftlichen Lande 200. Franken zuzurucklassen, bis die ganze Summe der Unkosten würde richtig gemacht seyn. Es scheint dem Marggraven sey dieser Vergleich nicht angenehm gewesen. Sein Sohn bedient sich jedoch des Tituls, Herr zu St. Georgen und heiligen Creutz. (z)

(y) Diese Statt bekam von K. Ludwig XIII. A. 1620. mit dem Titul eines Herzogthums den Namen Bellegarde.

(z) Diese Herrschaften liegen in dem Herzogthum Burgund zwischen Lion und Chalons.

Phi-

Philipp.

Von 1487. bis 1503.

§. I.

Marggrav Philipp folgt seinem Herrn Vatter als der einige Erbe in allen seinen Landen, und schreibt sich daher, wie derselbe, Marggrav von Hochberg, Graf zu Neuenburg am See, Herr zu Rö-teln und Sausenberg, desgleichen Herr zu St. Jörgen. Schon bey seines Herrn Vatters Lebzeiten hieß er Herr von Badenweiler. Derselbe hatte ihm bey seiner Vermählung A. 1476. diese Herrschaft in Besitz gegeben. (a) Man hält dafür, er seye zu Welsch-Neuburg gebohren, und daselbst von seiner Frau Mutter nach Burgundischer Art erzogen worden. So viel ist gewiß, daß er seine Hofhaltung mehrentheils

Residenz.

(a) GUICHENON *Hist. de Savoye* T. I. meldet seinen ganzen Titul also: *Philippus Marquis d'Hochberg, de la Maison des Marquis de Bade, Comte souverain de Neufchatel en Suisse, Seigneur de Rotelin, de Susemberg, de S. George, de S. Croix & de Badenvilliers, Marechal de Bourgogne.* Es haben auch die Marggraven von Sausenberg, welche sich, wie die von Hachberg, des Badischen Wapens gemeiniglich bedient, in dem Schild das Neuburgische, nämlich einen mit Sparren besetzten Pfahl geführt, dergleichen es auch wegen Badenwiler zu führen pflegt. Sonst ist, wie der sel. Hofrath Drollinger bemerkt, das Sausenburgische Wapen kein anders, als das alte Zähringische.

theils zu Neuburg gehabt, und selten in seine Breisgauische Lande gekommen ist, als welche er durch bestellte Landvögte und Amtleute regieren ließ. Seinem Herrn Vatter und Großvatter ist er weder an Eigenschaft noch Glücke gleich. Er ist von einem veränderlichen Gemüthe.

Noch bey seines Vatters Leben.

§. II. Es ist bereits gemeldet worden, daß er noch bey seines Herrn Vattes Leben den Feldzügen Herzog Karl des Kühnen beygewohnet habe. Er war auch bey dem blutigen Treffen A. 1477. bey Nancy, darinnen der Herzog umgekommen. M. Philipp steht in der Anzahl der Gefangenen, obgleich nicht mit seinem Taufnamen, sondern nur also: der Jung Marggraff von Rötel. (*b*) Er ergriff auch nach der Zeit, da Burgund an Frankreich gekommen, die Französische Parthie, und zog mit den Französischen Völkern zu Felde.

Erbsvereinigung Vertrag.

§. III. Im ersten Jahr seiner Regierung am Zinstag nach St. Elisabettentag verkauft er der Wittwe Peter Richs (*c*) von Richenstein, Gredannen, gebohrner von Ratperg, jährlich 15. fl. Gelts in Gold, auf von und ab, wie die Worte lauten, dem Dugkhein, um 300. fl. Rheinischer und guter an Gold und Schlag schwär genug an der Gewicht zu Basel. In diesem

---

(*b*) Königshoven Elsaff. Chron. S. 389.

(*c*) Vielleicht kommt derjenige Rich von diesem her, dessen in folgender Nachricht vom Sukinger Krieg gedacht

sem Brief führt er den Titul: Herr zu St. Jörgen.

A. 1488. wird er von Erzherzog Sigmund zu Oesterreich zu Insprug wegen Schorfheim belehnt. Seine Gewalthaber waren: Seine Räthe, Peter, Abt zu St. Peter auf dem Schwarzwald, und Hermann von Eptingen, Ritter. Schon im vorhergehenden Jahre hatte er die Baselische Lehen von dem dasigen Bischof Kaspar empfangen.

A. 1490. hat er Strittigkeit mit Arnold von Rotberg wegen dem Zehenden im Gupferbanne und in dem Dinghof zu Banmach. Der Official zu Basel ist Schiedsrichter. Er spricht den Zehenden dem Marggraven zu. Dessen Anwälde waren: Johann Beiger Landschreiber zu Röteln, und Christian Walder Vogt zu Tannenkirch.

A. 1493. erlaubt Rudolf von Blumeneck Landvogt der Herrschaft Röteln, im Namen seines Herrn, daß ein von der Stadt

A. 1490.

dacht wird: Stoffel Wächli von Stetten sagt A. 1568. im 80sten Jahr seines Alters gerichtlich aus: "Er ge„denck daß Junker Hans von Baldeck und Junker Dü„ring Reich van Richenstein gewesener Landvogt, ein „Krieg wider Marggraven Philips gefürt haben, so „bojumal nit in Lands gewäsen war, do sey die gantze „Herschaft hinab gen Buckenen zogen vnd mit inen das „Geschütz gefürt, das sie von der Margrevin begert „hätten rc. Ein anderer meldet, er habe dem M. Philippsen gedient im armen Kunzen Krieg.

Oo

Statt Basel gesezter Pfarrer zu Klein-Hüningen, Alexander von Feldkirch, diese Pfarrey vertauschen dörfe, jedoch ohne Nachtheil des dem Marggraven zuständigen Alternationsrechts.

A. 1495. belehnt ihn K. Maximilian zu Antwerpen von Reichswegen mit dem Blutbanne. (d)

§. IV. In der Reichsmatricul steht der Marggrav von Röteln unter den Fürsten im Anschlag. Also kommt er A. 1497. im Anschlag vor, einmal um 500. fl. das anderemal um 7. zu Roß und 26. zu Fuß. Vorher A. 1491. aber um 600. fl und 20. Mann. Und A. 1507. um 1250. fl. 40. kr.

Sein Hof zu Basel wurde nach seinem Tode A. 1518. von der Facultät der Künsten erkauft, und unter der Aufsicht Wernh. von Schlierbach zum Gebrauch der hohen Schule verordnet. (e)

Erbvereinigung. §. V. Besonders merkwürdig ist die Erbvereinigung, die M. Philipp A. 1490. (f) mit M. Christoph von Baden in Rucksicht

---

(d) Mit dem Banne allenthalben in seinen Gerichten über das Blut zu richten.

(e) Bruckers Anmerk. zu Wurfteisens Kl. Basler Chron. S. 216.

(f) Man sieht daran sein Sigill mit dieser Umschrift: S. Philippi Marchionis de Hachberg, Comitis Novi Castri, Domini de Rottbelin, Susenbourg. de S. Georgio & S. Cruce. Und in dem Vortrag selbst

ſicht auf den gemeinen Urſprung ihrer Häuſer errichtet. Der Inhalt iſt dieſer: Sollte M. Chriſtoph ohne männliche Leibeserben abſterben, ſo ſolle M. Philipp oder ſeine männliche Erben die Marggrafſchaft Hachberg, welche von dem M. zu Baden ſchon A. 1415. erkauft worden, mit den Schlöſſern Hachberg und Höhingen auch dem Ställein Sulzberg und allen andern Zugehörungen bekommen. Hingegen wann M. Philipp ohne männliche Leibeserben mit Tod abgehen würde, ſo ſolle M. Chriſtoph oder ſeine männliche Nachkommen die Herrſchaften Röteln, Sauſenberg und Badenweiler wie auch das Ställein Schopfheim und alle andere Zugehörungen, es ſeyen Eigen- oder Lehengüter, nichts ausgenommen, von Stund an einnehmen und beſitzen.

Dieſe Erbvereinigung haben beeder Herren Marggraven Amtleute und Unterthanen beſchwohren, und der Biſchof zu Baſel ertheilte ſeine Einwilligung in Anſehung der Lehen, welche die Marggraven zu Röteln von dem Hochſtift tragen. Bey K. Fridrich III. und, nach deſſen Tode, bey K. Maximi-

---

ſind dieſe Worte in Anſehung des Wapens anzumerken: „Wir Chriſtoph und wir Philipp ꝛc. von GOttes Gna„den Gevettern ꝛc. bekennen, daß unſer beeder Nahmen „und Stammen, der Schild und Wappen, wie unſere „Ahnen den geführt, wir auch mit geringem Unter„ſchied noch führen ꝛc.. Gleiches iſt ſchon zu erſehen aus M. Heinrichs II. Sigill. S. den vorläufigen doch gründlichen Bericht vom Adel in Teutſchland S. 120.

-ximilian I. wurde um die Bestätigung ebenfalls angesucht. Diese erfolgte A. 1499. den 13. Aug. da er sich zu Freibug im Breisgau befunden hatte. Er sezte jedoch in den Bestätigungsbrief, das Schloß Rötteln und das Städtlein Schopfheim seyen Oesterreichische Lehen, und behalte er sich, im Fall sie an M. Christoph fallen sollten, das Einlosungsrecht um eine bestimmte Summe Gelds vor. M. Christoph sezte sich, bey erfolgtem Todesfall, in den Besiß; und da er erfahren, daß das Schloß Rötteln und Schopfheim keine Pfandlehen seyen: so protestirte Er gegen diesen Vorbehalt, wie Er sich dann auch niemals von dem Hause Oesterreich hat belehnen lassen. (g)

Daß aber den M. Philipp eine Reue nicht lange vor seinem Tode wegen dieser Erbvereinigung angekommen sey, bezeugt das Schreiben K. Maximilians I. das er den 30. Jun. 1503. von Lindau an den Landvogt zu Rötteln Rudolf von Blumeneck abgelassen hat. Er ermahnt ihn in demselben, des M. Christophs Succeßionsrecht nachdrücklich zu vertheidigen, und den M. Philipp sowohl als seine Räthe und Diener von den Gedanken, eine Aenderung zu machen, gänzlich abzubringen.

Grafsch. Neuburg. §. VI. Vor seine Grafschäft Neuburg in der Schweiz suchte er auch Sorge zu tra-

---

(g) Der Ursprung dieser Lehensverbindung ist unbekannt. Sie ist auch in dem mit dem Erzhause Oesterreich A. 1741. errichteten Vergleich aufgehoben worden.

tragen. Er bestätigt den Unterthanen ihre Freyheiten und erneuert A. 1497. und 1499. das Burgerrecht vor sie mit Bern und Freiburg in der Schweiz. Er sucht in allem dem Vorsatz des Kaisers vorzubeugen; als welcher A. 1498. zu erkennen gab, die Gravschaft Neuburg sey dem Reich heimgefallen, daher er sie sogar um eine geringe Summe Gelds denen von Bern anerboten. (*h*) Diese aber wollten keine Käufere davon werden. Ueberhaupt ist zu bemerken, daß der Kaiser keine grosse Neigung zu M. Philipp gehabt. Die Ursache ist auch leicht zu begreifen. Marggrav Philipp hatte, wie schon oben gemeldet worden, Burgundische, und nachher Französische Parthie, ergriffen, mithin die Waffen wieder den Kaiser getragen; und auch in den Kriegen dieses Hauses mit den Schweizern sich auf die Seite der leztern gestellt. Ihr Beystand war ihm gegen den Kaiser, gegen die von Orenge oder Oranien und den Herzog von Savoien nothwendig und vortheilhaft. Wie er dann noch in seinem Sterbejahr das Burgerrecht von der Statt Bern und Lucern vor seine Prinzeßin Johanna als seine einige Erbin erhalten hat.

§. VII Marggrav Philipp, der lezte vom Hause Hachberg, gehet aus der Welt A. 1503. am Samstage nach Mariä Geburt. Sein Leichnam wird zu Neuburg,

---

(*h*) Leu l. c. A. 14. S. 48.

wo er gestorben, beygesezt. Sein Herz verwahrt seine Tochter Johanna (i) in einem bleyernen Kistlein, und läßt es auf einem Pferde, welches man mit schwarzem Tuche behängt, in Begleitung vier Edlen von der Landschaft und etlicher Priester aus der Gravschaft Neuburg nach Röteln führen, daß es daselbst bey seinen Vorfahren begraben würde. Indessen wird die Rötelische Landschaft auf erhaltene Briefe von M. Philipps Tod gleich von M. Christoph in Besiz genommen, und Rudolf von Blumeneck zum Landvogt zu Röteln gesezt. Dieser bekommt Nachricht von dem ankommenden Herzen. Er ordnet eine Procession an, und geht mit der Priesterschaft und einigen der Vornehmsten des Landes entgegen, er begleitet hierauf die Leiche auf den Kirchhof und wohnt der Begräbnis bey. Als dieses geschehen war, ladet er im Namen seines Herrn des M. Christophs die Gesandte zu einer Mahlzeit, und will ihnen die richtige Belieferung des Marggrävlichen Herzens schriftlich bescheinigen. Sie wollen aber weder von ihme, noch der Landschaft etwas geniessen, sie reisen vielmehr ohne mit einem einigen Worte zu danken wieder zuruck, und geben also auf eine seltsame Art ihren Unwillen gegen M. Christoph zu erkennen.

Gemahlin. §. VIII. Seine Gemahlin war Maria, Herzogs Amadeus IX. von Savoien, und

Jo-

(i) Förster schreibt dieses seiner Gemahlin zu. Sie war aber schon A. 1500. todt.

Jolanda von Frankreich Tochter. Die Vermählung wurde A. 1476. zu Lausanne vollzogen. Wurstesen (k) schreibt: des Marggraven Herr Vatter habe gleich bey dem Verlöbnis versprochen, die Herrschaften Rötelen, Sausenberg und Badenweiler, wie auch Schopfen und Sugny, sollen seines Sohnes Philipps mit dieser Gemahlin künftig erzeugten Kindern eigen seyn, und M. Philipp keine Gewalt haben, etwas anders zum Nachtheil dieser Kinder zu verordnen, auch nicht einmal, wenn ihm diese Gemahlin durch den Tod entgehen und er in einer folgenden Ehe Kinder erzeugen würde. Die Ehesteuer wurde ihr wenigstens zum Theil nicht gleich mitgegeben. Ihr Bruder weigerte sich auch nachher solche zu bezahlen, und A. 1489. da er gestorben war, sprach Herzog Philibert von Savoien aus gleichem Ton. Maria beschwehrte sich darüber, und schiene es, die Sache würde in einen Krieg ausbrechen. Doch wurde sie auf Vermittelung der Städte Bern, Lucern, Freyburg und Solothurn beygelegt. (l) Sie selbst stirbt A. 1500. zu Dijon, und wird daselbst in der Dominicaner Kirche begraben. (m)

Do 4 §. IX.

(k) Baßler Chronic. S. 64.
(l) GUICHENON l. c. p. 560.
(m) Ihre Grabschrift gibt GUICHENON l. c. p. 560. sq. in diesen Worten: *Cy gist Marie fille Duc Edme de Savoye & de Madame Yoland de France, Femme de*

Tochter. §. IX. Aus dieser Ehe kam eine einige Tochter Namens Johanna. Ihr Herr Vatter hatte sie des M. Christophs Prinzen Philipp von Baden zur Gemahlin bestimmt, und vermuthlich deswegen A. 1490. die Erbvereinigung gemacht. Der Prinz wurde auch bereits an M. Philipps Hof erzogen, als der künftige Tochtermann und Nachfolger.

Deren Vermählung. König Ludwig XI. in Frankreich aber fande Mittel den Marggraven A. 1498. zu dem Versprechen zu bringen, daß er seine Tochter ohne des Königs Vorwissen an niemand vermählen wolte. Nun lebte damals an dem französischen Hofe Ludwig von Longueville, der aus königlichem Geblüte war. Der König leitete die Sachen so, daß der Marggrav einen französischen Prinzen seinem Stammvettern vorzog. Es war ihm solches um so leichter zu erhalten, weil M. Philipp selbst in burgundischen Sitten erzogen war, eine savoische Prinzeßin, deren Mutter aus Frankreich war, zur Gemahlin, und in seinem Gemüthe eine grosse Neigung zu Frankreich hatte.

Die Vermählung gieng jedoch erst nach M. Philipps Tod A. 1504. vor; da dann Johanna ihrem Gemahl die Gravschaft Neuburg samt den Herrschaften S. Georg und S. Creux oder zum H. Creuz zugebracht. Von dem

---

de haut & puissant Seigneur Messire Philippes de Hochberg, Marquis de Rothelin, Comte de Neufchatel, la quelle trespassa le XXVII. de Nov. MD.

dem Streit darüber mit M. Christoph ist in dessen Lebensbeschreibung zu handeln. Der Johanna Gemahl Ludwig Herzog von Longueville, gehört unter die vornehmsten Herren in Frankreich. Er war oberster Cammerherr und Gouverneur in der Provence. Im Treffen mit den Engelländern A. 1513. in der Picardie, wie auch A. 1515. in der Schlacht mit den Schweizern bey Marignano in Italien wurde er gefangen. Er starb A. 1516. (n) Er schrieb sich Marggrav von Röteln, ob er gleich die Herrschaft niemalen besessen hat. Seine Gemahlin lebte nach ihm noch 27. Jahr und gesegnet A. 1543. zu Epoisses in Burgund das Zeitliche.

Sie hatte einen Sohn Namens Franciscus. Er war geb. A. 1513. und schrieb sich M. von Rothelin und Grav zu Neuburg. Er hat seinen Stamm fortgepflanzt. In den Kriegen der zwey grossen Häupter Kaiser Carls V. und König Franciscus I. in Frankreich zeigte er seinen Heldenmuth. Er starb A. 1548. Das Haus Longueville behielte die Gravschaft Neuburg bis zu seinem Abgang. Er hatte ausser einem unächten Sohn Franciscus auch einen rechtmäßigen mit Namen Helionorus, oder Leonor, dessen Urenkel Johann Ludwig A. 1694. als der lezte Besizer von Neuburg

Ihre Erben.

(n) ANSHELME Hist. General. de France, T. I. p. 217.

im geiſtlichen Stande geſtorben iſt. Und
A. 1707. ſtarb die lezte Beſizerin Maria
vermählte Herzogin von Neamours. Von
dem unächten Sohn Franciſcus ſind noch in
dieſem Jahrhundert Nachkömmlinge.

Streit wegen Neuburg. §. X. Die Herren M. von Hochberg ſauſenbergiſcher Linie hatten die Grafſchaft Neuburg 46. Jahr beſeſſen, ehe ſie ans Haus Longueville gefallen. Die berühmte brandenburgiſche geheime Räthe und Lehrer auf der Univerſität Halle Ludewig (o) und Gundling (p) welche dieſes hohen Hauſes Rechte auf Neuburg A. 1707. vertheidigt, beſchuldigen nicht nur die Graven von Freyburg, ſondern auch die Marggraven von Hachberg einer unbefugten Anmaſſung und Beſiznehmung, und daß beede dem Hauſe Chalon-Orange unrecht gethan hätten. Den Herren M. von Hachberg-Sauſenberg kommen eben dieſe Gründe zu ſtatten, welche vor die Graven von Freyburg angeführt worden. (q) Nämlich, da ſie von dem lezten Beſizer die nächſte Verwandte geweſen, ſie auch nach dem burgundiſchen Herkommen die nächſte Lehenserben geweſen, ohngeachtet ſie ihre Verwandtſchaft durch das weibliche Geſchlecht herführen, indem ja auch die Weiber Lehensfähig waren, mithin konnte dieſes weibliche Lehen denen von Chalon-Orange,

---

(o) Preußiſches Neuburg. S. 106. folg.
(p) Hiſtoriſche Nachricht von Neufchatel. S. 15.
(q) S. oben S. 230. ſq.

Orenge, als Lehenherren erst alsdenn heimfallen, wann nicht nur die Verwandte Vät-
ter- sondern auch die von mütterlicher Seite
würklich ausgestorben seyn würden.

Zwar haben die von Orenge damals,
als des Rollins Stamm abgegangen, und
die Seitenverwandte sich in dem Besiz der
Grafschaft Neuburg gesezt, beständig wi-
dersprochen, und gemeldet, daß sie ihnen
als Lehenherren nach allem Recht zugefallen seye. Sie haben auch ihre Protestation
zu der Zeit wiederholt, da die Graven von
Freyburg, die Marggraven von Hachberg
und die Herren von Longueville die Grafschaft in Besiz genommen haben. Deswegen hatte auch bey damaliger Minderjährigkeit des Prinzen von Oranien, Philiberts, seine Mutter die Herren zu Bern
um Hülfe angerufen; allein alle Bemühungen derer von Oranien ware vergeblich, bis
in dieses Jahrhundert. Dann nachdem das
Longuevillische Haus A. 1707. mit Maria,
Herzogs Heinrichs von Neamour Wittwe
ausgestorben war: so hat Friedrich I. König
in Preussen, und Churfürst von Brandenburg, welcher seine Rechte von seiner Mutter Luisa, Heinrich Friderichs, Fürsten von
Orenge Tochter herleitete, dem auch König
Wilhelm III. von Großbritannien als Erbe
der Chalonischen Herrschaften bereits A.
1694. alle seine Rechte an Neuburg und
Vallangin abgetretten hatte, diese Grafschaft Welschneuburg bekommen, und mit
sei-

ſeinem Hauſe verbunden, iſt auch nachher
A. 1713. im Utrechter Frieden zwiſchen
Frankreich und Preuſſen von jenem vor
einen ſouverainen Herrn von Neuburg und
Vallangin erkannt worden.

Und dieſes mag dermalen genug ſeyn
von den Marggraven zu Hachberg. (r)

(r) In dem prächtigen Schöpflinſchen Werke folgt nun
eine Abhandlung vom Landgraviat im Brisgau. Ich
finde mich dermalen genöthiget, dieſe Materie auf eine andere Zeit und Gelegenheit auszuſezen, und es
bey demjenigen, was in den Lebensbeſchreibungen derer
Herren Marggraven davon gemeldet worden, vor die-
ſesmal bewenden zu laſſen.

i

S. 589.

Her

Schirmvogt

Thederic

Tie⸗asel

Conrad von Rotinlein, U. 1229. | Canoni⸗
Gem.,M. N. Ulrichs Graven von | ⸗oſtanz.
Neuburg Tochter. | ⸗29.

Walther,   Otto Herr von Rö⸗ | S. Ru⸗
U. 1262.   † nach 1303. | M. zu
                                | ⸗rg⸗Sau⸗
           Walther, U. 1⸗ | *Annal.*
           † ums J. 1310. | a.1273.

Siebente Abtheilung.
Von denen Herren zu Rötelln.

§. I.

Die Herren von Rötelln haben ihren Schloß Rötelln. Nahmen von dem Schloß Rö eln. (a) Es heißt in den alten Urkunden meistens Rötenlein und Rotinleim. Es bestehet eigentlich aus zwey Schlössern, dem obern und untern Schloß, welches in den Urkunden die Vorburg genennt wird. Es ligt an der mitternächtlichen Seite des Wie-

---

(a) Daß das Ort Rötelln schon im neunten Jahrhundert zum Brisgau gehört habe, bezeugt die Bestätigungs-Urkunde K. Arnolfs, die er der Kirche des H. Magnus über dem Schwarzwasser (Nigra aqua) A. 898. ertheilt hat. Darinnen stehet: „Et in Brischgovve Com. Wol„funi in loco Rotileim." Dieser Wolfun, oder Wolv, war ein Grav im Breisgau. HERGOTT Gen. Habsb. Cod. Prob. num. 101. Neueste Widerlegung der Stadt Lindau wieder die Aebtißin. Daß die Unterthanen in dieser Herrschaft leibeigen seyen, ist bereits angezeiget worden. Es sind aber auch in einigen benachbarten Orten, als zu Zell im Wiesenthal des Freyherrn von Schönau, zu Riel dem Baron von Baden, zu Schliengen, Mauchen, Istkein, oder Istein und Hüttingen, dem Bischof zu Basel gehörig, annoch einige Marggräfische Leibeigene beederley Geschlechts. Uber die, welche sich in den Bischöflichen Orten befinden, wird aus ihnen durch Mehrheit der Stimmen ein Vogt erwählt, und vom Hochfürstlichen Oberamt Rötelln präsentirt und beeydiget.

Wiesenthals, welches von dem Fluß Wieß seine Benennung führt, auf einem sehr angenehmen und fruchtbaren ovalen Berg, 2½. Stund von Basel. Die Ueberbleibsel des Schlosses zeugen von seiner ehemaligen Grösse und Stärke. (b)

A. 1333. wurde es belagert; weil ein Marggrav einen Burgemeister von Basel erstochen hatte. Der Adel dieser Statt war aber dem Marggraven sehr ergeben, daher wurde die Sache in Güte beygelegt.

In dem berüchtigten Baurenkrieg (c) im 16ten Jahrhundert und folgenden Jahren ist vieles in demselben verderbt worden.

A. 1638. im Merz wurde es von den Trouppen des berühmten Kriegshelden Bernhards von Weimar mit Sturm erobert. Die Garnison darinnen waren Kaiserliche oder Lothringische Völker. (d)   A.

(b) Eine Abzeichnung von diesem Schlosse sieht man in Merians Beschreibung des Elsasses.

(c) Ich verstehe davon die Worte M. Ernsts von Baden in einem Schreiben d. d. Mühlberg den 21. April 1548. an die Badische Regierung: „Dann wir Euch „nit verhalten wollen, das was für Schriften in Röteln „gelegen, diese oder andere Sachen betreffend, alles in „Peurischer Embörung zerrissen worden." Will man diese Worte von dem mit Anfang des 16. Jahrhunderts nach dem Tode Herzog Georg des Reichen von Bayern entstandenen weitaussehenden Krieg erklären, so kan ich es geschehen lassen. Wahr ists, in demselben Krieg war M. Christoph von Baden mit K. Max. I. und dem Schwäbischen Bund und vielen andern Fürsten des Reichs zum Besten des Herzogs von Bayern wider den Pfalzgraven verbündet.

(d) Merian, l. c. S. 46.

A. 1678. im Brachmonat ruckten die Franzosen davor und sezten ihm heftig zu. 300. Kaiserliche lagen darinnen, die es mit aller Tapfferkeit vertheidigt, endlich aber der Uebermacht mußten gewonnen geben. Es hatte hierauf gleiches Schicksal mit dem Schloß Badenweiler und Sausenberg. Sie wurden alle gesprengt. Man sieht noch an dem Thor des oberen Schlosses, und an dem Portal des Wohngebäudes in demselben das Badische Wapen mit dem Balken. Ueber der Pforte des obersten Gebäudes in dem untern Schlosse steht ein creutzweis getheilter oder quadrirter Schild, in dessen erstem und viertem Quartier der Badische Balken, in dem zweyten und dritten aber der Badenweilerische oder Neuburgische guldene mit drey schwarzen Sparren besezte Pfahl zu sehen ist. Oben darüber ließt man die Jahrzahl MCCCCLXVIII. Und an dem Hausthor des Mayers in dem untersten Schlosse ist ebenfalls ein quadrirter Schild; in dessen erstem und viertem Feld der Badische Balken, in dem andern ein gemeines Creuz, und in dem dritten der gesparte Pfahl wahrgenommen wird, nebst dieser Jahrzahl auf den Seiten 1494.

Unten an dem Berg ist der Flecken Röteln, (e) und darinnen die von M. Rudolf A. 1401. erbaute schöne und grosse Kirche. In derselben ist unter andern ausser dem Badi-

Flecken Röteln.

(e) Merian c. l. nennt ihn ein Baden-Durlachisches lein.

Badischen Balken und Badenweilerischen Pfahl auch das oben beschriebene Rötelische Wapen mit dem Löwen und Eisenhütlein zu sehen. In diesem Orte wurde ums Jahr 1650. das Pädagogium, oder, wie es eigentlich genennt wurde, die Landschule, angelegt, welche nun seit 1689. oder 1690. zu Lörach ist.

Herrsch. Röteln. Die Herrschaft Röteln gränzt an die Landgrafschaft Sausenberg, an die Oesterreichische Waldstätte, an den Canton Basel und an den Rhein. (f) Sie ist sehr fruchtbar an Getraide; bringt den herrlichsten Wein hervor, unter welchem der Rothe vielfältig dem Burgundischen gleich geschäzt wird. Wildpret von aller Gattung ist nicht selten. Und der zwar reissende aber doch sehr angenehme und fruchtbare Wiesenfluß gibt die lieblichste Forellen, Sälmlinge u. Lachse. (g)

Bitericus I. §. II. Von dem Ursprung derer Herren von Röteln kan man nichts gewisses angeben.

(f) Wursteisen, Baßler Chron. S. 63. macht diese Beschreibung: „Röteln ein Fürstl. Bergschloß ein Meil „von Basel gegen dem Schwarzwald, hat ein wesent„liche Herrschaft hie diseit und jhenseit dem Susenhart, „eigentlicher einer Grafschaft gleich. Doch sind aus „vielen freyen Herrschaften als Rotenburg (ist ein „Schloß ob dem Dorf Wißlat hinter Schopffen) „Waldeck und andern mit der Zeit eine entstanden. „Die Innhaber dieses Schlosses haben sich nur einfäl„tig Herren zu Röteln genannt.„

(g) Mehreres von dieser Gegend und den Ortschaften derselben wollte ich in diesem ersten Theile anführen, ich finde mich aber genöthigt es in eine besondere Topographie von meinem Vatterlande zu versparhen.

Herren zu Röteln.

ben. Münſter gedenkt eines Ruprechts von Röteln, welcher nach einem alten Turnierbuch A. 938. dem erſten Turnier zu Magdeburg ſoll beygewohnet haben. Ich laſſe es ihn verantworten. Die älteſte Urkunde, ſo viel man weiß, in welcher ein Herr von Röteln vorkommt, iſt vom Jahr 1083. Nach derſelben hat Burcard Biſchoff zu Baſel Titericum von Rötinlleim zum Vogt und Schirmer über die Leute und Güter des Kloſters zu St. Alban in der Statt Baſel geordnet. (*h*)

§. III. Im Jahr 1138. beſtätigt Pabſt Thederi-Inocentius II. durch eine Bulle die Schen-cus II. kung, ſo einer Celle zu Wyslikon (Wislighoven) geſchehen iſt. Unter den Zeugen, die derſelben beygewohnt, ſteht Thedericus de Roetelein. (*i*) Man hält dieſen vor Thedericum II. und vor eben denjenigen, wel-

---

(*h*) His predictis curtis & eccleſiis prænotatis cœnobium S. Albani Martyris fundatum eſt: Advocatum ſuper predictas curtes inſtitui nobilem virum videlicet Rudolphum de Hornberc, Comitem ex iſta parte Rheni, in ulteriore vero parte Rheni T. Dominum de Roetinlleim, qui homines & res ipſorum ſine omni ſibi ſubſtituto ſub-advocato &c. Acta ſunt hec Baſileæ in preſentia Burchardi Epiſcopi, qui hanc chartam dedit indictione XI. Luna prima, regnante Imper. Henr. IV. & filio ejus Henr. V. Confer Vrstis. *Epit. Hiſt. Baſ.* p. 123. Dieſer Rudolf hat bis ins Jahr 1090. viele Urkunden unterſchrieben als Advocatus; T. de Roetenlein aber kommt ſonſt in keiner vor.

(*i*) Herrgott. l. c. num. 212.

welcher A. 1135. mit dem Nahmen *Theode-ricus de Roetelein* als Zeuge unter den sogenannten Freyen (k) den ersten Platz hat in der Urkunde von Aufrichtung des Klosters in Goldbach. Vermuthlich ist es auch eben der, dessen in der Uebergabe der Kirche zu Wolfenweiler an die Abtey St. Peter A. 1139. gedacht wird. (*l*) Er hat also zu einer Zeit mit Herzog Konrad von Zähringen gelebt. Und in einem Schenkungsbrief, der währender Regierung Herzog Bertolds IV. gegeben ist, wird *Dietbericus de Rotinleim* gelesen.

Eine Urkunde, die A. 1183. zu Zürch gegeben ist, gedenkt eines Ludwigs von Rotenleim. (*m*) Vielleicht soll statt Ludewig gelesen werden Lutold und wird etwa derjenige verstanden, von dem nun gleich wird etwas angeführet werden.

Dietricus III. §. IV. In den Statuten, welche Herzog Bertold V. v. Zähringen A. 1182. den Chorherren zu Zürch verordnet, steht unter den Zeugen *Tietricus de Rotenleim* (*n*) Man hält diesen vor den Dritten dieses Nahmens.

In dem Verzeichnis der Bischöffe zu Basel folgt auf Bischof Heinrich, der mit K. Fridrich ins gelobte Land gereiset und

---

(*k*) inter *Liberos*.
(*l*) Cod. Dipl. Bad. num 19. p. 84.
(*m*) HOTTINGERI *Hist. Eccles.* Tom. VIII. p. 1180.
(*n*) Tschudi l. c. Th. I. S. 90.

und mit dem Kaiſer daſelbſt geſtorben iſt, in dem Bißthume als der neun und zwanzigſte, Leuthold oder Lutold von Rötenlein. (o) Er führt die Zünfte der Burger zu Baſel ein; und läßt ſich nebſt andern Fürſten A. 1200. mit dem Kreutze bezeichnen. (p) Er ſteht der Kirche vor bis ins Jahr 1213. darinnen er geſtorben iſt. (q)

Sein Nachfolger iſt Walther oder Waldricus von Rötelen. Seine Beförderung wird mehr allerhand Kunſtgriffen und Ränken, als einer rechtmäßigen Wahl zugeſchrieben. Er kommt in einer Urkunde vor, welche K. Fridrich II. A. 1214. zu Baſel der Kirche zu Wienne gegeben hat. (r) Seine Lebensart wird nicht gelobt. Man beſchuldigt ihn ſonderlich der Simonie.

Walther.

Seine

(o) Wurſteiſen Kl. Basler Chr. S. 352. in der groſſen S. 117.

(p) Eben daſelbſt S. 115.

(q) Tſchudi 1 c. S. 113. „Deſſelben Jats (1213.) ſtarb „Biſchof Lutold von Baſel als er 22. Jar geregieret „hat: Uff Ihne ward Waltherus ze Biſchoff erwelt, „der regiert 3. Jahr; ſind baid gebohrne Fryherren von „Rötelen geweſen.„ Ich kan damit dieſe geſchriebene Nachricht nicht reimen: A. 1205. indictione octava Henricus Epiſcopus Baſil. incorporat Monaſterio S. Leonhardi Monaſterium parvæ Lucellæ. Inter teſtes: *Lutoldus de Rotelin.* Vielleicht folgten zwey Biſchöffe mit Namen Heinrich auf einander, die man miteinander vermengt, und daher dem Biſchof Lutold ſo viele Regierungs-Jahre beygelegt hat. Wurſteiſen l. c. Basler Lexicon, Artic. Baſel.

(r) CHIFLETIUS in *Veſont.* P. II. p. 255. *Baſilea ſacra* p. 218.

Seine Domherren beklagen sich über ihn am Päbstlichen Hofe, worauf ihn Pabst Innocentius III. seines Amts entsezet. (s) Er wird nachher Canonicus zu Kostanz. Er hat noch einen Bruder. Sie kommen beede in den Briefen Bischof Konrads von Kostanz A. 1229. vor. In einem, darinnen Bischof Konrad dem Kloster Engelsberg (monris Angelorum) den halben Zehenden der Kirche Stannes gibt, stehen Walter und Lutold, Brüder von Rotenlein. In dem andern sind nur die Anfangsbuchstaben W. und L. Der erstere hat das Prädicat Clericus. Beede werden Brüder genannt, und stehen unter den Canonicis zu Kostanz. In eben diesem zweyten Brief wird auch L. von Rotenlein als eine weltliche Person unter den Zeugen angeführt (t)

Dietricus IV. §. V. Im Jahr 1236. kommt ein Dietricus von Rotinleim als ein Edler (Nobilis) vor. Er unterzeichnet eine Synodalurkunde Bischof Heinrichs von Kostanz, nach welcher einige Rechte über die Kirche zu Lutigarn dem Hause der Hospitalier von Jerusalem zuerkannt werden. (u) Dieser wird vor den vierten Dietrich ausgegeben.

Auf den Bischof Heinrich zu Basel der A. 1238. mit Tod abgegangen war, folgt

Bi-

(s) Wursteisen l. c. S. 118. Tschudi l. c. S. 113.
(t) HERRGOTT. L c. num. 289.
(u) HERRGOTT. L c. num. 305.

Bischof Lutold II. Der Abt Trithemius und - tumpf geben ihn vor einen Herrn von Röteln aus. Er war aber eigentlich ein Grav von Neuenburg, und hat mit Grav Rudolf von Habspurg wegen Brisach und Neuenburg heftige Kriege geführt. (v) Nicolaus Gerung, genannt Blauuenstein, thut hierinnen keinen Ausspruch, sondern läßt die Sache auf sich beruhen. (w) Von diesem Dietrich will man auch verstehen, was das Zeitbuch des Klosters Bürgelen meldet, daß nemlich ein Dietrich in Rötenleim der Kirche des H. Johannes zu Bürgelen ein Einkommen in dem nunmehr zu Tannenkirch gehörigen Ort Gupf gegeben. (x) Desgleichen, daß Anna von Schopheim (Schopfheim) ein

Mann-

(v) Basler Lexicon l. c.

(w) In *Chronica Episcopor. Basil.* Sie steht in *Script. rer. Basil. minor.* L. II. C. 18.

(x) *Dietericus in Rotenlein, dedit coenobio Burglensi unam scopozam in villa Gupha, quam Meriboto, in Jherosolymitano itinere defunctus destinavit ad idem monasterium, & quoniam curtis defuit, idem Dn. Tietericus dedit unam virnalem ad curtim faciendam prope villam. Idem Tietericus de Rœtenlein determinavit litigium, quod Geroldus de Serzingen & ipsius familia de Ekkinheim in fundum dictum Aclaspel & in montem Burgilun & quædam confinia silvarum illi confinia excitaverat, ita ut Geroldus rogatu conjugis suæ Outicha omni se jure abdicaret Chron. Burgl.* p. 382. Diese Nachricht wird sonst ins 1ste Jahrhundert gesetzt, und müßte also von Titerico II. oder III. verstanden werden.

Mannwerk Reben bey Tanninhilcha (Tannenkirch) mit Erlaubnis ihres Herrn (cum licentia domini sui) *Tieterici* verliehen habe.

Konrad. §. VI. Bisher haben wir keinen Herrn von Röteln angetroffen, von dem wir hätten sagen mögen, er habe Kinder gehabt und das Geschlecht der Herren von Röteln fortgepflanzt. Dieses kan man von demjenigen Konrad versichern, welcher vermuthlich eben der ist, dessen in vorerwähnter Urkunde vom Jahr 1229. mit dem Anfangsbuchstaben C. gedacht wird. Er steht aber A. 1233. mit ganzen Worten in dem Brief Ulrichs Graven von Pfirt, in welchen dieser seine Güter zu Tiurlistorff und zu Wolfesweiler der Kirche zu Basel vermacht. (y) Auch findet man ihn in der Urkunde vom Jahr 1258. nach welcher Konrad von Rotenberg Efringen um 21. Mark Silbers an sich erkauft.

Gemahlin und Söhne. Seine Gemahlin war eine Tochter Grav Ulrichs von Neuburg. (z) Sie hat ihm drey Söhne gebohren, Walther, Otto und Lu-

---

(y) HERRGOTT. l. c. num. 297. Hier stehen: *Liberi Conradus de Rœtenlein* &c. Hernach stehen die *Milites*. Schon vorhin war das Wort *Liberi* vorgekommen, welches durch freye oder Freyherren übersetzt worden. Hier wird es noch mehr erklärt, und zeigt solche Personen an, die keine Vasallen oder Dienstleute waren.

(z) „Tschudi l.c. ad a. 1258. T. I. p. 121. Graf Ulrichs "von Welschneuburg vierte Tochter wird einem Fry-"herrn von Rötelen am Schwarzwald ob Brisgöw ver-"ehlichet.

Lutold. (a) Diese stehen in einem Briefe des Klosters St. Blasii vom Jahr 1262. über die Vogtey etlicher Güter zu Ried; sie versprechen darinnen den Schaden, welchem sie und ihr Vatter dem Kloster zugefügt, wieder gut zu machen. Ihrer Mutter wird ebenfalls in demselben als noch lebend gedacht. (*) Diese Brüder hielten es in dem Krieg, den der Adel zu Basel unter sich hatte, mit der Gesellschaft des grünen Papagays. A. 1212. stunden sie in dem Krieg, den Bischof Heinrich mit Grav Rudolf von Habspurg und nachmaligem Kaiser geführt, ersterem bey. Er war ihrer Frau Mutter Bruder. Einer von ihnen gerathet, da sich das Schloß Werra auf dem Schwarzwald an Grav Rudolf ergeben mußte, in die Gefangenschaft. (b) Weiter weis man nichts von ihm.

§. VII.

(a) Vermuthlich ist sie auch die Mutter einer Tochter, deren Namen nicht gemeldet, die aber eine Mutter Conrads von Gösken, eines Canonici zu Basel, genennet wird. Wursteisen l. c. S. 50.

(*) „A. 1262. den 15. Martii haben die Edlen Walther, „Otto und Lütold Gebrüder von Röttellen, Conrads „Söhne, die Vogtey der dem Gotteshause S. Blasien „zugehöriger Güter zu Riede dem Abbte Arnold und „dem Convent daselbsten um 15. Marck Silbers ledig „und frey überlassen. Geschehen in der Vesti zu Röt„tellen in Gegenwart der Edlen Frauen ihrer lieben „Mutter, Meister Cunrats von Rotwil und Albrech„tus von Rutleut Priester, Her Gotfrids von Baden „und Her Gotfrids von Lene, Ritter ꝛc.

(b) Vigilia silvestri rusticus quidam, Lupus nomine & re tradidit Castrum Werra Comiti Rudolfo.

§. VII. Der andere Bruder mit Namen Otto hat die Herrschaft Röteln bekommen. A. 1287. übergibt Orto Herr von Rotenlein einem Ritter von Basel Hugo, genannt das Kind, ein Gut zu Augst, das er bisher von ihm zu Lehen gehabt, nunmehr als ein Eigenthum, um solches der Abtey Oelsperg zu verkaufen.

Er hat Strittigkeiten mit dem Johanniter-Ordenscommenthur zu Baden und Bückein wegen der Vogtey des Dorfs auf dem Hofe zu Fischingen. Er und sein Sohn Walther vergleichen sich auf Vermittelung Bischof Rudolfs zu Kostanz u. Dom-Probst Lutolds zu Basel dahin, daß sie kein Recht haben wollen, ohne allein die Vogtey, welche die Herren von Krenkingen und sie dem Berthold Steymar, Rittern, Heinrichen von Tettingen, Conrad von Ebersbach, und Berthold Surgen zu Lehen verliehen haben an der Ordensbrüder statt und in ihrem Namen.

A. 1296. ist er mit unter den Zeugen, da Grav Hermann von Homberg dem Bischof Peter von Basel eine Schadloshaltung schriftlich versichert. (c) Desgleichen ist

---

& captus fuit in eo *Dominus de Rætelheim Clericus, filius sororis Episcopi Basiliensis* & alii multi. ANNAL. COLMAR. ad A. 1273. GUILLIMANUS in Habsb. L. VI. C. 6. und Wursteisen l. c. C. 21. nennen ihnen Dieterich. Förster hält ihn vor den Walther. Es kan auch nicht anderst seyn.

(c) HERRGOTT. l. c. num. 676. Ote von Rotenlen.

ist er Zeuge in dem Bestätigungsbriefe Grav Volmars von Froburg über den von Grav Hermann von Homberg an die Ehethüsen Hugo zer Sunnen verliehenen Zoll zu Licstal A. 1303. (d)

A. 1297. begibt sich Otto Herr von Rötenlein mit Genehmigung seines Sohns Walthers Junckherrn (*Domicelli*) von Röttenlyn der Güter, welche der Priester, genannt von Kandera, der Probstey Bürglen in den Dörfern Kandern und Rütlicken gegeben hatte.

Nach seinem Absterben folgt ihm in der Herrschaft Röteln sein Sohn Walther. Dieser sizt A. 1309. mit in dem Landgerichte, welches Grav Walraf von Thierstein im Namen Marggrav Rudolfs von Sausenberg zu Schliengen gehalten hat.

A. 1310. stellt Ritter Peter v. Spechbach, einen Lehenrevers aus gegen ihn über 23. Viernzel Korngelts weniger zween Sester von einem Gute im Weilerbanne, welches er ihm zu Lehen gemacht anstatt eines Guts zu Capelle im Sundgau. Walther von Röteln überläßt solches Graven Ulrich II. von Pfirt. Bald hernach ist er ohne männliche Leibeserben Todes verfahren. Seine Verlassenschaft fiel theils an seine Vettern Lutold von Röteln und Marggrav Rudolf von Hachberg; theils an

Thü-

(d) Merkwürdigkeiten der Landschaft Basel, St. 10. S. 1053.

Thüringen von Ramstein und Konrad den München, welche aber kurz darauf der Theilung halben, sonderlich wegen Ottlikhon und der Vestung Rothenburg in Streit gerathen, der A. 1312. durch Schiedsrichter entschieden worden ist.

Lutold. §. IX. Nun ist noch der dritte Sohn Herrn Konrads von Röteln übrig mit Namen Lutold. Dieser erwählt den geistlichen Stand, und wird anfänglich Canonicus zu Basel. Also steht er als Zeuge in der Urkunde, darinnen Ulrich Grav von Pfirt seine Lande dem Stift Basel vor 850. Mark Silber zu Lehen überträgt. (e)

A. 1281. war er Archidiaconus oder Erzpriester zu Basel, und in diesen Umständen gibt ihn der Bischof Heinrich (f) zu Basel dem Grav Theobald von Pfirt, in dem Vergleich zwischen ihnen über die Gerechtigkeit an Blumenberg und Brundrut, und dann über die beederseitige Hülfe, die im Falle des Kriegs diese Herren einander versprochen, zum Bürgen. Lutold

―――――――――――――
(e) STEYERER addit. ad histor. Alberti II. Ducis Austr. p. 209.

(f) Dieser Bischof Heinrich war ein Franciscaner, eines Beckers Sohn, und führt den Beynamen Gürtelknopf. Er starb A. 1288. als Erzbischof von Maynz. Die Geistlichen vom Adel waren ihm nicht gewogen, und machten auf ihn dieses Distichon:

Nudipes Antistes, non curat Clerus, ubi stes;
Dum non in coelis, stes ubicunque velis.

told bestätigt den Brief mit seinem Sigill. (g)

A. 1295. begleitet er die Würde eines Dompropstes zu Basel. In dem Kaufbrief, nach welchem Lutold von Regensperg den Hof Eschinon der Abtey St. Blasii käuflich überläßt, ist unter den Zeugen der erste: Dominus *Luitoldus* de *Roetenlein* Praepositus majoris ecclesiae Basileensis. (h)

A. 1304. unterzeichnet er unter Bischof Gerhard zu Basel ein Instrument wegen des Kirchensatzes im Dorfe Diekten. Und A. 1305. war er Zeuge, als eben dieser Bischof Gerhard zu Basel von Grav Friedrich von Toggenburg und dessen Gemahlin Ita von Hönberg das Stättlein Liestal, das Schloß du nuwe Hönberg und einen Hof in Ellenweiler kaufte. (i)

A. 1313. sezt, wie schon oben gemeldet worden ist, Konrad Schaler von Benken, Ritter von Basel, auf Befehl des Kaiserl. Hofgerichts, den Dompropst Lutold zu Basel und M. Rudolf von Hachberg wieder in den Besitz der Statt Schopfen und des Schlosses Röteln, auf welche Ulrich von Butikon, der Liebelose genannt, war geanleitet worden.

§. X.

(g) HERRGOTT. l. c. num. 698. „Lutold von Rö„teln der Erzpriester.

(b) HERRGOTT. l. c. num 674.

(i) Merkwürdigkeiten der Landschaft Basel IX. Th. S. 973.

§. ... Das Jahr 1315. ist besonders merkwürdig:

Schenkt Röteln dem M. Heinrich. In demselben schenkt dieser Domprobst Lutold, Herr zu Röteln, dem M. ...einem chen von Hachberg, Landgraven zu Sausenberg, durch eine Schenkung unter Lebendigen, alle seine Vestungen, Schlösser, Häuser, Dörfer und Flecken und Leute mit allen Zugehörungen und Gerechtigkeiten, welche zu Röteln gehören, oder erst von ihm erlangt worden. Die Schenkung geschicht feyerlich vor dem Official zu Basel. ...behält sich allein die Nutznießung dieser Herrschaft Röteln vor bis an sein Ende. (k)

Die Ursache, warum der Domprobst dem Marggraven seinen Antheil an der Herrschaft Röteln geschenkt, ist ohne Zweifel ihre nahe Verwandschaft. M. Hei...in Mutter war, wie gedacht, eine Herrin von Röteln, und zwar des Domprobsts Schwester gewesen. In einer Urkunde vom Jahr 1316. das

---

(k) Feria V. ante Thomam. Es scheint, sein Ende seye nicht lang hernach erfolgt. Wursteisen in der Kl. Basler Chron. S. 159. ad A. 1315. schreibt: „Gegen „der kleinen Thüre des Münsters zu Basel hinaus, so „auf den Münsterplaz gehet, ligt bestattet Lutold von „Rotnlein, Domprobst, der lezte dieses Herrenstammes, „welcher im J. 1315 alle seine Herrschaften an Marggraf Heinrich von Hochberg, Landgrafen in Breisgau übergeben."

darinnen M. Heinrich den Bürgern zu
Schopfen den in ihrer Nachbarschaft liegenden Berg und Wald Entegast geschenkt,
schreibt er von demselben mit diesen Aus-
drückungen: „Unser Oheim selige, Herr
„Lutold von Rötenlein der Tuomprobst.„

§. X. Also ist mit diesem Lutold das
Geschlecht der Herren von Röteln ausge-
gangen, welches von A. 1083. bis 1315. sonderlich in Baselischen Nachrichten oft vorkommt.

Diese Herren von Röteln haben, wie
aus allem zu schliessen ist, unter die Zahl
derer Dynasten gehöret, und sind keiner
andern Herrschaft, das Römische Reich
ausgenommen, unterworfen gewesen. Daher die Besitzer sich auch *Liberos*, freye Herren geschrieben haben. Und in dieser Be-
schaffenheit kam Röteln auch zweifelsohne
an die Marggraven von Hachberg.

Die alte Herren Marggraven von Hachberg Sausenbergischer Linie werden von diesem Schlosse vielmahls Marggraven von
Röteln genannt, wie unter andern aus den
alten Reichsmatriculn deutlich zu ersehen.
In ihrem Titel steht auch diese Herrschaft
oft der Landgravschaft, oder, wie sie damalen meistentheils heißt, der Herrschaft
Sausenberg vor. Aber seit mehr als
200. Jahren steht Sausenberg als eine
Landgravschaft im Fürstlich Badischen Titel

tel unmittelbar nach der Marggrafschaft Hachberg. Nachher wurden auch die Grafschaften Sponheim und Eberstein der Herrschaft Röteln vorgesezt.

Wapen. Von dem Wapen habe ich im Leben M. Rudolfs schon Meldung gethan. Ich setze nur noch bey, daß es auf die daselbst beschriebene Art auch in einer Oelspergischen (*l*) Urkunde vom Jahr 1287. vorkommt. (*m*)

(*l*) Dieses Kloster heißt auch *Ortus Dei*. HERRGOTT. l. c. ad a. 1114. Die vornehmsten Lebensumstände dieses in den Historisch- und Diplomatischen Wissenschaften gründlich geübten P. Marquard Herrgotts, welcher zu Krozingen A. 1762. als Probst und geheimer Rath, auch Statthalter des jetzt regierenden Herrn Fürsten und Abts zu St. Blasien gestorben ist, sind in dem 3. Stück des monatlichen Nachtrags zur Regenspurgisch. gelehrten Zeitung von diesem Jahr mitgetheilt worden.
(*m*) Wursteisen l. c. B. I. C 20. S. 62. und 6. B. C. 16. S. 115. stimmt auch hiermit überein.

Achte

He

```
        Burcard II. Edlen 256.
            A. 1231. † T.
─────────────────────────────
      Hesso III. Herr (Dominus) v. 300.
─────────────────────────────
    Burckard III. Herr von Usen A. 1317.
─────────────────────────────
 Anna, Gemahl. Hein-   Eli| Usenb.
 richs, M. zu Hachberg, vo|sanna,
        A. 1316.        |olzeck,
                        |e, T.
─────────────────────────────
  Johann Herr von Usenberg, |. 1354.
       † ums Jahr 1376.     |es,
─────────────────────────────
      Burckard IV.  A. 1379.  |elb be
                              |rch,
```

Achte Abtheilung.
Herren von Usenberg.

§. I.

Das Schloß Usenberg, von welchem die Herren den Namen führen, ist sehr alt, und wird ausdrücklich zum Breisgau gerechnet. P. Innocentius II. zählt in dem Schuzbrief, den er dem Bischof Ortlieb zu Basel über alle Güter seiner Kirche im Brisgau A. 1139. ertheilt, auch das Schloß Usenberg darunter, wie auch den Eckartsberg. (*a*) Dieser ist noch vorhanden bey Brisach, oberhalb der Stadt; unterhalb derselben sieht man einen Berg auf einer Rhein-Insul, welcher der Eisenberg genennt wird. (*b*) Breysach liegt also zwischen diesen in der Mitte. Einige glauben daher, daß dieses Schloß Usenberg von dem Rhein, welcher in der Gegend Brisach seinen Lauf sehr verändert hat, (*c*) seye hinweggenommen wor-

---

(*a*) Castrum de *Vsenberg* cum tota Augia & monte *Eggehardi*. HERRGOTT. *Cod. Prob.* num. 217.

(*b*) S. Merians Beschreibung des Elsasses. Hieraus läßt sich wohl erklären, warum in erstangeführter Urkunde das Wort tota Augia gebraucht worden; als welches ein am Wasser liegendes, oder ein vom Wasser umgebenes Feld anzeigt. DU FRESNE *Glossarium*.

(*c*) Siehe davon SCHOEPFLIN. *Als. Ill.* T. I p. 162, 191.

worden. (d) Man findet auch seit dem 12. Jahrhundert nicht, daß dieses Schlosses Meldung geschehen; auſſer im Namen derer Herren von Uſenberg. (e) Einige jüngere Schriftsteller haben geschrieben: die von Briſach hätten das Schloß verwüstet, und zur Strafe an dessen Statt das Schloß Höhingen erbauen müſſen. (f) Ubrigens muß Iſenburg und Sauſenberg nicht mit dieſem Uſenberg verwechſelt werden.

Herrschaft. Die Herrschaft Uſenberg war anſehnlich. Sie beſtunde aus vielen Schlöſſern, Städtlein und Dörfern, welche faſt durch ganz Bris-

---

(d.) Eben dieſes iſt noch verſchiedenen Dörfern im Brisgau begegnet. Der Verfaſſer des Rheiniſchen Antiquarii S. 252. ſchreibt, dieſer Berg ſey damals, als die Franzoſen Breiſach erobert hatten, dem Erdboden gleich gemacht, und die Felſen mit Pulver ſo geſprengt worden, daß man nun mit Schiffen darüber fahren könne.

(e) Münſter in der Coſmograph. S 543. meldet, ein Grav Luthard habe drey Söhne hinterlaſſen, die A. 980. zwiſchen dem Rhein und Schwarzwald regiert hätten. Der ältere, Namens Bezo, habe zwey Schlöſſer, Altenburg und Scharfenſtein, welche bey S. Trupert gelegen, bewohnt. Berthilo aber und Gebizo hätten nicht weit von einander ihre Wohnſitze gehabt im Eltzenthal; davon noch alle Merkmahle zu ſehen wären auf dem Schloſſe Gitzenburg, oder, wie es nun heiſſe, Iſenburg, welches Grav Gebizo bewohnt habe.

(f) Eine mündliche Nachricht gibt, daß unterhalb Briſach etwa eine halbe Stunde, im briſacher Banne gegen dem burgheimer Banne ein ohngefehr eine Viertelstunde langer Berg auf der Rheinseite mit Reben bepflanzet, die den Briſachern gehören, ſich befinde, welcher noch der Iſenberg genennt werde.

Brisgau am Rhein zerſtreut, viele aber auch an dem Elzfluß gelegen ſind. Was unterhalb Breiſach lag, hieß die untere oder niedere, und was oberhalb derſelben Stadt war, die obere Herrſchaft. Zu der unteren Herrſchaft wurden gerechnet die Städte Kenzingen und Endingen, das Schloß Kürnberg; die Dörfer Ober- und Unterhuſen, Weisweiler, Bleichen und Nortweil. (g) Zur oberen Herrſchaft gehörete die Stadt Sulzberg, das Schloß Höhingen, die Dörfer Leiſelheim, Riegel, Biſchoffingen, Eichſtatt, Bahlingen, Ihringen, Achkarn, Hochſtatt, Waſenweiler, Achein, Nieder-Rimſingen, Hügelnheim, Mauchen, Schliengen, Steinſtatt. Hierzu rechnet man auch die Grundherrſchaft (Dominicum directum) über das Schloß Stauffen. Von dieſen Ortſchaften beſizt dermalen das Hochfürſtliche Haus Baden, Höhingen, (h) Weisweil, Leiſelheim, Biſchoffingen, Eichſtätten, Bahlingen, Ihringen, Sulzberg, Hügelheim. (i) Der Biſchof von

---

(g) Vermuthlich ſind auch hieher zu rechnen: Herbolzheim und Münchweiler; welche beede nebſt dem Kirchenſaz zu Berkheim M. Heinrich von Hachberg A. 1352. von Friderich, Herrn zu Uſenberg zu Lehen empfangen hat. Förſter l. c. c. 8.

(h) Die bey dem alten Schlößlein Hohen-Höhingen befindliche alte Mauren und Steine wurden A. 1671. dem Herzog von Mazarini abzubrechen und wegzuführen erlaubt.

(i) Dieſes liegt in der Herrſchaft Badenweyler, die andere in der Marggrafſchaf Hachberg.

Qq

von Basel hat davon bekommen, Mauchen, Schliengen, und Steinstatt; an das Kloster St. Georgen auf dem Schwarzwald, so jezt Würtemberg inne hat, kam Nortweil; und das übrige hat das Haus Oesterreich innen.

Hesso. §. II. Im Jahr 1052. hat ein Herr mit Namen Hesso der heiligen Jungfrau Maria, dem H. Petrus, und allen Heiligen zu Ehren eine Kirche erbaut, und, nach seines Bruders Lamberts Tode, eine Capelle dem H. Nicolaus zu Ehren bey Eichstätt gestiftet, daß sein und seiner Gemahlin Gura Gedächtnißtag alle Jahr daselbst sollte feyerlich begangen werden. Man zählt diesen Hess. zu den Herren von Usenberg, weil die Herren von Usenberg, in deren Familie dieser Name sehr gewöhnlich ist, nach der Hand den Kirchensaz zu Eichstätten gehabt haben.

A. 1111. wird eines Hesso Edeln von Usinberg gedacht, welcher einen Otto Graven von Habspurg in seinem Hause Butinheim des Lebens beraubt habe. (*k*)

Burckard I. A. 1161. lebt ein Burckhard Herr von Usenberg. Dieser war auf dem Schloß Hachberg als Zeuge bey dem Kauf, den der Abt Hugo von Frienisberch und Cuno von Horwin über einen Plaz vor das Kloster

---

(*k* HERRGOTT. *Gen. Habsb.* Tom. I. p. 140. PETRI *Eccl.* p. 801. *Acta Murensia* ex edit. KOPPII p. 29.

ster Tennebach getroffen haben. (*l*) Derselbe ist auch A. 1171. Zeuge in einem Diploma, das K. Fridrich I. dem Herzog Bertold von Zähringen zu Nimwegen ertheilt. (*m*) Und A. 1181. kommt Burckard von Usenberg als Zeuge vor, da Ulrich von Welschneuburg ein Lehen von dem Probst und den Chorherren zu Solothurn empfangen. (*n*)

§. III. Man hält diesen Burckard vor den Vatter Rudolfs I. Herrn von Usenberg, der ein grosser Wohlthäter des Klosters Tennenbach gewesen ist. A. 1219. überließ er demselben als ein Erblehen diejenige Aecker und Wiesen in der Nachbarschaft des Hofs Langenbogen, welche ihm sein Lehenmann Johann von Kenzingen, wie auch Heinrich von Valkenstein zurückgegeben hatten. Ja er ertheilte allen seinen Dienstleuten und Unterthanen die Erlaubniß, dieses Gotteshauß von dem ihrigen nach Belieben zu beschenken.

Rudolf I.

A. 1231. ist er Zeuge bey der Verehrung, die M. Heinrich von Hachberg demselben

---

(*l*) *Cod. Dipl. Bad.* num. 55.
(*m*) HONTHEIM *Hist. Trev.* Tom. I. p. 603.
(*n*) Tschudi Eydgen. Gesch. Th. I. S. 90. HERRGOTT l. c. *Cod. Prob.* num. 114. Zehen Jahre hernach A. 1191. kommt in der Stiftungs-Urkunde des Klosters Bebenhausen unter den Freyen als Zeuge vor: *Hitebolaus de isenburck.* BESOLDI *monast. rediv.* p. 150. PETRI *Suev. Eccl.* p. 127. Vielleicht gehört er auch zu dieser Familie.

selben Kloster gethan hat. Desgleichen bey der Schenkung Grav Egen des Jüngern von Freiburg. (o)

Söhne. Er hatte zwey erwachsene Söhne, Burkard II. und Rudolf II. Dieselbe ertheilen um 25. Mark Silber in diesem Jahr eben diesem Kloster Tennebach die Wiederlösung des Dorfs Mußbach, welches ihrem Vatter M. Heinrich von Hachberg um 30. Mark Silber versezt hatte.

A. 1234. errichten Heinrich Abt zu Schuttern und Heinrich von Crozingen, genannt Spornli, Burger zu Freiburg, einen Verglich über den halben Hof zu Tiermundingen. Unter den Zeugen ist auch ein Rudolf von Usenberg. (p)

A. 1244. übergibt Grav Hermann der Aeltere von Kiburg seine Güter dem Bischöflichen Stifte Straßburg, und läßt sich von demselben belehnen. Beede Herren von Usenberg Burkard und Rudolf sind dabey Zeugen. (q) Eben dieselben ertheilen dem Kloster Tennebach die Freyheit von dem

---

(o) S. oben S. 187.

(p) Testes: Abbas in Altorf, Abbas in Ettenhein, J. plebanus in Friburc. L. plebanus in Hugelnhein. H. plebanus de Muncingen. E. plebanus in Bouchein. C. Sacerdos diecesis de Vntehilche. R. nobilis de Vsenperc. L. de Muncingen. H. de Crozingen & H. filius ejus. G. de Totinchoven. R. dictus Kucheli, plebanus in Wipprechtschilche.

(q) Schoepfl. l. c. p. 140. HERRGOTT l. c. num. 373. In der lateinischen Urschrift stehen B. & R. welche in der teutschen Übersezung Berthold und Rudolf gegeben worden sind.

dem Brückenzoll zu Riegel, gegen ein Malter Roggen, welches daſſelbe alle Jahr zu Unterhaltung der Brücke zu geben verbunden ſeyn ſolle.

A. 1245. befreyt Rudolf von Uſenberg die Kirchen ſeiner Herrſchaft, welche er und ſein Bruder Burckard hart mitgenommen hatten, inſonderheit das Kloſter zu Sulzberg, um ſeiner Seelen Heil willen, von allen Forderungen und Auflagen.

Rudolf II. hat groſſe Verdrüßlichkeiten mit Ludwig Herrn von Lichtenſtein. Er ſucht ſolche zu endigen, und will ſich mit deſſen verſtorbenen Bruders Heinrichs Tochter vermählen. Sie iſt ihm aber im vierten Grad verwandt. Er ſucht daher die nöthige Erlaubniß am Päpſtlichen Hofe. Sie wird ihm auch vom P. Innocentius IV. durch Biſchof Heinrich zu Straßburg ertheilt. (r)

A. 1248. den 5. April empfängt Heſſo III. Heſſo III. von Uſenberg, des bereits verſtorbenen Burkards II. (s) Sohn, von den Herren Marg-

---

(r) SCHÖPFLINI Hiſt. Zar. Bad. T. I. p. 467.
(s) An welchem Tag dieſer Burckard geſtorben ſey, weiß ich nicht. Daß er aber A. 1248. noch gelebt habe, belehrt mich eine Tennebachiſche Urkunde, nach welcher Burckard und Rudolf Gebrüder und Edle von Uſenberg ihren Hof in Hügelheim mit den zugehörigen Dingen und Perſonen, die Mannlehen ausgenommen, beſagtem Kloſter vor 113. Marck verkauft und ihm zugleich den Kirchenſatz daſelbſt übergeben haben.

Marggraven zu Baden Hermann und Rudolf die Eichstettische Lehen, in dem Schloß Mühlberg. (t)

A. 1254. beschenkt Rudolf von Usenberg das Kloster Tennebach mit einem jährlichen Weinzins von zwey Saum zu Endingen. (u) Um selbige Zeit ist ein Streit zwischen eben diesem Kloster und denen Schirmvögten des Dorfs Wißenwil, (Weisweil) Hermann und Johann, Edelknechten, wegen des Walds und Waydgangs des ihnen von Geroldseck übergebenen Hofs Harderen im Weißweiler Bann. Die Sache wird auf dem Kirchhofe bey St. Peter zu Endingen dem Außspruch Rudolfs, Edlen von Usenberg, übergeben. (v) Auch wird in diesem Jahr das Frauenkloster Wonnethal im Brisgau auf Ansuchen Rudolfs von Isenburg

---

(t) Cod. Dipl. Bad. num. 120.

(u) Die Worte aus der Urkunde sind diese: — Ego Rudolfus de Vsenberg pro remedio anime mee contuli Ste Marie in Tennibach censum II. Savmarum in Endingen eidem clauſtro annuatim perſolvendum, hi ſunt, qui eundem cenſum perſolvunt, Cuonradus dictus Snurti II. amas. Heinr. juxta fontem III. urnas. Gunherus filius Cuononis juxta fontem III. urnas &c.

(v) A. 1256. wurde zu Freyburg ein Instrument deswegen gemacht. Zeugen sind in demselben: Scultetus in Friburg, Dominus de Munzingen O. & C. domini de Zeringen. O. & C. domini de Tunslingen. Vlrich dictus Rinchof. H. dictus Wilte. B. dictus faber. C. Cholimanus & C. Buochenrenti fratres. Herr Snewelinus. Jo. de Zeringen. Ruoterus miles de Rotwil &c.

burg (Uſenberg) von P. Alexander IV.
dem Ciſtercienſerorden einverleibt. (w)

§. IV. Im Jahr 1261. entſtunde ein heftiger Krieg zwiſchen dem Biſchof zu Straßburg und ſelbiger Statt. (x) Unter denen, welche wider den Biſchof ſich verbunden, war auch Heſſo von Uſenberg. (y) Um dieſe Zeit kommen die zwey Vettern, Heſſo Herrn Burkards Sohn, und Rudolf, deſſen Vatter Rudolf, Burkhards Bruder geweſen, theils allein, theils miteinander vor.

A. 1271. ſchenkt Heſſo, Herrn Burkhards von Uſenberg Sohn, dem Kloſter zu Sulzberg alle Einkünfte, die er ſonſt als Todesfälle (z) in dem daſigen Thal zu genieſen hatte.

A. 1272. beſchreiben ſie die Rechte des ſogenannten Frohnhofs zu Biſchoffingen und hängen ihre Sigille daran: *S. Heſſonis Nobilis de Veſenberg. S. Rudolfi Nobilis de Veſenberg.*

A. 1283. legen Heſſo und Rudolf von Uſinberg die zwiſchen dem Abt zu St. Trutpert und den Bürgern zu Sulzeberg ent-

---

(w) PETRI SUEVIA ECCLES. p. 907. Es ſcheint dieſer Schriftſteller vermenge hier die Herren von Iſenburg in der Wetterau mit den Herren von Uſenberg im Brisgau.

(x) Königshoven Chron. S. 204. folg.

(y) WENCKER. Appar. Archiv. p. 173.

(z) Alle Fälle im Tahle.

entstandene Zwistigkeiten wegen des Wald-Ramspach in Güte bey. (*a*)

A. 1284. verkaufen sie an Johannes Bitterolfes Sohn ihren Hof zu Eichstätten, da der von Husen auffsizt, um 60. Mark Silbers; doch mit Beybehalt des Kirchensatzes, Schutzes und Bannes daselbst.

A. 1285. unterzeichnet Rudolf den Kaufbrief, nach welchem M. Heinrich von Hachberg einige Einkünfte zu Malterdingen der Abtey Tennebach überlassen.

A. 1294. erhielt Hesso von Usenberg, (*b*) als Erbvogt in dem Thal Sulzberg, dem Convent der Kirche des Heil. Cyriacs zu Sulzberg das Recht der freyen Zuflucht, (jus asyli) und andere Freyheiten.

A. 1297. verschreibt sich Hesso von Usenberg als Bürge (*c*) für Grav. Egen von Freiburg und dessen Sohn Grav Konrad um eine Schuld von 48. Mark Silbers gegen Hessen den Apothecker zu Straßburg.

A. 1300. unterzeichnen beede Herrn von Usenberg Hesso und Rudolf den Versöhnungsbrief derer Herren zu Freiburg Egens und

---

(*a*) HERRGOTT. Cod. Prob. num. 618.

(*b*) *Hesso illustris de Osemberg, miles.*

(*c*) Acta sunt hæc in Curia Ecclesiæ præsentibus Vlrico Priore in Sultzeberch, Sigefrido de Endingen Presbytero & Monacho Sancti Blasii, Gerungo de Teningen Milite & Sculteto, Consulibus omnibus & Civibus oppidi.

und Konrads mit selbiger Statt, und bestätigen ihn mit ihren Sigillen. (d)

A. 1302. belehnt Hesso im Schlosse Riegel des verstorbenen Ritters Hildebrand Spenlins Sohn, Johann, mit zwey Theilen des Kornzehenden zu Bischoffingen, in alle dem Recht als sein Vatter solchen von ihm zu Lehen gehabt.

A. 1303. gibt Dieterich von Tüselingen, Schultheiß zu Freiburg, dem Johannes Oesen zu kaufen 1. Mark Silber-Gelds von der Mühle zu Einstatt (Eichstätt) die er hatte von dem Edlen Herrn Hessen von Usenberg; sie solle jedoch wiederkäuflich bleiben mit 10. Mark.

A. 1304. hat Hugo, oder, wie Hr. Prof. Schöpflin dafür hält, Hesso von Usenberg, wie auch der Schultheiß, Rath und Gemeine zu Kenzingen einige Mishelligkeiten mit dem Kloster Schuttern wegen des Schadens, der dem Kloster an dem steinern Denkmahl des Offo zugefügt worden. Sie erwählen M. Heinrich von Hachberg und Walther von Geroldseck zu Schiedsrichtern. Diese sprechen dem Kloster, zur Ersetzung ihres Schadens, die Zollfreyheit zu Kenzingen zu. (e)

(d) Hessens Sigill ist Keilförmig; Rudolfs ist ein Ritter-Sigill.

(e) SCHANNAT. *Vindem. Lit.* Coll. I. p. 23. Hier steht zwar Hugo Herr von Issemberg. Es wird aber um diese Zeit keines Herrn von Usenberg mit diesem Namen gedacht, man müßte dann den Sohn

A. 1306. gibt Heſſo von Uſenberg und ſein Sohn Burkard III. ihrem Dienſtmann Ruland zu Höhingen die Erlaubniß, die Lehenseinkünfte in Jhringen zu verkaufen. Um dieſe Zeit ſcheint Heſſo geſtorben zu ſeyn. Er hinterläßt auſſer erſtgemeldetem Burkard III. noch einen Sohn Namens Gebhard, welche bald allein, bald miteinander vorkommen.

Burcard III. und Gebhard

§. V. A. 1308. Zinſtag nach St. Pancratientage vergleicht ſich die Statt Briſach mit Jungherren Burchhard, Herrn von Uſenberg, wegen der Steuer, Frohnen, Beſtraffungen ꝛc. ihrer unter ihm zu Oringen (Jhringen) geſeſſenen Bürger, Getelinge (*f*) und Wittwen, die ihre Bürger ſind.

A. 1309. am guten Tag vor S. Gallen gibt Burkard vor dem Landgericht zu Schliengen, dem er in eigener Perſon beywohnt (*g*), ſeine Lehen, Muchen, Schliengen, Steinſtatt, die er von M. Rudolf zu Sauſenberg getragen, auf.

A. 1311. belehnt er nach Abſterben derer von Kirnweiler, die Ritter Burkard von

---

Burckards, der A. 1314. vermählt geweſen iſt, SCHÖPFLIN. *Hiſt. Zar. Bad.* T. I. p. 472. allhier verſtehen.

(*f*) Getelinge heiſſen Witwer, die bereits mit ihren Kindern abgetheilet hatten. Alſo geſchiehet hier Vorſehung wegen dreyer Claſſen Einwohner.

(*g*) S. oben S. 479.

von Rageneck, Heinrich Wetzeln und Burkard von Kettenen in Gemeinschaft mit dem Zehenden im Sundgau. Die Wetzel von Marsilien haben auch nach der Hand denselben von der Marggravschaft Hachberg zu Lehen getragen.

A. 1315. erkaufen beede Brüder Burkard und Rudolf, von Ulrich von Eichstätten und dessen Sohn Rüde (Rudolf) ihre Burg und den Baumgarten zu Eistatt, ihre Schutze und Banne und alle die Rechte, die sie haben, oder haben sollten, ihre Leute in dem Dorfe Eistat, ohne einen, genannt der Strebe Herre, der erst nach ihrem Tode an sie fallen soll, den grossen Weyer, der an die Brucken stoßt, um 140. Mark lötiges Silbers. Hingegen geben sie um 40. Mark Silbers dem erbern Knecht Rudolf Herrn Ulrichs Sun von Eichstät in diesem Jahre am Brizegen Tage (b) 80. Mutt Roggengelds zu kaufen, von allem ihrem Gut in ihren Hof zu Riegel, unter die Burg gehörig, mit Vorbehalt 20. jähriger Wiederlösung.

A. 1316. verbinden sie sich schriftlich gegen den M. Heinrich von Hachberg, welcher sich mit Burkards Tochter Anna vermählet hatte, daß sie demselben oder seinen Erben, die ihnen Pfandsweise eingegebene Burg und Stadt Burgheim, die Güter und Rechte zu Rotwell, zu Bergen in dem

---

(b) Vermuthlich Brigitta.

dem Thale und das Dorf Uetingen wieder einräumen wollen; so bald die bey dem Juden Smeriande zu Breisach gemachte Schulden, wofür sie gut gesprochen, würden bezahlt seyn.

A. 1317. versetzen und übergeben beede Brüder (i) von Usenberg der Gemeine zu Jhringen das Wein=Umgeld daselbst um 100. lb Rappen. (k) In eben diesem Jahr urkunden Schultheiß und Rath zu Brisach, daß sie mit Burckard Edlen Herrn von Usenberg vertragen seyen, wegen ihrer Bürger, die er gefänglich genommen hatte, und daß er deswegen in der mindern Statt Zürch sich einen Monat lang selb viert, und dann wieder einen Monat lang selb britt in Leistung zu stellen geschworen habe. Es scheint, Gebhard seye um dieselbe Zeit als ein Geistlicher ohne Kinder zu hinterlassen, aus der Welt gegangen; (l) wenigstens gedenken seiner die Nachrichten nicht mehr.

A. 1321. hat Burkard von Usenberg mit Konrad Hanman und Werner von Falkenstein, Gebrüdern eine Feindseligkeit wegen des Dorfs Bickensohl. Grav Kon=

(i) Gebhard heißt in dem angehängten Sigill: *Rector Ecclesiæ in Eistat*.

(k) Ein Rappen ist 2. A. oder ⅔ kr. ein Pfund aber macht 48. kr.

(l) Förster gibt ihm zwar einen Sohn Hugo. Herr Prof. Schöpflin aber hält diesen Hugo vor einen Sohn Burcards.

Konrad von Freiburg (*m*) wird zum Schiedsrichter ernennt. Er spricht denen von Falkenstein die Gerichte und Leute, besonders die Königs-Leute (*n*) in selbigem Dorfe zu. Burkard nimmt sich nachher der Stadt Endingen wieder Grav Konrad von Freiburg an; und thut in der deswegen entstandenen Fehde oder Kriege der Stadt Freiburg grossen Schaden. Weswegen er derselben A. 1324. 1200. Mark Silber bezahlt. In eben diesem Jahr am Eistag nach der alten Faßnacht versezt er auf Wiederlösung das Dorf Rigel und die Veste Höhingen an Werner Gutmann von Hattstatt um 700. Mark Silbers lauters und lötiges des Gewäges von Colmar.

A. 1326. am Freytag nach Uffertag (Auffahrt Christi) belehnt Herzog Albrecht von Oesterreich zu Schwarzach in dem Kloster mit allen österreichischen Lehen ihn und seine Töchter, auf den Fall, wann er ohne Söhne abgehen würde.

A. 1327. gibt er auf Wiederlösung um 80. Mark Silbers einem Burger zu Freyburg

---

(*m*) Er nennt den Burcard in dem Spruchbrief seinen Oheimb.

(*n*) Sind so viel als Bastarde. Der Name kommt vermuthlich daher, weil solche Leute mit Leib und Gut ehemals denen Königen, nachhero aber entweder denen damit belehnten, oder, wo dergleichen Belehnung nicht verhanden, denen Landesherren gehörten, welche, wann jene ohne Leibeserben versterben, derselben Verlassenschaft mit Ausschliessung der Mutter und anderer Anverwandten an sich ziehen.

burg Johanns Werre, genannt Stecher, das Dorf Bischofingen mit Leuten, Gütern und Zugehörungen, und des Königs Leute daselbst und zu Wasenweiler, mit der Bedingung zu Lehen, daß er während der Pfandschaft ohne sein des Lehenherrn Wissen und Willen kein Blutgericht daselbst halten solle.

A. 1330. versezt Kaiser Ludwig aus Bayern zu Hagenau dem vesten Mann Burchart von Uesenberg um 200. Mark lötiges Silbers die Reichsleute und Güter in denen Dörfern Rimsingen, Hochstätt, Achtkarle, Lüsselheim, Bischoffingen, Jhringen, Merwingen, den Hof zu Achtkarle, zu Masenweyler, desgleichen im Thal Bergen und Rotweil.

Tod und Kinder. §. VI. Burcard, Herr von Usenberg, stirbt um diese Zeit. Er hinterläßt auſſer zwoen Töchtern, Anna, die an M. Heinrich IV. von Hachberg vermählt worden, und Elisabetha, Heinrichs von Rapoltstein, Herrn zu Hohenack Gemahlin, etliche Kinder. Zwey Söhne werden namentlich genennt, Hugo und Friderich. Uber den Friderich und andere minderjährige führt M. Heinrich von Hachberg die Vormundschaft. Hugo hat zur Gemahlin Sophia, Burckards Herrn von Horburg Tochter, (o) und

Hugo und Friderich.

(o) Hugo und diese seine Gemahlin verkauften schon A. 1314. an des verstorbenen Colmanns Söhne Conrad und Johann den dritten Theil des Hofs

in

und Friderich vermählt sich bey mehreren Jahren mit Susanna, Walthers des Aeltern von Gerolzeck, genannt von Lare, Tochter.

A. 1331. an dem Donnstage in der Pfingstwochen gibt Hug Herr von Usenberg, Herr zu Kürnberg und zu Kentzingen, dem Edeln Knecht Johannsen dem Meyer von Kürnberg seinem Vogt für 2. Meiden, die er ihm zu kauffen gegeben, einen um 16. den andern um 8. Marck lötiges Silbers, statt der Bezahlung den in dem Usenbergischen Dorf Bleichen gelegenen Hof Ruefeli Buelanzhof genannt. Der Kauf geschieht mit Einstimmung seines Bruders Fridrichs von Usenberg, und durch Bette willen seines Schwagers Heinrichs von Rappolzstein Herrn zu Hohenack. In eben diesem Brief verleiht er gedachtem Meyer auch zu einem rechten Burglehen zwey Häuser zu Kürnberg

zu Herdeten. Diese Brüder reversiren sich gegen Grav Egen von Freyburg, daß ihm der Wiederkauf um 225. Marck lötigen Silbers Freyburger Gewiges frey bleiben solle, sie ihn auch dem Kirchensaze, Gerichte und andern Rechten, die er und seine Vordern zu Herderen hergebracht, nicht irren wollen. Die Sophia war Grav Egens von Freyburg Schwester-Tochter, und wurde A. 1295. an Burckard den Jüngern von Hohenstein vermählt. Förster nennt den Hugo niemals einen Bruder, sondern immer einen Vetter des Friderichs. Es mag ihm schwer zu begreiffen gewesen seyn, warum Friderich seinen Schwager M. Heinrich von Hachberg seinem Bruder Hugo sollte vorgezogen, und nicht lieber diesem, als jenem seine Güter gegönnt haben.

berg in der Vorburg, das hinterste ohne eins und das vorderste ohne eins, und die sogenannte Scheibelins-Mühle, desgleichen die Oefnung zu Kürnberg, und Fischen in der Bleicha, wo sie anfangt bis in die Eltza.

A. 1337. gibt Hugo dem Edelknecht von Freyburg Johann von Keppenbach und dessen Knaben und Töchteren, seine Gülten, Rechten und Nutzungen im Kilchzarter Thale zu Espach, zu Ywa, zu Ober-Ywa, zu Rore und im Gloterthal zu einem Pfandlehen mit 10. Marck Silber wiederlösig.

A. 1340. vertheidigt M. Heinrich von Hachberg, als Vormunder der Usenbergischen Kinder, derselben Rechte wider die Stadt Brisach, in welche verschiedene Usenbergische Unterthanen von Endigen, Rigel, Balingen und Eichstätten gezogen waren. (p)

A. 1340. war Friderich bereits volljährig. Er belehnt in diesem Jahr seine Vasallen, welche Usenbergische Lehen hatten. (q)

Er selbst wird A. 1343. am S. Ulrichstag zu Wien von Herzog Albrecht von Oesterreich mit der Stadt Kenzingen, dem Kirchensaz, dem Ackerhof daselbst, allen Gütern, Aeckern, Matten, Zinsen, der Mühle an der Stadt mit Kürnberg der Burg, dem Dorfe Bleichen und den

---

(p) Siehe M. Heinrich IV. S. 430.

(q) Förster meldet hiebey, Hugo habe ein gleiches, aber besonders gethan.

den dazugehörigen Mühlen Nortweil, dem Dorfe und allen Rechten, so zu der Burg und dem Dorfe gehören, und mit beeden Dörfern Husen belehnt. Eine Nachricht von diesem Jahr gibt zu erkennen, daß Friederich Meinwart von Totighoven das Dorf Bischoffingen und die Leute daselbst und zu Masenweiler, sie seyen der Herrschaft und des Reichs, oder von wannenher sie rühren, von den Herren von Usenberg als ein Lehen besitze. (r)

In eben diesem Jahr gibt er zu Kenzingen am Mendage nach S. Johanstage ze Súngichten die Lehen zu Bischoffingen, welche Rudolf Lebtage von Búzsensheim (s) von ihm lange Zeit zu Lehen gehabt, demselben Rudolfen und seinem Tochtermann Kunrat Waser zu einem gemeinen Lehen. *S. Friderici nobilis de Usenberg.* A. 1343.

A. 1345. verkauffen Rüschi Herbest, und Johans Herbest, und Rüschi Herbest,

Ge=

(r) Friderichs Bruder Hugo stellt Donrestage nach S. Gregorientag 1343. eine Urkunde aus, daß es nun in der Fasten sechs Jahr seyen, daß er Johansen Stecher seligen, und Meinward von Totilouen, dessen Dochtermann, gemeinlich geliehen habe das Lehen zu Bischoffingen und was dazu gehört, das Walther Waser von Burgheim von ihm hatte. Man sieht daran das kleine Sigill

(s) Biessen im Elsaß, Altbreisach gegenüber. Der ältere Bruder Hugo ertheilt hierüber in eben diesem Jahr und Tag eine Urkunde. Es hängt daran sein grösseres Insigel.

Gebrüder von Neuenburg, Hugen dem Tröschen und Johansen dem Othinger seinem Schwager den Bann zu Achein, (t) des Dorfes bey Greßhausen am Rhein gelegen, mit dem Bedinge, daß es alles Lehen bleibe von der Herrschaft Usenberg.

A. 1349. verschreibt Friderich von Usenberg seiner Gemahlin Susanne, Walthers des ältesten von Geroldseck, genannt von Lare, Tochter, mit Erlaubnis Bischof Bertolds von Straßburg, Ulrichs von Signowe, Domprobsts, Johans von Lichtenberg, Dechans, und des Capitels, zu ihrem Wittwengehalt 400. Marck Silbers auf Burg und Dorf Weisweil, die er vom Bistum zu Lehen getragen. (u)

A. 1352. (v) belehnt er seinen ehemaligen Vormunder M. Heinrich von Hachberg mit den Usenbergischen Gütern, und

A.

(t) Der sel. Herr Herbster macht dabey die Anmerkung: „Dis Dorf ist jezo unbekant, Herrgott sezt „es auf seiner Landcharte unrecht nahe an Ougheim."

(u) Unter andern Sigillen ist auch der Susanna ihres zu sehen; sie wird darinnen vorgestellt stehend, in der rechten den Usenbergisen und in der lincken den Geroldseckischen Schild haltend.

(v) Ich finde in diesem Jahre eine Clementia von Ysenberg, Grav Ottens von Thierstein Wittwe. Sie gibt vor dem Official zu Basel ihre Einwilligung zu der Verkommnis zwischen Ludwig von Thierstein, Sänger der Stifte zu Basel, und Grav Sigmund von Thierstein, wegen eines vierten Theils an Ariesdorf, und verziget sich auch auf ihre Rechte an das Rebgelände.

A. 1353. verkauft er ihm ein Stück davon. (w)

§. VII. Im Jahr 1354. liest man die letzte Nachricht vom Fridrich; (x) aber nichts mehr vom Hugo. (y) Friderich hinterläßt keine Leibes-Erben. M. Heinrich IV. von Hachberg nimmt nach dem unter ihnen gemachten Vertrag Besiz von seinen Landen. Herzog Rudolf von Oesterreich ist damit nicht zufrieden, und macht auf dieselbe, als Oesterreichische Lehen, eine Ansprache. Ich habe hievon schon oben gehandelt. (z)

Hugo hinterläßt eine Tochter Adelheid, (a) die Gemahlin Lutolds, Herrns von Krenchingen, und zwey Söhne Johann und Hesso.

§. VIII.

Fridrichs und Hugos Erben.

(w) Von beeden ist oben gehandelt worden. S. 432. 433.

(x) In diesem Jahr am Samstage nach S. Hilarientage urkundet Peter Schaller von Bencken, daß er dem edeln Herrn Johans von Usenberg den vorigen Brief, den er von ihm und Juncher Friderich von Usenberg seinem Vetter, von seiner Usenbergischen Mannlehen wegen habe, auf desselben Mahnung und Bedörfen vorzeigen und sehen lassen wolle.

(y) Nach einigen ist Hugo A. 1343. gestorben.

(z) Im Leben M. Heinrich IV. S. 436. 437. conf. SPENER. *Opus Herald.* Part. spec. l. 2. c. 4. §. 34.

(a) Sie kommt A. 1345. in dem Kaufbrief vor, nach welchem ihr Gemahl mit ihrer Einwilligung das Dorf Nieder-Eggenheim an Heinrich von Walpach um 175. Mark Silbers zu Basel verkauft. Auf dem Sigill ist die Adelheid stehend. Sie hält in einer Hand das Usenbergische Wapen. Die Umschrift ist: *S. Adelheidis D. Vsenberg.*

Johann und Heſſo Brüder.

§. VIII. A. 1354. belehnt Johannes von Uſenberg, der ältere Bruder, den Ritter Peter Schaller von Benckhen aufs neue mit dem, was er von ſeinem Vatter zu Lehen getragen hatte. Er hingegen empfangt in dieſem Jahr den ſogenannten Göttinshof zu Eichſtätten und das zerſtöhrte Schloß daſelbſt, von Grav Friderich von Freyburg zu Lehen. Er verſpricht zugleich ſeinem Bruder Heſſo alle ſeine Mannſchaft, Güter und Recht an die Statt Endingen, das Dorf Jhringen, die Leute zu Bahlingen, und in ſelbiger Gegend, den Kaiſerſtuhl und Wildbann, wie auch die Loſungs-Gerechtigkeit zu Höhingen, Biſchoffingen und Leuſelheim zu übergeben.

A. 1355. verkauft Snuffer, der Turner, Ritter, um 145. Mark Silbers lötiges Freiburger Brandes und Geweges, ſeinen Theil der Güter, gelegen bey Hauſen (*b*) dem Dorf, den man ſpricht der Vorſt, ohne den Theil, den er vormals ſeinem Tochtermann Fridrich von Tottikofen davon gegeben, an ſeinen Vetter Heinrich den Turner. Johann von Uſenberg gibt als Lehenherr ſeine

---

(b) Ober- und Niederhauſen liegen unterhalb Weißweil. Sie gehöreten vor dieſem beyde den Herren von Uſenberg. Dieſe haben den Forſt an Heinrich Turners Eni, d. i. Großvatter verkauft, nach einem Spruchbrief des Raths zu Freyburg A. 1361. da dem Turner die Zufahrt auf der Waide zugeſprochen worden. Der Verkauf war mehr als 70. Jahr vorher geſchehen, alſo ums Jahr 1290. vermutblich unter Heſſo III. Herren von Uſenberg.

ne Bewilligung dazu, und belehnt den Käufer.

A. 1356. geben beede Brüder Johanns und Hesso dem Graven Fridrich, Herrn zu Freiburg und Landgraven im Breisgau, den Kirchensatz und das Dorf zu Eistatt mit aller Zugehörde, so sie bisher von ihm zu Lehen getragen haben, gänzlich auf; mit Bitte den Ritter Gerhard, Schultheißen von Endingen und Johannes Artschli, Burger zu Endingen mit allen denselben, den Göttinshof und das Burgstal ausgenommen, zu belehnen. (c)

In diesem Jahr versichert Johannes Herr von Usenberg auf Anmahnen Herrn Hessen Snewelins, Im Hof Ritters, seinem Bruder Hessen Herrn von Usenberg übergeben zu wollen Endingen die Statt mit Leuten und Gütern, und das Huchengut daselbst, das Dorf Jhringen, die Leute zu Baldingen, und in herumliegenden, der Herrschaft Usenberg zustehenden Dörfern, den Kaiserstuhl und darzu gehörige Wildbänne, alle Mannschaft und Lehen der Herrschaft Usenberg, die Losung an Höhingen, Bischoffingen, Lüsselnheim und allen dazu gehörigen Dörfern, Gütern und Gelten. Er bekennt zugleich für sich und seine Le-

---

(c) Die Urkunde hierüber ist gegeben in Grav Friderichs-Hof zu Freyburg, Montag vor S. Matheustag. Ausser dem Freyburgischen Insigel hängt daran: S. *Johannis Nobilis de Usenberg.* S. *Hessonis Dni de Usenberg.*

henserben, daß er von Grav Fridrich zu Freiburg zu Lehen habe den Göttinshof zu Eisiat und das Burgstal allda, und versichert, wann das Dorf Eistat und der Kirchensatz daselbst wieder an ihn oder seine Erben kommen würde, solches von den Graven von Freiburg zu Lehen zu empfangen. Unter den Zeugen ist sein Bruder Hesse von Usenberg.

A. 1357. A. 1357. verkauft Johann von Usenberg mit Einwilligung der Pfalzgrävin Clara von Tübingen, gebohrner Grävin von Freiburg, als Lehensherrin, wie auch seines Bruders Hesse, das Dorf Eichstett mit allen dazu gehörigen Gütern und Rechten wie sie unten beym Jahr 1360. beschrieben werden, an die Rittere Johann Malterer und Johann Snewelin, desgleichen an Dieterich von Falkenstein, um 500. Mark Silbers, auf Wiederlösung. In diesem Jahr bekennt Ritter Petermann Snewelin, daß er von Johann von Usenberg erlediget und erlöset sey, um alle die Bürgschaft, da er hinter ihn gegangen war.

A. 1360. A. 1360. am Samstag nach S. Niclaustag gibt Grav Egeno von Freiburg auf Bitte seines lieben Oheims, Johans Herrn von Uesenberg, mit dessen und seines Bruders Hessen Bestätigung, das Dorf Eistat mit aller seiner Zugehörde, Lüte und Gut, Twing und Bann, Vogtyen, Gerichte, gros und klein. Düp (*d*) und Freuelina, Stü-

---

(*d*) Düp oder Dübe ist soviel als Diebstahl, und zeigt

Stüren, Gewerfe und Bette, Herbergen, Mennina, (e) Tagwan, Eygen Lüt, Vogt-lüt, darkommen Lüte, Korngelt, Win-gelt, Pfenninggelt, Hünre, Kappen und Gensegelt, Vasnacht Hüner, Zinse, Zölle, Ungelt, Wasser Vischentzen, Wassergenge, Reben, Aecker, Matten, Wälde, Holz und Veld, Wunne und Weyde, mit Na-men das Holz, dem man spricht das Mos, und alles das zu demselben Dorf und Ge-richt gehört, und gemeiniglich alles das, das die Herrschaft von Usenberg in demsel-ben Dorfe hat, ohne allein das Burgstal, den Kirchensatz, den Göttis Hof und des Frigen Hof, zu einem rechten Lehen, dem jetzen Snewelin Im Hof, dem Hansen Snewe-lin, Dieterich Snewelins sel. Sohn, und Dieterich von Valkenstein Rittern, u. Mar-tin Malterer, zu einem rechten Lehen. In diesem Jahr verschreibt sich Johann von Usenberg nebst Grav Konrad von Für-stenberg und andern für Grav Hugen von Fürstenberg und Junker Rudolfen von Tengen als Bürgen gegen Elisabeth Kö-zin um 40. Mark Silber Gelts jährlichen Zinses.

A. 1361. tretten beede Herren Brü-   A. 1361.
der

zeigt hier und an vielen andern Orten an die peinliche Obrigkeit oder das Blutgericht. Sonst wird der Aus-druck in den alten Briefen also gemacht: „Gerichte „gros und klein, Zwing und Bann, Stock und Galgen. Und: „Düb, Frevel blutige Hand, Steck und Galgen.

(e) Mennina heißt vermuthlich soviel als Minna, oder Mynnen.

der (f) die hohe und niebrige Gerichte zu Weil mit allen Rechten in selbigem Dorfe und Banne, die Ritter Konrad Münch v. Münchenstein, genant der Hope, von ihnen zu Lehen getragen, worüber aber M. Otto zu Hachberg, Herr zu Röteln, und sein Vetter M. Rudolf die Lehenherrschaft ansprachen, würklich diesen Herrn Marggraven ab.

A. 1364. stellt Heinrich von Blumeneck, und sein Sohn Johann, Rittere, eine Schadlosverschreibung gegen Hesso von Usenberg, ihren Mitgülten, gegen Dietrich von Wiswilr den ältern, und gegen Kuntz Stacken, Burger von Freiburg, um 300. Mark Silbers Haubtguts.

A. 1365. verkauffen beede Brüder um 21. ℔. Freiburger Münze 7. Saum Weingülte zu Bischoffingen, die ihnen von Gerie Kösern angefallen war, an die Gebrüdere Johann und Franz Sigstein Bürger zu Freiburg. (g)

In diesem Jahr verkauft Heinrich von Geroldseck mit Bewilligung seines Tochtermanns Hessen 5. ℔. ₰. von seinem Dorfe Broggingen.

A. 1366. verkauft Johann von Usenberg,

Mynnen, daher die Redensart: zu der Minne oder zum Rechten sprechen, d. i. rechtlich oder gütlich.

(f) Sie werden in dem Briefe, welcher gegeben ist an Unser Frauen Abend ze Herbste, als sie geborn wart, genennet Brien.

(g) A. 1375. bezeugt Johann von Usenberg, daß ihm Franz Sigstein für diese wiederkäufliche 7. Saum Weingelds noch weiter 7. ℔. ₰. gegeben habe.

berg, und Eberhard und Eberlin von Andelo ihr Recht an das Dorf Ottersweiler in der Vogtey Elsaßzabern. Hugo von Geroldseck hatte dieses Dorf A. 1320 von dem Stife zu Mez zu Lehen getragen. Nun sollte es an die von Usenberg kommen. Sie überlassen es aber gegen 1000. Pfund an Dietrich von Hohenstein. (*h*)

A. 1367. verbinden sie sich mit Grav Egen von Freiburg, und andern wieder die Städte Freiburg, Breisach und Neuenburg. Sie vergleichen sich aber auch, wie andere, mit denselben A. 1368. (*i*)

In diesem Jahr 1368. verschreiben sich A. 1368. Johann und Hartmann Meiger, Gebrüder von Kürnberg, und Berthold, Walther

und

(*h*) Von denen von Hohenstein kam es an die Graven von Vinstingen und Eberstein, und von diesen im Anfang des 16. Jahrhunderts durch einen andern Kauf an das Bißthum Straßburg. SCHÖPFL. *Alsat. Illust.* T. II. p. 138.

(*i*) WENCKER. *de Usburg.* p. 71. Die Haupt-Verglichspuncten sind 1) die Stätte sollen der Herren von Usenberg Leute, ausserhalb den Stätten gesessen, ihres Burgrechts erlassen, und keinen derselben mehr zu Burgern annehmen wieder ihren Willen; will aber einer dieser Ausburger in eine der Stätte binnen 2. Mon. ziehen, dem soll es erlaubt seyn; wie auch inskünftige den Usenbergischen Leuten, die nicht leibeigen sind, und so auch den Stättischen. 2) Geben die Stätte alle Bundbriefe heraus, die sie von den Herren von Usenberg haben, und so auch diese. 3) die Stätte nehmen in diser Söhnung aus ihren künftigen, und die von Usenberg ihre Lehenherren, so daß beede Theile denselbigen thun sollen, was sie schuldig seyn. ꝛc. ꝛc.

und Johann Brenner von Kenzingen, daß sie den von Herrn Hessen von Usenberg zu Lehen tragenden Kirchensatz zu Kippenheim, und Lösers Hof zu Rotweil ohne seine Erlaubnis nicht versetzen oder veräussern wollen.

A. 1372. spricht Johann von Usenberg den Predigern zu Freiburg 10. ß. Gelds zu von der Bruckmatten zu Eistat wider die Kappellen des Alters zu St. Niclaus daselbst.

Johanns Tod A. 1376. Daß Johann A. 1376. todt war, bezeugt M. Hessen von Hachberg Brief, darinnen er sich an seiner statt verschreibt als Bürgen für die Statt Endingen gegen Margareten der Siegelmännin einer Burgerin zu Freiburg, um 24. Mark Silbersgelts.

Sohn. Wer seine Gemahlin (k) gewesen sey, ist mir nicht bekannt. Daß er aber einen Sohn hinterlassen habe, mit Namen Burkart, erhellet aus einer Eichstettischen Nachricht vom Jahr 1379.

Seine Gemahlin war Heinrichs von Gerolzeck Tochter Agnes.

Hesso IV. §. X. Von Hesso IV. ist noch folgendes zu melden.

A. 1371. zählt er Ulrich, Weltin und Otto von Staufen, Gebrüdere, der Lehenspflicht der Stadt Sulzberg ledig, und weiset sie an, dieselbe von Grav Egen von Freiburg, dem er das Dominium dire-

---

(k) Förster schreibt, er sey unvermählt gestorben.

directum, oder die Lehenherrlichkeit darüber gegeben hatte, zu Lehen zu empfangen.

A. 1376. weißt Hesso von Usenberg, ein Frier Herr, mit Einwilligung seines Tochtermanns Grav Konrads von Tübingen, seiner Gemahlin Agnes von Geroldseck 600. Mark Silbers in dem Dorfe Eichstetten, und 200. in den Dörfern Nieder-Rimsingen, Hochstätten und Leusselheim und die Leute zu Achtkarren, vor die ihr zu Wittum und Ehesteuer gegebene 600. Mark Silbers an. Zeugen sind dabey Grav Symon von Thierstein, Marggrav Johanns von Hachberg und Walther von der Dick, Landvogt im Brisgau.

A. 1377. ertheilt ihm Herzog Leopold von Oesterreich, zu Schafhausen, die Erlaubniß, daß er seiner Tochter Anna, vermählter Gräfin von Tübingen, 500. Mark Silbers von dem halben Theil der Stadt Endingen, als eines Oesterreichischen Lehen, zur Ehesteuer verschreiben darf. In eben diesem Jahr willigt er in den Verkauf der 6. Saum Weingelts von dem Zehenden zu Bischoffingen, die Ritter Franz von Volsenheim und sein Sohn Franz Geben Sigstein einem Burger zu Freiburg verkauft haben. (l)

A.

(l) A 1381. gibt Hermann von Swarzach, Edelknecht, diesem Franz Geben dem Sigstein, 9. Saum Weingelts zu Bischoffingen zu kauffen, welche er von Juncker Hessen sel. von Usenberg gekauft hatte.

A. 1378. A. 1378. befiehlt Heinrich Bischof zu Konstanz dem Dechant zu Endingen, den von Herrn Hesso vorgeschlagenen Pfarrer daselbst einzusetzen. Dieser Pfarrer zu Eichstätten Albrecht Fuchs, oder, wie er auch genennt wird, Albrecht Fusch von Ettelingen, ist des Herrn v. Usenberg Caplan. Er rühmt viele Wohlthaten von ihm genossen zu haben. Und in dankbarer Erinnerung derselben überläßt er A. 1379., da Hesso bereits mit Tod abgegangen war, dessen Kindern, und des auch schon verstorbenen Herrn Johanns Sohn Burcard und ihren Erben die Einkünfte der Kirche zu Eichstätten, so, daß er sich nur 5. Faß Wein und 80. Viertel Frucht, und den so genannten Etterzehenden und alle Opfer und Seelengeräthe, nebst 4. Karren Heu vom Zehenden zu seiner und seiner Nachfolger Unterhalt vorbehält. Er verspricht zugleich alle Papstund Bischofsteuer davon zu bezahlen. Da dieses jungen Herrn Burcards weiter nicht mehr gedacht wird, so ist zu vermuthen, er seye in der Blüte seiner Jahre gestorben.

Hessens Kinder. §. X. Hesso hat mit seiner Gemahlin viele Kinder gezeuget, die aber alle in der Kindheit aus der Welt gegangen sind bis auf zwey Töchter, Anna und Agatha. Jene vermählt sich zuerst mit Grav Konrad von Tübingen, so dann mit Werner von Hornberg, und endlich mit Remold von Urslingen. Sie hat aber von keinem dieser Gemahle ein Kind. Die jüngste,

ste, Agatha, wird eine Klosterfrau, anfänglich zu Königsfeld, hernach zu Waldkirch.

Bey ihres Vatters Tode waren sie noch so jung, daß dieser ihnen Marggrav Hesso von Hachberg, als einen sehr nahen Anverwandten, zum Vormünder verordnet. A. 1381. hat dieser Vormünder um seiner Pflegkinder willen einen Streit, darüber es zu Waffen kommt, mit Ritter Johann von Mülnheim, genannt von Richenberg, wegen des Dorfs Jhringen, an welches er eine Ansprache machte. Der von Mühlnheim wird vom Schloß Limburg vertrieben, und die Sache auf den Ausspruch Herzogs Johann von Lothringen, Fridrichs Bischof von Straßburg und Martin Malterers, Landvogts im Brisgau ausgesezt.

Vormund.

A. 1382. und 1383. kommt eben dieser Vormünder in Strittigkeiten, wegen des Dorfs und Kirchensatzes zu Eichstetten, mit Grav Egen von Freiburg als Lehenherrn dieser Usenbergischen Güter und Rechte. Sie werden durch die Vermittelung Walrafs Grafen von Thierstein des Aeltern, Walthers von der Dicke, Landrichters im Obern Elsaß, Martin des Malterers, Landvogts im Brisgau, Clausen von Hus und Burcard Münchs von Landskron des Aeltern, zu Neuenburg also beygelegt, (m) daß

(m) Was er ferner in diesem Jahr und A. 1384. gethan hat, s. oben. S. 452.

daß die Usenbergische Kinder bey dem Dorfe Eistatt bleiben, und Grav Egen, seinen Erben und Nachkommen einen Mann und Träger geben sollen, der eben so gut sey, als ihr Vatter Hesso von Usenberg sel.

Anna. Die älteste Tochter Herrn Hesso von Usenberg Anna hat A. 1376. bereits ihren ersten Gemahl, Konrad von Tübingen. Derselbe bestätigt in diesem Jahr die seiner Schwiegermutter Frau Agnes von Geroldseck gemachte Ehesteuer von 200. Mark Silbers und Wittumsverschreibung von 800. fl. auf Niderrimsingen zc.

A. 1392. ist sie zum zweytenmahl vermählt mit Werner von Hornberg. Marggrav Hesso von Hachberg gibt ihnen das Dorf Broggingen zu geniesen. Beede Eheleute reversiren sich darüber. (n) A. 1400. hat sie den dritten Eheherrn, Reinold von Urselingen. In demselben Jahr vermacht dieser seiner Gemahlin vor dem Hofgerichte zu Rotweil, (o) mit Genehmigung M. Hesso von Hachberg, auf den Fall Absterbens ohne eheliche Leibeserben, seine Pfandschaft Schiltach mit aller Zugehörde, die Pfandschaft, die er hatte von Herrn Bertholden von Valkenstein, und alles andere sein Vermögen gegenwärtigs und zukünftigs.

Nach

(n) Siehe oben S. 458.
(o) In dem Instrument wird Wernher von Hornberg der Annen erste Mann genannt, welches nicht der erste, sondern der vorige Mann heißt. Dann sie war schon vor selbigem an Konrad von Tübingen vermählt gewesen.

Nach dieser Tod soll alles dieses seiner Schwester Ann*, Herzogin von Urselingen, Konrad von Geroldeck Gemahlin zufallen.

Diese dreymal vermählte Anna geborene von Usenberg, hatte den M. Hesso von Hachberg schon A. 1392. zu ihrem Erben eingesezt. Sie wiederhohlte solches auch nun A. 1400. in ihrem Testament. Er war ihr nächster Anverwandter. *Hesso von Hachberg.*

Ihre Schwester Agath*, die Klosterfrau begibt sich ebenfalls aller Ansprach und Forderung an die Herrschaft Usenberg und Höhingen und überläßt selbige schriftlich A. 1420. dem M. Bernhard von Baden, welcher bereits A. 1415. die Marggravschaft Hachberg von M. Otto an sich gekauft hatte. M. Otto verspricht ihr dagegen aus freyem Willen in selbigem und in folgenden Jahr 70. fl. und nachher alle Jahr bis an ihren Tod 30. Goldgulden zu bezahlen. Also kam nach dem Tod Herrn Hesso von Usenberg, mit dem das Haus ausgestorben, die Herrschaft Usenberg und Höhingen, was nämlich die Allodial- und Eigenthums-Güter betrift, theils Erb- theils Kaufsweis an die Herrn Marggraven von Hachberg und von diesen an die Herren Marggraven zu Baden. *a. Bernhard von Baden erben.*

§. XI. Die Herren von Usenberg hatten aber auch Lehengüter. Einige trugen sie vom Bischof zu Basel. (p) M. Hesso wird ohne *Lehengüter.*

(p) Sie waren Pincernæ, oder Schencken des Bischofs. In einem alten Lehen-Buch zu Bruntrut steht:

ohne Anstand mit denselben von Bischof Imber belehnt.

Wegen der Oesterreichischen bekommt er Verdruß. Man erklärt Kenzingen, Kürnberg und Endingen (q) vor offene Lehen. Er behauptet, Kenzingen gehöre nicht in diese Anzahl der Oesterreichischen Lehen; und Kenzingen so wohl, als Kürnberg gebühren Kraft des Vertrags vom Jahr 1326. auch dem weiblichen Geschlecht und deren Nachkommen, folglich M. Hesso, als dem noch übrigen.

Man untersucht die Sache mit dem Degen; man macht endlich im Lager diesen Vergleich: der Herzog von Oesterreich solle einstweilen, bis die Sache gerichtlich ausgemacht würde, die Städte, der Marggrav aber die Dörfer behalten. Es ist aber nachher bey dem Ausspruch, der im Lager geschehen war, nicht geblieben.

§. XII. Daß die Herren Marggraven von Baden von Zeit zu Zeit mit der Herschaft Usenberg von den Kaisern belehnt worden seyen, wird die Folge der Geschichte zeigen.

Wapen. Sie haben sich auch immer des Usenbergischen Wapens bedient. Es ist das in dem Hochfürstlichen Baden-Durlachischen Schilde in der ersten Reihe zum andern stehende blaue Feld, in welchem ein quer liegender silberner Flug oder Flügel mit niederwärts gekehrten Schwingen, mit einem goldenen Klee-Stengel belegt, erscheinet. Auf dem Helm ist ein Manns-Kopf und Rumf in blauem Gewand und einer blauen zugespitzten und mit Silber aufgeschlagenen Müße, an welcher, wie auf dem Gewand, der vorbeschriebene Flug befindlich ist.

„Hi sunt officiati principales Domini Episcopi Basileensis
„& ejus Ecclesiæ: item Comes Pherretand Marschalcus.
„Item Dux de Tecke Camerarius. Item de Oesenberg Pin-
„cerna. Item de Hasenberg Dapifer.

(q) In diesem Ort beschloß Carl der Dicke sein kümmerliches Leben A. 888. Carolus in villa Alamanniæ Indinga infirmatus, &. ut quidem perhibent. a suis strangulatus, Idibus Jan. vita decessit. Hermann. Contract. ad a. 888. p 378.

Anhang.

Anhang.

Versuch
über den Titel
der
Marggraven von Verona
welchen
verschiedene Anherren
des
Hochfürstlichen Hauses Baden
geführet haben
von
Hrn. Johann Daniel von Olenschlager
Schöffen und des Raths zu Franckfurt am Mayn.

___

§. I.

Der Marggräfliche Titel bey dem Durchlauchtigsten Hause Baden, welchen daſſelbe nun schon seit fast siebenhundert Jahren führet, ist eben so alt, als deſſen vornehme Abstammung von den Herzogen von Zäringen, wodurch es an hohem Adel den größten Geschlechtern in Europa nichts nachgibt. Denn Hermann, der jüngste Sohn

Herzog Bertholds des I. so der unzweiffelhafte Stammvatter dieser Fürsten gewesen, und im Jahre 1074. im Kloster Clugny verstorben ist, führte bereits den Marggräflichen Titel, welchen auch sein Sohn und Nachfolger Hermann der I. (a) mit den Beynamen der Oerter seines Aufenthalts bald von Baden, bald von Limburg, fortsezte; bis endlich um die Mitte des XII. Jahrhunderts dessen fernere Abkömmlinge sich Marggraven von Verona geheissen, und mit solcher Titulatur fast 150. Jahre fortgefahren haben. Woher aber solcher Titel auf diese Badenische Herren ursprünglich gekommen sey? und was es damit für eine Bewandnuß gehabt habe? sind solche Fragen, die bey der Dunkelheit der Geschichte und dem Abgange archivalischer Nachrichten ungemeine Schwierigkeiten antreffen. Vielleicht bekommen dieselbe einen wahrscheinlichen Aufschluß, wenn wir der Historie der Veronesischen Marck etwas genauer nachspühren, und darinn eine sicherere Erörterung zu finden uns bemühen.

§. II. Es hat aber die Marggravschaft Verona vormals im Lombardischen Reiche ein ansehnliches Stück des alten Friaul, und unstrittig eine der vier Gravschaften ausgemacht; worinn dieses Herzogthum Kayser Ludwig der

---

(a) S. Hrn. Prof. Sachsens Abhandlung von dem Ursprunge des Hochfürstlichen Hauses Baden im XXI. und folgend. Stücken der Carlsruher nüzlichen Sammlungen vom Jahre 1758.

der Fromme im Jahr 828. zersplitterte. (*h*) Sie war wegen ihrer Lage von gröſter Wichtigkeit, und konte der vielen Päſſe halber, ſo meiſtens am Fuſſe der Alpen ſind, für den Schlüſſel von Italien gehalten werden. Unſere Kayſer vertrauten ſie auch deswegen jederzeit nur teutſchen Herren an; und als K. Ott der Groſſe im Jahr 952. das Königreich Italien an Berengarium II. wieder herausgab, zog er ſolche nebſt der Marggrafſchaft Aquileja gar zu Teutſchland, um durch dieſelbe einen ſichern Eintritt in Welſchland zu behalten. (*c*) Sie ward hierauf zu Bayern geſchlagen; und iſt von deſſen Herzogen ſo lange verſehen worden, bis Kayſer Ott der II., um die allzugroſſe Macht von Bayern zu theilen, alle ſüdliche Marggrafſchaften davon abriß, und im Jahre 976. beſondere Herzoge über Kärnthen beſtellte. (*d*)

§. III. Von ſolcher Zeit an findet ſich die Veroneſiſche Marck, ganzer hundert Jahre durch, bey den Herzogen von Kärnthen, deren Geſchlechts- und Regierungsfolge Herr

Ss 3 Prof.

(*b*) EGINHARD. in *Annal.* ad a. 828. Baldricus etiam Dux Forojalienſis - - - honoribus privatus, & Marca inter quatuor Comites diviſa eſt. S. auch die *Annal. Bertin.* ad h. a.

(*c*) *Continuator Reginonis* ad a. 952. Berengarius - Italiam iterum cum gratia & dono regis accepit regendam. Marcha tantum Veronenſis & Aquilejenſis excipitur.

(*d*) P. Frölich in *ſpecimine Archontologiæ Carinthiæ* P. II. S. 8. und f.

Prof. Peßler zu Franckfurt an der Oder, und noch neuerlicher der gelehrte Jesuit zu Wien, *P.* Frölich, aus unzweifelhaften Urkunden sehr bündig auseinander gesezt, und zugleich bemerckt haben, daß die Kärnthnischen Herzoge zuweilen ihre nachgeborne Söhne oder Anverwandten mit der Marggravschaft Verona zu versorgen im Gebrauche gehabt. (*e*) Lezterer Schriftsteller beobachtet dabey, daß mit den vornehmsten Kärnthnischen Marcken schon um das Jahr 1076. kurz hernach, da der zäringische Berthold durch K. Heinrich den IV. vom Herzogthume Kärnthen vertrieben worden, eine grosse Veränderung vorgegangen seyn müsse, als der Monarch das Friaul von Kärnthen abriß, und dem Patriarchen von Aquileja schenkte. (*f*) Ein gleiches mag damals auch mit der Marck von Verona geschehen seyn; indem schon K. Friedrich der I. als er im Jahre 1186. den Bischof Riprand von Verona de toto honore & districtu, quod Imperium habet in Episcopatu & Comitatu Veronæ belehnte, sich dabey auf den *antiquum consuetum usum* beziehet, (*g*) nnd dadurch gar deutlich anzeigt, daß die Rechte, so die Marggraven als hohe Reichsbeamte im Veronischen vormals zu verwalten gehabt,
schon

(*e*) Jener in *serie Ducum Carinthiæ*. *Vitem.* 1740. Dieser in dem nur angezogenen Buche, so zu Wien 1758. in 4. herausgekommen. S. 83. 87.

(*f*) Am angezeigten Orte, Seite 84.

(*g*) Beym *Ughelli*, Tom. V. *Ital. sacr.* p. 895.

n lange zuvor in die Hände des Bischofs
athen gewesen. Man kan daher wohl nicht
)erst schliessen, als daß der Name von
arggraven von Verona, den die Badeni-
e Herren vom Jahre 1147. an bis fast zu
ıde des folgenden XIII. Seculi geführet, mehr
ı leerer Titel, als ein wirckliches Reichs-
mt noch gewesen, so von ihnen vielleicht nie-
als, als nur gleich Anfangs versehen wor-
:n. Um so grösser wird aber auch die Ver-
genheit der Geschichtsforscher, warum dann
ie Badener den Titel von einer so entlege-
en Marggravschaft eben in diesen Zeiten an-
ıehmen mögen, da die Rechte derselben ent-
veder schon davon abgekommen, oder doch in
ınderer Gewalt waren?

§. IV. Vorgedachter P. Frölich, der sonst
in der Hauptsache mit den bisherigen Säzen
ganz einverstanden ist, sucht zwar mit vieler
Mühe zu behaupten, daß den weltlichen
Reichsbeamten im Veronesichen neben den Bischöffen noch verschiedene Vorrechte zu Friedrichs des I. Zeiten übrig geblieben seyn müssen; er glaubt solches insonderheit aus einer
Urkunde vom Jahre 1186. zu erweisen, in
welcher Marggrav Opizo von Este sich Vi-
carium & Nuncium Domini Imperatoris Friderici ad audiendas causas appellationum Veronæ
& ejus districtus, ausdrücklich nennet. (*b*)
Daraus aber sucht er den Schluß zu ziehen,
daß Marggrav Hermann der III. (IV.) der

(b) Beym *Muratorio, Antichita Estensi* P. I.

sich um die Mitte des XII. Jahrhunderts zuerst von Verona geschrieben, noch würcklich daselbst ein und anderes zu sagen gehabt habe, als ihme solche, wie er meynt, von seinem Vettern, Herzoge Hermann von Kärnthen erst um das Jahr 1162. überlassen worden seyn möchte. Doch da der P. Frölich bey diesen allem zu läugnen nicht vermag, daß die Veronesische Märck dem ungeacht nur sehr wenig damal auf sich gehabt haben dürfte; so weiß sich derselbe kaum drein zu finden, warum dennoch die Nachfolger Hermann des III. (IV.) den leeren Marggräolichen Titel von Verona noch über hundert Jahre fortführen, und sich nicht lieber, wie bereits zuvor, Marggraven von Baden nennen lassen mögen; indem dieser leztere Titel, wie er meynt, ihnen doch ein weit älteres und vollständigeres Recht zur Marggräblichen Würde, als der erste, gegeben habe. (i)

§. V. So wichtig aber diese Gründe für eine Meynung scheinen mögen, welcher gröstentheils schon verschiedene Geschichtskundiger des vorigen Seculi zugethan gewesen; (k) finden wir doch vielen Anstand, solcher beyzupflichten. Denn so möchten zuvorderst diejenige Gerichtsaufsichten, welche die Estenser als Kayserliche Vicarii im Veronesischen zu versehen gehat, von dem Amte und der Gewalt eines Marggravens in dem Bezircke seiner

Marg-

(i) P. Frölich am angezeigten Orte, Part. II. S. 93.
(k) Schurzflisch, de Rebus Badensibus, p. 7.

rggrafschaft sehr verschieden gewesen seyn. mnächst beruht das ganze Vorgeben des Frölichs, als ob der Kärnthnische Her: mm, den Titel eines Marggravens von Ve: na noch zuvor geführet, und diese Marg: avschaft erst nachher an seinen nahen Ver: andten, den Badenischen Hermann den III. V.) überlassen habe, auf eitelen und nicht nmal wahrscheinlichen Muthmassungen. Am enigsten scheint endlich die lezte Meynung, aß der Marggrävliche Titel je in ältern eiten auf der Herrschaft Baden gehaftet abe, auch nur glaublich. Denn nach der Staats-Einrichtung der alten Ost-Fränki: chen Monarchie wurden die Marggraven nirgends anders, als an den Gränzen des Reichs, bestellet; und waren folglich in sol: chen Ländern unnöthig, die, wie die Badeni: schen mitten im Herze des Staats lagen. Ausser dem nimmt P. Frölich selbst an, daß die Herrschaft Baden erst um das Jahr 1100. durch die Heurath einer Badenischen Erbin mit Hermann dem I. (II.) an dieses Durchlauch: tigste Hauß gekommen sey; (1) welchem nach auch der Marggrävliche Titel, den schon dessen Vatter vor seinem im Jahre 1674. erfolgtem Tode geführet, nicht erst durch solche Heurath des Sohns in diesem Geschlechte Statt gefun: den haben könnte. Uber dis alles zeigen selbst die Titel, so Marggrav Rudolf noch im Jahr 1277. als Marchio Veronensis, Dominus de Ba-

Ss 5   den,

―――――――――――――――――――――
(1) Am angezeigten Orte, S. 38.

den, geführet, (m) daß selbst die vornehmen Regenten dieses Hauses den Marggrävlichen Namen alleine von Verona abgeleitet, hingegen aber ihre Teutsche Lande am Ober-Rhein bloß als eine Herrschaft angesehen haben. Dergestalt kommt endlich alles darauf an, ob und in welcher Gelegenheit ihr uralter Stammvatter die Veronesische Marck erhalten haben könne, von welcher dessen Nachkommenschaft den Titel immerzu fortgesezt? Denn daß solcher erst von K. Friderico I. oder auch dem Kärnthnischen Herzoge Hermann an Hermann den III. (IV.) überlassen worden seyn solle, findet nach dem, was wir bisher angeführet, nun weiter keinen Plaz.

§. VI. Herzog Berthold der I. von dem, wie obgedacht, die Zäringer und Badener gemeinschaftlich abstammen, hatte im Jahre 1060. der Kaiserlichen Frau Mutter und Vormünderin das Herzogthum Kärnthen fast mehr abgetrozt, als daß er es mit ihrem guten Willen bekommen hätte. (n) Als nachher Kaiser Henrich der IV. zu mehrerm Alter kam; ließ ihn zwar der Monarch nach angetretener Regierung vors erste dabey in Ruhe, und schmeichelte selbst dessen ältesten Sohne, Berthold dem II. mit der Anwartschaft auf dieses Herzogthum. Doch bald hernach

im

(m) Bey Herrn Hofrath Mascov in *Commentar. de Rebus Imp. sub Conrado III.* Annot. XVI. p. 363.

(n) *Chronicon Ursperg.* ad a. 1666. *Contin. Herm. Contr. de e. a.*

Im Jahre 1073. wurden Vater und Sohn dem unbeständigen Monarchen wegen ihrer genauen Freundschaft mit Rudolfen von Rheinfelden, damaligen Herzoge in Schwaben verdächtig; und Kärnthen ward ihnen ungehört, und ohne vorgängliche rechtliche Untersuchung wieder abgenommen. (o) Weil Henrich der IV. niemals seiner Rache Ziel und Maaße zu setzen wuste; wurden nicht nur alle Zäringische Güter am Ober-Rhein bald darauf mit Feuer und Schwerd verheeret, sondern auch Kärnthen selbst zerstückt, und die gegen Wälschland angränzende Marken, wie mit dem Friaul geschah (§. III.) allem Ansehen nach an die dem Kaiser anhängende Wälschen Bischöffe überlassen. Von solcher Zeit an haben übrigens die Nachkommen Herzog Bertolds nie wieder zum Besitze von Kärnthen kommen können, dennoch aber zum Andenken ihrer vormaligen Würde den leeren herzoglichen Titel beybehalten, und solchem den Namen von Zähringen, als dem gewöhnlichen Orte ihres Aufenthalts, beysetzen lassen. (p)

§. VII. So richtig dieses alles ist: Eben so glaublich ist es auch, daß Hermann, der jüngste Sohn Herz.Bertholds des I. durch dieses

---

(o) *Lambertus Schafnab.* ad a. 1073. Rex Bertoldo Duci Carnotensium Ducatum sine legitimâ discussione absenti abstulit. - - Rudolphus Dux Suevorum tumultum aliquem Reipublicæ machinari formidabatur, &c.

(p) *Otto Frisingensis.* Lib. I. c. 9.

ſes ſchwere Schickſal ſeines Hauſes nicht weniger gedrückt worden. Es iſt auch daher ungemein wahrſcheinlich, daß der Verdruß über den Verluſt ſeiner Würden und Güter wenigſtens eben ſo vielen Theil an ſeiner Einſperrung ins Kloſter Clugny gehabt habe, als die Andacht und Verachtung aller Eitelkeiten, welche die Mönche gemeiniglich für die einige Triebfedern angeben, die ihn zur Verlaſſung der Welt bewogen haben ſollen. Weil er mit dem Titel eines Marggravens beleget wird, ohne daß die Marggrafſchaft benennet werde, wovon er dieſe Würde getragen; (q) kommt es uns ferner bey den vorliegenden Umſtänden ſehr vermuthlich vor, daß ſein Vater Herz. Berthold ihme, als ſeinem nachgebohrnen Sohne, bald nach ſeiner Gelangung zum Herzogthume Kärnthen, wie es dabey mehrmalen üblich geweſen, (§. III.) die Marggravſchaft Verona übergeben; daß Kaiſer Henrich der IV. ihme ſolche nachmals vielleicht um eben die Zeit von Reichs wegen beſtättiget habe, als derſelbe ſeinem ältern Bruder die Anwartſchaft von Kärnthen zugeſtanden; daß aber auch ſolche ihme ebenmäßig wieder entzogen worden, als deſſen Vater und Brüder ihr Herzogthum wieder verloren; und daß daher dieſer Marggrav Hermann auch den Titel von Verona, ſo wie jene den von Kärnthen wieder ablegen müſ

ſen,

(q.) Beym *Bertholdo Conſtantienſi*, ad a. 1074. und 1091. und dem *Trithemio* in *Chronico Hirſaugienſi*, ad a. 1074.

(§. VI.) da K. Henrich IV. die Veronesischen Bischöffe mit den Rechten der Marggravschaft in dem Veronesischen Gebiethe belehnet. (§. III.) Doch wie hierauf sein älterer Bruder und dessen Nachkommen, den leeren Herzoglichen Titel fortgesezt; eben so glaub ich ist es auch, daß Hermanns Nachkommen den Marggrävlichen fortgeführet, in Hoffnung, dereinst vielleicht eine Gelegenheit abzupassen, wo sie ihre Rechte auf diese Marggravschaft würden wieder gelten machen können.

§. VIII. In der That trift man alle Nachfolger des ersten Marggravens Hermanns mit dem Marggrävlichen Titel, obgleich nur mit dem beygefügten Namen ihrer neuern Wohnungen bald von Baden, bald von Limburg, an; so wie auch ihre vormals mit Kärnthen belehnt gewesene Agnaten sich von Zäringen nennen lassen; obgleich dieses jemals vor Alters eben so wenig ein Herzogthum, als Baden oder Limburg Marggravschaften, gewesen. Endlich aber muß unter K. Conrad dem III. beym Anfang der Regierung K. Fridrichs des I. ein Zeitpunct erschienen seyn, wo die Badenischen Herren ihre alte Marggrävliche Rechte im Veronesischen von neuem auszuüben hoffen, und daher den Titel von Verona wieder annehmen können, denn seit dem Jahre 1147. findet man sie wiederum als Marggraven von Verona in den Urkunden benennet; (r) und es ist wohl nicht zu zweifeln,

---

(r) Bey Herrn Hofrath Mascov in der angez. *Annot. XVI. ad Commentor. de Rebus sub Conrado III.* S. 361.

feln, daß auf gleiche Art, wie beide vorge-
nannte Monarchen die alten und fast erlosche-
nen Rechte des Reichs über Italien damals
herzustellen sich bemühet, also auch die Teutschen Fürsten diejenige Amtschaften, so ehe-
dem ihre Vorfahren in diesem Reiche verwal-
tet, zugl. wieder an sich zu ziehen gesucht haben.
Nun konnte zwar dieses leztere Unternehmen
wegen des in Wälschland inzwischen sehr geän-
derten Reichsstaats von geringen Erfolg seyn.
Doch scheint es, daß diese Herren sich noch
ferner das Andenken solcher alten Würde im
Italiänischen Reiche zur Ehre gerechnet, und
selbige daher den einmal wieder angenommenen Marggräflichen Namen von Verona bis
zum Ende des dreyzehenten Jahrhunderts
fortgesetzet haben.

§. IX. Dergleichen Fortführungen bloser
Titel von solchen vornehmen Reichsamtschaf-
ten, welche die Anherren der vornehmsten
Teutschen Fürsten ehemals in Teutschland
und Italien bekleidet, aber auch in jenen un-
ruhigen Zeiten wiederum verlohren hatten,
kommen übrigens in den Geschichten unserer
alten Fürstlichen Häuser nicht selten vor.
Denn ohne der bereits erwehnten Zäringer,
und der von ihnen abgestammten Herzoge
von Teck zu gedenken; so sind die herzoglichen Titel von Nordheim, von Meran, und der
in Schwaben nicht sonderlich mächtig gewesener Landherren von Urslingen und Schiltach
gewißlich nirgends anders, als von dem vormals bey diesen Häuser gewesenen Herzogthümer

thümer Bayern, Kärnthen und Spoleto ab-
zuleiten. Und eben so scheinen auch die Marggrävlichen Titel, welche die alten Bayrischen
Graven von Hochenburg und Vohburg oder
Chamb. unter den Kaysern Friedrich dem I.
und Henrich dem IV. angenommen haben,
aus Italien herzukommen.

§. X. Daß übrigens Marggrav Ernst,
der Stifter der Baden-Durlachischen Linie,
erst im Jahre 1537. die Herrschaft Hachberg
von Kayser Carolo V. zu einer Marggravschaft des Reichs erheben lassen; brauchen
wir, als eine ohnehin ganz bekannte Sache,
hier erst nicht zu bemerken. Nur dieses wollen wir noch wegen des Ursprungs des Hoch-
bergischen oder Hachbergischen Namens als
eine blose Muthmassung anhenken, daß derjenige Haicho oder Hacho, den man für den
Stifter und Erbauer des Schlosses Hachberg
neuerlich angeben wollen, (s) vielleicht von
demjenigen Hacho abgestammt gewesen seyn
dürfte, der ein Bruder Herzogs Adelberts
von Elsaß gewesen; (t) wie die Gleichheit
der

(s) S. Herrn Sachsens obangezogene Abhandlung,
§. IV. Wenn es wahr ist, daß derselbe Hacho um das
Jahr 808. das Schloß Hachberg erbauet, könnte es
nach der Zeitrechnung gar wohl eben derselbe seyn, dessen
Vatter Huc oder Huchus, de Pago Alsatia, im Jahre
785. das Kloster Fulda sehr stattlich beschenckte, S.
Schannati Traditt. Fuld. n. LXXV. LXXVI.

(t) S. die chartas Honaugienses beym *Mabillon,*
Tom. II. *Annal. Benedict.* p. 695. u. f. und Herrn
Rath Schöpflin in der *Alsatia Illustrata,* Tom. I.
p. 785.

der Namen, und von deſſen Söhnen diſſeits des Rheins beſeſſenen Güter ſehr wahrſcheinlich vermuthen laſſen. Würde es aber nicht allzu verwegen ſeyn, wenn man von ſolchem Geſchlechte den in die Höhe ſteigenden gekrönten Löwen im dritten Felde des Marggrävlichen Badenischen Wapens ableitete, der ſchon von Spenern für das Hachbergiſche Stamm-Wapen angeſehen worden, (u) gemeiniglich aber für das Breisgauiſche ausgegeben wird?

(u) In *Opere Heraldico*, P. ſpec. Lib. II. Cap. IV. p. 381.

Ende des erſten Theils.

✦✦✦✦✦✦✦✦✦✦✦✦✦✦✦✦✦✦✦✦✦✦✦✦

Einige Druck- und andere Fehler.

S. 11. §. 1. Lin. 4. ſtatt Mitternacht lies Mittag.
S. 14. (u) und (v) lies Schafnaburg.
S. 30. §. 6. l. 3. anſtatt vor lies nach.
S. 43. l. 7. ſtatt 1189. lies 1196.
    Und l. 8. ſtatt 1180. lies 1181.
S. 157. l. 18. lies Betzingen.
S. 161. l. 14. lies: Grav Simons, und Schweſter Grav ꝛc.
S. 162. l. 18. ſtatt Sultzen lies Sulgen.
S. 163. l. 5. nach Helfenſtein, ſetze: oder von Truhendingen.
S. 262. anſtatt 1406. lies 1046.
S. 368. (e) lies 1248.
S. 455. oben, lies Heſſo I.
S. 619. l. 8. lies: Burckhard und Gebhard.